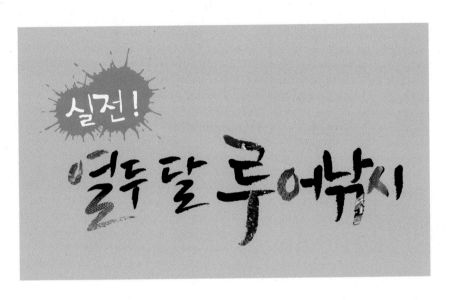

실전! 열두달 루어낚시

김욱 · 신동만 외 11인 지음

예조원

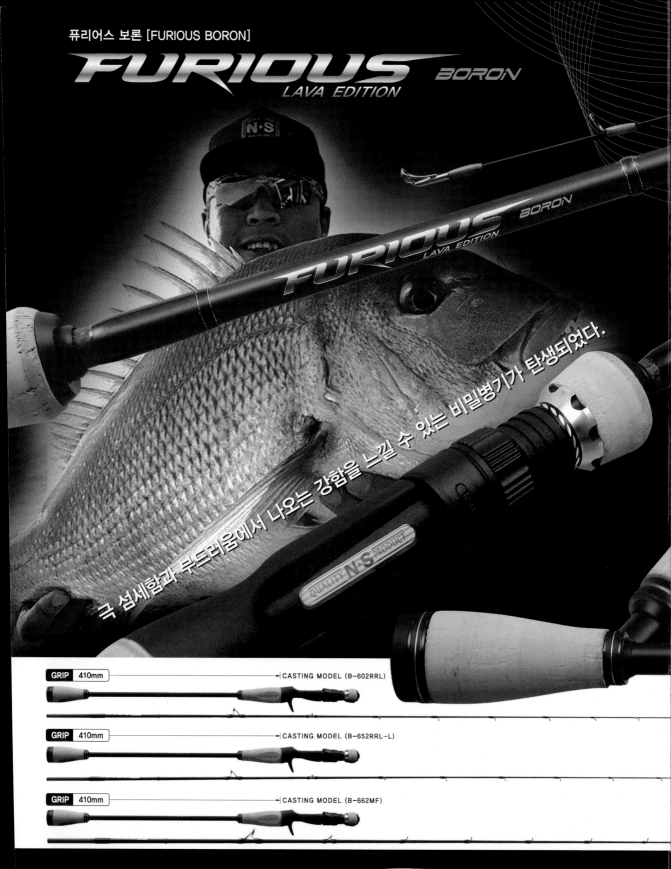

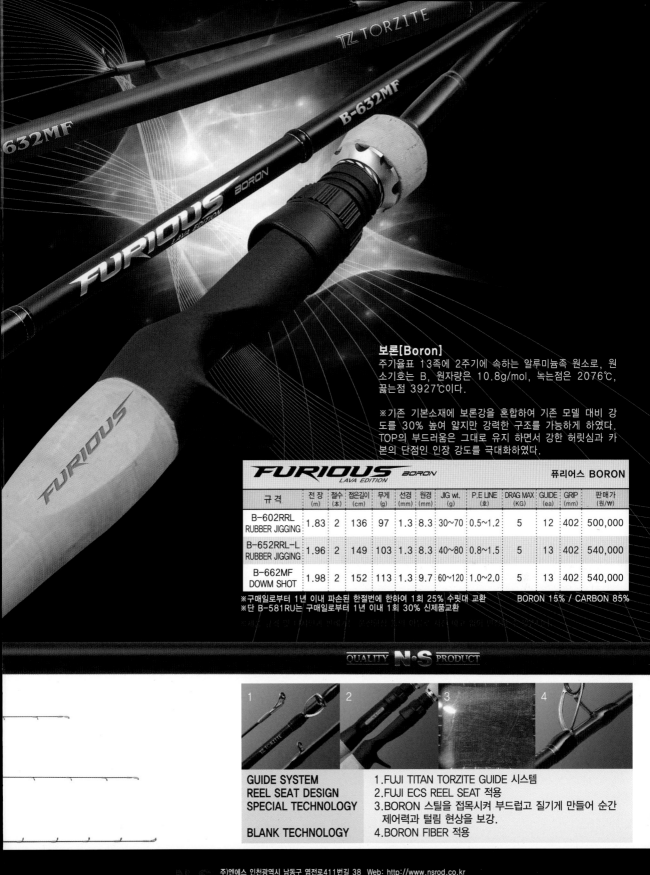

보론[Boron]

주기율표 13족에 2주기에 속하는 알루미늄족 원소로, 원소기호는 B, 원자량은 10.8g/mol, 녹는점은 2076℃, 끓는점 3927℃이다.

※기존 기본소재에 보론강을 혼합하여 기존 모델 대비 강도를 30% 높여 얇지만 강력한 구조를 가능하게 하였다. TOP의 부드러움은 그대로 유지 하면서 강한 허릿심과 카본의 단점인 인장 강도를 극대화하였다.

FURIOUS BORON — 퓨리어스 BORON
LAVA EDITION

규 격	전장 (m)	절수 (本)	접은길이 (cm)	무게 (g)	선경 (mm)	원경 (mm)	JIG wt. (g)	P.E LINE (호)	DRAG MAX (KG)	GUIDE (ea)	GRIP (mm)	판매가 (원/₩)
B-602RRL RUBBER JIGGING	1.83	2	136	97	1.3	8.3	30~70	0.5~1.2	5	12	402	500,000
B-652RRL-L RUBBER JIGGING	1.96	2	149	103	1.3	8.3	40~80	0.8~1.5	5	13	402	540,000
B-662MF DOWM SHOT	1.98	2	152	113	1.3	9.7	60~120	1.0~2.0	5	13	402	540,000

※구매일로부터 1년 이내 파손된 한절번에 한하여 1회 25% 수릿대 교환   BORON 15% / CARBON 85%
※단 B-581RU는 구매일로부터 1년 이내 1회 30% 신제품교환

QUALITY N·S PRODUCT

GUIDE SYSTEM
REEL SEAT DESIGN
SPECIAL TECHNOLOGY

BLANK TECHNOLOGY

1. FUJI TITAN TORZITE GUIDE 시스템
2. FUJI ECS REEL SEAT 적용
3. BORON 스틸을 접목시켜 부드럽고 질기게 만들어 순간 제어력과 털림 현상을 보강.
4. BORON FIBER 적용

주)엔에스 인천광역시 남동구 염전로411번길 38 Web: http://www.nsrod.co.kr
TEL 032)868-5427 A/S 문의처 032)868-1004 FAX : 032)868-5423

퓨리어스 RF [FURIOUS RF]

FURIOUS RF
LAVA EDITION

퓨리어스 피네스 극상의 섬세함으로
참돔의 미약한 본신을 간파한다.

퓨리어스 RF는 고탄성 사축카본 FLIX 공법을 적용하여 블랭크 전신을 보강하였다. 블랭크의 액션 특징은 레귤러하면서도 부드러운 팁액션으로 참돔의 조심스러운 입질시에 이물감을 최대한 줄여주었다. 톱섹션 가이드는 후지 티타늄 SIC 가이드를 장착하여 입질 전달력을 향상시켰다. 후지 최신형 PTS 릴시트의 사용으로 장시간의 릴링에도 필로감을 적게 느낀다.

FUJI SIC + TITANIUM GUIDE CONCEPT
FUJI PTS REEL SEAT
REEL SEAT 최상급 코르크 적용 (AAAA급)
전신 4 AXIS(4축) 슬림 카본 + NANO RESIN 적용 블랭크 설계

규 격	전장 (m)	절수 (本)	접은길 이(cm)	무게 (g)	선경 (mm)	원경 (mm)	JIG wt. (g)	P.E LINE (호)	GUIDE (ea)	GRIP (mm)	판매가 (원/₩)
B-561RU	1.68	1	168	106	1.3	9.5	30~60	0.6~1.0	9	394	340,000
B-632RL	1.91	2	144	112	1.2	10.0	50~80	0.8~1.2	11	394	350,000
B-692RM	2.06	2	159	124	1.2	10.3	80~120	1.0~2.0	12	394	360,000

※구매일로부터 1년 이내 파손된 한절번에 한하여 1회 25% 수릿대 교환
※단 B-561RU는 구매일로 부터 1년 이내 1회 30% 신제품교환

CARBON 99%

R-SPIRAL GUIDE SYSTEM (오른쪽 나선형 가이드 시스템)

오른쪽 나선형 구조의 가이드 배열은 채비의 투척과 회수 시에 기존 베이트 낚싯대(상단 가이드 배열에서 생기던 라인 쏠림, 채비 엉킴, 그리고 뒤틀림 현상을 대폭 감소시켰다. 낚시인의 시간을 상당 부분 절약해주는 효과가 있다.

대한민국 대표 낚시브랜드 *Black Hole*

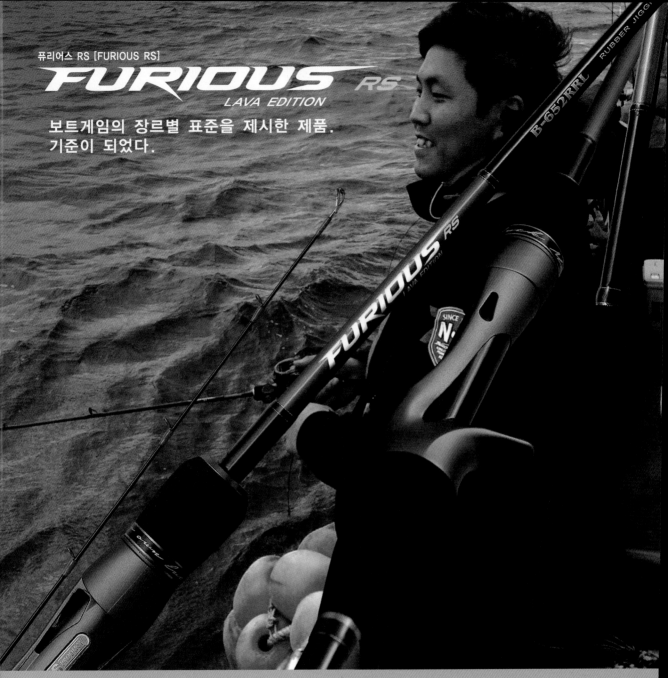

퓨리어스 RS [FURIOUS RS]

FURIOUS *RS*
LAVA EDITION

**보트게임의 장르별 표준을 제시한 제품.
기준이 되었다.**

퓨리어스 RS는 고급 WXW 원단 사용 어종별 다양한 장르의
낚시에 맞추어 블랭크 테이퍼 설계, 후지 SIC 가이드 적용.
EC 60 최신형 릴시트를 사용하여 다양한 장르별 낚시에도
손의 피로감이 없어 본 제품에 적용했다.

FUJI SIC GUIDE CONCEPT
EC 60 최신형 스텔스 릴시트
겨드랑이 끼움이 좋은 인체공학적 E.V.A 평면화 가공
WXW+NANO RESIN 적용 블랭크 설계

SPIRAL GUIDE SYSTEM

B-581RU / B-652RRL / B-692RM

규 격	전장 (m)	절수 (本)	접은길 이(cm)	무게 (g)	선경 (mm)	원경 (mm)	JIG wt. (g)	P.E LINE (호)	GUIDE (ea)	GRIP (mm)	판매가 (원/₩)
B-581RU	1.73	1	173	106	1.3	9.5	30~60	0.3~1.0	10	428	250,000
B-652RRL	1.96	2	150	116	1.4	10.0	50~90	0.5~1.5	11	428	260,000
B-692RM	2.06	2	160	122	1.5	11.2	80~120	1.0~2.0	12	428	260,000
B-672FM	2.01	2	154	123	1.6	10.5	80~150	1.2~2.5	12	428	260,000
B-602FL-ST	1.83	2	137	117	1.2	9.9	80~150	1.0~2.0	11	428	255,000
B-682ML	2.03	2	157	132	1.7	10.7	100~180	1.2~2.5	12	428	260,000
B-692M	2.06	2	160	133	1.7	11.8	100~200	1.5~3.0	12	428	260,000
B-722H	2.18	2	172	142	1.9	11.4	150~300	1.5~3.0	13	428	270,000

※구매일로부터 1년 이내 파손된 한절번에 한하여 1회 25% 수릿대 교환
※단 B-581RU는 구매일로 부터 1년 이내 1회 30% 신제품교환

CARBON 99%

주)엔에스 인천광역시 남동구 염전로411번길 38 Web: http://www.nsrod.co.kr
TEL 032)868-5427   A/S 문의처 032)868-1004   FAX : 032)868-5423

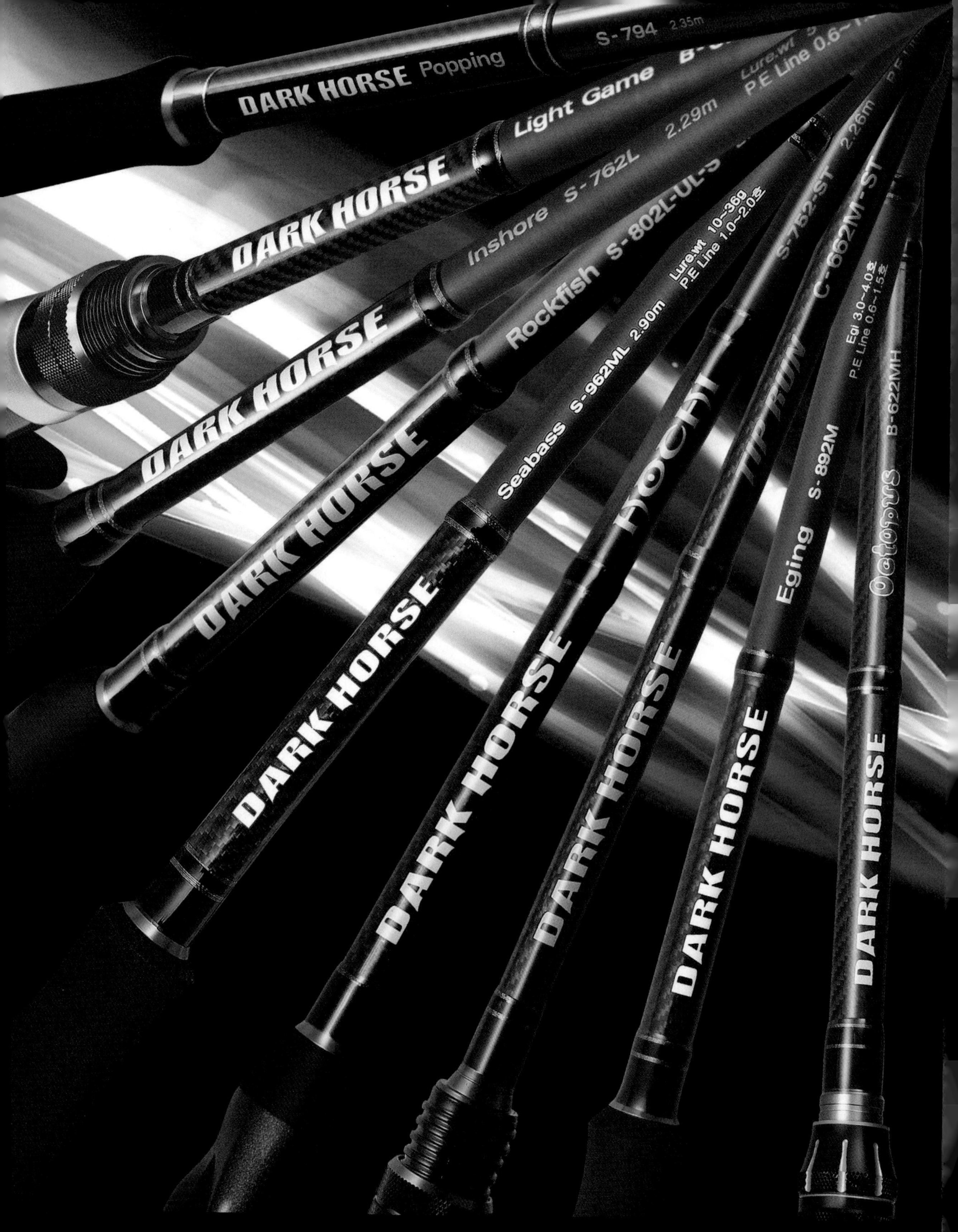
DARK HORSE Popping S-794 2.35m
DARK HORSE Light Game 2.29m
Lure.wt P.E Line 0.6~
DARK HORSE Inshore S-762L
DARK HORSE Rockfish S-802L-UL-S
Lure.wt 10~36g
P.E Line 1.0~2.0호
DARK HORSE Seabass S-962ML 2.90m
DARK HORSE
S-762-ST 2.26m
DARK HORSE TIP RUN C-662M-ST
DARK HORSE Eging S-892M
Egi 3.0~4.0호
P.E Line 0.6~1.5호
DARK HORSE Octopus B-622MH

N·S DARK HORSE

SALTWATER LURE ROD

한반도의 솔트워터를 강타할 다크호스 출현!

Seabass
농어떼를 소리 없이 타격한다.
프리미엄 고탄성 카본의 채택과 무연마(No sanding)공법으로 피치를 그대로 살린 블랭크는 농어낚시에 반드시 필요한 미노우 캐스팅 능력과 순간적인 바늘털이를 흡수할 수 있는 섬세한 제어능력을 보유했다.

Inshore
쇼어게임 최고의 재주꾼이 태어났다.
Salt water lure 로드의 대명사로, 쇼어와 선상 어디에서든지, 모든 대상어를 상대로 한 루어낚시가 가능한 모델이다. 특히 고탄성의 높은 사양 카본 블랭크의 압도적인 탄력은 원거리 캐스팅과 대상어의 제어, 그리고 바닥 탐색 시의 전달력까지 어느 한 곳도 흠 잡을 곳이 없이 완벽하다.

Rockfish
락피싱 마니아들에게 인정받는 정품 락피쉬로드
락피쉬 전용 로드가 가져야 할 극도의 섬세함을 보유한 팁의 설계에 심혈을 기울였다. 황점볼락 또는, 대형볼락들의 엄청난 파괴력과 돌 틈으로 파고드는 줄달음을 순간적으로 극복할 수 있는 허릿심을 보유, 섬세한 팁과의 앙상블은 전문낚시인들도 제품을 추천하게 한다.

Light Game
선상의 모든 게임의 지배자가 나타났다.
높은 경험치를 바탕으로 제작된 선상 라이트 게임 전용 로드, 힘 있는 대상어를 즉시 제압할 수 있는 탄탄한 블랭크 액션을 보유했으며 팁 부문의 정교함은 뛰어난 시각적 확인과 입질 구분의 명확성을 제공해준다.

Eging
탄력과 가벼움의 앙상블! 환타지 에깅로드
철저하게 사용자 중심에서 생각된 제품으로 종전 제품들의 장점들만을 취합하여 누구나 편하게 사용할 수 있는 탁월한 애깅로드가 탄생되었다.

HOCHI
이제껏 보지 못했던 생활낚시의 끝판왕! 호래기와 풀치를 한방에!
TWO TOP 시스템으로 낚싯대 BUTT 하나에 TIP 두 가지(호래기용,풀치용)를 교체하여, 호래기와 풀치(갈치의 새끼)낚시를 같이 즐길 수 있도록 설계하였다.
카본 솔리드 타입은 감도 위주의 낚시를 위해 좀 더 가는 라인과 스몰사이즈의 베이트를 사용할 수 있는 장점이 있다.
다양한 길이 스펙으로 캐스팅 거리와 방파제, 여 등 기타 상황의 밑걸림을 줄이는데 주요한 목적을 두고 개발하였다.

Octopus
강력하고 파워풀한 허릿심으로 바닥에 있는 목표를 제압한다
파워 솔리드 채용으로 강도가 좋아져 예민한 톱은 줄 엉킴도 줄였다. 가이드 또한 내구성이 좋은 EU-SIC 채용으로 시인성까지 높였다. 대상어의 특성상 한국 바다 3면에 포인트가 고루 분포되어있다. 로드가 올라운드형으로 선택이 쉽도록 다양한 스펙으로 되어 있다. 챔질 시 팁은 부드럽게 빨려 들어가 어신 전달력이 뛰어나며, 강한 허리 힘새로 문어가 바늘에서 잘 빠지지 않는다.

Popping
파핑을 위해 태어난 비거리 최상급의 전용로드
포퍼(POPPER)와 펜슬(PENCLE) 캐스팅 전용 낚싯대가 갖추어야 하는 조건 중에 가장 핵심이 되는 캐스팅 비거리에 포커스를 맞추었다. 낚싯대의 길이는 짧지만, 블랭크의 탄력을 최적화하여 백핸드 상태에서 앞으로 당겨지는 순간 블랭크의 뒤틀림과 캐스팅 직후 블랭크의 상하 바운스로 인하여 원줄과 가이드에 발생하는 줄 엉킴(TANGLE) 증상을 최소화 시킴으로써 빅게임 캐스팅(파핑) 낚시 입문자의 컨셉(CONCEPT)을 최대한 배려한 캐스팅(파핑) 전용 낚싯대.

고탄성 카본 로드 사용 시 주의사항
1. 순간적인 충격(부딪힘)에 매우 약합니다.
2. 밑걸림시 과도하게 당김은 낚싯대에 무리를 줄 수 있어 제품의 수명을 단축합니다.
3. 채비가 톱가이드에 도달한 이후에도 지속 릴링시 부러질 위험이 매우 높습니다.
4. 초리부분에 줄이 엉킨 채로 캐스팅 시 부러질 위험이 매우 높습니다.
5. 초리부분은 순간적인 꺾임과 충격 등에 매우 취약하므로 세심한 주의를 필요로 합니다.
6. 대상어를 뜰채 없이 반복적으로 들어 올릴 경우 부러질 위험이 큽니다.

무연마 (노샌딩 : No sanding)
[마이크로 피치(Micro Pitch) 유지]

딥조인트 (D-JOINT)

CARBON FIBER 1115-1
INNOVATIVE

지금은 열두 달 루어낚시 시대

　서울 남산 자락에 또다시 붉은 기운이 감돈다. 건물 옥상 위를 어지러이 맴도는 한 무리 고추잠자리들까지 초가을 분위기를 흠씬 돋운다. 그 무렵, 낮에 나온 반달을 멍하니 바라보며 필진 후보를 가늠하던 때가 엊그제 같은데 벌써 1년이 지났다. '열두 달 루어낚시'란 이 책의 제목처럼 정녕 열두 달이 쏜 살같이 지났다.

　다른 책과는 달리 사실 이 책은 기획 초기 단계부터 제목을 선정해 두고서 후속 작업에 임했다. 70년대 초중반, 쏘가리로부터 시작된 우리나라의 루어낚시가 어언 사계절 낚시 장르가 된 지도 오래인 만큼, 이전의 포괄적 해설서보다는 어종별 접근이 더욱 절실해졌다는 생각에서였다. 따라서 이 책은 처음부터 끝까지 힘들게 정독하지 않아도 된다. 낚시 떠나기 좋은 날, 또는 '나도 루어낚시 한 번 배워볼까' 하는 생각이 드는 날, 피크 시즌별로 수록된 제철 어종을 찾아 한두 시간만 정독하면 누구나 훌쩍 떠나 실전에 임할 수 있다.

　우리나라 민물·바다 루어낚시 대표 어종 20가지를 조황 확률이 가장 높은 월별로 소개하되, 어종별 루어낚시 전문가 13인이 대거 필자로 참여한 점도 이 책의 자랑거리다. 루어낚시 대상어가 해를 거듭할수록 증가하고 수도권 중심의 낚시가 전국으로 확산되어 기법이 세분화된 만큼, 기존의 1인 필자가 감당하기에는 한계가 따른다는 판단에서였다. 그리하여 이 책엔 낚시 어종별 지역 특성이 고루 반영되었다. 동서남해 및 제주 해역의 시즌 차이는 물론, 채비·기법의 지방색도 고루 가미되었다.

　부족하나마 어종별 유망 낚시터도 지역을 안배하되 연안 낚시터와 선상낚시 출항지 정보도 고루 곁들이고자 노력했다. 권말 부록으로 루어낚시 동호인들이 알아두어야 할 보너스 상식도 곁들였다.

　이렇듯 욕심을 부리다 보니 책의 분량이 또 상상외로 불어났다. 500여 쪽을 초과하고도 당초의 기획을 못다 반영하는 딜레마에 빠졌다.

지난 36년 간 낚시 단행본 60여 권을 펴낼 때마다의 소회가 늘 이렇다. '무사히 잘 해냈다'는 포만감보다 '다음번에는 꼭…' 하는 미련으로 개운찮은 종지부를 찍어야 했다. 이번 책도 예외가 아니다.

판에 박힌 듯한 얘기지만 지면 관계상 여러 필자의 옥고(玉稿)를 상당량 무단 삭제할 수밖에 없었고, 비중 있게 다루고자 한 주요 기획안마저 생략하고 말았다. 권말 부록으로 엮고자 한 '루어낚시 용어 해설'이 그것이다. 낚시를 제대로 익히기 위해선 전문 용어를 올바로 이해해야 하는데, 루어낚시 용어 중에는 신종 외래어가 많아 입문자들은 물론 웬만한 경험자들도 얼렁뚱땅 이해하거나 전혀 다른 뜻으로 오해하기도 한다. 게다가 흔히 통용되는 용어 중에서도 전혀 엉뚱한 뜻으로 호도되고 있거나 국적·정체불명의 용어 또한 부지기수다.

이에 이 책에 등장하는 각종 낚시용어를 차곡차곡 추려내 그 뜻을 풀이하다 보니 전체 분량이 또 감당할 수 없는 지경에 이르렀다. '공든 탑'이 무너지는 허탈감을 느끼면서도 '다음번에는 꼭…' 하는 바람과 다짐을 또 한 번 되풀이하는 결과가 되었다.

뿐만 아니다. 비주얼한 편집을 염두에 둔 한편, 본문 내용을 이해하기 쉽게 덧붙인 〈그림〉과 〈사진〉 자료 또한 흡족하지 못한 점 마음에 걸린다. 맡은 바 집필에 최선을 다한 필자 분들의 노고에 경의를 표하며 독자 여러분께는 많은 해량을 구할 따름이다. 이 책이 완성되기까지 금쪽같은 시간을 할애해 준 몇몇 지인에게도 감사의 뜻 전한다.

2015년 9월 7일
예조원 편집인

목차

Part 3 가을낚시

Part 4 겨울낚시

Part 5 권말 부록

이 책은 국내 루어낚시 전문가 13인이
대상 어종별 집필을 맡아 전문성과 다양성을 드높였습니다
(이하 성명 가나다 순)

김 욱

- 1986년, 배스낚시 입문
- 1994년 이래, 낚시춘추 · 루어앤플라이 · 월간낚시21 집필 활동
- 1997년, 우리나라 낚시 프로 1호(JB 한국지부)
- 1997~2013년, 시마노 · 썬라인 · 아부가르시아 · 케이텍 · 피나 등 프로스태프 활동
- 2011년, 경기대학교 레저스포츠학과 박사 과정 수료
- 2014년~현재, 라팔라 프로스태프 활동 중
- 2008년~현재, FSTV '더 캐스팅' FTV '피싱오디세이 피크' 이후 '탑 클래스' 출연 중
- 연락처 : sujibass@blog.naver.com / facebook.com/sujibass / sujibass@naver.com
- 본서 '배스낚시' 집필

김재우

- 1991년, 루어낚시 입문
- 2004년, 코리아지깅 사이트 구축
- 2005년~현재, 강화발이피싱샵(강화군 선원면 창리 669-2) 운영 중
- 2009년~현재, N.S블랙홀 프로스태프 활동 중
- 2011년~현재, 생활체육 강화군 낚시연합회장
- 2015년~현재, FS-TV TARGET 3 진행
- 연락처 : www.koreajigging.co.kr / caiskimj@naver.com / 032-932-9616
- 본서 '가물치낚시' 집필

문석민

- 1995년, 바다찌낚시 입문
- 2007년, 바다루어낚시 입문
- 2008년~현재, 루어인제주(제주시 용담1동 2814-7) 운영 중
- 2008년~현재, N.S블랙홀 프로스태프 활동
- 2009~2015년, KCTV제주방송 '스페셜 피싱' 출연
- 2014년~현재, HOOK 컴퍼니 프로스태프 활동
- 연락처 : www.lureinjeju.com / lureinjeju@naver.com / 064-752-8288
- 본서 '넙치농어낚시' 집필

박경식

- 1999년 바다낚시 입문
- 1999년, 월간 〈일요낚시〉 취재기자 입사
- 2011년~현재, 월간 〈낚시21〉 〈낚시춘추〉 〈루어&플라이〉에 고정 필진으로 활동 중
- 2011~2012년, FTV '바다낚시 리퀘스트' 진행
- 2013년 『한국의 名방파제낚시터-남해편』(예조원) 펴냄
- 2014년~현재, 낚시관련 매체 프리랜서 및 낚시쇼핑몰 '워터사이드' 운영
- 연락처 : 네이버 블로그 taeyubse.blog.me / taeyubse@nate.com / 010-9396-9223
- 본서 '꼴뚜기(호래기)낚시' 집필

박영환

- 유년기, 견지낚시 · 붕어낚시 · 쏘가리 루어낚시 입문
- 1986년, 국내 배스 루어낚시 · 플라이낚시 초기 보급
- 1990년, 현존 최고(最古)의 루어 · 플라이낚시 클럽인 '좋은 친구들' 창단 멤버
- 1992년, 낚시춘추 주최 '전국 필드캐스팅대회' 플라이낚시 정투 부분 3연속 우승
- 1996년, KSA 프로토너먼트 초기 멤버
- 1990년, '앵글러스 리버' 개업 이후 현 '낚시광' 개업
- 2012년~현재, 오천항 '낚시광호' 선장으로 활동
- 연락처 : ezfly@korea.com / 010-5301-7555
- 본서 '갑오징어낚시' 주꾸미낚시' 집필

백종훈

- 1985년, 갯바위낚시 입문
- 2006년, 바다 루어낚시 입문
- 2007년~현재, N.S블랙홀 프로스태프 활동
- 2014년~현재, 거상코리아 바다루어스태프 활동
- 2015년~현재, 네이버 바다루어카페 'JIG&POP KOREA' 운영 중
- 2002년~현재, 푸른낚시마트(경남 고성군 마암면 보전리 843-1) 운영 중
- 연락처 : cafe.naver.com/jignpopkorea / fishingmega@naver.com / 055-673-1755
- 본서 '농어낚시' '무늬오징어낚시' '볼락낚시' 집필

신동만

- 1988년, 배스낚시 및 플라이낚시 입문
- 1997년, 플라이 · 배스낚시 전문점 개업
- 2001년 이래, 리빙TV · FSTV · FTV 등에 지깅 · 포핑 낚시 및 해외 원정낚시 소개
- 2011년~현재, FTV 장기 프로그램 '샤크' 고정출연 중
- 2013년, 해외낚시 원정기『유혹』펴냄
- 2006년~현재, N.S블랙홀 프로스태프 활동
- 1997년~현재, 지깅 · 포핑낚시 전문점(www.jiggingmall.com) 운영
- 연락처 : www.jiggingclub.com / jiggingclub@naver.com / 031-938-0637
- 본서 '방어 · 부시리낚시' 집필

이명철

- 1984년, 루어낚시 입문
- 2006년, 챌린저 프로 선수 입단
- 2007년~현재, 루어매니아(강릉시 병산동 341-1) 운영 중
- 2009년, 강원바다루어 창설
- 2011년, FTV 스포츠 피싱 '디코드' 출연
- 2015년~현재, MONCROSS SWITZERLAND instructor 활동 중
- 연락처 : montdul1@hanmail.net / 033-644-1795, 010-6398-2144
- 본서 '대구낚시' 집필

이희우

- 1993년, 루어낚시 및 배스낚시 입문
- 2009년, 바다 루어낚시 및 참돔 루어낚시 입문
- 2010년, 옹진군수배 바다 루어낚시 대회 3위 입상
- 2013년, 제1회 거제 대구낚시 슬로우지깅 대회 우승
- 2012년~현재, 제주선상루어클럽 기술 자문으로 활동 중(닉네임 '라바라바')
- 2015년, N.S블랙홀 인스트럭처로 국내 최초 원 피스 타이라바 로드 개발
- 연락처 : ace1062@naver.com
- 본서 '참돔낚시' 집필

장용석

- 1999년, 루어낚시 입문
- 2001년, 쏘가리낚시 입문
- 2010년, FTV 밸칸토 계류 부분 스태프 활동
- 2012년~현재, 대교루어클럽 '낚시교실' 운영(닉네임 : 해피가리)
- 2013년~현재, N.S블랙홀 계류 부분 프로스태프 활동
- 2015년, 월간 〈낚시춘추〉 '장용석의 쏘가리 투어' 연재
- 연락처 : cafe.daum.net/elure / j8214601@naver.com
- 본서 '강준치 · 끄리낚시' '쏘가리낚시' 집필

조홍식

- 1980년, 국내 최초 루어낚시 동호회 '서울릴낚시회' 최연소 회원으로 활동
- 1997년, 경희대 대학원 이학박사
- 1997년~현재, 월간 〈낚시춘추〉 고정 필진으로 집필 활동
- 1997년 이래, GT낚시 · 지깅낚시 등 해외 빅게임 국내 최초 소개
- 2005년 이래, 『루어낚시 100문 1000답』(2005) /『실전! 에깅&지깅』(2007) /『루어낚시 첫걸음-바다편』(2009) /『지구촌 괴어 대탐험』(번역서 · 2010) /『루어낚시 첫걸음-민물편』(2010) 펴냄
- 2009년, 도서출판 '예조원' 편집위원
- 본서 '무지개송어낚시' 집필

채성현

- 닉네임 : 을수(乙水)
- 2000년, 꺽지 루어낚시 입문
- 2007년, 꺽지사랑 총무
- 2008년 이래, 한국꺽지루어클럽(www.ggukzi.com) 초대 총무 후 현재 회원으로 활동 중
- 2015년~현재, 네이버 카페 꺽지사랑(cafe.naver.com/ggukzi) 회장
- 2015년, 귀농 후 홍천에서 산림 경영
- 연락처 : blog.daum.net/eulsu(꿈속 그 곳) / blog.naver.com/koths91 / koths91@nate.com
- 본서 '꺽지낚시' 집필

최석민

- 1983년, 루어낚시 입문
- 1996년, 낚시춘추 주최 '전국 필드캐스팅대회' 플라이낚시 원투 부문 우승
- 2005년, 한국스포츠피싱협회 연간 CHAMPION 획득
- 1996~2009년, 리빙TV '낚시가 좋아' 이후 FTV '오! 브라더스 시즌 3' '그레이트 피싱' 등 출연
- 2006년, 브라질 아마존강 낚시탐험
- 2015년 현재, 에스엠텍 대표 / (사)제로FG회계감사
- 연락처 : www.i-smtech.com / kakkiy@naver.com / 031-588-9596
- 본서 '넙치(광어)낚시' '우럭낚시' 집필

春

봄낚시

3월에 떠나요!

글 문석민, 사진 문석민 외

넙치농어낚시

부챗살 꼬리 휘젓는 테일 워킹(Tail walking)의 명수

넙치농어는 갯바위 루어낚시 대상어 중 으뜸으로 치는 고급 어종으로, 제주도 근해에서 낚이는 농어 중 가장 파워풀하고 다이내믹한 파이팅을 보여준다.

우리나라 근해에서 낚을 수 있는 농어는 크게 세 종류. 일반 농어(민농어)와 점농어 그리고 넙치농어이다. 이 가운데 낚시인들이 가장 동경하는 종류가 바로 넙치농어일 것이다. 서식처 또한 제주도 연안을 제외한 육지 쪽에선 남해안과 동해남부 지역 일부에서만 간혹 선보일 뿐, 희소가치 측면에서도 단연 돋보이는 어종이다. 당연히 일반 어시장에선 거래되지가 않아 일반인들은 그 모습과 이름을 보지도 듣지도 못한다.

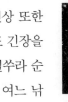

낚시인들만이 접할 수 있고 맛볼 수 있는 어종이면서 만남의 인상 또한 치명적이다. 후킹 후 랜딩까지 강렬하고도 끈질긴 저항으로 한시도 긴장을 늦출 수 없게 하는가 하면, 어느 틈엔가 수중여를 휘감고 버티기 일쑤라 순간순간의 고비를 넘기고 무사히 랜딩에 성공하게 되면 그 희열이 여느 낚시와 비교할 바 아니다.

이웃 나라 일본에서도 낚시 대상어는 물론 맛있는 생선으로 손꼽히는데, 단단한 육질이 음미할수록 고소한 회 맛과 함께 살을 제거하고 남은 뼈로 우려낸 맑은탕(지리) 또한 사골 국물과 같은 담백한 맛을 안긴다. 추운 겨울철 많은 낚시인들이 칼바람에도 아랑곳하지 않고 갯바위를 누비는 이유이기도 하다.

● 표준명 : 넙치농어
● 속 명 : 농어, 넓적농어
● 학 명 : *Lateolabrax latusi*
● 영 명 : Blackfin seabass
● 일 명 : 히라스즈끼(ヒラスズキ)

■생태와 습성, 서식 및 분포

농어목 농어과 농어속으로 분류되는 세 종류 농어 가운데 하나로 일반 농어와 점농어에 비해 체고가 조금 더 높고 꼬리지느러미를 비롯한 일부 신체 부위가 약간 다른 특징을 보인다. 체고가 높아 농어와 점농어보다 약

▼제주 넙치농어낚시가 피크 시즌을 이루는 12월 크리스마스 무렵, 서귀포시 남원읍 신흥리에서 메탈지그로 90cm급 넙치농어를 올린 필자.

간 더 넓적해 보인다는 이유로 그 이름이 '넙치농어'로 명명된 듯한데, 일본에서 부르는 히라스즈끼(ヒラスズキ)란 이름 역시 우리말로 옮기면 '넓적농어'이다.

농어와 점농어의 차이는 체측의 검은 점으로 구분한다지만 예외도 많아 전문가가 아니면 정확한 구분이 어렵다. 하지만 넙치농어와 농어·점농어(이하 '일반농어'라 칭함)의 구분은 크게 어렵지 않다.

비슷한 시기에 낚인 넙치농어와 일반농어의 외형을 비교해 보면 전체적인 윤곽부터 다르다. 구체적으로 넙치농어의 체고가 일반농어보다 더 높아 넓적하게 보인다. 보다 더 확실한 차이는 일반농어의 경우 꼬리지느러미를 제외한 나머지 등·가슴·배지느러미 색깔들이 약간 투명한 회색인 데 비해 넙치농어의 경우는 색깔이 검다는 점이다. 이런 특징으로 인해 영어권에서는 일반농어를 Sea bass 또는 Sea perch라 부르는데, 넙치농어는 지느러미가 검은색을 띤다 하여 'Blackfin seabass'라 구분하여 부른다.

세 번째 차이는 꼬리지느러미이다. 일반농어는 꼬리지느러미 가장자리 가운데 윤곽이 오목한 데 비해 넙치농어는 가장자리의 윤곽이 거의 일직선에 가깝고, 넓게 펼쳤을 때는 부채꼴처럼 둥글기까지 하다. 꼬리지느러미의 크기 또한 일반농어보다 훨씬 클 뿐만 아니라 꼬리지느러미 자루의 넓이 및 두께도 훨씬 커 성인 손아귀에 잡히지 않을 정도다. 넙치농어의 파

▼넙치농어와 일반 농어의 비교. 이름처럼 넙치농어의 체고가 높고, 가슴 및 배지느러미의 색깔이 다르고 꼬리지느러미의 모양도 다르다.

넙치농어

농어

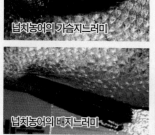
넙치농어의 가슴지느러미

넙치농어의 배지느러미

농어의 가슴 및 배지느러미

넙치농어의 꼬리지느러미

농어의 꼬리지느러미

넙치농어

워가 여기에서 나오는 것으로, 타폰(Tarpon)처럼 파이팅 시 테일 워킹(Tail walking)을 하며 장시간 수중에서 저항하는 지구력이 곧 이 꼬리지느러미의 크기와 근육에서 비롯된다.

네 번째와 다섯 번째 차이점은 머리 모양과 아래턱 밑 돌기 부분이다. 넙치농어는 몸체에 비해 머리 부분이 유독 작아 보인다. 비슷한 크기의 일반농어와 나란히 놓고 비교해 보면 확연한 차이가 난다. 끝으로 일반농어는 턱 밑에 가죽 부분만 남아 있는 데 비해 넙치농어는 돌기가 돋아 있다.

- ●표준명 : 넙치농어
- ●속　명 : 농어, 넓적농어
- ●학　명 : *Lateolabrax latusi*
- ●영　명 : Blackfin seabass
- ●일　명 : 히라스즈끼(ヒラスズキ)

제주도 중에서도 '산남' 지역이 우세

일반농어보다 더 따뜻한 환경을 좋아하는 넙치농어는 일본의 경우 중부 이남 지역에 많이 분포하고 우리나라 또한 국토 최남단 제주도 연안에 주로 분포한다. 남해안 등지에서도 간혹 발견되지만 개체수가 아주 드문 편이고, 주 서식처인 제주도 중에서도 '산북 지역'(제주시 지역)보다 '산남 지역'(서귀포 지역)의 서식밀도가 높은 편이다. 구체적으로는 제주도 서쪽 차귀도를 기점으로 동쪽 우도까지의 남쪽 연안 갯바위 일대와 형제섬·가파도·마라도·범섬·문섬·섶섬·지귀도 등지의 부속섬들이 겨울철 루어낚시가 활황을 이루는 곳이다.

그렇다고 산북 지역에서 넙치농어 루어낚시가 안 된다는 것은 아니다. 산남 지역에 비해 개체수가 떨어지기도 하거니와, 겨울철 갯바위 루어낚시의 최대 변수인 강한 북서풍이 산북 지역에서의 낚시를 어렵게 하는 점도 그 요인으로 작용한다.

일반농어는 개펄로 이뤄진 하구 주변이나 사패질 바닥에서도 곧잘 먹이활동을 하지만 넙치농어는 연안 암반 지대나 험한 수중여가 산재되어 있는 곳을 좋아하며 먹이활동도 더욱 포악한 것으로 파악된다.

일반농어가 그러하듯 넙치농어도 기수역이나 용출수가 유입되는 샐로우(Shallow) 지형(수중여가 복잡하게 분포된 수심 얕은 지형)에서 즐겨 먹이를 취하는데, 일반농어보다 더 얕은 곳까지 활동 범위를 넓히되 복잡한 수중여에 의지하는 예민성을 보인다. 당연히 바다가 잔잔할 때보다는 적당히 파도가 일어 포말이 나부낄 때 잘 낚이고, 낮낚시보다 밤낚시가 유리하지만 적당한 파도와 물색이면 낮에도 낚을 수 있다.

■넙치농어낚시 시즌 전개

구분	1월	2월	3월	4월	5월	6월	7월	8월	9월	10월	11월	12월	비고
제주도													

□ : 시즌   ■ : 피크 시즌

넙치농어낚시 시즌은 가을~초봄이다. 찬바람이 부는 10월부터 시작돼 이듬해 4월까지 시즌을 이어가는데, 특히 산란기인 12월~3월까지가 피크 시즌이다. 체고가 좋은 넙치농어를 만날 수 있는 기간으로 간혹 1m 이상의 대물급들이 선보일 때다.

●시즌 초기 : 초가을엔 일반농어와 넙치농어가 섞여 낚인다. 이 시기의 일반농어는 제주 전역에서 낚이는데, 제주 서부권~동부권 구간에서 선보이는 넙치농어는 잔 씨알이 주류를 이룬다.

사실 제주도의 넙치농어낚시는 시즌을 따로 구분할 필요 없이 사계절 가능하도 해도 과언이 아니다. 수온이 높은 여름 시즌에는 추자도 근해의 씨알 굵고 마릿수 조황 좋은 일반농어를 선호함으로써 씨알 작은 넙치농어에 대한 관심이 떨어질 뿐이다.

▼늦가을, 제주 서귀포 안덕 해안에서의 넙치농어 조과. 세 마리 중 가장 큰 놈은 97cm짜리다.

파도가 뒤끓고 담수가 유입되는 지형을 좋아하는 넙치농어의 습성 상 북서풍이 강하게 몰아치는 초겨울이 되면 차귀도를 기점으로 넙치농어가 잘 낚이기 시작하는데, 초기엔 70~80cm 크기가 주류를 이루다가 본격적인 산란 시즌에 접어들면 씨알이 한층 더 굵어진다.

●산란 시즌 : 일반농어의 산란 시기와 넙치농어의 산란 시기는 두세 달 차이를 보인다. 제주 근해의 일반농어 산란 시기는 11월~1월로 보는데, 이 시기가 지나면 일반농어는 연안 갯바위에서 거의 자취를 감추고 깊은 바다로 몰려들어 선상낚시에 마릿수 조황을 보인다.

일반농어의 개체수가 줄어든 연안 갯바위에서 대형급 넙치농어가 낚이는 시기가 바로

12월~3월이다. 산란을 위한 먹이활동이 가장 왕성한 시기이면서 극도로 예민한 시기이기도 하므로 갯바위 접근 시 랜턴 불빛과 소음 발생에 주의를 기울여야 한다.

북서풍이 계속되다가 남풍 계열의 바람이 불 때면 서귀포 일대의 해안에 파도와 포말이 몰아치는데 그런 날씨 조건일 때가 절호의 찬스이다. 밤낚시는 물론 주간낚시 역시 최고의 조건은 파도와 바람이다. 파도가 없는 날씨는 그만큼 경계심 많은 농어가 갯바위로 접근하지 않아 만날 확률이 그만큼 줄어드는 것이다.

●표준명 : 넙치농어
●속 명 : 농어, 넓적농어
●학 명 : *Lateolabrax latusi*
●영 명 : Blackfin seabass
●일 명 : 히라스즈끼(ヒラスズキ)

■기본 장비 및 소품

시즌에 맞춰 넙치농어를 겨냥한 낚시라 해도 얼마든지 일반농어가 걸려들 수가 있다. 따라서 일반농어를 포함한 장비·채비 소개를 하되, 제주도의 농어낚시는 바람과 파도와 싸워야 하는 만큼 안전장비에 대한 중요성도 미리 강조해 둔다.

●낚싯대(Rod) : 길이 9.0~10ft, 강도 ML(Medium light)~H(Heavy)급의 농어 루어낚시 전용 대를 선택하되, 넙치농어의 경우는 강도가 높은 M(Medium)~H(Heavy)급이 적합하다. 휴대가 간편한 뽑기식(텔레스코픽형) 낚싯대를 사용하는 이들도 있으나 두 토막으로 된 꽂기식이 제격이며, 초리는 유연해도 허리힘이 강한 휨새여야 한다. 전체적으로 너무 뻣뻣한 대는 놈들의 바늘털이를 적절히 달래지 못하기 때문이다.

●릴(Reel) : D사의 3000번대, S사의 4000번대 스피닝 릴이 많이 사용된다. 너무 작은 릴은 로드와 밸런스가 맞지 않아 손목에 무리가 따를 수 있다는 점을 염두에 두고 자신이 사용하는 로드와 밸런스를 고려하는 것이 좋다. 근년 들어 스피닝 릴 대신 베이트캐스팅 릴을 사용하는 이들도 늘고 있는데 캐스팅 비거리를 늘리고 간결한 동작을 이어갈 수 있다는 점을 그 이유로 든다.

●낚싯줄(Line) : 원줄은 PE 1.5~2.5호를 기준으로 한다. 시즌 초기엔 1.5호 정도면 일반농어 및 넙치농어 모두 크게 무리가 없으나 산란기에 들어서면 PE 라인의 호수를 한 단계 올려 사용할 것을 권하고 싶다.

루어를 연결하는 목줄(쇼크 리더)은 나일론 25~35lb(약 7~10호)를 기준

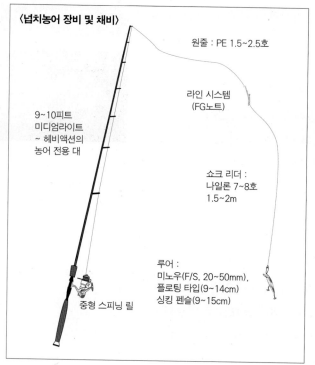

〈넙치농어 장비 및 채비〉

원줄 : PE 1.5~2.5호

라인 시스템
(FG노트)

9~10피트
미디엄라이트
~ 헤비액션의
농어 전용 대

쇼크 리더 :
나일론 7~8호
1.5~2m

루어 :
미노우(F/S, 20~50mm),
플로팅 타입(9~14cm)
싱킹 펜슬(9~15cm)

중형 스피닝 릴

▲바닥 경사가 완만해 근거리 수심이 얕은 제주도 갯바위 포인트에서 많이 사용되는 미노우(Minnow) 종류. 잠행 심도 30~50cm 정도의 플로팅 타입이다.

으로 하되 길이는 1.5~2m가 적당하다. 역시 시즌 초기엔 25파운드 정도면 충분하나 산란기 시즌의 대물급을 상대하기 위해선 30~35파운드를 준비하여야 한다. PE 원줄과 나일론 쇼크 리더를 연결할 때는 FG노트 방식을 취하거나 비미니트위스트 방식으로 더블라인을 만들어 연결해야 강도를 높일 수 있다.

●루어(Lure) : 제주 연안 갯바위 포인트는 대부분 바닥 경사가 완만한 지형으로 근거리 수심이 얕은 편이다. 따라서 잠행 심도 30~50cm 정도의 플로팅 계열의 미노우가 주로 사용된다. 그러나 잠행 심도가 얕은 루어는 파도에 취약할 수밖에 없다. 높은 파도 속에서 루어가 제대로 액션을 취해 주기는커녕 잠행조차 어려울 때가 많은 것이다. 이런 여건을 감안해 미노우는 심도 60~150cm 안팎을 유영하는 플로팅 또는 슬로우 싱킹 타입도 준비돼야 한다. 크기 및 색상도 다양해야 여러 가지 상황에 대처할 수 있다.

●웨이더(Wader) : 제주 넙치농어낚시의 본격 시즌은 겨울이다. 파도와 바람을 피할 수 없기 때문에 안전장비가 필수다. 그 첫 번째가 바로 웨이더이다. 수심 얕은 암반을 도보로 건너 작은 암초 위에 오르거나, 안전한 연안 갯바위 위에서 낚시를 할지라도 휘몰아치는 파도와 포말을 피할 수 없기 때문에 웨이더는 안전과 더 나은 조과를 위한 필수장비인 셈이다.

●기타 장구류 : 웨이더 착용 시 라이프 재킷 특히 필수다. 자동 가스팽창식 라이프 재킷보다는 부력재가 탑재되어 있는 플로팅 라이프 재킷이 좋다. 휴대용 미니 나이프와 워킹 스틱도 필요하다. 예기치 못한 상황으로 웨이더

안으로 물이 유입되는 경우 미니 나이프가 비상 도구로 사용되며, 워킹 스틱은 수심 얕은 지형을 걸어 포인트로 진입할 때 도움을 주는 안전장구다.

■넙치농어낚시 포인트

일반농어와 크게 다를 바 없다. 수중여가 복잡하게 발달한 지형이어야 하고, 밤낚시를 할 때는 홈통 지형도 포인트가 된다. 용출수 부근이나 민물이 유입되는 곳이면 더욱 확률이 높아진다.

●초가을은 겨울 산란기를 앞둔 넙치농어가 왕성한 먹이활동을 할 때다. 수중여가 발달한 지형을 찾아 밤낚시를 하는 게 좋은데, 낚이는 씨알은 그다지 만족할 수준이 못 된다. 이후 초겨울 시즌으로 접어들면 산남(한라산 남쪽) 지역에 고루 출몰, 서귀포 해안 일대를 비롯한 인근 부속섬들이 각광 받는다. 밤낚시보다는 주로 낮낚시를 하되 파도가 좋은 주의보 뒤끝을 노리면 확률이 높아진다. 또한 이 시기에는 홈통 지형보다는 수중여가 발달한 곳을 탐색하되 파도가 부딪쳐 포말이 이는 지점을 집중 공략할 필요가 있다.

- ●표준명 : 넙치농어
- ●속 명 : 농어, 넓적농어
- ●학 명 : *Lateolabrax latusi*
- ●영 명 : Blackfin seabass
- ●일 명 : 히라스즈끼(ヒラスズキ)

▼수중여가 복잡하게 형성된 수심 얕은 샬로우(Shallow) 지형이 제주 넙치농어낚시의 대표적인 포인트이다.

●앞서 언급한 바와 같이 주간에는 웬만큼 파도가 몰아치는 상황이 아니고 서는 경계심 높은 넙치농어를 만나기 힘들다. 따라서 주간낚시를 할 경우는 주의보 뒤끝을 노리되, 수중여가 복잡하게 형성되어 있고 본류대의 영향을 받는 포인트를 공략하는 것이 좋다. 또한 용출수가 나오거나 민물이 유입되는 곳일수록 주간낚시의 확률이 배가된다.

●밤낚시를 할 경우는 갯바위 지형이 크게 후미진 홈통 지역을 노려볼 만하다. 수중여가 적당히 발달해 베이트 피시가 몰려드는 곳일수록 좋다. 용출수가 나오거나 민물이 유입되는 홈통일수록 각종 베이트 피시가 몰려들어 넙치농어가 따라 들어올 확률이 높다. 이 같은 홈통 포인트를 선택할 때는 가급적 랜턴 불빛을 삼가야 하고, 진입하기 전 낚시할 곳과 랜딩할 곳을 미리 눈여겨 보아두어야 낭패를 면할 수 있다.

▼제주 서귀포시 남원읍 벽돌공장 인근에서 미노우 채비로 올린 길이 98cm, 무게 14kg에 달하는 넙치농어. 40여분간의 사투로 온 몸이 땀에 젖었다.

●갯바위 포인트의 전체적인 특징도 잘 감안해야 한다. 제주도는 화산 활동으로 발달한 현무암(玄武巖)이 해안 전역으로 밋밋하게 펼쳐져 연안 수심이 얕은 가운데 들쭉날쭉 수중여가 발달한 지형이다. 남·서해안처럼 조수간만의 차가 많지는 않지만 떨어져 있는 간출여에 들어갔다 퇴로가 막혀 낭패를 보는 경우가 더러 있다. 이 같은 포인트에서 낚시를 할 때는 썰물과 밀물 시간을 철저히 체크한 후 진퇴에 차질이 없어야 한다.

■넙치농어 루어낚시 이렇게!

●복잡한 수중여 지대를 노리는 낚시이므로 루어는 플로팅 계열의 미노우가 유리하다. 그러나 수심 얕은 지형에 파도가 덮치는 여건이라면 슬로우 싱킹 계열의 미노우가 탁월한 효과를 발휘하기도 한다.

●넙치농어는 수중여 일대에서 즐겨 먹이활동

을 한다. 낮낚시를 할 경우일수록 목적하는 수중여 지점을 공략하는 정확한 캐스팅이 필요하다. 무작정 원거리 캐스팅만이 능사가 아니란 얘기다. 파도가 수중여에 부딪쳐 포말이 형성되는 곳을 집중적으로 공략하기 위해선 캐스팅이 정확해야 한다.

●표준명 : 넙치농어
●속　명 : 농어, 넓적농어
●학　명 : *Lateolabrax latusi*
●영　명 : Blackfin seabass
●일　명 : 히라스즈끼(ヒラスズキ)

●넙치농어는 만나기도 어렵지만 입질을 받은 후 정확한 챔질과 함께 침착하게 잘 끌어내는 요령이 더욱 중요하다. 우선 입질을 받았을 때는 낚싯대를 번쩍 들어 올리는 수직 챔질을 하지 말고 재빠른 사이드 챔질로 바늘걸림이 제대로 이뤄지게 해야 한다. 끌어내는 도중 역시 마찬가지다. 강하게 저항하며 바늘털이를 하는 녀석을 제압하기 위해선 낚싯대를 절대 세워서는 안 되며, 행여 수중여로 향해 달려갈 때는 약간의 제압도 필요하다.

●마지막 랜딩도 중요하다. 일반농어를 포함한 넙치농어는 수중여를 휘감거나 비벼 루어를 털어내려는 습성이 있기 때문에 최대한 유리한 지형을 선택하여 랜딩시켜야 한다. 그러기 위해선 라인 시스템도 튼튼해야 한다. PE 원줄 2~2.5호에 나일론 쇼크 리더는 30~35파운드(7~8호) 정도 돼야 한다.

　제주도 갯바위는 대부분 현무암으로 표면이 거칠고도 날카롭다. 낚싯줄이 쓸리면 끊어지기 쉽다는 점을 항상 염두에 두어야 한다.

●기법 못지않게 안전에도 만전을 기울여야 한다. 제주도의 겨울 낚시 여건은 혹독하다. 추위와의 싸움이며 파도와 바람과의 싸움이다. 이에 대비한 사전 준비가 철저해야 한다. 특히 무인도를 찾을 때는 혼자 나서지 말고 가급적 경험 많은 이들과 동행하는 것이 안전사고 예방은 물론 조과에도 도움이 될 것이다.

■유망 넙치농어 낚시터

　낚싯배를 이용해 진입하는 부속 섬 낚시터를 많이 찾지만 본섬에서 즐길 수 있는 연안 낚시터들도 많다. 본섬에서 편리하게 즐길 수 있는 연안 낚시터는 성산포 해안도로~차귀도 해안까지로 광범위한데, 쿠로시오 해류의 영향을 받는 지역들이다. 유망 섬 낚시터와 연안 낚시터를 시계 방향으로 소개하면 다음과 같다.

●우도 : 제주도 동쪽에 위치한 섬으로 시즌이 가장 빠른 편에 속한다. 10월

에서 12월까지 농어가 피크 시즌을 이루며, 도항선으로 이용 차량을 가지고 들어 갈 수 있어 여러모로 편리하다. 일반농어가 주를 이루는 가운데 간혹 넙치농어도 낚인다.

●남원읍 해안도로변 : 본섬에서 차량과 도보로 찾을 수 있는 연안 낚시터 가운데 서귀포 남원읍 해안도로변 일대엔 광어 양식장들이 많아 넙치농어 포인트로 각광 받는다. 양식장 배출구에서 나오는 찌꺼기가 많은 베이트 피시를 불러들이고 이를 쫓는 넙치농어가 근접하기 때문이다.

●지귀도 · 섶섬 · 범섬 : 서귀포 위미항 · 보목포구 · 법환포구 앞에 각각 위치한 무인도이다. 벵에돔 낚시터로 이름난 곳이자 넙치농어의 자원이 많은 곳이기도 하다. 시즌 또한 가장 늦게까지 이뤄지는 곳으로 11월부터 시작돼 이듬해 3월까지 지속된다. 야간낚시에 농어를 만날 확률이 매우 높아 야영을 하는 이들이 많다. 그러나 곳에 따라 갯바위 지형이 험해 이동 시 안전에 유의해야 한다. 지귀도와 섶섬의 경우는 서귀포시 보목동 보목포구에서 도선(볼레낭개호)을 이용할 수 있다.

●형제섬 : 서귀포시 안덕면 사계리 앞바다에 위치한 작은 무인도이다. 10~12월에 피크 시즌을 이루며 일반농어가 대부분이다. 섬 주변 몽돌밭 일

▼제주도 농어낚시를 대표하는 가파도의 초저녁 갯바위 풍경. 멀리 불빛이 아른거리는 곳은 서귀포시 안덕면 사계리 해변이다.

넙치농어

대가 포인트인데, 샐로우(Shallow) 지형이 길게 이어지는 해안선을 따라 이동하며 곳곳을 공략하다 보면 분명 대물을 만날 수 있다. 경치 또한 빼어난 곳으로 특히 일출 광경이 각종 캘린더를 장식한다. 사계포구에서 낚싯배(길성호 등)를 이용하면 불과 10여분 거리다.

●**가파도** : 제주도에서 가장 대표적인 농어 루어 낚시터로 꼽힌다. 모슬포항에서 정기여객선을 이용해 편리하게 진입할 수 있으나 차량 적재는 불가능하다. 10월부터 이듬해 2월 사이에 넙치농어가 많이 낚이며 큰 씨알의 일반농어도 만날 수 있다.

섬 전체가 유어장으로 등록되어 누구나 낚시 및 스쿠버 다이빙을 즐길수 있다. 이곳 해안 역시 샐로우 지형과 간출여가 고루 발달돼 있는데 간출여에 오를 땐 퇴로가 차단되지 않게 물때 시각을 잘 파악해 두어야 한다.

●**영락리 해안도로변** : 모슬포에서 차귀도 방향의 대정읍 영락리 해안도로(노을해안로) 주변은 원래 일반농어의 비중이 높은 곳이지만 파도가 강하게 몰아칠 때 넙치농어도 곧잘 나타난다. 이 지역 역시 광어 양식장 주변이유력 포인트인데 주로 밤낚시 확률이 높은 편이다.

●**차귀도** : 제주도 서쪽, 제주시 한경면 고산리 자구네포구 건너편에 위치한 무인도이다. 자구네포구에서 도항선(소망호 등)을 이용하면 불과 5분여거리로 편리하게 진입할 수 있으나 도항선의 운항 시각이 불규칙하므로 사전 확인이 전제돼야 한다.

일반농어 및 넙치농어 자원이 고루 풍부한 곳으로 10월부터 12월까지가피크 시즌이다. 이른 새벽 시간이 골든타임이며 주의보 직전의 적당한 파도와 물색이라면 대물급 농어를 만날 확률이 매우 높은 곳이다.

●표준명 : 넙치농어
●속　명 : 농어, 넓적농어
●학　명 : *Lateolabrax latusi*
●영　명 : Blackfin seabass
●일　명 : 히라스즈끼(ヒラスズキ)

4월에 떠나요!

글 김 욱, 사진 김 욱

배스낚시

스포츠피싱 주도하는 지구촌 낚시 대상어

여가 활동으로 즐기는 낚시 중에서도 정신운동은 물론 신체운동까지 크게 도모하는 '스포츠피싱(Sportsfishing)'이 인기다. 루어낚시라는 장르가 곧 그 배후이고, 주역은 다름 아닌 배스다. 낚시 대상어를 덩치와 힘 으로만 따지면 소위 '몸맛'으로 알아주는 부시리나 참치가 최고일지도 모 른다. 하지만 낚시의 묘미는 대상어의 크기나 힘만으로 평가되는 게 아님을 낚시인 모두는 경험으로 알고 있다.

먹어도 먹어도 질리지 않는 세 끼 밥처럼 오랜 시간을 즐기면서도 그 재 미의 원천이 바닥나지 않는 깊이를 첫째로 보고, 누구나 큰 돈 들이지 않고 도 쉽게 누릴 수 있는 대중적 환경을 그 둘째로 본다. 그리고 셋째는 끝을 가늠할 수 없는 기법의 다양성이다. 루어낚시 대상어 중에서도 가장 다종다양한 루어가 개발·보급되고 이에 따른 새로운 낚시 기법은 다른 대상어로까지 전파될 정도다. 그래서 배스낚시야말로 루어낚시의 으뜸이요 스포츠피싱의 대명사라 일컫는 것이다.

이런 까닭에 근년 들어 낚시를 처음 시작하는 이들 가운데 젊은 층이 가장 선호하는 분야 또한 배스낚시로 나타난다. 그들은 외모부터 다르다. 원색으로 맘껏 멋을 부리고 물가에 나선다. 골퍼나 등산가들이 전용 의류를 갖추고 나서는 것과 다르지 않다. 여기에 여성, 어린이들도 가세한다. 새로운 낚시 문화가 자리 잡아가는 것이다. 문화의 흐름이란 전염성이 강해서 곧 다른 장르의 낚시에도 전염될 것으로 예상된다.

낚은 고기는 당연히 요리해 먹는 것으로 여기던 관습도 배스낚시 때문에 변하고 있다. 낚으면 사진 찍고 되살려 주는 문화가 그것이다. 캐치 앤 릴리즈(Catch and Release)를 국내에 최초로 도입하고 정착시킨 사람들이 바로 배스낚시 동호인들이다. 거스르기 어려운 큰 흐름은 배스 낚시인들의 자부심으로 자리 잡았고 그들은 이구동성으로 말한다. "이것이 바로 스포츠피싱이다."

● 표준명 : 큰입우럭
● 속 명 : 민물농어, 민물우럭
● 학 명 : *Micropterus salmoides*
● 영 명 : 라지마우스 배스
       (Largemouth Bass)
● 일 명 : 바스(バス)

▼경남 산청군 생비량면~신안면을 흐르는 양천강에서 크랭크베이트로 50cm급 배스를 올린 필자. 강한 수류 파동을 일으키는 크랭크베이트는 여름 배스를 노릴 때 아주 효과적인 루어다.

■생태와 습성, 서식 및 분포

배스의 고향인 아메리카 대륙에는 라지마우스 배스를 필두로 스몰마우스 배스와 스팟티드 배스 등 여러 종이 있지만 우리나라에 서식하는 배스는 라지마우스 배스(Largemouth bass) 한 종뿐이다. 1973년 최초 미국으로부터의 도입 단계에는 스몰마우스 배스도 포함돼 있었으나 둘 중 라지마우스 배스만 토착화한 것으로 알려진다.

환경 적응력이 뛰어난 배스는 맑은 물, 흐린 물을 가리지 않고 댐·저수지·수로는 물론 유속이 있는 강계에도 고루 서식한다. 19~27℃가 최적 서식 수온이라 해도 27℃ 이상의 고온에도 잘 견디고 10℃ 이하의 저온에서도 성장만 멈출 뿐 생존엔 지장을 겪지 않는다. 상당한 광온성(廣溫性)이지만 정확히는 온수성으로 비교적 따뜻한 수온에서 성장이 빠르고, 유속이 있는 곳보다는 유속이 없는 환경을 선호한다.

이름 그대로 체구에 비해 입이 아주 큰 배스(라지마우스 배스)는 어식성(魚食性)이되 물고기뿐만 아니라 살아있는 것이면 이것저것 닥치는 대로 포식하는 악식가이다. 태어나 약 5cm 크기로 자라기까지는 작은 갑각류나 동물성 플랑크톤을 즐겨 취하고, 이후부터는 여러 가지 벌레나 작은 물고기를 포식하다가 성어가 되면 그야말로 온갖 수중 동물을 가리지 않는다. 뱀은 물론 물새 새끼와 다슬기까지 잡아먹는가 하면, 심지어 새끼 배스마저 잡아먹는 공식(共食)도 감행한다. 배스낚시에 사용되는 루어가 어떤 어종

▼말풀 수초 군락지대를 유영하는 라지마우스 배스. 감각기관이 발달해 눈도 밝고 냄새도 잘 맡는다.

에 비해 가장 다종다양한 이유도 이 같은 먹이습성에 기인하는 것이다.

● 표준명 : 큰입우럭
● 속　명 : 민물농어, 민물우럭
● 학　명 : *Micropterus salmoides*
● 영　명 : 라지마우스 배스
　　　　　(Largemouth Bass)
● 일　명 : 배스(バス)

뛰어난 감각기관으로 색깔과 냄새도 구분

이렇듯 배스는 타고난 사냥꾼이다. 같은 육식동물이더라도 버려진 사체를 주워 먹거나 남의 먹이를 훔쳐 먹는 스캐빈저(Scavenger)와 달리 스스로 사냥하지 않으면 도태되어 사라질 수밖에 없는 가혹한 운명의 주인공이다. 감각기관이 뛰어날 수밖에 없는데 그 중에서도 배스의 눈은 전형적인 물고기의 눈으로, 어안렌즈로 보는 것처럼 넓은 각도로 왜곡된 상을 보게 된다. 따라서 넓은 방향으로 천적이나 먹잇감의 존재를 포착하기 쉽고, 주로 시선은 자신의 몸을 기준으로 위쪽으로 집중해 있다. 배 아래쪽과 꼬리 방향은 시선이 닿지 않는 사각지대이다.

배스의 사냥은 주로 눈을 이용하지만 보조적으로 귀(내이 · 內耳)와 측선(側線)을 이용해 만전을 기한다. 배스의 야시 능력은 매우 뛰어나 사람 눈으로 볼 수 없는 캄캄한 조건에서도 주위를 분별할 수 있다. 또한 색깔을 구별할 줄 알아서 루어의 색깔이 중요한 단서가 되기도 한다. 맛이나 냄새도 민감하게 구별해 배스가 싫어하는 냄새, 예를 들면 화장품이나 선크림, 담배 냄새 등이 낚시에 방해를 준다는 연구결과도 나와 있다. 반대로 좋아하는 냄새도 있어서 이를 루어에 바르거나 입혀서 사용하는 기법과 용품도 발달해 있다.

배스의 사냥은 매복술을 기반으로 한다. 숨어 있다가 짧은 거리를 단번에 추격해 먹잇감을 공격하는 방식이다. 이런 특성 때문에 배스에게는 매복과 은신을 위한 수단이 필요하다. 수몰나무나 바위 같은 장애물을 곧장 활용하고 여의치 않으면 그늘이나 그림자 같은 것들도 활용하는 것이다.

낚시 또한 이런 점에 착안해야 한다. 뭔가 숨을 만한 곳이면 집중적으로 공략해야 한다. 그러나 요즘처럼 출조객들이 많아진 상황에서는 주말에 눈에 띄는 장애물만을 공략하는 사람은 초보자임이 분명하다. 이미 그런 곳은 남들이 공략해서 빈집일 확률이 높기 때문이다.

경험 많은 사람들은 물속에 잠겨 남들이 쉽게 보지 못하는 배스 집을 찾는다. 그것이 수몰나무나 수중바위 같은 전형적인 은신처일 수도 있지만 대부분은 바닥의 요철이 주변보다 두드러지고 단단한 곳일 때가 많다. 그런 곳이 흔히 말하는 브레이크 라인(Break line · 수심이 뚝 떨어지는 곳), 하드 보텀(Hard bottom · 주변보다 단단한 지질로 이뤄진 바닥), 혹은 험프(Hump · 주변보다 높이 솟아오른 둔덕)로 명칭되는 수중지형들이다.

■배스낚시 시즌 및 주안점

: 시즌 ▨: 피크 시즌

구분	1월	2월	3월	4월	5월	6월	7월	8월	9월	10월	11월	12월
중부권, 내륙지역												
남부권, 해안지역												

우리나라의 배스낚시는 한겨울을 제외하곤 언제나 가능하다. 한겨울이라 해도 수면이 얼어붙지만 않으면 배스낚시가 가능하다. 배스는 겨울에도 먹이활동을 하고, 결빙이 흔치 않은 충남 서해안권과 영 · 호남 지역에서는 겨울에도 배스낚시가 활발히 이뤄지기 때문이다.

배스낚시의 피크 시즌은 산란을 중심으로 형성된다. 벚꽃의 개화 소식이 빠른 남부 지역이나 해안 지역은 그만큼 배스의 산란 시기도 빠르다. 산란을 앞두고 얕은 곳에서의 먹이활동이 증대되는 만큼 배스 낚시인들에게는 최고의 시즌인 것이다.

배스낚시에서는 시즈널 패턴(Seasonal pattern)이라는 개념으로 계절별 특징을 정리한다. 시즈널 패턴에서 말하는 계절은 우리 인간의 사계와 달리 더 촘촘하고 구체적으로 나뉜다. 사실 자연계에서 우리 방식의 숫자는 아무 의미가 없음을 먼저 생각할 필요가 있다. 예를 들어 산란을 위해 겨울의 끝자락이 되면 배스는 얕은 곳을 향해 모이기 시작한다. 그리고 준비를 하는 것이다. 산란기를 기준으로 이전과 이후의 행동 방식이 독특하게 달라서 낚시 기법이나 포인트 선정 역시 차이가 날 수밖에 없다. 이를 인식하지 못하거나 무시한다면 조과에 나쁜 영향을 초래할 것이 분명하다.

▶**늦겨울~초봄** – 수온상승 빠른 얕고 넓은 지류권, 루어 액션은 느리게

추위에 위축되었던 배스가 산란을 준비할 때다. 중부 지방을 비롯한 내륙권은 대략 3월 초순~3월 하순에 해당하고, 남부 지방과 해안 지대는 2월 중순~2월 하순에 해당한다.

깊은 수심층 위주로만 반응하던 양상이 사라지고 깊은 수심층과 얕은 수심층 모두에서 배스가 확인된다. 특히 얕은 수심층에서 낚이는 이맘때의 배

스는 대형급 확률이 많아 빅배스를 노리는 마니아들은 마릿수는 적을지라도 얕은 수심층 낚시에 집중한다. 얕은 수심을 주목하는 이유는 산란을 앞둔 배스가 많은 일조량을 받아 알을 성숙시키기 위해 연안으로 근접하는 때문이다. 생리적으로 필수적인 과정이므로 배스낚시에서는 '반드시'라고 할 만큼 숙지해야 할 대목이다. 따라서 이 시기엔 중층 공략법도 주목을 받게 된다.

●**추천 루어와 운용법** : 스피너베이트, 서스펜딩 저크베이트, 바이브레이션 플러그, 샐로우 크랭크베이트, 프리 리그, 다운샷 리그, 지그, 피네스 지그 등으로 전반적으로 느린 전개 방식이 필수다. 웜이나 지그를 사용할 경우는 바닥에 완전히 세워놓고 몇 분(分)이고 입질을 기다리는 데드 스티킹(Dead sticking)을 권하고 싶다. 바닥권 탐색을 어느 정도 했다면 스피너베이트나 바이브레이션 플러그, 저크베이트 같이 중층 공략이 가능한 루어로 중층권을 노리되, 역시 매우 느린 템포의 낚시를 풀어나간다.

시간대는 오전보다는 오후의 반응이 좋으므로 편한 낚시를 즐기고 싶다면 점심 이후에 집중하는 것도 방법이다. 하지만 의욕이 있다면 이른 아침 동틀 무렵을 꼭 권하고 싶다. 춥기도 하고 짧은 시간이라는 제한이 있지만 이른 봄의 조과를 거두기에 딱 좋은 시간대이기 때문이다.

●**포인트 탐색** : 월동처인 깊은 수심층에 있던 배스들이 슬슬 얕은 곳을 찾아 일진일퇴를 반복하는 시기로, 날씨가 며칠 포근하면 얕은 곳에서 낚이다

●표준명 : 큰입우럭
●속　명 : 민물농어, 민물우럭
●학　명 : *Micropterus salmoides*
●영　명 : 라지마우스 배스
　　　　　(Largemouth Bass)
●일　명 : 바스(バス)

▼3월 초봄 시기엔 산란을 앞둔 배스가 수심 얕은 연안으로 접근한다. 따라서 이 시기엔 햇살이 내리 쬐는 한낮, 특히 오후 시간에 얕은 수심층을 노릴 필요가 있다.

가도 추위가 오면 다시 입을 다물기를 반복한다. 따라서 갑작스런 추위 때문에 조황이 나빠지면 겨울에 잘 낚이던 곳 근처로 시선을 돌려 다시 뒤져볼 필요가 있다.

▶초봄~봄 – 남녘부터 황금 시즌 돌입

배스낚시에 있어 가장 중요한 산란기 전후 시즌이다. 중부 지방을 비롯한 내륙권은 대략 4월 초순~5월 하순에 해당하고, 남부 지방과 해안 지대는 3월 중순~5월 하순에 해당한다.

배스는 산란을 전후해 극단적인 반응 차이를 보인다. 산란을 완전히 마치기 전까지는 왕성한 먹이활동은 물론 많은 개체들이 얕은 곳으로 모여들어 배스를 만날 확률이 가장 높아진다. 낚시하기 쉬운 시기인 셈이다. 하지만 산란을 완전히 마치고 나면 언제 그랬냐는 듯이 반응이 냉랭해진다. 산란기의 시작과 종료는 남부 지방과 해안 지역이 빠르다는 점을 염두에 두고 남부와 중부, 내륙과 해안 지역을 구분해 최대한 손맛을 즐기는 전략을 짤 필요가 있다.

●추천 루어와 운용법 : 스피너베이트와 서스펜딩 저크베이트, 샐로우 크랭크베이트, 바이브레이션 플러그, 지그, 피네스 지그, 프리 리그, 다운샷 리그 등 초봄 루어와 크게 다를 바 없지만 운용 속도 면에서는 초봄보다 약간 빨라야 한다. 한 가지 더 추가한다면 5월 중순 무렵부터는 수심 얕은 곳에서

▼금호강 상류 지류권에 속하는 북안천(영천시 북안면)에서 스피너베이트로 48cm급 배스를 낚아 올린 필자. 웨이딩으로 강 한복판까지 들어가 건너편 물굽이 지대를 노린 결과다.

제한적이긴 하지만 탑워터(Top water) 게임이 시작된다는 점이다. 포퍼나 프롭베이트 같이 느린 전개가 가능한 루어로 탑워터 게임도 구색으로 갖출 필요가 있다.

●포인트 탐색 : 우선 산란장을 찾아야 한다. 전형적인 산란장은 북풍이 산에 막히고 햇볕이 오래 드는 남사면의 얕은 경사면이다. 그러나 이것은 현학적인 표현일 뿐 그냥 경사가 완만하고 수심이 적당히 얕은 곳은 배스의 산란장이 될 수 있다고 생각하면 된다.

시즌 초반엔 산란장 위주로 조과가 일찍 나타나지만 점점 시간이 흐를수록 지류권이 아닌 본류권의 얕은 곳에서도 입질이 활발해진다. 따라서 그 변화의 추이를 읽으면서 본류권의 야트막한 곳들도 탐색할 필요가 있다.

▶**늦봄~장마 직전 –** 산란 후기엔 '피네스 피싱' 주력

산란기 호황은 끝나고 낚시가 어려운 시기로 접어든다. 중부 지방은 6월 초순~7월 초순, 남부 지방은 6월 초순~6월 하순에 해당된다고 보면 된다. 배스가 있더라도 반응 자체가 무뎌 액션 연출에 많은 공을 들여야 한다. 동작이 빠른 루어보다 느린 전개가 가능한 루어가 유리하다.

하지만 장마 시기가 가까워질수록 이런 암울한 분위기는 점점 개선이 되면서 입질이 살아나기 시작한다. 분위기를 가늠하는 기준으로 수면에서 배스의 포식 활동을 관찰해야 한다. 하루 종일 눈에 띄지 않을 수도 있고 어느 시점부터 점점 잦아지기도 한다. 활발한 포식 활동이 관찰되면 하드베이트가 본격적으로 먹히는 시기이므로 굳이 느린 액션을 구사할 필요는 없다.

●추천 루어와 운용법 : 입질이 약해지는 산란 후기에는 무게가 가볍고 크기가 작은 웜 위주의 피네스 피싱(Finesse fishing)을 추천한다. 하지만 점점 입질이 살아나면 스피너베이트나 바이브레이션 플러그처럼 빠른 템포의 루어들에도 반응을 보이기 시작한다.

장마철을 앞두고 수온이 오르게 되면 탑워터 게임이 본격적으로 시작된다. 수심이 얕은 지류뿐만 아니라 수심 깊은 본류권에서도 수면을 가르는 탑워터 게임이 효과를 발휘한다.

●포인트 탐색 : 산란을 미처 다하지 못한 개체와 이미 끝내고 기력을 완전히 회복한 개체가 혼재하는 시기인 만큼 발품을 많이 팔아야 하는 시기이기도 하다. 산란이 이뤄지던 지류권과 여기서 벗어난 개체가 머무를 본류권

을 동등하게 노려야 한다는 뜻이다. 이 시기의 본류권 포인트는 지류가 유입되는 곳 중에서도 콧부리 지점이 가장 유망하다.

▶장마~초여름 – 새물 유입구, 자극적인 루어로 적극 공략

무덥긴 하지만 자주 내리는 비 덕분에 그래도 해볼 만한 분위기이다. 배스의 활성도 역시 잦은 비 덕분에 여전히 활발할 때다. 중부 지방은 7월 초순~8월 초순, 남부 지방 역시 7월 초순~8월 초순에 해당된다.

이 시기의 핵심 키워드는 '새물 유입구'이다. 유입되는 새물의 양이 많고 지속 기간이 길수록 좋다. 이틀이고 사흘이고 지속적으로 유입되는 곳은 확실히 배스가 오래 머문다. 반면 찔끔찔끔 흘러드는 곳은 영향력이 없거나 미미하게 나타난다.

●추천 루어와 운용법 : 딥 다이빙 크랭크베이트, 중대형 스틱베이트, 대형 스윔베이트, 프롭베이트, 버즈베이트, 지그, 각종 웜 리그가 두루 효과를 발휘한다. 이 시기의 배스는 활성도가 높아 매우 공격적이므로 자극적인 루어를 사용하되 크기도 과감히 키울 필요가 있다. 평소 엄두도 못 내던 대형 스윔베이트를 써 봐도 좋다. 뭐든 크고 강한 것이 효과를 발휘한다. 반응이 없거나 약하다면 큰 개체를 찾아서 과감히 자리를 옮겨 볼 필요도 있다.

●포인트 탐색 : 아침과 해질녘 시간대라면 지류권도 좋다. 하지만 그 외의

▼여름 첫 장마로 새물이 흘러드는 유입구는 산소량이 풍부한 데다 작은 먹잇감(베이트 피시)들이 몰려들어 먹이활동을 위한 배스가 호시탐탐 기회를 노리는 곳이다.

배스

시간대라면 본류권을 집중적으로 공략하는 것이 기본이다. 수심 깊은 본류권은 선택의 폭이 너무 넓어 막연하기 마련이다. 이때의 선택 기준은 새물 유입구, 본류권 콧부리, 수직 절벽, 암반 지대, 그늘, 바람맞이 등이다.

탐색의 기본은 탑워터 플러그를 우선 사용하는 것이다. 시간 절약에도 도움이 되기 때문이다. 우선 사용한 탑워터 플러그에 반응이 없으면 중층과 저층용으로 교체해 나가면 된다.

- ●표준명 : 큰입우럭
- ●속　명 : 민물농어, 민물우럭
- ●학　명 : *Micropterus salmoides*
- ●영　명 : 라지마우스 배스
　　　　　　(Largemouth Bass)
- ●일　명 : 배스(バス)

▶여름~초가을 – 여전히 고수온, 그늘진 곳과 바람맞이 유리

장마가 끝나면서 본격적인 무더위가 시작되면 표층수온이 30℃에 육박하는 분위기다. 배스가 고수온에 시달릴 때다. 그늘, 바람, 파도, 장애물 지대를 찾지 않을 수 없다. 그늘이 형성되는 시간대에 살랑살랑 바람이 불어준다면 금상첨화의 호조건이다.

●추천 루어와 운용법 : 딥 다이빙 크랭크베이트, 중대형 스틱베이트, 대형 스윔베이트, 프롭베이트, 버즈베이트, 지그, 각종 웜 리그 등, 추천 루어는 장마철과 비슷하지만 좋은 결과를 도모하기는 더욱 불리한 여건임을 염두에 두어야 한다. 배스의 존재가 확인되는데도 도무지 입질을 안 할 때가 허다하기 때문이다.

결국 반응을 보일 때까지 거듭 캐스팅을 반복할 수밖에 없는 경우도 있다. 달리 표현해 배스가 물어주길 기다리는 게 아니라 물게 만들어야 하는데, 그런 목적으로 개발된 기법 중 하나가 장애물이나 바닥 지형에 루어를 부딪치게 해 액션의 리듬을 크게 깨버리는 것이다. 아니면 큰 파동을 만드는 스윔베이트로 빅배스의 잠재된 본능을 자극하는 것도 방법이다. 빅배스들은 큰 먹이에 대해 본능적으로 따라 붙는 특징이 있다. 평범한 먹이를 자주 먹기보다는 큰 먹이를 취해 오래 버티는 쪽이 그들의 생존에 유리하기 때문이다.

●포인트 탐색 : 역시 바람이나 파도, 그림자가 드리워져 수온을 낮추거나 용존산소량을 높이는 곳이 유망하다. 따라서 낚시를 하는 동안 풍향이나 그림자 방향 같은 것들을 예의 주시하면서 위치를 옮기는 등, 그 어느 때보다 부지런한 행동이 요구된다.

본류권의 콧부리 지형은 전형적인 여름 포인트이고, 이 외에 물의 소통이 좋은 곳을 찾아 집중할 필요가 있다.

▶가을 턴 오버(Fall turn over) - 강·하천·수로가 유망 출조지

'가을 턴 오버'란 댐이나 저수지처럼 물이 정지되어 있는 수역에서 발생하되 기온이 떨어지는 가을철에 일어나는 대류현상이다. 봄부터 여름 동안은 표층과 그 아래의 수온약층 그리고 심층의 물이 서로 구분되는 수괴(水塊) 상태를 유지하지만, 가을이 깊어 기온이 떨어질수록 수면이 냉각되어 결국 아래쪽 수온약층보다 위쪽 표층 수온이 더 낮아지는 시기가 도래한다. 이때부터 대류현상이 일어나 표층과 심층의 물이 뒤섞이게 되는데 이를 '턴 오버(Turn over)'라 부른다.

이때는 바닥의 침전물이 물과 함께 움직여 호소 전체가 탁해지고 물비린내마저 심한 경우도 있다. 이렇듯 수질·수온·용존산소량 등의 수중 생태 환경이 바뀜에 따라 일정 기간 배스는 입을 다물어버린다. 중부 지방을 비롯한 내륙권 호소는 대략 10월 하순~11월 초순, 남부 지방과 해안 지대 역시 10월 하순~11월 초순 사이의 일정 시기에 해당한다. 따라서 가을 턴 오버 현상이 발생할 시기에는 물이 흐르는 강이나 하천, 대형 수로 등지를 찾는 것이 좋다.

●추천 루어와 운용법 : 피네스 피싱 웜, 스피너베이트, 딥 다이빙 크랭크베이트, 소형 저크베이트를 꼽을 수 있겠으나 배스의 활성도가 떨어져 어찌

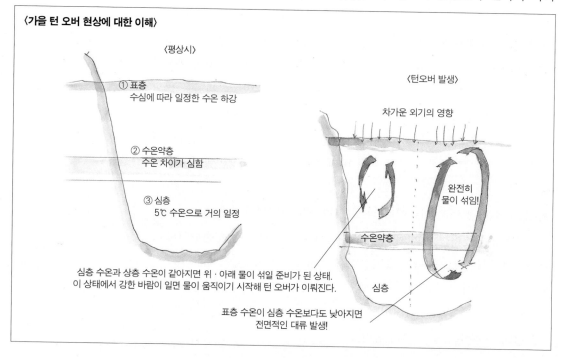

〈가을 턴 오버 현상에 대한 이해〉

〈평상시〉

① 표층
수심에 따라 일정한 수온 하강

② 수온약층
수온 차이가 심함

③ 심층
5℃ 수온으로 거의 일정

〈턴오버 발생〉

차가운 외기의 영향

완전히 물이 섞임!

수온약층

심층

심층 수온과 상층 수온이 같아지면 위·아래 물이 섞일 준비가 된 상태.
이 상태에서 강한 바람이 일면 물이 움직이기 시작해 턴 오버가 이뤄진다.

표층 수온이 심층 수온보다도 낮아지면
전면적인 대류 발생!

보면 한겨울보다 낚시가 더 어려울 수도 있다. 따라서 배스가 공격하기 쉬운 소형 웜이나 저크베이트 정도가 두각을 나타낼 뿐이다.

루어 운용 방식 또한 한 지점에 오래 머물 수 있도록 극도의 자연스런 연출로 배스의 식욕을 자극해야 한다. 꽤 지루한 낚시가 될 수도 있어 특히 피네스 피싱이 요구되는 시기이기도 하다. 더러는 반사적인 입질을 유도하기 위해 스피너베이트나 딥 다이빙 크랭크베이트를 강조하는 경우도 있으나 이는 전문가의 영역일 뿐, 초보자의 경우는 피네스 피싱에만 집중할 것을 권하고 싶다.

●**포인트 탐색** : 이때는 어디가 더 낫다고 잘라 말하기가 어렵다. 턴 오버가 발생하면 고역을 치르는 것은 배스만이 아니다. 각종 먹잇감들도 시련을 겪기는 마찬가지다. 그렇지만 우선 베이트 피시가 많이 보이는 곳을 주목하는 것이 좋다. 그리고 잔챙이 배스일지언정 생명반응이 있는 곳을 중점적으로 뒤질 필요가 있다. 잔챙이 배스가 살만한 환경이라면 큰 배스가 느리게라도 반응을 하기 때문이다.

수질이 관건인 시기이므로 바람이나 파도의 영향을 많이 받는 본류권이 유망하다. 되도록 콧부리처럼 툭 튀어 나와 물의 소통이 좋은 지형을 골라야 한다.

▶**늦가을~초겨울** – 월동 전 배스 활성도 최고조

가을철 '턴 오버'의 악재에서 벗어나면 분위기가 다시 한 번 살아난다. 겨울을 앞둔 배스가 왕성한 먹이활동을 전개할 시기로 유난히 하드 베이트(Hard bait)가 잘 먹히는 시즌이기도 하다. 하드 베이트 사용이 서툰 초보자들도 하드 베이트에 입문하기 쉬운 계절이다. 배스가 활동하는 수심층도 10m 이상의 깊은 층과 표층까지 고루 분산되어 다양한 탐색이 필요할 때다. 중부 지방을 비롯한 내륙권은 11월 초순~하순, 남부 지방과 해안 지대의 경우는 11월 초순~12월 초순에 해당한다.

●**추천 루어와 운용법** : 지깅스푼, 테일스피너, 아이스지그, 블레이드베이트, 딥 다이빙 크랭크베이트, 탑워터 플러그, 버즈베이트, 대형 스틱베이트와 스윔베이트, 지그, 각종 웜 채비 등이 두루 동원된다. 배스의 입질이 살아나면서 뭐든 잘 먹히는 시기이기 때문이다.

그런데 잔챙이들의 입질도 왕성해 잘못하다간 하루 종일 잔챙이 사냥으

● 표준명 : 큰입우럭
● 속　명 : 민물농어, 민물우럭
● 학　명 : *Micropterus salmoides*
● 영　명 : 라지마우스 배스
　　　　　(Largemouth Bass)
● 일　명 : 바스(バス)

로 끝날 수도 있다. 잔챙이는 거들떠보지 말고 굵은 씨알만 노려도 충분히 손맛을 볼 수 있는 시기이므로 루어 선별에 대해 냉정할 필요가 있다. 특별히 굵은 씨알만을 원한다면 사이즈가 큰 루어를 사용하는 것이 당연지사다.

●포인트 탐색 : 겨울을 앞둔 왕성한 먹이활동 때문에 지류권과 본류권 어디에서 대박이 터질지 미리 예측하기 힘들다. 포인트 선정의 기준은 일단 베이트 피시가 많은 곳을 우선하는 것이다. 한 번 만나면 떼고기를 만나기 쉬우므로 입질을 한 번 받으면 그 근처를 샅샅이 뒤질 필요가 있다.

▶초겨울~한겨울 – 남녘 및 해안 지역에선 시즌 지속

중부 지방을 비롯한 내륙권은 12월 초순~2월 하순, 남부 지방과 해안 지대의 경우는 12월 중순~2월 초순 시기임을 전제한다.

본격적인 겨울로 접어들면 배스는 10m 전후한 깊은 수심층 위주로 분포하고, 겨울이 끝나가는 2월경이면 점점 그 분포 수심이 얕아진다. 7~8m권으로 이동되면서 슬슬 초봄 낚시 양상을 보이기 시작하는 것이다.

●추천 루어와 운용법 : 지깅스푼과 테일스피너, 아이스지그와 블레이드베이트, 각종 웜 채비 및 지그가 유효하되, 깊은 수심층을 뚫고 내려갈 수 있는 메탈 계통과 느린 속도의 운용이 가능한 웜이나 러버지그가 특히 효과적이다.

입질이 매우 약한 데다 반응을 보이다가 중도 포기하는 경우도 빈발하므

▼남녘 배스와 배서는 겨울에도 쉬지 않는다. 겨울철 수로권 낚시는 조금이라도 수심이 깊은 물곬을 공략하는 것이 유리하다.

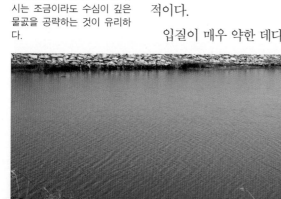

로 웜은 피네스 피싱 용도의 질감이 부드러운 것을 사용하는 게 좋다. 입질을 자극하거나 오래 머금을 수 있도록 돕는 '집어제'를 사용해 보는 것도 좋은 방법이다.

●**포인트 탐색** : 본류권의 급경사 구간이나 암반 지대를 공략하는 것이 기본이다. 암반이나 바위는 복사열을 내므로 여기에 작은 고기나 배스가 즐겨 모여들기 마련이다. 저수온기에 규모가 큰 바위 무더기를 노리는 것은 기본 중의 기본이다.

겨울의 끝자락으로 갈수록 배스의 분포 수심이 얕아지는데 온화한 날씨가 지속되면 4~5m권에서도 배스를 만나게 된다. 날씨와 분위기를 보면서 전향적으로 게임을 풀어야 하는 시기이다.

■배스낚시 기본 장비 및 소품

배스낚시는 루어를 원하는 지점까지 캐스팅하고, 릴과 낚싯대를 이용해 루어로 하여금 원하는 동작을 취하게 함으로써 배스를 유혹하는 과정으로 진행된다. 따라서 그 행위에 맞게 낚싯대와 릴 그리고 낚싯줄과 바늘 같은 소품들이 특화되어 발전해 왔다.

본서에서 소개할 내용은 도보낚시에 준해 누구나 알기 쉽게 설명하는 데 초점을 두기로 한다. 보트를 이용한 낚시는 이미 수준급에 도달한 전문가들의 영역인 데다 한정된 지면 관계상 생략하기로 한다.

▶낚싯대(Rod) - 5.6~8피트 길이의 베이트캐스팅 로드

배스용 낚싯대는 다른 루어낚시 장르에 비해 아주 특화돼 있다는 점이 특징이다. 제품 소재의 다양성은 물론 어떤 릴을 사용하느냐에 따라 베이트캐스팅 로드와 스피닝 로드로 나뉘는가 하면, 어떤 기법을 구사하느냐에 따라 그 종류가 구분되기도 한다. 전체 길이도 중요하지만 때로는 손잡이 길이도 강조된다. 그러나 이 모든 것을 한꺼번에 깨우칠 필요는 없다. 기본만 익히고 필드로 나가 실전에 임하다 보면 저절로 느끼게 되고 선배 낚시인들의 조언이 간접경험으로 축적되게 마련이다.

●**베이트캐스팅 로드와 스피닝 로드** : 어떤 릴을 사용하느냐에 따라 두 가지 낚싯대가 결정된다. 이름 그대로 베이트캐스팅 로드엔 베이트캐스팅 릴

을 사용해야 하고, 스피닝 로드엔 스피닝 릴을 사용해야 한다. 이 외에 스핀 캐스팅 장비도 있지만 국내에선 그다지 쓰이지 않아 구체적인 설명은 생략하기로 한다.

베이트캐스팅 로드의 외형적 특징은 릴 시트(Reel seat) 위에 릴(베이트캐스팅 릴)을 부착하게 돼 있고, 릴 시트 밑 부분에 권총 방아쇠와 같은 손가락걸이(트리거)가 부착돼 있어 캐스팅을 할 때 안정감을 준다. 또 한 가지 큰 특징은 가이드의 구경이 스피닝 로드의 그것에 비해 매우 작다는 점이다. 이에 비해 스피닝 로드는 가이드의 구경이 넓고 개수도 적어 원거리

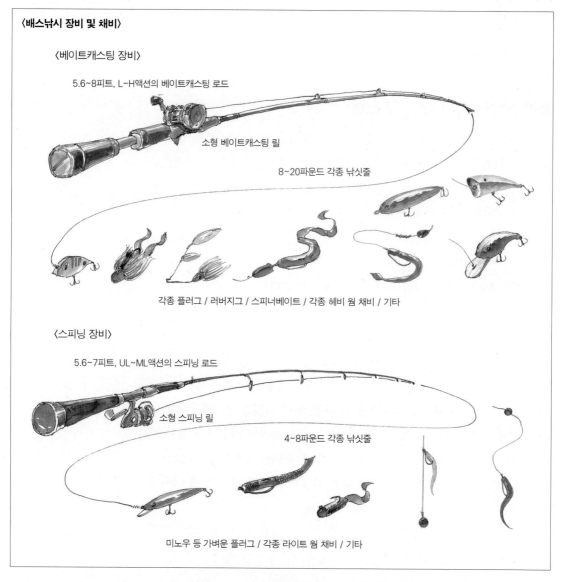

〈배스낚시 장비 및 채비〉

〈베이트캐스팅 장비〉

5.6~8피트, L~H액션의 베이트캐스팅 로드

소형 베이트캐스팅 릴

8~20파운드 각종 낚싯줄

각종 플러그 / 러버지그 / 스피너베이트 / 각종 헤비 웜 채비 / 기타

〈스피닝 장비〉

5.6~7피트, UL~ML액션의 스피닝 로드

소형 스피닝 릴

4~8파운드 각종 낚싯줄

미노우 등 가벼운 플러그 / 각종 라이트 웜 채비 / 기타

캐스팅이 유리한 장점이 있다.

릴을 포함한 이 두 가지 장비는 각각의 장단점이 있어 한 마디로 우열을 가리기보다는 그 특징을 제대로 이해하는 것이 중요하다.

베이트캐스팅 장비는 처음엔 사용하기가 다소 어렵긴 해도 일단 익히고 나면 누릴 수 있는 장점이 많다. 우선 조작성이 높아 수몰나무 같은 복잡한 은신처에 정밀한 투입이 가능하다. 대상어를 걸었을 때나 릴링을 할 때, 특히 수류 저항이 심한 루어를 다룰 때도 감아 들이는 힘이 좋아 여러 가지로 효과적이다. 하지만 무게가 가벼운 루어를 사용할 때는 비거리가 짧은 점이 문제로 제기된다.

이와 달리 스피닝 장비는 최초 사용이 수월하고 가는 낚싯줄과 가벼운 루어를 다루는 데도 효과적이다. 반면 끌어당기는 힘이 약해 박진감 넘치는 파워 피싱보다는 정교한 피네스 피싱에 적합한 장비다.

이러한 특성을 고려해 두 가지 장비를 선택하되 한 가지 도움말을 더 추가하자면 스피닝 장비는 웜(Worm)이나 소형 플러그(Plug)를 사용할 때 적합하고, 그 외 평균적인 기법에서는 베이트캐스팅 장비의 장점이 많아 근년의 배스낚시엔 거의 대세를 이룬다는 점 일러둔다.

●토막 수와 길이 : 여타 루어 낚싯대는 꽂기식 투 토막이 주류를 이룬다. 그러나 배스낚시용은 두 토막(Two piece)으로 된 제품도 있지만 한 토막(One piece)으로 이뤄진 제품도 많다. 두 토막 낚싯대는 길이가 짧은 만큼 휴대하기에 좋아 초보자들이 선호할 수도 있으나 기능만큼은 한 토막짜리 낚싯대에 미치지 못한다. 한 토막짜리는 일체형으로 손잡이에서부터 초리 끝에 이르기까지의 전체적인 밸런스가 단절 없이 유지되는 까닭에 낚싯대로서 갖춰야 할 여러 가지 기능이 뛰어날 수밖에 없는 것이다.

시판되는 배스 전용 낚싯대는 또 전체적인 길이가 아주 다양한 편이다. 대략 5.6피트(약 1.7m)에서부터 8피트(약 2.4m) 길이가 주류를 이루는데, 처음 구입할 때는 너무 짧지도 길지도 않은 중간 형태를 선택하는 게 좋을 것이다. 필자가 추천하는 길이는 6.6피트다.

▶**릴(Reel)** – 스피닝 또는 베이트캐스팅 로드에 맞춰

역시 스피닝 릴을 사용할 것인가, 베이트캐스팅 릴을 사용할 것인가에 대한 고민이 대두된다. 그러나 낚싯대와 마찬가지로 근년의 배스낚시엔 베이

배스

●표준명 : 큰입우럭
●속 명 : 민물농어, 민물우럭
●학 명 : *Micropterus salmoides*
●영 명 : 라지마우스 배스
       (Largemouth Bass)
●일 명 : 바스(バス)

트캐스팅 릴이 대세를 이룬다. 그렇다고 무조건 베이트캐스팅 릴이 좋다는
뜻은 아니다.

가벼운 루어나 가는 낚싯줄을 사용해 섬세한 기법을 구사할 때는 스피닝
장비가 더 효과적이다. 배스의 활성도가 떨어져 입질이 민감할 때 구사하는
'피네스 피싱(Finesse fishing)' 기법이 그 사례다.

이에 비해 베이트캐스팅 릴은 상대적으로 10g 이상의 무거운 루어나 10
파운드 이상의 굵은 낚싯줄을 사용할 경우에 적합하다. 더욱이 배스낚시
는 물의 저항을 많이 받는 루어를 사용하는 경우가 빈번해 베이트캐스팅
릴의 용도가 높을 수밖에 없다. 다만 입문자가 처음 사용하기에는 어려움
이 따를 수 있다. 베이트캐스팅 릴은 스풀 자체가 회전하는 구조여서 캐스
팅을 할 때 자칫 낚싯줄 엉킴(Backlash)이 발생하기 쉬운 때문이다. 그러나
루어가 수면에 착수하는 순간 낚싯줄이 계속 더 풀려 나가지 않게 하는 써
밍(Thumbing)과 낚싯대를 앞으로 밀어주는 등의 기본 요령만 익히면 금방
익숙해지므로 필요 이상 꺼려할 필요는 없다.

▶낚싯줄(Line) - 4~20파운드, 낚시 여건에 따라 선택

배스낚시에 사용하는 낚싯줄은 세 가지다. 나일론 또는 플로로카본의 모
노필라멘트와 PE 합사가 그것이다. 폴리아미드 성분의 나일론 줄은 예전엔
압도적인 선택을 받았지만 플로로카본에 그 위치를 빼앗겼다고 해도 과언
이 아니다. 플로로카본은 가격도 비싼 편이고 뻣뻣하고 무거운 특성 때문에
다루기도 쉽지 않은 소재이다. 그럼에도 인기를 모을 수 있었던 것은 강도
가 높고 늘어나는 비율(연신율)이 상대적으로 낮아 대상어의 입질을 예민
하게 느낄 수 있는 고감도 특성 때문이다.

국내 배스낚시에서 PE는 아직 대중적이라 할 수 없지만 대형급이 많은
미국의 경우 프로 토너먼터를 중심으로 PE가 일반화된 지 오래다. 미국과
환경이 다른 우리의 경우는 더 시간이 걸릴 것으로 보인다.

우리나라 배스낚시엔 나일론 또는 플로로카본 4~20파운드(약 0.8~5호)
로 아주 폭넓게 사용되는 편인데, 선택의 기준은 배스의 활성도나 포인트
주변의 장애물 그리고 이들 조건에 따라 어떤 루어를 사용하느냐이다. 배스
의 활성도가 높거나 사용하는 루어가 무겁고 포인트 주변에 분포한 장애물
이 거셀 때는 당연히 굵고 강한 낚싯줄이 필요하고, 이와 반대의 경우는 가

늘고 부드러운 낚싯줄이 필요하다.

플로로카본은 우수한 강도와 감도 덕분에 대부분의 루어나 낚시기법에 두루 적합하지만 물에 금방 가라앉는 특성 때문에 탑워터 플러그를 사용할 때는 적합하지 않다. 용도에 잘 맞춰 사용한다면 더 효율적인 낚시가 가능해진다.

〈범례〉◎ : 아주 좋음   ○ : 좋음   △ : 보통   × : 나쁨

명칭	인장강도	매듭강도	내마모성	연신율	감도	비중	흡수성	가격	취급성	기타특성
나일론	○	○	○	○	△	○	◎	△	◎	입문용, 탑워터게임용
플로로카본	○	○	◎	△	○	△	×	○	△	중상급자용
PE	◎	△	△	×	◎	◎	×	◎	×	비배스용, 헤비카버용

위 〈표〉는 일반적인 특성임을 참고해야 한다. 실제 출시되어 사용되는 제품들은 위 〈표〉에서 언급한 취약점들을 보완하기 위한 후가공이 더해지면서 단점을 보완한 것들이 일반적이다.

결국 후가공은 가격 인상 요인으로 작용해 품질과 가격 간의 등식을 만들게 된다. 예를 들어 나일론의 경우 후가공이 없거나 미미할 경우 품질도 낮고 그만큼 가격도 저렴해지지만, 후가공 정도에 따라서는 흡수에 의한 강도 저하를 만회해 품질을 격상시키는 경우도 있다. 따라서 위 〈표〉는 개념 정도로 이해하고 제품 구입 시 구체적인 특성을 제대로 비교·점검해 보는 것이 좋다.

●표준명 : 큰입우럭
●속 명 : 민물농어, 민물우럭
●학 명 : *Micropterus salmoides*
●영 명 : 라지마우스 배스
           (Largemouth Bass)
●일 명 : 바스(バス)

▶**기타 소품** – 편광안경은 '제2의 어군탐지기'

●편광안경 : 수면에 부딪쳐 올라오는 햇빛의 난반사를 편광 필터로 걸러서 물속을 투시하는 데 도움을 준다. 얕은 수심층까지는 물체를 식별할 수 있어서 대상어를 직접 볼 수도 있고 대상어가 은신할 만한 장애물을 파악하는 데도 도움이 된다. 그리고 자외선이나 불의의 사고로부터 눈을 보호하는 데도 크게 기여한다. 필자의 경우 편광안경을 '제2의 어군탐지기'라고 부르며 반드시 권하는 소품이다.

●롱 노우즈 플라이어 : 배스의 입에 깊숙이 박힌 바늘을 빼는 등의 용도로 요긴하게 쓰인다. 편리한 도구이면서 안전을 위해 필수적이기도 하다. 숙달되지 않은 사람이 잘 못하다간

▼편광안경은 강한 자외선으로부터 눈을 보호해 줄 뿐만 아니라 수면의 난반사를 없애주기 때문에 물속을 잘 들여다 볼 수 있게 해준다. 그러나 값싼 불량 제품은 오히려 시력을 해친다.

바늘에 자신의 손을 다치기도 하므로 꼭 지참할 필요가 있다. 요즘엔 듀랄루민 소재의 초경량 제품이 많이 출시되고 있어 이를 추천하고 싶다.

●태클 백 : 휴대와 이동에 있어서 인력은 한계가 있다. 따라서 태클 백은 효율성에 초점을 맞춰야 한다. 내부 분할 등에서 자신의 스타일에 맞게 나눠 현장에서 빨리 빨리 원하는 아이템을 찾아 꺼내 쓸 수 있도록 돕는 조력자이기도 하다. 골프장에 캐디가 있다면 배스낚시에는 태클 백이 이에 해당된다.

●모자 : 일차적으로 과다한 햇빛으로부터 머리를 보호하는 기능을 한다. 하지만 이것이 전부는 아니고 큰 챙으로 눈과 얼굴을 가리는 기능도 한다. 기능적으로는 편광안경과 함께 물속을 투시하는 데 큰 도움을 주므로 필수적인 아이템이기도 하다.

●팔토시, 버프 : 팔과 얼굴을 가려서 피부가 타는 것을 방지하는 기능을 한다. 답답해 보이는 외관에 비해 공기 소통이 좋아 의외로 시원한 느낌을 준다.

●장화 : 이른 아침에 이슬에 젖은 풀밭을 지나 물가에 서면 젖은 신발의 불쾌감이 하루 종일 지속된다. 무릎장화를 준비하면 발이 젖는 불쾌감도 막을 수 있고, 부담 없이 물속으로 한두 발짝 들어가는 것만으로도 캐스팅 방향이 훨씬 자유로워지는 등, 공략 범위가 비약적으로 확장되는 효과도 얻을 수 있다.

경우에 따라서는 허벅지장화도 큰 도움이 된다. 가슴장화는 너무 부담스럽고 무릎장화로는 만족스럽지 못할 때 허벅지장화야말로 좋은 선택일 수 있다. 필자의 경우 가장 선호하는 것은 허벅지장화다.

■배스낚시용 루어(Lure) 종류와 특성

배스낚시용 루어는 수없이 많다. 상세히 분류를 하자면 수십 종이 넘을 것이다. 많은 종류만큼 만들어지게 된 사연도 많다. 처음 시작하는 분들에게는 이 많은 가짓수를 권하고 싶지 않다. 설사 권한다 하더라도 감당할 수 있을지도 의문이다.

모든 배움에는 순서가 있다. 하나를 배우더라도 그 하나 덕분에 둘, 셋을 쉽게 얻어낼 수 있다면 그걸 먼저 익히는 것이 순서일 것 같다. 그래서 지식의 씨앗이 될 만한 루어들을 선별했다. 이들 루어의 특징과 용법을 제대로 익히게 되면 응용할 수 있는 루어 종류가 저절로 늘어나게 될 것이다.

●표준명 : 큰입우럭
●속　명 : 민물농어, 민물우럭
●학　명 : *Micropterus salmoides*
●영　명 : 라지마우스 배스
　　　　　(Largemouth Bass)
●일　명 : 바스(バス)

▶스피너베이트(Spinnerbait) - 밑걸림 덜해 초보자도 쉽게 사용

●특징 : 날개(Blade)가 달린 스피너(Spinner)와 지그(Jig) 형태가 결합된 루어이다. 철사 구조로 된 암(Arm)이 바늘을 막아주어 밑걸림이 줄어든다. 따라서 초보자들도 배스 은신처인 장애물 포인트에 대한 과감한 공략이 가능하다.

●개념 : 캐스팅 후 릴링을 하면 날개가 회전하면서 빛이 반사되고 근처의 물을 흔들어 파동을 일으킨다. 배스가 유인되는 이유로서 빛 반사와 파동이 주효하므로 블레이드가 잘 회전하도록 하는 것이 중요하다. 이를 위해 값비싼 고급 볼베어링 도래를 채택하는 것이 기본이다.

●액션 : 그냥 던지고 감기만 하면 되는데, 중요한 것은 공략 수심과 릴링 속도다. 배스의 분포 수심에 따라 달라지지만 보통 1/2온스 정도를 표준으로 사용한다. 대략 2m 이내의 얕은 수심층을 공략할 때는 3/8이나 1/4온스 무게로도 충분하지만 그 이상의 깊은 수심층은 1/2이나 3/4온스 정도를 사

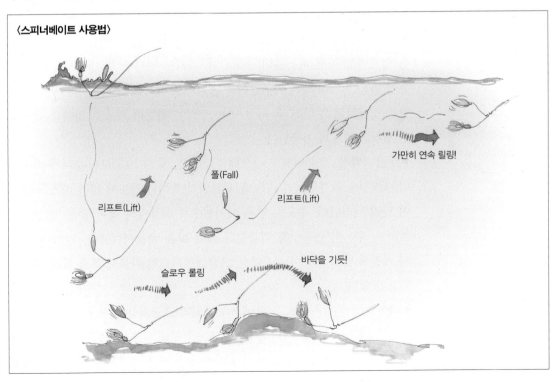

〈스피너베이트 사용법〉

가만히 연속 릴링!

폴(Fall)

리프트(Lift)

리프트(Lift)

슬로우 롤링

바닥을 기듯!

용하게 된다.

릴링 속도는 배스의 활성도를 지배하는 수온에 맞춰 조절해야 한다. 수온이 낮은 봄까지는 느린 릴링이 좋고 여름 이후의 고수온기에는 중간 속도 이상을 선택적으로 구사하면 된다.

기본적인 단순 릴링에 익숙해졌다면 그 다음엔 수초 무더기의 가장자리에서 릴링을 멈추고 루어를 낙하시키는 방법을 익혀두면 좋다. 이 방법에 대해 경험을 쌓고 나면 수평 이동과 수직 이동의 양쪽 감각을 체득하게 되면서 이후 자유로운 자기만의 연출로 진행하는 첫 단계로 들어갈 수 있다.

●핵심 : 스피너베이트는 다른 루어에 비해 밑걸림이 덜하다. 수초나 육초 덤불 같은 장애물을 걸림 없이 잘 타고 넘은 강점이 있다. 이런 특성을 잘 아는 전문가들은 장애물 너머로 캐스팅을 한 후 의도적으로 장애물을 정면 돌파한다. 장애물 옆을 스치고 지나가는 방법이 안전하겠지만 활성도가 떨어진 개체나 대형급을 노리는 데는 적극적인 방법이 되지 못한다. 그러나 스피너베이트의 장점을 살려 장애물을 툭 치고 나올 수만 있다면 배스는 그 충돌 순간 반사적인 행동반응을 보이면서 공격을 감행하게 된다.

▶**크랭크베이트(Crankbait)** – 강한 수류 파동으로 대상어 유혹

●**특징** : 좌우로 크게 흔들리는 몸통 액션(Wobbling)이 수중에서 강한 파동을 일으키고 이에 배스들이 유혹된다. 그리고 커다란 립(Lip)과 두툼함 몸통이 바늘을 가려 생각보다 장애물 돌파력도 강하다. 특히 수몰나무나 바위 같은 장애물에 부딪힌 후 타고 넘는 능력이 월등해 배스로 하여금 갑작스런 입질을 하도록 자극한다.

●**개념** : 역시 그냥 던지고 감으면 기본적인 액션이 나온다. 루어가 좌우로 떠는 액션을 워블링이라 하는데, 워블링의 폭이나 강도에 따라 배스의 반응이 달리 나타난다. 수온이 낮은 시기일수록 워블링의 폭이 좁은 형태를 선호하고, 수온이 높을수록 워블링의 폭이 넓은 쪽을 선호하는 편이다. 따라서 계절에 맞춰 자신이 사용하는 크랭크베이트의 워블링 폭을 달리 구사할 필요가 있다.

●**액션** : 첫 선택은 섈로우(Shallow) 타입의 크랭크를 권하고 싶다. 너무 깊이 파고 들어가는 딥 다이버(Deep diver) 형태는 초보자들이 사용하기 어렵고 심리적으로 두려움을 느끼게 마련이다. 기본 액션은 단순히 던지고 감

기만 하는 스테디 리트리브(Steady retrieve)다.

최적의 시기는 5월 하순 이후부터다. 수온이 적당하고 수심 얕은 권역에 배스가 많이 몰려 있는 시기이기 때문이다. 우선 단순 릴링으로 충분히 잡고 나면 그 다음은 감다가 멈추기를 반복하는 스톱 앤 고(Stop & Go)를 연습한다. 멈추는 순간 떠오르는 크랭크베이트를 예신 후 잡아끄는 느낌을 느껴가면서 낚는 재미도 보통이 아니다. 여기까지는 입문자들도 얼마든지 시도할 수 있는 수준이고 그 이후에는 수몰나무나 바위에 의도적으로 부딪히게 하는 범핑(Bumping)이 남아 있다. 어느 정도의 희생과 회수의 불편을 각오해야 하지만 이를 뛰어 넘고 나면 루어에 배스가 덤비는 이유에 대해 진짜 눈을 뜨게 된다. 루어낚시에 대한 이해의 폭이 넓어지는 계기가 될 수 있으므로 반드시 극복할 것을 권하는 단계이기도 하다.

●**핵심** : 크랭크베이트는 중층으로 끌어들일 수도 있지만 효과적인 방법이 못 된다. 바닥이나 장애물을 세게 찍으면서 통과시키다 보면 규칙적이던 리듬이 붕괴되면서 돌발적인 액션이 연출되는데, 이 돌발적인 액션에 배스가 왈칵 덤벼들 때가 많다. 그래서 전문가들은 이런 액션을 의도적으로 연출하기도 한다.

● 표준명 : 큰입우럭
● 속 명 : 민물농어, 민물우럭
● 학 명 : *Micropterus salmoides*
● 영 명 : 라지마우스 배스
          (Largemouth Bass)
● 일 명 : 바스(バス)

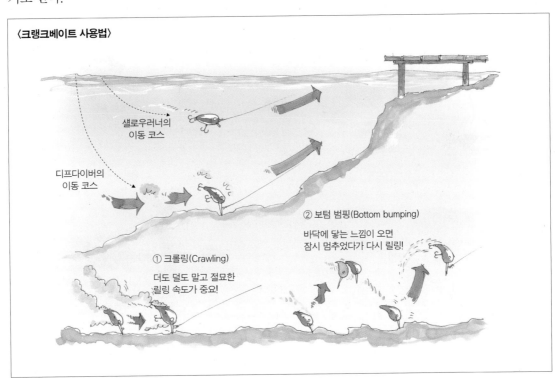

〈크랭크베이트 사용법〉

샐로우러너의 이동 코스

디프다이버의 이동 코스

① 크롤링(Crawling)
더도 덜도 말고 절묘한 릴링 속도가 중요!

② 보텀 범핑(Bottom bumping)
바닥에 닿는 느낌이 오면 잠시 멈추었다가 다시 릴링!

뭔가에 부딪혀 생겨나는 돌발적인 액션은 크랭크베이트가 아닌 다른 루어를 사용할 때도 매우 유용한 기법이라는 점 기억하기 바란다. 그러나 입문 단계에서 크랭크베이트를 사용할 경우는 표층이나 1m 정도를 파고드는 샐로우 타입부터 사용하는 것이 배움의 순서일 것이다.

▶바이브레이션 플러그(Vibration plug) – 기본 액션은 스테디 리트리브

●특징 : 수중에서 감아 들일 때 폭은 짧지만 강하게 떨어 강한 진동을 발하는 것이 특징이다. 그리고 몸통에 다양한 재질의 래틀(Rattle)이 내재돼 있어 요란한 소리를 내는 것이 특징이기도 하다. 실제로 사용해 보면 그 요란함은 여타의 플러그 종류가 내는 소리와는 차원이 다른 수준의 강렬한 음색을 보인다.

크랭크베이트와는 달리 립이 없고, 몸통이 얇아 캐스팅 시 바람의 저항을 덜 받는다. 이 덕분에 같은 무게의 다른 루어에 비해 비거리가 많이 나오며 목적하는 지점으로 시원시원하게 뻗어나가는 특성을 보인다.

●개념 : 대개 1/2온스 전후한 무게를 많이 사용하는데 맞바람도 뚫고 나갈

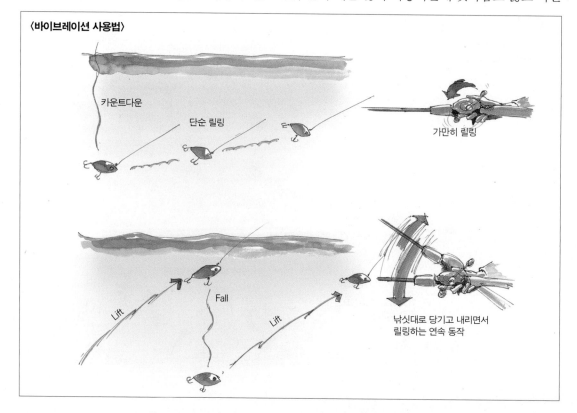

〈바이브레이션 사용법〉

카운트다운

단순 릴링

가만히 릴링

Lift

Fall

Lift

낚싯대로 당기고 내리면서 릴링하는 연속 동작

만큼 비행 능력이 우수하다는 점 다시 한 번 강조해 둔다. 우수한 비행 능력을 십분 활용해 넓은 지역을 공략할 때 즐겨 선택한다. 특정 계절에 관계없이 봄부터 겨울까지 두루 사용할 수 있는 전천후 루어다.

●액션 : 기본은 단순 릴링이다. 그냥 던지고 감는 게 전부. 문제는 무게의 선택이다. 1/2온스 안팎을 많이 사용하지만 간혹 더 깊은 수심층을 노리거나 더 멀리 던지고자 할 때는 3/4온스 정도를 쓸 수도 있다. 공략하는 범위 안에 공격적인 배스가 있다면 바이브레이션 플러그처럼 효과적인 루어도 없을 정도로 빠른 속도의 게임이 가능하다.

단순 릴링을 익히고 나면 그 다음은 버닝(Burning)이다. 늦봄 이후 수온이 오르고 나면 과하다 싶을 정도의 빠른 릴링으로 배스의 반사적 공격을 유도하는 버닝이 효과를 발휘하는데, 배스가 바닥에 붙어 저활성 분위기를 보이면 바닥까지 가라앉힌 후 들어 올렸다 내리기를 반복하는 리프트 앤 폴(Lift & Fall)을 구사할 수도 있다. 하지만 이 방법은 밑걸림이 너무 잦으므로 충분히 숙달되고 자신감이 붙은 후에 시도하는 게 좋다.

●핵심 : 캐스팅 이후 그냥 감아 들이는 스테디 리트리브(Steady retrieve)가 기본. 릴링 속도는 1초에 두 바퀴 정도로 약간 빠르게 하되, 이 정도를 기준으로 더 빠르거나 느리게 할 수도 있다. 단순하고 수평적인 액션에 반응이 없다면 루어를 바닥권까지 가라앉혔다가 낚싯대 끝을 올렸다 다시 내리는 리프트 앤 폴(Lift & fall)을 반복한다. 바닥이나 장애물에 닿았다가 살짝 빠져나올 때 생기는 액션 변화에 배스가 반사적 공격을 하게 된다. 하지만 밑걸림의 우려가 많아 초보자의 경우는 스테디 리트리브부터 충분히 익혀 자신감을 확보한 후에 도전하는 것이 심리적으로 편할 것이다.

▶**포퍼(Popper)** - 포식음 연출하는 수면 탐색기

●특징 : 부력이 강해 물에 뜨는 특성이 있다. 따라서 밑걸림에 대한 걱정이 거의 없다. 마치 입을 벌린 모양의 '마우스 컵(Mouth cup)'으로 인한 저항으로 다른 종류의 탑워터(Top water) 루어에 비해 이동거리가 짧아 배스가 있을 만한 특정 장애물에 오랫동안 머물게 하면서 자극을 가할 수 있다.

●개념 : 자극의 유효 범위가 그리 넓지 않아 주로 수심 3m 이내의 샬로우 지역에서 활용 가치가 있다. 다루기 쉬우면서도 잘 낚이기도 하기 때문에 초보자에게 꼭 권하는 루어다. 낚싯대 끝으로 살짝 살짝 당기면 오목한 컵

●표준명 : 큰입우럭
●속 명 : 민물농어, 민물우럭
●학 명 : *Micropterus salmoides*
●영 명 : 라지마우스 배스
         (Largemouth Bass)
●일 명 : 바스(バス)

모양의 마우스 컵이 물을 밀어내게 된다. 이때 물을 치면서 생기는 '퐁-퐁' 소리가 수중 경쟁자의 포식음처럼 들려 배스가 강한 반응을 보이게 된다.

●액션 : 좁은 범위 안에서 오래 시간을 끌면서 배스의 관심을 모을 수 있다는 장점을 충분히 활용해야 한다. 배스의 은신처인 장애물 근처에서 낚싯대 끝을 가볍게 아래로 당기는 방법으로 파핑을 한두 번 한 후에 성심껏 기다려 줘야 한다. 인내의 시간이 필요하다. 좀 과하다 싶을 만큼 느리게 운용하는 쪽이 입문자에게는 유리하므로 마음을 차분하게 유지하는 것이 좋다.

파핑을 구사할 때는 소리를 크게 낼 것인지 작게 낼 것인지도 생각해야 한다. 초반 탐색에서는 존재감을 알리기 위해 의도적으로 크게 내는 것도 방법이지만 본 게임에서는 들릴 듯 말 듯 부드럽게 파핑을 하는 것이 빅배스에게는 의심을 덜 받는 방법이기도 한다. 중요한 것은 체급별로 소리의 질을 따진다는 점이다. 그러나 자기만의 스타일과 경험치가 쌓였을 때 소리의 질을 따져야 할 것이다.

●핵심 : 5월 하순부터 시작해 겨울 추위가 오기 전까지 초보자들도 무난하게 사용할 수 있고 효과 또한 무난한 편이다. 앞서 설명한 것처럼 낚싯대 끝을 아래로 숙인 상태에서 살짝 당기면 포퍼는 '퐁' 소리를 내게 된다. 이것을 파핑(Popping)이라 하는데, 파핑을 두세 번 시도한 뒤에는 기다리는 것

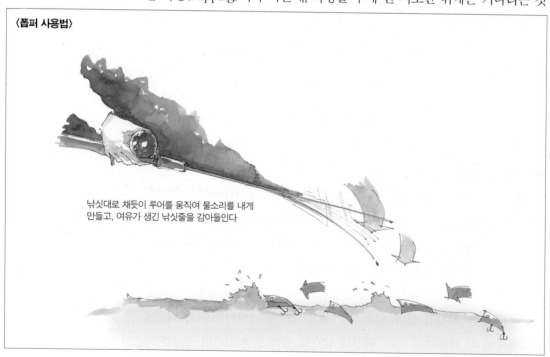

〈폽퍼 사용법〉

낚싯대로 채듯이 루어를 움직여 물소리를 내게 만들고, 여유가 생긴 낚싯줄을 감아들인다

이 중요하다. 파핑은 또 될수록 부드럽게 하는 쪽이 굵은 배스가 좋아하는 음색을 낼 수 있다. 역시 앞서 설명한 바와 같이 음색은 배스의 씨알에 따라 반응이 달리 나타날 수 있고, 무조건 크고 요란하다고 해서 좋은 것만은 아니므로 자신만의 음색과 리듬을 찾는 경험이 수반돼야 한다.

▶스틱베이트(Stickbait) - 수면 파동과 소음으로 호기심 자극

●표준명 : 큰입우럭
●속　명 : 민물농어, 민물우럭
●학　명 : *Micropterus salmoides*
●영　명 : 라지마우스 배스
　　　　　(Largemouth Bass)
●일　명 : 바스(バス)

●특징 : 막대기 모양으로 인해 한때는 펜슬베이트(Pencil bait)로도 불렸으나 지금은 스틱베이트로만 불린다. 탑워터 플러그 종류로 포퍼와 함께 배스 낚시의 기본 루어라 할 수 있다. 처음 익힐 때 다소의 노력과 시간을 필요로 하지만 일단 익히고 나면 막강한 효과를 거둘 수 있어 최고의 희열을 안겨 준다. 앞서 설명한 바이브레이션 플러그처럼 공기 저항을 일으킬 만한 부속 구조물이 없고 무게 중심이 꼬리 쪽에 있어서 캐스팅이 시원시원하게 잘 된다. 따라서 비거리가 잘 나오므로 폭 넓은 범위를 공략할 수 있다.

●개념 : 대 끝을 아래로 숙여 살짝살짝 트위칭(Twitching)을 하면 스틱베이트의 진행 방향이 좌우 교대로 지그재그 액션을 취하게 된다. 이때 몸통의 측면이 물을 때리거나 밀면서 강한 파동과 소리를 내게 된다. 포퍼가 샬로우 지형에 국한되는 편인 데 비해 스틱베이트 특히 한 뼘 내외의 중대형급

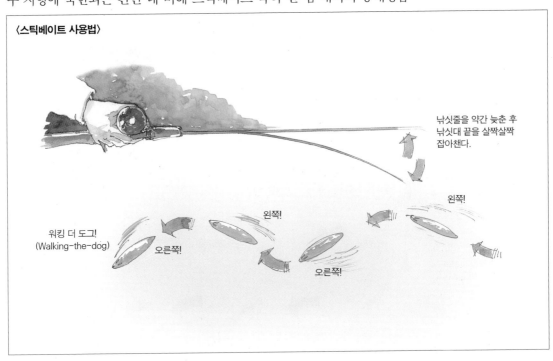

〈스틱베이트 사용법〉

낚싯줄을 약간 늦춘 후 낚싯대 끝을 살짝살짝 잡아챈다.

왼쪽!

워킹 더 도그!
(Walking-the-dog)

오른쪽!

왼쪽!

오른쪽!

은 깊은 수심층에 머물러 있는 배스에게도 영향을 미칠 수 있다. 따라서 수심 깊은 한복판에서도 입질을 받아내는 것이 가능하다.

●액션 : 우선 지그재그 액션을 능숙하게 연출할 수 있어야 한다. 이 액션을 낚시 용어로는 '워킹 더 도그'(Walking-the-dog · 개가 일어서서 두 발로 걸을 때 뒤뚱거리는 형상을 비유한 말)라 하는데, 이 기법을 잘 구사하는 요령은 낚싯대 끝을 당기기 전에 낚싯대를 약간만 세워 줄을 늦춰 준 후에 끊어 치듯 당기는 것이다. 그리고 '탕' 치는 순간 즉각적으로 줄을 다시 느슨하게 만든다. 이러면 사용자 쪽을 향하던 직선운동 에너지가 줄늘어짐으로 인해 옆으로 바뀌게 되면서 지그재그 운동이 나오게 된다.

처음 익힐 땐 많은 노력이 필요하지만 일단 잘 익혀두면 이후 저크베이트나 소프트 저크베이트의 변화무쌍한 액션 연출도 한결 쉬워진다.

●핵심 : 도보낚시에서 아침저녁 시간에는 연안선 근처나 장애물 주변이 유망하지만 그 외 한낮에는 한복판에서 입질 받는 빈도가 많아진다. 아무것도 없어 보이는 수면 한복판에도 루어를 자주 날려 확인을 해야 한다.

▶저크베이트(Jerkbate) - 물이 맑을수록 효과 상승

●특징 : 파고드는 수심은 1m 내외로 얕지만 배스에게 영향을 미치는 범위

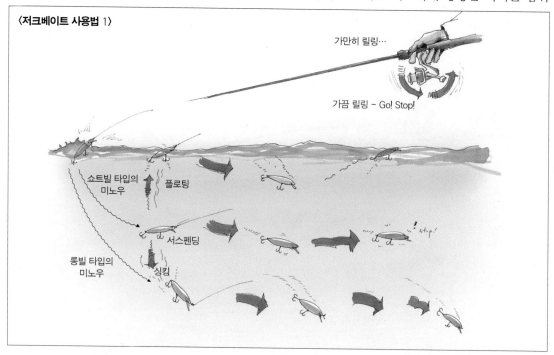

〈저크베이트 사용법 1〉

가만히 릴링…

가끔 릴링 - Go! Stop!

쇼트빌 타입의 미노우

플로팅

서스펜딩

롱빌 타입의 미노우

싱킹

는 3m 정도로 꽤 깊은 수심층까지 영향을 미친다. 낚싯대 끝을 짧고 강하게 당기는 저킹(Jerking) 액션을 주로 부여하는데 대 끝을 움직일 때마다 생기게 되는 낚싯줄의 완급에 의해 진행 방향이 불규칙하게 꺾이게 된다. 사용자의 기량에 따라서는 굉장히 화려한 액션 연출이 가능해 의심 많은 대형급 배스를 현혹시키기에 충분한 효과를 발휘한다.

●표준명 : 큰입우럭
●속　명 : 민물농어, 민물우럭
●학　명 : *Micropterus salmoides*
●영　명 : 라지마우스 배스
　　　　　(Largemouth Bass)
●일　명 : 바스(バス)

●**개념** : 초겨울부터 봄까지 배스가 얕은 수심대에 머무는 동안 위력을 발휘한다. 다른 루어로 뒤졌던 자리더라도 다시 한 번 점검하듯이 저크베이트를 사용해 보면 의외로 입질을 하는 개체들이 많다. 간혹 따라만 오다가 되돌아가는 경우도 많다. 대개 대형급일수록 이런 현상이 잦다. 굳이 먹겠다는 동기도 없이 현란한 액션에 유혹되면서 나타나는 현상이다.

●**액션** : 대부분 낚싯대 끝을 가볍게 당기는 저킹의 연속이다. 예를 들면 저크-저크-포즈(멈춤) 혹은 연속적인 트위칭을 십여 차례 계속한 뒤에 멈출 수도 있다. 저활성 개체들도 유인이 잘 되지만 제대로 덤벼들게 하려면 중간 중간 정지 동작을 부여해 배스가 입질을 할 수 있는 시간적인 여유를 줘야 한다.

●**핵심** : 저킹을 제대로 하려면 여유 줄의 양을 늘 염두에 두면서 다양한 시도를 해야 한다. 여유 줄이 많은 상태에서 저킹을 하게 되면 저크베이트의

〈저크베이트 사용법 2〉

저킹

트위칭

좌우 운동 폭이 넓어지고, 여유 줄이 적으면 직선 움직임을 보이게 된다. 이 액션의 차이는 배스의 공격성이나 분위기에 따라 입질 빈도가 달라지는데 그때그때 여유 줄의 양을 조절하면서 그날의 분위기를 찾아 가는 게 요령이다.

▶**프롭베이트(Prop bait)** – 프로펠러의 소음으로 배스의 분노 자극

●**특징** : 프로펠러(Propeller)가 달려 있다고 해서 프롭베이트, 휘휘획 소리를 내며 움직인다고 해서 한때는 스위셔(Swisher)로도 불렸다. 교과서적인 탑워터 루어의 일종으로, 한 개 내지 두 개의 프로펠러(또는 스크루)가 달려서 요란한 소리를 내는 것이 특징이다. 요란하고 자극적인 소리로 빅배스의 분노를 자극해 입질로 연결시킨다. 포퍼와 마찬가지로 저킹 시 이동거리가 짧아 제한된 범위를 집중적으로 자극할 수 있는 장점도 있다.

●**개념** : 요란한 소리로 배스의 신경질적인 반응을 유도하는 루어인 만큼 봄부터 가을 사이의 샐로우 권역에서 활용 가치가 높다.

●**액션** : 프로펠러가 하나인 싱글 타입은 진행 방향이 좌우 교대로 바뀌는 '워킹 더 도그(Walking-the-dog)' 액션 연출이 가능하다. 줄을 슬쩍 늦췄다가 당기자마자 다시 늦춰주면 직진 움직임을 이탈해 좌우 어디든 방향을 틀게 된다. 이걸 반복적으로 시행하면 좌우 교대 액션이 나오게 된다. 이에 비해 프로펠러가 앞뒤로 두 개 달린 더블 타입은 오로지 직진만 한다.

배스는 소리와 파문에 투쟁본능과 식욕본능을 발휘한다. 특히 씨알이 큰 배스들은 요란한 소리의 출처에 대해 분노를 나타낸다. 이것이 프롭베이트의 주안점인 만큼 배스가 있을 법한 곳엔 반복적으로 공략해서 녀석들의 분노를 자극하려 노력해야 한다.

●**핵심** : 바람이 불어 수면이 일

〈프롭베이트 사용법〉

당기고 감고
당기고 담고…

저크 리트리브!

렁일 때 파동이 강한 프롭베이트가 진가를 발휘한다. 탑워터 게임은 수면 상태를 보고 사용할 루어 종류를 결정짓게 되는데 프롭베이트의 역할은 거친 수면 때문에 파동이나 소리가 약한 탑워터 루어의 한계를 뛰어 넘는 것이라고 보면 된다.

● 표준명 : 큰입우럭
● 속 명 : 민물농어, 민물우럭
● 학 명 : *Micropterus salmoides*
● 영 명 : 라지마우스 배스
　　　　　(Largemouth Bass)
● 일 명 : 배스(バス)

▶버즈베이트(Buzz bait) - 요란하다 못해 시끄러워…

● 특징 : 스피너베이트처럼 생겼지만 그냥 날개(Blade)가 아닌, 프로펠러처럼 생긴 삼각 블레이드(Delta blade)가 부착된 것이 다른 점이다.

　스피너베이트처럼 철사로 된 암(Arm)구조를 이루고 있다는 점에서 유사하지만 물속이 아닌 수면에서 요란한 소음과 물방울을 일으키는 것이 다른 점이다. 철사 구조물이 바늘 끝을 가리고 있어서 덤불이나 수몰나무 같은 어지간한 장애물에도 걸림 없이 타고 넘을 수 있는 점도 특징이다. 물론 아무런 장애물 없이 뻥 뚫린 수면에서도 유효하다.

● 개념 : 요란하다 못해 시끄러운 소리로 배스를 유인하는 것이 특징이다. 이 루어의 특성에 대해 잘 모르던 시절에는 주위 낚시인으로부터 배척과 혐오의 대상이 되기도 했다. 하지만 일단 걸려든 배스의 크기나 공격 강도를 체험하게 되면 모든 것이 오해와 무지였음을 한 방에 깨닫게 된다.

● 액션 : 그냥 던지고 감는 것이 전부라고 할 수 있다. 중요한 것은 릴링 속도. 수온이 낮은 봄에는 느리게 감아서 간신히 수면에 뜰 수 있을 정도가 적합하고, 이후 6월부터는 빠르게 감는 것이 좋다.

● 핵심 : 빅배스의 분노를 자극해 공격하도록 하는 루어인 만큼 확신을 갖고 꾸준히 캐스팅하는 것이 중요하다. 입질이 자주 들어오는 루어가 아닌 만큼 익히기 부담스러운 종류임에 분명하지만 대물 지향의 특성을 믿고 다양한 시도를 해볼 필요가 있다.

▼외형은 스피너베이트를 닮았지만 프로펠러처럼 생긴 삼각 블레이드가 수면에서 물보라와 함께 요란한 소음을 일으키는 버즈베이트(Buzz bate). 웬만한 장애물은 거뜬히 타고 넘는 톱워터 루어이다.

▶러버지그(Rubber jig) - 빅배스 킬러의 대명사

● 특징 : 전반적인 운용은 웜(Worm)과 비슷하지만 낚이는 씨알이 커서 빅배스 킬러로 통한다. 반면 입질 빈도가 떨어져 입문자

들이 익히기 어려운 단점도 있다. 하늘 하늘거리는 스커트 자락이 물속에서 오므라졌다 펴졌다 하면서 부드러운 액션을 만들기 때문에 정지 상태에서도 배스의 입질을 유도하는 데 강력한 효과를 발휘한다.

●개념 : 웜과 사용 방법이 비슷하긴 하지만 엄밀히 구분하면 다르다고 할 수 있다. 러버지그는 러버지그 나름대로의 액션이 있고 웜 또한 그 나름의 액션이 있다. 이를 혼동하지 말고 러버지그에 강한 전문가들을 많이 흉내 내는 것이 방법이다.

●액션 : 러버지그는 보통 낙하 액션으로 배스의 반응을 모은다. 따라서 낙하 속도가 매우 중요한 역할을 점한다. 보통 수온이 낮을수록 낙하 속도가 느려야 하고 수온이 높을수록 빠른 쪽으로 바뀌어야 한다. 따라서 다양한 무게를 준비해 계절별 특성에 대비해야 한다. 보통 1/2온스를 많이 사용하지만 저수온기에는 3/8온스 혹은 그 이하로 무게를 줄여서 사용하게 된다.

낙하 속도는 러버지그 자체의 무게로 선택할 수도 있지만 바늘에 끼워서 사용하는 트레일러(Trailer · 웜과 같은 소프트 베이트를 바늘에 부착하는

〈러버지그 사용법〉

리프트

폴링

호핑   호핑

것)의 종류에 따라서도 선택할 수 있다.

또 하나 중요한 액션은 바닥에서 깡충깡충 뛰게 하는 보텀 범핑(Bottom bumping)으로, 튀어 오르는 동작부터 내려가는 낙하까지의 모든 과정이 리액션바이트에 적합한 액션이다. 따라서 얼떨결에 갑자기 입질이 들어오는 만큼 웜과 혼용해서 사용하면 바닥권의 배스를 쓸어 담을 수 있는 기법이기도 하다.

●핵심 : 필자는 종종 이 루어를 설명할 때 러버지그를 완성하는 것은 트레일러라고 말한다. 이 루어로 입질을 받았을 때 과연 그 배스는 러버지그 때문에 물었을까 아니면 트레일러 때문에 물었을까 하는 의문을 갖곤 한다. 필자는 양쪽 모두의 역할을 동등하게 보는 편이다. 다양한 디자인의 트레일러가 시중에 나와 있지만 그중에 대표적인 것이 호그(Hog) 스타일과 크로(Crawfish · 가재), 버그(Bug) 스타일 등이 있다. 다양한 트레일러에 익숙할 필요가 있다. 왜냐하면 낚시터 현장은 변화무쌍한 모습으로 매일매일 변화를 거듭하기 때문이다. 기본적으로 자신이 즐겨 쓰는 러버지그에 다양한 트레일러를 끼워서 낙하 속도의 상대적인 비교와 트레일러의 액션 정도를 미리 알아두는 것이 현장에서 큰 도움이 된다. 필자의 경우 이런 식의 사전 테스트를 욕조에 물을 가득 받아놓고 미리 확인해 보곤 한다.

●표준명 : 큰입우럭
●속 명 : 민물농어, 민물우럭
●학 명 : *Micropterus salmoides*
●영 명 : 라지마우스 배스
　　　　 (Largemouth Bass)
●일 명 : 바스(バス)

▶**웜(Worm)** – 항상 휴대해야 할 필수품
●특징 : 가장 큰 강점은 가격이 싸서 부담이 없다는 심리적인 측면도 크다. 가격 부담이 적은 만큼 사용자를 과감하게 만든다. 밑걸림쯤은 두려울 것 없다는 강심장으로 배스의 은거지인 헤비커버에 깊숙이 넣게 만들고, 이로써 큰 배스를 끌어내는 쾌감을 맛보게 되는 입문자들이 거듭 즐겨 사용하게 되는 대표적인 루어다.

그러나 누구나 쉽게 사용하는 데 따른 차별성이 약하다는 단점이 있다. 비교적 손쉽게 입질을 받을 수 있지만 단조로운 게임으로 흐르기 쉽고, 이로 인해 이내 싫증을 내게 될 가능성도 높다. 하지만 배스가 인위적인 자극에 닳고 닳은 상황에서는 웜만한 특효약도 없으므로 반드시 지참해야 하는 필수품임에 틀림없다. 웜을 제대로 설명하기 위해서는 다양한 채비 사례를 곁들이지 않을 수 없다. 채비 형태에 따라 특징이 달라지고 결과도 달라지기 때문이다.

●텍사스 리그(Texas rig) : 총알 모양으로 생긴 싱커와 바늘 끝이 웜의 몸속으로 감춰진 형상으로, 철저하게 밑걸림을 타고 넘게 하려는 의지가 반영된 것이다.

●캐롤라이나 리그(Carolina rig) : 총알 모양의 싱커를 도래를 이용해 웜과 분리시킨 채비로 자연스러운 웜 액션이 특징이다. 국내에서는 보기 드문 채비이지만 강력한 효과 때문에 미국이나 일본에선 애용자가 많은 편이다.

●스플릿샷 리그(Split shot rig) : 조개봉돌을 웜으로부터 일정 간격 띄워 고정시키는 채비다. 효과는 캐롤라이나 리그와 마찬가지로 자연스러운 액션 연출이 가능하다는 점이다. 채비 제작이 쉽고 간결해 피네스 피싱(Finesse fishing · 아주 섬세한 기법을 구사하는 낚시)의 중요 과목 중 하나다. 그러나 아쉽게도 이 채비 또한 요즘엔 현장에서 쓰는 이들이 많지 않은 사례 중의 하나다.

●지그헤드 리그(Jig head rig) : 채비 완성 가장 손쉽다는 것이 가장 큰 특징이다. 바늘 끝을 드러내는 만큼 짧은 입질에도 빨리 대응할 수 있어 정교한 연출을 해야 하는 피네스 피싱에 유효하다.

●드롭샷 리그(Drop shot rig) : 싱커를 아래쪽에 달고 웜을 위쪽에 부착해

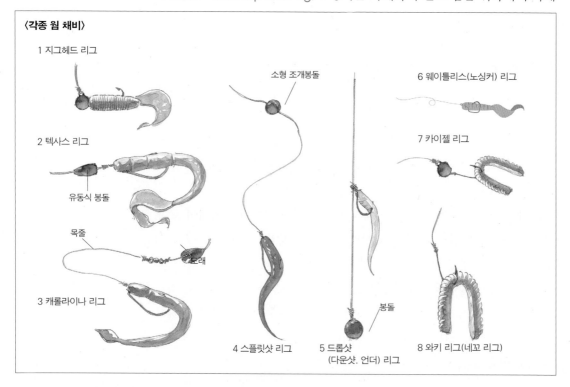

〈각종 웜 채비〉

1 지그헤드 리그

2 텍사스 리그

유동식 봉돌

목줄

도래

3 캐롤라이나 리그

소형 조개봉돌

4 스플릿샷 리그

봉돌

5 드롭샷
(다운샷, 언더) 리그

6 웨이틀리스(노싱커) 리그

7 카이젤 리그

8 와키 리그(네꼬 리그)

웜을 바닥에서 약간 띄우는 채비다. 이 작은 차이에 의해 배스의 시선을 모으는 효과는 의외로 크게 나타난다. 다운샷 리그(Down shot rig) 또는 언더 리그(Under rig)라고도 부른다.

●웨이틀리스 리그(Weightless rig) : 일명 노싱커 리그(No sinker rig) 라고 불리는 이 채비는 봉돌이 없어서 극단적으로 자연스러운 움직임을 연출할 수 있다. 튀어나가듯이 불규칙한 전진과 방향을 예측할 수 없는 좌우 돌진 그리고 흐르듯이 내려가는 낙하 액션 등 모든 것이 성질 까다로운 배스에게 치명적인 유혹을 안겨준다. 그러나 싱커가 없어서 저층 공략에 많은 시간이 소요되는 만큼 답답할 정도로 느린 전개가 흠이라면 흠이다.

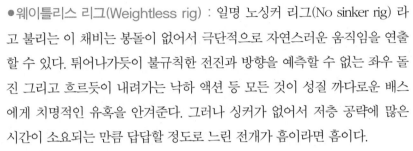

●표준명 : 큰입우럭
●속　명 : 민물농어, 민물우럭
●학　명 : *Micropterus salmoides*
●영　명 : 라지마우스 배스
　　　　　(Largemouth Bass)
●일　명 : 배스(バス)

●와키 리그(Wacky rig) : 웜 허리 부분에 바늘을 꿰는 '허리꿰기'의 총칭으로 웜의 몸통 전체가 물의 저항을 받는 만큼 강력한 파동을 일으키는 것이 특징이다. 또한 낙하 속도가 두 배 이상 느리긴 해도 낙하 도중 웜의 몸통으로부터 미세한 진동이 발생해 배스의 입질을 자극하는 것이 특징이다.

　참고로 웜의 허리를 꿰되 웜 한 쪽 끝에 나사못처럼 생긴 싱커를 삽입하는 채비를 일컬어 네꼬 리그(根こrig)라 한다.

●프리 리그(Free rig) : 국내에서 개발된 대표적인 채비로 동호인들 사이엔 '국민리그'라는 별명으로 통한다. 캐스팅 시 비거리가 압도적으로 좋고 채비 만드는 속도가 빠른 것도 특징이다.

●카이젤 리그(Kaiser rig) : 지그헤드에 웜의 허리를 꿴 것이다. 대표적인 토너먼터인 전우용 프로가 개발한 채비로, 국내 토너먼트에서 그 효과를 체험한 일부 일본 프로 배서들을 통해 일본과 미국까지 전파된 일화도 있다.

●웜의 개념 : 웜은 부드러운 질감으로 인해 물고기가 물었을 때도 천연의 먹이를 문 것 같은 효과를 줄 수 있다. 게다가 요즘엔 맛과 향까지 가미되어 신경질적인 배스의 반응에 대응하기 위한 제품들이 출시되고 있다. 모든 것이 자연스러움에 초점을 맞추고 있는 셈이다.

　하드베이트(Hard bait)를 이용한 파워피싱이 한계를 보일 때 부드러운 웜을 이용한 자연스러운 움직임으로 저활성 혹은 비공격성 개체를 노리는 수단으로서 매우 훌륭한 병기이다.

●웜 액션 : 가장 기본적인 액션은 바닥에 가라앉힌 후 대 끝을 세우거나 숙인 상태에서 조금씩 당기는 것이다. 입문자들은 이 '조금씩'이라는 표현의 크기를 애매하게 생각하기 마련인데 정말로 조금이어야 한다. 사용자는 조

금씩 당긴다 생각해도 물속의 웜은 붕붕 날아다닐 공산이 크다. 입문자로서 첫 출발은 그렇게 시작해서 어느 정도 자신감이 붙으면 다른 액션을 배워 나간다.

그 다음 권할 만한 액션은 호핑(Hopping)이다. 바닥에서 깡충깡충 뛰게 하는 것이다. 대 끝을 살짝 숙였다가 다시 튕겨 올리면서 바닥층의 웜이 약간만 뛰어 오르게 하는 방법이다. 이는 배스의 반사적인 입질을 유도하는 방법으로 배스가 갑자기 달려드는 효과가 강하다.

마지막으로 권하는 방법은 제자리에서 벌벌 떨게 하는 세이킹(Shaking)이다. 배스가 있을 만한 곳에서 멈춘 상태로 거의 이동을 억제하면서 대 끝을 잘게 흔들어 웜이 떨게 하는 것이다. 이 방법은 어떤 자리에 배스가 입질하더라는 자기만의 경험치가 충분히 생긴 뒤에 하는 것이 좋다. 느린 전개인 만큼 확실하지 않은 지점에서 하루 종일 시간만 보내는 경우가 생기므로 자기 감각이 수준 이상으로 올랐을 때 시도하라고 권하고 싶다.

●웜의 핵심 : 주말 낚시인들의 고충은 다른 낚시인들과의 경쟁이다. 많은 사람이 좁은 공간 안에 밀집돼 한정된 자원을 공유하다 보면 배스는 소음과 반복되는 루어의 출현에 온통 예민해진다. 이때의 대안이 웜이다. 너무

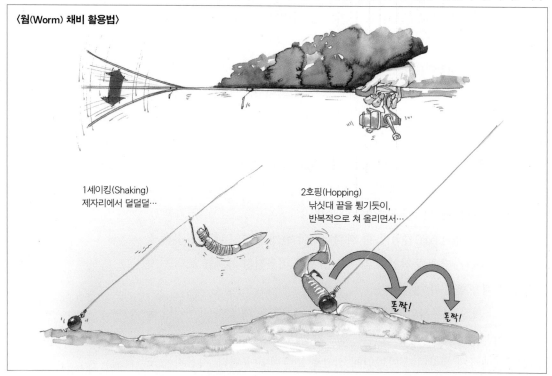

〈웜(Worm) 채비 활용법〉

1세이킹(Shaking)
제자리에서 덜덜덜…

2호핑(Hopping)
낚싯대 끝을 튕기듯이,
반복적으로 쳐 올리면서…

폴짝!

폴짝!

크지 않은 4인치 내외의 웜이라면 배스에게는 만만한 먹잇감으로 비치게 되어 비교적 손쉽게 입질을 받을 수 있다.

다만 우려스러운 것은 웜 만능주의로 흘러서 새로 회유해 들어온 먹새 강한 개체들을 도외시하는 경우다. 한 지점에는 묵은 개체들도 있지만 간혹 새로운 개체들이 대거 가세하기도 한다. 이런 회유는 하루에도 여러 번 일어나곤 하는데 이때를 대비해 웜과 병용할 만한 하드베이트를 미리 준비해 두었다가 중간중간 점검하듯이 시도해 볼 필요가 있다. 활성도가 넘치는 개체에게 웜은 너무 자극이 약해 무시당하는 경우도 있기 때문이다.

●표준명 : 큰입우럭
●속　명 : 민물농어, 민물우럭
●학　명 : *Micropterus salmoides*
●영　명 : 라지마우스 배스
　　　　　(Largemouth Bass)
●일　명 : 배스(バス)

■배스낚시 포인트

모든 어종의 낚시가 그렇듯이 배스는 아무데서나 낚이지 않는다. 그들이 원하는 환경에 머물고 그곳이 곧 포인트이다. 하지만 그들이 원하는 곳이 매번 다르다는 데 어려움이 있다. 따라서 그들이 바라는 것을 먼저 알아야 하고 이해해야 한다. 낚시인이 반쯤은 어류학자가 되어야 하는 이유가 여기에 있다.

때로는 기상전문가가 되기도 해야 한다. 날씨에 따라 그들이 바라는 바가 바뀌기 때문이다. 결국 그것이 또 포인트를 결정짓기 때문이다.

●각종 수초 : 모든 민물 대상어종의 영원한 키워드일 것이다. 수초는 물고기들의 은신처이자 산소공급원이고 먹이 사냥터이다. 물속에서 아낌없이 주는 나무처럼 물속 생물들에게 모든 것을 내어주기만 하는 어머니 같은 존재로서 수초는 중요한 위치에 있다.

수초대 공략에서 중요한 지점은 구멍이나 홈통 혹은 돌출부 같은 변화 부위다. 밋밋한 경계 라인에서도 배스는 낚이지만 역시 뭔가 변화가 있는 곳이 유망하다.

●수몰 육초 : 수초와 그 의미가 비슷하지만 육초는 수몰 직후에만 한시적으로 효과가 있다. 물에 잠겨 어느 정도 지나고 나면 부패가 시작되면서 대상어들이 슬슬 빠지기 시작하는 것을 알 수 있다.

수몰 육초가 포인트로서 유효하려면 그 근처에 베이트 피시가 얼마나 몰려 있는지로 가늠할 수 있다. 대개 수몰 직후에는 별 의미가 없다가 며칠 뒤면 베이트 피시가 모이기 시작하고 이윽고 배스들도 이들을 상대로 먹이사

낭을 시작한다. 부패가 시작된 수몰 육초는 의미가 없지만 시간이 더 지나 완전히 부패되거나 겨울동안 고사되어 더 이상 부패할 성분이 남아 있지 않은 것들은 봄에 만수위가 되었을 때 또 다시 큰 의미를 발하게 된다. 물속에 유난히 키가 크거나 목질화된 육초를 발견하거나 느낄 수 있다면 그곳을 집중적으로 공략하면 된다.

●새물 유입구 : 평상시에도 새물이 들어오는 곳에는 먹이가 풍부해 배스가 즐겨 근접한다. 더욱이 여름부터 가을 사이의 고수온기에 특히 손꼽히는 포인트로, 용존산소와 먹이, 수온 등의 제반 조건이 고루 형성돼 대물 배스가 좋아하는 곳으로 급부상하게 된다.

▼배스낚시 포인트 이모저모. 배스가 즐겨 먹이사냥을 하는 곳이자 휴식을 취하는 곳들이다.

갈대밭 언저리

수몰된 고사목

샛강의 물곬

교각 밑 그늘지역

직벽 아래

급경사 지형

●**콧부리** : 배스는 밋밋한 지형보다는 연안선이 꺾여 변화되는 곳을 좋아한다. 그 중 콧부리 지형의 끝단은 이쪽저쪽에서 새로운 물결이 닿아 베이트 피시들이 많은 활동을 한다. 주변에 은신한 배스들의 입장에서는 쾌적한 환경과 함께 효과적인 사냥터로서도 의미가 높다고 할 수 있다.

●**물곬** : 깊은 수심층과 얕은 수심층을 오가며 회유하는 배스의 입장에서 볼 때 물곬은 교통로에 해당한다. 물곬은 대개 저수위 때 새물이 흘러들면서 침식에 의해 형성되는 만큼 중간중간 큰 바위나 자갈이 노출되기도 하는데, 대개 이런 곳은 물곬의 방향이 꺾이는 지점이 되기도 한다. 이런 곳은 전형적인 배스 포인트로서 깊은 수심층을 노리고자 할 때는 반드시 공략해야 할 곳이기도 하다.

●**험프(Hump)** - 배스는 연안 근처에서 먹이사냥이나 여러 가지 활동을 많이 하지만 한복판에 머물 때도 많다. 하지만 아무데나 머무는 게 아니고 주변보다 수심이 얕은 등의 무언가가 있어야 하는데, 그 중에서 전형적인 곳이 험프(Hump) 지형이다. 험프는 주변보다 높게 솟아오른 둔덕 지형을 말하는 용어로 딥피싱에서는 꼭 알아야 할 대상이다.

●**모래 · 자갈섬** : 연안에서 멀리 떨어진 모래나 자갈섬은 여름부터 가을 사이의 고수온기에 빛을 발한다. 물의 소통이 좋아 용존산소 고갈의 염려가 없고, 외적으로부터 안전하다는 점에서 배스에게는 최상의 은신처가 되기도 한다.

●**홈통** : 작은 홈통은 본류로부터 들락날락하기 쉬운 접근성 때문에 배스가 자주 근접하는 곳이다. 이곳에 은신해 있다가 구석으로 먹잇감을 몰아붙이는 방법은 매우 효과적인 사냥술일 수 있다. 홈통의 규모는 다양해서 바위와 바위 사이의 좁은 틈부터 족구장만한 크기까지 다양할 수 있다. 모든 형태의 쏙 들어간 지형지물을 홈통으로 보고 공략하는 것이 기본이다.

●**자갈밭** : 배스는 뻘바닥보다는 단단한 바닥을 선호하는 편이다. 단단한 바닥의 전형적인 예로서 자갈밭은 그 의미가 높지만 전역이 자갈밭이기보다는 무른 바닥에 둘러싸인 형태일수록 더욱 가치를 발한다.

●**바위** : 일반적인 바위는 흔한 물체이므로 포인트로서의 역할을 하기 위해선 배스가 좋아할 만한 가치가 추가되어야 한다. 예를 들면 개흙 가운데에 있다든지, 유난히 크다든지, 몇 개가 모여 큰 틈을 이루었다든지 하는 등등, 은신처로서의 여건을 갖추었을 때 비로소 그 가치가 형성되는 것이다.

●표준명 : 큰입우럭
●속 명 : 민물농어, 민물우럭
●학 명 : *Micropterus salmoides*
●영 명 : 라지마우스 배스
      (Largemouth Bass)
●일 명 : 바스(バス)

배스

●직벽 : 말 그대로 수직에 가까운 바위 절벽은 배스가 깊은 곳에서 얕은 곳으로 빠른 접근을 하기 쉬운 통로의 역할을 한다. 수심이 깊고 물의 소통도 좋아 배스에게는 사계절 은신처로 활용된다.

●급경사 : 보통 45도 정도의 경사를 말하는데 경우에 따라 배스는 이런 곳에 붙기를 좋아한다. 탐색 과정에서 주로 낚이는 지점의 경사를 관찰해 두면 그날의 패턴을 가늠할 수 있는데, 유난히 급경사에만 붙을 때가 종종 있으므로 꼭 기억해 둘 필요가 있다.

●그늘 및 바람받이 : 여름~가을 고수온기의 배스는 햇빛을 바로 받는 수면 아래에 있으면 쉽게 체온이 올라 지치게 된다. 고수온기에는 그늘진 곳이나 바람을 맞아 파도가 일어나는 곳에서 일시적으로 활성화되는 현상을 보인다. 이런 곳을 적극적으로 찾아다니며 배스를 탐색하는 것은 고수온기 낚시의 기본 수칙이다.

●일시적인 흙탕물 : 파도에 의해 물색이 유난히 흐려진 곳은 일시적이나마 배스가 활기를 띤다. 먹이사냥을 않거나 소극적이다가도 바람이 한 방향으로 지속적으로 불면 30분 정도 후에 활성화된 배스가 출몰하는 경우가 있다. 주로 흙탕물이 일어난 곳에서 이런 현상을 자주 접할 수 있다.

●갈대 & 부들밭 : 해안 근처의 간척호수들에 많은 갈대와 부들밭은 전형적인 배스 포인트이지만 그 엄청난 규모에 엄두가 나지 않을 때도 있다. 규

▼배스낚시는 지형지물을 요리하는 낚시다. 본류로부터 후미진 홈통 지형은 배스가 먹잇감을 몰아붙여 사냥하기 좋은 곳이다.

모가 아무리 크더라도 핵심을 찾아 공략하면 배스를 만나기 어렵진 않다.

배스가 주로 붙는 곳은 갈대 또는 부들밭 가장자리에 나무 같은 부유물체가 걸쳐진 곳이거나 갈대 줄기가 꺾여서 지붕처럼 덮인 곳, 혹은 앞쪽 수심이 주변보다 깊은 곳이다. 이렇듯 무언가 주변과 다른 점을 찾아 빠르게 공략하고, 또 다른 변화 지점을 찾아 이동하는 것이 핵심이다.

●**수몰나무** : 홍수에 밀려온 나무도 좋고, 원래 자라던 나무가 물에 잠겨 고사된 것도 좋다. 나무는 배스에게 좋은 은신처가 될 수 있다. 하지만 문제는 역시 엄청난 숫자가 눈앞에 펼쳐졌을 때이다. 그 중 어떤 나무에 배스가 있을지 감지하는 것은 많은 경험을 요한다. 이럴 때 군집이 아닌 홀로 외떨어진 나무의 값어치가 높다. 혹은 콧부리 같은 특출한 지형에 결합된 나무도 좋다. 여기서 짐작할 수 있듯 뭔가 플러스 알파가 있어야 한다. 나무 그 자체만으로는 의미가 약하므로 플러스 알파를 찾아야 하는 것이다. 그럴듯한 지형, 먹잇감 등등 뭐라도 가치가 추가된 곳, 바로 그곳이 배스의 집이다.

●**보트 계류장** : 청평호 같은 곳에 가보면 보트 계류 시설이 많다. 계류장 밑은 물고기들의 은신처로서 안성맞춤이다. 그늘을 제공하고 천적의 시선

배스

● 표준명 : 큰입우럭
● 속　명 : 민물농어, 민물우럭
● 학　명 : *Micropterus salmoides*
● 영　명 : 라지마우스 배스
　　　　　 (Largemouth Bass)
● 일　명 : 바스(バス)

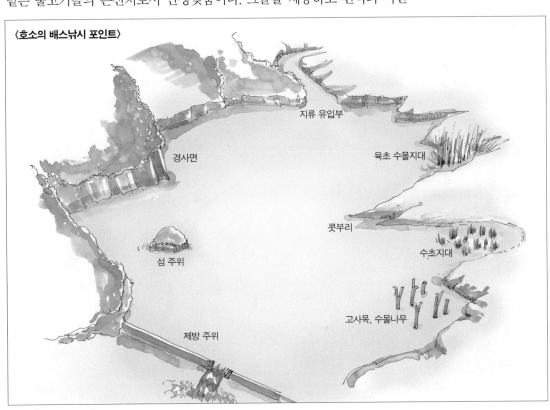

〈호소의 배스낚시 포인트〉

지류 유입부

경사면

육초 수몰지대

콧부리

수초지대

섬 주위

고사목, 수몰나무

제방 주위

으로부터 은신하기 좋은 은폐물이 되어 주기 때문이다.

그렇다고 계류장 아무 곳에서나 입질을 받을 수 있는 건 아니다. 잘 낚이는 지점이 있게 마련이다. 늘 그곳에 있었고 특정 방향을 바라보는 등, 그곳만의 성향이 있으므로 그 특징을 알아두면 두고두고 빼먹을 수 있다.

■배스낚시 이렇게

배스낚시는 캐스팅→액션→챔질→겨루기→포획의 순서로 진행된다. 각 단계별로 기본기라는 게 있고 이를 탄탄히 익혀두면 실수나 비효율을 줄일 수 있다. 한 마디로 비용과 시간 낭비를 줄일 수 있는 것이다. 여기에서는 전 과정의 기본기만을 다루고자 한다. 입문자로서 놓치거나 흔들려서는 절대 안 되는 기본기에 집중케 하고자 함이다.

▶캐스팅(Casting) - 오버헤드 캐스팅부터 익히자!

캐스팅에는 가장 기본적인 오버헤드 캐스팅(Overhead casting)부터 특수기술에 해당되는 피칭(Pitching), 플리핑(Flipping), 스키핑(Skipping) 같은 것들이 있다. 가장 기본기인 오버헤드 캐스팅에 대해 설명하고자 한다.

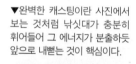

▼완벽한 캐스팅이란 사진에서 보는 것처럼 낚싯대가 충분히 휘어들어 그 에너지가 분출하듯 앞으로 내뻗는 것이 핵심이다.

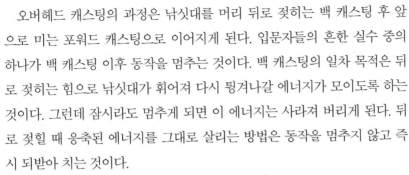

●표준명 : 큰입우럭
●속　명 : 민물농어, 민물우럭
●학　명 : *Micropterus salmoides*
●영　명 : 라지마우스 배스
　　　　　(Largemouth Bass)
●일　명 : 바스(バス)

　오버헤드 캐스팅의 과정은 낚싯대를 머리 뒤로 젖히는 백 캐스팅 후 앞으로 미는 포워드 캐스팅으로 이어지게 된다. 입문자들의 흔한 실수 중의 하나가 백 캐스팅 이후 동작을 멈추는 것이다. 백 캐스팅의 일차 목적은 뒤로 젖히는 힘으로 낚싯대가 휘어져 다시 튕겨나갈 에너지가 모이도록 하는 것이다. 그런데 잠시라도 멈추게 되면 이 에너지는 사라져 버리게 된다. 뒤로 젖힐 때 응축된 에너지를 그대로 살리는 방법은 동작을 멈추지 않고 즉시 되받아 치는 것이다.

●베이트캐스팅 릴을 사용할 경우 : ①브레이크 시스템을 잘 활용해야 한다. 처음엔 릴 자체의 브레이크에 많이 의존하지만 나중엔 자신의 엄지손가락을 이용한 정교한 압력 조절로 브레이크 의존도를 낮춰 나가야 한다.

②루어의 무게나 공기저항 등을 고려해 브레이크 설정을 매번 조절한다.

③낚싯대의 휨새와 탄력을 이용해 앞으로 밀듯이 던진다.

④루어가 날아가는 비행궤도를 높은 포물선에서 점점 낮은 포물선으로 바꾸도록 노력해야 한다.

⑤릴에서 낚싯줄이 엉키는 백래시(Backlash) 현상을 두려워 말고 과감히 밀듯이 던진다.

⑥캐스팅은 짧게 끊어 치듯이 하는 것이 아니라 길게 밀듯이 하는 것이 요령이다.

⑦캐스팅 전에 낚싯대 끝에서 루어까지의 낚싯줄 길이를 두 뼘 정도로 길게 잡으면 시원한 캐스팅에 도움이 된다. 경우에 따라서는 세 뼘까지도 늘어뜨릴 수 있다.

●스피닝 릴을 사용할 경우 : ①캐스팅 이후 스풀 끝단에 검지를 펴 살짝 대는 것으로 낚싯줄의 과다한 방출을 제어하는 페더링(Feathering)을 습관처럼 몸에 익힌다. 페더링에 능숙해지면 정교한 비거리 조절이 가능해지고 루어 착수 시의 소음도 제어할 수 있게 된다.

②루어의 비행궤도는 되도록 낮은 포물선을 그리도록 해야 한다. 높은 포물선은 불필요한 여유 줄을 만들어 시간 낭비를 일으키고 느슨하게 감긴 줄은 곧 파마현상(줄엉킴)의 원인이 된다.

③낚싯대의 탄성을 충분히 활용한다. 그 첫 번째 요령은 뒤로 젖히는 백 캐스팅과 다시 앞으로 미는 포워드 캐스팅이 단절 없는 연속동작으로 원활하게 이어지게 하는 것이다.

④낚싯줄을 방출하기 전 집게손가락에 걸었던 낚싯줄이 튕겨지면서 전달되는 감촉을 잘 느껴야 한다. 될수록 세게 튕기는 느낌이 나도록 자신만의 감각을 만들어야 한다.

▶루어 액션의 기본 – '살아있는 생명체처럼…'은 옛말!

루어는 종류에 따라 독특한 액션이 존재하고 그에 따른 사용 방법이 있게 마련이지만 결국 원리는 몇 가지로 압축된다. 배스의 식욕본능에 의존할 것인가, 공격본능에 의존할 것인가로 크게 나뉘게 된다.

①식욕본능을 유도하는 루어와 액션은 작은 루어, 자연스런 색깔과 모양 그리고 느린 속도와 적은 동작 변화로 요약된다.

②공격본능을 유도하는 루어와 액션은 큰 루어, 화려한 색깔과 모양 그리고 빠른 속도와 화려한 동작 변화로 요약된다.

구체적인 액션 연출은 위 두 가지 요소의 혼합과 운용이다. 예를 들어 웜을 바닥에서 느리게 끌면 배스는 충분히 관찰을 하면서 느리고 침착한 공격을 한다. 반면 바닥에서 통통 튀어 오르게 움직이면 급하고도 과격한 공격을 가한다. 공격의 이유와 동기가 다르기 때문이다.

후자를 일컬어 리액션 바이트((Reaction bite · 반사적 공격)라 하는데 이를 의도적으로 잘 활용할 줄 아는 사람이 있는가 하면 배스의 자연스러운

〈배스의 공격 유형〉

배고픔

분노

반사동작

호기심

영역 보존

산란장 보호

식욕에만 의존하는 사람도 있다. 배스의 식욕은 제한된 피딩 타임(Feeding time · 먹이사냥 시간)에만 유효할 뿐 그 이외의 시간이 되면 큰 기대를 하기 어렵다. 반면 식욕 이외의 킬러본능이나 방어본능, 호기심, 분노 같은 것들을 충분히 활용하면 더 많은 배스를 낚을 수 있게 된다.

과거에는 바람직한 루어의 액션을 일컬어 '살아있는 생명체처럼 자연스럽게!'라고 설명했지만 요즘에는 그런 방법을 별로 권하지 않는다. '상처 입고 죽어가는' 혹은 '갑자기 나타나 깜짝 놀라게 하는' 식의 다소 파격적인 표현으로 바뀌었고, 그 표현 또한 실전에 있어 보다 유효한 것이 사실이다.

▶챔질 이렇게! – 통상적인 조건에선 생각보다 강하게!

입질을 받았다면 챔질을 해서 바늘을 박아야 한다. 덩치가 큰 녀석이라면 자신의 몸놀림과 체중 때문에 저절로 박히는 경우도 있지만 대부분의 경우 낚시인의 의도적인 챔질 동작만이 성공적인 결과를 도모할 수 있다.

챔질은 우선 타이밍이 중요하다. 대부분의 입문자들이 어려워하는 사례는 웜이나 지그의 챔질 타이밍이다. 당기는 느낌이나 '툭' 건드리는 느낌 혹은 낚싯줄이 옆으로 흐르는 모습 등으로 입질을 감지했다면 2~3초 정도 기다렸다가 늘어진 낚싯줄을 재빨리 감아 들인 후에 큰 동작으로 낚싯대를 높이 쳐들어 올리면 된다.

●표준명 : 큰입우럭
●속　명 : 민물농어, 민물우럭
●학　명 : *Micropterus salmoides*
●영　명 : 라지마우스 배스
　　　　　(Largemouth Bass)
●일　명 : 배스(バス)

▼챔질과 파이팅은 적절한 타이밍과 힘의 강약을 조절하는 연속 동작이다. 자기만의 표준을 습득할 때까지는 전문가들의 모션을 흉내 내는 것이 한결 빠른 방법이다.

문제는 챔질 강도다. 대부분 입문자들은 챔질을 약하게 하는 경향이 있는데, 자신이 생각하는 것보다 두세 배는 더 세게 채 올려야 한다.

그러나 이상의 설명은 입문자들에게 권할 만한 챔질의 기본 요령에 불과하다. 경험이 축적되면 다양한 챔질을 구사할 수도 있다. 수온에 따라, 사용하는 낚싯줄의 굵기에 따라 챔질을 달리하게 되는 것이다. 예를 들어 대개 스피닝 릴을 사용할 때는 5~6파운드 줄을 사용하는 게 일반적이지만 경우에 따라서는 2~3파운드의 극단적으로 가는 줄을 사용할 때도 있다. 이럴 때의 챔질은 순간적으로 짧게 끊어 치지 않고, 길게 '주~욱' 당겨 올리는 스웝셋을 구사하게 된다. 낚싯줄에 걸리는 충격은 줄이면서 바늘을 꽂는 느낌이 아니라 당겨서 박는 느낌으로 하는 것이다.

사례별 챔질 요령은 여러 가지가 있지만 중요한 것은 자신이 사용하는 장비나 기법을 감안한 챔질을 구사해야 한다. 이를 위해선 기본기부터 잘 익혀둘 것을 당부하고 싶다.

▶파이팅(Fighting) - 바늘털이 조심… 그러나 그것이 배스의 매력!

우선 배스는 입 주변에 아픔을 느끼는 통점(痛點)이 없다. 두려움도 없다. 바늘에 걸리면 아파서 도주하는 것이 아니라 뭔가가 당기기 때문에 그것으로부터 벗어나기 위해 힘의 반대 방향으로 질주할 뿐이다. 40cm 이하의 작은 씨알이라면 파이팅이고 뭐고 할 것도 없이 요즘 같은 강력한 장비라면 간단없이 끌어낼 수 있다. 반면 큰 씨알들은 순간적으로 발휘하는 힘

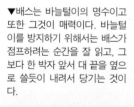

▼배스는 바늘털이의 명수이고 또한 그것이 매력이다. 바늘털이를 방지하기 위해서는 배스가 점프하려는 순간을 잘 읽고, 그보다 한 박자 앞서 대 끝을 옆으로 쓸듯이 내려서 당기는 것이다.

이 강력해 장비에만 의존하기 어렵다.

바늘에 제대로 박힌 배스는 일단 천천히 끌어당기면 순순히 끌려 나온다. 처음부터 강력한 릴링을 하면 그에 맞먹는 힘으로 저항을 시도하지만 반대로 부드럽게 다루면 생각만큼 크게 저항을 하지 않는다. 이것이 파이팅의 요령이다. 진한 손맛을 보고 싶다면 강력한 릴링을 가하면 된다. 반대로 순한 양처럼 다루고 싶다면 내가 먼저 부드럽게 다뤄서 배스 자신이 끌려 나가고 있다는 사실을 의식하지 못하게 하면 된다.

그러나 파이팅 도중의 배스는 화려한 바늘털이를 시도한다. 보통 무거운 루어일수록 혹은 낚싯대가 강할수록 배스의 바늘털이가 강하고 그 성공률도 높다. 바늘털이를 당하는 이유 중의 또 하나는 제대로 박힌 줄로만 알았던 바늘이 사실은 깊이 안 박혔기 때문일 수도 많다. 미늘까지 충분히 박혀야 하지만 낚시인의 착각일 경우가 많다. 특히 트레블 훅(Treble hook · 세발바늘)이 부착된 플러그의 경우 여분의 바늘들이 챔질 에너지를 분산시키거나 방해하는 효과 때문에 깊이 박히지 않을 때가 많다.

바늘털이를 방지하는 방법은 배스가 점프를 하기 전 수면으로 솟아오르는 것을 낚싯줄의 움직임으로 감지하는 것이 순서다. 배스의 머리가 수면 위로 오르기 전에 낚싯대를 크게 옆으로 쓸어내리듯이 당기면 수면 위로 솟구치려던 배스가 수면으로 드러눕게 되면서 실패하게 된다.

▶**랜딩(Landing)** - 손맛 즐기며 배스의 힘 충분히 뺀 후에!

랜딩은 보통 배스의 아랫입술을 엄지와 검지로 강하게 쥐어서 들어 올리는 것이 일반적이다. 이렇게 하면 배스 특유의 꺼칠꺼칠한 입술을 미끄러짐 없이 강하게 쥘 수 있기 때문이다. 숙달된 사람은 머리나 등 쪽으로 손을 덮듯이 잡으면서 아가미뚜껑을 강하게 눌러서 제압하기도 한다. 주의할 것은 배스의 날카로운 등가시에 찔리거나 루어 바늘에 찔리는 경우를 대비해 안전한 방법을 선택하는 것이다. 요즘엔 랜딩용 그립이 많이 보급되어 이를 활용하는 방법도 좋다.

이에 앞서 파이팅 과정에서 특별히 신경 쓰이는 장애물이 없다면 충분히 손맛을 즐기는 것이 좋다. 신속히 다시 던져 후속 입질을 추가해야 하는 경기 상황이 아니라면 손맛을 즐기면서 배스의 힘을 충분히 빼는 쪽이 마지막 랜딩의 실수를 줄이는 방법이기도 하다. 배스의 힘이 충분히 빠지지 않

●표준명 : 큰입우럭
●속　명 : 민물농어, 민물우럭
●학　명 : *Micropterus salmoides*
●영　명 : 라지마우스 배스
　　　　　(Largemouth Bass)
●일　명 : 바스(バス)

▲ 해남군 금호호에서 스피너 베이트로 52cm 배스를 올린 필자. 발 앞까지 끌어 붙인 배스는 엄지와 검지로 아랫입술을 힘껏 쥐는 것이 기본적인 랜딩 방법이다. 씨알이 잔 경우는 낚싯대 허리를 한쪽 손으로 받친 자세로 그냥 들어 올려도 된다.

은 상태에서 섣부른 랜딩을 시도하면 막판 바늘털이에 당하거나 물벼락을 맞는 등 배스에게 골탕을 먹기도 한다. 성공적인 랜딩의 요령은 충분히 손맛을 즐기면서 침착히 기다리는 것이다.

■배스낚시를 잘하려면

낚시엔 공식이 없다. 그렇다고 대상어의 습성과 여러 가지 환경 및 여건을 무시한 채 제멋대로 낚시를 해도 된다는 뜻은 아니다. 상식을 습득하고 기본기를 익힌 다음에는 그간의 경험을 바탕으로 응용의 폭을 넓혀 한 단계 발전의 기틀을 다지자는 얘기다. 그런 점에서 낚시는 공식이기도 하고 창작이기도 하다. 데생을 익히지 않고 좋은 그림을 그릴 수 없는 원리와도 같다.

어느 정도의 기본기를 익힌 다음에는 뒤집어 생각해 보고 비틀어 시도해 보는 등 사고와 행동의 폭을 넓힐 필요가 있다. 평면적으로만 바라보던 포인트의 개념을 보다 입체적으로 파악한다든지, 사용하기 손쉽고 이제껏 재미 보아온 루어에서 탈피해 새로운 우군을 확충하는 등, 다양한 사고와 새로운 시도는 자신의 낚시 솜씨를 업그레이드 시키는 계기가 될 뿐만 아니

배스

라 창작의 낚시로 발전하는 과정일 수도 있다.

● 표준명 : 큰입우럭
● 속　명 : 민물농어, 민물우럭
● 학　명 : *Micropterus salmoides*
● 영　명 : 라지마우스 배스
　　　　　(Largemouth Bass)
● 일　명 : 바스(バス)

▶첫째, 포인트를 입체적으로 활용하라!

낚시에는 포인트라는 중요한 개념이 있다. 대상어가 모여 있거나 반드시 거쳐 가는 장소들을 말한다. 그런 곳들은 대개 이유가 분명하다.

포인트는 계절적 특성에 따라 달라질 수도 있다. 유명 포인트들은 집중포화를 맞아 사라지기도 한다. 그랬다가 사람들의 기억 속에서 잊히면서 다시 살아나기도 한다. 그런 것이 포인트다.

아무리 초보라도 포인트의 중요성은 알고 시작한다. 그렇다. 포인트는 낚시인의 실력 고하를 떠나 조과를 만들어주는 가장 중요한 요소이다. 그런데 하나 간과하는 측면이 있다. 흔히 말하는 포인트는 하늘에서 내려다 본, 다시 말해 평면적인 정보에 국한되고 있다. 그런데 이보다 더 중요한 것이 있다. 대상어가 물속 어느 깊이에 있느냐는 것이다. 수직적으로 보아 어느 수심층에 있느냐가 중요한데도 대다수 입문자들은 이를 간과하거나 무시하는 경향이 있다.

좋은 포인트를 선택했다 하더라도 입질 수심층을 제대로 못 찾는다면 절반의 성공일 뿐이다. 수평적 개념의 포인트를 찾았다면 수직적 개념의 포인트인 입질층도 생각해야 한다. 다시 말해 포인트는 입체적으로 생각하고 입체적으로 활용해야 한다.

▼배스낚시에는 왕도가 없다. 부지런히 배스가 있을 만한 단서를 찾아 이동하고, 머릿속에 그리는 다양한 루어로 다양한 액션을 구사하다 보면 나름대로의 해법이 축적되기 마련이다.

▶둘째, 폭 넓은 이동을 전개하라!

모든 루어낚시 대상어들은 육식성 포식자로 수중 사냥꾼들이다. 배스는 특히 담수의 상위 포식자인 만큼 찾아다니며 낚아야 한다. 아무리 뛰어난 기법과 지식으로 무장되어 있더라도 행동이 수반되지 않으면 소용없다. 최종적 실현은 배스를 만났을 때에야 비로소 완성되는 것이다.

배스는 수온 · 장애물 · 먹이 · 용존

산소 등 여러 가지 조건에 의해 머물 자리를 정한다. 좋은 포인트란 곧 이런 조건들을 충족시켜주는 곳이다. 그리고 이런 필요충분 조건들은 계속 변하기 때문에 배스는 끊임없이 이동을 반복한다. 따라서 부지런히 찾아 이동하는 사람에게 기회가 따를 확률이 더 높다.

▶셋째, 다양한 루어를 나의 우군으로 만들어라!

루어낚시 장르 중에 배스낚시용 루어가 가장 다양한 이유는 단순히 판매 목적일 것이라 생각한다면 큰 오해다. 오랜 역사와 폭넓은 분포 지역에 따른 각각의 환경 조건을 고려한 아이디어들이 제품으로 반영된 결과인 것이다. 다시 말해 극복해야 할 환경 조건의 다양성에 비례하는 것이고, 이에 다종다양한 루어를 구사할 줄 안다는 것은 다양한 환경 조건을 극복할 수 있다는 뜻이기도 하다.

첫 시작은 익히기 쉽고 가격이 싼 루어부터 시작하지만 점차 가짓수를 늘려가는 쪽으로 방향을 잡는 것이 좋다. 급한 마음에 주마간산 격으로 이것저것 골라, 대충대충 시도해 보고, 그러다 쉽게 포기해 버리는 자세는 좋지 않다. 요즘 크게 유행하는 프리리그 외에 중층형 루어인 저크베이트와 스피너베이트 그리고 고수온기를 대비한 탑워터 루어 두셋 정도만 차례대로 익혀도 전반적인 흐름을 주도할 수 있게 된다.

▶넷째, 고수와 동반 라운딩을 하라!

여기서 말하는 고수란 자신보다 낚시를 더 잘하는 상대적인 수준의 고수를 말하는 게 아니라 자타가 공인할 만한 전국구 고수를 말한다. 뭔가를 잘하는 것과 잘 가르치는 것은 분명 다르다. 제대로 가르쳐 줄 수 있는 고수와 함께 현장을 돌아보는 것은 중요한 체험이 될 수 있다. 단 하루의 체험일지라도 눈앞을 가리던 콩깍지를 벗어낸 느낌일 것이다.

세세한 모든 것을 짧은 시간에 다 배울 수는 없겠지만 하루의 게임을 풀어가는 큰 흐름만 볼 수 있어도 그것만으로도 큰 전환점이 될 수 있다. 필자역시 그랬고 필자 주변의 내공 쌓인 동료들과 이야기를 나눠 봐도 마찬가지다. 일생의 기억이 될 만한 사건을 계기로 그 사람의 향후 방향은 많이 바뀔 수 있다.

- 표준명 : 큰입우럭
- 속　명 : 민물농어, 민물우럭
- 학　명 : *Micropterus salmoides*
- 영　명 : 라지마우스 배스
　　　　(Largemouth Bass)
- 일　명 : 바스(バス)

▶다섯째, 가끔은 모험을 즐겨라!

　금쪽같은 주말 시간을 활용하는 낚시인들에게 검증된 패턴이나 포인트의 유혹은 클 수밖에 없다. 그러나 현장은 대중이 몰리는 장소나 패턴에 대해 냉랭하다. '왜 나는?'이라고 원망을 할 필요는 없다. 그것이 낚시의 속성이다. 소문난 잔치 먹을 것 없다는 속담처럼 내 귀에 포착될 정도로 유명해졌다면 그건 이미 늦었다고 보면 된다.

　배스라는 물고기는 나름대로의 지능이 있다. 자주 접하는 루어엔 반응이 무뎌지고 의심의 눈초리만 보낸다. 거기다 사람들이 웅성거리는 소리는 더더욱 이들을 움츠러들게 만든다. 이럴 땐 어느 정도 모험을 할 필요가 있다. 항상 시도하라는 말이 아니라 정말 '가끔'을 말하는 것이다. 아주 약간의 모험이 자신의 시야를 확 트이게 하고 소중한 추억을 만들기도 한다.

　가끔은 남들이 안 가는 곳, 남들이 즐겨 사용하지 않는 루어 같은 것들로 모험을 해 볼 것을 권한다. 남들이 웜으로 바닥만을 뒤지고 있을 때 가끔은 중층을 노려보라. 아니면 아예 웜에서 벗어나 파동이 강한 하드베이트로 도전을 해보라.

　'요즘 배스들은 웜 상표와 가격까지 외울 정도'라는 우스갯소리도 있다. 모두가 집중해 있는 패턴이나 장소를 선택하는 것은 무난할 수는 있지만 기억에 남을 만한 결과를 만들기에는 부족하다. 그래서 보트낚시가 유리한 것도 사실이다. 남들의 손길과 눈길에서 벗어날 수 있기 때문에 큰 배스가 확률적으로 많을 수밖에 없다. 도보 낚시인이라면 격전지와 최신 유행 루어를 벗어나는 것이 대중 속에 매몰될 위험을 비껴가는 요령이다.

■유망 배스 낚시터

　우리나라 배스는 전국 각지에 고루 분포한다. 대단위 수면의 댐을 비롯한 간척호와 저수지에도 있고, 주요 강계와 하천은 물론 수로 등지에도 산재한다. 전국 각지의 도심에서 자동차로 불과 1시간 안팎이면 배스를 만날 수 있다. 자원이 풍부해 조황이 꾸준한 유망 낚시터 또한 수없이 많아 월별로 대표적인 장소 1개소씩을 나열해 본다.

●1월(금호호) : 사실상 부동의 수면으로 겨울을 나게 되는 남녘의 대형 호수들은 겨울 동안 전국의 배스 낚시인들이 결집되는 현상을 보인다. 더욱이

특정 지역에 배스들이 몰리는 현상이 뚜렷해져 한 지점에서 계속 씨알 좋은 배스를 낚을 수 있다는 편의점도 가세한다. 근년엔 연호수로와 연호교 일원에서 매년 겨울마다 파시를 보이고 있다.

●2월(해창만) : 해창만의 2월은 겨울의 끝자락이라 할 수 있다. 마릿수로 많이 낚이진 않지만 낚았다 하면 5짜 중후반의 대형급들이 낚시인들의 가슴을 뛰게 한다. 해창만의 명소 '배스캠프'에서 렌탈 보트를 활용해 해창만의 구석구석을 뒤지는 재미도 클 것 같다.

●3월(낙동강) : 낙동강은 연중 최고의 필드임이 분명하지만 역시 완연한 봄이 오기 전에 대형급들이 자주 나온다. 한 발 빠른 움직임으로 대형급만을 노려보는 것이다. 4대강 공사 덕분에 새로 형성된 포인트도 많다. 우곡이나 화원 일대는 대구 지역 배스 낚시인들의 사랑방 같은 포인트로, 수몰 버드나무 군락이 플로리다를 연상케 할 정도로 좋은 그림을 만들어 준다.

●4월(천수만) : 수도권에서 부담 없이 찾을 수 있고 큰 손맛까지 안겨주는 곳을 꼽으라면 단연 천수만일 것이다. 근년 들어 매년 대형급을, 그것도 도보낚시에서 쏟아내고 있어서 계속 뉴스가 되고 있다. 광대한 필드인 만큼 포인트를 한정짓기보다는 다양한 범위를 자유롭게 움직여 새 자리를 찾는 것이 행운을 누리는 지름길이다.

●5월(대호만) : 천수만과 함께 수도권의 막대한 배스 인구를 다 수용할 수 있는 초대형 수면이다. 구석구석 수로가 발달해 연안선이 복잡한 것도 강점이다. 그 중에서도 출포리 일원이 대표적인 포인트다. 최상류엔 해창지와

▼경기도 안성시 고삼면에 위치한 고삼저수지. 수도권의 대표적인 배스 낚시터로 대형급은 많지 않아도 마릿수 조황이 좋아 초보자들에게 특히 권할만하고, 보트 대여도 가능해 배스 보트낚시 입문 장소로도 적합한 곳이다.

삼봉지가 있고 근처에 또 여러 저수지가 산재해 있어 대호만에서 조황이 좋지 않을 경우 2차 선택이 가능한 것도 장점이다.

●6월(송전지) : 경기 남부의 배스 트로이카 신갈·송전·고삼 가운데 신갈지가 낚시금지구역으로 지정된 후 그 대안으로 급부상했다. 송전지는 저수지라고 하기엔 드넓은 수면으로 역시 큰물답게 대형 배스가 많이 낚이는 곳으로 유명하다. 해마다 봄철이면 6짜 소식이 몇 번씩 들리는 곳이다.

●7월(고삼지) : 고삼지는 대형급이 많이 낚이지는 않지만 풍부한 마릿수와 보트 렌탈이 가능해 부담 없이 즐기기에 좋은 곳이다. 입문자들의 보트낚시 연습장으로도 좋고 연인들의 낚시 데이트 코스로도 추천하고 싶은 곳이다.

●8월(예당지) : 국내 내수면 중에서 댐을 제외한 최대 수면적을 자랑하는 저수지다. 원래는 유명한 붕어낚시터였지만 배스가 유입되면서 유명 배스터로 거듭났다. 예당지 상류와 하류의 무한천에도 배스 자원이 많다.

●9월(지석강) : 장마 이후 고수온으로 배스들이 시달릴 무렵엔 흐르는 물을 찾으라고 권하고 싶다. 풍부한 용존산소와 흐르는 물 특유의 낮은 수온 덕분에 여전히 배스들은 높은 활성도를 보인다. 그중 지석강은 대표적인 필드로 규모도 커서 많은 인원이 함께 찾아도 부담 없는 곳이기도 하다. 나주 남평교 일원이 유명 포인트로 주목 받는다.

●10월(장성호) : 고수온기의 배스들은 깊은 물을 좋아한다. 저수지도 좋지만 댐 규모의 암반지대를 찾아서 깊은 수심층을 노려보는 것이 가을 낚시의 요령이다. 장성호는 10월 무렵이면 저수위를 나타내 다양한 장소로 도보 이동도 쉬워진다. 가을 장성호에서 빅배스를 만나고 싶다면 중·대협급의 탑워터 플러그를 1순위로 권하고 싶다.

●11월(나주호) : 늦가을 나주호에선 깊은 수심층과 얕은 수심층 모두에서 해법을 찾아야 한다. 워낙 개체수가 많고 대형급이 자주 낚이는 곳인 만큼 너무 마릿수 재미에만 몰입하다 보면 정작 대형급은 못 만나게 되는 경우가 많다. 대형급을 위한 특별한 루어도 준비할 필요가 있다. 지그, 딥 다이빙 크랭크베이트, 스피너베이트, 스윔베이트 등이다.

●12월(금호강) : 연중 따뜻한 수온을 유지하는 금호강의 매력은 역시 겨울에 드러난다. 일명 '꽃밭포인트' 암반지대는 겨울 포인트로 특히 유명하다. 상대적으로 수심이 깊어 배스들이 모여들기 때문이다. 지천철교 포인트도 겨울철에 유망하다.

●표준명 : 큰입우럭
●속 명 : 민물농어, 민물우럭
●학 명 : *Micropterus salmoides*
●영 명 : 라지마우스 배스
　　　　 (Largemouth Bass)
●일 명 : 배스(バス)

4월에 떠나요!

글 장용석, 사진 장용석

쏘가리낚시

유유자적, 전광석화! 수중암맥의 얼룩무늬 표범

쏘가리 루어낚시는 수면적이 드넓은 댐에서부터 강과 하천에 이르기까지 다양한 장소에서 이뤄진다. 철따라 변화무쌍한 산하(山河)를 배경으로 하는 만큼 여느 낚시보다 몸과 마음이 싱그럽고 풍요롭다.

쏘가리는 우리나라 특산종으로서의 희소가치뿐만 아니라, 용맹스런 자태와 먹이사슬의 최상위 포식자로 가히 '담수어의 제왕'이라 부를 만하다. 더욱이 전 세계를 통틀어 우리나라에서만 즐길 수 있는 루어낚시 대상어로, 일찍이 우리나라 루어낚시의 역사를 탄생케 하고 발전시킨 주역이기도 하다. 루어낚시라는 장르는 외국에서 유입되었을지언정 쏘가리 루어낚시만큼은 우리나라 고유의 낚시 장르이기 때문이다.

쏘가리

- ●표준명 : 쏘가리
- ●속　명 : 쏘가리
- ●학　명 : *Siniperca scherzeri*
- ●영　명 : 만다린피시(Mandarin fish)
- ●일　명 : 고라이 케스교
  (コウライケツギョ)

　봄의 전령 목련꽃이 만개하는 시점부터 늦가을 만자홍엽이 하천에 떨어져 바닥을 물들여가는 계절까지 금어기를 제외한 시기에 낚시가 가능하고, 트레킹과 워킹 등으로 대상어를 만나는 스포츠피싱의 대표적인 장르이자 자연친화적인 낚시이기도 하다.

　옛 선조들이 버들치를 잡아 미끼로 쓰던 시절 이후, 스푼(Spoon)으로 시작된 쏘가리 루어낚시는 다양한 루어 종류와 현대적 기법이 접목되면서 매니아 층이 한결 두터워졌고 새로운 인구도 계속 늘어나는 추세다. 동호인의 수적 증가는 물론 근년 유행하는 아웃도어 캠핑과 접목된 쏘가리 여울낚시를 즐기는 이들도 늘어나 새로운 풍속도를 그리고 있다. 잡아서 회나 뜨고 매운탕이나 끓여먹던 예전과는 달리 손맛만 즐기고 되살려 주는 '캐치 앤 릴리즈(Catch & Release)' 사례도 늘고 있다. 쏘가리가 우리나라 특산종이요, 쏘가리 루어낚시가 우리나라를 대표하는 낚시 장르인 만큼 지속적인 자원 보호에 낚시인들이 솔선수범했으면 한다.

■생태와 습성, 서식 및 분포

　우리나라 담수계에서는 보기 드문 농어과(科)의 어류다. 바닷고기와는 달리 대개의 민물고기는 외형이 부드러운 모습이지만 껍지를 포함한 쏘가

▼남한강 도담삼봉 인근의 수심 깊은 소(沼)에서 싱킹 미노우로 45cm짜리 쏘가리를 올린 필자 장용석 씨.

리는 같은 농어과에 속하는 능성어 · 붉바리 등 바닷고기처럼 강인한 외모에 날카로운 지느러미 가시를 갖고 있다. 한마디로 '바다의 능성어'라 할 만하다.

작은 물고기를 잡아먹는 어식성(魚食性)으로서 강계의 최상위 포식자답게 입이 크고, 입 안 전체엔 송곳처럼 따가운 이빨이 늘어서 있다. 작은 물고기를 집어삼킬 땐 엄청난 속도로 흡입하듯 빨아들이고, 늘어선 이빨들은 창살을 연상하듯 한 번 앙다물면 웬만해선 절대 먹이를 놓치지 않는다. 바닥층에서 먹이사냥을 하기 좋게 머리가 앞쪽으로 길고 아래턱 또한 위턱보다 길다.

용맹스런 쏘가리의 자태는 체측의 얼룩무늬에 나타난다. 서식처에 따라 체측의 색깔이 다소 변화긴 해도 노란색 바탕에 육각형 또는 불규칙하게 발달한 줄무늬가 표범의 얼룩무늬를 연상케 하고, 매화꽃과 복숭아꽃을 떠올리게도 한다. 이런 걸출한 외모로 쏘가리는 궐어(鱖魚) · 금린어(錦鱗魚)란 이름으로 우리의 옛 시화(詩畵)에도 자주 등장하고, 옛 중국에서도 황제의 품위를 갖춘 귀한 고기라 하여 잉어 · 백어와 함께 3대명어(三大名魚)로 취급하였다.

쏘가리는 일본엔 없고 우리나라 서 · 남해안으로 흐르는 각 하천과 중국에 분포한다. 우리나라와 달리 중국에는 6종의 쏘가리가 있는데 우리나라의 쏘가리와는 체형과 무늬가 다르다. 중국산 쏘가리는 우리나라 쏘가리보다 체고가 높고, 우리나라 쏘가리가 노란색 바탕에 불규칙한 흑색 무늬가 발달한 데 비해 중국산 쏘가리는 약간 푸른 기운이 도는 청황색 바탕에 둥근 흑색무늬와 띠무늬를 갖고 있다.

▼중국산 쏘가리는 체고가 높고, 체측의 반점이 얼룩덜룩한 모습이다. 우리나라 쏘가리의 체형이 훨씬 더 날렵하고 얼룩무늬도 한결 뚜렷해 더욱 용맹스런 모습이다

우리나라 쏘가리   중국 쏘가리

- 표준명 : 쏘가리
- 속 명 : 쏘가리
- 학 명 : *Siniperca scherzeri*
- 영 명 : 만다린피시(Mandarin fish)
- 일 명 : 고라이 케스교
   (コウライケツギョ)

살아있는 먹잇감만 포식하는 육식성 어종

2~3급수의 맑은 수질에 서식하는 쏘가리는 독립적인 행동을 하지만 산란을 하는 시점에는 집단적인 행동을 하기도 한다. 수온 15℃ 이상 되는 늦봄부터 초여름까지 수심이 그다지 깊지 않는 여울 자갈바닥에 산란을 하되 주로 야간에 이뤄지는 것으로 알려진다. 수정란은 6~7일 후에 부화가 이뤄져 배에 난황을 단 6mm 크기 안팎의 새끼가 태어나고, 생후 2개월이면 7cm 정도로 자라 쏘가리의 모습을 제대로 갖춘다. 이 무렵을 전후해 쏘가리 특유의 단독생활을 하게 되고, 낚시로 잡을 수 있는 20cm 정도 크기가 되기까지는 약 3년이 걸리는 것으로 알려진다.

성장 속도가 느릴 뿐만 아니라 식성마저 까다로워 양식이 어려운 점도 쏘가리의 특징이다. 작은 물고기나 곤충을 잡아먹는 대표적인 육식성으로 바다 넙치(광어)의 경우는 어린 시기에 배합사료를 잘 먹는 데 비해, 쏘가리는 어릴 적부터 살아있는 먹이에만 관심을 보여 양식을 힘들게 한다.

아카시아 꽃 필 무렵부터 많은 이동을 하는데, 낮엔 주로 휴식을 취하고 저녁부터 이동 및 먹이활동을 왕성하게 전개한다. 늦가을이 되면 겨울 동면을 앞두고 깊은 곳을 찾아 여울을 다시 내려오기 시작하며, 수심 깊고 바위가 밀집한 곳이나 유속이 빠르지 않은 동굴과 바위틈 사이에서 동면을 취하고, 이듬해 수온 6~7℃ 이상 될 때부터 소생하여 활동을 시작한다.

홀로 지내기를 좋아하고 자기가 사는 영역을 지키려는 습관이 있으며 덩치가 큰 쏘가리들은 암수가 같이 지내는 경우도 있다. 50cm 이상의 쏘가리가 잡힌 곳에선 얼마 후 비슷한 크기가 또 잡히는가 하면, 이듬해에도 같은 사례가 반복됨으로써 쏘가리낚시 포인트는 대물림을 하는 경향이 강하다.

■쏘가리낚시 시즌 및 주안점

: 시즌 　: 피크 시즌 　: 금어기

구분	1월	2월	3월	4월	5월	6월	7월	8월	9월	10월	11월	12월	비고
한강권역				시즌	금어기	금어기	시즌	피크	피크	시즌			
금강권역			시즌	시즌	금어기	금어기	시즌	피크	피크	시즌	시즌		
낙동강권역			시즌	시즌	금어기	금어기	시즌	시즌	시즌	시즌	시즌		
영산강권역				금어기	금어기	시즌	시즌	시즌	시즌	시즌	시즌		
섬진강권역			시즌	금어기	금어기	시즌	시즌	시즌	시즌	시즌	시즌		

쏘가리낚시는 겨울이 지나고 봄이 되는 시점부터 시즌이 전개 된다. 통

상적으로 봄철 대기온도가 12℃ 이상으로 며칠을 유지한 상태에서 수온이 8℃ 이상으로 유지될 때이다. 대개 3월을 중심으로 3월 초는 남부지역의 쏘가리들이 동면에서 깨어나기 시작하며, 3월 중순엔 중부지역, 3월 말경엔 강원도와 경기북부지역의 쏘가리들이 동면에서 깨어나 움직이기 시작한다.

4월 중순경 목련꽃에 이어 벚꽃이 만발할 무렵이면 본격적인 쏘가리의 대이동이 시작된다. 쏘가리들이 여울을 타고 상류로 이동하는데, 이들은 회유성 어종은 아니지만 회유성 어종처럼 수많은 여울들을 타고 상류로 이동을 거듭한다. 다름 아닌 산란을 위한 목적으로, 호박돌과 작은 돌들이 즐비한 지형과 수온·수량·유속 및 은신처 등의 몇 가지 요소가 맞아떨어지는 곳에서 비로소 산란을 시작한다.

이 시기에는 법적으로 '쏘가리 포획 금지기간'으로 지정되어 낚시는 물론 일체의 어로 행위가 금지된다. 남부지방(경상도와 전라도)은 4월 20일 ~5월 30일까지, 중부지방(경기·강원·충청도)은 5월 1일부터 6월 10일까지가 쏘가리 포획 금지기간이다. 따라서 이 기간 동안은 쏘가리의 개체수 보호와 증가를 위해 낚시를 절대 삼가하되 대체 어종으로서의 꺽지낚시를 통해 대리 만족을 취할 수 있다.

쏘가리는 포획 금지기간뿐만 아니라 '포획 금지 체장'이 있다는 점도 기억해야 한다. 시기와 지역을 막론하고 전장 18cm 이하는 무조건 방류해야 한다.

▶시즌 초기(3~4월) – 목련꽃 필 무렵부터

금강 하류권과 영산강·낙동강계 일부는 2월부터 첫 쏘가리가 선을 보이기도 하지만 역시 낚시 시즌은 3월부터 시작되고, 강원도 지역의 동강·서강·평창강·주천강·홍천강 그리고 경기권의 북한강·한탄강·임진강 등은 4월 초가 되어야 본격적인 시즌을 열어젖힌다. 이같은 지역별 시즌 차이는 봄꽃의 개화 시기와 일치하는데, 목련이 꽃망울을 터뜨리는 시점부터다. 필자 또한 목련꽃이 만개할 무렵, 그림 같은 5짜 쏘가리들을 잡아본 적이 더러 있다.

이른 봄 3월의 쏘가리는 겨울잠에서 갓 깨어난 상태이므로 먹이활동이 극히 소극적이고 활동 범위 또한 그다지 넓지 않다. 따라서 루어의 선택과 액션이 본격 시즌 때와 달라야 한다. 소프트 베이트(Soft bait) 계열의 웜

쏘가리

(Worm)을 우선하되 화려한 색깔보다는 물색과 비슷한 녹색 계열이나 모토 오일 컬러, 검정·밤색 같은 화려하지 않은 내츄럴 컬러들이 쏘가리의 경계심을 줄여준다. 더불어 이 같은 색상의 루어에 부여하는 액션 또한 공격적인 무거운 채비를 사용할 때와는 달리 느리고도 짧은 액션을 구사하는 것이 효과적이다.

같은 포인트일지라도 햇빛이 많이 들어 수온이 보다 상승하는 곳을 찾아 공략해야 하며, 바닥에 큰 바위들이 산재한 곳을 우선해야 한다. 지그헤드의 바늘 또한 허리가 긴 것보다는 2호 또는 4호 정도의 짧은 바늘이 초봄 쏘가리의 부담감을 덜어주며, 헤드의 무게도 역시 가벼운 것이 경계심을 더 줄여준다.

하드 베이트(Hard bait) 계열의 미노우(Minnow)와 스푼(Spoon)은 시기를 좀 더 기다려야 한다. 쏘가리의 경계심이 극도에 달해 효과적이지 못할 때이므로 수온이 10℃를 넘어가는 시점부터 사용하는 게 좋다.

수온 차이 또한 심할 때이므로 야간낚시보다는 주간낚시 위주여야 하고, 수심 깊은 곳부터 먼저 공략하되 물흐름이 없거나 느리게 형성되는 곳을 선택하는 것이 수온의 변화가 적어서 좋다. 더불어 지류권이 연결되는 곳은 피하는 게 상책이다. 수온의 변화가 심하기 때문이다. 깊은 산기슭의 눈 녹

● 표준명 : 쏘가리
● 속   명 : 쏘가리
● 학   명 : *Siniperca scherzeri*
● 영   명 : 만다린피시(Mandarin fish)
● 일   명 : 고라이 케스교
　　　　　 (コウライケツギョ)

▼신록이 물들기 시작하는 봄날, 금강 지류권인 '지천'(충남 청양군 장평면)에서 25cm급 쏘가리를 미수걸이한 여조사.

은 물이 유입되는 지류권 합류 지점일수록 특히 그러하다.

▶1차 피크 시즌(4월) – 미노우(Minnow)와 스푼(Spoon)

산란을 앞둔 쏘가리가 여울 하목(여울 꼬리)에서 가장 왕성한 먹이활동을 벌일 때로 필자는 쏘가리낚시 시즌 중 4월이 가장 적기라 생각한다. 남부지역의 경우 4월 20일부터 금어기가 시작되지만 경기·강원·충청권 강계는 이에 구애받지 않고 다양한 낚시 기법을 구사할 수 있기 때문이다.

대부분 강계의 한낮 수온이 12℃ 이상으로 상승함에 따라 쏘가리의 먹이활동이 왕성해질 때다. 산란을 준비하는 시기로 이 무렵의 쏘가리는 대부분 여울 꼬리에 몰려들어 체력을 증진한다. 여울을 거슬러 오르기 전의 준비단계라 볼 수 있는 것이다.

이 무렵의 루어는 소프트 베이트 계열의 웜 종류보다는 하드 베이트 계열의 미노우(Minnow)와 스푼 종류가 유리하며, 공략 수심층 또한 웜을 이용한 바닥층보다는 중층과 중하층을 공략 하는 것이 효과적이다. 먹잇감에 달려드는 영역인 스트라이크 존이 넓어지는 시기이므로 수면에서 1~1.5m 정도 되는 중간 수심층을 미노우나 스푼으로 반복 탐색하는 것이다.

야행성 어종이라 할지라도 이 무렵의 쏘가리는 수온 상승과 수량·유속·탁도가 적합한 여건이면 주야 없이 여울에 밀집하게 된다. 먼저 수컷들이 여울 꼬리에 듬성듬성 형성된 바위 주변으로 몰려들고 며칠의 간격을 두고 암컷 중에서도 체구가 큰 암놈들이 붙기 시작한다.

이때 수온과 수량·유속·탁도 등의 환경 요건이 갖춰지면 산란을 위한 본능적인 이동을 한다. 적합한 산란장을 찾을 때까지 여러 관문의 여울지대를 거슬러 오르되 암놈 근처엔 여러 마리의 수컷이 호위하듯 따라붙는다. 체구가 큰 녀석들은 유속이 거센 여울 중심을 차고 오르고, 체구가 작고 힘이 약한 녀석들은 여울 가장자리를 타고 오르기도 한다. 그러나 산란을 위해 한참 여울지대를 거슬러 오르는 쏘가리는 코앞에 루어를 던져도 거들떠보지도 않는다는 게 필자의 경험담이다.

▶산란기 전후(5월~6월 중순) – 서스펜딩 미노우(Suspending minnow)

장마가 오기 전의 갈수기 낚시이다. 여울 상목을 공략해야 할까, 여전히 여울 하목을 공략해야 할까? 해답은 둘 다이다.

못자리 조성에 이어 모내기가 이뤄질 때면 대부분 댐에서 방류를 거듭한다. 남한강을 비롯한 금강·영산강·섬강·낙동강 등 거의 모든 강계마다는 어느 정도의 강수량이 유지되고 유속도 생긴다. 상류로부터 많은 플랑크톤이 유입되고 이런 플랑크톤을 취하기 위한 베이트 피시(Bait fish)가 활기를 띠고, 이들을 먹잇감으로 하는 쏘가리들이 활발한 먹이활동을 벌이는가 하면 알의 숙성이 빠른 개체는 산란을 시작한다.

적합한 산란장을 찾기 위해 쏘가리들은 4월부터 여울과 여울을 거슬러 오르는데 적게는 5~6개, 많게는 10여 개 이상의 여울을 타는 것으로 짐작된다. 따라서 이 무렵의 여울 상목과 하목 지대는 산란 전후의 쏘가리들이 가장 즐겨 모여드는 곳으로 일급 포인트를 형성한다.

그러나 산란이 임박하거나 산란을 막 끝낸 쏘가리들마저 먹이활동이 매우 소극적이어서 루어에 대한 반응도 무딘 편이다. 이때의 입질은 루어를 툭툭 건드릴 정도가 많아 애를 태우는데, 이때 가장 효과적인 루어를 선택하라면 필자는 서슴없이 서스펜딩 미노우(Suspending minnow)를 꼽는다. 여울을 타는 쏘가리들은 바닥에 붙어서 여울을 이동하기보다는 여울의 중층 또는 중상층으로 이동하기 때문이다. 따라서 여울의 상·하목을 공략할 때는 일정 수심층을 유지하며 탐색하는 서스펜딩 미노우를 선택한다.

때로는 싱킹 미노우(Sinking minnow)도 필요하다. 역설적으로 본격 시즌

● 표준명 : 쏘가리
● 속　명 : 쏘가리
● 학　명 : *Siniperca scherzeri*
● 영　명 : 만다린피시(Mandarin fish)
● 일　명 : 고라이 케스교
　　　　　(コウライケツギョ)

▼남한강 최상류, 영월 동강과 서강이 만나는 합수 지점에서 46cm짜리 쏘가리를 낚아 든 강한승(N.S 필드스탭) 씨.

일수록 여울 포인트에는 많은 낚시인들이 몰려 풍요 속의 빈곤을 이룰 때가 많다. 차라리 이럴 땐 남들의 발길이 닿지 않는 수심 깊은 소(沼)를 노려봄직하다. 이때는 어느 정도의 손실을 감수하고 싱킹 미노우로 공략하되, 최대한 느리게 움직여 쏘가리의 시선을 오래 끄는 것이 좋다.

이 무렵엔 특히 미노우의 색상과 사이즈를 다양하게 준비해 대상어의 반응에 따른 루어 로테이션을 빠르게 진행할 수 있어야 한다. 이를 위해선 60~90mm 크기의 내추럴 색상과 핑크 또는 챠트루스 등, 다양한 색상과 여러 가지 사이즈를 순서대로 정렬하여 태클박스에 휴대하는 것이 좋다.

실전에 있어 미노우의 사이즈는 작은 것에서부터 큰 것으로 변화를 주고, 저킹(Jerking) 시에 적은 폭으로 움직이는 것으로 교체하는 등, 다양한 로테이션을 통하여 입질이 집중되는 미노우로 좁혀 나간다.

덧붙여 5월~6월 중순 기간은 대물 쏘가리들을 만날 수 있는 최적의 기회이지만 지역에 따라 금어기에 해당한다는 점 꼭 염두에 두어야 한다.

▶장마철 낚시(6월~7월) - 탁도 회복 빠른 지류권 초입

5월 한 달은 전국을 통틀어 쏘가리 포획 금지기간이고, 중부권은 5월 31일부터 그리고 남부권은 6월 11일부터 해금된다.

쏘가리낚시가 다시 시작되는 6월 중순 무렵이면 첫 장마가 시작되기도 해 강계마다 수량이 늘어나고, 샛강으로부터 흙탕물이 유입돼 온통 황토색

▼무더운 여름철 쏘가리는 이른 아침 시간과 저녁 무렵이 피딩타임(Feeding time)이다.

쏘가리

으로 물든다. 쏘가리낚시가 가장 어려운 때이자, 많은 강수량으로 오름수위가 지속되는 강계 본류일수록 포인트 진입조차 어려워진다.

이때는 탁도 회복이 빠른 지류권이 최고의 포인트로 부상한다. 물론 지류권 포인트는 하천 폭이 좁은 데다 성급한 피서객들이 몰려들어 낚시 활동에 제한을 받기도 하지만 열심히 발품을 팔아 나만의 포인트를 개발하는 재미가 쏠쏠하기 마련이다.

강계 본류의 흙탕물을 피해 맑은 물이 흐르는 지류권을 찾아드는 이맘때의 쏘가리에게는 붉은색을 비롯한 화려한 색상의 소형 미노우가 효과적으로, 주야 상관없이 마릿수 조과를 안겨주기도 한다. 그러나 이런 오름수위는 며칠 만에 끝이 나고 다시금 내림수위로 전환된다. 이렇게 내림수위가 시작되는 시점부터는 지류권을 떠나 본류권에서의 여울낚시를 즐겨야 한다. 따라서 연중 며칠 되지 않는 오름수위 기간에는 맑은 물이 빨리 시작되는 지류권의 첫 여울 꼬리를 공략하는 것이 상책이다.

▶2차 피크 시즌(7월~8월 중순) – 밤낚시, 리액션 바이트(Reaction bite)

대부분 쏘가리들은 산란을 끝내고 몸을 추스를 때다. 여울과 여울 사이의 수심 깊은 소(沼)에서 한낮엔 거의 은신 상태로 지내며 주로 그늘진 곳에서 수동적인 먹이활동을 한다. 군데군데 자기만의 집을 갖고 은신하는 이맘때의 쏘가리는 찾아내기가 어려운 대신 한 마리만 올리고 나면 다음 조과를 기대할 수 있다. 대물급 쏘가리가 한 번 낚인 포인트에선 며칠 후 같은 자리에서 비슷한 크기가 낚이는가 하면, 같은 날 4~5시간 후에 같은 포인트를 공략해도 같은 조과가 이어지는 사례가 많기 때문이다.

그러나 7~8월 한여름은 무더위로 인해 낮낚시보다는 대물급 확률이 높은 밤낚시를 하기 좋은 계절이다. 쏘가리 자체가 야행성으로 야간에 왕성한 활동을 하는데, 그렇다고 넓은 범위를 이동하는 것은 아니다. 여울 지대를 겨냥하되 여울 하목보다는 상목에서 기다리는게 좋다. 또한 밤낚시라는 특수성을 감안, 많은 포인트를 찾아 이동하기보다는 확실한 포인트를 선정해 느긋이 기다리며 먹이활동을 위해 나오는 녀석들을 노리는 것이 좋다.

이맘때의 루어는 하드 베이트 계열 중 미노우 종류를 우선할 만하다. 색상을 달리 교체해 가며 다양한 수심층을 공략하는 방법으로 당일의 패턴을 찾아내는 것이 중요하다. 또한 미노우 특유의 기능을 최대한 활용하되 리액

● 표준명 : 쏘가리
● 속　명 : 쏘가리
● 학　명 : *Siniperca scherzeri*
● 영　명 : 만다린피시(Mandarin fish)
● 일　명 : 고라이 케스교
　　　　　(コウライケツギョ)

션 바이트(Reaction bite)도 시도해 볼 필요가 있다. 예를 들어 미노우를 사용해 여러 가지 액션을 부여하다 보면 수중 바위나 고사목, 기타 장애물에 부딪혀 돌발적인 액션이 연출될 경우가 있다. 바로 이때 주변 은신처에 있던 쏘가리가 반사적으로 덤비는 입질을 '리액션 바이트'라 한다. 따라서 미노우를 사용할 때는 같은 액션을 계속 되풀이하지 말고 때로는 물속 장애물에 고의적으로 부딪치게 하는 등, 루어의 운동 방향을 급격히 전환하거나 급작스런 속도 변화로 대상어를 크게 자극할 필요가 있다.

▶시즌 마무리(9월~11월) – 소프트 베이트 계열의 웜(Worm) 유리

9~10월은 천고어비(天高魚肥)의 계절. 가을 쏘가리 역시 활발한 먹이활동으로 살이 가득 오를 때다. 등 근육이 그 어느 때보다 단단해지고 꼬리 상처도 모두 아물며 배가 터질듯 먹어치우는 시기이다. 많은 에너지를 비축하면서 동면을 준비하는 과정이기도 하다. 그러나 가을이 깊어갈수록 수온이 계속 하강하고 유속이 약한 강계에는 많은 청태가 떠다니며 루어낚시를 힘들게 만들기도 한다. 하드 베이트보다 소프트 베이트 계열의 웜이 효과적인데, 바닥층을 단순히 끄는 것보다 폴링(Falling) 등의 액션으로 구석구석 탐색하는 것이 중요하다. 특히 저녁 피딩 타임(Feeding time)에 입질 확률이 높다. 강물의 탁도에 따라선 붉은색 계열의 웜이나 다양한 펄이 있는 금색 또는 은색 그럽 웜도 사용해 볼만하다.

10월 후반, 마지막 낙엽이 떨어져 강바닥에 쌓이면 강계마다의 쏘가리낚시도 차례차례 마감을 고한다. 여울과 여울 사이에 머물던 녀석들은 점점 하류로 내려가 깊은 소나 수중동굴 지대, 바위 밑 움푹 파인 곳 등을 찾아 동면을 준비할 시점이다. 낮낚시 중에서도 주로 오후 시간에 입질이 쏠리는데, 한두 마리의 조과나마 저녁노을을 배경으로 낚싯대가 떨리는 촉감은 어느 계절에도 느낄 수 없는 희열의 극치다.

■쏘가리낚시 장비 및 소품

과거와는 달리 쏘가리 루어낚시 전용 낚싯대는 물론 릴까지 국산화가 이루어져 선택의 범위가 한결 늘어났다. 장비가 더욱 경량화 되었고 가격 또한 저가품에서부터 외국제 못지않은 고가품들도 있다. 일부 국산 제품은 성

능 면에서도 외국 제품에 결코 뒤지지 않을 뿐만 아니라 A/S도 잘 이뤄지므로 고가품일수록 국산 제품을 구입하는 것이 유리할 수도 있다.

▶낚싯대(Rod) - F 휨새에 L~ML 강도

쏘가리 전용 낚싯대는 2절(Two piece) 또는 1절로 구성돼 있고, 예전에는 6.6~7.2피트(약 2~2.2m) 길이가 주력을 이뤘으나 근년엔 활동성과 경량화가 추구되면서 6.2 ~6.8피트(약 1.9~2.1m) 길이로 다소 짧아진 추세다.

쏘가리낚시는 수없이 많이 반복되는 캐스팅으로 피로감이 빨리 찾아오는 데다 바닥층을 끊임없이 공략해야 하는 관계로 낚싯대의 감도가 뛰어나야 한다. 이에 값비싼 국산 제품들은 새로운 신소재와 공법 개발로 낚싯대의 중량을 한층 더 감소시키는가 하면, 감도 증가를 위해 솔리드 팁은 물론 초경량 마이크로 가이드를 부착하기도 한다. 그러나 무작정 고가품을 좇기보다는 중저가품 중에서도 개발자의 설계 의도를 잘 파악해 용도에 맞는 제품을 구입하는 것이 좋다. 주안점은 크게 두 가지, 휨새(Taper)와 강도(Power) 부분이다.

●휨새(Taper) : 낚싯대의 휨새는 F(Fast taper-끝휨새 또는 초리휨새), M(Moderato taper), R(Regular taper-허리휨새), S(Slow taper-몸통휨새) 등

●표준명 : 쏘가리
●속　명 : 쏘가리
●학　명 : *Siniperca scherzeri*
●영　명 : 만다린피시(Mandarin fish)
●일　명 : 고라이 케스교
　　　　　(コウライケツギョ)

▼쏘가리낚시 기본 장비 및 소품. 루어는 지그헤드(Jig head)와 그럽 웜(Grub worm), 스푼(Spoon)과 미노우(Minnow)가 기본이다.

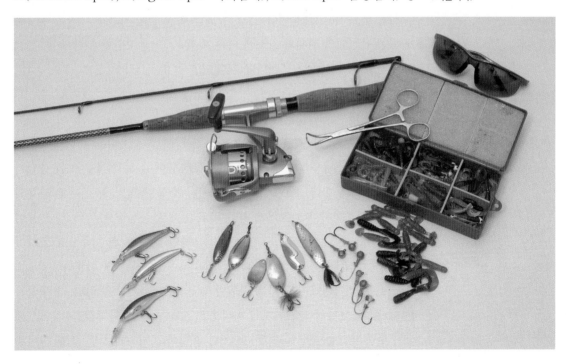

으로 구분된다. 전체 낚싯대 길이에서 톱가이드로부터 20~30cm 정도에서 휘어지는 것을 패스트 로드라 하고 손잡이 위쪽 부근에서 휘어지는 것을 슬로우 로드라 한다.

이 가운데 쏘가리낚시용으로는 패스트 테이퍼(F)가 주로 선호되는데, 지그헤드 루어 사용에 적합하면서도 바닥 지형 및 입질 파악에 유리하다는 것이 장점이다. 이밖에 모데라토(M) 및 레귤러(R) 휨새는 미노우 및 스피너와 스푼 등을 사용하기에 좋고, 중층의 수심층을 공략하기에 적합하다.

●강도(Power): 근년 출시되는 루어 낚싯대의 강도는 더욱 세분화돼 가장 부드러운 UL(Ultra light)로부터 시작해→L(Light)→ML(Medium light)→M(Medium)→MH(Medium haevy)→H(Heavy) 순으로 높아진다. 루어 낚싯대 중에서 가장 부드러운 울트라 라이트(UL)급은 꺽지낚시나 양어장 무지개송어낚시용으로 선호되며, 쏘가리낚시용으로는 유속이 그다지 빠르지 않은 작은 소형 강계에선 울트라 라이트급도 사용되지만 유속이 빠른 일반 강계에선 라이트(L) 또는 미디엄 라이트(ML)급이 주로 사용된다.

가장 범용성 있는 낚싯대를 꼽자면 패스트(F) 휨새의 라이트(L)급 강도이다. 패스트 휨새는 감도와 더불어 강한 유속에서도 대물급 제압에 무리가 없고, 라이트급 강도는 가벼운 지그헤드부터 중량감 있는 스푼 루어까지 두루 사용할 수 있기 때문이다. 그러나 조금 더 낚시에 빠져 디테일을 추구하게 되면 낚싯대의 휨새와 강도에 따른 특징을 좀 더 고민할 수밖에 없고, 그래서 낚싯대 종류는 더 늘어나게 된다.

▶릴(Reel) - 1500~2500번의 소형 스피닝 릴

쏘가리낚시용 릴은 낚싯대와 마찬가지로 가급적 가벼운 것이 좋다. 무수히 많은 캐스팅을 하는 데 따른 피로감을 줄여야 하고 감도 또한 중요시해야 하기 때문이다. 1000~2500번 크기의 소형 스피닝 릴이 두루 사용되는데, 릴 제조회사마다 크기가 약간 다르긴 해도 통상적으로 1~1.2호 줄이 100m 정도 감기는 것이 1000번이라 생각하면 된다. 이런 기준으로 쏘가리낚시에 사용되는 릴 크기는 1500~2000번 사이즈가 주류를 이룬다.

이 같은 쏘가리낚시용 릴을 구입할 때는 별도의 스풀을 하나 더 구입하는 게 좋다. 쏘가리낚시는 거의 바닥층을 노리는 만큼 바닥걸림이 많고 예상치 못한 트러블로 낚싯줄이 꼬이거나 흠집이 생기는가 하면, 때론 끊어지

기도 한다. 한마디로 낚싯줄의 소모량이 많은 낚시다. 낚시 도중 이 같은 문제가 생겨 사용하던 낚싯줄을 풀어내고 새로운 줄을 감으려면 짜증이 이만저만 아니다. 이때, 사용하던 릴 스풀을 그냥 제거하고선 미리 줄을 잘 감아둔 예비 스풀로 교체하면 시간도 절약되고 안정된 낚시를 계속할 수 있다. 나일론 낚싯줄을 사용할 경우일수록 스페어 스풀의 용도를 더욱 실감하게 된다.

쏘가리낚시 동호인 중에는 아직도 일본을 비롯한 외제 릴을 사용하는 이들이 많지만 국산 릴도 많은 발전을 거듭해 이제는 큰 무리 없이 사용할 수 있는 단계가 되었다고 본다.

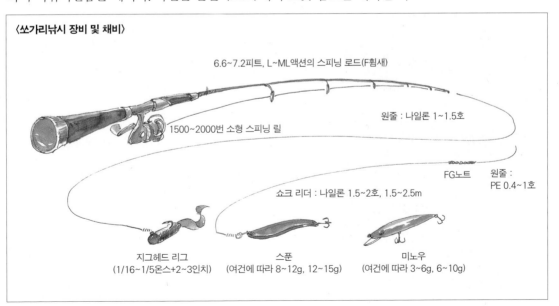

- ●표준명 : 쏘가리
- ●속　명 : 쏘가리
- ●학　명 : *Siniperca scherzeri*
- ●영　명 : 만다린피시(Mandarin fish)
- ●일　명 : 고라이 케스교
　　　　　(コウライケツギョ)

▶낚싯줄(Line) - 카본, 합사보다는 나일론이 적합

쉽고도 어려운 것이 낚싯줄의 선택이다. 선택의 폭이 너무 광범위하기 때문이다. 크게 분류해 낚싯줄은 한 가닥으로 구성된 모노필라멘트(Mono-filament · 單絲)와 여러 가닥이 꼬인 합사(Braided line · 合撚絲)로 나뉘고, 재질상으로는 나일론과 플로로카본(이상 모노필라멘트) 그리고 초고분자량 폴리에틸렌 계열의 PE(합사)로 나뉜다.

루어낚시 초창기에는 대부분 나일론 줄이 사용됐으나 현대의 대부분 루어낚시 분야엔 카본(플로로카본)과 PE 합사가 주류를 이룬다. 그러나 쏘가리 루어낚시만큼은 예외다. 나일론 줄은 〈도표〉에서 보듯 감도를 제외한 여

〈쏘가리낚시 장비 및 채비〉

6.6~7.2피트, L~ML액션의 스피닝 로드(F휨새)

원줄 : 나일론 1~1.5호

1500~2000번 소형 스피닝 릴

FG노트　원줄 :
　　　　PE 0.4~1호

쇼크 리더 : 나일론 1.5~2호, 1.5~2.5m

지그헤드 리그
(1/16~1/5온스+2~3인치)

스푼
(여건에 따라 8~12g, 12~15g)

미노우
(여건에 따라 3~6g, 6~10g)

러 분야에서 쏘가리낚시에 적합한 장점을 갖고 있다. 낚싯줄의 소모량이 많은 쏘가리낚시의 특수성을 감안할 때 가격이 저렴해 부담이 덜한 데다 초보자들이 사용하기에도 좋고, 경험 많은 베테랑 중에서도 여전히 나일론 줄을 선호하는 이들이 많다.

그러나 쏘가리낚시에도 다양한 루어가 사용되면서 강도와 감도가 좋은 PE 합사를 선택하는 이들이 많아졌다. 값이 비싼 데다 유속이 강한 곳에서의 순간적인 바이트에 약하다는 단점이 제기되기도 하지만 물살에 대한 저항이 적어 잘 떠밀리지 않는 등 상대적인 장점도 많기 때문이다.

쏘가리낚시용 나일론 원줄은 1호~1.5호가 적합하며 PE 합사를 사용할 경우는 물살이 강한 여울지대에선 0.8호~ 1.5호, 나머지 지역에선 0.4호~1호가 적합하다.

〈낚싯줄 종류별 특징〉

구분	연신율 (늘어나는 정도)	침강속도	강도 (라인의 강도)	매듭강도	감도	가격
나일론	매우 높음	중간	중간	매우 높음	낮음	낮음
카본	높음	빠름	높음	높음	높음	높음
PE 합사	없음	느림	매우 높음	낮음	매우 높음	매우 높음

▼뜰채가 준비되지 않았을 때나 쏘가리의 씨알이 크지 않을 때는 장갑 낀 손으로 쏘가리의 아래턱을 꽉 쥐고 올리면 된다.

▶각종 소품 – 웨이더, 낚시조끼, 뜰채 등…

쏘가리낚시는 물속으로 들어가 낚시를 하는 경우가 빈번하다. 원거리 채비 투척을 비롯해 유속이 강한 곳에서의 물곬 포인트 공략을 위해선 잠시 또는 장시간 물에 들어가 있을 수밖에 없다. 따라서 웨이더 (Wader · 방수장화) 착용은 이미 오래 전부터 쏘가리 루어 낚시의 필수 아이템이 되었다. 신체를 보호하고 체온을 유지시키는 용도의 웨이더는 네오플랜 소재의 봄 · 가을용을 비롯해 방수투습 소재, 고어텍스 소재 등의 여름철 웨이더 종류가 있다. 웨이더는 또 부츠가 부착된 일체형이 있는가 하면, 분리되어 따로 계류화를 신어야 하는 경우도 있다.

계류화는 대부분 펠트가 부착되어 미끄러짐을 방지해 준다. 이밖에 낚시용 조끼는 수납공간이 많은 제품이 좋은데, 근자엔 구멍조끼 형태의 제품도 시판된다. 낚시용 장갑은 루어 채비가 장애물에 걸렸을 때 낚싯줄을 끊기 위해 꼭 필요하며, 플래시를 걸 수 있는 모자, 안전하게 바늘 및 미노우 혹을 제거할 수 있는 포셉이나 플라이어도 있어야 한다. 플래시는 2개 이상으로 야간 이동 시 사용하는 것과 루어 교체용으로 적합한 작은 플래시가 필요하며, 혹시 물에 잠길 수 있는 핸드폰을 방수주머니로 커버하는 것도 잊지 말아야 한다.

쏘가리

- ●표준명 : 쏘가리
- ●속　명 : 쏘가리
- ●학　명 : *Siniperca scherzeri*
- ●영　명 : 만다린피시(Mandarin fish)
- ●일　명 : 고라이 케스교
　　　　　(コウライケツギョ)

■쏘가리낚시용 루어(Lure)

1970년대에 시작되어 80년대 후반에 이르기까지 쏘가리는 우리나라 루어낚시를 상징하는 대상어였고, 당시의 쏘가리낚시용 루어는 스푼(Spoon) 일색이었다. 이후 다른 루어낚시 장르가 생겨나면서 쏘가리낚시용 루어도 차츰 다변화되었다. 그러나 쏘가리낚시는 돌멩이나 바위가 산재한 바닥층을 주로 공략하는 만큼 루어 손실이 많이 따르는 점은 지금도 변함이 없다. 이런 점에서 쏘가리낚시용 루어는 지그헤드 리그와 스푼, 그리고 미노우 종류가 주류를 이룬다.

▶지그헤드와 그럽 웜 – 바닥 읽기 좋고 사용도 편리

일단은 사용하기 쉽고, 유속과 수심에 대처하기 좋고, 바닥 지형지물도 잘 읽을 수 있어 쏘가리낚시에 많이 활용된다. 값이 싸 바닥걸림으로 인한 손실도 크게 부담되지 않는다. 통상적으로 이른 봄철과 입질이 뜸한 한낮 시간대의 바닥층 공략에 효과적이며, 늦가을에도 많이 사용된다. 밤낚시 포인트 첫 진입 시 바닥을 읽거나 수심 및 유속을 파악할 때도 유효하다.

일반적으로 1/32, 1/16, 1/10, 1/8, 1/5, 1/4온스의 지그헤드(Jighead)에 그럽 웜 (Grub worm)을 꿰어 사용하는데, 그럽 웜은 그 모양에 따라 a, c, I, d등으로 불린다. 그럽 모양과 관련해 필자는 I그럽에 80%의 비중을 둔다. 구체적으로 1/32~1/8온스까지의 지그헤드에는 I그럽을 주로 사용하고, 다소 무거운 1/5, 1/4온스 헤드에는 d그럽을 자주 사용한다. 그러나 그럽의 선택은 완전히

▼쏘가리낚시에 사용되는 지그헤드와 웜. 지그헤드의 무게는 물론 웜의 형태와 색깔도 다양하게 준비하는 것이 좋다.

주관적 견해일 수도 있으므로 다양한 그럽을 사용해 스스로의 선택 기준을 만드는 게 옳다고 본다.

●무게와 색깔 : 일단 지그헤드 무게를 선택하는 기준은 수심이 아닌 유속을 우선해야 한다. 아무리 무거운 지그헤드를 사용해도 유속이 너무 빠르면 채비를 바닥까지 가라앉히기가 매우 힘들다. 라인의 텐션(Tension)이 유지된 상태에서는 더더욱 힘들다. 따라서 유속과 수심 두 가지를 고려하여 빠른 유속에는 1/5~1/8온스(약 5.7~3.5g) 정도를 사용하고, 적당한 유속과 1~2m 정도의 수심층에선 1/8~1/10온스(약 3.5~2.8g) 정도, 그리고 매우 느린 유속에선 1/16~1/32온스(약 1.8~0.9g) 정도를 사용하는 것이 좋다. 처음엔 이 같은 수치가 막연하게 느껴지겠지만 낚시터 현장에서 서너 개의 지그헤드를 수장시키다 보면 어느 정도의 무게가 적합할지 피부로 느껴질 것이다. 덧붙여 지그헤드가 무겁다고, 또는 웜 사이즈가 크다고 해서 큰 쏘가리가 잡히는 게 아니라는 점 일러둔다. 유속과 수심을 고려하여 지그헤드 무게를 선택하되, 물의 탁도 및 낮낚시냐 밤낚시냐에 따라 웜의 색깔 선택에도 주의를 기울여야 한다.

웜의 색깔은 수도 없이 많고 다양한 펄과 모양 등이 있어 선택의 폭이 매우 크고도 어렵다. 우선 탁도가 좋지 않아 흙탕물에 가까울수록 화려한 핑그나 빨간색 바탕에 금색 또는 은색 펄이 내장된 것이 효과를 발휘하고, 물이 맑아진 상황에서는 모터오일이나 흰색·검정색·녹색 계열의 웜이 좋은 반응을 얻는다.

그러나 필자는 웜의 색깔에 크게 연연하지 않는다. 그보다는 웜의 꼬리에서 전해지는 파장이 쏘가리의 먹이 본능을 자극하는 것으로 생각한다. 다시 말해 웜의 꼬리가 근처에 서식하는 쏘가리의 먹이인 미꾸라지나 피라미처럼 얼마나 자연스러운 파장을 일으키느냐가 관건이라 보는 것이다.

덧붙여 웜 종류를 좀 더 디테일하게 따지자면 플로팅(Floating) 계열과 싱킹(Sinking) 계열로 나눠 볼 수도 있다. 같은 재질의 실리콘이지만 밀도를 통하여 조금씩 뜨는 웜과 가라앉는 웜 종류가 있는데 주간에는 가라앉는 웜이, 야간에는 조금씩 뜨는 웜이 효과적인 것으로 생각된다.

●웜(Worm)의 액션 : 지그헤드에 그럽 웜을 부착한 채비는 캐스팅 이후 유속과 수심을 고려한 카운트다운(Countdown)으로 일단 공략 수심층까지 가라앉힌다. 이후 단순한 릴링으로 천천히 끌어들이는 리트리브(Retrieve)

만으로도 어필을 줄 수 있지만, 스톱 앤 고(Stop & go)의 액션으로 릴링을 1, 2초간 멈추면 자동으로 폴링 되면서 웜 꼬리 쪽의 미세한 떨림과 파장이 쏘가리의 호기심을 더욱 자극하게 된다. 그래도 반응이 없다면 저킹(Jerking)과 트위칭(Twitching)으로 조금 더 섬세한 액션을 부여하거나, 짬짬이 스위밍(Swimming)과 호핑(Hopping)으로 입질을 유도할 수도 있다.

그러나 공식에 연연할 필요는 없다. 여러 가지 액션 주입은 그날그날 쏘가리의 활성도에 따라 효과가 달리 나타날 수 있으므로 일단은 다양한 시도가 이뤄져야 한다. 실패와 성공을 여러 차례 경험하다 보면 자신만의 노하우가 축적될 것이다.

- ●표준명 : 쏘가리
- ●속　명 : 쏘가리
- ●학　명 : *Siniperca scherzeri*
- ●영　명 : 만다린피시(Mandarin fish)
- ●일　명 : 고라이 케스교
　　　　　(コウライケツギョ)

▶**스푼(Spoon)** - 쏘가리 루어낚시의 원조

무심코 호수에 빠뜨린 티스푼에 무지개송어가 반응을 보여 스푼 루어가 탄생했다는 서양의 비공식 기록이 아니더라도 분명 스푼 루어는 근대식 루어(Lure)의 효시로 꼽힌다. 특히 우리나라 쏘가리 루어낚시를 탄생시킨 주역이요 역사이기도 하다. 선배 낚시인들은 물론 현재의 쏘가리낚시 동호인

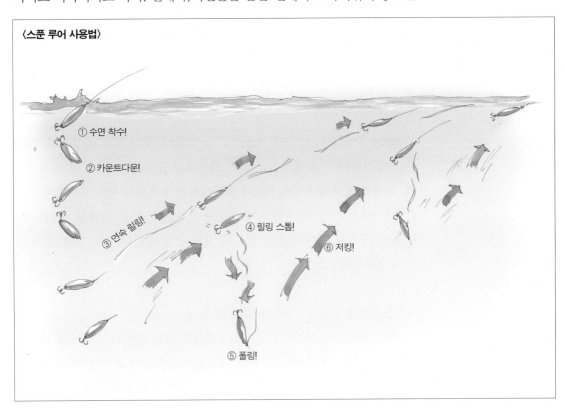

〈스푼 루어 사용법〉

① 수면 착수!
② 카운트다운!
③ 연속 릴링!
④ 릴링 스톱!
⑤ 폴링!
⑥ 저킹!

들도 꾸준히 사용 중이다. 특히 초보자들이 좋아한다. 가격이 저렴한 데다 중량감도 있어 롱 캐스팅이 어렵지 않고, 단순한 릴링으로도 쏘가리의 호기심을 자극할 수 있기 때문이다.

스푼에도 여러 종류가 있다. 두께와 면적 등 크기에 따른 무게가 다르고, 전체적인 모양새와 기울기도 다르지만 그나마 다른 루어에 비해서는 단순한 편이다. 작게는 5~6g부터 시작해 18~20g까지 사용하되 선별의 기준은 유속이 우선이다. 같은 무게라 할지라도 유속이 느린 곳에서는 둥근 형태가, 유속이 빠른 곳에서는 길쭉한 형태가 효과적이므로 스푼 루어 또한 다양하게 준비하는 것이 좋다.

스푼의 완곡도(기울기)는 유속의 강약에 따라 움직임이 달리 나타나는데, 같은 조건에서는 완곡도가 큰 스푼일수록 떨림이 강하게 나타난다. 또한 릴링 속도에 따라 잘 부상하기도 하고 잘 가라앉기도 하므로 완곡도에 따라 릴링 속도를 조절할 필요도 있다.

스푼 루어에 부여하는 통상적인 액션은 크게 복잡할 거 없다. 캐스팅 이후 카운트다운을 통하여 바닥층 가까이 가라앉힌 후 단순 릴링으로 끌어들이면 스푼이 서서히 흐느적거리면서 유속을 타고 움직인다. 이 과정에서 가끔 저킹 동작으로 강하고 빠르게 당기면 얼마간 스푼이 떠오르게 되고, 잠깐 릴링 동작을 멈추거나 속도를 줄이면 스푼이 가라앉는 폴링 상태가 이루어진다. 이런 반복 과정에서 쏘가리의 입질이 닿게 되는데, 대개는 폴링 상태일 경우가 많다.

스푼은 야간보다 주간에 사용하는 것이 좋다. 한낮 빛의 굴절을 받아 작은 물고기들이 놀라 도망치는 듯한 실루엣을 연출하는 때문으로 여겨지는데, 그래서 봄철 동면에서 깨어난 쏘가리들을 유혹하는 데도 효과적이다.

끝으로 스푼 루어는 바늘이 대부분 3개로 구성된 트레블 훅(Treble hook-세발바늘)이어서 잘못 건드릴 경우 손을 다치기 쉽다. 전용 캡을 씌워 휴대하는 것이 좋다.

▶미노우(Minnow) - 하드 베이트의 황태자

이름 그대로 피라미처럼 작고 날렵한 물고기를 형상화한 루어다. 몸체가 목재나 합성수지로 만들어져 물에 뜨거나 가라앉는가 하면, 물과 비중이 같아 정지 상태를 유지하는 종류가 있다. 턱 밑에 혀와 같은 립(Lip)이 비스듬히 달려 있어 그 각도와 길이에 따라 유영 수심층이 달라지는 점도 미노우의 주요 특징이다.

쏘가리 루어낚시의 묘미를 한껏 드높여 주는 미노우(Minnow)는 일찍이 바다 루어낚시와 배스낚시에 많이 사용돼 온 것으로 쏘가리낚시에 사용된 지는 그리 오래지 않은 2000년대부터다. 사용 초기엔 제품들이 쏘가리낚시용으로는 적합지 않아 많은 불편이 따랐으나 지금은 초보자들도 즐겨 사용할 만큼 최적 제품이 공급되고 있다.

●비중에 따른 분류 : 미노우를 선별하는 기준 중 하나는 비중이다. 스스로 물에 뜨는 것을 플로팅(Floating), 일정 수심층을 유지하는 것을 서스펜딩(Suspending), 점점 물속으로 가라앉는 것을 싱킹(Sinking) 계열로 구분한다. 이는 미노우의 몸체가 어떤 소재냐에 따른 것으로, 무겁다고 해서 싱킹 계열로 생각해선 안 되며 가볍다고 해서 전부 플로팅 계열로 생각해서도 안 된다. 사용해 보지 않아도 제품의 스펙을 보면 쉽게 알 수 있는데 대부분의 제품엔 그 기능이 표기돼 있다. 65F, 70sr-F 등으로 F자가 붙은 것은 플로팅 계열이다. 서스펜딩은 대부분 sp, 싱킹 계열은 s자가 붙는데, 특히 빨리 가라앉는 헤비싱킹은 hs자가 붙는다. 이런 기준에 따라 미노우 루어는 계열별로 분류해 지참하는 것이 여러모로 효율적이다.

미노우의 기능은 또 다른 장치로 구분된다. 몸체 앞쪽에 달려 잠수판 기능을 하는 립(Lip)이다. 립 사이즈는 공략 수심층을 결정해 주는 역할을 하

●표준명 : 쏘가리
●속 명 : 쏘가리
●학 명 : *Siniperca scherzeri*
●영 명 : 만다린피시(Mandarin fish)
●일 명 : 고라이 케스교
　　　　(コウライケツギョ)

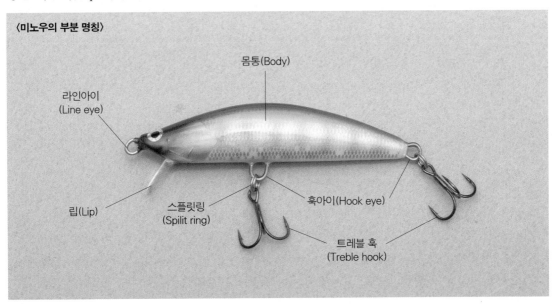

〈미노우의 부분 명칭〉

몸통(Body)

라인아이
(Line eye)

립(Lip)

스플릿링
(Spilit ring)

혹아이(Hook eye)

트레블 혹
(Treble hook)

는데, 통상 길이 1cm 정도 되는 것은 0.8~1m 수심층까지 파고든다. 이런 기준으로 립이 길면 길수록 더욱 바닥으로 파고든다고 생각하면 된다.

●장비와의 조화 : 미노우를 사용할 때는 이에 적합한 장비가 선행되어야 효과를 드높일 수 있다. 우선 낚싯대의 경우 허리힘이 어느 정도 뒷받침되어야 한다. 다른 종류의 루어보다 물의 저항을 많이 받는 미노우를 제대로 운용하기 위해서다. 초리휨새(Fast taper)의 낚싯대는 미노우를 사용함에 있어 감도는 좋지만 자연스런 액션을 부여하기가 힘들다. 그렇다고 너무 뻣뻣한 낚싯대도 곤란하다. 허리힘이 적당한 미디엄라이트(Medium light)급 정도의 파워를 갖추고 감도 또한 예민한 것이 좋다. 낚싯대의 길이도 너무 짧으면 미노우의 비거리도 짧아지고 액션을 부여하기에도 불편하다. 그렇다고 너무 길면 피로감이 심해진다.

릴 또한 아주 작은 1000번대보다는 드랙 내력이 2.5kg 이상으로 미세한 조절까지 가능한 1500~2500번 크기의 스피닝 릴이 적합하다. 립이 달린 미노우가 물의 저항을 많이 받는 데다 대형 쏘가리가 걸려들었을 경우 부하가 더욱 가중되기 때문이다. 또한 미노우 낚시에 PE 합사 원줄을 사용할 경우는 나일론 또는 카본 줄을 이용한 별도의 쇼크 리더를 덧다는 것이 좋다. PE 합사는 신축성이 없어 순간적인 충격에 약하기 때문이다. 따라서 쏘가리낚시에 있어서도 쇼크 리더 매듭법 몇 가지는 꼭 익혀둘 필요가 있다.

●시기와 포인트 : 언제 어디서나 미노우가 효과를 발휘하는 것은 아니다. 반복되는 얘기지만 쏘가리낚시는 바닥걸림을 감수해야 하고, 그래서 루어 소모가 많을 수 밖에 없다. 그러나 싸게는 하나에 7,000원, 비싸게는 20,000원씩이나 하는 미노우를 부담 없이 수장시킬 순 없다. 더욱이 싱킹 계열의 미노우는 바닥걸림이 더 심하기 때문에 용도에 맞게 잘 사용해야 한다.

계절과 지형에 따라 스푼 또는 지그헤드가 효과적이듯 미노우도 적합한 여건이 있다. 이른 봄철보다는 쏘가리가 여울을 타고 소상하는 4~5월 무렵과 7~9월 여름 밤낚시에 이상적이다. 미노우 사용에 적합한 포인트로는 물곬 지형이 멀지 않고, 강폭이 넓지 않은 곳, 유속이 있어 물살이 다소 빠르다고 판단되는 곳 등이다.

이 중에서도 한여름 시즌, 립이 작은 미노우로 수심 1m 내외까지 쏘가리를 유혹해 들여 눈앞에서 바이트(Bite) 시키는 재미는 아마도 미노우 낚시의 백미일 것이다.

■쏘가리낚시 포인트

쏘가리는 회유 범위가 크게 넓지 않지만 산란과 동면, 은둔과 먹이활동을 위한 상·하류 이동과 심천(深淺) 이동을 거듭한다. 어떤 형태건 수중 은폐물에 의지하되 뻘밭이나 모래밭 지대에 자신을 노출시키지 않는다. 자갈이 섞인 돌밭이나 바위 지대에 즐겨 머물되 계절과 밤낮에 따라 여울 지대와 수심 깊은 소(沼)에 웅크리기도 한다.

●**첫 여울 하목의 깊은 소(沼)** : 이른 봄철 쏘가리가 동면에서 깨어나 조금씩 활동을 시작하는 곳이다. 기지개를 켠 지 얼마 지나면 본능적으로 산소량이 풍부한 여울 하목에서 먹이활동을 시작한다. 하류권에 형성된 첫 여울의 하목과 수심 깊은 소 일대가 최상의 초봄 포인트가 되는 것이다. 햇빛이 잘 들어 한낮의 수온 상승이 빠른 곳일수록 좋고, 깊은 소 중심부에 바윗덩이가 형성돼 있다면 더욱 금상첨화다.

●**여울 하목** : 4월이 되면 산란을 위한 이동이 활발해진다. 여울과 여울 사이의 깊은 소에 있던 쏘가리들이 윗 여울로 올라타기 시작하고, 댐에서 동면을 취하던 쏘가리들도 강줄기를 따라 서서히 소상하기 시작한다. 여울낚시가 전개되는 시점으로, 이 무렵의 포인트는 여울 하목 쪽이다.

그러나 여울 하목의 바닥층을 공략하기는 쉽지 않다. 물살이 강해 루어가 잘 가라앉지 않는 데다 캐스팅 이후 곧장 물살에 떠밀려 내려가기 때문이다. 따라서 여울 하목을 공략할 때는 중심부와 여울 가장자리 사이, 즉 물이

●표준명 : 쏘가리
●속 명 : 쏘가리
●학 명 : *Siniperca scherzeri*
●영 명 : 만다린피시(Mandarin fish)
●일 명 : 고라이 케스교
　　　　 (コウライケツギョ)

▼4월 초순, 남한강(단양군 노동리) 노동여울 하목에서 33, 38cm 쏘가리를 올린 엄인재(대교루어클럽 회원) 씨. 여울과 수심 깊은 소(沼) 경계 지점에서 싱킹 미노우로 공략한 것이다.

돌아 흐르는 경계선을 노리는 것이 이상적이다. 대략 1시 방향으로 캐스팅한 후 루어가 물살의 경계선 부근에 이르렀을 때 릴링을 시작하면 된다.

●여울 상목 : 여울을 타고 계속 이동하는 쏘가리들은 중간 중간 여울 상목 중에서도 수심 변화가 있는 곳(수심이 깊어지는 곳) 주변 돌 틈에서 휴식을 취하거나 먹이활동을 한다. 여울이 시작되는 지점의 둔덕에는 먹잇감이 되는 베이트 피시(Bait fish) 들이 항시 많은 데다, 여울을 거슬러 오르는 쏘가리뿐만 아니라 인근에 터를 잡고 먹이활동을 하는 개체들까지 섞여 연중 조황이 꾸준한 편이다.

4월 중순부터 9월까지 가장 무난한 포인트로 주목받는 여울 상목은 하목 포인트에 비해 일단 범위가 넓고 워킹 낚시에 편리할 뿐만 아니라 미노우 및 지그헤드로 공략하기에도 좋아 특히 그 묘미가 뛰어나다

●물막이 보(洑) : 한여름 강 물막이 보 위로 흘러넘치는 물살은 바라보기만 해도 시원스런 광경이다. 쏘가리 또한 예외가 아니다. 물막이 보 아래는 강물의 낙차로 포말이 생겨 시원하고도 산소량이 풍부하다. 미지근한 수온을 참아내기 힘든 쏘가리들이 절로 찾아들게 마련이다. 그러나 수량이 줄어드는 갈수기에는 포인트가 되지 못한다.

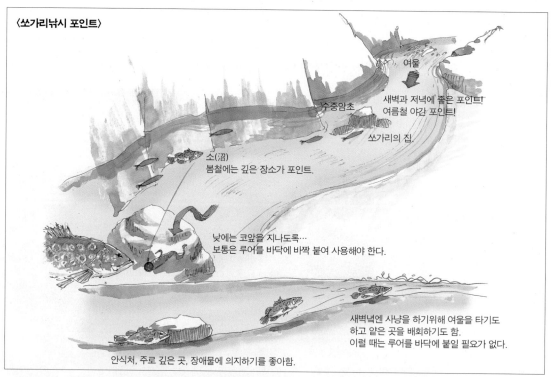

〈쏘가리낚시 포인트〉

여울

새벽과 저녁에 좋은 포인트!
여름철 야간 포인트!

수중암초

쏘가리의 집.

소(沼)
봄철에는 깊은 장소가 포인트.

낮에는 코앞을 지나도록…
보통은 루어를 바닥에 바짝 붙여 사용해야 한다.

새벽녘엔 사냥을 하기위해 여울을 타기도
하고 얕은 곳을 배회하기도 함.
이럴 때는 루어를 바닥에 붙일 필요가 없다.

안식처, 주로 깊은 곳, 장애물에 의지하기를 좋아함.

●강계 지류권 : 무더위와 함께 6~7월 장마가 들 때면 급격히 불어나는 강 수량뿐만 아니라 흙탕물로 인해 낚시가 거의 불가능해진다. 그러나 베테랑 꾼들은 이런 상황을 오히려 기회 삼아 회심의 미소를 짓는다. 머릿속에 생각하는 포인트를 떠올리는 것이다. 본강과 연결되는 지류권 하천이 바로 그곳이다.

폭우가 그쳐도 본강의 흙탕물은 당분간 계속된다. 계곡 물을 받아들이는 지류권부터 맑은 물이 시작되고, 혼탁한 물을 피한 본강의 쏘가리들이 본능적으로 이곳 지류권을 찾아든다. 보통 때는 낚시할 엄두가 나지 않을 정도의 좁은 폭이라 할지라도 맑은 물과 흙탕물이 대치하는 상황의 지류권 초입은 최고의 포인트로 각광 받고, 이때의 루어는 미노우가 가장 위력을 발휘한다. 그러나 오름수위의 지류권 낚시는 연중 몇 차례밖에 주어지지 않는 절호의 기회로 생각하고 예의 그곳 상황을 주시해야 한다. 큰비가 끝난 지 얼마 안 돼 내림수위가 되면 지류권 쏘가리는 이미 본강으로 회귀한 후이기 때문이다.

●수중바위 밀집 지역 : 현대의 낚시는 스마트폰을 이용한 앱 등으로 위성 지도를 볼 수 있으며 이런 지도를 통하여 현장을 직접 답사하지 않고도 수중바위 등을 그대로 인지할 수 있다. 수중바위 밀집 지대는 한여름 쏘가리가 은신할 수 있는 최적의 장소이다. 이런 곳에 은신한 쏘가리들은 여울 또는 물 가장자리 쪽으로 이동해 먹이활동을 하되, 잠시 또는 몇 시간 단위의 먹이활동을 지속한다. 흔히 말하는 이 피딩 타임(Feeding time)에는 몇 마리의 쏘가리가 연속적으로 낚이기도 한다. 또 이 피딩 타임은 길게는 몇 시간이 될 수도 있지만 가을이 깊어갈수록 점점 짧아져 10월이 되면 몇 십분도 안 돼 끝나는 경우가 많다.

이 밖의 쏘가리 포인트로는 강을 가로지르는 교각 주변이 포함되고, 작은 다리가 무너져 내려 방치된 곳도 주목할 만하다.

● 표준명 : 쏘가리
● 속　명 : 쏘가리
● 학　명 : *Siniperca scherzeri*
● 영　명 : 만다린피시(Mandarin fish)
● 일　명 : 고라이 케스교
　　　　　（コウライケツギョ）

■쏘가리 루어낚시 이렇게!

앞서 소개한 '쏘가리낚시 시즌 전개' 및 '쏘가리낚시용 루어' 편에서 관련 기법들을 비교 설명한 바 있다. 따라서 여기서는 중복 설명을 피하고자 현장 사례 중심의 기법을 차례대로 펼쳐나가기로 한다.

▶물 보러 가기 – 포인트 사전 탐색하기

경력이 오래 된 낚시인들은 흔히 밤낚시를 할 때 점심 먹은 이후 오후 시간에 '물 보러 간다'라는 말을 한다. 이 말은 바로 강을 따라 이동하면서 당일 섭렵해야 할 포인트를 미리 눈여겨봐 둔다는 뜻이다. 한여름 밤낚시를 즐기기 위해 오후 3~4시경 당일 낚시 포인트를 확인해 두는 것은 물론 선점하려는 의도도 포함된다.

필자는 물 보러 가는 이 시간이 가장 즐겁고 행복하다. 가슴 설레는 시간이자 날이 저문 이후의 낚시에 대한 기대감이 충만하기 때문이다. 대부분 초보 낚시인들은 포인트를 선정할 때 누군가의 조언에 의존하거나 불확실한 조황 소문을 좇아 무작정 찾아드는 경향이 많은데, 사실 그때는 한 발 늦었다고 볼 수 있다. 쏘가리는 한 곳에서 지속적으로 나오지 않기 때문에 포인트 여건에 대한 나름대로의 안목을 기르는 것이 중요하다. 그렇게 해서 '나만의 포인트'를 개척해 두면 다음 조행이 손꼽아 기다려지고 낚시에 대한 자신감도 붙어나게 된다.

▼쏘가리낚시가 본격 시즌에 돌입한 4월 하순, 충남 청양군 지천을 찾아 30cm 및 40cm급 쏘가리를 낚아 든 필자 장용석 씨.

▶포인트 진입 및 탐색 – 멀리서부터 거리 좁히기

포인트에 도달해 낚시를 시작할 때는 성급히 물 가장자리로 접근해 첨벙대거나 더욱이 물속으로 내쳐 들어가서도 안 된다. 쏘가리는 결코 수심 깊은 물 한가운데에만 있는 게 아니라 수심 얕은 물 가장자리 쪽으로 나와 먹이활동을 할 때가 있으므로 멀리서부터 여러 번의 캐스팅으로 거리를 좁혀 가는 것이 좋다.

가장자리부터 탐색한 이후 물속으로 진입하되 몇 가지 루어를 활용해 당

일의 패턴을 파악하는 것이 중요하다. 지그헤드 채비의 경우 가벼운 것부터 무거운 순으로 사용해 보고, 하드 베이트 계열의 미노우는 중층~중하층에 이어 바닥층까지 골고루 탐색해 보는 등 다양한 시도를 게을리 해선 안 된다. 이 과정에서 반응을 보이는 루어 종류가 있다면 이를 거듭 사용하는 것으로 당일의 주력 아이템을 결정해 나가면 된다.

포인트 선정과 탐색은 특히 밤낚시를 할 때일수록 수칙에 따라야 한다. 밤낚시 포인트는 앞서 설명한 것처럼 오후 시간에 미리 확인해 두어야 하며, 통상적으로 일몰 시간대에 피딩 타임이 형성되기 때문에 특히 정숙을 유지해야 한다. 첨벙첨벙 물소리를 내거나 이리저리 옮겨 다니지 말고 조용하고도 다양한 시도로 피딩 타임을 기다리는 마음가짐도 중요하다.

●표준명 : 쏘가리
●속 명 : 쏘가리
●학 명 : *Siniperca scherzeri*
●영 명 : 만다린피시(Mandarin fish)
●일 명 : 고라이 케스교
　　　　（コウライケツギョ）

▶캐스팅(Casting) - 부채살 꼴 더듬기

루어를 던지는 캐스팅이야말로 성공적인 낚시를 하는 첫 관문이자 낚시를 할 때마다 반복되는 주요 동작이다. 정확성을 요하는 기본기 중의 기본기이다. 물속 지형을 머릿속에 그리며 정확히 안착시키되 실제의 바닥 상황을 제대로 읽어야 한다.

30~40도 정도의 포물선을 그리며 루어가 부드럽게 날아가야 물에 떨어질 때의 착수음과 파장도 안정적이다. 바람이 심하게 불어 부드러운 캐스팅 동작이 어려울 때는 일직선을 그리는 짧은 캐스팅도 구사해야 하고, 비거리 조절을 위한 페더링(Feathering) 기법도 익혀 두어야 한다.

캐스팅의 기본에도 충실할 필요가 있다. 다름 아닌 부채꼴 탐색이다. 포인트 정면을 12시 방향이라 정하고 12시→1시→11시→2시→10시 방향 순으로 탐색 범위를 폭넓게 펼치되, 방향뿐만 아니라 거리 변화도 중요하다는 점을 인식해야 한다.

지그헤드나 스푼 또는 싱킹 타입의 미노우를 사용할 때는 캐스팅 이후 가라앉는 속도를 감안해 카운트다운을 하며 3~10초 정도 기다려 주고, 플로팅 또는 서스펜딩 계열의 미노우일 때는 수면 착수 이후 일단 3~4바퀴의 릴링으로 늘어진 슬랙 라인(Slack line)을 팽팽히 정렬한 후에 원하는 액션을 구사해야 한다.

이제부터 중요한 것이 루어의 액션인데, 루어 종류에 따라 그저 적당한 속도로 끌어들이기만 해도 되는 손쉬운 방법이 있는가 하면, 보다 적극적이고 예민한 동작을 부여해야 되는 경우도 있다.

▶지그헤드 리그 액션 1 – 폴링(Falling)과 드래깅(Dragging)

캐스팅 이후 카운트다운, 루어의 바닥 안착 이후 슬랙 라인을 거둬들인 뒤, 낚싯대 끝을 서서히 머리 쪽으로 세우면서 릴링을 하면 지그헤드가 바닥을 긁으면서 끌려온다. 같은 방식으로 계속 바닥층을 끌다 보면 어느 순간 지그헤드가 바위 등의 장애물에 부딪칠 때가 있다. 그래서 낚싯대를 가볍게 튕겨 장애물을 벗어나기 위한 동작을 취하게 되는데 그것이 생각처럼 잘 되지 않는다. 이유는 다음과 같다.

루어가 바닥에 닿을 듯 말 듯 천천히, 그리고 길게 끌어들이는 '드래깅' 기법을 구사하는 도중 장애물에 닿는 느낌이 전해지면 낚싯대 끝을 자신의 몸 쪽으로 당기지 말고 루어가 있는 전방을 향해 튕겨야 한다. 낚싯대를 자신의 몸 쪽으로 당기게 되면 루어가 장애물을 타고 넘기는커녕 오히려 장애물에 박혀 루어를 잃게 되는 경우가 더 많기 때문이다. 이에 반해 전방을

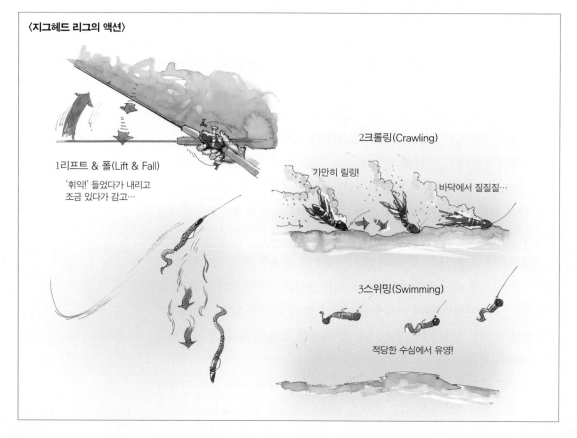

〈지그헤드 리그의 액션〉

1리프트 & 폴(Lift & Fall)
'휘익!' 들었다가 내리고
조금 있다가 감고…

2크롤링(Crawling)
가만히 릴링!
바닥에서 질질질…

3스위밍(Swimming)
적당한 수심에서 유영!

향해 낚싯대 끝을 살짝 튕기면 루어가 장애물을 타고 넘을 가능성이 많고, 또 이 같은 액션에 쏘가리의 리액션 바이트(Reaction bite)가 이뤄질 가능성도 생긴다.

- ●표준명 : 쏘가리
- ●속　명 : 쏘가리
- ●학　명 : *Siniperca scherzeri*
- ●영　명 : 만다린피시(Mandarin fish)
- ●일　명 : 고라이 케스교
　　　　　(コウライケツギョ)

▶지그헤드 리그 액션 2 – 리프트 앤 폴(Lift & Fall)

낚싯대를 머리 위로 서서히 세우게 되면 루어는 바닥에서 약간 위로 들리는 것(Lift)과 동시에 앞쪽으로 끌려오게 되고, 다시 낚싯대를 아래로 내리면 루어가 바닥으로 가라앉게(Fall) 된다. 쏘가리의 입질은 대개 이 폴링 과정에서 이뤄지므로 지그헤드 채비 운용에 있어 '리프트 앤 폴'은 가장 숙달되어야 할 기본기 중의 하나다.

▶지그헤드 리그 액션 3 – 스위밍(Swimming)과 크롤링(Crawling)

지그헤드 채비의 웜을 바닥으로부터 약간 띄워 계속 수평 상태로 일정하게 헤엄치듯 끌어들이는 방식을 스위밍(Swimming)이라 하고, 완전 바닥을 기어오게 하듯 질질 끌어들이는 방식을 크롤링(Crawling)이라 한다.

통상적으로 여울을 타는 쏘가리는 바닥보다는 바닥에서 살짝 떠 입질을 하는 편이다. 이에 스위밍 기법을 구사할 때는 릴링 속도에 주의를 기울여야 한다. 바닥에 닿지 않을 정도의 속도로 감아 들여야 하는데, 너무 빠르게 감아 들이면 바닥에서 너무 떠오르고 속도가 너무 느리면 바닥에 닿게 된다. 따라서 지그헤드의 무게와 유속을 감안해 마음속으로 1초에 한 바퀴 또는 1.5바퀴를 헤아려 가며 감을 잡아야 한다.

스위밍에 비해 크롤링은 바닥층을 노리는 기법으로, 완전 바닥을 기듯 질질 끌려오게 하거나 바닥에 닿을 듯 말 듯 튕겨 오게 하는 것이다. 주로 낮낚시를 할 때 구사되는 기법이며, 스위밍을 포함한 크롤링 역시 루어의 손실이 크기 때문에 장애물이 너무 많지 않은 곳에서 구사하는 게 좋다.

▶미노우 액션 1 – '리트리브 앤 스테이' 또는 '스톱 앤 고'

초보자에서부터 고수들에 이르기까지 널리 구사되는 쏘가리 미노우 낚시 기법이다. 물이 흐르는 방향의 하류 쪽으로 캐스팅 하는 이른바 '다운 스트림 캐스팅(Down stream casting)'에 주로 구사되는데, 이 방법은 물살의 저항을 받는 미노우가 옆으로 미끄러지는 슬라이딩 현상이 적어서 포인트를 크게 벗어나지 않는 장점이 있고, 그래서 반복적으로 핫 스팟을 공략하기에 이상적인 방법이기도 하다.

모든 비중의 미노우를 사용할 수 있으며 미노우의 잠수 수심에 따라 1~3m까지 공략 가능한 액션 기법으로, 초속 1m 이상으로 물살이 거친 여건에서 특히 위력을 발휘한다. 주의할 점은 낚시인이 대상어에 쉽게 노출되지 않도록 자세를 낮춘 상태로 낚시에 임해야 한다. 차라리 적당한 곳에 주저앉은 자세를 취하는 것이 안전한 방법일 수도 있다.

구체적인 요령은 캐스팅 이후 미노우가 수면에 착수하면 다소 빠른 속도로 슬랙 라인을 거둬들인 후 천천히 일정 속도로 릴링을 하다가 잠시 멈추는 동작을 되풀이하는 것이다. 이를 리트리브 앤 스테이(Retrieve & Stay) 또는 스톱 앤 고(Stop & Go)라 부르는데, 얼핏 단순한 기법 같지만 미노우 사용의 핵심이기도 하다. 필요 이상의 과다 액션이나 어설픈 액션 연출로 역효과를 초래하느니 안정성이 추구되는 '리트리브 앤 스테이' 동작을 초보

〈미노우의 저킹과 트위칭〉

트위칭

저킹

자들일수록 믿음을 갖고 잘 익혀두는 것이 좋다.

● 표준명 : 쏘가리
● 속 명 : 쏘가리
● 학 명 : *Siniperca scherzeri*
● 영 명 : 만다린피시(Mandarin fish)
● 일 명 : 고라이 케스교
　　　　　(コウライケツギョ)

▶미노우 액션 2 – 저킹(Jerking)과 트위칭(Twitching)

낚싯대를 옆으로 강하게 잡아당기는 것을 저킹(Jerking)이라 하고, 아주 짧게 잡아채듯 하는 동작을 트위칭(Twitching)이라 한다. 저킹 동작에는 미노우가 물살의 저항을 받아 돌발적으로 좌우로 미끄러지는 듯한 움직임을 보이고, 트위칭 동작에는 비틀거리는 듯한 불규칙적인 움직임과 난반사를 보인다. 그러나 이 두 가지 액션 역시 그저 선택적으로 반복하기보다는 저킹 또는 트위칭 후 스테이(Stay), 하드 저킹 후 스테이를 반복적으로 구사하는 것이 이상적이다.

평균 수심 1~2m 정도 되는 여울 상·하목이나 경사가 완만한 보(洑) 상류 지역에 적합한 미노우 액션으로, 초당 1m 이내로 유속이 느린 곳에서 특히 효과를 발휘한다.

▶미노우 액션 3 – 드래프팅(Drafting)

주로 싱킹 미노우를 활용하는 기법으로, 유속이 적당한 물곬 지형의 소(沼) 중심부를 공략하는 데 유효하다. 이런 곳의 수심은 대개 3m 정도를 유지하므로 일반적인 테크닉으로는 공략이 쉽지 않다. 따라서 공략하고자 하는 지점을 하류 쪽 2시 방향에 두고 상류 쪽 10시 방향으로 캐스팅한 후, 미노우를 서서히 입질이 예상되는 수심층으로 가라앉으며 리트리브를 한다. 더불어 물살에 떠밀린 미노우가 입질 예상 지점에 다다르면 짧은 손목 힘으로 낚싯대 끝만 톡톡 쳐주는 트위칭 기법으로 입질을 유도한다.

아무런 반응 없이 포인트를 벗어나면 즉시 채비를 회수해 반복적으로 공략하되, 매번 미노우의 움직임에 변화를 주어야 한다. 즉 공략 수심층을 조금씩 달리 하는 한편, 트위칭 횟수와 강약에도 변화를 주는 것이다. 약간은 끈기가 필요한 테크닉이다.

▶챔질과 랜딩 – 짧고 빠르게, 도중엔 펌핑(Pumping)도!

대상어가 루어를 물었다는 느낌이 들면 즉시 낚싯대를 치켜세우거나 옆으로 당겨 낚싯바늘이 대상어의 입에 제대로 박히도록 해야 한다. 이러한 챔질 동작은 대상어 또는 루어 종류에 따라 손목 힘 정도로 살짝 낚싯대를 짧게 당기거나 팔 전체의 힘뿐만 아니라 허리까지 뒤로 젖히는 등 온몸으로 낚싯대를 힘껏 당겨야 할 때로 있다. 작은 체구에 입이 연약한 어종이거나 바늘이 노출된 형태의 루어를 사용한 경우는 전자의 방식을 취하고, 턱뼈가 단단한 어종이거나 웜과 같이 바늘 끝이 루어 속에 내재된 경우는 후자에 가까운 방식을 취해야 할 것이다.

쏘가리낚시의 경우는 손목의 스냅만으로 그냥 짧고 강하게 챔질해 주면 되지만 때로는 다소 강한 챔질이 필요할 때도 있다. 바늘이 입 주변에 잘 꽂히지 않았을 경우는 끌어들이는 과정에서 떨어져 나가거나 최종 랜딩 시 바늘털이를 당하기 쉽기 때문이다.

정확한 챔질로 훅셋(Hook-Set)이 제대로 이뤄지기만 하면 절반의 성공이다. 그렇다고 무조건 끌어들이는 '강제집행'은 금물이다. 특히 유속이 가중되는 여울 포인트에서 훅셋된 쏘가리가 하류 방향으로 머리를 돌리지 못하게 해야 한다. 따라서 파이팅 과정에서는 펌핑(Pumping) 기법을 구사할 필요가 생긴다. 낚싯대의 탄력을 이용해 강하게 잡아당겼다가 멈칫 낚싯대를 낮춘 다음, 이 과정에서 생겨난 여유 줄을 재빨리 감아 들이는 동작을 말한다.

대형급이 걸려든 경우일수록 드랙 조절과 함께 이 같은 펌핑 동작을 거듭 할 필요가 생기는데, 일련의 파이팅 과정에서 낚싯대가 너무 많이 휘어진다고 해서 낚싯대 허리 쪽으로 손을 옮겨 잡아서는 절대 안 된다. 낚싯대를 부러뜨리는 행위로, 특히 초보자들이 저지르기 쉬운 행위다. 대상어의 중량감과 유속이 합쳐져 낚싯대가 많이 휘어들수록 릴 시트 바로 위쪽을 잡고 있어야 한다.

눈앞까지 끌려 온 쏘가리는 물 가장자리가 평평하거나 밋밋한 경사일 경우는 길게 슬라이딩 시키면 되고, 턱이 진 곳이거나 대형급이 걸려들었을 경우는 뜰채를 사용하는 것이 안전하다. 밤낚시를 할 때의 랜딩(Landing)은 웬만하면 플래시를 사용하지 않는 조건이 좋다.

■유망 쏘가리 낚시터

쏘가리낚시는 물이 흐르는 강계에서 주로 이뤄지지만 물 흐름이 없는 대형 호수에서도 이뤄진다. 경기도 연천군 전곡읍을 거점으로 하는 한탄강,

쏘가리

강원도 영월을 중심으로 한 동강과 서강, 평창을 기점으로 하는 평창강, 홍천군 북방면과 서면을 잇는 홍천강 줄기, 충북 단양을 중심으로 하는 굽이굽이 남한강 줄기, 전북 무주에서 충남 금산~충북 영동·옥천 등으로 이어지는 기나긴 금강 줄기, 전남 곡성과 구례를 잇는 섬진강, 경남 산청군 일대의 경호강 등등, 쏘가리 낚시터는 그야말로 전국 팔도에 고루 산재한다.

물론 강원도 소양호와 파로호, 충북 충주호 등지에서도 쏘가리낚시가 잘 되지만 낚시 금지 구역이 많고 안전사고의 위험도 있어 낚시터 소개는 생략하기로 한다.

● **남한강** : 충북 단양을 중심으로 유명 쏘가리 낚시터가 전개된다. 하류권의 구단양과 충주댐까지는 거의 유속이 없는 지형이며, 신단양과 상류권 영월 사이에는 20여 개의 강한 여울이 형성되어 중부 지방 최고의 쏘가리 포인트로 각광 받는다.

4월과 6~7월, 산란을 전후한 쏘가리들이 많은 여울을 타고 이동하는 구간으로, 단양군 가곡면 덕천리, 사평리, 향산리 일대는 쏘가리 낚시인이면 매년 누구나 한번은 들르는 곳이다.

● **동강과 서강** : 강원도 영월의 동강과 서강은 우리나라에서 가장 깨끗한 수질을 자랑하는 곳 중의 하나다. 두 강줄기가 영월읍에서 만나 본격 남한

● 표준명 : 쏘가리
● 속 명 : 쏘가리
● 학 명 : *Siniperca scherzeri*
● 영 명 : 만다린피시(Mandarin fish)
● 일 명 : 고라이 케스교
　　　　　(コウライケツギョ)

▼금강계의 대표적인 쏘가리 낚시터로 꼽히는 옥천군 청성면 합금리 가덕교 하류권. 가덕교 아래로 오래 된 가덕보(洑)가 보인다.

강 줄기를 이루는데, 남한강 지역에서 동면한 쏘가리들이 산란을 위해 이동하는 장소이기도 하다. 산란기 이후 7~8월이 가장 적기이며 많은 바위들과 호박돌들이 즐비해 꺽지낚시도 겸할 수 있다.

●평창강 : 강원도 평창에서 영월로 이어지는 평창강은 과거에 비해 쏘가리 개체수가 줄어들긴 했어도 큼직한 씨알 재미를 볼 수 있는 곳으로, 6~7월 장마가 끝나고 물색이 회복될 즈음의 한여름이 적기다. 평창군 평창읍 도돈리를 기점으로 상류 쪽 응암리 여울 및 약수리 사이의 물막이 보(洑)가 특히 인기 포인트로 꼽힌다.

●금강 : 전라북도 장수에서 발원해 서해 군산 앞바다로 빠져나가는 금강은 우리나라에선 유일하게 거의 절반 구간이 남에서 북으로 흐르는 강이다. 남한강과 함께 쏘가리낚시의 본거지에 해당하는 곳으로, 굽이굽이 흐르는 여울과 곳곳의 소(沼)마다엔 어느 때고 쏘가리들이 은거한다. 무주 · 금산 · 영동 · 옥천권은 물론 대청댐 하류권에서도 쏘가리낚시가 이뤄진다.

전체적으로 유속이 완만해 가벼운 채비로 낚시가 가능하며 초여름부터 손맛을 볼 수 있는 지역이다.

●섬진강 : '두꺼비섬'이라는 이름처럼 강바닥이 온통 두꺼비 등처럼 갈라진 섬진강은 남부 지방 쏘가리낚시의 '본방'으로 불린다. 곡성과 구례를 중심으로 철마다 많은 쏘가리가 낚이는 포인트가 즐비하다. 구례를 중심으로

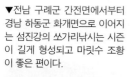

▼전남 구례군 간전면에서부터 경남 하동군 화개면으로 이어지는 섬진강의 쏘가리낚시는 시즌이 길게 형성되고 마릿수 조황이 좋은 편이다.

쏘가리

- 표준명 : 쏘가리
- 속 명 : 쏘가리
- 학 명 : *Siniperca scherzeri*
- 영 명 : 만다린피시(Mandarin fish)
- 일 명 : 고라이 케스교
  (コウライケツギョ)

상류권은 수량이 적고 유속이 빠른 편이며, 하류권은 수량도 풍부하고 유속도 느긋한 편이다. 큰 씨알을 노리기보다는 마릿수 조황에 기대를 걸만한 곳이다.

● 한탄강 : 8~9월부터 가을까지 좋은 씨알을 만날 수 있는 곳이다. 물이 맑고 바위와 돌들이 즐비해 꺽지 또한 많은 곳으로, 강폭이 넓지 않고 유속도 완만해 부담 없이 즐길 수 있다. 전곡읍을 중심으로 상류권 고탄교 아래와 하류권 고능리 사이의 여울 지대가 대표적인 포인트이다. 한탄강의 지류인 차탄천도 장마 후 안정기인 여름에 덩치 큰 쏘가리가 곧잘 낚이는 곳이다.

● 홍천강 : 수도권에서 가까운 곳으로 강폭이 넓지 않고 수량이 많지 않아 가벼운 채비로 부담 없이 즐길 수 있다. 홍천군 북방면 소매곡리의 천냥바위 포인트와 서면 개야리~두미리 사이의 여울 및 두미교 주변 포인트는 7~8월이 적기다. 1/16~1/10온스 정도의 가벼운 지그헤드 채비와 소형 미노우 몇 개만 준비해도 손맛을 쏠쏠히 즐길 수 있다.

쏘가리낚시의 3대 금기사항

쏘가리는 담수계에선 몇 안 되는 농어과의 어종으로 그들 특유의 식성과 생활습성으로 인해 자연생태계에서의 자원 감소가 우려되는 종이다. 자원 보호의 필요성이 강조되는 우리나라 특산종으로, 남획 방지를 위한 3가지 법령이 공포돼 있다. 먼저 채포금지체장과 채포금지기간을 기억해 두어야 한다.

첫째, 모든 쏘가리는 시기와 지역을 막론하고 18cm 이하는 잡아선 안 된다. 낚은 즉시 방류해야 한다. 둘째, 채포금지기간을 준수해야 한다. 남부지방(경상도와 전라도)은 4월 20일~5월 30일까지, 중부지방(경기 · 강원 · 충청도)은 5월 1일부터 6월 10일까지로, 이 기간엔 낚시는 물론 일체의 어로행위가 금지된다.

끝으로 '한강 황쏘가리'는 천연기념물 제 190호로 지정된 보호어종으로 시기와 크기를 막론하고 잡아선 안 된다. 일반 쏘가리와 형태는 같을지라도 앨비니즘(Albinism · 색소 결핍증)에 의한 황금색 체색으로 쉽게 구분이 된다.

황쏘가리

5월에 떠나요!

글 김재우, 사진 김재우, 그림 김소용

가물치낚시

담수계 최상위 포식자, 한국의 아나콘다

가물치 루어낚시엔 '최고' '최대' '최강' 등의 수식어가 흔히 따라 붙는다. 외래어종을 제외한 우리나라 담수어 가운데 잉어와 함께 가장 크게 성장하는 어종인 데다, 담수계의 최상위 포식자로서 루어낚시 특급 대상어로 꼽히는 때문이다. 이에 가물치 전문 낚시인들은 담수어 가운데 최강의 전율을 안겨주는 대상어로 가물치를 첫손에 꼽고, 이 슈퍼헤비급을 겨냥한 장비·채비 또한 '초강력'에 비중을 두게 된다.

크기가 미터급으로 자라는 담수어 가운데 초어·백연어 등의 외래어종과는 달리 가물치는 우리의 특산종이란 점에서도 의의가 크다. 예부터 약재로 널리 쓰여 일반인들에게도 친숙한 물고기였고, 전래로 개구리를 이용한

9	10	11	12	1	2

가물치

'생미끼 낚시'도 이어져 왔다. 그러나 가물치가 본격 루어낚시 대상어로 떠오른 것은 그리 오래 되지 않았다. 2000년대 초반 전후에 시작된 우리나라 가물치 루어낚시를 일본에서 전파된 것으로 보는 견해도 있으나 그것은 맞춤한 장비의 유입일 뿐, 가물치의 포식성을 이용한 전래의 '개구리 생미끼 낚시'가 자연스레 루어낚시로 발전했고, 때마침 불기 시작한 우리낚시 루어낚시 붐과 연결된 것으로 해석할 수도 있다.

가물치낚시를 하다보면 매우 흥미 있는 사실을 알게 된다. 아가미로만 호흡하는 일반 어류와는 달리 별도의 보조호흡기관으로 공기호흡을 함으로써 습기만 있으면 물 밖에서도 장시간 살 수 있다는 점, 암수가 함께 산실을 만들어 산란하고 부화 후에도 새끼를 지키는 강한 모성애를 발휘하는 점 등, 책에서 읽을 수 있는 학문적 지식들을 낚시를 통해 절로 취득하게 된다.

뒤늦게 가물치가 유입된 북아메리카 등지에서는 그 지역의 생태계를 교란 시키는 주범으로 타도의 대상이 되고 있지만, 우리나라에선 황소개구리·배스 등 외래 유해어종을 퇴치하는 수비대장으로 맹활약 중이다. 그러나 아이러니한 측면도 있다. 오랜 세월 잉어와 함께 임산부의 산후조리용 보양식으로 귀한 대접을 받았으면서도 뱀을 꼭 빼닮은 그로테스크한 외모

●표준명 : 가물치
●속　명 : 가무치, 가모치, 가이치
●학　명 : *Channa argus*
●영　명 : 스네이크헤드(Snakehead)
●일　명 : 가무루치, 라이교
　　　　　(カムルチ, 雷魚)

▼강화군 교동면(교동도) 고구 저수지에서 대형 가물치를 낚아든 필자. 길이 95cm, 무게 8kg에 달하는 이무기 급이다.

로 인해 일반인들이 친근감을 갖지 못하는 대표 어종이란 점도 부인할 수 없다.

■생태와 습성, 서식 및 분포

학계에선 몸길이가 80~90cm까지 자라는 것으로 보고돼 있지만 사실은 1m가 넘는 크기가 낚시에 잡히기도 한다. 성질이 사나워 늪지의 무법자라고 불리며, 국내 담수어종의 먹이사슬에서는 최고의 위치를 차지한다. 한국과 중국, 러시아의 극동지방에 분포하고 일본에도 서식하지만 일본의 가물치는 대만과 우리나라에서 이입된 종이다. 그래서 일본에선 우리의 가물치를 우리 이름 그대로인 가무루치(カムルチ)라 부른다.

가물치의 생태적 특징으로 가장 특이한 것은 보조호흡기관으로 별도의 공기호흡을 한다는 점이다. 대부분 물고기들이 아가미호흡을 하는 것과는 달리 목에 공기실을 갖고 있는 가물치는 사람과 같은 공기호흡을 함으로써 산소가 아주 결핍한 곳이나 수질이 부패하여 악취가 날 정도의 환경에서도 정상적인 생활을 할 수 있는 것이다. 가물치가 수면 위로 머리를 내밀고 있거나 뻘밭을 기어 다니는 것도 이 같은 보조호흡기관으로 공기호흡을 하기 때문이다.

수질은 물론 수온에도 거의 제약을 받지 않는 것으로 알려진다. 겨울철

▼각종 수초가 돋아나는 봄철, 산란기를 맞아 짝짓기를 하는 가물치. 암수가 뒤엉켜 수면에서 몸을 뒤채는 광경은 보는 이로 하여금 공포심마저 자아내게 한다.

가물치

0℃에서나 여름철 30℃ 가까운 수온에도 능히 적응하는데, 다만 공기호흡을 못하게 되면 수온 10~15℃에선 약 34일간, 25~27℃에선 1일밖에 못 산다는 연구 결과가 있다. 물이 탁하고 바닥이 펄로 이루어진 연못·저수지·늪지의 고인 물에서 개구리나 작은 어류를 잡아먹는데, 수심 1m 정도의 수초지대가 생활 근거지이다. 하천에도 살지만 맑은 물이 흐르는 곳에서는 찾아보기 힘들다.

- ●표준명 : 가물치
- ●속 명 : 가무치, 가모치, 가이치
- ●학 명 : *Channa argus*
- ●영 명 : 스네이크헤드(Snakehead)
- ●일 명 : 가무루치, 라이교
  (カムルチ, 雷魚)

가물치가 나무 위에 올라간다?

일반적인 어류들이 하는 산란과는 다르게 4~5월에 짝짓기를 하며 암수 두 마리가 물 위에 떠서 상견례를 할 때는 마치 이무기가 꿈틀대는 듯한 광경을 연출한다. 그래서 수면에 드러난 두 마리의 애정 행각을 잘못 이해한 목격자들은 "2미터가 넘는 이무기를 보았다"는 등의 동네 전설을 만들어내기도 한다.

가물치는 습성이 뱀과 같아서 짝짓기를 하고 시간대별로 음지와 양지를 번갈아가며 체온을 유지하는 습성이 있다. '가물치가 나무에 올라간다'는 속설은 여름철 한낮의 뜨거운 직사광선을 피해 물가에 늘어진 수양버들에 은신하는 모습에서 유래된 것이다.

늦게는 7~8월까지 암수가 함께 수초를 모아 둥지를 만든 후 주로 아침 시간에 산란을 한다. 뗏장·말풀·부들·줄풀·마름·갈대 등을 꺾어 만든 산실에 암컷이 산란하는 것과 동시에 수컷이 방정을 하는 것으로 수정이 이루어진다. 수초에 쌓인 알은 수온 18℃에서 120시간, 25℃에서 45시간 만에 부화하는데, 이때 암수는 교대로 산란장을 지키며 공기와 새 물을 번갈아 불어넣어주는 강한 모성애를 보인다. 산란장은 대개 암수 두 마리가 지키지만 암컷 한 마리에 수컷 두세 마리가 지키기도 한다. 산란장을 노리는 외적에 대해 가차 없이 응징을 가할 뿐만 아니라 부화 후 일정 기간이 될 때까지 갓 난 새끼를 보호하는데, 이 시기엔 암수 어느 한 마리가 잡히면 나머지 한 마리도 이내 잡히게 된다. 그래서 낚시인들은 이런 시기를 악용하는 행동을 '산란장 털기'라 하여 가물치낚시의 금기사항으로 꼽는다.

생후 만 1년이면 25cm 내외, 2년이면 35cm 정도로 성장하는데, 자연 생태계가 아닌 양식장에선 1년 만에 50cm로 자라기도 한다. 어린 시기에는 주로 물벼룩 등을 먹지만 5cm 정도만 자라도 작은 물고기를 잡아먹는 육식성으로 변한다. 특히 가물치가 좋아하는 먹잇감은 개구리로, 40cm 정도 크기의 가물치 성어는 한꺼번에 10마리 정도의 개구리를 먹어치운다고 한다.

생긴 모습 그대로 유영하는 모습도 마치 뱀이 움직이듯 몸을 좌우로 꿈틀대며 속도 또한 빠르지 않다. 그러나 가끔 수면 가까이에서 몸을 비스듬히 세우고 정지해 있다가 무언가에 놀라기라도 하면 초고속으로 숨거나 뻘 속으로 파고든다.

■가물치낚시 시즌 전개

: 시즌   : 피크 시즌

구분	1월	2월	3월	4월	5월	6월	7월	8월	9월	10월	11월	12월	비고
수도권													
충청권													
영호남권													

봄~가을 수초지대에서 생활하던 가물치는 저수온이 지속되는 겨울이 되면 수심 깊은 곳으로 이동해 거의 먹이활동마저 중단한다. 진흙 속이나 삭은 수초가 밀집된 곳에 몸을 반쯤 묻거나 머리를 제외한 부분을 묻고서 동면(冬眠) 상태로 지낸다. 거의 움직이지 않고 먹이활동도 중단한 채 겨울을 보내다 봄이 되면 다시 삭은 수초나 새로 돋아나는 수초대를 찾아 슬슬 얕은 곳으로 나오기 시작한다. 빠른 곳은 3월부터 입질이 시작돼 5~9월에 피크 시즌을 이루고 11월이면 점차 자취를 감춘다.

수초의 생성과 소멸은 곧 가물치낚시 시즌의 시작과 끝을 알리는 신호이기도 하다.

▶시즌 초기(3~4월) - 남녘 저수지, 수로에서부터 시작

3월 이른 봄, 마른 갈대나 부들 사이에서 붕어들이 산란 준비를 하는 것과 때를 맞추어 가물치의 먹이활동도 시작된다. 곳에 따라 삭은 부들과 연 또는 마른 뗏장 주변에서 가물치 입질이 시작되는데, 부들을 비롯한 삭은 수초 주변은 3월의 적은 일조량에도 수온이 빠르게 상승하기 때문이다.

이윽고 4월이 되면 죽은 뗏장수초가 파랗게 옷을 갈아입는 시기이다. 이 시기의 뗏장 주변을 노릴 때에는 뗏장 무더기의 가장자리나 군락과 군락 사이의 공간을 공략하는 것이 좋다.

겨우내 움을 틔운 말풀이 수면 가득 피어오를 무렵이면 가물치낚시는 한 차례 재미있는 국면을 맞는다. 벼농사에 필요한 물을 빼는 시기와 맞물려 수위가 낮아지는 만큼 말풀이 수면 위로 드러나게 되면, 부족한 일조량을 온 몸으로 받아들이려 가물치가 말풀 위로 올라타는 광경이 목격되고, 이로 써 눈으로 보고 잡는 낚시를 할 수 있는 것이다.

- 표준명 : 가물치
- 속 명 : 가무치, 가모치, 가이치
- 학 명 : *Channa argus*
- 영 명 : 스네이크헤드(Snakehead)
- 일 명 : 가무루치, 라이교
  (カムルチ, 雷魚)

▶피크 시즌(5~9월) – 무성한 수초더미 극복이 관건

5월은 가물치 루어낚시의 절정기라 할 수 있다. 한참 푸른빛을 띠는 수 초대 주변으로 가물치들이 모여드는 데다 산란을 앞둔 먹이활동도 한창 왕 성할 때로, 수면 위의 수초가 곧 이상적인 필드로 앵글러에게 다가오는 시 기이다. 그러나 이때는 특히 초보자들이 낚시하기 어려운 시기이기도 하다. 부들·줄풀의 키가 훌쩍 커지고 연 잎 또한 주변 수면을 덮어버려 손쉬운 캐스팅 포인트를 찾지 못하거나 루어 운용에도 어려움을 겪게 되는 때문이 다. 그러나 기본적인 캐스팅 요령과 루어 운용 기법을 익히고 나면 가물치 낚시의 매력을 흠뻑 느끼게 된다.

대략 6월이 되면 말풀이 삭으면서 수면을 쓸고 지나가는 바람결에 그 자 취를 감추는 대신, 마름이 수면 위로 올라와 무성한 잎을 드리운다. 이때가 곧 가물치의 산란이 시작되는 시기로, 전남권은 5월, 중부권은 6월, 수도권 및 북부 지역은 7월까지 산란이 이루어진다. 지역마다 다소 차이를 보이긴

▼떳장 수초가 빽빽이 들어찬 수면을 공략하는 낚시인들. 가 물치낚시는 곧 수초낚시임을 실 감케 하는 포인트 전경이다.

하지만 어느 곳에서건 산란 징후가 느껴지면 가물치낚시를 자제하고 다른 어종으로 전환하는 자세가 필요할 때이기도 하다.

이후 가물치 피크 시즌은 여름철을 지나 10월까지 이어진다. 산란기가 지난 한여름 시즌의 경우 고요한 새벽에 펼치는 한판 승부야말로 가물치낚시의 진수를 느끼게 한다. 이 시기 또한 흰 꽃이 피어나는 마름 수초대 주변이 가물치가 좋아하는 놀이터로, 가물치를 낚기 위한 마름 더미와의 싸움은 10월까지 이어지고, 가물치낚시 시즌은 지역에 따라 11월까지도 이어진다.

■기본 장비 및 소품

가물치낚시용 장비는 바다 대물낚시용 중장비에 버금가는 파워가 요구된다. 담수어 중에서는 덩치가 큰 종일뿐만 아니라 수초에 의지해 살아가는 가물치의 생태적 특성을 고려해야 하기 때문이다. 입질과 동시에 이물감을 느낀 가물치는 단번에 수초를 파고들어 낚싯줄까지 감아 버리므로 대상어와 장애물을 동시에 극복해야 하는 경우가 다반사이다. 따라서 이를 강제집행하기 위한 빳빳한 낚싯대, 튼튼한 낚싯줄, 강력한 바늘이 요구되는 것이다. 강한 부하가 걸리는 낚시이기에 각각의 장비는 튼튼하면서도 성능이 좋은 제품이어야 한다.

●낚싯대(Rod) : 다른 용도로 장만한 낚싯대를 겸용할 만한 게 없으므로 가물치 전용 대를 준비해야 한다. 수초를 휘감는 가물치를 제압하기 위해선 허리힘이 강한 가물치 전용 대를 선택하되 길이는 7.2~8.6ft(약 2.2~2.6m) 내외면 된다. 7.6피트 이하의 짧은 낚싯대는 주로 봄철 연안 가까이에 있는 가물치를 노릴 때 적합하며, 좌핸들 릴을 사용하여 피칭 기법을 구사할 때 가볍고 길이가 적당해 사용하기 편하다. 반대로 7.6피트 이상의 긴 낚싯대는 광범위한 포인트를 노리는 롱 캐스팅(70m 이상) 용도로 적합하다.

●릴(Reel) : 견인력 8kg 이상, PE합사 8호가 100~120m 정도 감기는 중대형 베이트캐스팅 릴을 사용한다. 라운드형과 로우파일형으로 나누어지는 베이트캐스팅 릴은 스피닝 릴보다 정교한 캐스팅을 하는 데 유리하고 굵은 원줄을 사용하는 데도 유리하다. 캐스팅 시 레벨와인더가 움직이는 제품이 좋고, 릴 핸들도 80mm 이상 파워핸들일수록 편안하게 릴링할 수 있다. 드랙 또한 최대한 조였을 때 낚싯줄을 당겨 풀림이 생기지 않는 제품이 좋다.

●낚싯줄(Line) : 나일론, 카본 재질의 모노필라멘트(單絲)보다 인장강도가 훨씬 강한 PE(초고분자량 폴리에틸렌) 재질의 합사(合絲)가 좋다. 강도가 비슷한 다른 소재의 낚싯줄에 비해 훨씬 가늘게 사용할 수 있는 데다, 설사 굵은 PE 라인일지라도 베이트캐스팅릴을 사용하기 때문에 캐스팅 거리에 도 거의 영향을 받지 않기 때문이다. PE 6~8호를 사용하되 여러 색깔이 연 결되는 오색 줄보다는 '저시인성 녹색'(Low-Vis Green)이 가장 좋다.

●마우스 오프너 : 마우스 오프너(Mouth opener)는 가물치를 낚아 입속에 들어 있는 루어를 제거할 때 필용한 도구다. 입이 크고 턱이 강한 가물치는 루어를 한 입에 집어 삼키고선 입을 굳게 다무는 경우가 많다. 이처럼 굳게 다문 가물치의 입을 벌릴 때 꼭 필요한 도구다.

●롱노우즈 플라이어 : 가물치가 프로그(Frog) 루어를 입속으로 깊게 삼킨 경우에는 입을 벌리더라도 날카로운 이빨 때문에 무리하게 손으로 끄집어 내려 하다간 다치기 십상이다. 이런 경우를 대비해 일반적인 플라이어보다 길이가 긴 롱노우즈 플라이어(Long nose plier)의 필요성이 대두된다.

●보수용 실러(Sealer) : 가물치낚시를 하다 보면 가물치의 강한 이빨에 프 로그 몸통이 구멍 나기도 한다. 이런 경우 현장에서 즉시 땜질하는 데 필요 한 방수용 접착제가 실러이다. 현장에서의 프로그 수선뿐만 아니라 평소 계

●표준명 : 가물치
●속 명 : 가무치, 가모치, 가이치
●학 명 : *Channa argus*
●영 명 : 스네이크헤드(Snakehead)
●일 명 : 가무루치, 라이교
　　　　(カムルチ, 雷魚)

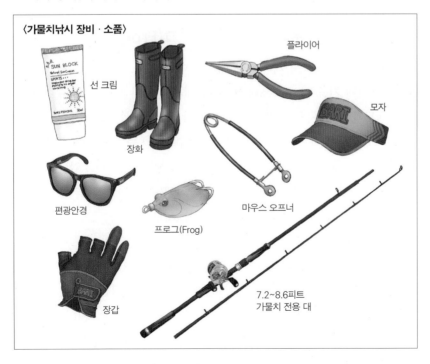

〈가물치낚시 장비 · 소품〉

선 크림
장화
플라이어
모자
편광안경
프로그(Frog)
마우스 오프너
장갑
7.2~8.6피트
가물치 전용 대

◀가물치낚시용 장비 및 각종 소품. 용도가 많아 꼭 지참해야 할 것들이다.

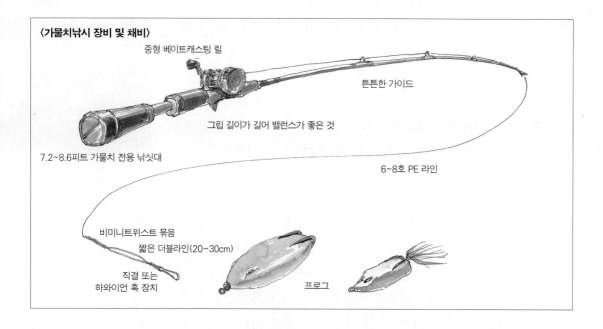

〈가물치낚시 장비 및 채비〉

중형 베이트캐스팅 릴

튼튼한 가이드

그립 길이가 길어 밸런스가 좋은 것

7.2~8.6피트 가물치 전용 낚싯대

6~8호 PE 라인

비미니트위스트 묶음
짧은 더블라인(20~30cm)

직결 또는
하와이언 훅 장치

프로그

절 및 포인트 여건에 적합한 프로그를 튜닝해 둘 때도 꼭 필요한 소품이다. 이밖에 장갑과 편광안경을 꼭 챙기고 바지장화도 지참하면 낚시가 보다 용이해진다.

■가물치낚시용 루어(Lure) – 프로그(Frog)

가물치낚시는 대상어 자체와의 대결뿐 아니라 수초와의 싸움이기도 하다. 루어 선택 기준 역시 수초대 포인트를 최우선해야 한다. 굳이 수초가 없거나 밀도가 낮은 곳을 공략할 경우 자신의 취향에 맞는 루어 종류를 사용해도 되겠지만 조과는 뻔한 일이다. 또한 수초지대를 노릴 때도 위드레스(Weedless) 기능이 있는 스피너베이트 종류를 생각해 볼 수도 있다. 그러나 수초를 염두에 두고 여러 가지 기능도 함께 고려한 가물치낚시용 루어는 프로그(Frog)가 독보적인 것으로 인식된 지 오래다.

마치 수면에 떠 있거나 수초 사이를 헤엄치는 개구리를 연상케 하여 이름 붙여진 이 루어의 특징은 속이 진공 상태라는 점이다. 속이 비어 있어 '공체(空體) 루어'로 분류되는 프로그는 수면에서 작동되는 톱워터 루어로, 바늘(더블 훅) 끝이 하늘로 향한 데다 루어 몸체에 밀착돼 있어 수초에 걸릴 염려가 적다는 것이 특징이다. 미늘 없는 낚싯바늘이 사용된다는 점도 프로그의 특징이다.

●프로그의 튜닝 : 배스낚시용 프로그를 개량한 가물치낚시용 프로그가 출시되고 있으나 시판되는 프로그는 대부분 반제품 상태이므로, 구입 후 낚시인 자신이 직접 튜닝을 해야 한다. 16~40g까지의 포로그를 계절과 포인트 특성에 맞춰 튜닝을 하되 그 기본은 다음과 같다.

1가는 철사를 이용해 사용할 두발바늘(더블 훅)을 프로그 몸통에 조심스레 끼워 넣은 후, 라인아이 주변(프로그 주둥이 부분)을 재봉실로 묶어주고 실러나 순간접착제로 마감을 한다.

2프로그 속에 납으로 무게 중심을 맞추고 래틀(Rattle)이나 테일(Tail), 블레이드(Blade) 등을 추가하여 효과음이나 파장으로 가물치에게 어필할 수 있도록 한다.

3전용 싱커로 무게 중심을 맞추고 실러로 마감을 한다.

●프로그의 연결 : PE 라인에 프로그를 연결할 때는 맬고리(라인 아이)를 단순하게 묶지 말고 '비미니 트위스트 매듭'(권말 부록 참조)으로 20~30cm 정도의 더블라인을 만든 후 이를 프로그의 맬고리에 연결하거나 소형 하와이언 훅을 덧달아 사용하는 것이 좋다. 그냥 직결하는 것보다 매듭 강도를 훨씬 높여주기 때문이다.

●표준명 : 가물치
●속　명 : 가무치, 가모치, 가이치
●학　명 : Channa argus
●영　명 : 스네이크헤드(Snakehead)
●일　명 : 가무루치, 라이교
　　　　　(カムルチ, 雷魚)

▼가물치낚시용 프로그(Frog)는 대부분 반제품이므로 용도에 맞게 직접 튜닝을 해야 한다. 처음엔 경험자들에게 의뢰하거나 조언을 구해 조금씩 익혀 나가야 한다.

■가물치낚시 포인트

가물치낚시는 곧 수초낚시다. 물속이나 물 가장자리에 자라는 각종 수초는 모든 어류에게 없어서는 안 될 산소와 유기물의 공급원이기도 하지만 특히 가물치에게는 떼려야 뗄 수 없는 불가분의 관계다. 종족을 번식 시키는 산실이자 어린 새끼를 지키는 보호구역이요, 먹잇감을 구하는 사냥터이자 휴식을 취하는 안식처로서, 수초지대는 곧 가물치의 생장과 직결되는 환경이다.

수초뿐만 아니라 연밭 등 그림자가 지거나 작은 물고기나 개구리가 의지해 살기 좋은 장소 또한 가물치 포인트이다. 그리고 수초가 많아도 물이 흐리면 좋지 않다. 물색이 검더라도 흐리지 않은 맑은 곳을 찾는 것이 좋다.

▶눈으로 보고, 귀로 들을 수 있어

가물치낚시는 오감을 활용하는 낚시다. 주변 지형지물과 수중식물의 분포 따위를 관찰하는 것도 중요하지만, 가물치낚시는 가물치의 존재를 직접 눈으로 보거나 귀로 듣고서 결정할 수 있기 때문이다.

공기호흡을 하는 가물치는 수면에 떠 있는 경우가 많아 눈으로 직접 확인할 수가 있다. 지느러미를 비롯한 몸체의 일부가 눈에 띄는가 하면, 목의 공기실에서 빠져나오는 공기방울로도 알 수 있다. 가물치는 먹이를 잡아먹거나 움직이거나 하면 공기실에서 공기가 빠져나오고, 이럴 땐 수면에 물방울이 솟아오르기 때문이다. 귀를 통해 알 수 있는 소리도 있다. 가물치가 먹이를 취할 때 '픽' '픽' 하는 포식음을 들을 수 있는가 하면, 수면을 유영할 때 생기는 특유의 파장과 파문도 눈과 귀로 확인할 수 있는 징후들이다. 따라서 징후가 발견되는 곳을 예의 주시하면서 낚시를 하되 귀를 한껏 기울여 또 다른 징후를 찾아내는 것이 곧 '오감을 활용하는' 가물치낚시다.

▶계절별 포인트 – 수초 생성, 소멸 따라 이동

3~4월 이른 봄철에는 일조량이 부족해 가물치가 자신의 체온을 높이려고 물가에 머물거나 삭은 부들 주위에 머무르는 시간이 많다. 이 시기엔 또 뗏장 수초에 올라타기 보다는 뗏장 주변이나 뗏장과 뗏장 사이의 열린 공간에서 먹이활동을 한다.

▼가물치낚시는 수초의 생성 및 소멸과 직결된다. 가물치의 산란과 육아, 휴식과 먹이활동 등 모든 성장 과정이 수초 주변에서 이뤄지기 때문이다.

갈대

뗏장

마름

수련

5월이 되면 말풀이 무성해지는 시기로 포인트가 광범위하게 확산된다. 가물치는 일정 크기로 자라게 되면 단독생활을 하면서 자기만의 영역을 갖게 된다. 먹이활동을 한 후 말풀 수초대에서 일조량을 조절하며 떠올랐다가 다시 가라앉기를 반복하는데, 이때 가물치의 지느러미와 공기호흡을 하는 콧구멍을 육안으로 확인할 수 있다.

6월 산란기가 되면 가물치는 말풀·마름·부들·뗏장 등 주변 수초를 이용하여 보금자리를 만든다. 잘 관찰해보면 열대어 마우스브리더만큼이나 모성애가 강한 어종이다. 이때만큼은 낚시인 스스로 금어기로 설정하여 산란장 공략을 삼갔으면 한다.

●표준명 : 가물치
●속　명 : 가무치, 가모치, 가이치
●학　명 : Channa argus
●영　명 : 스네이크헤드(Snakehead)
●일　명 : 가무루치, 라이교
　　　　　(カムルチ, 雷魚)

7월은 가물치낚시의 꽃이라 할 수 있는 마름 수초가 짙게 피는 계절이다. 가물치가 먹이활동을 한 흔적 주변이 포인트가 되는데, 빠른 릴링보다는 좀 더 무겁게 튜닝한 프로그(Frog)로 마름과 마름 군락 사이의 공간을 노리되, '스톱 앤 고(Stop & go)'와 '세이킹(Shaking)' 기법으로 장시간 액션을 주는 것이 효과적이다.

8월 한낮의 뜨거운 열기는 동적인 활동을 전제로 하는 루어낚시 자체를 어렵게 할 뿐만 아니라 수중 가물치 또한 기진맥진하게 만든다. 따라서 한여름의 가물치낚시는 일출 전후 3시간, 일몰 전후 3시간에 집중하는 것이 효과적이다.

9~10월로 접어들면 일교차가 심해진다. 가물치낚시는 항상 일조량에 좌우되기 때문에 이른 아침보다는 오후가 피딩타임이다. 또 이때는 마름 수초가 삭아 내리는 시기로, 커버와 오픈 워터의 경계면을 공략하는 것이 좋다.

■가물치 루어낚시 이렇게!

낚시터 현장에 도착해 낚시를 시작할 때는 물론, 낚시를 하는 중간 중간에도 고민하게 되는 것이 루어의 선택이다. 어떤 프로그가 좋을까?

가물치의 활성도가 높다고 느껴지면 일단 크고 잘 보이는 프로그가 유리할 것이다. 그러나 문제는 그 반대 상황이다. 어제까지 잘 낚이던 가물치가 오늘 따라 예민하고 입을 닫았다고 생각될 때이다. 이런 경우는 프로그의 크기를 평상시보다 작은 것을 사용해 볼 필요가 있고, 색깔도 분홍·흰색 등 화려하고 눈에 잘 띄는 색상을 우선시해 볼만하다. 그래도 반응이 없

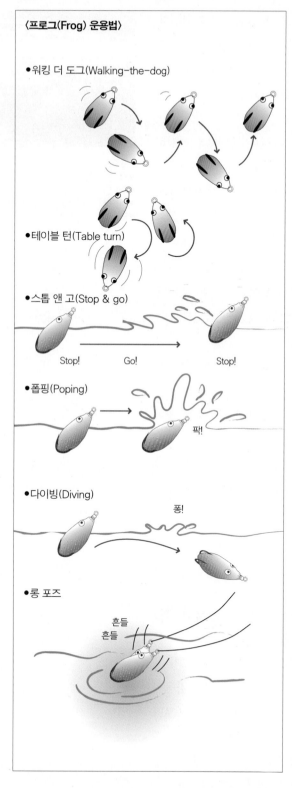

〈프로그(Frog) 운용법〉

●워킹 더 도그(Walking-the-dog)

●테이블 턴(Table turn)

●스톱 앤 고(Stop & go)

Stop!　　Go!　　　Stop!

●폽핑(Poping)

팍!

●다이빙(Diving)

퐁!

●롱 포즈

흔들
흔들

다면 점차 녹색 계통의 개구리 색상이나 갈색·검정색 등으로 교체해 나간다.

●캐스팅 : 가물치 루어낚시에서 가장 기본이 되는 캐스팅은 오버헤드 캐스팅이다. 머리 위에서 직선으로 던지는 방법으로 가장 기본적이고 목표 지점에 대한 정확도가 높은 캐스팅 방법이다.

이밖에 후방에 나뭇가지나 장애물이 있을 때는 사이드 캐스팅(옆으로 던지기)이나 백핸드 캐스팅(역방향 휘두르기) 동작이 필요하고, 근거리 포인트를 노릴 때는 피칭(Pitching-붕어낚시의 앞치기 방식) 등의 응용 기법도 필요하다.

●스톱 앤 고(Stop & go) : 가물치낚시에서 프로그를 운용하는 방법은 살아 있는 개구리처럼 움직이게 하는 것이다. 여러 가지 방법 가운데 가장 기본은 '스톱 & 고'이다. 명칭 그대로 포로그를 끌어당기는 릴링 동작을 잠시 멈추었다가 다시 릴링을 하고 또 다시 멈추는 동작을 되풀이 하는 것이다. 폴짝 폴짝 뛰던 개구리가 잠시 멈춰 있는 자세를 연출하는 것으로, 어떤 낌새가 느껴지는 곳에선 릴링을 멈춘 상태에서 포로그가 살짝살짝 흔들리도록 낚싯대를 흔들어 주는 세이킹(Shaking) 기법을 반복할 필요가 있다.

●워킹 더 도그(Walking-the-dog) : 역시 가물치낚시에 많이 시도되는 포로그 활용법으로, 개구리가 수면에서 헤엄치거나 허우적거리면서 움직이는 모습을 연출하는 것이다. 낚싯대를 살짝살짝 챔질 하듯 움직이면서 릴링을 하면 된다.

●폽핑(Popping) : 앞부분에 입처럼 생긴 컵이 만들어진 형태의 프로그를 사용할 경우, 릴링 도중 낚싯대를 살짝 당기면 수면에서 '픽' 하는 파열음이 생긴다. 마치 개구리가 물에 뛰어들거나

다른 가물치가 입질을 하는 소리를 연출하는 것이다.

●롱 포즈(Long pause) : 스톱 앤 고(Stop & go) 기법의 일종으로, 프로그에 액션을 가하다가 중간에 동작을 멈추고 한참 기다리는 것이다. 살짝 움직여주고 수면에 파문이 없어질 때까지 기다리다가 다시 움직임을 주는 것을 반복한다. 가물치의 활성이 낮은 경우에 많이 활용되기도 한다.

●챔질과 랜딩 : 가물치의 입질은 수면에 있던 프로그가 '픽' 하는 포식음과 함께 사라지는 것으로 알 수 있다. 바로 낚싯대가 끌려들어가는 경우도 있지만, '픽' 하는 소리로만 끝나고 프로그가 수면에 둥둥 떠 있는 경우도 있다. 따라서 포식음을 듣고서 곧장 챔질해서는 안 된다. 약 3초가량 기다리거나 챔질 전에 초릿대의 액션으로 가물치가 물고 있는지의 유무를 확인 후 강력한 챔질을 하는 것이 좋다.

챔질이 너무 빠르면 프로그가 입에서 빠져나오고 늦으면 가물치가 프로그를 뱉어버린다. 챔질은 신중하면서도 예리해야 한다.

챔질이 잘 되었다면 여유 줄이 생기지 않게 끝까지 쉬지 말고 전력을 다해 릴링해야 한다. 프로그의 바늘엔 미늘이 없어 릴링 도중 여유를 주게 되면 십중팔구 가물치를 놓치고 만다. 릴링 속도 또한 늦추게 되면 가물치가 수초 속으로 파고들어 설사 힘 들여 끌어낸들 이미 가물치는 도망쳐버리고 수초더미만 끌려나오는 경우도 허다하다. 따라서 강한 챔질 다음에는 가물치가 프로그를 뱉거나 수초 속으로 파고들지 못하게 낚싯대의 탄성을 이용

●표준명 : 가물치
●속 명 : 가무치, 가모치, 가이치
●학 명 : *Channa argus*
●영 명 : 스네이크헤드(Snakehead)
●일 명 : 가무루치, 라이교
　　　　(カムルチ, 雷魚)

▼충남 서천 배다리저수지에서 대형 가물치를 걸어 파이팅 중인 필자. 일단 후킹에 성공하면 가물치가 루어를 뱉거나 수초 속으로 파고들지 못하게 시종 기선을 제압해야 한다.

한 강력한 릴링으로 끝까지 주도권을 잡아야 한다.

●마무리 : 랜딩을 마친 후 가물치 입 속의 프로그를 빼낼 때에는 일단 흙바닥에 뒹굴지 않게 풀밭에 누이고, 마우스 오프너로 입을 벌린 후 롱노우즈 플라이어(Long nose plier)를 사용하는 게 좋다.

낚은 가물치를 보관할 때는 되도록 단독 꿰미를 사용해 그늘진 곳이나 산소량이 많은 수초지대에 묶어둔다.

가물치 루어낚시는 'Only big one!' 마릿수보다는 대물 한 마리에 승부를 거는 스포츠피싱이다. 남획을 삼가고 설사 대물일지라고 우량종 개체를 되살려 줌으로써 자원 증대에 기여하는 미덕을 발휘했으면 좋겠다.

■유망 가물치 낚시터

가물치낚시의 시즌과 포인트를 결정짓는 요소가 수초대인 만큼 낚시터 또한 수초가 많이 자라는 곳이 우선이다. 또 수초가 많이 자란다 함은 마사토가 아닌 펄 바닥 지형을 떠올려야 하는데, 이런 여건을 갖춘 저수지·수로가 많은 곳이 서해안 지역이다. 아래에 소개하는 낚시터뿐만 아니라 가물치가 많은 곳은 부지기수다. 경험을 늘리면 차츰 정보도 늘어날 것이다.

●학지 : 강원도 철원군 동송읍 오덕리 소재. 우리나라 최북단의 가물치 낚시터이자 대물 산지로도 유명하다. 부들 새순이 올라오는 5월부터 가물치

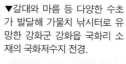

▼갈대와 마름 등 다양한 수초가 발달해 가물치 낚시터로 유망한 강화군 강화읍 국화리 소재의 국화저수지 전경.

낚시가 시작되며, 중류권의 섬이 드러나는 배수기에는 1m가 넘는 대물들이 배출되곤 한다.

●고구지 : 인천광역시 강화군 교동면 고구리 소재. 큰 저수지와 작은 저수지로 나누어져 있으며 관리소 앞 작은 저수지에서 가물치 루어낚시를 할 수 있다. 뗏장과 육초가 올라오는 5월부터가 적기이다.

●검단수로 : 인천광역시 서구 오류동, 김포시 양촌읍 학운리 일대. 4월 중순 부들 새순이 올라오는 시기부터 9월까지 가물치낚시가 잘 된다. 수도권에서 입장료 없이 낚시를 즐길 수 있는 몇 안 되는 낚시터로 다양한 크기의 가물치를 만날 수 있는 곳이다.

●표준명 : 가물치
●속 명 : 가무치, 가모치, 가이치
●학 명 : *Channa argus*
●영 명 : 스네이크헤드(Snakehead)
●일 명 : 가무루치, 라이교
　　　　　(カムルチ, 雷魚)

●금당지(설성지, 성호낚시터) : 경기도 이천시 설성면 장천리 · 신필리 · 장능리 일대. 102,000평가량의 평지형 저수지로 이른 봄 가물치 낚시터로 유명하다. 겨우내 삭은 부들의 새순이 올라오기 전부터 입질을 받을 수 있는 곳으로 4월에 많은 마니아들이 몰린다.

●용풍지(용연지) : 경기도 이천시 장호원읍 송산리 소재. 대물 가물치 낚시터로 널리 이름이 알려진 곳이다. 한때 가물치 양식을 하던 곳으로, '캐치 앤 릴리스' 조건의 유료낚시터로 운영되고 있으며 1m가 넘어가는 사이즈들이 많다.

●버들지 : 경기도 화성시 장안면 석포리 소재. 마름이 피는 6월부터 가물치 낚시가 피크 시즌을 이루는데, 주변에 방농장지 · 고잔지 · 삼존지 등이 있어 연계 출조를 하기에 좋다.

●성미지(중부낚시터) : 충청북도 음성군 삼성면 용성리 소재. 음성에서 오래 전부터 가물치 낚시터로 유명하고 대물 자원이 많은 곳으로도 유명하다. 5월이 지난 후부터 입질이 잦고, 관리소 좌측 상류권이 포인트로 각광 받는다. 주변에 있는 삼성지 · 내곡지 등에도 가물치 자원이 많다.

●온동지 : 충청남도 당진시 고대면 당진포리 소재. 제방권을 제외한 나머지 전역의 수초대에서 가물치의 입질을 받을 수 있는데, 비교적 봄철에 낚시가 잘 되는 편이다. 여름 들어 부들과 갈대의 키가 자라고 밀도가 무성해지면 캐스팅 범위가 좁아진다.

이 밖에 태안군 지역에도 가물치낚시가 잘 되는 저수지들이 많다. 수룡지(태안군 근흥면 수룡리) · 신두지(원북면 반계리) · 승언지(안면읍 승언리) 등이 대표적이다.

5월에 떠나요!

글 채성현, 사진 채성현

꺽지낚시

청정 계곡에서 즐기는 개구쟁이의 앙탈

꺽지 루어낚시는 넓은 들을 끼고 있는 하천 중류권부터 청정옥수가 흐르는 최상류 산간 계곡에 이르기까지 폭넓고 다양한 지역에서 이뤄지며, 쏘가리 루어낚시와 함께 우리나라 계류 루어낚시를 대표하고 있다.

낚시터가 전국에 분포해 접근성이 용이하고, 간단한 채비와 준비로도 쉽게 접할 수 있는 장점 때문에 가족 단위의 피서낚시나 루어낚시 초보자들을 위한 장르로 각광받는다. 맑은 물과 공기, 뛰어난 자연풍광 속에서 즐기는 꺽지낚시는 현대 도시인에게 치유와 안식을 안겨주며, 트레킹을 하듯 오랫동안 계류를 이동하는 과정에서 낚시인은 건강과 활력을 얻는다. 또한 맑은 물에서 대상어의 움직임을 눈으로 보며 낚아내는 싸이트피싱(Sight fishing)의 즐거움을 경험할 수 있는데, 이는 꺽지낚시가 다른 낚시 장르와 구분되는 가장 큰 특징이기도 하다. 특히 꺽지는 우리나라에만 서식하는 고유종으로 다른 나라에선 경험할 수 없는 낚시 장르라는 점에서도 그 의미가 매우 각별하다.

   이러한 꺽지낚시의 매력은 많은 꺽지낚시 마니아들을 양성하였고, 이들의 노력으로 새로운 이론과 기법들이 개발되었다. 그 결과 옛날 쏘가리 금어기 때나 하던 낚시가 아닌, 잡아서 매운탕이나 끓여먹는 심심풀이 낚시의 인식에서 벗어나 본격 스포츠피싱으로서의 가치가 증대되고, 전문성이 높은 낚시로 재평가 되어 최근에는 꺽지낚시 동호인들이 점점 증가하고 있는 추세이다.

   산에 들에 피는 꽃과 시원하고 푸르른 청정옥수, 울긋불긋 타들어가는 단풍을 벗 삼아 자연과 동화되는 낚시가 바로 꺽지낚시이며, 여기에 자갈 하나하나 모래알 하나하나 셀 수 있는 맑은 물속에서 귀여운 앙탈을 부리는 꺽지의 마릿수 손맛이 덤으로 주어진다.

- ●표준명 : 꺽지
- ●속 명 : 꺽정이, 뚝지, 꺽떠구
- ●학 명 : *Coreoperca herzi*
- ●영 명 : 코리안 퍼치
       (Korean aucha perch)
- ●일 명 : 고라이 오야니라미
       (コウライオヤニラミ)

▼지그헤드 채비에 턱이 걸려 앙탈을 부리는 꺽지. 1~2급수의 맑은 물에만 서식하는 꺽지는 학명을 비롯한 영명·일명에서도 알 수 있듯, 특히 우리나라에만 분포하는 특산종이기도 하다.

■생태와 습성, 서식 및 분포

꺽지는 지역에 따라 꺽더구·꺽정이·꺽쇠 등으로 불린다. 서유구(1764~1845)의 「전어지(佃漁志)」에 기록된 '근과목피어(斤過木皮魚)'라는 이름 그대로 꺽지는 체색과 무늬가 나무껍질을 닮았다.

우리나라 일부 하천을 제외한 대부분의 하천 중류 및 상류의 1~2급수 수질이 유지되는 돌과 자갈이 많은 곳에 서식하는 우리나라 고유종이다. 바위나 돌 틈을 은신처 삼아 몸을 숨기고 있다가 근접하는 물고기나 수서곤충·갑각류 등을 잡아먹는데, 때로는 은신처 밖으로 나와 적극적으로 먹잇감이 되는 물고기를 쫓아 포식활동을 하기도 한다.

또한 꺽지는 천적으로부터 자신을 보호하거나 먹이사냥을 위해 주변 배경색에 따라 자신의 몸을 변색시키는 위장의 명수이기도 하다. 은신처에 있을 때는 검은색으로, 은신처 밖으로 나오면 주변의 바위 및 하천 바닥의 색깔에 맞게 황색·황갈색·갈색·갈회색 등으로 순식간에 변색시키는 솜씨는 민물고기 중 단연 으뜸이라 할 수 있다.

체형은 쏘가리와 얼핏 비슷하게 보일 수도 있으나 쏘가리보다 체고가 높고, 아가미 뚜껑 뒤쪽에 눈 모양과 비슷한 금색 테두리와 그 안에 군청색 또는 청록색의 큰 반점을 지닌 것이 특징이다. 몸체에는 선명하지 않은 검은색 줄무늬가 7~8개 있다.

▼서식처의 배경색에 따라 자신의 몸을 변색 시키는 꺽지. 자갈 바닥 색깔을 꼭 빼닮은 꺽지가 자신이 놀던 곳으로 되돌려 보내지고 있다.

크기는 만 1년에 6~10cm, 2년에 10~14cm까지 자란다. 보통 낚시에 잡히는 개체는 10~20cm가 대부분이며, 25cm 전후의 큰 개체도 간혹 낚인다.

5~6월경 수온이 20℃로 상승하면서부터 산란기에 들어가는데 수컷이 바위 아래에 자리를 잡고 암컷을 차례로 맞이하는 구애 활동을 하고, 이에 암컷이 바위 천청에 홑겹으로 알을 붙이면 수컷은 방정 후 수정된 알을 노리는 천적으로부터 알을 보호하며 수정된 알은 약 2주 후 부화된다.

수컷은 알이 부화된 이후에도 한동안 어린 새끼들을 보호하는데, 이런 꺽지의 부성애는 많은 자연다큐멘터리의 단골 소재로 소개되어 보는 이들에게 감동을 전한다.

- ●표준명 : 꺽지
- ●속　명 : 꺽정이, 뚝지, 꺽떠구
- ●학　명 : *Coreoperca herzi*
- ●영　명 : 코리안 퍼치
　　　　　(Korean aucha perch)
- ●일　명 : 고라이 오야니라미
　　　　　(コウライオヤニラミ)

■꺽지낚시 시즌 전개

| | : 시즌 | | : 피크 시즌 |

구분	1월	2월	3월	4월	5월	6월	7월	8월	9월	10월	11월	12월	비고
강원권													
수도권													
충청권													
영남권													
호남권													

꺽지낚시는 겨울을 지나 봄이 오면서 시작되는데, 보통 개나리꽃이 핀 후 벚꽃이 피기 시작하면서부터 시작된다. 본격적으로 꺽지낚시를 즐길 수 있는 시기는 한낮의 최고기온이 20℃ 이상으로 오르는 날이 며칠간 이어지는 시기가 되어야 비로소 마릿수 손맛을 볼 수 있게 된다.

5~6월의 피크 시즌을 지나 여름철이 되면 한낮에는 활성도가 떨어져 아침저녁 위주로 낚시가 이루어지다가 아침저녁 기온이 선선해지는 9월로 접어들면 다시 한 번 피크 시즌을 이룬다. 이후 10월이 되어 쌀쌀한 가을 수온이 떨어지게 되면 그날그날의 일조량에 따라 꺽지의 활성도가 들쭉날쭉해져 조과의 차이가 심해지는가 하면, 어느덧 단풍이 절정에 이르는 시기가 되면 서서히 꺽지낚시가 마감된다.

▶시즌 개막(3~4월) - 남녘 평지형 하천부터 시작

꺽지낚시는 대부분 계류에서 이루어지기 때문에 계류의 형태에 따라 시즌 개막의 편차가 심한 편이다. 영호남의 따뜻한 평지형 하천에서는 2월의 따뜻한 날이면 꺽지가 잡히기도 하지만, 해발 1,500m 이상의 산을 수원지로 하는 강원도 산간 계류에서는 5월 초에도 꺽지낚시가 힘든 경우가 다반사이다.

또한 같은 지역 같은 물줄기에서도 최상류권에 서식하는 계곡 꺽지들과 중하류권의 평지형 하천에 서식하는 꺽지들과는 시즌 개막이 한 달 정도 차이가 생길 수 있다. 따라서 하천의 형태나 수원지가 되는 최상류의 상황, 기온과 수온의 변화, 계절에 따라 산과 들에 피는 꽃의 개화 시기 등등에 관심을 갖고 자연적 현상의 변화를 기준으로 꺽지의 생활상을 예측하는 지식을 쌓아야 한다.

시즌이 시작되는 시기에는 주로 햇살이 잘 들고, 물 흐름이 약한 소(沼)

한강계 꺽지와 기타 강계의 꺽지

우리나라 강계의 꺽지들을 비교해 보면 조금씩 다른 모양과 무늬를 하고 있다는 것을 알 수 있다. 과거에는 이런 차이를 서식처에 따른 위장색으로 생각하고 대수롭지 않게 여겼으나 꺽지낚시 동호인들의 집요한 관찰과 젊은 어류학자들의 연구에 의해 강계에 따라 서로 조금씩 다른 모양과 무늬를 가지고 있다는 사실이 밝혀졌다.

꺽지는 고대 지각변동 시기에 고황하(故黃河)와 한반도의 강줄기가 서로 끊어지면서 농어과 어류가 한반도 지형에 맞게 진화된 우리의 고유종이며, 그 후 서로 담수 생태적 교류가 단절된 각 강계별 특성(지형과 수생환경 등)에 맞게 더욱 진화된 결과 한강계와 금강 · 낙동강 · 섬진강 · 영산강계 등의 꺽지들이 조금씩 다른 유전자를 형성하고 있다는 것이 밝혀졌다. 그리고 이 같은 꺽지의 진화 과정은 지금도 학계에서 꾸준히 연구 중이다.

특히 한강계 꺽지와 다른 강계의 꺽지는 쉽게 구분될 수 있을 정도이다. 한강계 꺽지들은 몸통에 흰 반점이 촘촘히 박혀 있어 꺽지낚시 동호인들 사이에서는 '은하수꺽지'라

는 애칭으로 불리며, 아가미 뚜껑 뒤편에 있는 반점 색깔 또한 한강계에서는 군청색, 기타 강계에서는 청록색을 띠고 있다는 점이 서로 다르다. 또한 전라남도 해남과 장흥의 여러 하천은 꺽지들이 서식할 수 있는 좋은 여건임에도 불구하고 꺽지가 서식하지 않는 하천이 있는가 하면, 꺽지의 사촌격인 꺽저기만 서식하는 곳도 있다. 최근에는 또 꺽지가 서식하지 않는 일부 하천에 꺽지를 무단 방류하여 새로운 꺽지의 서식처가 된 하천들도 있다.

이렇듯 강계별로 조금씩 다른 모습의 꺽지들을 만나며 자연의 신비함을 이해하는 것 역시 꺽지낚시를 통해서 얻을 수 있는 큰 기쁨 중의 하나이다.

섬진강계 꺽지

한강계 꺽지

탐진강의 꺽저기

가장자리의 돌밭에서 꺽지들이 햇살을 받아 몸을 녹이는 일명 '해바라기'를 하는 모습이 목격되는데, 이때는 소극적인 먹이활동을 하므로 입질이 매우 예민한 편이다. 따라서 이런 땐 해바라기를 하고 있는 꺽지가 경계심을 갖지 않을 먼 위치에 루어를 착수시켜 천천히 접근 시키거나, 햇살을 잘 받는 은신처 바위 틈 사이를 노려 가벼운 웜 채비로 미세하게 운용해야 한다.

또한 꺽지들은 찬 수온을 극복하기 위해 햇살을 받아 온돌 역할을 하는 바위, 즉 수면 위로 절반 이상 노출된 바위 아래의 '따뜻한 아랫목'을 차지하기 위한 자리싸움을 하기도 하므로 이런 곳을 노리면 대물을 만날 확률이 높아진다.

- ●표준명 : 꺽지
- ●속 명 : 꺽정이, 뚝지, 꺽떠구
- ●학 명 : Coreoperca herzi
- ●영 명 : 코리안 퍼치
  (Korean aucha perch)
- ●일 명 : 고라이 오야니라미
  (コウライオヤニラミ)

▶산란기(5~6월) 및 초여름 – 연중 최고의 피크 시즌

산란기의 수컷들은 서로 좋은 알자리를 차지하기 위해 큰 돌 밑의 명당을 놓고 빈번하게 싸움을 하기도 하는데, 이 모습은 낚시인에게 좋은 구경거리 중 하나이다. 암컷이 알을 붙이면 수컷은 그 알을 돌보며 자신의 집을 지키는데, 이 시기의 낚시는 조과의 편차가 매우 심하다. 산란장 근처로 접근하는 루어를 침략자로 생각해서 강하게 공격을 하는 상황이 곧 조과로 연결되기도 하고, 때로는 그저 입으로 '툭!' 하고 밀쳐내는 상황이 연출되기도 하여 훅셋이 되지 않는 경우도 많다.

산란기에는 주로 암컷 꺽지들이 많이 잡히고 간혹 수컷이 잡히기도 하는

▼복숭아 꽃 피는 양지바른 소(沼) 주변에 선 낚시인. 전형적인 초봄 꺽지 포인트이다.

데, 산란기에 이런 꺽지의 특성을 파악해 남획 수준으로 잡아가는 행동은 삼가야 한다.

산란기가 지나면 초여름이 되어 한낮 수온이 20℃를 넘게 된다. 그야말로 꺽지들이 엄청난 먹성을 보이는 시기로 접어든다. 다소 물살이 센 여울의 돌 틈에도 들어가 적극적인 먹이활동을 하는 등, 어떤 종류의 루어에도 반응을 잘 하는 때이다. 마릿수 손맛을 볼 수 있는 가장 좋은 시기이며, 한낮 수온이 많이 오르면 입수낚시에도 큰 부담이 없어진다.

근년의 기후변화로 예전처럼 명확하게 장마철을 거론한다는 것이 무의미할 수 있으나, 계류의 바닥 지형에 영향을 미칠 정도의 비가 내리는 경우는 여러 포인트들이 소멸되기도 하고 새로 생성되기도 한다. 이에 따라 꺽지들은 일부 이웃한 포인트로 이동을 하는 경우가 있다. 그러므로 아끼던 포인트가 소멸되었다고 너무 낙담할 필요가 없다. 생성과 소멸을 반복하는 자연의 이치에 따라 새로 생성된 좋은 포인트를 어렵지 않게 찾을 수 있기 때문이다.

▶혹서기(7월 중순~8월) – 일출 · 일몰 시간대 노려라!

장마가 끝나면 계류는 깨끗하고도 풍성한 수량을 보유한다. 그러나 이 짧은 특수는 곧 혹서기로 이어지게 되는데, 혹서기는 낚시인뿐만 아니라 꺽지에게도 고통스러운 시기이다. 물속의 용존산소량은 점점 줄어들고 수온 또한 20℃ 후반대까지 오르기 때문에 이 시기의 꺽지들은 한정된 조건에서 먹이활동을 하게 된다.

한낮의 뜨거운 기온과 타들어가는 햇볕은 피부화상과 일사병 · 열사병의 원인이 되어 낚시인의 건강을 해칠 우려가 있기도 하고, 꺽지도 높은 수온에서는 체력 소모가 큰 먹이활동을 극히 자제하기 때문에 한낮의 낚시는 가급적 지양하는 것이 좋다.

혹서기 꺽지의 먹이활동은 일출 전후와 일몰 전후의 시간대에 활발하므로 이 시간을 전후해 낚시를 하는 것이 현명한 방법이다. 포인트는 일조량이 많고 물흐름이 없는 곳보다는 용존산소량이 풍부한 여울 아래의 적당한 물흐름이 있는 곳이 우선이다. 또한 물흐름이 그리 강하지 않은 여건의 여울 본류, 산그림자가 일찍 지는 북향 산기슭 아래에서의 낚시가 효과적이며, 때로는 일몰 이후 사방이 보이지 않는 캄캄한 상황에서도 한낮의 더위에 지친 꺽지들이 기운을 되찾아 곧잘 루어에 반응을 한다.

혹서기의 소나기는 천둥번개를 동반하는 경우가 많아 낚싯대를 통한 낙뢰의 위험이 따를 수 있다는 점 염두에 두어야 한다. 국지성 집중호우로 갑자기 불어난 계곡물에 고립되거나 급류 사고가 일어날 수도 있으니 이때는 지체 없이 낚시를 중단하고 안전한 곳으로 철수해야 한다.

▶가을철(9~10월) – 기운 차린 꺽지, 먹이활동 활발

천고마비의 계절이라 일컫는 가을은 물속의 꺽지에게도 예외가 아니다. 아침저녁으로 선선함을 느끼게 되는 시점부터 꺽지들의 먹이활동이 매우 활발해진다. 마릿수 조황이 가능한 시즌으로 하루 종일 고른 조과가 유지된다. 늦가을에는 여울에 있던 꺽지들이 겨울을 대비해 수심 깊은 소(沼)로 이동을 하여 스쿨링 되는 경우도 있는데, 이런 상황을 만난다면 낚시인생에 잊을 수 없는 좋은 추억을 쌓을 수 있다. 가을이 바로 그런 계절이다.

▶시즌 마감(10~11월) – 단풍 계곡에서 피날레 장식

꺽지낚시의 시즌이 마감되는 시기는 대략 단풍이 절정에 접어들기 시작하는 때이다. 이 시기는 에너지 소비를 자제해야 하는 생리적 본능으로 인해 꺽지들은 먹이활동을 극도로 자제하고 겨울을 보내기 위한 준비를 한다. 그러나 만산홍엽의 단풍이 든 어느 가을날 따뜻하고 좋은 햇볕이 며칠간 이어질 경우, 꺽지들이 마지막 필사적인 먹이활동을 하기도 하는데, 절정의 단풍이 어우러진 멋진 계곡에서의 이런 경험은 꺽지 낚시인만이 누릴 수 있는 최고의 행복이기도 하다.

■꺽지낚시 장비 및 소품

꺽지낚시는 계류를 따라 오랜 시간을 이동하며 하는 낚시이기 때문에 짧고 가벼운 낚싯대와 1000번대 소형 스피닝 릴을 사용한다. 가벼운 루어를 정확하게 캐스팅하기 하기 위해선 낚싯대의 휨새가 부드러워야 하고, 비거리를 늘리기 위해선 낚싯줄 또한 가늘게 사용해야 한다. 물가엔 큰 바위들이 많고 물속 바위 또한 미끄러운 이끼류가 붙어 있어 이동 중에 미끄러지지 않도록 접지력이 좋은 등산화나 계류용 펠트화를 신는다.

● 표준명 : 꺽지
● 속　명 : 꺽정이, 뚝지, 꺽떠구
● 학　명 : *Coreoperca herzi*
● 영　명 : 코리안 퍼치
　　　　　(Korean aucha perch)
● 일　명 : 고라이 오야니라미
　　　　　(コウライオヤニラミ)

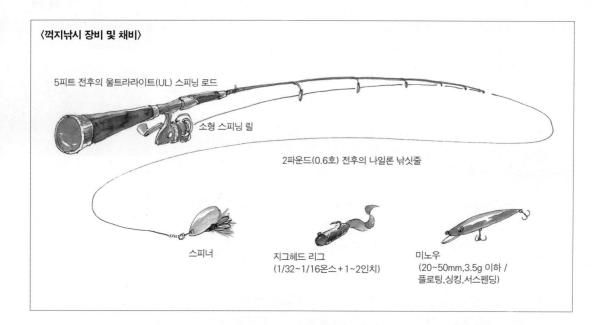

〈꺽지낚시 장비 및 채비〉

5피트 전후의 울트라라이트(UL) 스피닝 로드

소형 스피닝 릴

2파운드(0.6호) 전후의 나일론 낚싯줄

스피너

지그헤드 리그
(1/32~1/16온스 + 1~2인치)

미노우
(20~50mm,3.5g 이하 /
플로팅,싱킹,서스펜딩)

▶낚싯대(Rod) - 5피트 전후의 UL 강도

다른 장르도 마찬가지겠지만 꺽지 루어낚시 장비에서 가장 중요한 것이 낚싯대이다. 최적의 기준은 15cm 전후 크기의 꺽지를 잡았을 때도 충분히 손맛을 느낄 수 있어야 하며, 약 0.9g(1/32온스) 전후의 '지그헤드+1~2인치 웜'을 조합한 채비를 원하는 목표 지점에 정확히 캐스팅하되, 낚싯대의 휨새를 이용한 가벼운 손목 동작으로 편안하게 캐스팅 할 수 있어야 한다. 또한 장거리 탐색이 빈번한 낚시의 특성상 이동성과 휴대성이 뛰어나고 산간 계류에서 다양한 캐스팅 자세를 취할 수 있는 적당한 길이여야 한다.

이러한 기준을 충족시키는 낚싯대는 곧 길이 5피트(약 1m 50cm) 전후, 파워는 UL(울트라라이트) 이하의 카본 튜블러 또는 카본 솔리드 재질, 튜블러+솔리드 형태로 만들어진 원피스 사양이다. 그러나 시판되고 있는 낚싯대 중에는 위 사양을 고루 갖춘 제품이 많지 않은 관계로 처음 꺽지낚시용 로드를 구입할 때는 5~6피트 사이의 UL 로드 중 상대적으로 낭창거리는 계류낚시용을 구입하면 된다.

여기서 한 가지 아쉬움을 거론하자면 과거 오랫동안 쏘가리낚시 전문가들에 의해 꺽지낚시가 소개됨으로써 꺽지낚시의 요건이 등한시되거나 무시되었다는 점이다. 이는 곧 쏘가리낚시를 전문으로 하는 사람들의 꺽지낚시에 대한 이해 부족이거나 전문성 결여일 수도 있다. 사실 쏘가리 낚시인

꺽지

● 표준명 : 꺽지
● 속 명 : 꺽정이, 뚝지, 꺽떠구
● 학 명 : *Coreoperca herzi*
● 영 명 : 코리안 퍼치
　　　　　(Korean aucha perch)
● 일 명 : 고라이 오아니라미
　　　　　(コウライオヤニラミ)

들은 주로 쏘가리 낚시터 인근에서 덤으로 꺽지낚시를 하는 경우가 많고, 그래서 쏘가리가 서식하는 폭 넓은 계류에서는 쏘가리용 낚싯대가 유리할 때도 있다. 그러나 전국에 산재된 꺽지 낚시터 가운데 쏘가리를 겸할 수 있는 곳은 10% 미만이다.

이런 점을 등한시한 채 쏘가리낚시에 사용하는 UL(울트라라이트) 계열 중에서도 '파워가 강한 UL' 또는 L(라이트) 파워의 로드를 사용한다면 꺽지의 탈탈거리는 손맛을 제대로 느낄 수 없고, 많게는 1시간에 100회 가까이 캐스팅을 해야 하는 꺽지낚시의 특성상 체력이 쉽게 소진될 수밖에 없는 것이다. 더욱 문제가 되는 것은 가벼운 채비를 꺽지가 있는 먼 은신처까지 정확하게 던져 넣을 수 없게 되어 꺽지낚시의 재미를 느끼지 못한 채 결국은 꺽지낚시를 포기하는 상황에 이르는 경우도 생긴다.

이런 과오로 인해 아직도 국내 조구사에서 출시되고 있는 꺽지 루어낚시용 로드는 대부분 쏘가리 또는 무지개송어용 로드와 그 경계가 모호하여 입문자에게 정확히 추천하기가 어렵고, 꺽지낚시를 즐기는 전문가들 중에는 값비싼 일본산 계류용(산천어·무지개송어용) 로드를 사용하거나 로드빌딩 기술을 습득해 직접 만들어 사용하는 이들도 있다. 최근에는 또 꺽지 전문 낚시인이 직접 설계한 로드를 조구사에 위탁 생산을 의뢰하거나 소규모 공방 규모의 로드빌딩샵에서 꺽지 전용 로드를 만들어 판매하도 한다.

▶릴(Reel) - 얕은 스풀의 소형 스피닝 릴

꺽지낚시에는 가볍고 작은 1000번대 소형 스피닝 릴을 사용하되, 라인이 감기는 스풀의 깊이가 얕은 샐로우(Shallow) 타입이 유리하다. 무게 또한 약 180g 전후의 가벼운 릴이 캐스팅을 많이 하는 꺽지낚시에 적합하며, 드랙이 정교하게 작동되는 제품일수록 대물과의 파이팅에서 가는 낚싯줄을 잘 보호할 수 있다.

드랙은 15cm 전후 크기의 꺽지들이 앙탈을 부릴 때 조금씩 풀리는 정도로 조정하면 적당하지만 상황에 따라 조금씩 다르게 조정할 수도 있다. 때로는 랜딩 과정에서 드랙을 조정해 줘야 하는 경우도 간혹 발생한다.

▶낚싯줄(Line) - 꺽지낚시엔 나일론 원줄 유리

낚싯줄 선택은 낚싯대와의 조합, 비거리, 안전한 랜딩, 감도, 손맛 사이에서 적절한 타협점을 찾아 재질과 호수를 선택해야 한다. 나일론·합사 (PE)·카본 재질 가운데 최근에는 캐스팅의 중요성이 부각되면서 나일론 재질의 선호도가 높고 카본 라인은 상대적으로 배제되고 있는 추세다. 카본 라인은 스풀에 감긴 형태를 계속 유지하려는 성질이 강해 릴에서 낚싯줄이 방출될 때 부드럽게 펴지지 못해 가이드 마찰 저항을 크게 발생시켜 캐스팅 시 잡음이 크고, 비거리가 상대적으로 짧은가 하면, 자주 라인 트러블이 발생되는 단점들이 있어 캐스팅을 중요시하는 꺽지낚시의 특성에 적합하지 못하다. 이에 비해 나일론 라인은 성질이 매우 부드럽기 때문에 캐스팅 시 가이드를 부드럽게 통과하며, 비거리가 좋으나 감도의 측면에서는 단점을 보이지만 대상어의 입장에서는 이물감이 적다고 생각해 볼 수도 있다.

합사(PE)는 바닥의 감도와 입질 여부를 전달하는 능력이 뛰어나며, 대상어가 훅셋 되었을 시 움직임을 그대로 전달하는 장점이 있다. 그러나 나일론 라인에 비해 비중이 낮고 표면이 거칠기 때문에 바람에 취약한 단점이 제기된다. 또한 물이 흐르는 포인트에서 가벼운 루어를 바닥에 정확하게 안착시킨 후 멈춰 기다려 줘야 하는 상황 연출 시 다른 재질의 라인들에 비해 여러 가지 불리한 단점도 제기된다.

1/32온스(약 0.9g) 전후의 매우 가벼운 지그헤드+웜 채비를 주로 사용하기 때문에 라인은 매우 가늘어야 한다. 나일론의 경우는 0.6호(2LB) 전후,

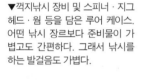

▼꺽지낚시 장비 및 스피너·지그 헤드·웜 등을 담은 루어 케이스. 어떤 낚시 장르보다 준비물이 가볍고도 간편하다. 그래서 낚시를 하는 발걸음도 가볍다.

합사(PE)는 0.3호 이하가 적합하다. 그러나 합사를 원줄로 사용할 경우, 쓸림에 약하기 때문에 0.6호~0.8호의 카본 또는 나일론 쇼크 리더를 별도 연결해야 하는 불편을 감수해야 한다.

라인에 루어를 연결할 때는 라인의 재질과 강도에 따라 각각 다른 묶음법을 사용하는데, 가는 라인으로 소형 어종을 대상으로 하는 낚시의 특성상 매듭의 강도보다는 밑걸림 시 로드를 잡아 당겼을 때 원줄에 데미지를 주지 않고 매듭 부위에서 쉽게 끊어질 수 있는 묶음법을 선택한다.

▶**복장 및 소품 – 편광안경, 논슬립화 필수**

꺽지낚시는 계류를 따라 포인트를 계속 이동하는 낚시이기 때문에 인적이 드문 깊은 골짜기로 들어가는 경우가 많다. 이 때문에 조행의 안전을 고려한 복장이 필요하다. 지나치게 화려한 원색 계통은 폭이 좁고 물이 맑은 계류에서 자신을 쉽게 노출시켜 대상어로 하여금 경계심을 유발시킬 수도 있다. 활동성이 좋은 아웃도어 의류가 적합한데, 입수 후 물빠짐이 좋고 건조 속도가 빠른 제품일수록 이동 시 체력 소모도 적다.

입수 및 수중 이동, 도강이 잦은 이유로 웨이더 및 펠트화를 착용하기도 하는데 이 또한 장단점이 제기된다. 수온이 차거나 물이끼가 많이 낀 넓은 하천에서 일정 범위의 물속으로 들어가 낚시를 할 때는 웨이더와 펠트화의 착용이 바람직하지만, 입수 비중이 낮고 오래도록 이동하는 산간 계류 지역 포인트에서는 릿지화 계열의 등산화가 더 안전하고 체력 소모도 적은 편이다. 그러나 하천의 바닥과 물가의 돌들은 매우 미끄러워 펠트화나 등산화로도 미끌림을 완전히 차단할 수는 없으니 항상 안전에 유의해야 한다.

대상어의 움직임을 파악하고 물속 지형을 선명하게 볼 수 있는 편광안경을 착용하면 좀 더 섬세하고 재미있는 낚시를 할 수 있을 것이다.

여름철 갑작스레 쏟아지는 소나기에도 대비해야 한다. 핸드폰이 물에 빠지는 등의 침수 방지를 위해서도 방수팩이나 작은 지퍼백도 준비해야 한다. 뜻하지 않은 위험 요소와 강한 햇볕으로부터 보호할 모자와 낚시장갑도 필요하며, 깊숙이 박힌 지그헤드의 효율적인 제거로 꺽지를 보호해야 할 경우엔 바늘빼기 또는 포셉 가위 등도 지참해야 한다.

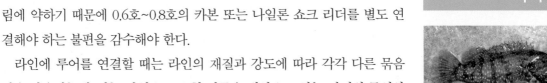

●표준명 : 꺽지
●속 명 : 꺽정이, 뚝지, 꺽떠구
●학 명 : *Coreoperca herzi*
●영 명 : 코리안 퍼치
      (Korean aucha perch)
●일 명 : 고라이 오야니라미
      (コウライオヤニラミ)

■꺽지낚시용 루어(Lure)

"꺽지낚시 하면 역시 스피너야!" "대물 꺽지들은 웜으로 잡아야 해!" "쏘가리 미노잉 중에 대형 꺽지들이 낚인다니까!" …….

맞는 말일 수도 있고, 틀린 말일 수도 있다. 루어낚시 자체가 대상어를 속이는 낚시이기 때문에 특정 루어만 고집할 게 아니라 다양한 루어를 준비해 적시적소에 사용하는 것이 좋다.

▶스피너(Spinner) – 꺽지 루어의 대명사

스피너는 금속 와이어에 회전하는 블레이드(Blade)와 싱커(Sinker), 훅(Hook)이 결합되어 있는 루어이며, 와이어가 블레이드를 관통한 형태에 따라 인블레이드 스피너와 아웃블레이드 스피너로 나누어진다.

폴링(Falling) 또는 리트리브(Retrieve) 시에 블레이드가 수류 저항에 의해 강력하게 회전하며, 블레이드 표면의 빛과 색깔 등의 명멸 효과에 따라 대상어의 강한 호기심을 유발하는 것이 특징이다. 곧 꺽지낚시에 있어 매우 강력한 루어로, 웜 루어가 대중화되기 이전에는 꺽지 루어의 대명사로 여겨져 '꺽지 킬러'라는 애칭으로 지금도 많은 낚시인의 사랑을 받고 있다. 대상어가 워낙 빠르게 반응하기 때문에 탐색용으로 쓰이기도 하지만, 웜 루어에 반응하지 않던 대물 꺽지가 간혹 은신처 앞에 정밀하게 떨어져 천천히 폴링 되는 스피너를 왈칵 덮치기도 한다.

꺽지낚시에 입문하는 많은 사람들의 경우 피서철 계곡에서 간단히 할 수 있는 낚시를 찾다가 꺽지낚시를 접하게 되고, 이 경우 처음 사용하게 되는 루어가 대부분 스피너이다. 선택이 잘못 되었다는 게 아니다. 스피너는 여름철 맑은 계곡의 잔잔한 여울에서 확실히 효과적이다. 그러나 여울에서 하류를 향해 던지고 감는 식의 패턴으로는 수량이 풍부한 여름철에나 잠시 손맛을 볼 수 있으며, 그 손맛이라는 것도 어린 1~2년생 꺽지들의 힘없는

▼꺽지 루어의 대명사로 꼽히는 스피너(Spinner) 종류. 초보자들이 사용하기 쉽고, 여름 계곡의 여울지대에서 특히 효과적이다.

몸부림이 전부이다. 스피너는 계류를 이해하고 대상어의 습성을 잘 파악한 단계에서는 엄청난 무기가 되지만, 단순히 던지고 감는 식으로만 운용하면 큰 씨알을 만날 기회가 적어 꺽지낚시의 진정한 매력을 느끼기 어렵다는 점 감안해야 한다.

꺽지낚시에 쓰이는 스피너의 무게는 1/32~1/4온스(약 0.9~7.1g) 정도이며, 블레이드의 회전력이 좋은 제품일수록 조과 역시 좋다. 인블레이드 형태가 아웃블레이드 형태보다 상대적으로 회전력이 좋고 강한 파장을 발생시키는 반면, 아웃블레이드 스피너는 상대적으로 비거리와 정투성이 좋은 장점이 있다.

스피너의 색상은 여러 가지가 있으나 과거부터 현재까지 가장 보편적으로 사용되는 색상은 금색과 은색이다. 과거 색상이 부족하던 시기부터 매니큐어나 프라모델용 에나멜 등으로 여러 색상과 무늬로 튜닝을 했는가 하면, 아직도 스피너 마니아 중에는 부속품들을 따로 구입해 블레이드를 색칠하는 등 직접 스피너를 만들어 사용하고 있을 정도다.

스피너는 줄꼬임 현상을 자주 일으키는데, 스위벨 도래를 사용해 줄꼬임을 다소 감소시킬 수는 있으나 완벽히 해결되진 않기 때문에 낚시 도중 자주 라인을 로드 길이만큼 늘어뜨려 꼬인 줄을 풀어줘야 한다.

은신처 곳곳의 섬세한 공략 능력이 떨어지고 트레블훅(Treble hook)으로 인해 대상어가 치명상을 입는 등의 단점으로 최근에 그 사용이 다소 기피되는 경향도 있지만, 여러 가지 단점에도 불구하고 때때로 웜 낚시에 전혀 반응이 없는 상황에서 발군의 기량을 발휘하는 경우도 있으므로 스피너 몇 개 정도는 꼭 챙겨서 출조하는 것이 바람직하다.

● 표준명 : 꺽지
● 속 명 : 꺽정이, 뚝지, 꺽떠구
● 학 명 : *Coreoperca herzi*
● 영 명 : 코리안 퍼치 (Korean aucha perch)
● 일 명 : 고라이 오야니라미 (コウライオヤニラミ)

▶지그헤드(Jig head) - 밑걸림 감수해야

지그헤드는 몸통 없이 바늘과 봉돌만 부착돼 있는 것으로, 이를 웜과 결합하여 꺽지낚시의 가장 대표적인 '지그헤드+웜' 채비를 이룬다. 무게는 주

▼웜(Worm)을 부착해 사용하게 되는 각종 지그헤드(Jig head). 꺽지낚시엔 1/32~1/16온스 무게가 주로 사용된다.

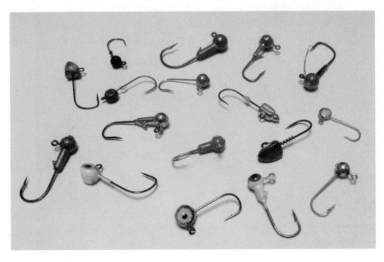

로 1/32~1/16온스(약 0.9~ 1.8g) 전후, #6 바늘 크기의 범용 지그헤드를 주로 사용하는데, 포인트에 따라 0.5g 이하를 사용하기도 하고 3g 정도의 무거운 채비를 사용하는 경우도 있다.

꺽지 전용으로 생산·판매되는 지그헤드는 없으므로 섬세한 채비 운용을 요구하는 상황에서는 볼락용 지그헤드나 무지개송어용 마이크로 지그헤드를 사용하기도 한다. 범용 지그헤드에 비해 가격이 비싼 단점이 있지만 헤드의 형태와 무게, 바늘의 굵기와 크기에 대한 선택의 폭이 넓다. 이러한 지그헤드는 무게가 약 0.4g~1.2g, 바늘 크기는 #6~#10 정도이다(루어낚시용 바늘은 수치가 커질수록 바늘 크기가 작아진다). 꺽지낚시에 #4 바늘은 너무 커 밑걸림이 잦고, 대상어에게 치명적인 상처를 주는 경우가 있기에 가급적 #6 이하의 바늘을 사용하는 것이 좋다.

바늘은 크기뿐만 아니라 굵기가 얇고 끝이 날카로운 제품일수록 훅셋이 잘 이루어지는데, 꺽지낚시는 바위와 자갈이 많은 바닥 지형에서의 낚시이기 때문에 밑걸림이나 마찰 등으로 인해 바늘 끝이 둔해지거나 꺾이는 경우가 종종 발생한다. 이런 경우는 주변의 호박돌에 살짝 갈아서 다시 예리하게 정비한 후 사용하는 것이 좋다. 또한 랜딩 이후 대상어에게 상처를 적게 주고 바늘 제거를 손쉽게 하기 위해 지그헤드 바늘의 미늘을 제거해 사용하기도 한다.

▼자작 프롭베이트(Prop-bait)에 걸려 나온 꺽지. 완제품 루어를 사용하는 것도 좋지만 자신의 아이디어를 가미한 핸드 메이드 루어에 대상어가 걸려들었을 땐 그 쾌감이 절로 배가된다.

낚시터 현장에서 지그헤드를 선택할 때는 수심과 유속, 대상어의 활성도와 비거리를 고려해야 한다. 보통 수심 0.5m 전후에서는 1/32온스(약 0.9g), 1.5m 전후에서는 1/24온스, 2m 이상 깊은 곳에선 1/16온스(약 1.8g)를 선택하되, 유속을 포함한 물흐름에 따른 루어 운용의 방향과 대상어의 활성도도 염두에 두어야 한다.

지그헤드를 사용하다 보면 잦은 밑걸림을 겪게 되는데, 밑걸림이 잦다면 가벼운 지그헤드로 채비를 교체하거나 로드를 높게 세워 운용하면 된다. 아니면 시인성이 좋은 웜으로 교체해 장애물을 피해가는 방식을 취해도 된다.

일단 밑걸림이 발생했을 땐 낚싯대 끝을 여러 번 살짝 쳐주거나 낚싯줄을 튕겨주는 방법 등으로 밑걸림에서 탈출할 수도 있지만, 꺽지낚시는 돌이 많은 계류의 바닥층을 노려야 하는 만큼 밑걸림 자체를 무조건 피하려다간 조과를 기대하기 어렵다는 점 염두에 두어야 한다.

▶웜(Worm) – 모양, 색상 다양하게 준비해야

꺽지낚시에서의 웜 루어는 연질의 합성수지(PVC, 실리콘 등)로 물고기나 수서곤충류 등을 형상화한 것으로, 이에 지그헤드나 바늘을 결합해 채비를 완성시킨다. 수중에서의 리트리브(Retrieve), 폴링(Falling) 등의 움직임에 의해 웜의 꼬리 부분이 액션을 연출하게 되는데, 대상어가 이를 먹잇감이나 침략자 또는 경쟁자로 인식해 루어를 공격하게 된다. 주로 1~2인치 웜을 사용하되 길이는 물론 부피와 무게, 꼬리의 모양과 전체 색상 등 다양한 종류를 여러 가지 형태로 연출할 수 있어 웜이야말로 꺽지낚시를 하는 데 있어 가장 사용 빈도가 높은 루어로 꼽힌다.

낚시인이 웜의 위치를 잘 파악할 수 있는 색상으로는 하양·분홍·주황색을 꼽을 수 있고, 포인트 바닥 색깔과 잘 어울리며 먹잇감과 비슷한 색을 띠는 것으로는 내츄럴한 녹색, 모터오일, 갈색, 검은색 계열이 꼽힌다. 대상어의 시각을 자극하는 데 뛰어난 색상으로는 형광·빨강·금색 등이 꼽히지만 각각의 색상에 따라 다양한 종류의 펄(반짝이)이 섞이기도 한다.

시인성이 좋은 색깔의 웜들은 은신처 입구를 조심스럽게 탐색하여 대상어를 유인해 낼 수 있는 장점이 있고, 내츄럴한 색상의 웜들은 상황에 따라 특정 색상이 특효약 노릇을 하는 경우가 있다. 하지만 일반적인 상황에서 웜의 색상에 따른 조과 차이는 그다지 크게 나타나지 않는다. 그럼에도 불구하고 꺽지낚시에서는 다양한 색상의 웜을 준비해 여러 상황에 대비하는 것이 바람직하다. 특정한 색상의 웜에만 반응을 하는 경우를 예측하고 그 시도가 적

- ●표준명 : 꺽지
- ●속 명 : 꺽정이, 뚝지, 꺽떠구
- ●학 명 : *Coreoperca herzi*
- ●영 명 : 코리안 퍼치 (Korean aucha perch)
- ●일 명 : 고라이 오야니라미 (コウライオヤニラミ)

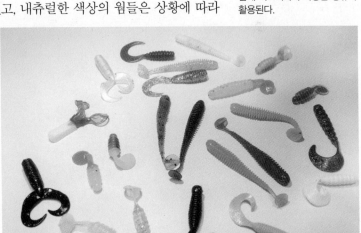

▼지그헤드에 결합해 사용하게 되는 각종 웜(Worm). 꺽지낚시엔 그럽(Grub)과 새드테일(Shad tail) 형태가 많이 사용되지만 스트레이트 테일의 볼락 웜에 이르기까지 다양한 종류가 활용된다.

중하였을 때는 말로 표현하기 힘든 큰 기쁨을 느끼게 된다.

웜의 모양도 중요하다. 그럽(Grub) 또는 새드테일(Shad tail) 형태의 웜이 사용 빈도가 높지만 수서곤충·올챙이·지렁이 심지어 스트레이트 테일의 볼락웜 등 갖가지 형태가 사용되는데, 어떤 종류의 웜을 선택하든 무엇보다 액션이 잘 나올 수 있는 부드럽고 말랑말랑한 재질을 선택하는 것이 우선이다. 상대적으로 재질이 딱딱한 제품일수록 미세한 작동에서 액션이 제대로 연출되지 않아 대상어의 입질을 유도하지 못하는 경우가 있으므로 웜의 부드러운 정도는 제품 구입 시 반드시 고려해야 할 부분이다.

웜의 형태는 액션에 상당한 영향을 미치지만, 캐스팅 시 비거리와 정투성을 결정짓는 변수가 되기도 한다. 꼬리의 형태가 얇고 넓은 웜일수록 목표 지점으로 비행하는 과정에서 공기의 저항으로 정확히 안착하지 못하는 경우가 종종 생긴다. 새드테일 형태의 웜은 상대적으로 공기 저항을 적게 받아 정투성과 비거리가 좋은 편이다. 하지만 그럽 형태의 웜이라고 해서 정투가 아주 불가능한 것은 아니다. 훌륭한 액션을 연출하는 장점을 지닌 제품들이 다양하게 판매되므로 여러 가지 웜을 준비해 각각의 액션을 연출해 보는 등 경험을 풍부히 쌓는 것이 중요하다. 또한 웜은 형태와 크기, 비중에 따라 수면에서 바닥으로 폴링 되는 속도와 액션이 각각 다르기에 대상어의 활성도와 필드 환경에 맞게 적용할 필요가 있다.

일반적인 상황에서 꺽지들은 은신처에서 바깥을 살피며 먹잇감을 찾

▼물이 맑기로 유명한 울진 왕피천 중류권 포인트. 늦봄~초여름 시즌에 찾으면 크고 작은 꺽지들이 반긴다.

기 때문에 웜을 사용할 때는 꺽지의 은신처에 최대한 가깝게 폴링을 시키
거나 입구를 스쳐 지나가게 하는 것이 중요하다. 하지만 때로는 멈춰 기다
려 주는 액션도 필요하다. 꺽지의 활성도가 좋을 때는 활동 반경이 넓어
져 은신처에서 멀리까지 쫓아 나와 웜을 공격하기 때문에 단순한 스위밍
(Swimming)과 짧은 호핑(Hopping)만으로도 입질을 받을 수 있다. 그렇지
만 일단 웜을 사용할 때는 무엇보다 꺽지의 은신처 입구 방향과 꺽지의 시
선을 염두에 둔 운용이 우선되어야 한다.

꺽지

● 표준명 : 꺽지
● 속 명 : 꺽정이, 뚝지, 꺽떠구
● 학 명 : *Coreoperca herzi*
● 영 명 : 코리안 퍼치
　　　　　(Korean aucha perch)
● 일 명 : 고라이 오야니라미
　　　　　(コウライオヤニラミ)

▶미노우(Minnow) 및 기타 루어들

소형 미노우는 웜과 스피너의 사용 빈도가 높은 꺽지낚시에 있어 또 다
른 재미를 경험할 수 있는 좋은 아이템이다. 미노우는 꺽지의 활성도가 좋
을 때는 씨알 선별력이 뛰어나다는 것이 장점인데, 상대적으로 활성도가 낮
을 때는 조과가 좋지 못하다는 단점이 따른다.

꺽지낚시에 주효한 미노우는 20~50mm 크기에 3.5g 이하의 무게가
기본이다. 어쩌다 쏘가리낚시를 하는 도중의 70mm 이상짜리 미노우에
도 대형 꺽지들이 훅셋되기도 하지만, 꺽지를 주대상어로 하는 상황에서
는 작은 미노우일수록 조과가 좋다. 물에 뜨는 플로팅(Floating), 가라앉
는 싱킹(Sinking), 물과 비중이 같아 수중에서 정지 상태로 있는 서스펜딩
(Suspending) 타입 등 여러 가지 잠행 형태를 취하는 미노우 종류 모두가
사용 가능하며, 잠행 깊이 1m 이내의 것들을 수심을 고려하여 사용하는 것
이 좋다. 쏘가리용 소형 미노우나 계류에서의 무지개송어 및 산천어낚시에
사용되는 미노우, 볼락낚시용 미노우 등을 주로 이용한다.

또한 마이크로스푼 및 지그스피너, 프롭베이트(Prop-bait), 플라이훅 등
모든 종류의 루어가 사용되는데, 이런 미노우를 포함한 기타 루어들은 웜과
스피너에 비해서는 조과가 떨어지는 것이 사실이다. 여러 가지 루어로 꺽지
를 낚아내는 재미의 측면에서 고려해 볼만하다는 뜻이다.

■꺽지낚시 포인트

서두에 언급한 바와 같이 꺽지는 우리나라 대부분의 하천 중 · 상류 지역
에 폭넓게 서식한다. 그러나 꺽지낚시 포인트들이 각종 개발 사업으로 인해

일부 손상되거나 많이 사라진 것도 사실이다. 하지만 하천 상류권이 산간 지역이거나 개발의 손길이 덜 미친 농경 지대라면 자연그대로의 포인트들이 잘 보존돼 있기 마련이다.

●물막이 보(洑) : 농수용 물막이 보 아래는 그냥 지나칠 수 없는 좋은 포인트이다. 보 아래엔 대부분 소(沼)가 형성되고 그 바닥에는 꺽지들이 은신할 수 있는 큰 돌들이 잠겨 있다. 또한 보 위에서 떨어지는 물로 인해 용존산소가 풍부하며, 상류로 오르려는 물고기들이 본능적으로 모여드는 곳이어서 이들을 노리는 포식자인 꺽지의 개체수도 많다. 만들어진 지 오래 된 보의 아래쪽에는 시멘트와 하천 바닥 사이로 커다란 틈새가 형성돼 대형 꺽지들이 천렵객들의 위협을 피해 은신하고 있을 가능성이 많은 곳이다.

이런 보 주변에서 낚시를 할 때는 하류 쪽에서 물이 떨어지는 쪽으로 캐스팅을 하거나, 때로는 보 옆에서 보 아래쪽 틈 바로 앞으로 루어를 운용하는 방식에 조과가 좋다.

●물굽이 바위 수몰지대 : 우리나라 하천 대부분의 중상류 지대는 물줄기가 구불구불 굽어 흐르는 사행천(蛇行川)이고, 물이 굽어 흐르는 사행천의 물굽이 지대는 수몰된 바위가 많다. 반대편에서 큰 바위의 앞쪽을 공략하는 방법이 주효하나 대부분 여울이 형성되어 채비 운용이 만만치 않은 곳이기도 하다. 주로 중간 크기 이상의 꺽지들이 사는 좋은 대물 포인트이다.

●여울 아래쪽 바위 수몰지대 : 꺽지낚시를 하기에 가장 일반적인 포인트이

▼폭이 좁은 계류에서는 물가에 바짝 다가서지 말고 3~5m 정도 떨어져 캐스팅을 하고, 대상어에게 자신의 존재가 노출되지 않도록 자세도 낮출 필요가 있다.

며, 꺽지들의 개체수가 가장 많은 곳이기도 하다. 물살에 떠내려 온 좋은 돌들이 물가와 물곬에 골고루 잠겨 있고, 적당한 물흐름이 있어 꺽지들의 좋은 산란장 역할도 한다. 물 건너편 쪽, 큰 돌 밑 틈새에는 대형 꺽지들이 은신하고 있을 확률이 높고, 간혹 하천 한가운데에 자리한 독립된 큰 돌 아래의 시야가 트인 곳도 대형 꺽지들의 은신처로 꼽을 만하다.

●큰 바위가 잠겨 있는 여울지대 : 겉으로 보기에는 물살이 매우 빠른 것처럼 보이지만 복잡하게 형성된 바위들로 인해 물속의 흐름은 생각보다 느리거나 와류가 생기는 곳들이 있다. 이 같은 지형의 크고 작은 물속의 많은 바위 틈새는 꺽지들에게 좋은 은신처가 된다. 여울을 오르는 작은 물고기들이 물살을 피해 바위 뒤편에서 쉬는 경우들이 있는데, 이런 곳에 적당한 틈새가 있다면 그곳은 반드시 꺽지가 은신해 있다고 보면 된다. 그러나 빠른 물살과 복잡한 물흐름으로 인해 채비를 포인트에 안착시키기 매우 힘들기도 하다. 물살과 루어의 폴링 속도를 감안하여 루어를 적정 지점에 잘 착수시켜야 하며, 물살에 낚싯줄이 휘어지는 현상에도 주의를 기울여야 한다.

●표준명 : 꺽지
●속　명 : 꺽정이, 뚝지, 꺽떠구
●학　명 : *Coreoperca herzi*
●영　명 : 코리안 퍼치
　　　　　(Korean aucha perch)
●일　명 : 고라이 오야니라미
　　　　　(コウライオヤニラミ)

■꺽지 루어낚시 이렇게!

꺽지낚시는 좁은 계류에서 주로 이루어진다. 맑은 물속의 계류어는 바깥 상황의 변화에 매우 민감하다. 따라서 낚시인은 있는 듯 없는 듯 낚시를 해야 하며, 필드에 영향을 주는 행동을 극도로 자제해야 한다.

대부분 은신처에 숨어있는 개체들을 상대하는 만큼 루어 역시 그 은신처에 최대한 근접시킬 수 있는 캐스팅 실력이 요구된다. 또한 각 포인트마다의 공략 지점과 이동 방향을 꾸준히 계획해야 하며, 다양한 루어를 필드의 상황에 맞게 조합·운용할 수 있는 지식과 경험이 필요하다.

▶포인트 접근 – 작은 소음도 꺽지에게는 천둥소리

꺽지낚시를 하다보면 간혹 높은 바위 위에 올라서 목적한 지점 없이 캐스팅과 리트리브를 무한 반복하는 낚시인을 볼 수 있다. 또는 시끄럽게 소리를 지르거나 물속에 첨벙첨벙 소리를 내며 이동하는 경우도 목격한다. 계류에 들어설 때는 반드시 정숙해야 하며, 대상어에 영향을 줄 수 있는 행동들은 가급적 자제해야 한다. 포인트에 들어서기 직전에는 물속 지형과 물의 흐름, 그리고 꺽지들의 은신처로 예측되는 곳들을 잘 살핀 후 어느 지점에 어떤 순서로 캐스팅을 할지 잠시 계획을 하고 조용히 낚시를 이어가는 것이 원칙이다. 이는 곧 조과와 직결되는 요소이기 때문이다. 특히 대형 꺽지의 경우 특별한 경우가 아니고서는 주변의 자그마한 변화에도 입을 닫는다. 사람에게는 하찮은 소음일지라도 물속에 웅크리고 있는 예민한 꺽지에게는 천둥처럼 무섭게 전달될 수 있는 것이다.

▶이동 및 탐색 방향 – 상향탐색(Upstream)과 하향탐색(Downstream)

꺽지낚시의 대부분은 이동과 탐색으로 이루어진다. 한 곳에서 오래도록 낚시를 할 수 있는 포인트도 있지만, 장소를 이동해 가며 새로운 상황들과 맞닥뜨리는 낚시의 재미가 더욱 크기 때문이다. 좁은 계류일수록 돌을 밟는 소리 하나하나에 신경 쓰며 이동을 하고, 동행자가 있을 시에는 방해가 되지 않도록 멀리 돌아 이동하는 것은 물론, 동행자의 의지가 미치지 않는 곳으로 가서 낚시를 해야 한다.

포인트의 특성에 따라 탐색을 진행해 나가는 방향을 결정하는 것이 무엇보다 중요하다. 우선 폭이 좁은 산간 계류에서는 상류로 올라가며 탐색하는 이른바 '상향탐색'(Upstream)이 유리하다. 상류 쪽에서 떠내려 오는 힘없는 물고기나 수서곤충, 날벌레 등을 대상으로 먹이활동을 하는 꺽지의 시선을 의식해야 하기 때문이다. 그러지 않고 상류 방향에서 하류 쪽으로 이동하며 탐색을 하게 되면 자신을 대상어에게 노출시키게 됨은 물론, 특히 수중으로 이동할 경우는 돌 밑의 낙엽 등 부유물들이 떠내려가 하류 쪽의 꺽지들이 상황 변화를 단번에 눈치 채고 만다.

넓은 평지형 하천 계류에서는 포인트 주변의 물흐름과 바위들의 배치에 따라 '하향탐색'(Downstream)을 하거나 '상향탐색'(Upstream)을 할 수도 있다. 물흐름이 좋은 여울지대에서 물 건너편이 아닌 앞쪽 바위지대를 탐색할 때는 하향탐색이 유리하고, 물흐름이 약한 곳에선 상향탐색이 유리할 수도 있다. 또한 자신의 바로 앞쪽 포인트를 공략할 때는 태양의 위치를 고려해 자신의 그림자가 대상어에 영향을 미치지 않게끔 이동방향을 설정해야 한다.

그러나 이 같은 기준은 주변 여건이 맞을 경우이고, 포인트의 특성상 주차 등 여러 가지 접근상의 문제점이 따를 수도 있으므로 일단 안전을 우선

한 여러 상황들을 종합해 당일 낚시의 이동 방향을 결정할 필요도 있다.

▶**캐스팅 포지션의 설정 – 머릿속에 동선(動線) 그리며**

포인트에 접근했을 때는 대상어의 은신처가 될 만한 곳들을 효과적으로 공략할 수 있는 가장 좋은 위치를 선정해야 한다. 캐스팅 포지션 선정 시 고려해야 할 사항은 대상어가 은신하고 있음직한 위치 및 출입구 방향, 물흐름 정도, 바람의 방향, 주변 은신처들의 배치 상태와 함께 최종 랜딩 과정에서의 장애물 유무도 확인해야 한다. 자칫 방심과 실수로 캐스팅 포지션을 잘못 설정하게 되면 대형 꺽지를 훅셋 하고도 마지막 랜딩에 실패하는 결과로 이어지기도 하며, 충분히 마릿수 손맛을 볼 수 있는 곳인데도 주변 꺽지들의 경계심을 유발시켜 낱마리 조과로 끝나는 경우도 허다하다.

좋은 포인트에서 마릿수 손맛을 보기 위해서는 여러 은신처들을 동시에 공략할 수 있는 지점에 자리해 가까운 곳부터 조용히 순서대로 공략하는 방법을 취해야 한다. 그러나 자신을 쉽게 노출시켜 역효과를 초래하는 경우도 생각해야 한다. 꺽지들이 은신할 만한 바위가 많은 경우는 무리한 욕심을 버리고 포지션 선정에 앞서 미리 동선을 설계할 필요가 있는데, 가급적 1:1 포지셔닝으로 다른 은신처의 꺽지를 자극하지 않는 것이 좋다.

좁은 계류에서는 물가에 바짝 다가서기 보다는 3~5m 정도 떨어져 캐스팅을 하고, 물가에 다가섰을 때에는 먼 곳에 위치한 지점으로 탐색 영역을 넓혀 나가는 것이 중요하다.

●표준명 : 꺽지
●속　명 : 꺽정이, 뚝지, 꺽떠구
●학　명 : *Coreoperca herzi*
●영　명 : 코리안 퍼치
　　　　　(Korean aucha perch)
●일　명 : 고라이 오야니라미
　　　　　(コウライオヤニラミ)

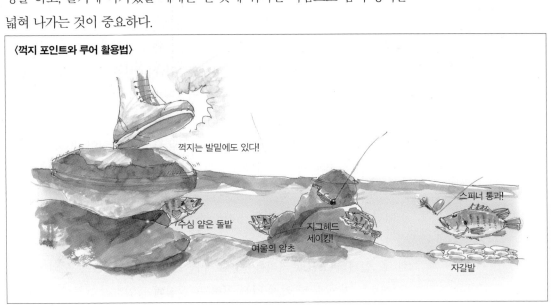

〈꺽지 포인트와 루어 활용법〉

꺽지는 발밑에도 있다!

스피너 통과!

수심 얕은 돌밭

여울의 암초

지그헤드 세이킹!

자갈밭

▶캐스팅 및 정투 – 수면 착수음, 파장 크지 않게

꺽지는 대부분 은신처에 몸을 숨기고 있으므로 루어를 최대한 그 은신처 가까이 착수시켜야 한다. 그러기 위해 캐스팅은 로드의 탄성을 이용해 손목으로 가볍고 간결하게 이뤄져야 한다. 구체적으로 검지의 1cm 이내에 라인을 살짝 걸고서 검지에 로드의 탄성과 루어의 무게감을 느끼면서 튕기듯 던져야 하며, 팔과 어깨의 움직임 또한 최소화해 힘을 빼고 던져야 한다.

루어가 로드를 떠나 수면에 떨어질 때도 착수음과 물 파장이 적도록 노력해야 한다. 착수음이 크거나 물 파장이 심할 경우 대상어의 경계심을 자극해 활성도를 떨어뜨리는 결과를 초래하기 때문이다. 또한 로드를 심하게 휘둘러 소음을 크게 일으키는 행동도 바람직하지 않다.

꺽지낚시에 있어 루어의 비행 각도는 캐스팅 방법과 공략 지점, 포인트 여건에 따라 다르지만 머리 위로 던지는 오버헤드 캐스팅(Overhead casting)의 경우 약 30도 정도의 궤적으로 출발시키는 것이 일반적이다.

목표 지점에 정투를 하기 위해서는 오버헤드 캐스팅이 가장 적절하지만, 바람이 많이 부는 경우나 수풀이 우거지고 장애물이 많은 지형에서는 사이드 캐스팅(Side casting)이나 언더 캐스팅(Under casting)도 요구되는 등 꺽지낚시에 사용되는 캐스팅의 종류는 매우 다양하다. 오버헤드 캐스팅을 할지라도 머리 위를 기준으로 여러 각도에서 캐스팅할 수 있는 기술을 연마하면 조과에 많은 도움이 될 뿐만 아니라 묘미 그 자체만으로도 낚시의 즐거움이 배가된다. 또한 꺽지 루어낚시를 위해선 피칭(Pitching)과 스키핑(Skipping) 기법도 익히는 것이 좋다. 5m 전후의 근거리를 정밀하게 공략할 때 피칭(대낚시에서의 앞치기 형태) 기법을 구사하면 루어의 착수음을 줄이고 정투성을 높일 수 있는데, 공략 지점에 따라선 스키핑(물수제비뜨기 기법)을 구사할 수도 있다. 정투를 위해서는 방향과 비거리의 조절이 중요한데 루어의 무게에 따라 힘을 분산하는 연습을 많이 하여야 한다.

이동 탐색 중에 대형 꺽지가 있을만한 좋은 포인트를 만나게 되면 단 한번의 캐스팅으로 승부를 걸어야 하는 경우도 생긴다. 캐스팅 여건이 좋은 곳이면 평소의 솜씨대로 정투가 가능하겠지만 그렇지 못할 여건도 있다. 이럴 땐 목적한 지점의 대상어에게 경계심을 주지 않을 별도의 방향을 설정한 후, 실제의 포인트 거리를 눈으로 가늠해 임의의 지점으로 모의 캐스팅을 해보는 것이다. 몇 차례 감을 익힌 후 실전에 돌입하면 정투의 성공률을

한층 높일 수 있는데, 이런 시도는 대형 꺽지를 단 한 번의 캐스팅으로 훅셋 시키는 치밀한 전략 중의 하나다.

끝으로 바람은 정투에 있어서 분명한 장애 요소이지만 방향과 강도에 따라 도움이 될 수도 있다. 적당한 바람은 방향에 따라 루어의 비거리를 늘려 주기도 하고, 평소 공략하기 어려운 바위 뒤편의 좋은 은신처에 루어가 지날 수 있도록 낚싯줄을 늘어뜨려 주기도 하므로 평소 바람을 잘 활용하는 캐스팅 연습도 필요하다.

▶**루어의 액션과 운용 – 호기심 자극, 공격 유발**

꺽지낚시에는 스위밍(Swimming)·폴링(Falling)·세이킹(Shaking)·호핑(Hopping)·스테이 등 다양한 액션이 구사된다. 이들 액션은 한 동작으로 운영되기보다는 복합적으로 동시에 이루어지는 경우가 대부분이다. 단순한 스위밍은 폴링과 세이킹으로 연결되는가 하면, 바닥에 가라앉혀 잠시 기다리기도 하고, 호핑 이후 다시 폴링 형태를 취하는 등 모든 액션은 서로 연관성을 갖고 서로의 단점들을 보완하며 대상어를 자극하게 된다.

●표준명 : 꺽지
●속　명 : 꺽정이, 뚝지, 꺽떠구
●학　명 : *Coreoperca herzi*
●영　명 : 코리안 퍼치
　　　　　(Korean aucha perch)
●일　명 : 고라이 오야니라미
　　　　　(コウライオヤニラミ)

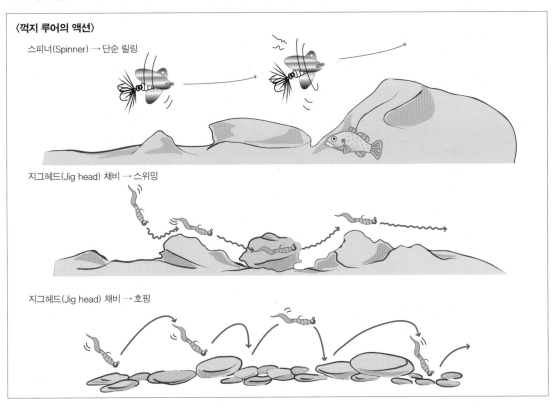

〈꺽지 루어의 액션〉

스피너(Spinner) → 단순 릴링

지그헤드(Jig head) 채비 → 스위밍

지그헤드(Jig head) 채비 → 호핑

꺽지낚시에 있어 폴링은 대상어가 가장 먼저 접하게 되는 액션이다. 은신처에 숨어서 바깥 동향을 살피던 대상어가 눈앞에 떨어져 내리는 루어를 발견하게 되면 일단 호기심이 일기 마련이다. 그 호기심을 공격성으로 이어지게 하려면 폴링의 속도를 조절할 필요가 있다. 대상어의 활성도가 낮거나 밑걸림이 심한 곳에서는 매우 느린 속도로 가라앉게 하고, 수심 깊은 소(沼)의 바닥층을 노릴 경우는 빠르게 가라앉히는 것이 좋다.

이 같은 폴링 속도는 루어의 무게에 의해 좌우되지만, 같은 무게라 할지라도 그 형태와 부피, 로드의 움직임으로 일정 부분 속도 조절을 할 수 있다. 새드테일 웜은 폴링 속도가 느리고 그럽 웜은 상대적으로 빠른 편인데, 꼬리가 작을수록 더 빨리 가라앉는 점을 염두에 두고서 포인트의 특성과 대상어의 활성도를 종합적으로 분석해 채비를 조합하여야 한다.

어떤 웜은 별다른 액션 없이 가라앉기도 하는데, 이런 웜으로는 좋은 조황을 기대하기 어렵다. 품질이 좋은 인블레이드 스피너는 블레이드가 빙글빙글 돌며 천천히 가라앉는데, 오히려 이런 스피너의 액션은 대물 꺽지에 치명적일 때가 많다.

수심이 깊은 소에서는 호기심만 보일 뿐 입질로 이어지지 않는 경우들이 있다. 그러다 간혹 강한 연속 호핑 이후에 가하는 폴링 액션에 반응이 오기도 한다. 감질나게 입질이 약한 상황이 지속되면 루어를 바닥에 가라앉혀 미세한 세이킹(떨림) 액션을 주거나 때로는 아무 액션도 주지 않고 잠시 기다리다 보면 꺽지들이 호기심에 다가와 루어를 물어 채가는 경우도 있다. 그러나 이런 여러 가지 상황과 액션 기법 중에서 꺽지낚시에 있어 가장 기본이 되는 액션은 정투에 의한 '폴링'이라는 점을 잊지 말아야 한다.

▶훅셋(Hook-set) 및 랜딩(Landing) – 과도한 액션 지양

대상어의 활성도가 좋은 상황에서는 스스로 훅셋이 되는 경우가 많지만 활성도가 약한 상황의 꺽지는 루어를 입에 물었다가 뱉어 내기도 하고, 살짝 문 상태에서 별다른 행동을 취하지 않거나 웜의 꼬리 부분을 입으로 톡톡 쪼기도 한다. 때로는 루어와 일정 거리를 유지한 채 낚시인의 발밑까지 좇아 왔다가 새침떼기마냥 돌아서는 행동을 취하기도 한다. 이럴 땐 미세한 움직임으로도 액션이 잘 연출되는 웜을 사용해 볼만하다.

입질이 왔을 때는 빠른 동작으로 로드를 손목으로 쳐 올리는 정도의 훅셋 과정도 필요하다. 이때 바늘 끝이 날카롭고 굵기 또한 얇을수록 훅셋의 성공률이 높아진다. 그러나 꺽지는 대부분 제물걸림이 되므로 손목으로 살짝 쳐 주는 정도로도 충분하다.

　훅셋이 된 대상어를 랜딩하는 과정은 주변 다른 꺽지들의 경계심을 유발하는 계기가 될 수 있다는 점을 염두에 두어야 한다. 가급적 간결하며 빠르고 안전하게 랜딩을 해야 되는데, 조과에 연연하지 않는다면 천천히 꺽지의 앙탈을 느끼며 랜딩하는 방법 또한 나쁘지 않다. 대형급이 걸려들었을 경우 장애물에 처박히는 상황을 대비해 사전 포지션 선택을 잘해 두어야 한다.

　랜딩된 꺽지는 엄지손가락을 입안으로 살짝 밀어 넣고서 검지의 첫째나 둘째 마디로 아래턱을 받쳐 잡되, 너무 무리한 힘을 가하여 턱뼈에 데미지를 주지 않아야 한다. 살짝만 잡아도 제압은 충분하다.

- ●표준명 : 꺽지
- ●속　명 : 꺽정이, 뚝지, 꺽떠구
- ●학　명 : *Coreoperca herzi*
- ●영　명 : 코리안 퍼치
　　　　　(Korean aucha perch)
- ●일　명 : 고라이 오야니라미
　　　　　(コウライオヤニラミ)

■유망 꺽지 낚시터

　꺽지 낚시터는 하천의 상류가 산간 지역과 연결되는 대부분의 하천 중상류 지역에 넓게 형성됨으로써 널리 알려지지 않은 좋은 포인트들이 전국에 산재해 있다. 다음에 소개하는 낚시터를 기준으로 크고 작은 주변 여러 하천들을 연계하다 보면 자신만의 포인트를 개발해 나갈 수 있을 것이다.

　포인트를 탐색하다 보면 최상류의 산간 계곡이 국립공원에 포함되거나,

▼꺽지는 체구가 작은 만큼 서둘러 끌어내기보다는 천천히 손맛을 즐기는 게 좋다. 그러나 대형급일 경우 장애물에 처박힐 수 있으므로 사전 포지션 선택을 잘해 두어야 한다.

상수원 보호구역에 해당되는 등 자연보호와 수질보존, 안전 등의 이유로 낚시가 금지되는 구간이 있으니 사전에 잘 확인하여 출조해야 한다. 낚시금지구역의 의무를 지키는 것은 낚시인이 반드시 갖춰야 할 덕목이다.

● 한탄강 : 한탄강 전역에는 많은 꺽지들이 서식한다. 그리고 한탄강 줄기의 지류권 하천에도 개체수가 많다. 한탄강 본류권에서는 동송읍 직탕폭포 일대에서 씨알 좋은 꺽지들이 낚이며, 김화읍 수역에는 잘 알려지지 않은 일급 포인트들이 산재한다.

● 홍천강 : 홍천강 상류인 주음치리와 성산리, 중류권인 도사곡리와 굴지리 등이 대표적인 포인트이다. 홍천강으로 합류되는 많은 지류권 소하천에도 꺽지의 개체수가 많다. 굴지리 인근은 강원도 지역에서는 비교적 꺽지 시즌이 일찍 시작되는 곳이기도 하다.

● 내린천 : 꺽지의 개체수는 과거에 비해 많이 줄었으나 낚이는 씨알이 굵고 주변 풍광이 뛰어나다는 것이 또 다른 선물이다. 상류 수원지의 고도가 높아 수온이 늦게 올라 시즌이 늦게 시작되는 점 참고해야 한다. 하류권인 피아시계곡과 중류권의 현리에서 미산계곡으로 좋은 포인트들이 이어진다.

● 영강 : 문경군을 가로질러 흐르는 영강은 과거 수많은 대물을 배출했던 꺽지낚시의 본고장으로 현재까지도 좋은 조황을 유지하고 있다. 진남교 일대와 구랑리, 마성면소재지 위쪽의 조령천 전역도 좋은 조과가 이어지고 있는 곳이다.

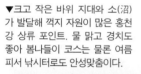

▼크고 작은 바위 지대와 소(沼)가 발달해 꺽지 자원이 많은 홍천강 상류 포인트. 물 맑고 경치도 좋아 봄나들이 코스는 물론 여름 피서 낚시터로도 안성맞춤이다.

●금강 : 무주군 무주읍에서 설천면으로 좋은 포인트가 이어지고, 무주 방우리와 용담호 상류권인 가막리·성산리 일대, 그리고 용담호로 유입되는 지류들에도 꺽지의 개체수가 많다.

●섬진강 : 상류권인 임실군 강진면과 덕치면 전역이 좋은 포인트이고 낚이는 씨알도 크다. 순창군 적성면 일대도 마릿수 조과가 가능한 곳이며, 압록 유원지에서 합류되는 보성강은 전역이 씨알 좋고 개체수 많은 낚시터이다.

●경호강 : 경호강은 지리산을 수원지로 하여 수량이 늘 풍부하고 수질 또한 좋다. 산청군 생초면 일대의 본류권도 좋은 포인트이고, 마천면으로 이어지는 엄천강, 지리산 동남쪽으로 흐르는 덕천강 모두 꺽지들의 개체수가 많고 씨알도 좋은 곳이다.

●기타 지역 : 경기도 가평의 가평천과 조정천, 강원도 횡성의 섬강과 그 지류권, 영월의 서강과 옥동천, 경북 청송·영양의 반변천과 길안천, 울진 왕피천, 경남 밀양강의 본류와 그 지류권, 경남서부 지역인 합천·거창 일대의 황강 본류 및 지류권도 꺽지들이 많이 서식하는 훌륭한 낚시터이다.

꺽지

●표준명 : 꺽지
●속　명 : 꺽정이, 뚝지, 꺽떠구
●학　명 : *Coreoperca herzi*
●영　명 : 코리안 퍼치
　　　　 (Korean aucha perch)
●일　명 : 고라이 오야니라미
　　　　 (コウライオヤニラミ)

꺽지낚시의 'CPR' 운동

　서두에서 언급한 바와 같이 꺽지는 보호 가치가 높은 우리나라 고유종이다. 게다가 회유성이 적어 멀리 이동하지 않는 데다 공격성이 매우 높아 누구든지 쉽게 잡을 수 있는 어종이다. 따라서 낚이는 대로 취한다면 꺽지의 개체수는 매우 급감할 것이며, 다른 어종과 달리 개체수가 복원되는 데도 매우 오랜 시간이 걸린다. '캐치&릴리즈'가 어떤 어종보다 절실한 이유다.

　릴리즈를 생각한다면 꿰미에 걸지 않는 것이 바람직하며, 바늘의 미늘을 눌러주어 대상어에게 가해지는 상처를 최소화하는 배려가 필요하다. 취하더라도 대형 꺽지와 1~2년생 어린 개체들은 방생하는 미덕이 필요하다. 대형 꺽지일수록 산란하는 알의 숫자가 많을 뿐더러 그 우성인자를 후손에 그대로 물려줄 것이다.

　최근에는 많은 꺽지낚시 동호인들이 CPR을 행하고 있는데, CPR의 의미는 꿰미에 꺽지를 거는 대신에 사진을 찍고 릴리즈를 한다는 "Catch, Photo, Release"의 약자이다. 카메라는 영원히 꺽지를 가둬둘 수 있는 최고의 꿰미라는 인식을 가져보자.

다시 자연의 품으로 돌아가는 꺽지

5월에 떠나요!

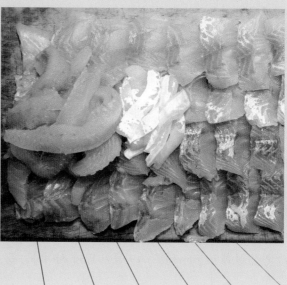

글 최석민, 사진 편집부 외

우럭낚시
광어도 곁들이고 노래미도 거두고

'서산 태안' 하면 마늘과 우럭으로 유명한 고장이다. 6월 보리누름이면 우럭이 연중 가장 많이 잡힐 때이고, 이 시기는 곧 마늘 수확기와도 일치한다. 이 무렵의 우럭을 미역과 함께 다진 마늘을 살짝 넣고 끓여 내는 지리(맑은탕)는 나른해진 심신을 추슬러 주고 성큼 다가오는 무더위와 맞설 활기를 북돋워 준다.

쓸개 빼고 다 먹을 수 있는 우럭은 이제 우리나라 전역에서 맛볼 수 있는 대표적인 먹거리이지만 아직은 서해안이 그 중심지이다. 우럭 선상 외줄낚시도 서해가 발원지이고, 루어낚시 또한 서해가 발원지이자 여전히 그 중심지 역할을 하는 추세다. 일단은 우럭 자원이 서해에 가장 많은 때문이기도

| 9 | 10 | 11 | 12 | 1 | 2 |

하고, 민물 중심의 수도권 루어낚시 동호인들이 바다 어종으로 가장 먼저 눈 돌린 것이 우럭이기 때문이다.

우럭 루어낚시의 시작은 쏘가리 금어기가 정착되면서부터이다. 5~6월 쏘가리낚시의 대체 어종으로 쏘가리낚시 동호인들에 의해 기법과 포인트 개발이 거의 그대로 접목된 것인데, 바닥층에 서식하는 우럭은 쏘가리만큼이나 습성이 비슷해 삽시간에 붐을 이루기 시작했다. 어언 90년대 초반의 일이다.

남해안 볼락과 함께 서해안 우럭 루어낚시는 접근성이 좋은 연안 방파제와 인근 갯바위에서 간편하게 즐길 수 있는 대중성으로 인해 '생활낚시'라는 새로운 장르의 신조어를 탄생시켰고, 더불어 노래미·광어·성대·양태 등으로 이어지는 록피싱(Rock fishing) 붐을 확산시키는 데도 견인차 역할을 하였다. 그러나 고급 횟감 이미지가 강한 광어의 인기에 밀려 우럭 루어낚시 붐이 예전 같지 않은 것도 사실이다. 광어 루어낚시를 하며 틈틈이 곁들이는 손님 고기로 여기는 경향이 있지만 광어낚시와 우럭낚시는 엄연히 차이점이 있어 주객(主客)을 분명 구분할 필요가 있다. 시도 여하에 따라 우럭낚시를 하며 광어·노래미도 곁들일 수 있기 때문이다. 어쩌면 후자의 시도가 더 효율적이고 경제적일지도 모른다.

●표준명 : 조피볼락 외
●속 명 : 우럭
●학 명 : *Sebastes schlegeli*
●영 명 : Black rockfish 외
●일 명 : クロソイ(구로소이) 외

▼낚싯배를 타지 않고 갯바위에서 즐기는 루어낚시에도 씨알 굵은 우럭이 낚인다. 서해남부 먼 바다 만재도 갯바위에서 지그헤드 채비로 40cm급 우럭을 올린 춘천 낚시인 정경훈 씨.

우럭 루어낚시는 방파제·갯바위 등지에서 걸어 다니며 즐기는 연안낚시 분야와 낚싯배를 타고 나가 한바다 위에서 즐기는 선상낚시로 나눌 수 있다. 씨알은 물론 마릿수 조과가 앞서는 쪽은 당연히 선상낚시다. 하지만 선호도가 높은 여러 대상어를 두고 우럭을 목적으로 하는 선상 루어낚시는 비경제적이기 마련이다. 쉬엄쉬엄 산책하듯 즐기는 연안낚시가 제격인데, 자동차로 곧장 찾는 육지 쪽도 좋지만 여객선을 타고 섬으로 들어가면 한층 씨알 굵고 마릿수 풍부한 조과를 누릴 수 있다.

▼조피볼락과 누루시볼락, 개볼락의 비교. 우리나라 볼락속(屬) 어류에는 볼락을 비롯한 도화볼락·불볼락(열기)·탁자볼락·황점볼락·세줄볼락·우럭볼락·조피볼락·누루시볼락·개볼락·황볼락 등이 있으며 이들 가운데 조피볼락·누루시볼락·개볼락 등이 낚시인들 사이에 우럭으로 불린다.

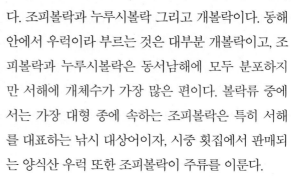

조피볼락

누루시볼락

개볼락

■생태와 습성, 서식 및 분포

우럭은 표준명이 아니다. 흔히 우럭이라 부르는 고기는 대략 세 종류이다. 조피볼락과 누루시볼락 그리고 개볼락이다. 동해안에서 우럭이라 부르는 것은 대부분 개볼락이고, 조피볼락과 누루시볼락은 동서남해에 모두 분포하지만 서해에 개체수가 가장 많은 편이다. 볼락류 중에서는 가장 대형 종에 속하는 조피볼락은 특히 서해를 대표하는 낚시 대상어이자, 시중 횟집에서 판매되는 양식산 우럭 또한 조피볼락이 주류를 이룬다.

우럭이란 이름으로 가장 널리 통용되는 조피볼락의 학명(學名)은 Sebastes schlegeli로, 속명(屬名)인 Sebastes는 '존경받는' '훌륭한'이란 뜻의 그리스어 'sebastos'에서 유래한 것이다. 우락부락 못생긴 생김새에도 불구하고 이러한 이름이 붙여진 것은 무엇보다 맛이 좋아 귀히 여긴 때문이 아닐까 생각된다. 영명은 물 밑 바위지대에서 보호색을 띠고 살아가므로 록피시(Rock fish)라 부른다.

조피볼락은 눈 뒤쪽에서 아가미뚜껑을 향한 3개의 굵은 검은 띠가 특징이며, 아가미 뚜껑의 앞 가장자리에는 볼락류의 공통 특징인 5개의 가시를 갖고 있다. 매우 강한 이 가시엔 독(毒)이 내포돼 손가락을 찔리면 매우 아프므로 조심스럽게 다뤄야 한다.

새끼를 낳는 난태생어(卵胎生魚), 대표적인 어식성(魚食性)

수심 10~100m 사이의 연안 암초밭에 주로 서식하며, 야간에는 분산하여 중층으로 떠오르기도 하지만 주간에는 떼를 지어 바닥 부근에 머문다. 암초가 험하고 가파른 벼랑과 골짜기가 많은 환경에서 생활하는 놈들일수록 대형급이 많다. 비교적 차가운 물을 좋아하므로 한류의 영향을 받는 곳에 많이 모여 산다. 우리나라 전 연안에서 조피볼락(이하 우럭이라 칭함)을 만날 수 있는데 역시 자원량에서는 서해안이 단연 으뜸이다.

우럭은 볼락과 마찬가지로 특이하게 새끼를 낳는 난태생어(卵胎生魚)로 수컷은 28cm(2년생), 암컷은 35cm(3년생) 정도 되면 번식 활동에 참여한다. 성어가 된 암수는 추운 겨울이 되면 짝짓기를 하는데 수컷이 항문 바로 뒤의 조그만 생식기를 사용하여 암컷의 생식공에 밀착, 정자를 암컷의 체내로 보낸다. 이 행위는 몇 초 간의 짧은 시간 내에 끝나며, 암컷의 몸속으로 들어간 정자는 난소 내에서 약 1개월 간 난소가 성숙될 때까지 기다렸다가 수정을 하게 된다.

전장 50cm 정도 되는 어미는 이듬해 봄에 약 40만 마리의 새끼를 낳는다. 마치 띠 모양의 새끼 덩어리가 생식공을 통해 줄지어 나오며, 갓 태어난 새들이 흩어져 중층·표층으로 떠올라 갈 수 있도록 어미는 가슴지느러미로 날갯짓을 해 준다.

체장 5~7mm 전후의 새끼들은 표층으로 떠올라 표층 생활을 하게 되는데, 어린 새끼는 해초가 많은 연안 표층을 헤엄쳐 다니면서 성장하다가 10cm 이상으로 자라면 점차 깊은 곳으로 이동해 간다.

우럭의 식성은 한 마디로 어식성(魚食性)이다. 위 내용물 조사 결과에 따르면 약 50%가 물고기이고 40%가 새우·게 등 갑각류, 나머지가 오징어·문어류라고 한다. 우럭이 루어 대상어로 적합한 것은 바로 이 같은 어식성 때문이다.

● 표준명 : 조피볼락 외
● 속 명 : 우럭
● 학 명 : *Sebastes schlegeli*
● 영 명 : Black rockfish 외
● 일 명 : クロソイ (구로소이) 외

■연안 우럭낚시 시즌 전개

낚시인들이 흔히 우럭이라 부르는 고기는 볼락류 가운데 조피볼락을 지칭하는 것으로, 이 조피볼락을 주종으로 하는 우럭 루어낚시는 서해가 본고장이다. 따라서 서해 기준의 연안 우럭낚시 시즌을 설명하는 것이 옳을 것 같다.

구분	1월	2월	3월	4월	5월	6월	7월	8월	9월	10월	11월	12월	비고
서해안													조피볼락
동해안													개볼락
남해안													

　　길게 보면 4월부터 11월까지다. 먼 바다 도서 지역일수록 시즌이 다소 빠르고 또 길게 이어지지만 육지 쪽 연안에서 보면 5월부터 본격 시즌을 열어 10월까지 피크 시즌을 이룬다. 5~6월 봄 시즌보다 9~10월 가을 시즌에 씨알이 굵고, 7~8월 혹서기에는 우럭이 깊은 곳으로 들어가 연안낚시 조과는 당분간 저조해진다.

●시즌 초반(3월 중순~4월 말) : 찬바람이 한결 잦아드는 3월 초·중순이면 매우 한정적이기는 해도 입질을 보이는 곳들이 있다. 서해 중남부 지역의 도서 지역이 그러하지만 육지 쪽에도 유독 빠른 입질을 보이는 곳이 있다. 10℃ 못 미치는 찬 수온에서도 루어에 반응하여 겨우내 손맛 굶주린 낚시인들을 반기는 곳은 보령의 천수만이다. 갯바위 주변도 좋지만 이곳은 대단위 우럭 양식장들이 밀집해 있어 양식장 주변에서 우럭이 곧잘 낚인다.

　　하지만 우럭의 움직임이 둔한 시기이므로 웜(Worm) 사이즈를 2인치 정도로 작게 사용하고 움직임 또한 30cm 이내의 적은 폭으로 최대한 느리게 운용해야 한다.

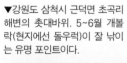

▼강원도 삼척시 근덕면 초곡리 해변의 촛대바위. 5~6월 개볼락(현지에선 돌우럭)이 잘 낚이는 유명 포인트이다.

●1차 피크 시즌(5~6월) : 서산 태안에 가면 이런 말이 있다. '봄 보리 벨 때 집 나간 순이가 우럭 통지리 먹고 싶어 고향에 돌아온다'고 한다. 5월과 6월은 우럭이 기름져 당연히 맛도 좋으니 이런 얘기가 생겨났을 것이다. 사실 그대로 5~6월은 우럭 입질이 연중 가장 왕성할 때다. 배를 잔뜩 불린 우럭이 연안 가까운 거리의 간출여 주변으로 몰려드는 시기이기도 하다.

●표준명 : 조피볼락 외
●속 명 : 우럭
●학 명 : *Sebastes schlegeli*
●영 명 : Black rockfish 외
●일 명 : クロソイ(구로소이) 외

먹성도 좋아 겁 없이 루어에 반응한다. 지그헤드 채비를 여 주변으로 통과만 시켜도 쫓아 나와 입질을 하는 시기이므로 부챗살 꼴 캐스팅으로 넓은 지역을 탐색하되 첫 입질을 받으면 그곳을 집중적으로 공략해야 한다. 광어와 달리 우럭은 무리지어 이동하는 성향이 강하다. 보통 만조 전후 2시간 정도에 입질이 집중된다. 물때는 살아나는 물때와 죽는 물때, 즉 3~5물때와 9~11물때가 좋다. 사리를 전후한 3일 가량은 뻘물의 영향을 많이 받는 연안 루어낚시엔 특히 불리한 조건이다.

●잠복기(7~8월) : 뙤약볕에 낚시인도 걸어 다니기 힘들지만 대상어도 고수온에 허덕이기 마련이다. 연안에서 수심 깊은 곳으로 일시 빠지는 시기이므로 우럭 구경이 어려워진다. 대부분 산란을 마친 이 무렵의 우럭은 수심 깊은 어초 주변에 은신하므로 선상낚시에 입질이 집중된다.

그렇다고 연안에서 아주 안 낚이는 건 아니다. 마릿수와 씨알은 떨어질지라도 밤낚시를 하면 된다. 밤낚시용 루어는 검정 색상이 효과적이며, 밤이 되면 우럭이 중층으로 떠오르는 경우가 많으므로 지그헤드의 무게를 낮낚시 때보다 가볍게 사용하는 것이 좋다. 낮낚시 때 사용하던 채비를 그대로 사용하게 되면 자칫 우럭의 유영층보다 낮은 곳에서 웜이 헤엄칠 수 있다.

●2차 피크 시즌(9~10월) : 우럭이 다시 연안 가까운 곳으로 모여드는 최고의 시즌이다. 아침 · 저녁 건듯 부는 소슬바람은 고수온을 낮춰져 우럭의 활동을 자극시킨다. 이 무렵의 우럭은 조수 간만의 영향으로 형성된 먹잇감을 왕성히 섭취하는 시기로, 게를 비롯한 갑각류들이 뱃속에 통째 들어 있을 정도로 얕은 수심까지 나온다. 낚시인들의 캐스팅 범위에 대거 들어와 마릿수 조황을 안겨 주는 것이다.

특히 이 무렵의 가을 시즌은 봄 시즌 때보다 수온 변화(저하)가 느린 사이클을 보여 우럭이 보다 적극적으로 무리 지어 중층에서 먹이를 섭취하는 경우가 많다. 루어를 다소 빠르게 움직여도 집요하게 따라붙으며 입질을 한다. 이럴 땐 지그헤드 리그뿐만 아니라 스푼 루어도 좋은 선택이다.

10월이 지나면 하루하루 입질이 잦아든다. 선상낚시에 비해 얕은 수심의 연안낚시부터 차츰 시즌을 마감하게 되는데, 11월이 지난 12월까지 간혹 입질이 이어지기도 한다. 단지 포인트가 한정되고 초봄 시즌처럼 입질이 약해질 뿐이다. 특히 목포권 먼 바다인 만재도와 태도는 늦은 시즌에 빛을 발하는 우럭의 보고다. 간단한 지그헤드 채비로 갯바위에서도 쿨러 조황이 흔할 정도다.

■연안 우럭낚시 장비 및 루어 채비

연안 우럭 루어낚시는 웰빙낚시다. 허위허위 갯가를 걷다가 그럴듯한 포인트가 펼쳐지면 힘껏 루어를 날리고, 물때가 지났다싶으면 놀기 좋은 곳에 앉아 채비를 점검하거나 낚은 고기로 즉석 파티를 벌여도 좋다. 그 어느 때보다 입질 확률이 높은 봄·가을 시즌, 화창한 날씨 택해 가족 동반 나들이하기에도 좋다. 게다가 선상낚시에 비해 비용 부담도 없고 장비·채비도 간단하다. 스피닝 장비에 몇 가지 지그헤드와 웜 종류만 준비하면 된다. 장비·채비가 간단한 만큼 낚시 방법도 어렵지 않다. 경험자 한 사람만 동행하면 누구나 따라할 수 있다.

▼우럭 연안 루어낚시 준비는 간단하다. 7~8피트짜리 우럭 루어 전용 대에 소형 스피닝 릴, 지그헤드와 웜 종류만 다양하게 구비하면 된다.

▶낚싯대(Rod) – 8피트 길이의 ML 파워, F 테이퍼

연안에서 사용하는 낚싯대의 길이는 무조건 7피트(약 2.1m) 이상이 좋다. 낚시를 하는 장소가 파도치는 갯바위 주변이나 수면으로부터 높이 2~3m 되는 방파제 위이기 때문에 선상낚시용보다는 길어야 한다. 7피트 이상 9피트 이내의 길이를 사용하되 9피트 이상 되면 과다한 무게로 섬세한 루어 액션 부여가 어려워진다. 먼 거리 포인트 공략을 위한 루어의 비거리와 섬세한 루어 액션을 두루 감안한다면 8피트(약 2.4m) 길이의 스피닝 대가 가장 좋은 선택이다.

길이뿐만 아니라 낚싯대의 특성을 결정짓는 파워와 액션도 고려해야 한다. 우럭은 단번에 루어를 흡입하고 본래 있던 은신처로 돌아가려는 습성이 있다. 즉 처박히는 입질을 한다. 이에 대응하려면 초릿대 부분이 빳빳한 패스트 테이퍼(Fast taper · 끝휨새=초리휨새)가 유리하다. 그리고 약 30g 내외의 루어를 멀리 던지고 이에 걸려드는 30cm 내외의 대상어를 상대하려면 미디엄 라이트(ML) 파워의 낚싯대가 가장 적당하다. 이보다 더 큰 대상어를 상대하고 무거운 루어를 사용할 때는 미디움(M) 파워의 낚싯대가 필요할 수도 있다.

▶릴(Reel) – 원거리 캐스팅에 유리한 소형 스피닝 릴

베이트캐스팅 릴보다는 스피닝 릴을 사용한다. 연안낚시 최대의 난제는 포인트가 멀리에 형성된다는 것이다. 50m 정도는 던져줘야 대상어와 만날 확률이 높다. 원투는 단연 스피닝 릴이 유리하다. 물론 방파제에서 테트라포드 사이를 공략할 때는 채비를 내렸다 올렸다 하는 반복 동작이므로 베이트 릴이 편하겠지만 갯바위 또는 자갈밭 지대에서의 연안 우럭 루어낚시의 최대 관건은 원거리 캐스팅이다.

- 표준명 : 조피볼락 외
- 속 명 : 우럭
- 학 명 : *Sebastes schlegeli*
- 영 명 : Black rockfish 외
- 일 명 : クロソイ(구로소이) 외

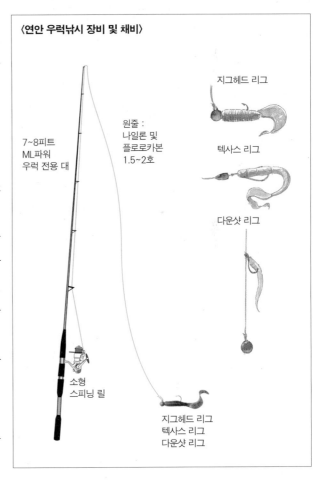

〈연안 우럭낚시 장비 및 채비〉

지그헤드 리그
텍사스 리그
다운샷 리그

7~8피트 ML파워 우럭 전용 대

원줄 : 나일론 및 플로로카본 1.5~2호

소형 스피닝 릴

지그헤드 리그
텍사스 리그
다운샷 리그

릴 핸들을 한 바퀴 돌릴 때 로터(Rotor)가 돌아가는 회전수를 나타내는 '기어비(比)'를 따져 볼 때, 연안 우럭낚시는 원거리에 채비를 던져 빠르게 회수해야 하기 때문에 6:1 이상의 고(高) 기어비의 스피닝 릴이 절대 유리하다. 게다가 원거리 캐스팅을 하다 보면 바람과 조류에 의해 낚싯줄이 늘어지는, 이른바 여유 줄이 발생해 낚시에 방해를 초래한다. 이런 점에서도 고 기어비의 선택은 필수이다. 스피닝 릴의 크기는 2호 낚싯줄이 150m 이상 감기는 2500번이나 3000번 크기가 적합하다. 릴이 필요 이상 클 경우 장시간 낚시에 피로감을 더할 뿐이다.

▶낚싯줄(Line) - 1.5~2호 나일론 또는 플로로카본

나일론 또는 플로로카본 소재의 모노필라멘트를 쓸 것인가 아니면 PE 합사 라인을 쓸 것인가? 어떤 쪽을 선택해도 되지만 각각의 특징과 장단점을 알고 사용하는 것이 좋다.

PE로 대표되는 합사는 같은 인장강도의 모노필라멘트 낚싯줄에 비해 상대적으로 매우 가늘어 원투에 유리하고 조류에 덜 밀린다. 늘어나는 성질도 제로에 가까워 예민한 입질에 대한 촉감이 잘 전달된다. 흔히 감도가 좋다고 표현한다. 단점은 인장강도에 비해 매듭 강도가 약하다. 이 때문에 별도의 쇼크 리더를 달아야 하는 번거로움이 따른다. 또한 비중이 가벼워 캐스팅이 서툰 초심자에게 불리하다. 루어의 무게와 낚싯대의 탄성을 적절히 활용하지 못하는 까닭인데, 그 사례로 앞쪽의 쇼크 리더보다 뒤쪽의 합사가 먼저 가이드를 통과하면서 그대로 가이드에 엉키거나 끊어지는, 이른바 '딱총' 현상이 자주 발생한다.

반대로 모노필라멘트 낚싯줄은 같은 강도의 합사에 비해 굵고, 인장강도와 감도는 합사에 뒤지지만 사용하기 편리하고 라인 트러블이 적다는 장점이 있다. 합사에 비해 가격이 싸다는 점도 고려 대상이다.

우럭 연안낚시에 필요한 낚싯줄은 모노필라멘트의 경우는 1.5~2호, 합사는 0.8~1.5호를 기준하면 된다. 양쪽의 선택은 자신의 낚시 실력과 취향에 따르겠지만 현장 추세는 아무래도 모노필라멘트다.

▶루어(Lure) - 3/8~1/2온스 지그헤드와 2~4인치 그럽 웜

우럭은 자신의 은신처 주변으로 접근하는 먹잇감을 노리는 은폐형 사냥꾼이다. 따라서 우럭이 있을 만한 후미진 바위틈에 루어를 최대한 근접시켜야 하는데, 이에 가장 적합한 것이 지그헤드 채비다. 예외도 있지만 민물 쏘가리낚시 채비·기법과 일맥상통하는 점이 많다.

기본은 지그헤드(Jighead)와 웜(Worm)이다. 웜 종류 중에서도 굼벵이 모양의 바디에 반달 모양의 꼬리가 붙은 그럽(Grub)이 가장 효과적이다. 지그헤드는 1/4~1온스 무게를 준비해 포인트 수심과 조류의 강약에 선택하면 되는데 통상적인 여건이라면 3/8~1/2온스 용도가 가장 많다. 그럽 웜 또한 3인치짜리가 가장 유효하지만 2~4인치 길이를 준비해 현장 여건에 따라 선별하는 것이 좋다. 색상은 주로 어두운 계열이 좋고 반짝이 펄이 들어간 붉은색 계열도 효과적이다.

바다 루어낚시를 오래 한 경험자들의 태클박스를 보면 생각보다 많은 웜을 갖고 다니지 않는다. 이런 속설이 있다. '광어는 핑크와 흰색, 우럭은 레드와 연두색이면 된다'라는 말에 필자 또한 적극 동감한다. 그리고 금펄, 은펄 등의 반짝이가 들어 있는 웜 컬러에도 입질이 좋다.

● 표준명 : 조피볼락 외
● 속　명 : 우럭
● 학　명 : *Sebastes schlegeli*
● 영　명 : Black rockfish 외
● 일　명 : クロソイ(구로소이) 외

▶채비 구성 – 지그헤드 리그, 텍사스 리그, 다운샷 리그로 해결

앞서 언급한 것처럼 연안 우럭 루어낚시엔 지그헤드와 그럽 웜을 결합한 지그헤드 채비가 가장 주류를 이룬다. 만약 밑걸림이 너무 심해 낚시가 거

▼간조 때에도 수위 변화가 심하지 않은 방파제라면 대부분 우럭이 낚인다. 외항 쪽 테트라포드 지역을 우선으로, 내항 쪽 석축 사이사이도 포인트가 된다.

의 불가능할 정도라면 배스낚시에 많이 사용하는 텍사스 채비를 활용하면 된다. 그리고 수심이 10m 권으로 깊은 곳에서는 선상낚시에 주로 사용되는 다운샷 채비가 효과적이다. 지그헤드 채비보다 밑걸림도 적고 무거운 봉돌을 사용하면 일정 지점을 집중 공략하는 데도 유리하다.

하지만 연안 우럭 루어낚시는 대부분 포인트 수심이 5m 이내이고 물살이 잘 흐를 때 움직임이 활발한 대상어를 노리는 만큼 지그헤드 채비가 단연 우선이다. 게다가 무리지어 생활하는 습성으로 인해 한 번 입질이 시작되면 연속적으로 이어지기 때문에 채비 세팅이 가장 간단하고 빠른 지그헤드 채비가 가장 효과적일 수밖에 없다. 채비 손실이 가장 덜한 점도 마찬가지다.

■연안 우럭낚시 포인트

록피시(Rock fish)라는 이름 그대로 우럭은 수중 바위를 근거지로 몸을 숨기고 또 먹이사냥을 한다. 모래와 펄이 섞인 사니질(沙泥質) 지대라 해도 군데군데 수중여가 발달한 곳이면 포인트로서의 요건이 충족된다. 대상어 입장에서는 은폐물이 있어야 하는 것이다.

물살이 없는 곳과 뻘물이 심하게 뒤집히는 곳은 확률이 낮고 물색이 너무 맑은 곳도 좋지 않다. 물살이 어느 정도 흐르면서 물색이 적당히 흐린 곳이 좋다. 간조 때 바닥이 완전히 드러나는 곳은 만조가 되어도 입질을 기대하기 어렵고 사리 간조 때에도 물이 빠지지 않는 경사진 지형이어야 한다. 갯바위와 방파제 포인트 모두 이 같은 조건을 염두에 두면 된다.

▶갯바위 - 조류 소통 원활한 콧부리 지형

광어는 물살이 살짝 죽는 콧부리 안쪽을 좋아하지만 우럭은 조류가 곧장 부딪치는 콧부리 쪽으로 갈수록 유리하다. 광어보다 더 폭넓고도 활발하게 움직이는 편이다. 광어는 또 조류가 약할 때도 종종 입질을 하지만 우럭은 조류가 강한 중밀물 또는 중썰물 때에 입질이 집중된다. 한 마디로 우럭은 조류 소통이 활발할 때 먹이활동을 활발히 전개하는 것이다. 따라서 조류가 일시 멈추는 정조(停潮) 시각, 즉 만조와 간조 무렵엔 잠시 휴식을 취하는 것이 좋다.

바닥 지형은 위에서 언급한 것처럼 수중바위가 형성된 곳이 최우선이다. 밋밋한 수중암반보다 굴곡이 있거나 턱이 져 수심 격차가 벌어지는 곳이면 더욱 금상첨화다. 자갈밭도 더러 괜찮고 전반적인 사니질 지형이어도 듬성 듬성 수중여가 형성돼 있거나 해조류가 자라는 곳도 기대해 볼만하다.

●표준명 : 조피볼락 외
●속　명 : 우럭
●학　명 : *Sebastes schlegeli*
●영　명 : Black rockfish 외
●일　명 : クロソイ(구로소이) 외

▶방파제 – 테트라포드 틈새 겨냥한 '구멍치기'가 최우선

간조 때 바닥이 거의 드러나는 방파제 주변엔 우럭이 없지만 그렇지 않은 대부분의 방파제 주변엔 우럭이 서식하고, 이들은 곧 붙박이 성향이 강하다. 터줏대감처럼 웅크리고 있을 가능성이 가장 높은 곳이 테트라포드 사이사이로, 이른바 '구멍치기'를 하는 곳이다. 지그헤드 채비를 내려 단순히 고패질만 하면 되므로 초심자가 시도하기에 가장 손쉬운 방법이다. 특히 서해 유인 도서에 축조돼 있는 규모 큰 방파제라면 십중팔구 이런 방법으로 우럭을 뽑아 올릴 수 있다.

그 다음은 테트라포드나 초석(礎石)이 본바닥과 연결되는 경계 지점이다. 이런 지점을 노려 낚시를 하다 보면 미역·다시마 같은 해조류가 걸려들기도 하는데 이런 곳일수록 우럭이 붙어 있을 가능성이 많다.

그런데 낯선 방파제를 찾으면 어디서부터 낚시를 시작해야 할지 난감해지는데 몇 가지 기준이 있다. 많은 선박 출입하는 규모가 큰 항·포구엔 대개 2개 이상의 방파제가 축조돼 있다. 선박이 입항하는 바다 쪽에서 볼 때

▼우럭 갯바위 포인트로는 조류가 곧장 부딪치는 콧부리 인근이 좋고, 밋밋한 바닥보다는 들락날락 수중여가 발달한 굴곡진 형태여야 한다.

오른쪽 방파제엔 붉은 등대가, 왼쪽 방파제엔 하얀 등대가 설치돼 있게 마련이다. 그렇지 않은 사례도 많지만 대부분 빨강 등대가 있는 방파제가 더 길고 규모도 큰 편이다. 또 대형 방파제들은 그냥 직선으로 뻗은 모습도 있지만 한두 번 각도가 꺾인 형태가 많다. 낚시를 먼저 시작해야 할 곳은 빨강 등대가 있는 큰 방파제, 그곳에서도 등대가 위치한 끝자락이나 도중에 방파제가 꺾어진 지점이다.

방파제 끝자락은 밀물·썰물에 관계없이 조류 소통이 원활하고 물밑에 투입된 사석(捨石)이 많이 깔려 있어 우럭의 좋은 은신처가 된다. 그러나 방파제 끝단은 조류가 너무 강하거나 일방적으로 흘러 피하는 게 좋고 끝단에서 약간 비켜난 좌우측에 자리하는 게 정석이다. 다음으로 방파제가 기역자(ㄱ) 형태로 꺾어진 지점의 외항 방향은 조류가 부딪치는 곳으로 우럭은 물론 모든 방파제 어종을 노리는 포인트로 최우선시 된다.

■우럭 연안낚시 이렇게!

바다는 넓다. 되도록이면 멀리, 여러 차례 반복적으로 던지고 감아 들여야 확률이 높아진다. 최소 50m 내외의 캐스팅 거리를 확보하는 것이 좋다. 루어를 톱 가이드에서 60~80cm 가량 늘어뜨려 원심력을 이용하는 롤 캐스팅 방법이 유효하다. 낚싯대 끝의 궤적은 머리 방향이 아닌 쓰리 쿼터 방향(대부분의 투수가 시합 종반 힘이 빠지면 던지는 궤적)을 취하는 것이 가장 편안하며 잦은 캐스팅에도 피로도가 적다.

원거리 캐스팅은 낚싯대 파지법이 중요한데, 광어낚시와 마찬가지로 연안에서의 우럭낚시는 중지와 약지 사이에 릴 시트를 끼우는 '투 핑거' 파지법이 편안하다(광어낚시 편 참조). 장비의 기본 무게와 조류 저항 그리고 대상어와의 파이팅 시 훨씬 안정적이며 간혹 발생하는 큰 대상어의 입질 시 초기 대응을 하는 데도 유리하다.

▶채비 안착 – 카운트다운으로 밑걸림 위험 줄여야

때로는 중층을 노리기도 하지만 일반적인 여건에서는 바닥층을 탐색하는 만큼 루어가 수면에 착수하면 바닥에 가라앉기를 기다려야 한다. 그런데 우럭 포인트는 바위나 암초, 해조류 등의 장애물을 끼고 있어 채비를 운용하다 보면 바닥 장애물에 걸릴 가능성이 매우 높다. 번번이 루어를 바닥에 닿게 해서는 안 되는 이유다. 카운트다운을 해야 하는 것이다.

　스피닝 릴을 사용하는 경우 카운트다운의 요령은 다음과 같다. 먼저 캐스팅을 한 후 채비가 수면에 착수하면 릴 베일을 그대로 열어 둔 채 하나, 둘, 셋, … 마음속으로 숫자를 헤아려 가며 채비가 가라앉기를 기다린다. 카운트 열(10)에 채비가 바닥에 닿는 느낌이 감지됐다면 다음 번 캐스팅을 할 때는 여덟(8) 또는 아홉(9)에 릴 베일을 닫는 것과 동시에 릴링을 시작한다. 채비가 바닥에 닿기 직전에 끌어들이는 것이다. 그대로 두면 밑걸림 확률이 높기 때문이다. 밑걸림을 줄이는 또 다른 방법은 가벼운 지그헤드를 선택하는 것이다. 수심 5m 이내라면 1/4온스를 선택하고 그 이상의 수심에서는 3/8온스나 1/2온스를 선택한다. 물론 조류의 강약도 고려해야겠지만 필요 이상 무겁게 사용하지 말라는 뜻이다.

● 표준명 : 조피볼락 외
● 속　명 : 우럭
● 학　명 : *Sebastes schlegeli*
● 영　명 : Black rockfish 외
● 일　명 : クロソイ (구로소이) 외

▶**채비 운용** – 스위밍과 호핑, 크롤링이 기본
　조류의 움직임이 가장 활발한 중밀물과 중썰물에 우럭의 먹이활동 역시

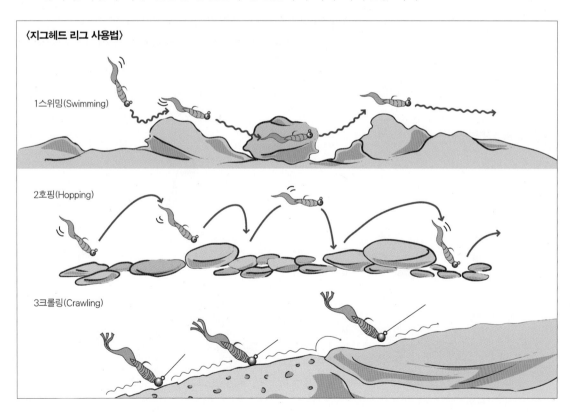

〈지그헤드 리그 사용법〉

1스위밍(Swimming)

2호핑(Hopping)

3크롤링(Crawling)

가장 활발한 편이다. 은폐물에 의지해 지나가는 먹이를 기다리는 게 아니라 은폐물에서 나와 적극적으로 먹이를 찾아나서는 것이다. 최대한 멀리 해조류 서식지 경계면 너머까지 채비를 던진 후 바닥 근처에서 일정한 속도로 끌어주면 되는데 어떤 채비를 사용하느냐에 따라 그 방법이 달라진다.

●지그헤드 리그 : 첫째는 스위밍(Swimming)이다. 카운트다운 후 바닥층을 따라 수평으로 슬슬 끌어들이는 것이다. 너무 바닥에 대고 질질 끌면 밑걸림이 생기게 마련이고 밑걸림이 두려워 채비를 너무 띄우면 우럭의 사정권에서 벗어나 버린다. 지그헤드가 간간이 바닥을 스치는 감촉을 느끼는 것이 중요하다. 조류의 방향과 강약에 따라 지그헤드의 무게를 가감할 필요도 있다. 채비가 자꾸 떠밀리면 조금 더 무거운 지그헤드로 교체하고, 반대로 바닥에 자꾸 걸린다면 가벼운 것으로 교체하면 된다.

둘째는 호핑(Hopping)이다. 낚싯대를 이용해 순간적으로 채비를 튕기듯 들어 올렸다가 내려 주면서 릴링 하는 동작을 되풀이하면 된다(그림 참조). 바닥 굴곡이 심하거나 장애물이 험한 포인트에선 밑걸림이 많아 몽돌밭이나 방파제 석축 지대에서 유효한 방법이다.

셋째는 크롤링(Crawling)이다. 채비를 바닥에 대고 질질 끌어들이는 것으로 우럭낚시엔 그다지 구사하지 않은 방법이다. 암반과 같이 바닥이 평평하거나 장애물이 없는 것으로 판단되는 포인트에서 시도될 뿐이다.

●텍사스 리그와 다운샷 리그 : 밑걸림이 너무 심한 곳에서 사용하는 텍사

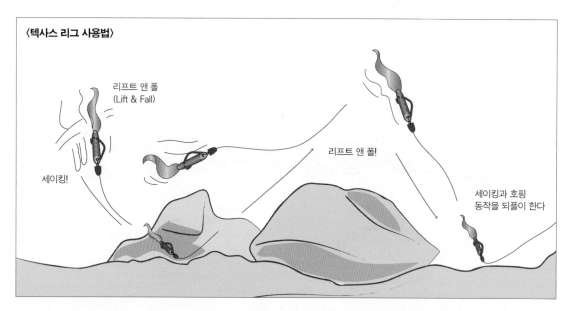

〈텍사스 리그 사용법〉

리프트 앤 폴
(Lift & Fall)

세이킹!

리프트 앤 폴!

세이킹과 호핑
동작을 되풀이 한다

스 리그는 리프트 앤 폴(Lift & Fall) 기법을, 수심 깊은 곳에서 사용하는 다운샷 리그는 세이킹(Shaking) 또는 호핑(Hopping) 기법을 구사한다.

　다운샷 리그의 세이킹 기법은 낚싯대를 짧게 그리고 빠르게 흔들어 주는 동작을 말하며, 호핑은 위에서 설명한 것처럼 낚싯대를 순간적으로 튕기듯 들어 올렸다가 내려주는 동작을 되풀이하는 것이다. 텍사스 리그의 리프트 앤 폴은 세이킹과 호핑을 혼합한 형태인데 실질적인 유인 동작은 〈그림〉을 참고 바란다.

● 표준명 : 조피볼락 외
● 속　명 : 우럭
● 학　명 : *Sebastes schlegeli*
● 영　명 : Black rockfish 외
● 일　명 : クロソイ(구로소이) 외

■유망 우럭 낚시터

　방파제나 갯바위를 무대로 하는 연안 우럭낚시엔 지역에 따라 우럭뿐만 아니라 광어 · 노래미 · 개볼락 · 볼락 · 양태 등이 함께 낚인다. 같은 록피시(Rock fish) 계열이라 서식 환경과 습성에 있어 서로 유사점이 많기 때문이다. 우럭과 광어 자원은 서해가 으뜸이지만 남해나 동해에도 많고 볼락은 남해안 특히 남해동부 지역에 많다. 굳이 한 어종에만 매달리지 말고 포인트에 따라 당일 입질이 잦은 어종으로 채비를 변경할 필요도 있다.

● 인천 소무의도 남쪽 갯바위 : 인천국제공항 가는 길로 영종도 서남단 잠진도선착장까지 가면 무의도행 카페리가 운항한다. 승용차와 함께 무의도(대무의도)에 도착해 남쪽 광명항(샘꾸미)까지는 20여분 거리. 광명항 방

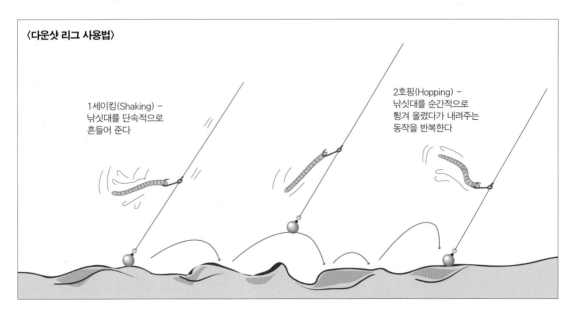

〈다운샷 리그 사용법〉

1세이킹(Shaking) –
낚싯대를 단속적으로
흔들어 준다

2호핑(Hopping) –
낚싯대를 순간적으로
튕겨 올렸다가 내려주는
동작을 반복한다

파제 주변에도 우럭이 곧잘 낚이지만 건너편 소무의도로 들어가는 게 좋다. 승용차는 진입할 수 없어 걸어서 다리를 건너면 되는데 남쪽 갯바위 일대가 포인트이다. 우럭 · 광어는 물론 물때 따라 농어도 잘 낚인다.

●인천 자월도 동 · 서쪽 갯바위 : 인천 옹진군 자월면 자월리의 자월도는 인천여객터미널이나 대부도 방아머리선착장에서 여객선을 타고 들어가야 한다. 대표적인 연안 포인트는 서북쪽 진머리해변 갯바위이다. 달바위선착장에서 마을버스를 이용하면 되는데 전방 먹퉁도를 바라보고 캐스팅을 하면 우럭과 광어가 낚이고 어떨 땐 농어 떼를 만나기도 한다. 동북단 떡바위 포인트도 록피시 종류와 농어가 함께 낚인다.

●태안 만대항 서쪽 여섬 : 충남 태안군 이원면 내리 산 44번지가 주소다. 태안에서 만대항 방면 603번 지방도로를 타고 내1리와 내3리를 지나 내2리로 접어들면 내2리(모째골) 버스정류장이 나온다. 우측은 드넓은 양식장이고 좌측 나오리민박집 쪽으로 진입하면 되는데, 송림 사이의 올레길을 따라 10여 분 조금 더 걸어 들어가면 여섬이 나타난다. 중썰물 무렵에 걸어들어가 중물들 때 나와야 하는데, 사리 물때 기준으로 하면 5~6시간가량 낚시가 가능하다. 하지만 충분히 손맛을 즐길 수 있다. 서쪽과 북쪽 갯바위 지대를 돌아다니면 우럭과 광어가 번갈아 입질을 하기 때문이다.

●보령 녹도 남쪽 여밭 : 대천여객선터미널에서 하루 2회 운행되는 외연도행 여객선이 녹도를 경유한다. 우럭 · 광어 자원이 많은 천혜의 낚시터로 여러 곳의 포인트 중에서 최고의 명당은 녹도마을 남쪽 여밭이다. 여객선이 닿는 선착장에서 도보 10여 분 거리로, 들물 때 화사도 방향에서 흘러드는 조류가 활발해 농어도 잘 낚인다. 녹도마을엔 민박집이 있어 1박 2일 출조 코스로 적합하다.

●군산 신항만방파제 : 주차 장소에서 800m 가량 걸어 들어가야 하지만 우럭 조황이 돋보이는 곳으로 단골 꾼들이 즐겨 찾는다. 포인트는 방파제 끝지점 중에서도 서쪽 테트라포드 지역이다. 들물 때보다는 썰물 때 조황이 좋고, 바닥 장애물이 많아 밑걸림이 심한 편이지만 그래서 우럭이 많은 곳이기도 하다. 1/8온스 정도의 가벼운 지그헤드를 사용해 바닥에 너무 닿지 않게 끌어들여야 한다.

●서천 홍원항 큰여와 작은여 : 홍원항에서 낚싯배를 이용해야 한다. 소요시간 5분 거리에 200여m 간격으로 크고 작은 두 개의 여가 있다. 감성돔 낚

시터로 유명한 곳이지만 우럭·광어가 더 잘 낚인다. 큰여와 작은여 모두 썰물 때 입질이 활발한데 큰여에 내렸을 경우는 작은여를 바라보고, 작은여에서는 또 큰여를 바라보고 낚시를 하는 것이 정석이다. 우럭·광어는 물론 농어 자원도 풍부한 곳이다.

●**강진 마량항 중간 방파제** : 전남 강진군 마량면 마량리 마량항에는 3개의 방파제가 있다. 세 곳 모두 록피시 종류가 잘 낚이지만 으뜸은 가운데 방파제이다. 동·서쪽 방파제에 비해 규모는 작아도 물밑에 사석(捨石)이 많아 우럭·광어·쥐노래미에 5월부터는 쏨뱅이도 섞인다. 2~4물때가 적기이고 초들물과 중들물 사이에 입질이 집중된다.

●**강릉 영진항방파제 초입** : 강릉시 연곡면 영진리 2-3번지 지점의 영진항 방파제 초입엔 갯바위가 어우러져 있고 사이사이에 수중여가 엉켜 있다. 미역·다시마가 자라는 곳으로 다양한 어종이 서식한다. 해질 무렵에 씨알 굵은 우럭이 잘 낚이는데 초입뿐만 아니라 방파제로 진입해 외항 쪽 테트라포드 너머를 노리면 곳곳의 수중여 주변에서 각종 록피시가 걸려든다.

●**강릉 심곡항~금진항 해안도로변** : 강릉 정동진에서 옥계해변으로 이어지는 '헌화로' 중간 구간이다. 경치 좋은 관광도로 해변 일대엔 록피시 어종이 잘 낚여 즐겨 찾는 이들이 많다. 갯바위와 수중여가 섞인 곳이면 어디서건 우럭·개볼락이 잘 낚이는데 수중여와 몰밭 주변이 포인트이다. 간조 때는 특히 수심 깊은 곳에 박혀 있는 수중여 부근을 노려야 한다. 해안도로변에선 밤낚시가 금지되지만 인근 심곡항이나 금진항은 구애를 받지 않는다.

●표준명 : 조피볼락 외
●속 명 : 우럭
●학 명 : *Sebastes schlegeli*
●영 명 : Black rockfish 외
●일 명 : クロソイ (구로소이) 외

▼우럭낚시엔 쥐노래미도 곧잘 걸려든다. 굼벵이 모양의 그럽(Grub) 웜에 유혹된 우럭과 쥐노래미.

여름낚시

6월에 떠나요!

글 장용석, 사진 장용석 외

강준치·끄리낚시

그 누가 뭐래도 족보 있는 토종 루어 대상어

강준치와 끄리는 쏘가리 · 꺽지와 함께 우리나라 민물 루어낚시를 대표하는 토종 어류다. 특히 끄리는 쏘가리와 함께 우리나라 루어낚시 장르를 발전시킨 주역으로, 우리나라 루어낚시 1세대들에겐 소중한 벗으로 추억된다. 먹는 맛이 그다지 좋지 못해 쏘가리의 인기를 따를 순 없었으나 쏘가리 시즌이 시작되기 전 또는 쏘가리낚시가 막을 내리면 대체 어종으로 끄리를 빼놓을 수 없었기 때문이다.

지금은 루어낚시 대상어가 늘어나 이들의 존재 가치조차 모르는 낚시인들도 있지만 알고 보면 족보 있는 토종 루어 대상어이다. 비록 인기 순위에서 크게 밀려났을망정 강준치와 끄리는 여전히 자원도 많고 나름대로의 묘

강준치

미를 안겨주는 루어 대상어 중의 한 부류다.

강준치와 끄리 모두 잉엇과(科)의 어류로서는 보기 드문 육식성 어종이다. 중층과 표층은 물론 넓은 지역으로 회유하며 작은 물고기와 수서곤충 및 육상곤충까지 잡아먹는다. 무리를 지어 빠르게 헤엄치고 주로 표층을 회유하며 수면 위로 가끔 뛰어 오르는 습성도 서로 닮았다. 담수어 중에서는 성질이 급해 일단 루어에 걸려들어 놀라게 되면 차고 나가는 힘이 생각보다 강렬하고, 때로는 수면 위로 튀어 오르는 곡예도 연출해 파이팅 넘치는 묘미를 안겨 준다. 첫 장마 직후 두 어종은 무리를 지어 여울을 거슬러 오르는데 이런 찬스를 맞기라도 하면 폭발적인 입질을 누릴 수 있다.

서울 도심 한강에서도 낚시가 가능할 만큼 전국 곳곳에 낚시터가 산재하고 다른 어종에 비해 낚시하기가 쉽다는 점도 공통점이다. 쏘가리와 꺽지낚시는 장애물이 많은 바닥층을 공략해야 하지만 강준치와 끄리는 장애물 걱정 없는 중층 또는 표층을 노리는 만큼 낚시가 쉽다는 것이다. 어쩌면 루어 낚시 입문자가 가장 부담 없이 즐길 수 있는 대상어야말로 강준치·끄리일 수도 있다.

덩치가 다른 점 이외 두 어종의 차이점은 끄리는 수질이 깨끗한 곳에 서식하는 데 비해 강준치는 수질이 다소 나쁜 3급수에도 잘 산다는 점이다.

● 표준명 : 강준치
● 속 명 : 준치 · 물준치 · 우레기 · 강우럭
● 학 명 : *Erythroculter erythropterus*
● 영 명 : Predatory carp
● 일 명 : 가와히라(カワヒラ)

▼은빛 날렵한 몸매의 강준치는 외모와 습성이 바다 농어를 많이 닮았다. 루어에 걸려들면 끊어져라 질주하고 벗겨져라 치솟기도 한다. 미노우에 걸려든 강준치를 들어 보이는 루어낚시 마니아 강한승 씨.

■생태와 습성, 서식 및 분포

강준치와 끄리는 잉엇과(科)에 속하는 어류이면서 드물게도 물고기를 주식으로 한다. 붕어 · 잉어 · 누치 · 초어 · 납자루 · 마자 등 잉엇과의 어류는 일부 어류를 먹기도 하지만 대부분 초식 또는 잡식성이고 성질이 온순한 편인 데 비해, 강준치와 끄리는 성질이 급하고 수서곤충과 새우는 물론 특히 작은 물고기를 포식하는 어식성(魚食性)이 강하다. 잉엇과 어류 가운데 이 두 종만이 일찍부터 루어낚시 대상어를 발탁된 이유도 이 같은 이유 때문이다.

우리나라 댐 · 하천 등 대부분 수계에 널리 분포하고 육식성 어류답게 입이 큰 점도 공통점이다. 체색 또한 흰색에 가까운 은빛으로 거의 똑 같지만 덩치는 끄리가 40cm를 넘기지 못하는 데 비해 강준치는 거의 1m까지 자라는 대형 종이다.

▶강준치 – " … 바닥에 모래가 깔린 민물에 살며 잘 뛴다"

맛이 좋아 '썩어도 준치'라는 속담이 있다. 바닷고기인 이 준치를 닮아 '강에 사는 준치'라는 이름이 붙은 강준치는 오히려 바다에 사는 준치보다 덩치가 더 크게 자란다. 준치의 평균 체장이 40~50cm인 데 비해 강준치는 60~70cm급이 흔하기 때문이다. 일본에서 부르는 가와히라(カワヒラ)라는 이름도 '강(カワ)에 사는 준치(ヒラ)'란 뜻이다.

▼강준치의 입은 일반 물고기와 딴판이다. 튀어나온 아래턱 위로 입이 수직으로 열려 있는 특이한 구조다. 표층의 먹잇감을 취하기에 딱 적합한 구조다.

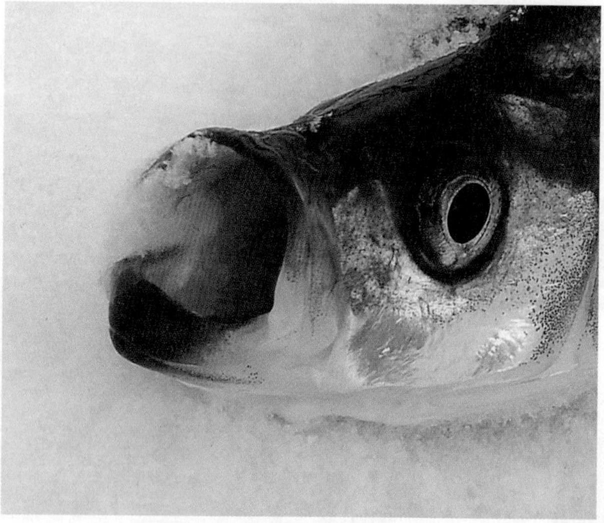

체형은 납작하고 길어 날씬한 편이며 입이 주둥이 끝에 위치해 있다. 특히 윗입술이 좁고 아래턱이 유별나온 튀어나온 주걱턱으로, 입이 거의 수직으로 위로 향해 있는 것이 강준치의 대표적인 특징이다. 이는 강준치가 주로 수면에서 먹이를 찾는 습성 때문이기도 하다.

체색은 은백색 바탕에 등지느러미는 누런빛을 띠고 뒷지느러미와 꼬리지느러미는 약간 붉은 빛을 띤다. 그래서 중국에선 강준치를 백어(白魚) 또는 홍미파(紅尾把)라 부른다.

강준치는 임진강 · 한강 · 금강 등 서해

로 흐르는 하천에 많이 서식하고 대단위 수면의 댐과 저수지 일부에도 서식한다. 과거엔 없었거나 개체수가 적었던 낙동강계에도 그 세력이 확장된 지 오래 됐는데, 영동지방의 하천과 저수지엔 아직 강준치가 없는 것으로 알려진다.

우리나라 어휘사전의 귀중한 사료로 꼽히는 조선시대 유희(柳僖)가 『쓴 물명고(物名攷)』에도 강준치가 등장하는데 사뭇 눈길을 끄는 대목이 있다. 그 이름을 백어(白魚)로 등재하고서 "형태가 바닷고기인 준치와 비슷하지만 바닥에 모래가 깔린 민물에 살며 잘 뛴다"고 기술하였다. 앞서 설명한 강준치의 모양과 먹이활동을 정확히 묘사한 것으로, 정녕 강준치는 떼를 지어 몰려다니며 동틀녘이나 해질 무렵에 피라미와 같은 작은 물고기들을 잡아먹으며 살아간다.

하천에 주로 서식하되 유속이 느린 곳을 좋아해 물 흐름이 거의 없는 대형 댐이나 저수지에도 잘 살고 겨울에는 깊은 곳에서 월동을 한다. 어릴 때는 연안에서 떼 지어 다니며 수양버들이 수면에 늘어져 있는 곳을 좋아하는 것으로 보고돼 있다. 산란기는 5~7월 사이이며 알은 점착력을 갖고 있어 산란 후 수초와 같은 장애물에 들어붙는다. 성장 속도는 의외로 느려 생후 1년만에 11cm, 2년에 15cm, 3년에 22cm 정도로 자라고 최대 1m 안팎까지 성장하는 것으로 알려진다.

예로부터 식용으로 많이 이용되었으나 요즘은 즐겨 먹는 이들이 없는 편이다. 찜이나 탕, 구이로 요리해 먹을 수도 있지만 맛이 그저 그렇고 특히 잔가시가 너무 많아 이만저만 성가신 게 아니다.

▶**끄리** – 강준치처럼 표층에서 먹이 찾고 때로는 껑충!

끄리는 지방에 따라 바디끄리(수컷) · 초끄리(암컷) · 치리 · 칠어(이상 충북) · 강치리 · 어해 · 어휘 · 날치 · 날피리 · 꽃날치 · 밀치어 · 꾸리 등 다양한 이름으로 불린다. 그만큼 예부터 서식 범위가 넓었다는 점을 알 수 있는 방증이기도 하다.

끄리는 한반도 남쪽 낙동강에서부터 북쪽 압록강에 이르기까지의 서 · 남해안으로 흐르는 큰 강과 그 주변 수역에 널리 분포하고 중국 · 대만 등지에도 널리 서식한다. 일본에는 우리나라 끄리와 약간의 차이가 있는 종류가 있는데, '한국의 끄리'란 뜻의 고라이하스(Korai-hasu · コウライハス)라

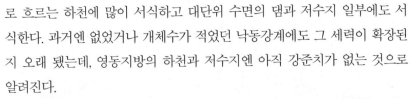

끄리

- ●표준명 : 끄리
- ●속 명 : 치리 · 칠어 · 날피리
- ●학 명 : *Opsariichthys bidens*
- ●영 명 : Korean piscivorous chub
- ●일 명 : 고라이하스(コウライハス)

▲산란기를 앞둔 끄리는 수컷에만 성징(性徵)이 나타난다. 누런 혼인색과 함께 뒷지느러미가 길어지고(위), 턱 주변엔 여드름 같은 돌기가 돋아난다(아래 왼쪽).
끄리의 입은 뫼산(山)자 모양으로 입에 문 먹잇감이 쉽게 빠져 나가지 못하게 된 구조다(아래 오른쪽).

부르고 있다.

어릴 때의 모습은 피라미 · 갈겨니와 비슷하지만 입이 크고 특이하게 생겨 쉽게 구분이 가능하다. 아래턱 끝이 V자로 파여 있고 위턱은 아래로 굽어 앞에서 보면 마치 뫼 산(山)자와 같은 모습인데 옆에서 보면 갈고리 모양이다. 이는 입에 문 먹잇감이 빠져 나가지 못하게 해 잡아먹기 좋은 구조임을 알 수 있다. 끄리를 일컫는 영어 Korean piscivorous chub(물고기를 잡아먹는 한국산 황어)라는 이름도 우리나라 끄리의 식성을 그대로 표현한 것인데, 중국에서는 또 끄리의 입(口) 모양이 말(馬과) 비슷하다 하여 마구어(馬口魚)라 부르고 있다.

강준치와 함께 잉엇과 어종이면서도 식성은 육식성이다. 아주 어릴 때는 플랑크톤 식성으로 주로 물벼룩을 먹지만 길이 7cm 정도로 자라면 작은 물고기들을 잡아먹기 시작한다. 18cm 이상으로 성장하면 소화관 내부에서 확인되는 먹이 중 90% 이상이 물고기일 정도로 육식성이면서도 어식성(魚食性)이 강하다. 서로 무리를 지어 빠르게 유영하며 주로 표층에서 먹이를 찾고 가끔씩 수면 위로 뛰어오르는 점도 강준치와 닮았다.

산란기는 지방이나 서식환경에 따라 차이가 있으나 주로 5~7월 사이이다. 산란기가 되면 잉엇과의 어류에서 흔히 볼 수 있는 혼인색(婚姻色)과 추성(追星)이 나타나는데, 암컷에선 이런 성징(性徵)을 찾아볼 수 없고 오로지 수컷에만 변화가 나타난다. 수컷의 머리와 배, 각 지느러미 위에 불그스레한 혼인색이 나타나고 등은 청자색을 띤다. 특히 머리 주변에 돋아나는 작은 돌기 모양의 추성은 청소년 남자의 여드름을 연상케 하고, 길게 늘어나는 뒷지느러미 역시 발정한 성기를 연상케 한다.

태어난 지 3년이면 성숙(빠른 놈은 2년이면 성숙)해 산란해 참여하는데 산란장은 바닥에 잔자갈이 깔린 곳이다. 수컷들은 암컷을 차지하기 위하여 싸움을 벌이기도 하며, 이런 싸움에서 이긴 수컷은 조용히 바닥 근처에서 기다리고 있던 암컷과 만나 방란 · 방정을 한다. 8월이면 4~8cm 정도 되는 끄리 새끼들이 피라미 새끼들과 섞여 관찰되기도 하는데 부화 후 1년이면 8~10cm, 2년에 12~15cm, 3년에 18~21cm, 4년이면 25~28cm 크기로 성장한다.

- ●표준명 : 강준치
- ●속 명 : 준치 · 물준치 · 우레기 · 강우럭
- ●학 명 : *Erythroculter erythropterus*
- ●영 명 : Predatory carp
- ●일 명 : 가와히라(カワヒラ)

■강준치 · 끄리낚시 시즌 전개

| | | : 시즌 | | : 피크 시즌 |

구분	1월	2월	3월	4월	5월	6월	7월	8월	9월	10월	11월	12월	비고
한강권역													
금강권역													
낙동강권역													

강준치와 끄리는 5~6월 쏘가리 금어기가 곧 피크 시즌이다. 이 기간을 포함한 4월부터 시작해 10월까지 시즌을 형성하는데 초봄 또는 늦가을은 물론 겨울철에도 불가능한 것은 아니다. 수면이 얼어붙는 1~2월 혹한기를 제외하곤 낱마리 조과를 누릴 수 있는 데다, 특히 끄리의 경우 대단위 수면의 일부 댐 · 저수지에선 12월 또는 3월에도 의외의 조과를 안겨 줘 루어낚시 어한기의 대체 어종이 되기도 한다.

▶3월~4월 초순 – 4월이면 전역이 시즌 업

남부지방의 금강 하류권과 낙동강계 일부는 3월부터 강준치를 만날 수 있지만 대체로 4월 들어 수온이 약 12℃ 이상 유지되는 시점부터 강준치와

▲강준치는 눈 내리는 한겨울에도 곧잘 낚인다. 추위가 한창인 1월 초순, 금강과 갑천이 만나는 합수머리에서 낚인 70cm급 강준치.

끄리를 동시에 접할 수 있다. 물론 이른 봄철, 겨울동안 손맛을 즐기지 못한 루어 낚시인들에게 아쉬움을 달래주듯 간간이 선보이기도 하지만 이때의 강준치와 끄리는 무리를 지어 활발히 회유하지 않아 낱마리 조과에 머물기 마련이다.

그러나 대단위 수면의 댐에 서식하는 끄리의 경우는 사정이 다를 수 있다. 소양호·대청호 등지의 끄리는 3월이면 충분히 손맛을 즐길 수 있고, 겨울에도 따뜻한 날씨가 지속될 때면 의외의 조과를 누릴 수도 있다.

▶5월~6월 중순 - 첫 장마 직후 피크 시즌 돌입

강준치와 끄리의 산란기는 5~7월. 쏘가리의 산란기와 비슷하거나 조금 늦은 시기로 쏘가리 금어기(영·호남 지역은 4월 20일~5월 30일, 중부권은 5월 1일~6월 10일)에 강준치와 끄리낚시가 피크 시즌을 이룬다. 금어기의 쏘가리를 대신할 수 있는 어종인 셈이다.

수온이 올라가기 시작하는 4월부터 강준치와 끄리는 무리를 지어 상류로 거슬러 오르며 피라미·갈겨니 같은 작은 물고기와 수생 곤충은 물론 육상 곤충까지 포식한다. 6월 첫 장마를 시작으로 흙탕물이 지나가고 새물이 유입되는 시점부터가 연중 최고의 타이밍이다. 여울꼬리에서 잘 낚이고 중층과 중하층보다는 표층에서 주로 입질을 하므로 무거운 루어보다는 다소 가벼운 루어를 사용하는 것이 좋다. 일반적인 액션보다는 불규칙적인 액션에 반응을 보이고 릴링을 다소 빠르게 하는 것이 효과적이다.

이 책의 쏘가리낚시 편에서 필자는 장마철 새물이 유입되는 시점의 지류권 낚시를 강조한 바 있는데, 실제로 새물이 유입될 무렵의 지류권에선 쏘가리보다 더 확률 높은 어종이 강준치와 끄리다. 맑은 물을 따라 이동하는 특성상 이 녀석들은 몇 십 마리, 몇 백 마리씩 무리를 지어 지류권으로 올라오고, 다시 지류권의 수량이 내림수위로 내려가기 시작하면 다시금 본류권으로 이동해 여울을 타기 시작한다. 연중 장마철 전후를 기점으로 가장 푸

짐한 마릿수 조과를 누릴 수 있고, 이때 잡히는 녀석들일수록 힘이 좋아 가
장 진한 손맛을 안겨 주기도 한다.

▶흑서기(7~8월) – 일출 전후, 해질 무렵이 피딩 타임

장마가 끝나고 물의 탁도가 회복되어 강계마다 맑고 깨끗한 수질이 유지
되는 이 시기엔 많은 사람들이 강나들이를 한다. 무더위를 식히기 위해 강
계로 몰려든 일반인들은 그저 물놀이에 치중할지언정 낚시인 가족들은 특
별히 즐길 게 있다. 아침·저녁 손쉽게 낚을 수 있는 강준치·끄리낚시가
그것이다.

이 무렵의 강준치·끄리낚시는 유속이 없는 지역보다는 유속이 강한 여
울 지대를 찾되, 여울 주변 및 여울꼬리, 여울머리 등지를 고루 공략할 필요
가 있다. 루어 또한 여울에서 잘 먹히는 미노우나 스푼 종류를 사용하는 것
이 좋다. 한낮은 가급적 피하고 일출 전후 또는 저녁 해가 지기 시작할 무렵
에 낚시를 집중해야 한다.

▶가을철(9~10월) – 여울 상목 중 소(沼) 가까운 곳이 포인트

한 잎 두 잎 낙엽이 떨어지고 수온이 조금씩 내려가기 시작할 무렵의 강
준치와 끄리는 한여름 여울 주변에서 배회하던 양상과는 달리 조금씩 깊은

- 표준명 : 끄리
- 속　명 : 치리·칠어·날피리
- 학　명 : *Opsariichthys bidens*
- 영　명 : Korean piscivorous chub
- 일　명 : 고라이하스(コウライハス)

▼강준치·끄리낚시는 거의 연
중 가능하지만 하천·강계에서
의 호쾌한 루어낚시는 5~6월이
제철이다.

수심을 찾아 흐르는 강물 따라 하강하기 시작한다. 유속이 잔잔하고 어느 정도 수심이 유지되는 소(沼)를 은신처로 정한 후 여울 상목을 찾아 먹이활동을 전개하는 양상을 보인다.

늦봄 또는 초여름 시즌의 마릿수 재미와는 달리 낱마리 조과일망정 대형급 씨알을 만날 수 있고 손맛 또한 여전히 당찰 때이다.

▶늦가을(11월) – 수온 하강과 함께 시즌 오프

추석이 지나 수온이 급격하게 떨어지는 시점부터는 강준치와 끄리를 만나기가 점차 어려워진다. 대부분 깊은 수심층으로 파고들어 강폭이 크고 수중바위가 즐비한 곳에 은신하기 때문이다.

물론 한겨울에도 강준치와 끄리는 얼음이 얼지 않은 강·하천이나 대단위 수면의 댐·저수지에서 드문드문 낚이긴 하지만 루어낚시를 함에 있어 수온이 4~5℃ 이하로 떨어지면 낚싯줄이 뻣뻣해지고 낚싯대 가이드에 살얼음이 끼기 시작해 재미가 떨어질 수밖에 없다. 한때는 가이드의 살얼음을 털어가면서 낚시를 하던 시절도 있었지만 건강을 생각한다면 이맘때쯤 시즌을 마무리 하는 것이 좋지 않을까 한다.

■강준치·끄리낚시 장비 및 루어

강준치와 끄리낚시는 굳이 장비를 구분하지 않아도 된다. 게다가 강준치

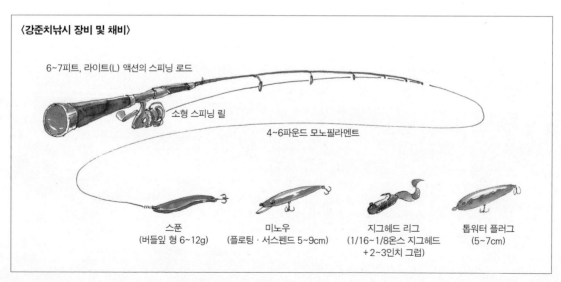

〈강준치낚시 장비 및 채비〉

6~7피트, 라이트(L) 액션의 스피닝 로드

소형 스피닝 릴

4~6파운드 모노필라멘트

스푼
(버들잎 형 6~12g)

미노우
(플로팅·서스펜드 5~9cm)

지그헤드 리그
(1/16~1/8온스 지그헤드
+2~3인치 그럽)

톱워터 플러그
(5~7cm)

나 끄리낚시용으로 출시되는 전문 장비도 없다. 쏘가리낚시 장비를 그대로 사용하고 소품 역시 쏘가리낚시에 준하되 루어만 두 어종의 특성과 낚시터 여건에 맞추면 된다.

●낚싯대(Rod) : 강준치나 끄리용으로 특별히 제작되어서 출시되는 모델은 따로 없다. 껙지 또는 쏘가리용으로 시판되는 낚싯대로 충분히 가능하기 때문이다. 거의 대부분 쏘가리 낚싯대를 사용하는 편인데 조금 더 손맛을 추구하려면 껙지용이나 관리형 낚시터에서 사용하는 무지개송어 낚싯대도 좋다.

　구체적인 제원을 제시하면 6~7피트 길이의 울트라라이트(UL) 파워를 갖춘 것이다. 더불어 5~6월 산란기나 장마철에는 덩치 큰 녀석들이 설치고 주요 활동영역인 여울 지대에선 50cm급 이상의 강준치가 흔히 걸려들므로 다소 강도가 높은 라이트(L) 파워가 유리할 수도 있다.

●릴(Reel) : 낚싯대와 마찬가지로 릴 역시 쏘가리낚시용에 준하면 된다. 구체적으로 2호 줄이 150~200m 정도 감기는 1000~1500번대의 스피닝 릴이면 충분하다. 이를 기준으로 드랙 성능이 우수한 제품일수록 좋다.

●낚싯줄(Line) : 바닥층을 노리는 낚시가 아니기 때문에 굳이 감도와 순간 충격 등을 따질 필요 없이 1호 안팎(0.8~1.5호)의 나일론 또는 플로로카본 줄이면 된다. 다만 가는 줄로 원거리 캐스팅을 해야 하는 만큼 가는 낚싯줄 일수록 품질이 좋은 제품을 선택해야 한다.

●스푼(Spoon) : 우리나라 루어낚시 초창기부터 약방의 감초 격으로 사용

- ●표준명 : 강준치
- ●속　명 : 준치 · 물준치 · 우레기 · 강우럭
- ●학　명 : *Erythroculter erythropterus*
- ●영　명 : Predatory carp
- ●일　명 : 가와히라(カワヒラ)

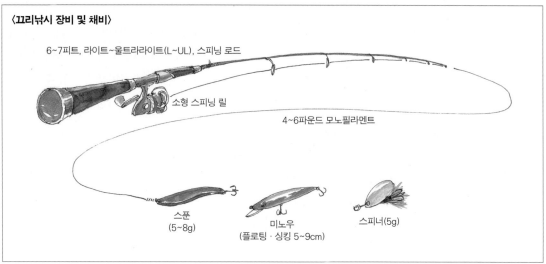

〈끄리낚시 장비 및 채비〉

6~7피트, 라이트~울트라라이트(L~UL), 스피닝 로드

소형 스피닝 릴

4~6파운드 모노필라멘트

스푼
(5~8g)

미노우
(플로팅 · 싱킹 5~9cm)

스피너(5g)

돼 온 고전적인 루어가 바로 스푼이다. 하지만 강준치·끄리낚시에 여전히 많이 사용되는 루어가 곧 스푼이기도 하다. 6~12g짜리를 주로 사용하되 강준치의 경우는 스푼 모양이 둥근 것보다는 버들잎 형태로 약간 길쭉한 것이 효과적이고, 끄리의 경우는 무게가 다소 가벼운 5~8g짜리를 사용해도 좋다.

강준치든 끄리든 가급적 루어를 멀리 캐스팅하되 활성도가 높은 시기에는 루어가 착수하자마자 곧바로 릴링을 시작한다. 다소 빠른 속도의 연속적인 리트리브(Retrieve)를 구사하면 되는데, 저수온기에는 두 어종 모두 다소 깊은 수심층에 웅크리므로 이럴 땐 루어의 카운트다운이 필요해진다.

●지그헤드(Jig head)와 웜(Worm) : 끄리보다는 강준치낚시에 활용된다. 1/16~1/8온스(약 2~4g) 무게의 지그헤드에 2~3인치 길이의 그럽(Grub) 웜을 세팅해 표층과 중층을 공략하는 것이 기본이다. 강준치낚시에 사용되는 웜은 색깔보다 형태가 중요한데 파장이 큰 웜일수록 대상어의 호기심을 더욱 자극한다. 따라서 웜은 조금 큰 사이즈를 사용하는 것이 좋다.

지그헤드 채비 역시 릴링 속도를 조금 빠르게 하면서 일정 속도로 단순하게 감아 들이는 리트리브(Retrieve)만으로도 충분히 효과를 거둘 수 있다. 입질이 없을 시에는 살짝살짝 낚싯대를 빠르게 들어 올린 뒤 멈추는 동작으로 채비를 낙하시키면 순간적인 입질이 들어오기도 한다.

●미노우(Minnow) : 현대의 루어낚시엔 미노우가 사용되지 않는 분야가 없다. 강준치·끄리낚시도 예외가 아니다. 스푼과 지그헤드보다 조금 더 물고기와 비슷한 움직임을 구사하기 때문에 군집한 무리들과 조우할 경우 마릿수 조과를 누릴 수 있다. 길이 5~9cm, 무게 5~8g짜리를 권하며 싱킹 계열의 미노우보다는 서스펜드 및 플로팅 타입의 미노우를 사용한다면 루어의 손실 없이 조과를 올릴 수 있다. 다만 너무 작거나 가벼운 미노우는 비거리가 나오지 않기 때문에 이때는 1호 이하의 아주 가는 합사를 선택하면 비거리 향상에 많은 도움이 될 것이다.

단순한 리트리브만으로도 효과를 볼 수 있지만 짧은 트위칭을 서너 번이상 구사하면 반사적인 입질을 도모할 수 있다. 트위칭과 스테이를 반복적으로 구사하되 릴링 속도를 조금 빠르게 유지하는 것이 중요하다.

●스피너(Spinner) : 블레이드(날개)가 부착된 스피너는 끄리낚시에 유효하다. 여울 아래쪽이나 물살이 느린 곳에선 현란한 블레이드의 움직임이 끄

리를 유혹하는 데 뛰어난 효과를 발휘하는 것이다.

　이밖에 강준치낚시엔 톱워터 플러그(Topwater plug) 종류도 사용된다. 길이 5~7cm 정도의 소형 폽퍼(Popper)나 펜슬베이트는 아침·저녁 조용한 시간에 표층을 노니는 강준치를 공략하는 데 매우 효과적이다.

● 표준명 : 끄리
● 속　명 : 치리·칠어·날피리
● 학　명 : *Opsariichthys bidens*
● 영　명 : Korean piscivorous chub
● 일　명 : 고라이하스(コウライハス)

■강준치·끄리낚시 포인트

　강준치와 끄리는 잉엇과의 어종이면서도 어식성이 강하다는 점, 무리를 지어 이동한다는 점에 유의할 필요가 있다. 어떤 포인트를 겨냥하건 한두 마리 날마리 조과를 올릴 수도 있겠지만 무리를 지어 이동하는 통로, 먹잇감이 되는 베이트 피시의 움직임이 포착되는 곳을 찾는 게 최우선이다. 두 어종의 먹이활동이 활발한 봄~가을 시즌이라면 대부분 여울지대에서 성패가 결정 나기 마련이다.

● **최우선은 여울지대** : 강준치는 물살이 강한 여울이나 물살이 느리거나 거의 없어 보이는 곳에서도 두루 잘 낚인다. 그러나 봄철 산란기에는 무리지어 여울을 거슬러 오르므로 여울 상목 또는 하목의 끄리를 적극 공략해야

〈끄리 포인트와 루어 활용법〉

- 피라미 튀는 장소 -

미노우 트위칭!

- 여울의 표층 -
물살이 빠를수록 루어 움직임도 빠르게!

한다. 장마철 많은 비가 내린 이후에도 여울 지대가 유력 포인트이며, 가을철에는 여울과 여울 사이의 수심 깊은 소(沼)를 거점으로 먹이활동을 하므로 여울 지대라 할지라도 유속이 빠르지 않은 곳을 선택하는 게 좋다. 끄리와는 달리 강준치는 어느 정도 물이 흐린 곳에서도 먹이활동을 하므로 물이 흐리다고 해서 무조건 지나칠 필요는 없다.

하천의 끄리도 수온이 오르는 봄철부터는 여울을 타고 상류로 거슬러 오른다. 피라미나 갈겨니 등 먹잇감들이 풍부한 곳이기 때문이다. 먹이사냥을 하는 수심층 역시 표층이므로 이런 시기엔 루어를 캐스팅한 후 굳이 카운트다운을 할 필요도 없다. 그러나 늦가을 들어 수온이 낮아지면 어느 정도 깊이의 수심층을 회유하므로 카운트다운이 필요해진다.

●지류권 합수 지점 : 장마철 또는 많은 비가 내려 강물이 혼탁해지면 끄리의 경우 특히 낚시가 어려워진다. 이 무렵 반짝 호황 찬스를 맞는 곳이 있다. 지천(支川)이 큰 강으로 합류되는 지점이다.

비가 그친 후 물이 먼저 맑아지는 곳은 본류 아닌 지류권으로, 지류권의 맑은 물이 유입되는 합수 지점엔 본류권의 흙탕물을 피한 끄리가 한꺼번에 몰려들어 분탕질을 하는데, 이런 기회를 만나면 그야말로 대박 조황을 누릴 수 있다. 쏘가리와 강준치를 비롯한 강계 어종 대부분이 비슷한 양상을 보이지만 특히 끄리가 유난한 편이다. 그러나 이런 찬스는 오래 가지 않고 큰 비 그친 후 하루 또는 이틀 만에 끝나기 십상이다.

●베이트 피시가 튀는 곳 : 거듭 언급하지만 강준치와 끄리는 무리를 지어 회유하므로 어떻게든 빨리 회유로를 찾아내는 것이 관건이다. 강기슭을 거슬러 오르며 부챗살 형태의 캐스팅으로 포인트 탐색을 폭넓게 전개하는 게 중요하지만 그러면서도 수면 이리저리를 유심히 살펴볼 필요가 있다. 강준치와 끄리의 먹잇감이 되는 베이트 피시(Bait fish), 즉 피라미와 갈겨니가 수면 위로 튀는 곳이면 확실한 포인트로 주목해야 한다. 피라미와 갈겨니가 수면 위의 곤충을 사냥하거나 강준치와 끄리 등의 포식어에 쫓기는 형상이기 때문이다. 한낮보다는 해질 녘에 흔히 목격되는 광경이다.

●교각 및 나무 그늘 지역 : 대부분 육식성 어종들은 먹이를 구하기 쉬운 그늘진 곳에 은거해 수면에 떨어지거나 흘러드는 먹이를 공격한다. 따라서 이런 곳을 노릴 땐 루어 액션을 곤충처럼 연출하거나 좀 더 멀리 캐스팅하여 포인트로 유입되는 작은 물고기처럼 연출할 필요가 있다.

■강준치 · 끄리 루어낚시 이렇게!

두 어종의 공통점은 유영 속도가 빠른 회유어라는 점이다. 서식 여건이 비슷한 포인트에서 쏘가리를 염두에 두고 캐스팅을 하다보면 엉뚱하게 먼저 달려드는 녀석들이 이들 중 하나일 때가 많다.

고속 유영을 한다는 점에서 강준치 · 끄리낚시의 루어 운용은 다른 어종에 비해 릴링 속도가 빨라야 한다. 제철의 두 어종은 한 곳에 은거하기보다는 쉼 없이 이동하는 회유어인 데다 소음에 민감해 원거리 캐스팅을 구사해야 한다. 근거리에 어떤 징후가 포착될지라도 그 지점에 곧장 루어를 던지기보다는 좀 더 멀리 캐스팅해서 포인트권역으로 끌어들여야 한다.

강준치

●표준명 : 강준치
●속　명 : 준치 · 물준치 · 우레기 · 강우럭
●학　명 : *Erythroculter erythropterus*
●영　명 : Predatory carp
●일　명 : 가와히라(カワヒラ)

▶강준치를 겨냥한 루어 운용 – 수면 착수 후 곧장, 빠르게 릴링

어떤 루어를 사용하든 루어가 착수하면 곧장 릴링을 개시하되 대상어의 빠른 회유 속도를 감안해 릴링 속도 또한 빠르게 전개하는 것이 좋다. 사용하는 루어가 스푼일 경우는 움직이는 폭을 너무 크게 하기보다는 확실하게 작동시키는 것이 좋다. 미노우 플러그라면 이동 속도가 빠른 트위칭이나 저킹의 폭을 다양하게 구사할 필요가 있다.

수면에 관심이 많은 강준치는 수면에서 비틀거리는 다친 물고기나 물에

▼끄리낚시에도 미노우가 흔히 사용된다. 일반적인 여건이라면 플로팅 타입이 효과적이지만 물살이 세차고 수심 깊은 곳에선 싱킹 타입이 위력을 발휘한다.

떨어져 버둥거리는 곤충을 즐겨 포식한다. 이런 점에서 이른 새벽이나 일몰 이후 조명등이 켜지는 교각 부근을 노려봄직하다. 주위가 조용하고 어두운 환경이라면 폽퍼나 펜슬베이트와 같은 톱워터 플러그가 위력을 발휘한다.

▶끄리를 겨냥한 루어 운용 – 트위칭, 저킹 액션 혼용

갈겨니나 피라미가 어른대거나 놀라 도망치는 모습을 머릿속에 그려 보자. 루어를 곧 이들 먹잇감처럼 움직여 주면 된다.

스푼이든 미노우든 물살이 빠른 장소에서는 그만큼 고속으로 움직여야 한다. 돌발적인 움직임이 발생하도록 낚싯대를 손목의 힘을 이용해 흔들어 주거나(트위칭), 강하게 당겨주는 것(저킹)도 효과적이다. 이런 연출이 어쩔 줄 모르고 허둥대는 피라미의 움직임을 만들어 낸다.

미노우를 사용할 경우는 포인트 거리가 멀고 물살이 빠르거나 수심이 깊다면 가벼운 플로팅보다는 서스펜드나 싱킹 타입이 사용하기에 더 편리하다. 스피너를 사용하는 경우는 대부분 물살이 없는 곳이거나 저수지 낚시터가 좋은데, 이런 장소에서는 끄리가 꼭 표층에만 있으란 법이 없으므로 카운트다운에 신경을 써 먼저 유영층을 찾는 것이 중요하다.

제철의 끄리는 십중팔구 여울지대의 표층이지만 늦가을부터 수온이 낮아진 시기에는 표층이 아니라 어느 정도의 수심층을 회유한다. 특히 한겨울에는 무리지어 깊은 수심에 머무는데, 이 시기에는 강보다는 대단위 저수지나 인공 호수의 특정한 장소에서 입질을 한다. 이 같은 여건에서도 루어의 카운트다운이 강조된다.

▶강준치 챔질에서 랜딩까지 – 순발력 강해도 지구력은 약한 편

회유 속도가 빠른 강준치의 입질은 '덜컥' 하는 느낌으로 확실히 감지할 수 있다. 그러나 강준치의 입은 수직으로 위를 향해 있고, 두툼한

〈강준치의 습성〉

죽은척…

갑자기 벌렁!

지구력이 약한 강준치는 소형급인 경우, 루어에 끌려나오는 도중 갑자기 가사상태에 빠지기도 한다.

입술과는 달리 턱과의 연결 부위가 매우 연약해 챔질을 너무 강하게 하면 입이 찢어질 수도 있다. 손목 힘을 이용한 짧고도 순간적인 챔질이 좋다. 물살이 센 여울 지대에서 입질을 받은 경우일수록 특히 그러하다.

바늘에 걸려든 강준치는 처음엔 강한 저항을 보인다. 빠른 속도로 내달리기 때문인데, 그 강도가 심할 땐 억지로 릴링을 하기보다는 드랙 조절로 어느 정도 줄을 차고나가게 내버려 둘 필요도 있다.

순발력이 강한 강준치는 상대적으로 지구력은 약한 편이다. 어느 정도 차고 나가다가도 곧 순순히 끌려온다. 특히 소형급은 어느 순간 마치 죽은 것처럼 배를 뒤집고 끌려오기도 하고, 갑자기 정신을 차리고 뛰쳐나가기도 하므로 완전히 랜딩에 성공할 때까지 방심은 금물이다.

미터급에 이르는 대형 강준치는 그 저항이 생각보다 강하다. 가는 낚싯줄을 사용한 경우 매듭 부위가 끊어지기도 한다. 릴 드랙 조절이 강조되는 대목이다.

- ●표준명 : 끄리
- ●속 명 : 치리 · 칠어 · 날피리
- ●학 명 : *Opsariichthys bidens*
- ●영 명 : Korean piscivorous chub
- ●일 명 : 고라이하스(コウライハス)

▶**끄리 챔질에서 랜딩까지** – 때로는 휘젓고 때로는 치솟기도

끄리 역시 빠르게 움직이면서 먹잇감을 취하는 탓으로 루어를 공격하는 즉시 바늘이 입 언저리에 저절로 박히는 경우가 많다. 그러나 입 주변이 딱딱해 자칫 설걸리기 쉬우므로 한 번 살짝 반사적인 챔질을 가한 후 끌어들일 필요가 있다.

바늘에 걸려든 끄리는 그 충격으로 인해 움직임이 강해지고 이리저리 휘젓거나 때로는 수면 위로 튀어 오르기도 하는 등, 독특한 몸놀림으로 손맛을 즐겁게 해 준다. 서두르지 말고 차분히 낚싯대의 방향을 유지한 채 릴링하는 것이 바늘에서 빠지지 않게 하는 방법이다.

물 밖으로 끌어낼 때도 낚싯대의 탄성을 이용해 살짝 들어 올리거나 수면과 수평을 이루는 언저리에선 그냥 슬라이딩 시키면 된다. 하지만 워낙 반항이 심한 녀석이라 발밑까지 다가와서는 다시 한 번 온몸을 뒤채는 등 저항을 포기하지 않으므로 마지막 순간까지 방심해서는 안 된다.

■**유망 강준치 · 끄리 낚시터**

끄리는 원래 임진강을 비롯한 남한강계와 북한강계 등 서해로 흐르는 강

계에 주로 서식했지만 오래 전부터 남해로 흐르는 섬진강과 낙동강 줄기에도 개체수가 많아졌다. 또한 이들 강계에 축조된 댐(소양호·춘천호·의암호·대청호·충주호 등등)에도 많은 끄리가 분포한다.

강준치 역시 서울을 관통하는 한강은 물론 서해와 남해로 흐르는 큰 강계와 대단위 수면의 댐, 저수지에도 서식한다. 특히 충주호 주변의 삼탄 지역과 부여 반산지, 금강하구 등지는 오래 전부터 강준치 전문 낚시터로 소문난 곳이다.

●한강 : 수위가 안정되는 7~8월, 한여름 더위를 식힐 겸 서울 도심 한강에서 짬낚시를 즐기는 낚시인이 많아졌다. 한강대교를 중심으로 한 노들섬과 방화대교 남단 배수지역, 하남시 팔당대교 부근은 크고 작은 강준치 씨알을 고루 만날 수 있는 곳들이다.

●남한강 단양 : 충북은 단양은 쏘가리 포인트로 유명한 곳이지만 끄리와 강준치 개체수 또한 상당히 많다. 충주호의 상류 지역으로 구단양까지가 대표적이고, 남한강 상류 쪽으로 거슬러 오를수록 개체수가 점차 줄어들어 군간소수력 발전소 위쪽에 이르면 거의 기대하기 어렵다.

●제천천 삼탄여울 : 충북 충주시 산척면 명서리 명서교 일대. 중앙선 삼탄역 밑에서 제천천이 크게 휘돌아 삼탄여울로 불린다. 6월 말부터 초가을까지 강준치낚시가 잘 되는 곳으로, 특히 큰비가 내린 이후인 7월 중순경부터 충주호 강준치들이 산란을 위해 이곳 삼탄여울 일대로 대거 소상하는데, 대

▼추위가 채 가시지 않은 3월 초순, 금강 하류권 웅포대교 밑에서 낚인 1m급 대형 강준치.

략 한 달 기간인 8월 중순까지 그야말로 파시를 이룬다.

명서교를 기준으로 약 4km 하류 지점인 정암마을, 1km 상류 지점인 삼탄역 앞, 상류 5km 지점의 임도(林道) 일대가 대표적인 포인트이다. 물놀이객들이 많을 때는 밤낚시를 하면 된다.

●금강 지수리 : 충북 옥천군 안남면 지수리~청성면 합금리 일대는 유명한 쏘가리 낚시터이자 여울 지대가 많아 끄리 낚시터로도 이름난 곳이다. 특히 장마철에는 대형 바디끄리를 만날 수 있는 곳인데 보청천이 유입되는 합수 지점도 빼놓을 수 없는 포인트이다.

아울러 금강 하류권에 속하는 웅포대교와 금강대교 인근은 금강하구의 수문이 개방돼 유속이 살아날 때면 미터급 강준치를 기대할 수 있는 곳으로 유명하다.

●낙동강 : 대한민국에서 가장 긴 강으로 안동 근처의 반변천과 영강 등 많은 지류권을 흡수해 남쪽으로 길게 흐른다. 대단위 수면의 여러 댐들이 축조돼 있는 만큼 낚시터 또한 많지만 본류권만 해도 대구 달성군의 고령교와 남구미대교, 부산 강서구의 구포다리까지 광범위한 포인트가 형성된다. 2010년 이후 미터급의 강준치를 만날 수 있는 지역으로 남부지방 최고의 포인트이다.

●부여 반산지 : 충남 부여군 규암면 석우리 · 합송리 · 수목리에 위치한 반산지는 금강으로 유입되는 지류권을 막은 저수지로 강준치가 많기로 소문난 곳이다. 우리나라 강준치 최대어 기록을 몇 번씩이나 갈아치운 화제의 낚시터이기도 하다.

최상류권의 수목천이 유입되는 수목교 주변은 봄철 산란을 위해 모여드는 강준치를 노리는 특급 포인트이고, 가을철 최하류권은 미터급 강준치를 만날 수 있는 최적의 포인트이다.

강준치

●표준명 : 강준치
●속　명 : 준치 · 물준치 · 우레기 · 강우럭
●학　명 : *Erythroculter erythropterus*
●영　명 : Predatory carp
●일　명 : 가와히라(カワヒラ)

6월에 떠나요!

글 최석민, 사진 최석민 외

넙치(광어)낚시
방석이 떠오르면 멍석만하게 보인다

광어가 바닷가 횟집에서 최고의 몸값을 자랑하던 시절이 있었다. 양식업이 성행하기 이전, 80년대 초반만 해도 자연산 광어는 간혹 바가지요금 시비를 불러일으킬 정도로 귀한 어종이었다. 낚시 대상어가 되기에는 자원이 부족했던 시절이라 우럭 외줄낚시에 간혹 광어가 걸려들면 온 뱃전이 떠들썩할 정도로 쾌재를 불렀다.

그러나 이제 광어는 우리나라 거의 모든 횟집의 기본 메뉴로 떠올라 사계절 수족관 바닥에 항상 엎드린 자세다. 낚시 또한 마찬가지다. 우럭만큼이나 낚기 쉬운 어종이 되었고, 생미끼보다 오히려 루어를 더 좋아해 우럭을 능가하는 본격 루어낚시 대상어로 자리 잡았다. 이유는 간단하다. 자원

9	10	11	12	1	2

이 늘어난 때문이다. 80년대 후반~90년대 초반 들어 광어 양식이 크게 붐을 이뤄 인공 종묘 생산이 늘어남에 따라 자연스레 치어방류사업으로 연계된 것이 그 계기다.

　자원 증가가 먼저 이뤄진 서해에서부터 시작된 광어 루어낚시는 이제 동서남해 곳곳으로 확산되었을 뿐만 아니라 그 방법 또한 여러 갈래로 다양해졌다. 선상낚시로부터 시작돼 갯바위 · 방파제 · 해수욕장 부근에서 즐기는 연안낚시로까지 확대되었는가 하면, 선상낚시도 더욱 세분화 되었다. 단체 출조 형식의 기존 선상낚시는 물론, 소형 모터보트와 무동력 카약을 이용한 분야로까지 발달해 저마다의 취향과 묘미를 한껏 추구하는 추세다.

　방법이 다양화 되었다고 해서 낚시 자체가 어려워진 건 아니다. 여전히 변치 않는 것은 광어 루어낚시는 쉽다는 점이다. 탐식성이 강한 광어는 생미끼보다 오히려 루어에 잘 반응하고, 악식가로서 루어 종류 또한 별반 가리지 않는다. 그러니 값싼 웜(Worm) 종류만으로도 충분하고, 다른 루어낚시 대상어와는 달리 현란한 기법을 구사하지 않아도 조과가 따르는 만큼 특히 초보자들이 입문하기에 안성맞춤이다.

　예나 다름없이 횟감으로 인기가 높은 광어는 낚시인 가족들이 더 좋아한다. 경기도 남양주에 사는 조우 A씨와 그 이웃들은 광어낚시 '광팬'이다. 필

●표준명 : 넙치
●속　명 : 광어
●학　명 : *Paralichthys olivaceus*
●영　명 : 플랫피시(Flatfish)
●일　명 : 히라메(ヒラメ)

▼서해 오천항을 떠나 외연도 근해에서 한 낚싯배 일행 10여 명이 올린 광어 대박 조과. 초가을 시즌, 다운샷 채비에 올라온 광어는 무려 150여 수.

자를 따라 광어낚시를 시작한 A씨는 초기엔 가족들에게 갖다 바치더니 차츰 같은 아파트 이웃들에게도 맛을 보였다. '횟집에서 사 먹는 양식산보다 낚시로 잡은 자연산이 확실히 맛있다'고 서로 젓가락 싸움질하던 이웃들이 급기야 C씨를 따라 광어낚시를 나섰고, 이후 C씨와 이웃들은 틈만 나면 단체 출조로 선상 파티를 즐긴다. 덕분에 귀가 시 C씨의 아이스박스는 항상 회 썰어 먹고 남은 서덜(서더리)뿐이다.

■생태와 습성, 서식 및 분포

광어의 학술적 표준명은 넙치다. 체형이 '넓다'는 뜻에서 붙여진 이름 같은데 광어(廣魚)라는 속명 또한 넓다는 뜻이다. 결국 두 가지 표준명과 속명은 순수 우리말과 한자어의 차이일 뿐 그 뜻은 똑같은 셈이다. 다른 나라에서 불리는 이름도 같은 뜻을 담고 있다. 일본에서는 '평평한 모양의 고기'라는 뜻으로 히라메(平目 또는 鮃)라 부르고, 중국에서도 '반쪽만 있는 고기'라 하여 반면어(半面魚)라 부른다.

그런데 일본과 중국에서는 광어를 일컬어 '눈이 몸의 한 쪽에 몰려 있는 고기'란 뜻으로 비목어(比目魚)라 부르기도 한다. 영어권에선 또 핼리벗(Halibut)이란 이름과 함께 '눈이 왼쪽에 붙은 넙치류'라는 뜻의 레프트아이 플라운더(Lefteye flounder)라는 이름으로 불리는데, 우리말로 바꿔 설명하면 '왼눈 넙치(광어)'에 해당하는 것이다.

지금도 간혹 여행객들을 속이는 바닷가 상인들이 있지만 옛날엔 가자미 종류 일부를 광어로 속여 파는 일이 많았다. 두 종이 너무나 닮은 때문이다. 둥글고 납작한 체형이 서로 비슷하고, 두 눈이 양쪽으로 나눠 있지 않고 어느 한 쪽으로 쏠려 있는 데다, 색깔마저 비슷해 일반인들이 구분을 못하는 것은 당연지사.

그래서 생겨난 말이 '왼눈 광어, 오른눈 가자미'다. 웬만한 낚시인이면 다 알고 있는 사실이지만 두 눈이 주둥이 왼쪽으로 쏠려 있으면 광어, 오른쪽으로 쏠려 있으면 가자미라는 뜻인데, 그런데도 혼동하는 이들이 많다. 어떤 방향에서 보느냐에 따라 왼쪽, 오른쪽이 달라지기 때문이다. 사람과 고기가 서로 마주보는 상태, 즉 사람이 광어나 가자미처럼 납작 엎드린 자세로 마주보는 기준이어야 한다.

넙치(광어)

광어와 가자미류를 구분하는 또 다른 기준은 입의 크기와 이빨이다. 대개 가자미류는 입이 작은 데 비해 넙치의 입은 매우 큰 편으로 위턱의 뒤 끝이 눈 뒤쪽까지 이어진다. 그리고 광어의 위·아래턱에는 가늘고도 날카로운 이빨이 촘촘히 돋아나 있어 겉으로도 쉽게 보인다. 그래서 낚은 광어를 맨 손으로 함부로 다루다가 날카로운 이빨에 다쳐 고생하기도 한다.

●표준명 : 넙치
●속 명 : 광어
●학 명 : *Paralichthys olivaceus*
●영 명 : 플랫피시(Flatfish)
●일 명 : 히라메(ヒラメ)

양식산 많아져 자연산 희소가치 증대

광어는 또 성장 속도가 빠르다. 서식 환경에 따라 차이가 나지만 대략 태어난 지 1년이면 30cm, 2년에 40cm, 3년 50cm, 4년이면 60cm(약 2.5kg) 정도로 자란다. 이러한 성장은 수온이 높은 여름부터 가을까지 집중되며 겨울~봄 사이엔 비교적 완만한 성장을 하는 것으로 보고돼 있다.

서식 범위도 넓다. 30~200m 정도의 다양한 수심에 서식하되 어린 시기에는 불과 5~20m 수심의 아주 얕은 곳에서 생활하기도 한다. 대개는 계절 따라 서식 수심을 달리하는데, 해수온이 상승하는 여름철에는 얕은 곳으로 나왔다가 겨울철이 되면 100m 이상 되는 깊은 수심으로 이동해 간다. 뻘과 모래가 섞인 바닥에 즐겨 살고, 적서 수온은 8~17.5℃ 범위로 알려진다.

산란기는 3~6월 사이로 지역 편차가 크게 나지만 수온 11~17℃ 범위에서 가장 활발히 이뤄진다. 산란장은 수심 20~50m를 형성하는 곳으로, 조류의 소통이 좋고 모래와 펄이 섞인 사니질(沙泥質) 또는 잔자갈이 많은 바닥이다.

▼자연산 광어와 양식산 광어의 비교. 자연산은 배 부분이 모두 하얀 데 비해 양식산은 거무스레한 무늬가 배어 있다.

갓 태어난 치어는 수심 얕은 연안이나 하구에서 생활하며 약 3개월이 되면 6cm 전후로 성장한다. 플랑크톤을 주로 먹던 식성도 점차 어식성(魚食性)으로 바뀌기 시작해 15cm 정도 크기가 되면 먹이의 90% 이상이 어류일 정도다. 포식하는 어류는 멸치를 비롯한 까나리·고등어·전갱이 새끼는 물론 보리멸·쏨뱅이·가자미류 등 바닥 근처에 사는 다양한 어종들을 닥치는 대로 먹어치운다.

자연산 광어

이 같은 포식성과 빠른 성장 속도로 인해 광어는 일찍이 양식 대상어로서의 1순위 반열에 올랐고, 여기서 비롯된 인공 종묘 생산이 치어방류사업으로 연결된 결과 지금과 같은 자원 증대가 이뤄진 것이다. 그래서 낚시터 현장

양식산 광어

에는 순수 자연산 광어가 낚이기도 하고, 양식장에서 태어나 자연 상태에서 성장한 '반반 광어'가 낚이는가 하면, 인근 양식장에서 탈출한 지 오래 되지 않은 양식산 광어가 낚이기도 해 그 정체를 두고 논란이 벌어지기도 한다.

구분은 간단하다. 자연산 광어는 배 쪽이 전체적으로 흰색인 데 비해 양식장에서 자란 광어는 흰색 바탕에 검은색 무늬가 문신처럼 새겨져 있다. 이러한 현상은 아직 그 원인을 정확히 밝혀내지 못한 상태로, 단순한 흑색 색소의 이상 발달이라기보다는 조직 자체가 모자이크 형상으로 섞여 나타나는 현상으로 추정하고 있다. 그러나 양식산 중에서도 이 검은색 무늬가 없는 개체도 더러 있다는 점 참고로 일러둔다.

끝으로 한 가지. 광어는 채포금지체장이 법령으로 규정돼 있어 21cm 이하는 낚는 즉시 방류해야 된다는 점 기억해 두어야 한다.

■광어낚시의 시즌 전개

:시즌 ::피크 시즌

구분	1월	2월	3월	4월	5월	6월	7월	8월	9월	10월	11월	12월	비고
서해안													
남해안													
동해안													일부지역
제주도													

일조량이 많아지는 3월이면 혹시나 하는 생각에 남보다 먼저 광어 루어낚시를 시도하는 발 빠른 낚시인들이 있다. 그러나 조금 더 참아야 한다. 바다는 워낙 품고 있는 물의 양이 많아서 3월이 가장 차갑다. 바닷물은 아직 한겨울이다. 시즌은 4월 하고도 중순이 되어야 한다.

●시즌 초반(3월 중순~4월) : 제주도를 제외한 삼면의 바다 중에서 가장 이른 입질을 보이는 곳은 의외로 동해안이다. 낯마리지만 3월 중순이면 첫 대면이 가능하다. 단 동해난류가 연안 쪽으로 치우쳐야 마릿수 조과를 보인다. 현장 상황에 밝은 낚시점에 문의하면 정확한 정보를 얻을 수 있다.

광어 루어낚시가 가장 활발히 이뤄지는 서해의 경우, 우럭이 루어에 반응을 보이기 시작하는 보령 천수만의 3월 초순을 기점으로 대략 두 물때가 지난 4월에 이르러 시즌이 시작된다. 이때쯤 서해의 선단들은 루어낚시에 능한 선수들을 모객하여 시험 출조를 시작한다. 이 무렵의 광어가 낚이는 수심층은 대체로 40m 이상의 깊은 곳이며 일부 특정한 루어 색상에만 반응을 보인다. 본격 시즌과는 달리 형광 초록에 입질이 잦은 편이다.

실제로 이 시기에 광어를 낚아 보면 뱃속이 텅 빈 것을 확인할 때가 많다. 워낙 깊은 곳에서 낚이므로 채비를 한 번 올리는 데 많은 시간과 힘이 소비되어 요즘은 소형 전동 릴을 사용하는 이들도 많다.

●1차 피크 시즌(5~6월) : 어느 지역이든 마릿수와 씨알 모두 흡족할 때다. 광어의 맛 또한 훌륭한 시기이므로 이때 집중적으로 출조하길 권한다. 왜 잘 낚이는지에 대한 의견이 분분하지만, 필자의 생각은 산란을 대비한 광어가 왕성한 먹이활동으로 포란 중인 알을 숙성시키는 시기이기 때문이라는 것이다. 실제 6월에 접어들면 손가락 한두 마디 크기의 알주머니가 광어의 뱃속에 보인다.

이 무렵 선상낚시 포인트는 수심 20m 내외의 얕은 곳에서 형성되고, 연안 도보낚시의 경우는 수심 10m 이내에서도 잘 낚인다. 루어 또한 다양한 칼라와 형태에 고루 반응한다.

●전환기(7~8월) : 한여름 삼복더위 속에서도 광어는 계속 낚인다. 하지만 봄·가을 광어에 비해 맛이 현저히 떨어지고 몸매 또한 비쩍 마른 상태다. 산란 이후 몸이 아직 회복되지 않은 상태이기 때문이다.

만약 손맛이 목적이라면 이 시기의 출조도 좋은 선택이다. 산란 후 일주일 정도만 경과하면 폭발적인 먹이활동을 개시하는데, 여름철 광어는 심지어

넙치(광어)

●표준명 : 넙치
●속 명 : 광어
●학 명 : *Paralichthys olivaceus*
●영 명 : 플랫피시(Flatfish)
●일 명 : 히라메(ヒラメ)

▼모랫바닥에 은신한 넙치(광어). 자신의 몸 색깔을 주변 환경 색깔과 맞추는 보호색으로 외적을 따돌리거나 부지불식간에 공격을 가한다.

1m 남짓한 수심에서도 입질을 한다. 멸치 등의 베이트 피시를 따라 급격히 부상하므로 다양한 루어낚시 게임을 즐길 수 있다.

●2차 피크 시즌(9~10월) : 소슬바람이 불기 시작하는 초가을로 들어서면 한해를 마무리하는 기회를 맞는다. 광어의 힘이 가장 좋을 때로 연중 최고의 파이팅을 보여준다. 가을이 깊어갈수록 광어의 맛도 깊어지고 살도 두꺼워진다. 봄 시즌과 같은 수심층에서 주로 낚이며, 10월 중순을 지나면 북쪽에서 불어오는 몇 차례의 계절풍과 함께 어군이 점점 깊은 곳으로 이동하면서 시즌을 접는다.

■선상낚시, 연안낚시 모두 세분화 추세

선상낚시 분야로 시작된 광어 루어낚시는 해를 거듭할수록 그 방법이 다양해져 지금은 다섯 또는 여섯 가지 형태로 나뉘고 있다. 크게는 두 가지 방법이다. 배를 이용하는 선상낚시와 연안에서 즐기는 도보낚시다.

우선 선상낚시는 사용하는 배의 종류에 따라 서너 가지 형태로 구분 된다. 통상적인 선상낚시는 승선 인원 10여 명 이상 되는 어선(5톤급 내외)을 이용하는 경우이고, 이보다 훨씬 규모가 작은 개인 레저보트를 활용하는 인구도 늘어나 선상낚시는 더욱 세분화된 추세다. 단체 또는 개별 모객으로 출조하는 기존 낚시어선에 이어 조종면허를 통해 운항하는 5마력 이상의 동력선(모터보트)이 활용되는가 하면, 조종면허 없이 사용할 수 있는 고무보트 및 카약으로까지 늘어난 것이다.

광어낚시에 활용되는 이 같은 보트 종류는 단지 운송 수단의 차이로 끝나지 않는다. 연안으로부터 해상 낚시터까지의 출조 거리와 낚시 수심층 등이 결정됨으로써 낚시 장비와 채비는 물론 기법도 달라질 수밖에 없다. 배낚시 형태를 세분화하는 이유가 여기에 있다.

보트를 이용하지 않고 연안에서 즐기는 방법도 다양해졌다. 3m 이내의 짧은 스피닝 로드를 사용하는 방파제 · 갯바위뿐만 아니라 3.9~4.5m 길이의 서프 전용 낚싯대로 파도 저 너머로 힘껏 루어를 날리는 '서프 캐스팅(Surf casting)' 분야가 추가된 것이다. 해수욕장이나 해변 캠핑장 주변에서 가족과 함께 즐길 수 있는 광어 서프 캐스팅낚시는 캠핑과 낚시를 접목한 분야로 특히 관심을 가질만하다.

광어 선상낚시

앞서 설명한 것처럼 10여 명 이상 함께 타는 '낚시어선'을 이용하는 경우이다. 서해안고속도로가 개통되어 서울에서 충남 해안 출항지까지의 거리가 2시간대로 좁혀져 당일 낚시가 가능해지면서 급격히 대중화된 장르이기도 하다.

여전히 서해 선상낚시를 대표하는 어종은 우럭일 수도 있지만, 선상 루어낚시를 대표하는 어종은 뭐니 뭐니 해도 광어다. 같은 루어낚시 대상어로서 우럭이 생미끼를 더 좋아하는 데 비해 광어는 오히려 루어에 더 좋은 반응을 보이기 때문이다. 다양한 루어에 잘 걸려들 뿐만 아니라 기법도 별반 까다로울 게 없어 초보자도 쉽게 익힐 수 있고 조과 또한 뛰어난 장점이 있다.

●표준명 : 넙치
●속　명 : 광어
●학　명 : *Paralichthys olivaceus*
●영　명 : 플랫피시(Flatfish)
●일　명 : 히라메(ヒラメ)

■선상낚시 장비·소품 및 루어 채비

낚싯배 위에서 채비를 곧장 수직으로 내리는 방법이므로 스피닝 장비보

▼서해 군산 흑도 연안에서의 광어 선상낚시 광경.

다는 한 손으로 릴 스풀을 제어하여 수심 변화에 빠르게 대처할 수 있는 베이트 장비가 편리하다. 이를 기준으로 낚싯대는 6:4~5:5 정도로 허리까지 부드럽게 휘는 액션이 적합하고 길이는 6피트 또는 6.6피트 정도면 된다. 세트를 이뤄야 하는 릴은 1.5~2호 PE 합사가 200m 정도 감기는 소형 베이트캐스팅 릴이 무난하다.

채비는 포인트 여건에 따라 변화를 줄 수도 있지만 웜(Worm)을 사용한 다운샷 채비가 거의 주류를 이룬다. 채비는 낚시점에서 웜과 봉돌만 달면 채비 세팅이 끝나는 제품을 구입해 사용하면 되는데, 이에 부착하는 웜은 새드 테일 웜(Shad tail worm)을 선택하는 것이 좋다. 꼬리가 그냥 직선으로 된 웜보다 효과가 확실히 좋기 때문이다.

▶낚싯대(Rod) - 6피트 길이의 허리 휨새

5톤급 안팎의 낚싯배에 15명 내외가 승선을 하므로 옆 사람과의 간격이 대략 1.5m정도 된다. 너무 긴 낚싯대를 사용할 경우 서로의 낚시에 방해가 되므로 6~6.6피트(약 1.8~2m) 길이가 적당하다. 또한 주로 사용하는 다운 샷 채비의 봉돌 무게가 30~40호(약 112~150g) 정도 되므로 루어 허용 무게가 최소 100~150g인 제품이면 이를 충분히 커버할 수 있다.

베이트캐스팅 릴을 사용하는 경우와 스피닝 릴을 사용하는 두 가지 경우를 생각할 수 있는데, 광어 선상 루어낚시엔 거의가 베이트 릴을 사용하는 만큼 낚싯대 또한 베이트캐스팅 용으로 준비하는 것이 좋다.

휨새는 6:4~5:5 정도로 허리까지 부드럽게 휘는 액션이 좋다. 낚싯대가 너무 강하면 손목이 쉬 피로해지고, 바늘에 걸려든 광어가 수면 가까이 올라와 마지막 몸부림을 칠 때 바늘털이를 당하기 쉬운 단점이 있다. 간혹 배스낚시용 로드로 광어낚시를 하는 이들이 있는데, 배

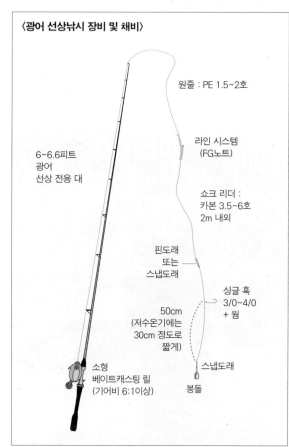

〈광어 선상낚시 장비 및 채비〉

원줄 : PE 1.5~2호

라인 시스템
(FG노트)

쇼크 리더 :
카본 3.5~6호
2m 내외

6~6.6피트
광어
선상 전용 대

핀도래
또는
스냅도래

싱글 훅
3/0~4/0
+ 웜

50cm
(저수온기에는
30cm 정도로
짧게)

스냅도래

소형
베이트캐스팅 릴
(기어비 6:1이상)

봉돌

스냅시용은 손잡이가 짧아서 장시간 묵직한 채비를 오르내리다 보면 손목에 무리가 와 옳은 선택이 못 된다.

이러한 조건들을 갖춘 광어 선상 전용 낚싯대는 대개 카본 원단을 다른 용도의 낚싯대보다 30% 정도 더 사용함으로써 매우 튼튼한 구조를 이룬다. 40호 봉돌에 웜을 세팅하면 전체 채비의 무게가 대략 160g에 이른다. 여기에 조류의 영향까지 더해지면 채비를 회수할 때 저항감이 더욱 커진다. 이러한 저항감을 줄이는 역할은 라인이 통과하는 가이드가 담당하게 되는데, 최소한 10개 이상의 가이드가 장착돼 있어야 저항감을 제대로 분산시킬 수 있다는 점 참고 바란다. 한두 번으로는 못 느끼겠지만 하루 중 8시간 낚시를 한다고 보면 최소 1시간당 5번, 총 40번 이상의 채비를 회수하는 셈으로 낚싯대의 가이드 숫자는 낚시인의 피로도와 직결된다.

● 표준명 : 넙치
● 속 명 : 광어
● 학 명 : *Paralichthys olivaceus*
● 영 명 : 플랫피시(Flatfish)
● 일 명 : 히라메(ヒラメ)

▶릴(Reel) - 기어비 6:1 이상의 소형 베이트 릴

광어 선상 루어낚시는 공략하는 수심층이 20~50m 정도로 얕으면서도 때로는 매우 깊다. 스피닝 릴보다는 1.5~2호 PE 합사가 200m 정도 감기는 소형 베이트캐스팅 릴이 적합하다. 베이트 장비를 주로 사용하는 가장 큰 이유는 다른 분야의 루어낚시와 달리 광어 루어낚시는 낚싯배 위에서 채비를 곧장 수면 아래로(거의 수직으로) 내리는 만큼, 한 손으로 릴 클러치를 '온-오프' 시켜 채비를 오르내리기 쉽고 수심 변화에 대한 대응도 스피닝 릴에 비해 유리하기 때문이다.

얼마나 빠르게 채비를 회수하느냐가 조과에 큰 영향을 미치므로 기어비(Gear比)도 따져봐야 한다. 5:1 이하의 저속 기어는 채비 회수가 느린 만큼 최소 6:1 이상의 기어비를 가진 제품을 선택하는 것이 좋다. 캐스팅 릴의 핸들에도 놉(Knob) 장치가 한 쪽에만 있되 크게 장착돼 있는 제품일수록 대형급과의 파이팅에 유리하다.

▶낚싯줄(Line) - 1.5~2호 합사 원줄에 3.5~6호 카본 쇼크 리더

선상 루어낚시에 사용하는 낚싯줄은 원줄과 채비를 연결하는 쇼크 리더(Shock leader-충격 완화용 목줄)로 구분된다. 별도의 쇼크 리더가 필요한 이유는 광어 루어낚시는 가느다란 PE 합사를 원줄로 사용하는 만큼 이에 직접 채비를 연결하게 되면 매듭 부위의 강도가 약해 대상어의 입질이나 기타 충격에 쉽게 터져버리는 폐단이 발생하기 때문이다.

●원줄(Main line) : 조류가 세차게 흐르는 한바다 위에서 이뤄지는 선상 루어낚시는 원줄을 너무 굵게 사용할 경우 조류의 저항을 많이 받는 등 채비 운용이 어려워진다. 가능한 한 굵기가 가늘면서도 강도가 높아야 하는데, 나일론 또는 플로로카본 소재의 모노필라멘트에 비해 폴리에틸렌 계열의 PE 합사가 곧 이 조건을 충족시킨다.

1.5호와 2호 합사를 원줄로 사용하되 이에 곧장 채비를 연결하지 말고 별도의 쇼크 리더를 연결해야 한다. 모노필라멘트에 비해 PE 합사는 신축성이 거의 제로에 가까워 감도가 뛰어난 장점이 있는가 하면, 매듭 부위가 충격에 약하다는 단점 또한 제기되기 때문이다.

●쇼크 리더(Shock leader) : 충격 완화용 목줄인 쇼크 리더는 카본 또는 나일론 계열의 모노필라멘트가 사용된다. 두 가지 가운데 신축성이 뛰어난 나일론은 부시리 등 대형어를 노리는 지깅 낚시에 많이 활용되며, 광어 선상낚시에는 3.5~6호 굵기의 카본 목줄이 주로 사용된다.

쇼크 리더의 길이는 흔히 사용하는 낚싯대 길이에 해당하는 2m 내외로 하되 원줄과 조합을 잘 이뤄야 한다. 원줄이 1.5호 합사인 경우는 카본 목줄 3.5호나 4호를, 2호 합사인 경우는 5호나 6호가 적합한 조합이다.

▶기타 복장과 소품

구명복 · 뜰채 · 랜딩그립 · 지깅장갑 등 일반 선상낚시에 필요한 복장과 소품에 준하면 된다. 세부적인 설명은 〈연안낚시〉 편을 참고 바란다.

▶루어 및 채비 구성 - 웜 이용한 '다운샷 채비'가 주류

선상 광어 루어낚시에는 대부분 꼬리의 파장이 커 입질 빈도가 월등히 뛰어난 새드 테일 웜을 사용한 '다운샷 채비'가 주류를 이룬다. 다운샷 채비란 채비 최하단에 봉돌을 달고 일정 간격 높이에 루어를 다는 것으로, 우리말로 바꿔 표현하면 '버림봉돌 채비'라 할 수 있다. 밑걸림이 생겼을 경우 봉돌만 떨어져 나가게 하고 루어를 포함한 나머지 채비 부위는 살리는 것이다.

●새드 테일 웜(Shad tail worm) : 몸통이 도톰하고 둥근 형태의 꼬리가 거의 직각으로 배열돼 있는 웜을 말한다. 꼬리가 그냥 직선으로 된 웜보다

약간의 움직임에도 둥근 꼬리 부분이 큰 파장을 일으켜 대상어를 강하게 유혹한다. 이를 봉돌 위쪽의 쇼크 리더에 달아주면 되는데, 광어 다운샷 채비에 사용하는 새드 테일 웜의 길이는 3~4인치(약 7.6~10cm)면 적당하다.

●메탈지그(Metal jig) : 좌우 비대칭 형태의 캐스팅 지그와 무게 중심이 지그 하단에 위치해 수직으로 내려가는 버티컬 지그로 나뉜다. 수심 20m 이내의 비교적 얕은 곳에선 30g 내외의 캐스팅 지그를 사용하여 좌우로 펄럭펄럭 낙엽이 떨어지는 듯한 광경을 연출하여 장시간 대상어를 유혹하는 방식이 좋다. 20m 이상의 깊은 수심이거나 조류가 빠른 지역에서는 60g 안팎의 버티컬 지그를 포인트 여건에 맞게 가감하면 된다.

이밖에 농어낚시용 미노우나 지그헤드 채비에도 광어가 곧잘 걸려드는데, 주변에 멸치 어군이 형성된 경우이다. 또 다른 사례로 여름 시즌의 광어는 바닥권을 벗어나 수면 아래 5m 이내의 범위로까지 멸치 어군을 따라 수면 가까이 부상하는 경우가 있다. 이처럼 광어가 수중에 떠 있는 상태일 때는 스피닝 장비로 전환, 지그헤드(1/2온스)에 웜을 세팅한 후 캐스팅 게임으로 돌입하면 대량의 조과를 올릴 수도 있다.

■선상 루어낚시 포인트

광어가 주로 서식하는 바닥은 모래와 뻘이 섞인 사니질(沙泥質) 지역이나 잔자갈이 깔린 곳이다. 여기에 듬성듬성 크고 작은 암초가 박혀 있으면 일급 포인트가 되는데 이 같은 지형을 찾는 것은 선장의 몫이다. 따라서 낚시인 입장에서는 채비를 내려 바닥 사정을 잘 간파해야 하고, 감지되는 바닥 상황에 따라 나름대로의 전략을 구사해야 한다.

●뻘바닥 : 수온이 반등하기 시작해 조금씩 상승하는 시즌 초반, 즉 4월이 되면 광어가 가장 먼저 입질하는 곳이 수심 40~60m권의 뻘바닥이다. 이 무렵엔 비교적 크기가 작은 3인치 웜을 세팅한 다운샷 채비를 사용하되, 큰 폭의 액션 부여는 지양하고 약 30cm 정도 폭의 짧은 고패질을 느릿느릿 부여하는 것이 좋다. 올렸다 내렸다 하는 고패질의 폭을 짧

넙치(광어)

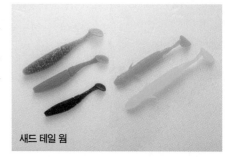

●표준명 : 넙치
●속　명 : 광어
●학　명 : *Paralichthys olivaceus*
●영　명 : 플랫피시(Flatfish)
●일　명 : 히라메(ヒラメ)

새드 테일 웜

다운샷 채비

싱글 훅에 웜 꿰기

게 하되 그 속도 또한 절대 빨라서는 안 되고 아주 느리게 움직여 주어야 확률이 높다. 봉돌과 바늘과의 거리도 30cm 이내로 짧게 세팅한다.

●수중턱 : 대부분 섬 주변의 해저는 턱을 이뤄 갑자기 수심이 깊어지는 경계면이 있다. 섬 연안에서 일정 거리를 벗어난 곳에 형성되는 수중턱은 얕은 쪽 수중여 지대와 깊은 쪽 뻘밭 지대를 구분하는 경계면이자 넓게 보면 선처럼 연결된 브레이크 라인이다.

본류권 조류가 흐르는 곳으로 여러 어종의 이동 통로가 될 뿐만 아니라 작은 물고기나 갑각류를 즐겨 포식하는 광어의 주요 서식처이기도 하다. 대략 30~40m 수심을 이루는 곳으로 연중 가장 안정적인 조과를 안겨 준다. 5월에서 11월까지 입질이 계속될 정도로 광어낚시 대부분이 수중턱 주변에서 이루어진다.

●수중여 : 20~30m 정도로 비교적 수심 변화가 적으면서도 넓은 범위에 수중여가 발달한 지역은 마릿수와 씨알 모두를 만족시켜 주는 한여름 광어 포인트이다.

이런 지형에서 고패질을 하다보면 봉돌이 여러 차례 바위에 부딪치다가 '물컹' 하는 느낌이 드는 곳이 있다. 지나가는 먹잇감을 덮치는 광어의 사냥터이므로 이런 곳에선 웜의 상하 운동 폭을 길게 하되 한꺼번에 부여하지 말고 두 번, 세 번으로 나눠 적은 폭의 변화를 거듭 시도하는 게 좋다.

●인공어초 : 폐선박을 가라앉힌 침선어초나 아파트형 인공어초는 그 높이가 대략 10m쯤 된다. 훌륭한 우럭 포인트이지만 광어 또한 많이 얼쩡대는 곳이다. 채비 손실이 많아 부담스러울 수도 있지만 채비를 올리고 내리는 타이밍을 선장이 잘 일러주므로 선장의 지시만 잘 따르면 대형급을 거둘 수 있다.

■광어 선상 루어낚시 이렇게!

우럭 외줄낚시를 하듯 채비를 바닥 또는 바닥 근처에 내려 느릿느릿 들어 올렸다 내렸다 하는 고패질을 부여해 주면 된다. 암초대를 포인트로 하는 우럭낚시와는 달리 광어낚시는 주로 바닥이 그다지 험하지 않은 곳에서 이뤄지는 만큼 초보자들도 쉽게 적응할 수 있다.

●장비 · 채비 세팅 : 맨 먼저 원줄과 쇼크 리더 연결은 보빈을 이용하거나

직접 FG 노트 방법으로 단단히 연결해준다.

선상낚시는 대개 대상어의 입질이 특정 시간대와 특정 포인트에서 집중적으로 이루어진다. 경험 많은 낚시인들은 그래서 별도의 장비를 1세트 더 챙겨 밑걸림에 낚싯줄이 끊어질 경우 채비를 다시 꾸리는 시간을 줄인다. 이때 여벌로 준비하는 베이트캐스팅 릴의 경우 좌우 손잡이 방향이 서로 다른 제품을 선택하는 것이 좋다. 장시간 낚시를 하며 같은 손으로 계속 낚싯대를 다루다 보면 피로를 느끼게 되는데, 오전·오후 각기 다른 손으로 낚싯대를 쥐면 그만큼 피로감을 줄일 수 있는 것이다. 좌우 방향이 바뀐 핸들을 잡고 릴링을 하면 처음엔 어색할 수도 있지만 불과 10분 정도면 이내 적응이 된다.

●**채비 내리기** : 포인트에 도착해 낚싯배가 조류를 가로지르는 방향으로 안착하면 선장이 낚시 시작을 알리는 '삐~' 하는 버저(Buzzer) 신호와 함께 어군탐지기에 표시된 기본 정보(해저 바닥 지형 및 수심 등등)를 알린다.

이때 베이트 릴을 사용하는 경우 클러치를 눌러 채비를 주르륵 내리되, 합사 원줄의 색깔 변화를 눈여겨보면서 채비가 바닥에 닿기 전에 예비 동작을 취해야 한다. PE 라인은 대개 5m 단위로 색깔이 달리 마킹돼 있으므로, 선장이 '30m 수심'이라 했다면 라인의 색깔이 여섯 번 변할 때 스풀에 손을 얹어 낙하 속도를 일단 줄여야 한다. 그간 채비가 조류에 얼마간 떠밀려 바닥과는 5m 정도의 간격이 있다고 보고 이때부터 채비의 낙하 속도를 줄이는 것이다.

채비를 일방적으로 내려 사정없이 바닥에 닿게 하는 것과 바닥에 닿기 전 속도를 늦춰 살포시 떨어뜨리는 것은 초보자와 베테랑의 솜씨 차이이기도 한데, 후자의 경우 바닥층에 엎드린 대상어에게 어필할 수 있는 시간을 제공함으로써 그만큼 입질 확률

● 표준명 : 넙치
● 속　명 : 광어
● 학　명 : *Paralichthys olivaceus*
● 영　명 : 플랫피시(Flatfish)
● 일　명 : 히라메(ヒラメ)

넙치(광어)

〈다운샷 채비의 기본 액션〉

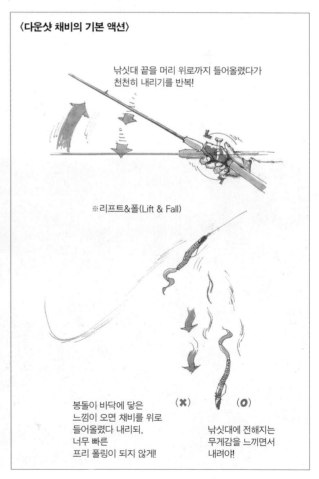

낚싯대 끝을 머리 위로까지 들어올렸다가 천천히 내리기를 반복!

※리프트&폴(Lift & Fall)

봉돌이 바닥에 닿은 느낌이 오면 채비를 위로 들어올렸다 내리되, 너무 빠른 프리 폴링이 되지 않게!　(✗)　(○)　낚싯대에 전해지는 무게감을 느끼면서 내려야!

이 높고 밑걸림 위험도 현저히 줄어든다.

●액션 부여 : 바닥에 봉돌이 닿으면 '툭' 하는 느낌이 낚싯대를 타고 손에 닿는다. 이때 낚싯대를 약 30cm 정도 얌전히 들어 올려 릴 핸들을 돌리면 자유롭게 풀리던 스풀이 고정된다. 이때부터 바닥을 '콩' '콩' 찍듯이 낚싯대를 올렸다 내렸다 하는 고패질을 해주면 되는데, 여기서도 초보자와 경험자들의 차이가 나타난다.

채비를 들어 올렸다가 내릴 때는 여유 줄이 생길 정도로 낚싯대를 빠르게 숙여 프리 폴링(Free falling)이 되게 해선 안 된다. 대략 수평 각도에서 시작해 머리 위로까지 낚싯대를 들어 올린 후 채비의 무게감이 느껴지는 상태를 유지하면서 내려야 한다. 이렇게 해야 역시 밑걸림의 위험도 줄어들고, 대상어가 반응할 수 있는 시간이 길어져 입질 확률이 높아지는 것이다.

●랜딩(Landing) : 광어의 입질은 드세고도 흡입력이 아주 강하다. 별도의 챔질 동작을 취하지 않아도 입안 깊숙이 바늘이 박힐 때가 많다. 하지만 수면 가까이 도달하면 세차게 머리를 흔들어 바늘을 털어낼 만큼 놓어 버금가는 바늘털이의 귀재이다.

수면 3m여 아래로 올라오면 대략의 크기가 보인다. 1kg급 이내는 빠르게 그냥 들어 올리는 이른바 '들어뽕'을 하는 편이 쉽고, 그 이상의 대형급은 뜰채를 사용하는 것이 안전하다.

▼바닥에 납작 엎드려 잔뜩 보호색을 띤 넙치는 '바다의 카멜레온'이라 부를 만하다. 산란기를 맞은 암수가 사랑을 나누는 모습으로 큰 놈이 암컷, 등에 올라타 아등바등하는 작은 놈이 수컷이다.

소형 보트를 이용한 광어낚시

● 표준명 : 넙치
● 속 명 : 광어
● 학 명 : *Paralichthys olivaceus*
● 영 명 : 플랫피시(Flatfish)
● 일 명 : 히라메(ヒラメ)

　레저용 소형 보트를 이용하는 루어낚시는 해를 거듭할수록 붐을 이루는 장르로, 시간과 장소에 구애받지 않고 자기만의 개성을 표현할 수 있어 인기가 높다. 별도의 동력 없이 노를 젓는 카약이 이용되는가 하면, 모터를 장착한 보트가 이용되기도 한다.

　소형 보트 중에서도 5마력 이하의 동력선은 조정 면허가 필요하지 않아 연안에서 주로 100여m 이내의 가까운 곳이나 조류의 영향을 덜 받는 내항 쪽을 찾을 때는 고무보트에 소형 엔진을 장착해 출조하기도 한다. 이에 비해 5마력 이상의 동력선은 조종면허를 취득해야 하는데, 보트의 육상 이동 수단인 트레일러 또한 규모에 따라 별도의 면허가 필요할 수도 있다. 무게 750kg 미만의 트레일러는 무관하지만 그 이상 규모는 별도의 면허를 취득해야 한다.

　이런 모터보트를 띄우기 위해선 출항지에 슬로프(Slope) 시설이 갖춰져 있어야 하는데, 서해의 경우 화성 전곡항, 안면도 영목항, 보령 오천항과 홍원항, 군산 비응항 등 유명 출항지마다엔 슬로프 시설이 갖춰진 지 오래다.

▼광어 선상낚시는 소형 동력 보트와 카약도 활용된다. 사진은 강릉 남대천 하구에서 출발한 카약 루어낚시 동호인들이다.

■소형 보트 낚시 이렇게!

　서해와 동해권에서 유행하는 소형 보트낚시는 거의 전문가들이 즐기는 영역이지만 사용되는 장비와 소품은 일반 선상낚시와 크게 다를 바 없다. 움직일 수 있는 공간이 좁고, 가까운 거리의 비교적 수심이 깊지 않은 곳에서 낚시가 이뤄진다는 점을 고려하면 된다. 따라서 낚싯대의 길이를 6피트 이하로 약간 짧게 하고 루어도 다소 가볍게 사용한다. 그러나 채비만큼은 일반 선상낚시에 즐겨 사용하는 다운샷 리그보다 텍사스 싱커를 사용한 캐롤라이나 리그(Carolina rig)가 크게 효과를 발휘한다.

●낚싯대와 릴 : 소형 보트낚시에 사용되는 장비는 일반 선상낚시에 준하되 공간이 협소한 만큼 낚싯대 길이만 6피트 이하로 짧게 사용하는 것이 편리하다. 손잡이 길이도 20cm 내외로 짧은 것이 좋다. 참고로 일반 선상낚시에 사용되는 광어 전용 루어 낚싯대의 손잡이 길이는 대략 40cm이다.

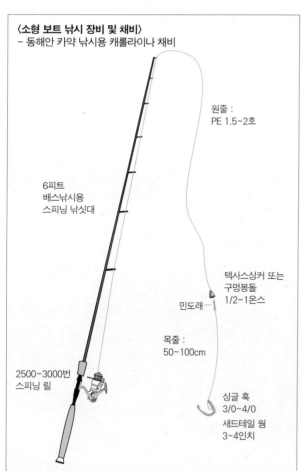

〈소형 보트 낚시 장비 및 채비〉
– 동해안 카약 낚시용 캐롤라이나 채비

원줄 :
PE 1.5~2호

6피트
배스낚시용
스피닝 낚싯대

텍사스싱커 또는
구멍봉돌
1/2~1온스

민도래

목줄 :
50~100cm

2500~3000번
스피닝 릴

싱글 훅
3/0~4/0
새드테일 웜
3~4인치

●루어 : 역시 일반 선상낚시를 할 때와 다를 바 없다. 다만 소형 보트는 먼 곳보다는 가시권의 가까운 바다에서 낚시를 한다는 차이점이 있다. 즉 수심이 그다지 깊지 않은 곳에서 낚시를 하게 되므로 조금 가벼운 루어가 필요하다. 지그헤드는 3/8온스(약 10.6g)가 주로 쓰이고 다운샷 봉돌도 12호 정도가 가장 많이 사용된다.

●포인트 : 광어를 대상어로 소형 보트낚시가 성행하는 곳은 주로 서해와 동해권이다. 서해 지역의 경우는 대개 차량 진입이 쉬운 해수욕장에서 소형 보트나 카약을 띄우고, 주변 가시권 거리에서 낚시를 한다. 포인트는 해수욕장 양쪽 측면에 형성된 갯바위 주변이나 수심 10m 내외의 몽돌밭이다.

　경북 지역을 중심으로 한 동해의 광어낚시는 4월부터 5~6월까지가 최고의 피크 시즌이며 11월까지도 조황이 이어진다. 소형 보트낚시를 하는 곳은 수심 8~15m 되는 첫

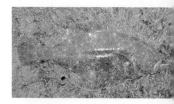

번째 브레이크 라인의 경계면이다. 연안으로부터 대략 50m 거리에 이 같은 포인트가 형성되는데, 모래밭 지형에 군데군데 형성된 수중여 주변에서 입질이 가장 잦은 편이다.

●실전 기법 : 서해권의 경우는 앞서 설명한 〈선상낚시〉 편 내용과 다를 바 없다. 하지만 동해 지역에선 전혀 다른 채비와 기법이 활용된다. 다운샷 채비와 지그헤드 채비에도 그런대로 낚이지만 텍사스 리그용 싱커를 사용한 캐롤라이나 리그(Carolina rig)에 훨씬 입질이 잦다.

캐롤라이나 채비의 목줄 길이는 50~100cm가 적당하고, 대부분 낚시 포인트가 모래 바닥인 만큼 채비를 슬쩍 들어 올렸다 내렸다 하는 호핑(Hopping)보다는 바닥층을 질질 끌어주는 크롤링(Crawling) 기법을 구사하는 것이 좋다. 텍사스 리그용 싱커가 모래먼지를 일으켜 더욱 광어를 유혹하기 때문이다.

●주의사항 : 매년 소형 레저 보트와 어선의 충돌 사고가 발생한다. 설마 하지 말고 몇 가지 안전수칙을 지켜야 한다. 첫째, 큰 어선이나 여객선이 다니는 항로까지 나가지 말아야 한다. 실제 어선의 조종 공간인 브리지(Bridge)에선 전방 근거리의 물체가 잘 보이지 않고 레이더 상에도 소형 보트는 부표 정도 크기로 표시될 뿐이다.

둘째로 새벽 안개가 자주 끼는 계절에는 소형 보트를 띄우지 말아야 한다. 바로 앞 5m도 잘 안 보여 다른 선박과의 충돌 위험이 높아진다.

넙치(광어)

●표준명 : 넙치
●속 명 : 광어
●학 명 : *Paralichthys olivaceus*
●영 명 : 플랫피시(Flatfish)
●일 명 : 히라메(ヒラメ)

▼낚싯배도 자가용 시대가 열렸다. FRP 동력선은 물론 고무 보트에 모터를 장착해 연안에서 광어·우럭·참돔낚시를 즐기는 동호인들이 날로 증가하는 추세다.

방파제 · 갯바위 연안낚시

방파제나 갯바위에서 즐기는 광어 루어낚시가 지금과 같은 붐을 이루게 된 것은 쏘가리 루어낚시 동호인들의 역할을 간과할 수 없다. 한참 낚시하기 좋은 봄철 50일 간의 금어기로 인해 발길이 묶인 쏘가리낚시 동호인들이 대체 어종을 찾아 나선 게 그 계기다.

서해안에서 시작된 우럭 · 광어 루어낚시는 쏘가리 못지않은 맛과 멋을 안겨 주었고, 이로써 붐을 이룬 방파제 · 갯바위 중심의 연안 루어낚시는 차츰 동해와 남해로 확대되면서 '생활낚시'라는 새로운 용어도 탄생시켰다. 특히 고급 횟감이라는 대중적 선호도로 인해 광어낚시가 더욱 인기를 누리게 되었는데, 그 배경에는 또 다른 요인도 있다. 꾸준한 방류사업으로 광어의 개체수가 늘어나 초보자들도 현장에서 10여 분만 익혀도 어렵잖게 '광'을 잡을 수 있게 되었기 때문이다.

▼강원도 동해항과 연결되는 동해시 용정방파제에서 초여름 광어를 낚아 든 필자.

■연안낚시 장비 및 소품

선상낚시와는 달리 갯바위나 방파제에서 멀리 캐스팅을 해야 하는 연안낚시에서는 주로 스피닝 장비가 사용된다. 스피닝 릴을 세팅 시킬 수 있는 스피닝 로드와 함께 낚싯줄(원줄)도 합사가 아닌 카본 또는 나일론 소재의 모노필라멘트가 적합하다. 이밖의 소품 또한 선상낚시 때와 크게 다를 바 없으나 연안낚시의 특성을 고려해 선택하는 것이 좋다.

●낚싯대(Rod) : 갯바위 광어 루어낚시에는 스피닝 로드를 사용하되, 프레임

이 니켈로 도금되어 염분에 강한 가이드가 부착된 제품일수록 좋다. 길이는 낚시 여건에 따라 차이가 날 수도 있다. 비교적 파도가 적은 서해와 남해권은 7~8피트(약 2.1~2.4m)가 적합하고, 파도를 막아주는 섬이 거의 없어 너울이 빈번하면서도 포인트가 멀리 형성되는 동해안 갯바위에서는 9~10피트(약 2.7~3m) 길이가 적합하다. 이 같은 동해안에선 농어 루어낚시 전용대를 사용해도 무리가 없다.

- 릴(Reel) : 대략 3호 줄이 150m 정도 2500번이나 3000번 크기의 스피닝 릴을 사용한다. 갯바위의 콧부리 등 돌출된 지형에서 낚시를 할 때는 대개 가로 방향으로 조류가 흐르기 마련인데, 광어낚시가 성행하는 서해중부 지역의 경우 사리 물때 전후가 되면 사람이 걷는 속도에 해당할 만큼의 세찬 조류가 흐른다. 따라서 기어비(Gear比)가 최소 5.7:1 이상 되는 고속 기어비의 릴을 사용하는 것이 좋다. 저속 기어비를 가진 릴은 루어에 액션을 부여한 후 여유 줄을 미처 회수할 시간도 없이 조류에 밀려 포인트를 종종 벗어나 버린다.

- 낚싯줄(Line) : 낚시에 걸려든 광어는 수중여나 기타 장애물 틈새로 파고드는 습성이 아니므로 경험 많은 낚시인이라면 적절한 드랙 조절로 6파운드(1.5호) 굵기의 낚싯줄로도 3kg급의 대상어를 끌어낼 수 있다. 만일 낚시가 조금 서툴다면 8파운드(2호) 굵기가 적합하다.

낚싯줄은 소재에 따라 카본과 나일론으로 구분된다. 카본 소재는 나일론

- 표준명 : 넙치
- 속　명 : 광어
- 학　명 : *Paralichthys olivaceus*
- 영　명 : 플랫피시(Flatfish)
- 일　명 : 히라메(ヒラメ)

▼광어 연안낚시용 소품. 사진에 수록된 준비물 외에도 꿰미와 편광안경 · 논슬립화 등이 필요하다.

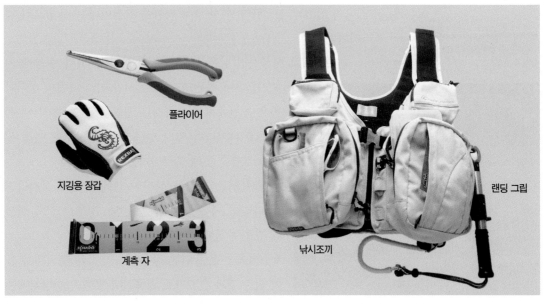

플라이어

지깅용 장갑

계측 자

낚시조끼

랜딩 그립

에 비해 인장력과 매듭강도가 우수한 반면, 다소 뻣뻣해 캐스팅 시 여유 줄을 제대로 관리하지 못하면 곧잘 꼬임이 발생해 낚시를 망치게 할 수도 있다. 따라서 초심자에겐 부드러운 성질의 나일론 소재가 적합하고 카본 줄에 비해 가격도 저렴해 부담마저 덜하다. 혹시 모를 상황에 대비한 여분의 낚싯줄도 잊지 말아야 한다.

●뜰채 : 1kg 내외의 광어는 일명 '들어뽕'이 가장 좋은 랜딩 방법이다. 하지만 2~3kg급의 광어가 낚이면 베테랑도 당황해 뒤집기 한판을 당하기도 한다. 광어는 수면 가까이 올라오면 머리를 세차게 흔들어 바늘털이를 시도하기 때문이다. 손잡이가 길 필요는 없지만 뜰채망은 50cm 이상의 큰 테두리 망이 유리하다.

●랜딩그립 : 광어의 이빨은 날카롭고도 촘촘하다. 3~5mm 길이의 삼각형 이빨이 촘촘하게 박힌 잔 이빨 사이로 긴 이빨이 일정하게 배열된 구조이다. 입 안을 들여다보면 영락없는 상어 이빨 축소판이다. 필자도 낚아 올린 광어의 입에서 바늘을 빼내려다 놈의 이빨에 두어 차례 물린 적이 있는데, 피가 잘 멈추질 않는 데다 생각보다 상처가 깊어 1주일 이상 치료한 적이 있다.

낚은 광어의 뒤처리는 맨손 사용을 억제하고 필히 랜딩그립으로 아래턱을 집어서 바늘을 제거해야 한다.

●플라이어 : 광어는 워낙 흡입력이 좋아 대형급은 손바닥 크기의 루어도 입 안 깊숙이 집어넣기도 한다. 이럴 경우 바늘을 끄집어내는 데 필요한 것이 플라이어다.

▼갯바위에서 낚은 광어는 물 고인 곳에 보관하면 상당 시간 살릴 수 있다.

●꿰미 : 꿰미를 따로 사용하면 낚은 광어를 오래 살릴 수 있다. 물통에 기포기를 사용하는 이들도 있지만 여러 마리의 광어가 좁은 공간에서 위·아래로 겹칠 경우 등 쪽과 배 쪽 모두에 아가미가 열려 있는 독특한 구조로 인해 원활한 호흡을 못해 죽어버리는 사례가 많다.

애써 낚은 횟감을 싱싱한 상태로 오래 살리려면 한 마리씩 꿰미에 꿰되, 줄을 5m 정도로 길게 연결해 깊은 수심에 넣어둬야 한다.

●구명복 : 필수 안전 장구인 구명복은 부력재가 들어 있는 것과 CO_2가스 팽창식이 있다. 선상낚시에는

●표준명 : 넙치
●속　명 : 광어
●학　명 : *Paralichthys olivaceus*
●영　명 : 플랫피시(Flatfish)
●일　명 : 히라메(ヒラメ)

간편한 가스 팽창식이 좋을 수도 있지만 연안낚시에서는 적당치 않다는 게 필자의 생각이다. 갯바위에 쓸리면 공기 주머니가 찢어져 구명복의 기능을 상실하기 때문이다. 이에 비해 부력재 방식의 구명복은 대개 주머니의 용량이 큰 만큼 각종 도구와 소품을 고루 많이 넣을 수 있어 태클 박스 하나를 줄이는 효과도 나타난다. 그리고 미끄러운 갯바위에서 넘어져도 부력재가 두툼해 부상을 줄여준다.

덥다고 해서, 불편하다고 해서 구명복 착용을 생략해선 안 된다. 그리고 구명복 가랑이 끈도 꼭 채워야 한다. 가랑이 끈을 채우지 않은 상태로 물에 빠져 정신을 잃으면 구명복이 머리 위로 벗겨지기 때문이다.

●갯바위 신발 : 여기 저기 포인트를 옮겨 다녀야 하는 루어낚시는 발목을 꽉 조여 주는 단화가 좋다. 바닥은 펠트와 핀으로 구성돼야 미끄러운 갯바위에서 접지력이 좋고 발바닥이 편하다. 토우 부분이 보강된 등산용 암벽화도 좋은 대안이지만 워낙 고가이고 방수에 취약한 단점이 있다.

●선글라스 : 여름철 강한 햇빛이 수면에 부딪혀 난반사를 일으키는 환경이 장시간 지속되면 낚시가 끝난 후 눈알이 쏟아질 듯한 통증을 느끼게 된다. 꼭 선글라스를 착용해야 한다. 유리 제품보다는 깨지지 않는 폴리카보네이트 소재의 렌즈를 선택하면 날카로운 낚싯바늘에 따른 안전사고에 대비할 수도 있다.

●지깅장갑 및 기타 : 등 쪽의 통기성이 좋아 여름에 땀이 안 차는 지깅낚시용 장갑이 필요하다. 바닥 면이 인조가죽이어야 거친 낚시 환경에서 손을 보호할 수 있다. 따가운 햇빛으로부터 피부를 보호할 수 있는 자외선 차단제와 모자도 필요하다. 모자의 경우 머리 부분이 뚫린 썬 캡을 착용하는 경우도 많은데, 무더운 여름철에는 머리 부분이 망사로 된 제품이 좋다. 머리 부분이 따가운 햇빛에 장시간 노출되면 자칫 일사병에 걸릴 수도 있다.

■연안낚시용 루어 및 채비 구성

광어 선상 루어낚시에는 웜을 이용한 다운샷 채비가 주류를 이루는 반면, 갯바위나 방파제에서 채비를 멀리 던져야 하는 연안낚시의 경우는 지그헤드 채비가 압도적 비중을 차지한다. 루어는 똑같이 그럽(Grub)과 새드 테일 웜(Shad tail worm)이 효과적이지만 연안낚시는 선상낚시에 비해 밑걸림이 자주 발생하므로 이를 해소할 수 있는 지그헤드 세팅 방법을 익혀 두는 게 좋다. 낚시 여건별 색깔 선택도 중요하다.

▼지그헤드에 웜 꿰기. (사진 위로부터) 지그헤드 바늘을 웜 위쪽으로 꿴 후, 한 바퀴 돌려 웜 속에 바늘 끝을 숨긴다.

▶루어(Lure) - 그럽 또는 새드 테일 웜, 색깔 선택 중요

연안낚시용 루어 역시 90% 이상 소프트 베이트 계열의 웜(Worm)이 사용되며, 일부 특별한 포인트 환경에서는 하드 베이트 계열의 메탈지그가 사용되기도 한다. 연안에서 캐스팅을 하는 광어 루어낚시용 웜 중에서도 사용 빈도가 높은 종류는 3~4인치의 그럽(Grub)과 함께, 둥근 모양의 꼬리가 직각을 이루는 형태의 3~4인치짜리 새드 테일 웜(Shad tail worm)이 특히 주류를 이룬다. 〈광어 선상낚시〉편 사진 참조.

하드 베이트 계열의 메탈지그(Metal jig)는 10m 이상의 깊은 수심을 노릴 경우 저중심의 버티컬(Vertical)용 지그가 유리하고, 4~5m 정도의 수심 얕은 여밭을 공략할 경우는 수중에서 지그재그로 가라앉아 그 난반사로 대상어를 크게 유혹하는 중중심의 좌우 비대칭형 캐스팅용 지그가 특히 효과적이다. 지그의 무게는 30~60g을 준비해 조류의 강약과 캐스팅 거리, 포인트의 수심에 따라 적절히 사용하면 된다.

한 가지 더 강조할 부분은 연안 캐스팅에 많이 사용되는 웜의

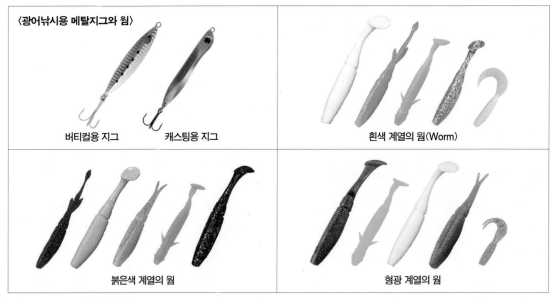

〈광어낚시용 메탈지그와 웜〉

버티컬용 지그

캐스팅용 지그

흰색 계열의 웜(Worm)

붉은색 계열의 웜

형광 계열의 웜

색깔 선택이다. 광어가 잘 반응하는 색깔은 크게 흰색 계열과 붉은색 그리고 형광 계열로 나타나는데, 어떤 특수한 상황에서는 특정 색깔에만 입질이 집중될 때도 있다. 활성도가 미약한 시즌 초기(10℃ 내외의 저수온기)에 뚜렷한 현상으로, 이 시기엔 광어는 물론 참돔도 유독 형광(녹색) 계열에만 선택적으로 입질을 한다. 따라서 형광 계열의 웜은 시즌 초반의 필수 아이템이다.

7월 이후의 광어를 낚아 보면 뱃속 가득 먹은 멸치를 토해 내는 걸 종종 목격한다. 바야흐로 피크 시즌인 것이다. 이때는 흰색 계열의 은분이나 은색 반점이 들어간 웜에 입질 빈도가 2배 이상 집중된다. 연중 가장 많이 사용되는 색상이 곧 흰색 계열이다.

조류가 매우 세차게 흐를 때는 물속의 가시거리를 떨어뜨린다. 광어 루어낚시의 최대 복병이 이 같은 탁류이다. 가장 좋은 방법은 세찬 조류대를 벗어나는 것이 상책이지만 장소 이동이 여의치 않을 경우는 붉은색 웜을 선택하는 것이 차선의 방법이다.

넙치(광어)

- 표준명 : 넙치
- 속　명 : 광어
- 학　명 : *Paralichthys olivaceus*
- 영　명 : 플랫피시(Flatfish)
- 일　명 : 히라메(ヒラメ)

▶**채비 구성** - 바늘 끝 숨기는 지그헤드 채비 유효

압도적으로 많이 사용되는 채비는 지그헤드 채비이다. 바닥에 서식하는 저서성 어류인 광어를 낚으려면 바닥층을 집중 공략해야 하는 만큼 자연스레 채비의 손실이 많이 발생한다. 지그헤드와 그럽(Grub)을 사용하는 채비는 가격이 저렴해 손실에 따른 부담이 적을 뿐더러 조과도 뛰어나 광어 연안낚시에 가장 선호되는 것이다.

지그헤드의 무게는 3/8~3/4온스(약 9~21g)를 준비한다. 대부분 포인트 여건에서는 3/8온스면 무난하지만 수심이 깊거나 사리 물때를 전

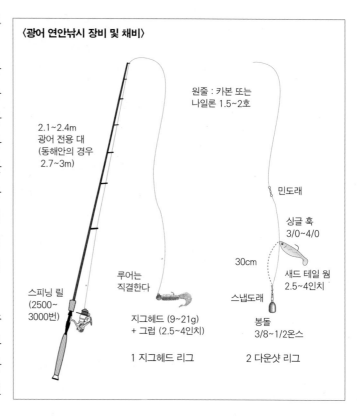

〈광어 연안낚시 장비 및 채비〉

2.1~2.4m
광어 전용 대
(동해안의 경우
2.7~3m)

원줄 : 카본 또는
나일론 1.5~2호

민도래

싱글 훅
3/0~4/0

30cm

새드 테일 웜
2.5~4인치

스피닝 릴
(2500~
3000번)

루어는
직결한다

지그헤드 (9~21g)
+ 그럽 (2.5~4인치)

1 지그헤드 리그

스냅도래

봉돌
3/8~1/2온스

2 다운샷 리그

후해 조류가 세차게 흐를 때는 1/2온스나 3/4온스를 사용하기도 한다.

웜 사이즈는 2.5~4인치짜리를 준비하되 3인치(약 7.6cm) 길이가 가장 널리 사용된다. 웜의 형태는 몸통이 도톰해 지그헤드 세팅 시 웜이 찢어지지 않아야 하며, 꼬리가 넓어 스위밍(Swimming) 동작을 부여할 시 큰 파장을 일으키는 그럽이나 새드 테일 웜 종류가 효과적이다. 또한 광어는 이빨이 워낙 날카로워 '톡!' 하고 한 번 건드려 보는 예신만으로도 웜의 꼬리가 잘라질 정도이므로 광어낚시용 웜은 질긴 재질을 고르는 것이 좋다.

장시간 웜을 사용하던 중 조류가 멈춰서 입질이 뜸한 상황에 이르면 선상낚시에 많이 사용하는 다운샷 채비로 전환해 일정 포인트에서 장시간 흔들어 주는 방법도 좋은 대응책이다.

지그헤드 채비로 연안낚시를 하다 보면 밑걸림이 잦아 짜증날 때가 많다. 다소나마 이를 해소할 수 있는 지그헤드 세팅법을 소개하면 다음과 같다.

①웜의 머리 부분을 약 1cm 가량 비스듬히 누비듯이 관통 시킨다. ②웜을 지그헤드 머리 부분 끝까지 밀어 올린다. ③바늘 끝을 웜의 몸통 옆면 1/3 지점에 꽂되, 바늘 끝이 웜 밖으로 노출되지 않도록 끼워 넣는다(사진 참조). 이렇게 바늘 끝이 웜 바깥으로 노출되지 않게 해도 광어는 워낙 입질이 강해 일단 루어를 물게 되면 수면 가까이 뜨기 전까지는 입을 꽉 다무는 습성이 있어서 바늘이 입속에 쉽게 박힌다.

■광어 연안낚시 포인트

크게 보아 선상낚시 사례와 동일하다. 다만 낚시를 하는 공간이 열려 있다는 점이 선상낚시와 다르고, 그런 점에서 포인트 선택이 능동적이면서도 폭넓어야 한다는 것이 연안낚시의 가장 큰 특징이다. 그러나 연안낚시를 하는 대표적인 장소는 갯바위와 방파제, 해수욕장 인근 등 크게 3대 지역으로 구분되므로 이를 토대로 각각의 특성만 익히면 포인트 선택이 그다지 어려울 것도 없다.

●갯바위 포인트 : 멸치 어군이 형성되어 콧부리 전방의 본류대에 광어 포인트가 형성되는 경우도 있지만 이는 매우 특이한 사례이므로 논외로 한다. 콧부리 전방으로 흐르는 본류대보다는 좌우 어느 한 쪽으로 말려드는 조류가 닿은 곳이 낚시하기에 편하고 입질 확률도 높은 편이다. 규모가 크든 작

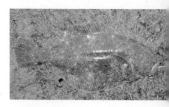

넙치(광어)

든 오목하게 물굽이를 이루는 지형 안쪽 측면을 노리되, 바닥 지형이 모래와 수중여가 혼재한 곳이면 최고의 포인트이다. 광어는 수중여와 모래의 경계면에서 지나가는 먹이를 노리는 '매복형 사냥꾼'이기 때문이다.

썰물 때 바닥이 드러났다가 밀물 때 물에 잠기는 곳일지라도 바닥 지형만 그럴듯하다면 포인트가 된다. 심증이 가는 곳이면 만조 전후한 시각에 공략해 볼 필요가 있는데, 필자의 경우 중들물 시각의 불과 50cm 수심에서 광어를 낚은 경험이 있다.

●표준명 : 넙치
●속　명 : 광어
●학　명 : *Paralichthys olivaceus*
●영　명 : 플랫피시(Flatfish)
●일　명 : 히라메(ヒラメ)

●방파제 포인트 : 서해 곳곳의 항구와 포구는 대부분 만곡(彎曲)을 이루는 지형인 데다 바닥 지질이 모래와 뻘밭이다. 극심한 조수 간만의 차이로 간조 무렵이 되면 바닥 또한 드러난다. 이런 곳에 축조된 방파제는 테트라포드 사이에서 우럭은 곧잘 낚이지만 광어를 기대하긴 어렵다.

하지만 먼 바다와 직접 맞닿아 있는 동해안의 방파제는 예외이다. 시즌이 짧긴 해도 4월 중순에서 6월 중순 기간엔 캐스팅 거리의 연안 가까이로 광어가 붙어 산란을 대비한 먹이활동을 활발히 전개한다. 그러나 막상 동해의 방파제에 서 보면 막막한 심정이 된다. 도대체 어디가 포인트인지 수심이 깊고 수면이 넓어서 분간이 안 된다.

일단은 바닥 탐색이 우선이므로 멀리 날아가고 빠르게 가라앉는 메탈 루어를 사용한다. 40m 이상 50m까지 멀리 캐스팅하되 부채살꼴로 던져서 해초 군락지나 수중여를 찾는다. 바로 그곳을 집중적으로 공략해야 한다. 방

▼갯바위에서 올린 광어 조과. 조류 소통이 활발한 곳으로 모래와 수중여가 섞인 바닥 지형을 찾아야 한다.

파제로부터 30m 이내의 거리에서는 광어 구경이 어렵다는 게 필자의 경험담이다. 그보다 훨씬 멀리 캐스팅하되 약 10여m 거리만 탐색한 후 입질이 없으면 채비를 회수해 다시 던지기를 반복하는 것이 훨씬 효율적이다.

개인적 경험을 하나 더 보태면 서해에 비해 동해산 광어의 맛이 한수 위라는 점이다.

●해수욕장 몽돌밭 : 예를 들어 서해 보령권의 근거리 섬인 원산도와 삽시도는 여객선이 자주 오고가 당일치기 낚시가 가능하면서도 광어 낚시터로도 훌륭한 곳이다. 대략 7개소의 해수욕장이 있는데 대부분 해수욕장의 양쪽 측면엔 자갈이나 작은 바위들이 산재해 있어서 좋은 포인트를 형성한다. 수심이 대략 5m 내외를 이뤄 초봄 수온 회복도 비교적 빠른 편으로, 5월 중순 서해권의 평균 수온이 10℃를 상회하는 초반 시즌에 다른 지역보다 빠른 입질을 보인다.

이런 곳에선 지그헤드 채비로 일정한 수심층을 더듬는 단순한 움직임만으로도 광어의 입질을 받을 수 있으며, 만조 가까운 시각에 그 채비 그대로 몽돌밭과 모래밭의 경계면을 공략하면 1m에 육박하는 농어의 입질도 잦은 곳이다. 서해안 연안에 위치한 거의 모든 해수욕장들이 위에 설명한 원산도·삽시도 경우와 비슷한 여건이므로 가족 단위의 피서나 캠핑 시 필히 광어를 노려볼 필요가 있다.

■광어 연안낚시 이렇게

한바다를 맘대로 옮겨 다니며 다양한 수심대를 공략하는 선상낚시와는 달리 연안낚시는 수심 얕은 가장자리에서 직접 채비를 날려야 하는 만큼 무엇보다 채비를 멀리 던질 수 있어야 한다. 낚싯대는 다소 길어야 하고 낚싯줄은 가능한 한 가늘게 사용하되, 최소 50m 안팎의 비거리가 나올 수 있는 롱 캐스팅 기법을 익혀야 한다.

다운샷 채비를 적당히 고패질 하는 선상낚시와는 달리, 지그헤드 채비를 다양하게 운용할 수 있는 기본기도 익혀야 한다. 스위밍(Swimming)과 호핑(Hopping), 세이킹(Shaking) 동작 등이 그 사례이다.

●캐스팅 : 민물 루어낚시를 하는 것처럼 손목의 스냅만으로 30m 내외의 거리까지 대충 던져선 안 된다. 그러기엔 바다는 너무 넓고 냉정하다. 훨씬

멀리, 여러 차례 던지고 회수하는 과정을 반복해야만 확률이 높아진다.

앞서 〈연안낚시 장비〉 설명에서 언급했듯이 1.5호 정도의 가는 낚싯줄로 도 커다란 광어를 낚을 수 있다. 되도록 가는 줄을 사용하여 최소 50m 내외의 거리까지 던져야 한다. 낚싯줄이 가늘어야 바람의 저항도 덜 받고 채비 운용도 쉬워진다.

롱 캐스팅을 위해선 루어를 톱가이드로부터 60~80cm 정도로 길게 늘어뜨려 원심력을 최대한 이용하되, 낚싯대 끝의 궤적이 머리 방향이 아닌 쓰리쿼터 방향(4분의 3 방향)이 되게 해야 채비가 멀리 날아가고 피로도 덜 쌓인다.

●표준명 : 넙치
●속 명 : 광어
●학 명 : *Paralichthys olivaceus*
●영 명 : 플랫피시(Flatfish)
●일 명 : 히라메(ヒラメ)

●낚싯대 파지법 : 배스와 쏘가리 루어낚시에서는 채비의 세밀한 움직임을 연출하기 위해 검지와 중지 사이에 릴 시트를 끼우는 '쓰리 핑거' 파지법을 쓴다. 그러나 광어 루어낚시에서는 중지와 약지 사이에 릴 시트를 끼우는 '투 핑거' 파지법이 적합하다. 장비의 기본 무게와 조류의 저항 그리고 대상어와의 파이팅 시 훨씬 안정적이다.

●채비 액션 연출법 : 광어 연안낚시에서는 지그헤드 채비가 주류를 이루므로 이를 토대로 설명하면 다음과 같다.

1첫째, 스위밍(Swimming) 기법이다. 가장 쉬운 방법으로 일정한 속도로 채비를 끌어들이는 것이다. 끌어들이는 수심층은 바닥에서 약간 들어 올린 중하층이다. 무작정 끌어들이는 것보다 릴을 두세 바퀴 감은 후 멈추기를 반복하면 더욱 효과적이다. 바닥 지형이 힐끔 힐끔 보이는 수심 5m 이내의 굴곡이 심하지 않은 몽돌밭을 공략할 때 가장 유효한 방법이다. 광어가 발 앞까지 쫓아와 입질하는 경우가 많으므로 끝까지 집중력을 유지해야 한다.

▼광어 루어낚시를 할 때 낚싯대를 쥐는 방법은 중지와 약지 사이에 릴 시트를 끼우는 '투 핑거' 파지법이 안정적이다.

'쓰리 핑거 파지법'

2둘째, 호핑(Hopping) 기법이다. 새우가 폴짝 폴짝 뛰듯 지그헤드 채비의 웜이 바닥에서 뜀박질을 하게 하는 것이다. 낚싯대의 위치를 45도 각도에서 시작하여 머리 위 12시 방향까지 들어 올렸다 내렸다를 반복하는 동작이며, 낚싯대를 내릴 때는 그 사이에 늘어진 여유 줄을 감아 들인다. 낚싯대를 들어 올릴 때는 가볍게 튀겨 주는 게 좋은데, 이러한 동작을 두 번 또는 세 번으로 끊어 되풀이하다 보

'투 핑거 파지법'

면 입질 가능성이 더욱 높아진다. 봄 시즌의 잦은 수온 변화로 식욕을 잃고 의기소침한 광어도 바로 자신의 눈앞에서 폴짝 폴짝 뛰는 웜에 인내심을 발휘하기는 쉽지 않을 것이다.

3셋째, 리액션 바이트(Reaction bite) 기법이다. 앞서 설명한 스위밍과 호핑이 다소 정형화된 기법인 점에 비해 리액션 바이트는 훨씬 능동적인 기법이다. 물속 장애물에 루어를 고의적으로 부딪치게 하는 것으로, 루어의 운동 방향을 급격히 전환하거나 급작스런 속도 변화로 대상어를 크게 자극하는 것이다.

초보자들의 경우 루어가 바닥에 다다르면 밑걸림이 두려워 대부분 감아 올리기 바쁘다. 여기서 초보자와 베테랑의 차이가 난다. 자신의 루어가 바닥까지 내려가 무엇엔가 부딪히는 느낌이 들면 일단 손목 힘으로 가볍게 튀긴다. 낚싯대 끝으로 이 같은 움직임을 부여하면 루어의 진행 방향과 속도에 급격한 변화가 생겨 훨씬 강력한 입질을 유도할 수 있다. 단 지그헤드의 무게는 한 단계 가볍게 세팅하고, 바늘 끝이 웜의 몸통 밖으로 노출되지 않게 해야 한다.

이 기법은 놀라운 효과를 거둘 수도 있지만 채비 손실이 아주 크다는 단점이 있다. 인내심을 갖고 연습해 두면 입질이 뜸할 때 종종 필살기로 사용할 수 있다.

4넷째, 세이킹(Shaking) 기법이다. 마지막 비장의 무기로, 지그헤드 채비가

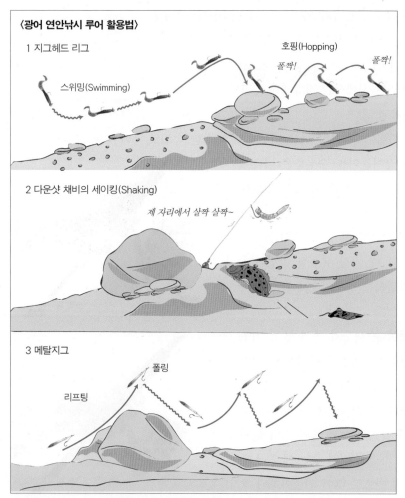

〈광어 연안낚시 루어 활용법〉

1 지그헤드 리그

스위밍(Swimming)

호핑(Hopping)

폴짝! 폴짝!

2 다운샷 채비의 세이킹(Shaking)

제 자리에서 살짝 살짝~

3 메탈지그

폴링

리프팅

아닌 다운샷 채비의 웜이 제자리에서 살짝살짝 흔들리게 낚싯대를 흔들어 주는 기법이다.

조류의 흐름이 멈추는 시간, 즉 정조(停潮) 때가 되면 그간 활발한 입질을 보이던 광어들이 일순간 조용해진다. 하지만 주변에서 사라진 게 아니라 모래 속이나 암초 가장자리에서 움직임을 멈추고 쉬고 있을 뿐이다. 이럴 땐 선상낚시에 많이 사용하는 다운샷 채비로 전환, 그간 탐색하던 포인트 중 조금이라도 더 수심 깊은 곳을 찾아 세이킹 기법을 구사한다. 채비가 목표한 지점에 안착되면 끌어들이지 말고 낚싯대 끝을 4~5초 간 가볍게 흔들어 웜이 제자리에서 덜덜덜 떨리게 하는 것이다.

몇 차례 시도에도 입질이 없으면 웜 크기를 1인치 정도 작은 것으로 교체하거나 내추럴 컬러에서 어필 컬러로 웜의 색상을 바꿔 주는 방법도 효과적이다. 더불어 공략 지점도 좀 더 먼 곳, 수심 깊은 곳으로 바꿔 볼 필요도 있다.

넙치(광어)

- 표준명 : 넙치
- 속 명 : 광어
- 학 명 : *Paralichthys olivaceus*
- 영 명 : 플랫피시(Flatfish)
- 일 명 : 히라메(ヒラメ)

▼웜에 걸려든 광어가 갯바위 가장자리로 끌려나와 '어라 차차' 몸을 뒤집는 모습.

광어 서프 캐스팅(Surf casting)낚시

캠핑 인구의 폭발적인 증가와 함께 근년 들어 각광 받고 있는 낚시 장르이다. 초기의 캠핑은 제한된 공간인 캠핑장 내에서 바비큐 등 먹거리 위주의 놀이였지만 근래는 오지 캠핑, 섬 캠핑, 솔로 캠핑 등 캠핑에 별도의 취미생활이 접목되는 추세로 진화되고 있다. 이 중에서 대표적인 사례 하나가 캠핑과 낚시를 겸하는 것으로 '광어 서프 캐스팅'이 이에 포함된다.

캠핑 또는 낚시를 취미로 하는 동호인들 끼리 각자의 취향과 솜씨를 공유하거나 가족과 함께 하는 '캠핑 낚시'는 다양한 장소에서 다양한 대상어를 선택할 수도 있겠지만 '광어 서프 캐스팅'이야말로 가장 매력적인 장르임에 분명하다.

서프 캐스팅(Surf casting)낚시는 명칭 그대로 파도 너머 멀리 캐스팅하는 낚시로, 우리말로 바꿔 표현하면 백사장 원투(遠投)낚시에 해당된다. 그리고 낚시를 하는 장소가 해수욕장 주변일 뿐 필요한 장비 및 기법은 앞서 소개한 '광어 연안낚시'와 중복되는 요소가 없다. 따라서 서프 캐스팅에서 유념해야 할 내용들 중심으로 간략하게 소개한다.

▼서프 캐스팅에 대형 광어가 곧잘 낚이는 제주도 서귀포시 안덕면 사계리 백사장. 뒤쪽에 솟은 봉우리가 유명한 산방산이다.

●표준명 : 넙치
●속 명 : 광어
●학 명 : *Paralichthys olivaceus*
●영 명 : 플랫피시(Flatfish)
●일 명 : 히라메(ヒラメ)

●낚싯대(Rod) : 일반 바다 루어낚시 전용 대는 대개 3m를 넘지 않는다. 그렇지만 광어 서프 캐스팅낚시용으로는 길이 3.9~4.5m 되는 서프 캐스팅 전용의 긴 대를 선택하는 것이 좋다. 대개의 백사장은 수심 변화가 완만해 파도가 몰아치는 상황을 제외하고는 광어가 연안 가까이로 나오는 경우가 드물기 때문에 통상 50m 이상 채비를 멀리 던져야 하는데, 짧은 루어 낚싯대로는 비거리가 한참 못 미치는 것이다.

생미끼를 사용하는 일반 원투낚시 장비로도 백사장에서의 광어 루어낚시가 가능하다. 만약 광어가 안 낚이면 간단한 채비 교체와 함께 생미끼 낚시로 전환하면 보리멸 · 노래미 · 가자미 등을 낚을 수 있으니 한마디로 일거양득이다.

●릴(Reel) : 낚싯줄이 감기는 스풀의 깊이가 얕으면서 폭이 넓고 길이가 긴 원투 전용의 스피닝 릴이 좋다. 나일론 4호 줄이 대략 250m 감기는 4000번 크기를 선택하면 된다.

●루어 및 채비 : 주로 웜 종류를 사용하되 4인치 길이의 그럽(Grub)이나 새드 테일 웜(Shad tail worm)이 적합하다. 이를 사용한 다운샷 채비를 꾸리되, 20~25호 고리봉돌을 맨 아래쪽에 달고 그 위쪽 50cm 가량 위치에 3/0~5/0 정도의 싱글훅을 세팅한 웜을 달아주면 된다.

●낚시 방법 : 멀리 해초군이나 수중여 주변 등 광어가 은신할 만한 곳까지 최소 50m 이상은 던져야 하고, 별다른 액션 없이 낚싯대를 45도 각도로 세운 상태에서 4~5초에 릴 핸들을 1바퀴 돌리는 것으로 탐색을 반복한다. 감아 들이는 도중 해초지대나 얕은 암반 지대가 감지되면 잠시 릴링을 멈추고 대 끝을 톡톡 치듯이 흔들어 줘 입질을 유도한다. 이러한 기본적인 움직임에도 광어가 곧잘 반응하므로 가족과 함께 느긋하게 즐길 수 있다는 것이다.

■유망 광어 낚시터

광어낚시가 처음 시작된 곳이자 가장 활기를 띠는 곳은 서해안이다. 선상 루어낚시는 물론 갯바위 · 방파제 등지의 연안 루어낚시도 마찬가지다. 동해안 역시 연안낚시와 선상낚시가 두루 이뤄진다. 그러나 동해안의 선상낚시는 레저용 소형 보트를 이용하는 사례가 주류를 이룬다.

▶서해안 선상낚시 출항지

●**인천 연안부두** : 더위를 느끼는 5월 중순부터 시즌이 시작된다. 수도권에서 가장 가까운 출항지로 인근 영종도와 무의도·영흥도 근해가 포인트이다. 40인승 정도의 큰 배로 모객을 하므로 직장 야유회 등 단체 출조에 좋은 곳이다.

●**안면도 영목항** : 안면도 끝자락에 위치한 출항지로 원산도와 고대도·장고도·삽시도 근해 포인트가 아주 가까울 뿐만 아니라 먼 바다 외연열도까지의 운항 거리도 가까운 곳이다. 북쪽 내파수도와 외파수도 역시 사정권에 둔, 출조 범위가 매우 폭 넓은 출항지이다.

●**보령 오천항** : 근거리인 원산도와 삽시도, 중거리 호도와 녹도·길산도 그리고 원거리 외연열도까지를 주 포인트로 하는데, 이들 지역의 광어 입질은 4월 하순부터 시작된다.

●**보령 홍원항** : 충남의 끝자락에 위치한 출항지다. 광어 입질이 빠른 연도권을 시작으로 호도와 녹도 그리고 멀리 외연열도까지를 주 포인트로 한다.

●**군산 비응항, 야미도항** : 고군산군도의 끝자락인 말도 주변 해상을 주 포

▼충남 서천군 서면 홍원항 앞 해상 '작은여' 부근의 간출여에 내려 광어 루어낚시를 하는 모습.

인트로 하되, 십이동파도와 흑도·직도·어청도 등 먼 바다까지 나가기도 한다. 입질이 가장 일찍 시작돼 4월 중순부터 기대를 걸어볼만한 곳이다.

● 표준명 : 넙치
● 속　명 : 광어
● 학　명 : *Paralichthys olivaceus*
● 영　명 : 플랫피시(Flatfish)
● 일　명 : 히라메(ヒラメ)

▶서해안 연안낚시 포인트
● 안면도 영목항 건너편, 추도 펜션 뒤쪽 갯바위 : 이곳은 광어도 잘 낚이지만 밤 낚시에 농어가 곧잘 낚인다.
● 원산도, 삽시도 : 대천항에서 출발하는 여객선을 타고 진입한다. 가족 단위의 여름철 피서지로 선정하면 낚시를 겸할 수 있는 곳으로, 해수욕장을 중심으로 좌우측 갯바위 모두가 훌륭한 광어 포인트이다. 특히 원산도 선착장 주변은 특급 포인트이다.
● 홍원항 서쪽 방파제 끝(외해 쪽) : 서해안 방파제 중에선 수심이 꽤 깊은 곳으로, 방파제 끝 주변에 여가 잘 발달되어 있어 꾸준한 조과를 보인다.

▶동해안 – 영동고속도로를 거쳐 동해고속도로로 진입하는 지역 가운데 교통편과 조과가 좋은 곳을 북쪽부터 나열하면 다음과 같다. 이들 장소는 연안낚시와 카약을 이용한 선상낚시가 모두 가능한 곳이다. 강원도 강릉시 강문동에 소재한 강문방파제 외항 쪽, 강릉시 송정동의 송정해수욕장 일대, 강릉시 남항진동의 남항진해수욕장 일대, 경북 울진군 죽변면 후정리에 소재한 후정해수욕장 일대, 울진군 원남면 덕신리 소재의 망양휴게소 앞쪽 갯바위 등이다. 이밖에도 경북 영덕군 일대와 남쪽 포항 지역에도 이름난 광어 낚시터들이 산재한다

▶제주도 – 여러 곳 중에서도 서귀포시 표선면 해안 일대에는 대단위 육상 광어양식장이 단지를 이룬다. 이곳 양식장들 퇴수로 주변이 모두 1급 포인트로, 야간에는 제주 특산종인 넙치농어도 잘 낚인다. 대개 낮낚시 때는 광어를 노리고, 밤이 되면 넙치농어를 노리는 등, 두 가지 어종을 겸할 수 있는 대표적인 루어 낚시터이다.

6월에 떠나요!

글 이희우, 사진 이희우

참돔낚시

선홍빛 여왕이 납시면 바다도 붉게 물든다

시인들은 저마다 좋아하는 대상어가 있게 마련이고, 그 대상어에 대한 나름대로의 예찬론을 펼친다. 참돔에 관한 예찬론은 특히 극찬의 수사가 동원된다. 대표적인 표현이 '바다의 여왕'이다.

담홍색 화려한 바탕에 코발트색 반점을 보석처럼 장식한 참돔의 고운 자태는 어쩌면 공주의 반열이 더 어울릴 법도 하지만, 미모와 힘(권력)을 겸비했다는 점에서 정녕 여왕의 지위가 더 적합한 표현임에 틀림없다.

어릴 적 예쁘지 않은 동물이 없다지만 참돔은 어릴 때는 물론 성어가 되어서도 변함없는 자태를 뽐내고, 노년에 이르러도 그 기품을 잃지 않는다. 크기도 미터(m)급으로까지 자라 용모와 덩치, 한번에 20~30m씩 드랙을

9	10	11	12	1	2

박차고 나가는 파이팅은 바다낚시 최고의 대상어라 할 만하다.

지금은 양식산이 많아져 옛날만큼의 희소가치는 떨어졌지만 한때 미식가들 사이에 참돔은 최고급 생선으로 꼽혔고, 낚시 또한 전문가들의 영역으로 꼽혔다. 생미끼를 이용한 찌낚시 또는 처넣기 낚시 대상어로만 여기던 2000년 초반까지만 해도 참돔은 낚시 초보자들이 만나기 어려운 대상어였다. 시즌 또한 짧은 여름 한철이거나 주로 밤낚시에 승부를 걸어야 했고, 제주도와 남해 및 서해남부 먼 바다로 원정을 가야 하는 등, 시기와 장소에도 제약이 많이 따랐다.

하지만 2007년 낚시 전문 방송인 FTV의 '그레이트 피싱'에 새로운 루어 장르인 타이라바 지깅이 소개, 보급되면서 참돔은 더 이상 낚기 어려운 어종이 아닌 대중적인 낚시 대상어로 자리매김하게 되었다. 낚시 시즌 또한 겨울 한두 달을 제외하곤 거의 사계절 시즌이 계속되는가 하면, 제주도는 물론 동서남해 어느 해역에서도 참돔낚시가 활기를 띠는 중이다.

바다의 여왕은 스커트와 타이를 좋아해!

그 이전의 계기는 참돔 전용 루어가 개발되면서부터다. 일본 어부들이 사용하던 어구가 루어 형태로 진화된 것인데, 대표적인 종류가 둥근 모양의

- 표준명 : 참돔
- 속 명 : 도미, 붉돔, 빨간돔, 상사리(어린 개체), 아까다이
- 학 명 : *Pagrus major*
- 영 명 : Red seabream
- 일 명 : 마다이(マダイ)

▼혹한기 2월에도 시즌이 계속되는 제주 우도 해상에서 타이라바 지깅으로 예쁜 참돔을 올린 필자.

카부라(蕪·カブラ)와 길쭉한 인치쿠(引竹), 그리고 지그헤드 형태를 취한 히토츠텐야(一つテンヤ) 등이다.

이 중에서 현대식 루어 제품으로 가장 먼저 출시된 것이 카부라인데, 루어 몸체가 물방울 모양의 순무(蕪)를 닮았다고 해서 붙여진 이름이다. 일본식 이름 그대로 순무의 뿌리처럼 둥글게 생긴 납봉돌(또는 금속) 헤드에 비닐 스커트와 함께 목줄 달린 바늘이 부착돼 있는 것이 특징이다. 그리고 이 카부라가 돔(鯛·'타이')낚시에 효과적인 러버 지그(Rubber jig·'라바' 지그) 지그라는 뜻에서 '타이라바(鯛ラバ)'라는 새로운 이름을 얻게 되었고, 타이라바 지깅이란 새로운 낚시 장르까지 생겨났으니, 그 주역이 바로 참돔이다.

시작이 그랬듯이 참돔 루어낚시는 여전히 선상낚시로 국한되고 있다. 참돔의 서식처가 연안에서 거리가 먼 수심 깊은 본류대이고, 야간에만 연안 가까이 접근하는 습성 때문에 연안에서의 낚시는 많은 이들이 여러 차례 시도 했지만 만족할 만한 결과를 얻지 못했다. 그런 이유로 참돔 루어낚시는 아직도 선상에서만 이루어진다. 범을 잡으려면 호랑이굴에 들어 가야하기 때문이다.

■생태와 습성, 서식 및 분포

참돔(眞鯛)이란 이름은 글자 그대로 '진짜 돔' '돔 중의 돔'이란 뜻이다. 선홍빛 화려한 체색에 빛나는 코발트색 반점이 고운 자태를 더하는 외모도 그러하지만, 맛에 있어서도 '진미'를 자랑하는 고급 어류다. 그래서 일찍이 진도미어(眞道味魚)로 불렸는가 하면, 일본에서도 우리말 참돔과 같은 의미의 마다이(眞鯛·マダイ)로 부른다.

몸은 타원형이고 옆으로 납작하며, 등 쪽은 붉은색을 띠고 배 쪽은 검은 회색 또는 흰색을 띤다. 측선 주위로 에메랄드 색의 작은 반점이 흩어져 있다. 어릴 때에는 분홍색 바탕에 짙은 붉은색의 띠를 갖고 있으나 성장함에 따라 없어지며, 나이를 먹으면 배 쪽으로 검은 회색빛이 짙어진다.

수심 10~200m의 바닥 기복이 심한 암초 지역에 주로 서식하며, 조류 소통이 원활하고 암초나 자갈이 많은 곳을 좋아한다. 적서수온은 15~28℃로 겨울이 되면 수온 10℃ 이상 유지되는 남해안 깊은 곳이나 제주도 근해로 이동하여 월동을 한 후, 다시 봄이 되면 동서남해 연안 및 중국 연안으로 이동한다.

잡식성으로서 새우나 갯지렁이, 어류 등을 주로 먹는다. 산란기는 대체로 4~6월이지만 서식장소에 따라 약간의 차이를 보인다. 산란에 적합한 수온은 15~17℃이고, 산란장은 바닥이 모래와 자갈 또는 암석이 섞인 곳이다. 낚시를 통한 경험으로 보면 산란기의 서해 참돔은 수심 얕은 개펄 지형의 물곬이나 바닥이 거친 암초 지대에서 고루 포획되고, 겨울 시즌의 남해 원도권이나 제주 해역의 경우 거친 암초 바닥과 어초 지역에서 만날 확률이 높은 것으로 파악된다.

- 표준명 : 참돔
- 속　명 : 도미, 붉돔, 빨간돔, 상사리(어린 개체), 아까다이
- 학　명 : *Pagrus major*
- 영　명 : Red seabream
- 일　명 : 마다이(マダイ)

"낚시를 물어도 곧잘 펴서 부러뜨린다"

암컷보다 수컷의 성장이 빠른 것으로 보이는 참돔은 태어난 지 1년이 지나면 손바닥 크기로 자라고, 4~5년이면 35~45cm 크기에 체중 1kg 전후로 성장한다. 10년이 지나면 60cm 전후 크기에 체중은 4~5kg에 이른다. 최대 1m 안팎으로 자라는 참돔의 수명은 대개 20~30년으로 추정되지만 50여년까지 사는 개체도 있어 어류 중에는 장수하는 종 중의 하나로 손꼽힌다.

이 같은 참돔의 생태와 특징을 압축한 재밌는 문헌 하나가 있다. 우리나라 3대 어보 중의 하나로 꼽히는 정약전의 「자산어보(玆山魚譜)」에 강항어(強項魚)란 이름으로 소개된 참돔에 관한 기록이다.

▼참돔에 관한 예찬론은 극찬의 수사가 동원된다. 대표적인 표현이 '바다의 여왕'이다.

"등은 붉고 꼬리는 넓으며 눈이 크고 비늘은 민어를 닮아 매우 단단하다. 머리 또한 단단하여 다른 물체와 부딪치면 거의 다 깨어져 버린다. 이빨도 참으로 튼튼하여 능히 소라·고동의 껍질을 부술 수 있다. 낚시를 물어도 곧잘 펴서 부러뜨린다. 살코기는 탄력이 있고 맛이 좋으며 짙다. 호서(湖西-충청도)와 해서(海西-황해도)에서는 4~5월에 잡는다. 흑산(흑산도)에는 4~5월 초에 들어와 겨울로 접어들면 자취를 감춘다."

■참돔낚시 시즌 및 특징

한마디로 우리나라의 참돔낚시는 연중 가능하다. 동 · 서 · 남해 및 제주 해역 등지의 시즌이 서로 다를 뿐이다. 근년 지속되는 해수온의 상승으로 참돔의 서식 범위가 갈수록 확대되고 개체수 또한 증가하는 점을 고려하면 지금까지의 지역별 낚시 시즌도 변화가 생길 가능성이 많다.

: 시즌　: 피크 시즌

구분	1월	2월	3월	4월	5월	6월	7월	8월	9월	10월	11월	12월	비고
동해안													
서해안													
남해안													
제주도													

●전반기 피크 시즌(4~6월) : 빠른 곳은 4월, 지역 간의 차이는 있지만 5월 이면 대부분 산란기로 접어든다. 이 무렵의 참돔 루어낚시는 특히 서해 지역에서 호조를 보이는데, 수심 5~15m의 비교적 완만한 암초지대나 물곬 또는 브레이크 라인(수심이 갑자기 깊어지는 곳) 등지에서 입질이 잦은 편이다.

다만 서해권의 4월은 평균 수온이 10℃ 안팎으로 참돔의 산란기로는 아직 이른 시기다. 5, 6월이 되어야 수온이 12~16℃로 상승하여 산란 수온을 형성하는데, 대략 5월을 기점으로 남쪽 군산권에서부터 홍원권→ 태안권→ 오천권→ 영흥권→ 인천권 순으로 점차 시즌이 북상한다. 주로 바닥권에 포인트가 형성되는 이 무렵의 참돔낚시는 마릿수 조과가 가장 기대되는 황금 시즌이기도 하다.

그러나 산란기의 참돔은 입질이 예민하여 낚시가 까다로운 시기이기도 하다. 최대한 가벼운 타이라바를 이용하여 바닥을 찍어 고패질 형식으로 입질을 유도하거나, 저속 릴링으로 참돔이 타이라바의 바늘까지 완전히 흡입할 수 있도록 하되 예신이 들어올 때 릴링을 멈추지 말고 계속해야 한다.

●여름 시즌(7~8월) : 참돔의 산란이 끝난 시기다. 수온도 25℃ 선으로 올라 낚시하기가 힘든 시기이기도 하다. 봄 시즌과는 달리 산란을 끝낸 이 무렵의 참돔은 연안을 벗어난 수심 10~30m 정도 깊이의 물곬이나 암초지대에 포인트를 형성한다.

서해안의 경우 영흥도 · 인천권은 봄 시즌으로 반짝 끝나고 오천 · 홍원리 · 태안 · 군산권 중심의 참돔낚시가 이루어지는데, 아무래도 봄 · 가을 시즌의 씨알과 마릿수 조과에는 미치지 못한다. 여러 가지 형태의 타이라바를 활용하되 조류와 물때 상황에 따라 빠른 릴링과 저속 릴링을 병행하여 그 날의 패턴을 찾아내는 것이 중요하다.

●후반기 피크 시즌(9~10월) : 겨울나기를 위한 왕성한 먹이활동으로 다시 한 번 조황이 살아나는 시기다. 이 무렵의 참돔은 무리를 지어 난바다로 이 동하는데, 수심 20 ~50m 해역의 암초나 어초, 물곬 등지에서 활발하게 먹 이 활동을 한다.

●표준명 : 참돔
●속　명 : 도미, 붉돔, 빨간돔,
　　　　　상사리(어린 개체),
　　　　　아까다이
●학　명 : *Pagrus major*
●영　명 : Red seabream
●일　명 : 마다이(マダイ)

또한 봄철 산란기 참돔이 주로 바닥권에서 입질을 하는 반면, 가을 시즌 엔 바닥층과 함께 중층부에서도 활발한 입질을 보인다. 따라서 이 무렵의 참돔낚시는 입질 수심층을 파악하는 것이 무엇보다 중요하다. 그 방법 중 의 하나는 타이라바를 바닥에서부터 상층부까지로 오르내리되 릴링 속도 를 조절하는 것이다. 즉, 1초에 한 바퀴 기준을 두고 빠르게와 느리게를 반 복함으로써 탐색의 효율성을 기하고, 이런 과정을 통해 참돔의 베이트 종류 와 입질하는 수심층을 찾아야 한다.

▼동서남해 전역에서 참돔낚시 가 피크 시즌을 이루는 5월, 제 주 차귀도 근해에서 낚은 대형 급 참돔을 들어 보이는 필자.

●겨울 시즌(11월~2월) : 서해권 시즌은 끝나고 겨울나기를 위한 참돔이 남해권 원 해와 제주 해역에 머물 시기다. 따라서 이 무렵의 겨울 참돔낚시는 12~16℃ 수온이 유지되는 제주 해역 60~120m 수심의 깊 은 바다에서 이루어진다. 생각보다 참돔이 잘 낚일 뿐만 아니라 대물을 만날 확률도 높다. 이렇게 보면 제주 해역은 사계절 참 돔낚시가 가능한 곳이기도 하다.

바닥층과 중층부에서 고루 입질을 하지 만 수심 깊은 곳에서 낚시가 이뤄지는 만 큼 루어의 무게를 다소 무겁게 사용해야 한다. 타이라바의 경우 80~150g이 적합하 다. 제주도에서의 선상낚시는 일명 '퐁'이 라고 하는 물닻을 놓고 낚시를 하는데, 이 물닻과 조류를 잘 이용해야 하는 점 참고 바란다.

참돔 타이라바 지깅

타이라바(鯛ラバ)는 '타이'(鯛·돔)와 '라바'(ラバ·러버지그)의 일본식 합성어로 참돔낚시용 러버지그(Rubber jig), 줄여서 참돔지그라 정의할 수 있다. 앞서 설명한 바와 같이 타이라바는 원래 일본의 나가사키현 및 토쿠시마현의 어부들이 참돔을 잡을 때 사용하던 어구에서 발전한 것이다. 원래 카부라(蕪·カブラ)란 이름으로 불리다가 낚시용 제품으로 본격 출시되면서 타이라바라는 새로운 이름을 얻게 되었다.

카부라(蕪·カブラ)라는 옛 이름에서도 알 수 있듯이 순무(蕪)의 뿌리처럼 둥근 모양의 헤드가 싱커 역할을 하고, 스커트 자락처럼 달린 여러 가지 색깔의 고무 조각들이 나풀거리며 물고기를 유혹하는 것이 특징이다. 다른 루어처럼 바늘이 부착돼 있으되 짧은 목줄에 매달려 있어 스커트와 함께 나풀거린다는 점도 타이라바의 특징이다.

우리나라에선 2008년 서해 군산 앞바다에서 처음 시도돼 일약 선풍을 일으킨 참돔 타이라바 지깅은 제주도를 비롯한 남해 일원으로 확대된 것은 물론, 광어·우럭·농어·부시리까지 겸하는 낚시로 발전하였다. 하지만 타이라바 지깅은 아직도 참돔낚시에 가장 유용한 방법으로 꼽히며, 여전히 그 발원지인 서해에서 가장 활발히 시도되는 참돔낚시 패턴이기도 하다.

방법 또한 까다롭지 않다. 포인트에 도착해 타이라바를 바닥까지 내린 후 일정 높이로 감아 올렸다가 내려 주기를 천천히 반복하면 된다. 여러 가지 액션을 가할 필요도 없다. 일정 높이로 부드럽게 올리기와 내리기를 반복하는 것만으로도 절반의 효과를 볼 수 있다. 다른 낚시에 비해

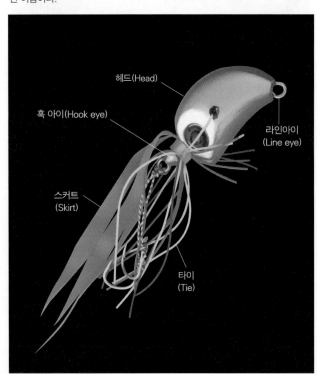

▼참돔낚시로부터 시작되어 광어·우럭·농어·부시리 등에 이르기까지 거의 만능 루어로 각광 받고 있는 '타이라바(タイラバ)'는 돔(鯛)을 지칭하는 일본어 '타이(タイ)'와 영어 러버지그(Rubber jig)를 축약한 일본식 발음 '라바(ラバ)'가 결합된 이름이다.

헤드(Head)

훅 아이(Hook eye)

라인아이
(Line eye)

스커트
(Skirt)

타이
(Tie)

어쩌면 지루하고도 따분하게 느껴질 수도 있다.

그러나 참돔 타이라바 지깅은 생각보다 훨씬 디테일한 부분도 많다. 조류의 강약에 따라 타이라바의 무게를 맞춰야 하고, 날씨와 물색에 따른 색깔 선택은 물론 포인트 선정에 따른 참돔의 유영층 파악도 매우 중요하다. 입질에 따른 챔질 타이밍 포착도 생각처럼 쉽지 않고, 타이라바를 그냥 내리고 올리기만 해서 입질이 없을 경우는 적당한 캐스팅과 함께 탐색 범위를 넓히는 등 다양한 시도가 뒤따라야 한다. 이런 점이 곧 타이라바 지깅의 묘미요, 하면 할수록 궁금증이 따르는 것이 타이라바 지깅이기도 하다.

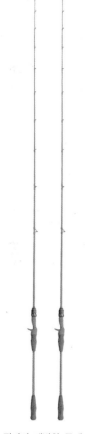

- ●표준명 : 참돔
- ●속 명 : 도미, 붉돔, 빨간돔, 상사리(어린 개체), 아까다이
- ●학 명 : *Pagrus major*
- ●영 명 : Red seabream
- ●일 명 : 마다이(マダイ)

■기본 장비 · 채비 및 소품

타이라바 지깅과 슬로우 지깅 모두 낚싯배 위에서 이뤄지다는 점을 염두에 두어야 한다. 참돔 루어낚시가 시작되던 초기엔 일반 라이트 지깅 장비를 겸용하기도 했으나 타이라바 지깅이 유행하면서부터 전용 장비와 소품이 출시되고 있어 그 선택이 어렵진 않다.

●낚싯대(Rod) : 5.5~6.0피트 또는 6.0~7.0피트 길이를 선택하되 서해와 남해권에 비해 제주 지역에선 다소 긴 쪽이 효과적이다. 강도는 미디엄(M) 또는 미디엄라이트(ML)급에서부터 엄청난 손맛을 즐길 수 있는 라이트(L)급의 연질대까지 두루 사용되는 추세다. 액션은 부드러운 곡선을 그리는 레귤러 테이퍼(허리휨새)가 적합한데, 장시간 손에 들고 낚시를 해야 하므로 낚싯대의 전체 무게는 최대한 가벼워야 한다.

이에 초릿대는 부드러워야 하고 허리는 대상어를 제압할 수 있는 강한 탄성을 지녀야 한다. 초릿대는 대부분 튜블러(Tubular) 구조로 돼 있지만 카본 솔리드(Solid)나 금속 재료인 티타늄 철사로 만들어져 대상어의 약은 입질 시 부드럽게 휘고 진동 폭 또한 크게 나타나는 제품도 있다.

●릴(Reel) : PE 합사 원줄 0.8~1.5호를 200m 이상 감을 수 있는 소형 베이트캐스팅 릴이면 된다. 기어비(Gear比)는 5점대와 6점대, 7점대 중에서도 일반적으로 6점대 릴을 가장 많이 사용하되, 5점대부터 8점대에 이르기까지의 저속 기어와 고속 기어를 상황에 맞게 사용하기도 한다. 릴 핸들을 한 바퀴 돌리면 54cm 감기는 것에서부터 81cm까지 감기는 다양한 기어비의 릴을 사용하는 방법은 다음과 같다.

▲필자가 개발한 국내 최초의 원피스(1절) 타이라바 전용 낚싯대.

저속 기어비의 릴은 핸들을 한 바퀴 돌릴 때마다 54cm 길이의 낚싯줄이 감긴다. 핸들을 10바퀴 돌리면 루어가 5.4m만큼 끌려오는 셈이다. 결국 저속 기어비의 릴은 20바퀴 이상을 감아야 바닥으로부터의 루어가 수심 10m권으로 오르는 것이다. 이에 비해 고속 기어비의 릴은 핸들 1회전에 81cm 길이의 낚싯줄이 감겨 대략 12바퀴를 감으면 바닥으로부터의 루어가 수심 10m권으로 부상하게 된다. 따라서 대상어의 활성도가 떨어지는 저수온기나 입질이 예민한 상황에서는 루어의 움직임을 느릿하게 연출할 수 있는 저속 기어비의 릴이 좋고, 본격 시즌을 맞아 입질이 활발할 때나 입질 범위가 넓을 경우는 고속 기어비의 릴이 효과를 발휘한다.

또한 수심 100m권의 미세한 입질을 파악하는 데도 탁월한 효과를 발휘하는 '유동식 타이라바 지깅'을 구사할 때는 특히 릴 드랙을 최대한 활용할 수 있어야 한다. 대물급의 미세한 입질을 본신으로 연결하기 위해선 손으로 낚싯줄을 잡아당겨 저절로 풀릴 정도의 드랙 조절을 해 둔 상태, 즉 드랙 세팅을 최대한 부드럽고 느슨하게 한 상태로 낚시를 하다가 입질이 오면 점점 강하게 드랙을 잠가 주면서 랜딩해야 한다.

●원줄(Main line) : PE 합사 0.8~2호를 기준으로 상황에 맞게 사용하되 4합보다는 8합이 좋다. 합사(合絲)는 이름 그대로 여러 가닥의 실을 꼬아 만든 것인데, 같은 굵기의 합사라 할지라도 여러 가닥을 촘촘히 꼰 것일수록 튼튼하기 마련이다. 다시 말해 1.5호 굵기의 합사 중에서도 4가닥을 꼰 4합사는 8가닥을 꼰 8합사에 비해 가격이 싼 대신에 마모성이나 내구성이 떨어진다는 뜻이다.

●쇼크 리더(Shock leader) : 나일론 또는 카본 재질 중 하나를 선택하면 된다. 나일론은 성질이 부드러워 채비 운용이 용이하고, 카본은 쓸림에 강하고 투시성이 좋은 장점과 함께 비중이 높아 채비를 빨리 가라앉히는 데도 유리하다.

쇼크 리더의 길이는 보통 3m에서 길게는 10m까지 사용할 수도 있다. 수심이 깊고 바닥 지형이 험한 곳일수록 길게 사용하는 것이 좋고, 수심이 얕고 바닥 지형이 평탄한 곳에선 3m 안팎 길이면 된다. 쇼크 리더의 굵기 또한 2~6호까지 주변 여건에 따라 다양하게 사용할 수 있다.

●타이라바 : 색상과 무게는 물론 모양도 다양하게 준비하는 것이 좋다. 빨강 · 주황 · 녹색 · 핑크색 · 은색이 기본 색상이며, 무게는 30~120g 범위로

준비하면 된다. 주로 사용하는 모양은 납작한 삽자루 형태나 둥근 형태가 주류를 이룬다. 이밖에 근년에는 헤드·스커트·타이가 분리된 유동식 타이라바도 사용된다.

타이라바의 색상과 무게·모양을 선택하는 기준은 여러 가지 선행 조건을 필요로 하지만 해역별로 크게 살펴보면 나름대로의 특징이 있는 것으로 나타난다. 제주도를 비롯한 동·서·남해의 조류와 물색, 포인트 여건이 서로 다른 때문인데, 필자의 참돔낚시 경험에 의한 해역별 특징을 요약하면 〈도표〉의 내용과 같다.

- ●표준명 : 참돔
- ●속　명 : 도미, 붉돔, 빨간돔,
　　　　상사리(어린 개체),
　　　　아까다이
- ●학　명 : *Pagrus major*
- ●영　명 : Red seabream
- ●일　명 : 마다이(マダイ)

〈해역별 타이라바 선택 사례〉

구분	타이라바 색상	무게	모양
동해	빨강, 주황, 녹색, 핑크색	50~100g	납작한 삽자루 모양을 주로 사용하되 조류가 빠를 때에는 둥근 모양
서해	빨강, 주황, 핑크색, 녹색, 은색	20~100g	둥근 물방울 모양을 주로 사용하되 조류가 약할 때에는 납작한 삽자루 모양
남해	빨강, 주황, 녹색	50~120g	둥근 물방울 모양을 주로 사용하되 조류가 약할 때에는 납작한 삽자루 모양
제주	녹색, 빨강, 핑크색, 주황색, 은색	60~150g	둥근 물방울 모양을 주로 사용하되 조류가 약할 때에는 납작한 삽자루 모양

덧붙여 타이라바의 무게는 출조 당일의 물때와 시각에 따라 가감해야 한다. 크게 사리 물때와 조금 물때로 구분하여 사리 때에는 평균치보다 더 무겁게, 조금 때에는 더 가볍게 사용한다. 물때뿐만 아니라 바람의 영향을 고

▼서해 군산 앞바다에서 시작된 참돔 타이라바 지깅은 동서남해로 확산되었지만 아직도 그 본산지는 서해권이다. 사진은 충남 보령 오천 앞바다에서의 참돔낚시 광경.

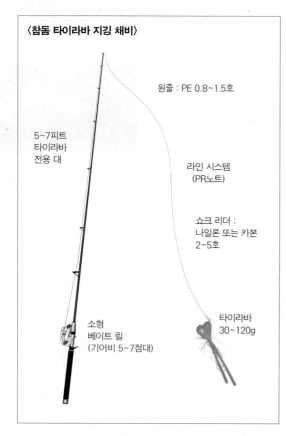

〈참돔 타이라바 지깅 채비〉

원줄 : PE 0.8~1.5호

5~7피트
타이라바
전용 대

라인 시스템
(PR노트)

쇼크 리더 :
나일론 또는 카본
2~5호

소형
베이트 릴
(기어비 5~7점대)

타이라바
30~120g

려해야 할 때도 생긴다.

●채비 구성 : 위에서 설명한 낚싯대와 릴 그리고 다양한 타이라바 종류를 낚시 여건에 맞춰 구성하되, 크게 서해와 남해 및 제주 지역의 특성을 고려할 필요가 있다.

서해 및 남해 지역에서의 타이라바 지깅은 주로 수심 10~50m에서 이뤄지는 만큼 제주 지역에 비해 낚싯대를 약간 짧게 사용하고 타이라바도 약간 가볍게 사용하는 편이다. 이에 비해 제주 지역에서는 수심 40~120m의 깊은 바다에서 낚시가 이뤄지는 만큼 낚싯대를 조금 더 길게 사용할 필요가 있고, 타이라바도 더 무겁게 사용하는 등 전체적으로 몇 단계 더 강한 채비가 요구된다(채비 그림 참조).

●기타 소품 : 1보빈(Bobbin) - 합사 원줄과 쇼크 리더를 연결할 때 필요한 도구다. FG 노트는 그냥 손으로 해결할 수도 있으나 PR 노트는 보빈이 있어야 한다.

2태클박스 - 타이라바를 종류별로 담을 수 있는 플라스틱 종류의 태클박스와 그것을 넣고 소품들을 담을 수 있는 가방을 준비하는 것이 좋다. 가방은 방수가 되는 것이 우선이다.

3플라이어(Plier) - 흔히 말하는 니퍼이다. 대상어가 삼킨 낚싯바늘을 빼내거나 휜 바늘을 펼 때도 사용되고, 타이라바 훅을 교체할 때도 필요하다.

4장갑 - 손 보호용으로 착용한다. 예를 들어 바닥에 채비가 걸렸을 때 낚싯대를 들어서 당기는 것보다 합사 원줄을 장갑 낀 손으로 여러 바퀴 감아서 안전하게 빼는 것이 좋다. 이 외에도 날카로운 바늘로부터 손을 보호 할 수도 있다.

5구명복 - 낚시를 하는 본인의 생명과도 연관되기 때문에 필히 준비해야 한다. 구명복의 종류는 여러 가지가 있으나 루어낚시에는 여러 가지 동작을 취하기 좋은 자동팽창식이 적합하다.

6로드 벨트와 케이스 - 낚싯대를 여러 대 묶거나 2절짜리 낚싯대를 한데

묶을 때 로드 벨트가 필요하다. 또 이동 시 낚싯대를 안전하게 보관할 수 있는 로드 케이스도 있어야 한다.

●표준명 : 참돔
●속　명 : 도미, 붉돔, 빨간돔,
　　　　　상사리(어린 개체),
　　　　　아까다이
●학　명 : *Pagrus major*
●영　명 : Red seabream
●일　명 : 마다이(マダイ)

■타이라바 지깅 포인트 및 물때

●포인트 : 해저 바닥이 암반층이거나 크고 작은 암초가 발달한 곳이 우선이다. 어초(漁礁)가 투입된 곳이면 더할 나위가 없다. 암초가 없는 펄 바닥이라 할지라도 골을 형성한 곳이거나 굴곡이 있는 경사면에서도 입질이 곧잘 닿는다.

이런 조건을 갖춘 포인트라고 해서 입질이 모두 바닥층에서만 이뤄지는 것은 아니다. 참돔은 루어의 움직임에 반응해 한참을 부상하기도 하므로 저층에서부터 중층에 이르기까지 폭넓은 수심층을 탐색해야 한다.

●물때 : 조류가 너무 약한 조금 때에는 조황이 거의 부진한 편이고, 반대로 조류가 너무 세찬 사리 때에는 낚시 자체가 어려워진다. 무거운 타이라바를 사용한다 해도 채비가 조류에 휩쓸려 루어 운용이 제대로 되지 않기 때문이다. 특히 서해의 경우 사리 때가 되면 온통 뻘물이 뒤집히는 악재까지 겹친다.

타이라바 지깅이 잘 되는 물때는 조금을 지나 조류가 살아나는 3~5물, 그리고 세찬 조류가 한풀 꺾이는 9~12물 사이가 적기다.

적정 물때 중에서도 간만의 시각도 중요하다. 간조 이후 들물 때와 만조 이후 날물 때, 즉 조류가 활발하게 움직이는 시간대가 입질 타이밍이다. 날씨는 상황에 따라 다르지만 맑은 날씨일수록 좋다.

■타이라바 지깅 이렇게!

●수직으로 내리고 올리기 : 타이라바 지깅의 주안점은 슬로우 템포다. 먼저 타이라바를 아래로 내리는 방법은 원줄을 팽팽하게 유지하는 커브 폴링보다 원줄을 풀어준 채 내리는 프리 폴링을 하는 게 좋다. 이렇게 해서 타이라바가 바닥에 닿는 것이 손에 감지되면 바닥에서 5~6m 정도 높이까지 천천히 감아 올렸다가 다시 아래로 떨어뜨린다. 같은 방법으로 천천히 감아 올렸다가 떨어뜨리는 동작을 되풀이한다. 끌어올리는 릴링 속도는 1초에

1~3바퀴 범위로 조류의 강약에 따라 속도를 조절하되 3바퀴 이상 빠르게 감을 필요는 없다.

광어 · 우럭 · 쥐노래미 등의 바닥고기들은 타이라바가 바닥에 닿으면 곧장 달려들기도 하지만, 참돔의 경우는 타이라바가 바닥을 찍은 후 천천히 올라가거나, 올라갔던 타이라바가 천천히 내려가는 과정을 뒤쫓아 입질을 하는 경우가 많다. 특히 7할 이상은 떠오르는 타이라바에 반응하는 편이다.

●캐스팅하기 : 원래 참돔낚시는 타이라바를 바닥에 수직으로 내리는 것을 정석처럼 생각하지만, 어느 정도 캐스팅을 하여 보다 광범위하게 탐색할 필요도 있다. 조류가 너무 약한 조금 물때 전후나 조류의 흐름이 멈추는 정조(停潮) 무렵일수록 그렇다.

일단 조류의 반대 방향으로 타이라바를 캐스팅하여 본인 앞에서 수직을 이루기까지 호핑(Hopping) 액션과 릴링 액션을 곁들이다가 조류가 흐르는 방향으로 타이라바가 많이 떠내려가면 채비를 회수하여 다시 조류의 반대 방향으로 던져 같은 동작을 되풀이한다. 이런 방식으로 타이라바를 조류에 흘리게 되면 보다 광범위한 포인트를 탐색하게 되고 그만큼 입질 기회도 많이 얻을 수 있다.

●조류에 흘려보내기 : 탐색 범위를 넓히기 위해 타이라바를 조류에 태워 멀리 흘려보내는 방식도 있다. 타이라바가 바닥에 닿으면 장애물에 걸리지 않게 살짝 감아올린 후 써밍(엄지로 릴 스풀을 눌러 줄이 풀리지 않게 하는 동작)을 가하게 되면 채비가 조류에 밀려 약간 떠오르게 된다. 이때 낚싯대 또한 머리 위로 치켜들어 주면 타이라바가 바닥에 걸릴 위험이 없을 만큼의 높이로 떠올라 완전히 그네를 타게 된다.

이 상태에서 낚싯대를 천천히 내리면서 써밍을 해제해 주면 다시 원줄이 풀리면서 채비가 조류에 실려 흐르게 된다. 그리고 잠시 시간이 지나면 원줄이 느슨해지면서 타이라바가 바닥에 또 닿게 된다. 그러면 또 다시 채비를 들어 올려주고, 조류에 태우는 과정을 거듭 반복한다. 이렇게 하면 보다 광범위한 포인트를 탐색하게 되고 그만큼 입질 기회도 많이 얻을 수 있다.

●참돔의 유영층 찾기 : 참돔은 주로 바닥권에 서식하지만 날씨와 조류, 먹이활동 여건 등에 따라 회유하는 수심층이 달라진다. 참돔 타이라바 지깅은 포인트 선정 못지않게 참돔의 유영층을 파악하는 것이 급선무다. 따라서 바닥에 닿은 타이라바를 감아올릴 때는 1초에 릴 회전 한 바퀴를 기준으로,

빠르게와 느리게를 반복함으로써 참돔의 유영층은 물론 적절한 릴링 속도도 파악해야 한다.

● **어신 파악과 챔질** : 성급한 챔질과 펌핑은 금물이다. 광어·우럭 등의 록피시는 타이라바를 왈칵 흡입하는 입질을 보이는 데 비해, 참돔은 이빨로 패류와 갑각류 먹이를 깨부숴 먹는 식성으로 인해 일단 쪼거나 깨무는 듯한 입질을 보인다. 대개 릴링하는 도중 '톡~톡~톡' 타이라바를 쫓아오며 치는 듯한 입질을 하는데, 이때 섣부른 챔질을 하거나 릴링 속도에 변화를 주면 안 된다. 더 더욱 릴링 동작을 멈춰서도 안 된다. 침착하게 같은 속도로 릴링을 계속하다 보면 어느 순간 '왈칵' 하는 참돔 특유의 본신이 닿으면서 드랙을 차고 나간다. 그때 낚싯대를 들어 챔질을 하면 된다.

● **끌어올리기** : 훅셋된 참돔을 끌어낼 때엔 낚싯대와 낚싯줄의 텐션을 유지하면서 릴의 드랙을 최대한 활용해야 한다. 드랙을 조여 억지로 끌어들여선 안 되고 낚싯대를 90도 이상으로 젖혀서도 안 된다. 타이라바 헤드의 무게로 인해 자칫하면 바늘이 입에서 빠지는 경우가 많이 발생하기 때문이다.

물살이 세찰 때일수록 더욱 그렇다. 참돔의 입 안쪽은 강하지만 바늘이

● 표준명 : 참돔
● 속　명 : 도미, 붉돔, 빨간돔,
　　　　　상사리(어린 개체),
　　　　　아까다이
● 학　명 : *Pagrus major*
● 영　명 : Red seabream
● 일　명 : 마다이(マダイ)

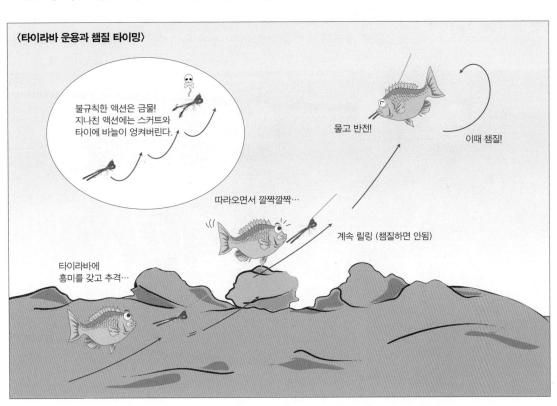

〈타이라바 운용과 챔질 타이밍〉

불규칙한 액션은 금물!
지나친 액션에는 스커트와
타이에 바늘이 엉켜버린다.

물고 반전!

이때 챔질!

따라오면서 깔짝깔짝…

계속 릴링 (챔질하면 안됨)

타이라바에
흥미를 갖고 추격…

주로 걸리는 입술 주변은 근육이 약해 찢어지기 쉽다는 점을 염두에 두어야 한다. 참돔이 강렬하게 저항할 때는 원줄이 풀릴 수 있도록 적절히 드랙 조절을 해주어야 한다는 얘기다.

■유동식 타이라바 지깅 이렇게!

헤드와 스커트, 타이가 분리된 '유동식 타이라바'를 사용하는 새로운 참돔낚시 기법이다. 기존 타이라바 지깅의 결함을 보완한 정도가 아닌, 보다 진일보한 참돔낚시 기법으로 꼭 익혀 둘 필요가 있다.

●헤드 및 스커트, 타이의 조합 : 먼저 유동식 타이라바의 헤드 무게는 수심 1m당 1g이라 가정하고 수심 30m권이면 30g, 100m권이면 100g이라는 기준으로 조류의 강약에 따라 무게를 가감하면 된다.

스커트와 타이의 색상은 한 가지나 두 가지로 조합해서 사용하되 스커트 색상보다는 타이 색상에 비중을 두는 것이 좋다. 타이의 길이는 일반 타이라바와 같은 길이로 사용하되 물이 맑고 일조량이 많을 땐 빨강 · 주황 · 핑크 계열로 조합하고, 물이 탁하거나 일조량이 충분하지 않을 땐 형광 · 녹색 · 금색 계열의 타이를 조합하는 것이 유리하다. 그런데 낚시를 하다보면

▼헤드가 분리된 '유동식 타이라바'는 헤드의 무게와 색깔, 스커트와 타이의 길이 및 색상을 현장 상황에 따라 교체하기 편리해 매우 효과적이다.

오전·오후 시각에 따라 참돔이 주로 반응을 보이는 색상이 바뀌는 경우가 많다. 이럴 땐 헤드 부위는 그냥 두고 스냅 도래에 연결된 스커트와 타이 부분만 빠르게 교체하면 되는데, 이것이 곧 유동식 타이라바의 장점이다.

유동식 타이라바의 바늘은 일반 참돔바늘보다 허리가 길고 끝이 안쪽으로 굽은 긴꼬리뱅에돔바늘 6호~8호 정도가 적당하며, 기존 타이라바 지깅 방식인 두 개의 바늘보다 미늘 없는 바늘 하나를 사용하는 것이 좋다. 캐스팅 이후 타이라바가 수중에 가라앉을 때 바늘이 헤드에 올라타는 것을 방지할 수 있을 뿐만 아니라 타이의 손상도 줄이고 챔질 확률도 높일 수 있기 때문이다.

●유동식 타이라바의 운용 : 유동식 타이라바가 바닥에 착지하면 최대한 부드럽고 빠르게 거둬 올리되, 초릿대와 릴링을 조화롭게 잘 이용해야 한다.

낚싯대는 옆구리에 최대한 붙여 팔에 힘을 주지 않고도 멈춤 없이 릴링할 수 있어야 한다. 그래야만 부자연스러운 행동이 줄어 장시간 낚시에도 피로감을 덜 수 있고, 은근과 끈기를 필요로 하는 유동식 타이라바 낚시를 지루하지 않게 즐길 수 있다.

유동식 타이라바는 바닥에 수직으로 곧장 내리는 것보다 조류 반대 방향으로 언더 캐스팅 또는 사이드 캐스팅을 하여 넓은 범위를 탐색해야 한다. 그래야 헤드와 스커트 타이의 분리된 장점을 최대한 살릴 수 있다. 또 입질이 닿을 땐 루어의 움직임을 멈추지 말고 일정 속도를 계속 유지하면서 제대로 후킹이 이뤄질 때까지 기다릴 줄 알아야 한다. 타이라바의 바늘이 정확히 참돔의 입속에 쑥 하고 강하게 빨려 들어가는 느낌이 닿을 때 챔질을 해야 하는 것이다.

이후 파이팅을 할 때도 여유 줄이 생기는 부자연스러운 펌핑은 자제하는 것이 좋다. 낚싯대를 올렸다 내렸다 하는 펌핑 과정에서 릴링 동작이 부자연스러워지면 타이라바 헤드의 무게로 인해 바늘이 빠질 위험이 높고 참돔에게 바늘털이의 기회를 주게 되므로 이점 꼭 유의해야 한다.

● 표준명 : 참돔
● 속 명 : 도미, 붉돔, 빨간돔,
          상사리(어린 개체),
          아까다이
● 학 명 : *Pagrus major*
● 영 명 : Red seabream
● 일 명 : 마다이(マダイ)

참돔 슬로우 지깅

슬로우 지깅(Slow jigging)이란 글자 그대로 슬로우 지그(Slow jig)를 사용하는 낚시를 말한다. 일본 관서 지방에서 태동한 '슬로우 피치 저킹'(Slow pitch jerking)이란 용어가 변형된 것으로, 우리나라에 알려진 지는 그리 오래지 않은 2012년 무렵이다. 원래 잿방어와 대형 부시리를 노리는 선별적 기법으로 시작됐으나 우럭·광어·쏨뱅이 등의 저서성 어종은 물론 참돔낚시에도 그 효과가 탁월한 것으로 확인되면서 타이라바를 잇는 새로운 참돔낚시 기법으로 자리 잡았다.

그 특징은 슬로우 지그를 사용한 '슬로우 액션'이다. 일반 지깅에 사용하는 메탈지그의 무게가 200~400g에 달하는 것에 비해 슬로우 지그는 그 무게가 훨씬 가볍다. 200g 이하, 100g 내외의 비대칭(5:5, 6:4, 7:3) 형으로 그 모양 또한 나뭇잎처럼 얇다는 것이 특징이다.

이런 특성을 지닌 슬로우 지그를 사용하되, 낚싯대의 팁을 이용해 느릿느릿한 액션을 부여해 주면 마치 나뭇잎처럼 지그재그를 그리며 떨어짐으로써 참돔의 호기심을 자극하게 된다. 또한 바닥에서 일정 간격 떠워 올려 아무런 액션을 주지 않고 있어도 슬로우 지그는 그 특성상 조류에 부딪쳐 자체 회전을 하게 됨으로써 역시 참돔의 반응을 유도한다.

참돔의 활성도가 좋을 때는 빠른 저킹 동작과 액션에 반응을 잘 하는 데 비해 활성도가 좋지 않을 때는 비교적 슬로우한 저킹 동작, 즉 슬로우 지깅에 입질을 하는 경우가 많다. 그 이유를 정확히 밝히긴 어렵지만 타이라바 지깅이 잘 통하는 서해에선 슬로우 지깅이 잘 안 되고, 남해권이나 제주권에서는 잘 먹힌다는 점이 특이하다.

▼일반 메탈(Metal)지그에 비해 무게가 가볍고 체적이 얇은 슬로우(Slow) 지그. 이름 그대로 '슬로우 액션'을 부여하는 것이 기본 사용법이다.

■슬로우 지깅 장비·채비 및 소품

루어에 과격한 액션을 부여하는 등 고난도의 기법을 구사하던 이전 지깅에 비해 한결 방법이 수월하고 체력 소모도 적은 슬로우 지깅은 짧은 역사에 비해 그 인기가 급부상하면서 전용 장비가 속속 개발되었다. 릴과 낚싯줄, 일반 소품 종류는 타이라바 지깅과 다름없으나 낚싯대와 루어는 슬로우 지깅의 특성을 잘 고려해야 한다.

●낚싯대(Rod) : 6~8피트(약 1.8~2.4m) 길이에 준하되 팁의 반발력이 뛰어나고 복원력이 좋아야 한다. 허리 또한 팁의 복원력을 뒷받침할 수 있어야 하는데, 슬로우 테이퍼(Slow taper)와 패스트 테이퍼(Fast taper) 두 가지로 생각해 볼 수 있다. 슬로우 테이퍼는 초리 부분에서 손잡이까지 부드럽게 곡선을 그리며 휘어지는 '몸통휨새'를 뜻하고, 패스트 테이퍼는 초리 부분에서 허리까지 빳빳하게 휘는 '앞휨새'(또는 초리휨새)를 뜻하는데, 대상어를 제압하는 데 비중을 둘 것인지 또는 가벼운 루어를 조작하는 데 비중을 둘 것인지에 따라 선택이 달라질 수 있다.

●릴(Reel) : PE 합사 원줄 1.5~3호를 200m 이상 감을 수 있는 베이트 캐스팅릴이 적합하다. 기어비는 5점대와 6점대, 7점대 중에서도 주로 6점대 릴을 많이 사용한다. 또 레벨와인더(Level winder)가 있는 것보다는 레벨와인더가 없는 제품이 효과적이다.

●원줄과 목줄 : 원줄과 목줄(쇼크 리더)은 타이라바 지깅에 준하되 약간 더 굵게 사용한다고 보면 된다.

●슬로우 지그 : 앞서 설명한 바와 같이 슬로우 지그는 일반 메탈지그에 비해 가볍고 몸체가 나뭇잎처럼 얇다는 점과 함께 바늘을 양갈래로 단다는 점도 특징이다. 대개 헤드위쪽과 아래쪽 두 곳에 부착하는데, 윗바늘은 3/0 사이즈, 아랫바늘은 2/0~1/0 사이즈

참돔

- 표준명 : 참돔
- 속 명 : 도미, 붉돔, 빨간돔, 상사리(어린 개체), 아까다이
- 학 명 : *Pagrus major*
- 영 명 : Red seabream
- 일 명 : 마다이(マダイ)

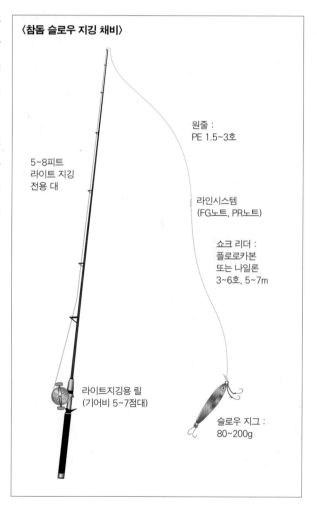

〈참돔 슬로우 지깅 채비〉

5~8피트
라이트 지깅
전용 대

원줄 :
PE 1.5~3호

라인시스템
(FG노트, PR노트)

쇼크 리더 :
플로로카본
또는 나일론
3~6호, 5~7m

라이트지깅용 릴
(기어비 5~7점대)

슬로우 지그 :
80~200g

의 슬로우 지그 전용 훅을 사용한다. 그러나 바닥이 거칠어 밑걸림이 잦은 곳에서는 어시스트 훅을 양쪽으로 달지 않고 위쪽에만 부착하기도 한다.

슬로우 지그 또한 색상·무게·모양을 다양하게 준비해 낚시 여건에 따라 선별하는 것이 좋다. 색상은 은색·붉은색·파란색·핑크색, 야광이 섞인 제브라 색상이 기본이며, 무게는 80~200g 사이를 고루 준비한다. 모양도 두 가지 가운데 하나를 선택할 수 있다. 얇고도 넓적하게 생긴 것은 옆으로 조류의 저항을 많이 받고, 길쭉하게 생긴 롱 지그는 넓적한 모양에 비해 조류의 영향을 적게 받는다는 점을 염두에 두면 된다.

비대칭(5:5, 6:4, 7:3) 종류도 다양하게 준비하여 낚시 현장의 조류와 풍속, 참돔의 활성도에 맞춰 사용해야 한다. 물살이 강하게 흐를 때에는 7:3 지그를 가급적 빠르게 하강시켜 낚싯대와 수직이 되게 채비를 운용해야 하고, 반대로 물살이 약할 때에는 5:5에 가까운 지그를 사용하여 조류의 영향을 많이 받게 채비를 운용하는 것이 좋다.

슬로우 지그의 전체적인 색상과 무게·모양을 선택하는 기준은 여러 가지 조건과 낚시인마다의 취향이 고려될 수도 있겠지만, 필자가 경험한 바를 〈도표〉로 나타낸 해역별 선택 사례는 최소한의 참고 자료는 될 것으로 생각한다.

〈해역별 슬로우 지그 선택 사례〉

구분	타이라바 색상	무게	모양
동해	기본색을 주로 사용	100~180g	조류의 영향을 많이 받는 넓적한 형태 주로 사용
서해	기본색을 기준으로 은색이나 붉은색 계열 많이 사용	50~100g	조류의 영향을 많이 받는 넓적한 형태 주로 사용
남해	핑크색과 붉은색, 은색	100~200g	넓적한 형태와 조류의 영향을 덜 받는 롱 지그 사용 병행
제주	기본색을 기준으로 하되 붉은색 계통 많이 사용	80~200g	넓적한 형태와 조류의 영향을 덜 받는 롱 지그 사용 병행

덧붙여 슬로우 지그의 무게는 출조 당일의 물때와 시각에 따라 가감해야 한다. 크게 사리 물때와 조금 물때로 구분하여 사리 때에는 평균치보다 더 무겁게, 조금 때에는 더 가볍게 사용한다. 물때뿐만 아니라 바람의 영향을 고려해야 할 때도 생긴다.

●기타 소품 : 슬로우 지깅에 필요한 기타 소품은 앞서 설명한 타이라바 지깅의 소품 종류와 동일하다.

■슬로우 지깅 포인트 및 물때

●포인트 : 선상낚시 포인트는 눈으로 확인되지 않는 만큼 일단은 선장의 경험에 의지할 수밖에 없다. 선장 또한 개략적인 위치만 머릿속으로 그릴 뿐 최종 판단은 어군탐지기에 의존한다. 이런 기준으로 포인트를 선정하는 우선 조건 중의 하나가 베이트 피시 어군이 형성된 곳이다.

나머지 지형 조건은 해저 바닥이 암반층이거나 크고 작은 암초가 발달한 곳이다. 암초가 없는 펄 바닥이라 할지라도 깊숙이 물곬이 형성된 곳에서도 참돔이 입질을 하는데, 그 지점은 대개 물곬 안쪽이 아닌 경사면이다.

●물때 : 타이라바 지깅의 경우와 다를 바 없다. 조류의 흐름이 너무 약한 조금 때와 너무 세찬 사리 때는 좋지 않다. 조류의 흐름이 살아나는 3~5물 때와 한풀 꺾이는 9~12물때가 적기다. 조류의 흐름이 활발할 때는 주로 바 닥권에서의 입질이 잦고, 반대의 경우는 저상층부에서 이뤄지는 점 참고할 일이다.

조수 간만의 시각에 따라서도 입질 빈도가 달리 나타난다. 조류의 흐름이 숨을 죽이는 간조 또는 만조 무렵엔 입질이 뚝 끊기는 편이고, 조류의 흐름 이 다시 활기를 띠는 중들물과 중썰물 때에 입질 빈도가 높아진다.

●표준명 : 참돔
●속　명 : 도미, 붉돔, 빨간돔, 상사리(어린 개체), 아까다이
●학　명 : *Pagrus major*
●영　명 : Red seabream
●일　명 : 마다이(マダイ)

■참돔 슬로우 지깅 이렇게!

빠르게 하는 쇼트 저킹과 롱 폴 저킹, 그리고 릴의 핸들 회전과 초릿대의

▼충남 보령시 오천면 삽시도 남쪽, 용섬 부근 해상에서의 선상 참돔 조과. 이전보다 낚시 방법이 쉬워졌다고는 하나 참돔은 여전히 선망의 대상이다.

탄력으로 부여하는 액션 등, 상황에 따른 다양한 시도가 필요하다. 낚시엔 정답이 없다. 선택에 따른 기회가 주어질 뿐이다. 다만 참돔 슬로우 지깅은 메탈과 라인, 로드의 각도가 최대한 수직으로 유지돼야 의도하는 루어의 액션이 연출된다는 점 염두에 두어야 한다. 그러기 위해 채비를 수직으로 내리는 방식만 고수해서도 안 된다. 상황에 따라 약간의 캐스팅을 하여 최대한 광범위하게 탐색하는 방법도 구사할 필요가 있다.

●슬로우 지그의 색상 : 준비한 슬로우 지그 가운데 어떤 것을 선택할 것인지 미리 판단해야 한다. 무게는 일단 현장 포인트 여건에 따라 맞추되 색상은 다음 조건을 고려할 필요가 있다. 날씨가 흐릴 땐 핑크·골드·녹색·노란색·제브라 야광이 좋고, 맑을 땐 은색·푸른색·제브라가 효과적이다. 포인트 주변의 물색이 맑을 땐 녹색·은색·파란색이 잘 듣고, 물색이 흐릴 땐 핑크·골드·레드·검정·제브라 야광이 좋다. 그리고 조류가 강할 땐 8:2 또는 7:3 정도의 비대칭 지그가 효과적이고, 조류가 약할 땐 6:4 또는 5:5 정도의 비대칭 지그가 효과적이다.

●슬로우 지그의 운용 : 슬로우 지깅은 리트리브(Retrieve) & 폴링(Falling) 액션이 기본이다. 낚싯대를 수직으로 높이 들었다 내렸다 하는 롱 폴 저킹과 낚싯대를 짧게 튕겨주면서 하는 쇼트 저킹, 초릿대의 반발력과 릴의 회전수에 맞추어 하는 리트리브 액션을 혼용하되, 이 과정에서 중요한 것은 참돔의 유영층을 찾는 일이다. 슬로우 지깅의 참돔 입질은 대개 바닥을 찍

▼제주 서귀포 성산포항에서 참돔 슬로우 지깅 채비를 점검하고 있는 필자.

은 지그가 위로 올라올 때 잦은 편인데 그렇지 않을 경우도 있다. 조류의 흐름이 약하거나 적당할 때는 중층에서의 입질 확률이 높지만, 조류의 흐름이 강할 때는 바닥권에서의 입질이 잦은 편이다.

필자의 경우 이런 점을 고려해 물살이 세찬 곳에서는 7:3 정도의 비대칭 지그로 바닥권에서 중층까지의 다양한 수심층을 공략하고, 반대로 물살이 약할 때에는 5:5의 비대칭 지그로 바닥권 위주의 탐색을 한다.

●끌어올리기 : 참돔이 히트 되어 끌어낼 때는 로드와 라인의 텐션을 유지하면서 릴의 드랙을 최대한 활용해야 한다. 이 과정이 리드미컬하지 못하면 슬로우 지그의 아래·윗바늘 중 나머지 어느 하나가 참돔의 머리 주변이나 몸통에 걸려 낭패를 겪게 되므로 이 점에 항상 긴장해야 한다.

그리고 1/0~3/0 사이즈 훅을 사용하는 참돔 슬로우 지깅에서는 확실한 챔질 동작을 잊지 말아야 한다. 초릿대가 휘청하는 정도의 입질을 받고서 그냥 낚싯대를 세워 릴링만 하다보면 바늘이 빠져버리기 쉬운 때문이다.

●표준명 : 참돔
●속 명 : 도미, 붉돔, 빨간돔,
　　　　 상사리(어린 개체),
　　　　 아까다이
●학 명 : *Pagrus major*
●영 명 : Red seabream
●일 명 : 마다이(マダイ)

■유망 참돔 낚시터

크게 보아 선상낚시 사례와 동일하다. 다만 낚시를 하는 공간이 열려 있다는 점이 선상낚시와 다르고, 그런 점에서 포인트 선택이 능동적이면서도 폭넓어야 한다는 것이 연안낚시의 가장 큰 특징이다. 그러나 연안낚시를 하는 대표적인 장소는 갯바위와 방파제, 해수욕장 인근 등 크게 3대 지역으로 구분되므로 이를 토대로 각각의 특성만 익히면 포인트 선택이 그다지 어려울 것도 없다.

●서해 영흥도권 : 영흥도에서 30여분 거리의 북장자서·남장자서·자월도 근해가 대표적인 포인트이다. 수도권에서 가장 가까운 곳으로 5월 초부터 6월까지가 적기다. 비교적 시즌이 짧게 끝나지만 가끔 대형 참돔과 만날 수 있기도 하다.

5월 초순경 북장자서·남장자서 등지에서 시작되어 6월엔 자월도 근해로 입질이 확산되는데, 본고장에 비해 그다지 개체수는 많지 않지만 손맛을 보는 데는 크게 손색이 없다.

●서해 오천·홍원권 : 보령시 오천항과 서천군 홍원항에서 30분~1시간 30분 소요 거리의 용섬·불모도·삽시도·화사도·상홍서·하홍서·길음

암·외연도 근해 지역에서 폭넓게 이뤄진다. 5월 초부터 11월까지 시즌이 길게 이어지고, 낚이는 씨알도 다양해 타이라바 마니아들이 많이 찾는 서해권의 대표적인 참돔 낚시터이다.

시즌 초반엔 불모도·삽시도·용섬 일대의 부속 섬 주변에서 입질이 시작되어 중반기에 이르면 포인트가 확산된다. 늦가을 막바지 시즌 때는 화사도·외연도 등지의 부속 섬 근해가 대미를 장식하는 포인트로 꼽힌다.

●서해 군산권 : 군산시 야미도항과 비응항에서 1시간~1시간 30분 안팎 거리의 말도·흑도·십이동파도·직도·연도·어청도 근해 등지가 참돔 낚시터로 꼽힌다. 우리나라에서 참돔 타이라바 지깅이 맨 처음 이뤄진 곳으로, 서해에서 참돔을 가장 빨리 만날 수 있고 가장 늦게까지 시즌이 이어지는 곳이기도 하다.

5월 초부터 11월까지 다양한 씨알과 함께 마릿수 조황도 돋보이는 곳으로, 초봄 말도·연도 근해에서부터 입질을 보이기 시작해 시즌이 끝날 무렵엔 말도·십이동파도·어청도 등지에서 입질이 집중된다.

●서해 진도권 : 진도항과 인근 서망항에서 1시간~ 2시간 안팎 거리의 복사초와 가거초 주변 해상에서 참돔낚시가 이뤄진다. 초기엔 타이라바보다 슬로우 지깅을 많이 하던 곳이었으나 근년엔 복사초 주변 해상에서 타아라바도 많이 시도되는 편이다. 참돔의 개체수가 많지 않은 곳으로 여겨지지만 포인트 개발에 따라선 잠재력이 있다고 본다.

●남해 통영권 : 연화도·좌사리도·국도·매물도·홍도·안경섬 부근 해상에서 참돔낚시가 이뤄진다. 연화도·좌사리도·국도·매물도 등지는 통영 척포항에서 진입하고, 홍도·안경섬 등지는 거제도 지세포항·구조라항에서 진입해야 한다.

4월경부터 입질이 시작되어 늦게는 12월까지 시즌이 이어지는데 타이라바 지깅도 곧잘 되는 지역이다. 특히 통영 내만권에 위치한 크고 작은 섬들 주변엔 흔히 '탈참'이라 부르는 양식장을 탈출한 참돔들이 많아 마릿수 재미를 안겨 준다. 그러나 참돔낚시를 전문으로 하는 선장들이 많지 않은 점 참고해야 한다.

●제주 북부권 : 제주항과 도두항에서 낚싯배로 1시간~2시간 걸

▼참돔 선상 루어낚시 필드로 주목받는 해역들. 위에서부터 서해 옹진군 북장자서, 보령 홍원항 기점의 용섬, 진도 복사초, 제주 우도.

참돔

리는 소관탈도 · 대관탈도 · 중뢰 · 절명여 주변 해상이 낚시터다. 겨울철의 사나운 바다가 출조길을 방해할 뿐 연중 참돔이 낚이는 곳이다. 참돔의 개체수도 많은 곳인데 이곳으로 출조하는 낚싯배들이 주로 방어 · 부시리를 노리고 참돔을 전문으로 하는 경우가 흔치 않다는 점이 흠이다. 이 지역 낚시터 역시 슬로우 지깅이 성행하는 곳이지만 참돔 타이라바 지깅도 곧잘 되는 편이다.

● 제주 동부권 : 성산포항에서 30분~1시간 내외 거리의 우도 · 성산일출봉 · 신산리 앞바다가 대표적인 곳으로, 제주권에서 타이라바 지깅이 특히 잘 되는 곳이기도 하다. 연중 참돔낚시가 가능하지만 낚시 시즌은 12월부터 4월까지로 보는 것이 좋다. 12월 성산일출봉 주변이나 우도 주변 50~120m 수심에서 대물 참돔들이 잘 낚이고, 성산읍 신산리 앞바다에선 참돔뿐만 아니라 뻘밭 지형에서 옥돔도 곧잘 낚인다.

● 제주 남부권 : 서귀포 앞바다에 위치한 문섬 · 섶섬 · 지귀도 근해가 낚시터이다. 위미항 · 쇠솟깍항 · 서귀포항 등지에서 낚싯배로 30분~1시간 내외 거리다.

북서계절풍이 심한 겨울에도 한라산이 바람막이가 되어 그나마 겨울 낚시가 가능한 곳이 이 지역이다. 문섬 · 섶섬 · 지귀도 주변 여밭이나 어초 지역에서 참돔 타이라바 낚시가 잘 되는데 손님고기로 맛있는 쏨뱅이도 많이 나온다. 참돔은 큰 씨알이 많지 않으나 나름 손맛보기엔 좋은 포인트들이 산재한다.

● 제주 남서부권 : 주사계리 앞 형제섬을 비롯한 가파도와 마라도, 서쪽 방향의 영락리와 차귀도 일대가 유망 낚시터로 사계항과 모슬포항, 동일리포구에서 낚싯배를 이용할 수 있고, 서쪽 차귀도는 제주시 한경면 고산리포구에서 불과 10여분 거리다.

1~12월까지 시즌이 이어지는 참돔 타이라바 지깅의 메카이자 대물 산지이기도 하다. 날씨가 좋지 않을 땐 가까운 형제섬 부근에서 낚시를 할 수 있고, 날씨가 좋을 때 가파도 · 마라도 · 영락리 · 차귀도 지역을 찾으면 대물 참돔을 만날 수 있다. 또한 암반 지형이 발달한 곳이라 바리과(능성어 · 자바리 · 붉바리)의 고급 어종들까지 타이라바에 걸려들어 재미를 더한다.

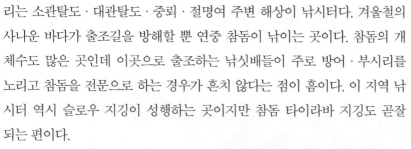

- 표준명 : 참돔
- 속 명 : 도미, 붉돔, 빨간돔, 상사리(어린 개체), 아까다이
- 학 명 : *Pagrus major*
- 영 명 : Red seabream
- 일 명 : 마다이(マダイ)

▼먹음직스러운 참돔 요리. 푸짐한 살은 숙회(위 사진)로, 나머지 머리와 뼈는 지리(맑은탕)로 먹으면 더 이상 부러울 게 없다.

7월에 떠나요!

글 백종훈 외, 사진 백종훈 외

농어낚시

스피드, 파워 겸비한 바늘털이의 명수

루 어낚시가 다 그러하지만 특히 농어 루어낚시는 찾아 나서는 낚시다. 은신처에 몸을 숨기고서 지나가는 먹잇감을 겨냥하는 붙박이 어류와는 달리 농어는 쉴 새 없이 회유하며 마음에 드는 먹잇감을 찾아 나서는 포식자이기 때문이다. 빠른 물살과 거친 파도가 일으킨 혼돈 속에서 우왕좌왕하는 베이트 피시를 마음껏 포식하는 것이다.

거친 환경에서 먹이사냥을 일삼는 만큼 농어의 행동 또한 거칠고 사납다. 루어를 공격하는 놈의 입질은 '덜커덕' 하는 떨림이 낚싯대를 쥔 손아귀에 그대로 전달되고, 위험을 감지하고 쏜살같이 내달리는 힘은 적당히 조인 릴 드랙마저 비명을 지르게 만든다. 아무리 어르고 달래도 포기할 줄을 모른

농어

다. 방어 · 부시리 같은 회유어종과는 달리 저항을 멈출 줄 모른다. 순발력 뛰어난 스프린터이자, 지구력 뛰어난 마라토너이기도 하다.

힘에 부치면 또 곡예를 부린다. 어느 순간 수면 위로 치솟아 '바늘털이'를 할 때면 낚시인은 그만 가슴이 철렁 내려앉는다. 발밑까지 끌려 와서도 '푸드덕!' '파다닥!' 몸부림을 멈추지 않는다. 이런 과정을 거쳐 무사히 랜딩을 끝내면 낚시인의 몸과 마음은 오뉴월 파김치가 되기도 하고, 시상대에 오른 메달리스트가 되기도 한다.

이렇듯 스릴과 전율, 반전이 거듭되는 농어 루어낚시는 가장 역동적인 낚시다. 때로는 쾌감과 울분, 희열과 후회가 교차해 자칫 중독되기 쉽지만 매우 유쾌하고도 건강한 중독이어서 모두에게 권할만하다. 동서남해를 비롯한 제주 해역에 이르기까지 우리나라 4해에서 고루 즐길 수 있는 농어낚시야말로 '바다 루어낚시의 백미(白眉)'라 일컬어 손색이 없다.

농어낚시는 또 우리나라 바다 루어낚시의 효시(嚆矢)요 발전의 견인차이도 하다. 루어(Lure)라는 단어가 도입되기 훨씬 오래 전부터 도서 지방의 어부들은 닭털을 부착한 낚싯바늘로 파도 속에 뒹구는 농어를 낚았다. 삼치 끌낚시(재래식 트롤링)에도 사용된 이 닭털바늘이야말로 오늘날의 페더지그(Feather jig)에 해당하는 것이다.

- ● 표준명 : 농어
- ● 속　명 : 농에, 깔따구, 까지매기
- ● 학　명 : *Lateolabrax japonicus*
- ● 영　명 : Common sea bass. Sea perch
- ● 일　명 : 스즈끼(スズキ)

▼루어낚시의 역사가 가장 오래된 농어야말로 우리나라 바다 루어 대상어 중의 적자(嫡子)요, 날렵하고도 힘찬 바늘털이는 루어낚시의 백미(白眉)로 꼽힌다.

아직 국산 루어가 선보이기 전, 수입산 미노우 플러그가 최초로 사용된 것도 농어낚시다. 1970년대 후반 청갯지렁이 미끼와 함께 추자도·거문도·가거도 등지로 향하던 원정 갯바위 꾼들마다는 수입산 미노우 플러그를 몇 개씩 챙겼고, 이후 농어낚시는 본격 루어낚시 장르로 탈바꿈하기 시작해 오늘에 이른다. 청갯지렁이 미끼로 노리던 갯바위 농어도, 새우 미끼로 노리던 선상 농어도 이젠 루어낚시의 위세에 눌려 기억 저편으로 퇴조하는 추세다.

■생태와 습성, 서식 및 분포

▼농어와 점농어 그리고 넙치농어의 비교. 점농어의 경우 굵은 반점이 지속되는 데 비해, 농어는 어릴 적의 작은 반점이 대부분 성어로 성장하면서 차츰 없어지지만 개중에는 오래도록 남는 경우도 있다. 이들에 비해 넙치농어는 꼬리자루가 넓어 쉽게 구분된다.

농어

점농어

넙치농어

어린 시기의 농어는 숭어와 마찬가지로 담수를 좋아해 염분도가 낮은 강 하구나 하류를 거슬러 올라 어촌은 물론 강변에 사는 사람들과도 매우 친숙한 고기다. 경골어류 가운데 가장 큰 그룹의 이름(농어目)을 가진 어종답게 날씬한 몸매와 날카로운 지느러미 가시로 위엄을 발한다. 육식성 어종답게 입이 크고 위턱보다 아래턱이 앞쪽으로 약간 더 돌출된 모습이다. 체색은 등 쪽이 푸른빛을 띤 회색이며 배 쪽은 희다. 체측에는 등 쪽에 치우쳐 작은 흑점이 산재하는데(이 흑점이 없는 개체도 있다), 일반적으로 이 흑점은 어릴 때 뚜렷하다가 크게 성장하면서 차츰 소멸된다.

농어는 우리나라 전 연안에 분포하며 봄·여름에는 주로 먹이를 찾기 위하여 연안으로 나오고 수온이 낮아지는 겨울이 되면 따뜻한 월동장으로 이동한다. 치어들은 염분도가 낮은 강 하류를 배회하거나 기수 지역으로 거슬

러 오르는 습성이 있는데, 그러나 이들도 가을이 되어 수온이 서서히 내려
가면 깊은 곳으로 이동을 한다.

산란기는 지역에 따라 상당한 차이가 있으나 대개 11월부터 4월까지로
알려진다. 대표적인 산란장으로 알려져 있는 경남 서포만(사천만)의 농어
(일명 민농어)는 2~4월, 전남 득량만의 점농어(일명 칠점농어)는 10~11월
에 산란하는 것으로 알려져 두 종 간에는 상당한 차이가 있다.

수컷은 생후 1~2년, 암컷은 생후 2~3년부터 산란에 참여한다. 한 번
에 산란하는 알 수는 18만~22만 개(50~60cm 성어 기준) 정도 된다. 지
름 1.22~1.45mm 크기의 수정란은 바다 표층을 떠다니며 수온 11~16℃
범위에서 약 108~120시간 만에 부화하고, 갓 부화한 농어 새끼는
4.42~4.60mm 크기로 가늘고 길다.

● 표준명 : 농어
● 속 명 : 농에, 깔따구, 까지매기
● 학 명 : *Lateolabrax japonicus*
● 영 명 : Common sea bass.
　　　　　 Sea perch
● 일 명 : 스즈끼(スズキ)

대표적인 어식성, 점농어와의 구분 난해

식성은 새우·게·어류 등을 즐겨 먹는 육식성이지만 특히 멸치류를 포
함한 물고기를 잘 먹는 어식성으로, 멸치 떼가 연안으로 몰려오는 봄·여름
이면 이들 먹잇감을 쫓아 연안으로 몰려든다. 이 시기가 곧 파이팅 넘치는
대형급 농어를 가장 많이 만날 수 있는 기회이다.

우리나라에 서식하는 농어는 2000년 이전까지만 해도 농어와 넙치농어
두 종으로 나뉘었지만 이제는 점농어가 추가돼 3종으로 구분되고 있다. 이
가운데 체고가 높고 꼬리자루가 짧고 두터운 넙치농어는 나머지 두 종류와
외견상의 구분이 가능하지만 농어와 점농어는 체형 차이가 거의 없어 검은
반점의 유무로 겨우 구분될 뿐이다. 농어도 어린 시기에는 등 쪽에 작은 흑
점을 갖고 있으나 성어로 성장함에 따라 그것이 없어지는 데 비해, 점농어
의 흑점은 농어의 흑점보다 크고 성어로 성장한 후에도 소멸되지 않는 것
이 특징이다.

점농어는 제주 근해에만 서식하는 데 비해 농어는 우리나라 전 연안에
분포하고, 점농어는 남해서부 해역(여수·목포 연안)과 황해에 주로 서식
한다. 성장 속도는 점농어가 농어보다 훨씬 빠른 것으로 알려져 양식업자들
사이에는 점농어의 인기가 높다.

그런데 경남 진주만(서포만) 등지에서 산란하는 남해산 농어 중에는 깨
알같이 작은 흑점을 가진 것과 아예 점이 없는 개체들이 공존하고, 동해 쪽

으로 갈수록 점박이들의 비율이 줄어드는 것으로 나타난다. 더불어 점농어의 경우 대형급 중에는 검은색 반점이 잘 보이지 않는 개체도 있고, 상당한 크기로 성장한 농어 중에도 검은색 작은 반점이 사라지지 않는 개체도 있어 낚시인들끼리 논란의 대상이 되기도 한다. 농어와 점농어의 정확한 구분은 유전 형질 분석이 필요한 셈이다.

또 한 가지 오해가 있다. 우리 낚시인들이 농어의 영어 명칭을 흔히 'Sea bass(바다농어)'로 부르거나 표기하는데 이는 일본인들이 잘못 붙인 이름이다. 농어의 정확한 영어 명칭은 Sea perch, Common 또는 Temperate sea bass이고, 유럽권에서 부르는 Sea bass는 지중해에 서식하는 유럽농어를 지칭하고 미국에서는 바릿과 어류를 지칭하는 이름이라고 한다.

■농어낚시의 시즌 전개

: 시즌 : 피크 시즌

구분	1월	2월	3월	4월	5월	6월	7월	8월	9월	10월	11월	12월	비고
서해안													
남해안													
동해안													
제주도													

농어는 우리나라 전 연안에서 낚이고 겨울 서해를 제외하고는 거의 사계절 내내 낚인다. 그 중에서도 제주도를 제외한 동·서·남해에선 늦봄에 피크 시즌을 이루는데, 예부터 우리나라엔 농어 철과 맛에 관한 속담이 많이 전해 내려온다.

"보리타작 농촌 총각, 농어 한 뭇 잡은 섬처녀만 못하다"는 속담이 그 대표적이다. 음력 5월(양력 6월)은 보리 수확기로 타작마당의 농부로 하여금 절로 힘이 샘솟게 하지만 같은 시기의 농어잡이 가치에는 못 미친다는 뜻이다. 한 마디로 음력 5월의 농어 맛을 예찬한 것이다.

"오농 육숭이요, 오류서에 사철 준이라!"(5월엔 농어, 6월엔 숭어, 5~6월엔 서대, 준치는 사철 내내 맛있다는 뜻)와 "오농어, 육숭어, 사철준치다"라는 속담 역시 초여름 농어 맛을 예찬한 것인데, 심지어 일본에도 "삼복(三伏) 농어는 그림으로 그려 핥는 것만으로도 약이 된다"는 속담이 전해져 아직도 일본 낚시인들이 자주 인용하는 것으로 나타난다.

이렇듯 제주도를 제외한 동·서·남해에선 늦봄 또는 초여름에 농어낚

시가 피크 시즌을 이루지만 동해안의 경우는 겨울철에 또 한 차례 피크 시즌을 형성한다.

▶서해안 – 6~7월에 절정 이루고 11월이면 마감

예부터 선상 농어낚시가 성행된 금강 하구의 장항·군산 지역에 가면 만나는 어부들마다 '농어' 하면 '보리누름'이라고 답했다. 그간 어장은 바뀌었어도 시즌만큼은 변함 있을 리 없다. 보리누름이 시작되는 5월부터 농어가 연안으로 접근해 보리 수확기인 6월부터 절정을 이루는 것이다. 6~7월 장마 전후기에 피크 시즌을 형성하고 불볕더위가 극에 달하는 8월 잠복기를 지나 가을 들어 다시 시즌을 이루는 사이클은 남해안과 비슷한 양상이다.

하지만 서해 농어낚시는 다른 지역과 달리 11월이면 시즌이 종식된다. 거친 겨울 바다에서 선상낚시를 시도하기 어려운 탓도 있겠지만 12월이면 서해 농어는 깊은 바다로 종적을 감추기 때문이다. 이후 겨울을 넘긴 서해 농어는 아카시아 꽃향기 진동하는 5월 중순이면 연안에 나타나기 시작해 새우·멸치 떼를 뒤쫓고 6~7월이면 그 분탕질이 최고조에 달한다.

▶남해안 – 5월 중순~7월 중순, 씨알·마릿수 모두 충족

바다 표층수온이 13℃를 넘고 벚꽃이 지천으로 피기 시작할 무렵이면 바

- 표준명 : 농어
- 속 명 : 농에, 깔따구, 까지매기
- 학 명 : *Lateolabrax japonicus*
- 영 명 : Common sea bass. Sea perch
- 일 명 : 스즈끼(スズキ)

▼서해 어청도(군산시 옥도면 어청도리) 해상에서의 선상 농어낚시 장면. 6~7월에 피크 시즌을 이루는 농어낚시 명소이다.

닷물이 민물과 섞이는 기수역에서부터 소식이 들려오기 시작한다. 대략 음력 3월경으로 깊은 바다에서 산란을 마친 농어가 차츰 연안으로 이동, 먹이사냥을 시작하면서 남해안 농어 루어낚시 시즌이 열린다. 이때의 주 먹잇감은 기수역으로 몰려드는 사백어(일명 병아리) 무리. 5cm 내외 작은 크기의 사백어을 주 먹잇감으로 하는 탓에 큰 크기의 미노우 플러그 또는 웜에는 반응이 약하다. 볼락낚시에 사용하는 작은 크기의 웜에 좋은 반응을 보이는 이유도 그 때문이다. 초반 시즌 낚이는 농어 크기는 40~60cm의 중치급이 주류를 이룬다.

씨알과 마릿수 모두 충족시키는 시기는 5월 중순~7월 중순. 장마철과 겹치는 시기이기도 하고 멸치 · 전갱이 · 고등어 · 두족류 · 갑각류 등 각종 먹잇감이 늘어나는 때와 맞물린다. 일명 '따오기'(90cm 이상)급을 낚을 수 있는 시기로 연안 자갈밭, 갯바위, 원도권 자갈밭, 선상낚시 등에 고루 낚인다.

먹잇감이 더욱 풍성한 여름부터 가을까지는 잔 씨알 농어가 덩치를 키우는 때로 40~60cm가 주종을 이룬다. 큰 씨알보다 잔 씨알들이 먼저 덤벼 귀찮게 하므로 이에 대한 노하우가 필요한 시기이기도 하다. 이후 찬바람이 불기 시작하는 10월 중순부터 12월 초순까지 한 차례 더 굵은 씨알이 낚인다. 월동을 위해 먼 바다로 가기 전의 먹이활동이 한창 왕성할 시기여서 또 한 번 대형급 씨알을 기대할 수 있다.

▶동해안 – 해초 무성한 겨울, 여밭에서 절정

사철 농어가 떠나지는 않지만 4~6월과 11~1월에 피크 시즌을 이룬다. 농어낚시가 활기를 띠는 동해중부권, 즉 경북 울진 · 영덕 · 포항 지역을 기준으로 보면 3월 중순부터 1차 피크 시즌을 형성한다. 산란을 마친 농어들이 이때부터 연안으로 접근해 6월까지 마릿수 조황을 보인다. 여름이 되면 해초가 녹고 냉수대가 형성되어 깊은 곳으로 빠지므로 이때는 보트를 타고 나가야 한다.

여름 해수욕 시즌이 끝나면 냉수대가 걷히면서 연안 수온이 회복된다. 9월을 기점으로 농어가 다시 연안으로 근접하기 시작하는데, 해초가 돋아나는 10월이면 한층 입질이 잦아지고 갯바위 조간대(潮間帶)에 온통 해초가 무성해지는 11월 말경이면 또 다시 본격 시즌이 형성된다. 이듬해 1월까지 파도가 몰아치는 여밭에서 몸을 뒹굴다가 2월 산란기가 되면 한동안 깊은 바다로 몸을 숨긴다.

▶제주도 – 넙치농어와 함께 겨울철에 활황

일찍이 농어낚시가 성행된 곳이자 1m급 대물들이 속출하는 기록어 산실이기도 하다. 피크 시즌은 12월부터 이듬해 4월까지다. 겨울 한 철과 초봄에 농어낚시가 잘 되는 이유는 잦은 북서계절풍에 파도가 높게 일고 이에 따라 연안의 물 색깔이 탁해지기 때문이다. 농어가 경계심을 잃고 연안으로 접근하는 것이다.

육지 쪽과는 달리 겨울철에 농어낚시가 활기를 띠는 또 다른 이유는 제주도 특유의 연안 수온 때문이다. 농어는 수온 15℃ 안팎에서 가장 왕성한 활동을 전개하는데, 제주의 겨울 수온이 이와 비슷한 것이다. 오히려 수온이 높으면 농어의 활성도가 저하된다. 그래서 제주도에선 여름~가을이 농어 루어낚시의 비수기로 꼽힌다.

제주도 농어낚시에서 또 한 가지 빼놓을 수 없는 것이 넙치농어의 존재다. 일본에는 흔하지만 우리나라의 경우 제주도에서만 만날 수 있다는 희소가치와 더불어 일반 농어보다 큰 몸집에서 뿜어내는 힘이 엄청나 한번 손맛을 본 낚시인들은 절로 그 매력에 빠져들고 만다. 이 넙치농어 또한 농어와 같이 한겨울에 피크 시즌을 이루는데, 관련 낚시는 이 책의 '넙치농어낚

● 표준명 : 농어
● 속　명 : 농에, 깔따구, 까지매기
● 학　명 : *Lateolabrax japonicus*
● 영　명 : Common sea bass.
　　　　　Sea perch
● 일　명 : 스즈끼(スズキ)

▼화산 활동으로 발달한 현무암(玄武岩)이 연안 기슭으로 밋밋하게 이어져 얕은 수심을 이루는 제주도 해안의 전형적인 모습. 이런 수심 얕은 여밭에서 이뤄지는 제주 농어낚시는 파도가 들끓는 조건이 수반되어야 한다.

시' 편을 참고 바란다.

■지역별 농어 루어낚시의 특징

우리나라 전 연안에 서식하는 농어는 다른 어종의 낚시와는 달리 지역 특성이 강하다. 앞서 설명한 것처럼 지역별로 시즌이 다른 데다 즐겨 시도하는 낚시 형태가 다르고 포인트와 기법에서도 차이를 보인다.

제주도를 제외한 다른 지역에서는 늦봄과 초여름에 한 차례 피크 시즌을 이루는가 하면, 동해안은 제주도처럼 겨울 시즌을 추가하는 데 비해 서해의 경우는 겨울 낚시가 안 된다. 또 서해에선 주로 선상낚시를 하는 반면 나머지 지역에서는 갯바위낚시가 주류를 이룬다. 해안 및 해저 지형이 서로 달라 포인트 유형도 다르고 그런 만큼 낚시 기법도 차이를 보일 수밖에 없다.

▶서해안 농어낚시 - 선상낚시가 주류, 바이브레이션 루어 필수

농어 자원의 보고, 선상 농어낚시 1번지, 아직도 떼고기 조황을 누릴 수 있는 곳이 바로 서해. 예부터 농어 선상낚시가 발달해 서해안 어부들은 큰 농어를 일컬어 '따오기'라 불렀고, 유래를 알 수 없는 이 별칭은 전국적으로 확산돼 어느 지역의 낚시인이건 큰 농어를 따오기라 부르고 있다. 서

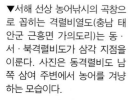

▼서해 선상 농어낚시의 곡창으로 꼽히는 격렬비열도(충남 태안군 근흥면 가의도리)는 동·서·북격렬비도가 삼각 지점을 이룬다. 사진은 동격렬비도 남쪽 섬어 주변에서 농어를 겨냥하는 모습이다.

해 농어낚시 붐이 전국으로 확산된 일례이기도 하다.

그러나 서해안 농어 루어낚시는 90% 이상이 선상낚시일 정도로 출조 패턴만큼은 다양하지 못하다. 방파제·갯바위 등지에서의 워킹낚시가 다른 지역에 비해 거의 전무한 것이다. 서해 연안 해변은 대부분 개펄 지형인 데다 조수 간만의 차이가 극심해 연안 포인트가 형성되지 않기 때문이다. 설사 농어가 연안 갯바위로 접근한다 해도 그 시간이 아주 짧아 효율성이 떨어질 수밖에 없다.

물론 배를 타고 나가 멀리 외연도나 어청도, 덕적도 등지의 갯바위에 내리면 남해안 못지않은 조과를 누릴 수도 있다. 하지만 최소 1박 일정을 잡아야 하는 부담이 따르고, 또 그곳 갯바위 포인트로 이동하기 위해선 현지 배를 이용해야 하는 부담마저 가중된다. 이 같은 시간·비용 부담을 감안하면 선상낚시가 오히려 더 경제적이고 조과에 대한 확률도 높아 자연스레 선상낚시를 선호하는 것으로 풀이된다.

같은 서해 선상 루어낚시라 해도 광어·참돔낚시와는 그 방법이 완전 다르다. 광어는 물론 참돔낚시도 캐스팅을 거의 하지 않고 채비를 그냥 수직으로 내리는 데 비해 농어낚시는 롱 캐스팅을 전제로 한다. 조류가 빠르게 흐르는 간출암 주변을 집중 공략하기도 하고, 섬 주변을 돌며 갯바위 벼랑지대나 조용한 홈통을 겨냥하는 선상 농어낚시는 원투(遠投)는 물론 정투(正投)의 필요성도 대두된다. 낚싯배와 이들 포인트 간의 거리를 가능한 한 멀리 유지해야 하는 만큼 최대한 루어를 멀리 날리되 정확한 지점에 떨어지게 해야 하는 것이다.

따라서 서해 선상 농어낚시에 많이 사용되는 루어는 다른 지역의 미노우(Minnow)와 달리 바이브레이션(vibration)이 가장 우선시된다. 비거리를 높이는 것은 물론 빠른 물살과 깊은 수심에 빨리 가라앉혀야 하기 때문이다. 그렇다고 미노우의 용도가 없는 것은 아니다. 서해 선상낚시에서도 수심 얕은 여밭을 노리거나 조용한 홈통 지역을 노릴 때도 있어 미노우가 필요하고, 농어의 활성이 저조하거나 주로 바닥층에서 입질할 경우를 대비해 지그헤드 채비도 필요하다.

▶**남해안 농어낚시** – 물색·수심 다양한 갯바위낚시 중심

도처에 갯바위 포인트가 산재해 농어를 목적으로 굳이 선상 루어낚시를

농어

- 표준명 : 농어
- 속 명 : 농에, 깔따구, 까지매기
- 학 명 : *Lateolabrax japonicus*
- 영 명 : Common sea bass. Sea perch
- 일 명 : 스즈끼(スズキ)

하는 이들은 거의 없다. 방파제를 포함한 연안 및 섬 갯바위낚시가 주류를 이루다 보니 농어 선상낚시를 전문으로 하는 낚싯배들도 거의 없는 편이다. 대신 육로 도보 포인트가 많고, 여타 갯바위낚시를 목적으로 거의 매일 출조하는 배들이 많아 이에 편승하면 인근 섬 갯바위에서 편리하게 농어낚시를 즐길 수 있다. 뱃삯 부담도 덜하고 선장이 농어 포인트를 제대로 안내하므로 어디에 내릴지 고민하지 않아도 된다.

갯바위 중심의 남해 농어낚시 여건 가운데 가장 큰 특징은 물색의 변화가 심하다는 것이다. 동해처럼 물색이 매우 맑을 때도 있으며 서해처럼 물색이 매우 탁할 때도 잦다. 물색이 탁할 때는 루어의 색깔을 더욱 밝고 진한 것(높은 채도)으로 선택해야 하며, 반대로 물색이 맑을 때는 자연스런 색상(낮은 채도)의 루어를 선택하는 것이 좋다. 즉 다른 지역에 비해 보다 다양한 색상의 루어를 준비해야 현장 상황에 빠르게 대응할 수 있다.

남해동부 지역과는 달리 남해서부 지역은 서해처럼 물색이 탁하다. 수면 가까이보다는 수중여나 물곬 등 바닥층 가까이에 웅크리고 있는 농어를 노릴 때가 많아 미노우(Minnow)보다는 깊이 가라앉아 농어의 눈에 잘 띌 수 있는 바이브레이션(Vibration) 루어의 사용 빈도가 높다. 이에 비해 남해동부 지역은 물색이 매우 맑은 편이다. 물색이 맑다는 것은 단점도 되지만 장점이 될 수도 있다. 실제로 낚시를 하다보면 루어를 쫓아 갯바위며 방파제 가장자리까지 따라오는 농어를 자주 목격하게 된다. 물색이 맑으면 농어의

▼안개가 잔뜩 낀 경남 통영시 비진도 갯바위에서 농어를 노리는 낚시인. 장마철 그리고 희뿌연 해무(海霧)는 농어낚시에 있어 더할 나위 없는 호조건이다.

경계심이 높아져 낚시에 불리할 수도 있지만, 역설적으로 물색이 맑을수록 루어가 농어의 시각을 자극하여 유리할 수도 있다. 즉 농어가 멀리서도 루어의 존재를 알아채고 추격을 감행한다는 것이다.

두 번째 특징은 남해동부권 특히 거제·통영 지역엔 다양한 수심대의 갯바위 지형이 폭넓게 형성돼 있다는 점이다. 포인트 수심이 3m 미만에 불과한 동해 연안 지형에서는 플로팅 미노우가 주효하지만 수심 차이가 심한 남해동부 지역에서는 여러 가지 타입의 루어가 준비돼야 한다. 1~2m 미만의 얕은 수심에 사용되는 플로팅(Floating) 타입의 미노우(Minnow)만으로는 10m 이상 깊은 수심을 공략하기 어렵다. 또한 깊은 수심에 사용되는 30g 이상의 바이브레이션으로 2~3m의 얕은 수심을 공략한다면 밑걸림을 견뎌낼 수 없게 될 것이다.

●표준명 : 농어
●속　명 : 농에, 깔따구, 까지매기
●학　명 : *Lateolabrax japonicus*
●영　명 : Common sea bass. Sea perch
●일　명 : 스즈끼(スズキ)

▶동해안 농어낚시 - 포인트는 파도치는 여밭, 승부수는 비거리

동해의 농어 루어낚시는 연안 갯바위 지대나 일부 해수욕장 주변에서 이루어진다. 일부 마니아들 중에는 개인 보트를 이용하는 경우도 있지만 그 사례는 많지 않고 서해처럼 전문적으로 선상낚시를 나가는 출조점 또한 드물다.

결국 섬이 없는 동해 지역에서는 그냥 연안에서 낚시를 하게 되고, 농어 포인트로서의 요건이 되는 간출암 지대는 대부분 경사가 밋밋해 2~3m 정도로 수심이 얕은 편이다. 따라서 동해안의 농어 입질은 원거리에서 형성되고, 이에 원거리 캐스팅으로 승부수를 띄울 수밖에 없다. 장비 및 루어 선택 시 이 같은 비거리 성능이 고려돼야 하고, 때로는 썰물 때 드러나는 간출암 위로 직접 진입해야 될 경우도 많아 웨이더(바지장화) 준비와 착용 또한 동해안 농어낚시의 필수 요건이기도 하다.

거듭 강조되는 것이지만 동해안의 농어낚시는 파도와 직결된다. 바람이 불어 파도가 들끓어야 입질 확률이 높아지는데 그렇다고 무조건 도전해서는 안 된다. 타이밍을 잘 포착해야 하고 안전에도 유의해야 한다. 바람이 점점 강해질 때는 피하고 강한 바람이 차츰 약해질 때를 노려야 낚시하기가 훨씬 편하고 조황도 좋다. 그러나 밤에는 파도가 없어도 농어가 연안 가까이로 접근해 안전한 낚시를 즐길 수 있는데, 가능한 한 다른 낚시인들이 드나들지 않는 한적한 곳을 찾아야 한다.

특히 농어가 먹이를 왕성하게 취하는 피딩 타임(Feeding time), 즉 일출과 일몰 시각을 잘 택해야 한다. 대물은 해 뜨기 직전과 해가 진 직후에 입질이 잦은데, 동해 현지 낚시인들은 아침보다는 오후 시각에 나서서 해거름 피딩 타임과 밤낚시를 병행하는 성향이 강한 편이다.

▶제주도 농어낚시 - 현지인은 본섬, 외지인은 부속섬 갯바위 선호

천혜의 바다낚시터인 제주도는 우리나라 최고의 '대물 농어' 낚시터이기도 하다. 본섬 해안 갯바위에서 편리하게 워킹낚시를 즐길 수도 있고, 배를 타고 나간 부속섬 갯바위에서 폭넓은 포인트를 탐색할 수도 있다. 시즌 또한 거의 사계절이되 특히 파도가 높고 물색이 흐린 12월부터 이듬해 4월까지는 대물급이 가장 많이 출현하는 시기다.

그러나 제주도의 농어 루어낚시는 대단한 악조건이다. 거친 파도를 배제할 수 없고 그것도 대부분 어두운 밤중에 치러진다. 물색이 맑고 수심이 얕기 때문에 낮에는 아무리 파도가 일어도 농어가 가장자리로 잘 접근하지 않기 때문이다. 동해안 농어낚시가 수심 얕은 여밭에서 이뤄진다고 해도 제주도는 그 정도가 다르다. 제주도는 화산 활동으로 발달한 현무암(玄武岩)이 해안 전역으로 밋밋하게 펼쳐져 수심 얕은 여밭이 수십, 수백 미터씩 뻗어나간 곳도 많다.

▼한반도 호랑이 꼬리 지형에 해당하는 구만리(경북 포항시 남구 호미곶면) 해변은 수심 얕은 여밭이 끝없이 펼쳐져 일급 농어낚시 포인트로 각광 받는다.

농어

들쭉날쭉 형성된 간출암에 올라 수심 얕은 수중여 사이를 탐색해야 하는 만큼 당연히 루어를 최대한 멀리 날리되 밑걸림을 피할 수 있는 루어를 사용해야 한다. 그 첫 번째가 플로팅 미노우, 두 번째가 싱킹 펜슬베이트이다. 또한 미노우의 밑걸림을 줄이기 위해 트레블 훅을 더블 훅으로 교체하는 방법이 구사되기도 하고, 더욱 비거리를 늘리기 위한 아이템으로 샐로우 바이브레이션이 사용되기도 한다.

제주 농어낚시는 서해안과는 반대로 갯바위 위주다. 조수 간만의 차가 적은 데다 수중여가 복잡하게 얽히고설킨 샐로우 지형에 포인트가 형성되므로 선상낚시보다는 연안낚시의 당위성이 훨씬 강조되기 때문이다. 선택은 본섬 갯바위냐 부속섬 갯바위냐이다. 현지 낚시인들은 밤중에도 차량 이동이 편리한 본섬 포인트를 선호하지만, 외지 원정 낚시인들은 포인트를 폭넓게 탐색하고 낮낚시로도 조과를 기대할 수 있는 부속섬을 선호하게 된다.

- 표준명 : 농어
- 속　명 : 농에, 깔따구, 까지매기
- 학　명 : *Lateolabrax japonicus*
- 영　명 : Common sea bass. Sea perch
- 일　명 : 스즈끼(スズキ)

■농어낚시 기본 장비 및 소품

다른 장르의 낚시도 그렇지만 특히 농어 루어낚시는 지역별 특성이 많이 작용한다. 동서남해 및 제주도의 조석(潮汐) 현상이 크게 다르고 해안 지형에 따른 포인트 유형 또한 크게 다르기 때문이다. 선상낚시용 장비가 갯바위낚시에 그대로 통용되는 경우도 있지만 거의 무용지물인 경우도 많다. 또 선상낚시엔 용도가 없을지라도 갯바위낚시엔 필수로 지참해야 할 소품 종류도 있다.

이것저것 충동구매를 하기보다 지역별 농어낚시의 특성을 먼저 이해하고 용도에 맞는 제품을 순서대로 구입하는 것이 중요하다.

▶낚싯대(Rod) - 9피트 내외의 ML 또는 M 액션이 기본

낚시하는 장소, 사용하는 루어, 포인트 특성 등에 따라 길이가 달라야 하고 액션과 절수(節數)도 고려돼야 한다. 우선 선상낚시에 비해 갯바위낚시용이 길어야 하고, 같은 갯바위낚시라 하더라도 지역 특성에 따라 또 가감이 불가피해 농어낚시용 루어 대는 8.6피트부터 10피트에 이르기까지 실로 다양한 길이가 사용된다. 10피트 이상 되면 선상이나 발판이 낮은 갯바위 위에선 낚싯대 끝이 수면에 닿아 조작이 불편해진다. 8.6피트와 10피트 중

키가 큰 사람은 10피트, 키가 작은 사람은 8.6피트짜리가 적합하다.

그러나 너무 여러 가지 기준을 상정하면 선택이 어려워진다. 선상낚시와 갯바위낚시용으로 두루 사용할 수 있고 지역별 갯바위 특성에도 고루 적합한 최적의 기준을 제시하자면 길이 9.0피트(2.74m) 내외의 미디엄라이트(ML) 또는 미디엄(M) 액션이다. 접은 길이가 다소 길더라도 3절짜리보다 2절짜리가 실전에 더 유용하다.

▶**릴(Reel)** - 드랙 성능 좋은 샐로우 스풀의 소형 스피닝 릴

1.0~1.5호 합사가 150~200m 가량 감기는 2500~3000번 스피닝 릴이 적합한데, 원거리 캐스팅에 유리한 샐로우 스풀이 탑재된 모델이 좋다. 입질 후 순간적인 방향 전환과 질주하듯 차고 나가는 힘이 강한 농어를 제압하기 위해서는 드랙(Drag) 힘이 최소 5kg 이상인 것이 좋다. 하지만 농어낚시용 릴에 있어 가장 염두에 둬야 할 것은 드랙 성능이 좋아야 한다는 점, 그리고 그 기능을 잘 활용해야 한다는 점이다. 드랙 조절을 않은 채 대형급 농어를 무작정 끌어들이다 보면 줄이 터지거나 바늘털이를 당해 '도로아미타불'이 되고 만다.

릴 드랙은 약하게 때로는 강하게 조절하면서 대상어의 힘을 소진시키기 위한 것이다. 무조건 강하게 조절한 상태로 사용하면 갑작스런 농어의 바늘털이에 바늘이 빠져버리거나 채비가 터져나간다. 느슨하게 조절한 상태로 낚시를 하다가 힘겨루기에 들어가면 서서히 드랙을 강하게 조절하며 대처하는 것이 원칙이다. 처음부터 강하게 고정한 상태로 사용하는 이들이 있는데, 이는 반드시 고쳐야 하는 나쁜 습관이다.

동해와 제주 지역에선 파도 속에서 농어낚시를 많이 하는 만큼 방수 기능이 있는 릴을 강조하기도 한다.

▶**낚싯줄(Line)** - 원줄은 합사 1.2~2호, 쇼크 리더는 카본 3~5호

농어낚시용 원줄은 표면에 코팅 처리가 잘 되어 캐스팅 비거리가 좋은 PE 합사를 사용한다. 간혹 버티컬 지깅용 합사를 사용하는 이들이 있는데 지깅용 합사는 강도는 좋을지 모르지만 채비의 비거리를 현저히 저하시킨다. 제작 방법이 다르기 때문이다. 버티컬 지깅용 합사는 캐스팅보다는 강도 위주로 제작되므로 방어 · 부시리 등에 적합하고, 농어 · 무늬오징어 등

캐스팅을 멀리 해야 하는 어종을 상대할 때는 비거리에 도움이 되는 캐스팅 전용 합사를 사용하는 것이 좋다. 농어 루어낚시엔 이 같은 합사 원줄에 별도의 쇼크 리더를 연결하는 게 필수다.

포인트 여건과 개별 취향에 따라 차이가 있지만 농어 루어낚시 원줄은 PE 합사 1.2~2호, 쇼크 리더는 나일론 4~6호 또는 플로로카본 3~5호가 주로 사용된다. 바닥이 험하고 대형급 농어가 많은 제주 지역에서의 쇼크 리더는 두세 단계 더 높게 사용되기도 한다.

쇼크 리더는 나일론보다 카본사가 좋다. 나일론은 늘어나는 성질이 카본보다 높은데, 수중여 또는 여밭 공략에서 낚싯줄이 늘어나는 것은 채비 끊김의 원인이 된다. 또한 카본은 입질 전달이 나일론보다 뛰어나며 투명도가 높아서 경계심 많은 농어의 시력을 피하기에도 적합하다. 쇼크 리더의 길이 또한 개인 취향에 따라 기준이 다를 수 있겠지만 최소 2m 이상을 권한다. 쇼크 리더가 짧으면 여쓸림과 순간적인 입질 시 충격완화라는 쇼크 리더 본래의 역할을 제대로 수행할 수 없기 때문이다.

●표준명 : 농어
●속　명 : 농에, 깔따구, 까지매기
●학　명 : *Lateolabrax japonicus*
●영　명 : Common sea bass.
　　　　　 Sea perch
●일　명 : 스즈끼(スズキ)

▶**농어낚시용 소품** – 동해 · 제주 지역에선 바지장화 필수

하드 베이트를 주로 사용하는 농어 루어낚시는 생각보다 많은 소품이 필요하지 않다. 단, 이동을 많이 해야 하는 특성상 소품은 항상 몸에 지니고

▼수면 위로 끌려나온 농어가 마지막 바늘털이를 시도하는 모습. 농어 선상낚시엔 뜰채, 연안 낚시엔 가프가 필수품이다.

다니는 것이 좋다. 일반적으로 가방이나 조끼 등에 지참한다.

●구명조끼 : 선상 또는 방파제에선 공기팽창식 구명조끼가 간편해서 좋지만 갯바위 또는 자갈밭 등 미끄러운 지역에서는 부력재가 들어있는 조끼가 좋다.

●바지장화 : 선상낚시엔 필요 없지만 동해나 제주 지역처럼 수심 얕은 암반을 도보로 건너 작은 암초 위에 오르거나, 안전한 연안 갯바위 위에서 낚시를 할지라도 휘몰아치는 파도와 포말을 피할 수 없기 때문에 동해 및 제주 지역에서의 바지장화는 그야말로 필수다.

허리까지에 달하는 높이(Waist-high)보다 멜빵 처리가 되어 가슴까지 덮이는 체스트하이(Chest-high)라야 하는데, 신발이 부착돼 있는 일체형과 타이즈 형태로 처리돼 별도로 신발을 덧신어야 하는 두 가지 종류가 있다. 일체형이 편리할 것 같지만 착용감이 불편한 데다 미끄럼 방지 기능이 확실한 논슬립화를 따로 착용하는 게 안전하다는 의견이 많다. 또 이 같은 바지장화를 착용한 상태일지라도 라이프 재킷(구명조끼) 착용을 절대 생략해선 안 되고, 허벅지 수심 이상에 몸을 맡겨서도 안 된다.

●논슬립화 : 갯바위 · 자갈밭 등지에서는 반드시 미끄럼방지 신발을 신어야 한다. 펠트 밑창이 부착된 제품이 좋으며 고무 핀이 박혀 있으면 선상낚시에도 무난하다. 웨이더용으로 함께 사용하려면 한 치수 큰 사이즈를 선택하는 것이 좋다.

●뜰채 또는 가프 : 농어 루어낚시의 랜딩 도구로 뜰채와 가프를 두고 고민하는 경우가 많다. 워킹낚시엔 가프, 선상낚시엔 뜰채다. 간혹 발판이 높은 갯바위에선 가프보다 긴 뜰채가 필요할 때도 있는데, 큰 농어가 걸려 랜딩이 어려운 발판 높은 갯바위에선 아예 농어낚시를 하지 않는 것이 좋다.

●랜딩그립(Landing grip) : 낚은 농어의 입언저리를 집을 수 있는 도구이다. 농어는 랜딩되는 순간에도 몸부림이 심하다. 자칫 맨손으로 잡으려 했다간 날카로운 아가미뚜껑에 손을 베일 수 있다. 랜딩그립으로 입언저리를 집은 뒤 바늘을 제거하는 것이 바람직하다.

●플라이어(Pliers) : 스플릿 링(Split ring) 또는 트레블 훅(Treble hook · 세발바늘)을 교체하거나 낚은 고기를 끄집어 올릴 때 사용한다. 길이가 짧은 것보다 18cm 이상 긴 것이 다양한 크기의 대상어를 집을 수 있어 여러모로 유용하다.

●장갑 : 보온, 낚싯대 미끄럼방지 등을 위해서 장갑을 착용한다. 농어는 물론 방어·부시리·삼치 등 덩치가 크고 이빨이 날카로운 어종을 상대할 때 손을 보호하기 위한 용도도 포함된다. '올컷팅(All cutting)'된 것보다는 '노컷팅(No cutting)'된 것이 좋다.

●편광안경 : 농어 루어낚시는 봄부터 가을까지 주로 낮에 이뤄지는 '데이게임(Day game)'이다. 바닷물의 난반사와 강한 자외선을 방지하기 위해서 반드시 편광안경이나 자외선 차단 안경을 사용해야 한다.

●스냅(Snap) : 루어 교체를 손쉽게 도와주는 소품이다. 스크류가 달린 것보다는 스냅만 있는 것이 사용하기 편하다. 스냅은 클수록 좋지만 4~5kg(10~15lb) 정도의 강도만 보장된다면 크기는 상관없다.

●스플릿 링(Split ring) : 미노우 플러그의 원활한 움직임을 위해 사용하는 소품. 메이커에 따라 미노우에 스플릿 링이 장착돼 있기도 하고 그렇지 않은 제품도 있는데, 루어 움직임을 조금 더 활발하게 하고자 한다면 스플릿 링을 장착하는 것이 좋다. 단, 스냅을 사용하지 않을 경우는 스플릿 링을 제거해야 한다. 쇼크 리더가 스플릿 링에 끼어 끊어질 수 있기 때문이다.

●트레블 훅(Treble hook) : 세 개의 바늘이 하나의 축으로 이뤄진 이른바 '세발바늘'을 말한다. 대상어의 입질이나 밑걸림으로 생긴 흠집을 그대로 방치하다 보면 금방 녹이 쓸어 강도가 약해지거나 바늘 끝이 무뎌지기 마련이다. 따라서 여분의 트레블 훅을 준비해 두면 현장 상황에 따라 편리하게 교체 사용할 수 있다.

●실납 : 자주 사용하는 소품은 아니지만 트레블 훅 축에 감아서 비거리를 늘리고자 할 때 종종 사용된다. 감을 때는 트레블 훅이 두 개든 세 개든 모두 같은 양을 감아줘야 한다. 그래야 루어 본연의 밸런스가 깨지지 않는다.

●표준명 : 농어
●속 명 : 농에, 깔따구, 까지매기
●학 명 : *Lateolabrax japonicus*
●영 명 : Common sea bass.
　　　　Sea perch
●일 명 : 스즈끼(スズキ)

▼미노우 루어의 비거리를 높이기 위해 트레블훅에 실납을 감은 모습. 그러나 바늘이 무거워져 루어 액션의 리듬을 저하시키고 훅킹에도 좋지 않은 영향을 미치는 단점도 제기된다.

■농어낚시용 루어(Lure)에 대한 이해

각양각색의 루어는 크게 하드 베이트(Hard bait)와 소프트 베이트(Soft bait), 그리고 이 두 가지 형태가 혼합된 콤비네이션(Combination) 루어로 나뉜다. 이 중에서 하드 베이트는 영어 뜻 그대로 단단한 목재나 플라스틱 합성수지로 만들어진 종류이고, 소프트 베이트는 말랑말랑한 연질 합성수지로 만들어진 것으로 웜(Worm) 종류가 대표적이다. 하드 베이트와 소프트 베이트 형태가 혼합된 콤비네이션 루어로는 스피너베이트(Spinnerbait)와 스핀테일 지그(Spin-tail jig) 그리고 프로그(Frog)가 주류를 이룬다.

가장 많은 범주를 차지하는 하드 베이트는 다시 스푼(Spoon)·스피너(Spinner)·플러그(Plug)·지그(Jig) 종류로 분류되는데, 이 중에서 농어낚시용 루어로 많이 사용되는 게 플러그이다. 자체 부력이나 별도의 구조에 의해 물에 떠 있거나 릴링에 의해 밑으로 파고들기도 하는 플러그 종류엔 포퍼(Popper)·펜슬베이트(Pencil bait)·미노우(Minnow)·바이브레이션(Vibration) 등등이 있는데, 이 중에서 특히 농어낚시 저격수로 지역 구분 없이 가장 폭넓게 활용되는 루어가 미노우 플러그이다.

▶미노우 플러그(Minnow plug) - 전 해역에서 가장 널리 사용

작은 물고기 모양이나 이도 저도 아닌 여러 가지 모양을 취한 플러그 중

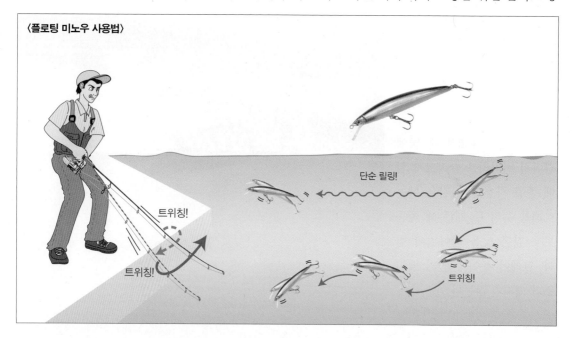

〈플로팅 미노우 사용법〉

단순 릴링!

트위칭!

트위칭!

트위칭!

에서도 특별히 피라미나 멸치처럼 작고 길쭉한 물고기를 본떠 만들어진 루어를 미노우(Minnow) 또는 미노우 플러그라 부른다. 예부터 농어낚시에 가장 많이 사용돼 온 대표적인 루어로, 앞쪽에 혀와 같은 립(Lip)이 부착된 것이 특징이다.

- 표준명 : 농어
- 속 명 : 농에, 깔따구, 까지매기
- 학 명 : *Lateolabrax japonicus*
- 영 명 : Common sea bass, Sea perch
- 일 명 : 스즈끼(スズキ)

모든 미노우는 자체 부력 여하에 따라 수면에 착수하면 스스로 떠 있거나 가라앉기도 하는데, 그 종류에 관계없이 일단 끌어들이기만 하면 잠수판 역할을 하는 립이 물의 저항을 받아 물속을 파고들게 된다. 이후 끌어들이는 릴링 동작을 멈추게 되면 수면으로 떠오르는 플로팅(Floating) 형태가 있는가 하면, 그냥 제자리에 머무는 서스펜딩(Suspending), 그대로 가라앉는 싱킹(Sinking) 형태가 있다.

● 플로팅(Floating) 미노우 : 단어 뜻 그대로 물에 뜨는 루어이지만 립이 달려 있어 끌어들이면 물속으로 파고든다. 수심 얕은 포인트에 효과적이고 농어의 활성도가 높을 때 특히 위력적이다. 기본 액션은 저킹(Jerking) 및 트위칭(Twitching)이다. 낚싯대를 강하게 잡아당기면(저킹), 돌발적으로 양옆으로 미끄러지는 동작을 나타낸다. 또 낚싯대를 짧게 치듯 당기며 릴링(트위칭)하면 비틀거리는 듯한 불규칙한 동작을 보인다.

● 싱킹(Sinking) 미노우 : 플로팅 미노우와 외견상 큰 차이가 없으나 몸통이 무거워 자체적으로 물에 가라앉는다. 같은 크기라면 플로팅 미노우보다

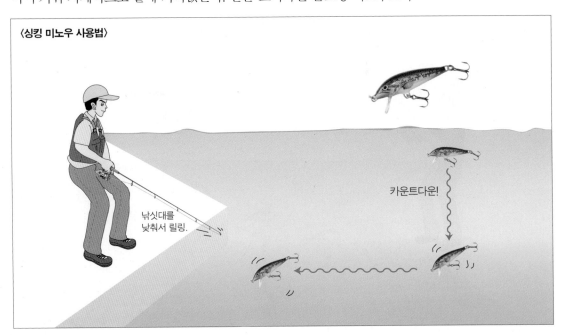

〈싱킹 미노우 사용법〉

낚싯대를 낮춰서 릴링.

카운트다운!

무거워 멀리 던질 수 있고 보다 깊은 수심을 노릴 수 있다. 입질이 까탈스러울 때도 효과를 발휘한다. 기본 액션은 카운트다운(Countdown) 및 단순 릴링이다. 원하는 수심까지 가라앉힌 후(카운트다운), 그냥 천천히 감아들이면 된다. 카운트다운으로 공략 수심을 잘 결정하는 게 중요하다.

●서스펜딩(Suspending) 미노우 : 일정 수심층으로 끌어들이다가 릴링을 멈추면 제자리걸음을 하는 미노우로, 그 특징과 용도는 플로팅과 싱킹 미노우를 합친 성격이다.

▶바이브레이션(Vibration) - 원투 및 침강 성능 좋고 강한 진동 발휘

싱킹 타입의 플러그 종류로 납작하고 매우 간단한 모양이다. 민물에 사는 붕어나 납자루 같은 모습이다. 크기는 70~90mm로 작은 편이지만 무게가 24g 이상으로 상당히 무거워 메탈지그와 함께 원투 성능이 매우 뛰어나고 깊은 수심에 잘 가라앉는다는 점이 특징이다. 따라서 선상낚시에 많이 사용되고 갯바위낚시를 할 때도 수심 깊은 포인트에 주로 활용된다. 더불어 강한 조류에도 액션이 흐트러지지 않아 급류 지대를 탐색하는 데도 유리하다.

그러나 액션이 강하다 보니 농어의 활성도가 낮은 상황에서는 잘 먹히지 않는 단점도 따른다. 서해 선상낚시와 남해의 수심 깊은 갯바위에서 주효한데 비해 제주도나 동해처럼 연안 갯바위 지형이 밋밋한 곳에서는 용도가

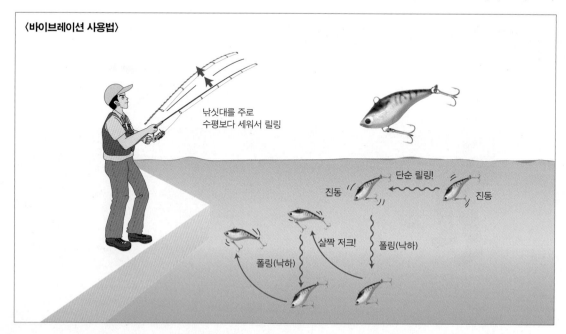

〈바이브레이션 사용법〉

낚싯대를 주로
수평보다 세워서 릴링

단순 릴링!

진동   진동

살짝 저크!   폴링(낙하)

폴링(낙하)

없는 편이다.

사용 방법 또한 간단하다. 던지고 감기만 하면 되는데, 바이브레이션은 미노우와 같은 립이 없는 대신 낚싯줄을 연결하는 고리(Line eye)가 등 쪽에 위치해 릴링을 하면 아래로 비스듬히 몸을 숙인 자세로 물속을 파고들며, 헤드 부위의 납작한 등판이 물의 저항을 받아 강한 진동을 발한다.

운용 방법은 리프팅 앤 폴링이다. 리트리브에도 입질이 닿지만, 캐스팅 이후 일정 수심까지 가라앉힌 뒤 낚싯대를 위로 들어(리프팅) 루어를 끌어 올렸다가 가라앉히면서(폴링) 천천히 감기를 반복한다.

▶펜슬베이트(Pencil bait) – 가장 멀리 날아가고 사용하기도 편리

'연필'이란 이름이 담긴 가느다란 막대기 모양의 루어로, 일부에선 스틱베이트(Stick bait)라 부르기도 한다. 플러그 중에서도 폽퍼(Popper)와 함께 톱워터(Top water) 계열에 속하는 루어다. 원래는 수면에서만 움직이는 루어이지만 몸체 내부에 쇠 또는 유리구슬 같은 래틀(Rattle)이 내장되어 천천히 가라앉는 종류도 있다. 농어낚시에는 이 싱킹 타입의 펜슬베이트가 주로 이용된다.

같은 크기의 미노우에 비해 조금 무거울 뿐이지만 훨씬 더 멀리 날아간다. 미노우에 비해 립(Lip)이 달려 있지 않고 모양마저 홀쭉해 바람의 저항

●표준명 : 농어
●속　명 : 농에, 깔따구, 까지매기
●학　명 : *Lateolabrax japonicus*
●영　명 : Common sea bass. Sea perch
●일　명 : 스즈끼(スズキ)

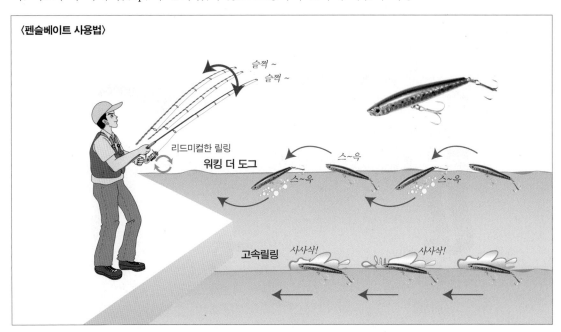

〈펜슬베이트 사용법〉

슬쩍 ~
슬쩍 ~

리드미컬한 릴링
워킹 더 도그

스~욱
스~욱
스~욱

고속릴링　사사삭!　사사삭!

을 거의 받지 않는 데다, 몸속에 내장된 래틀이 비거리를 한층 늘려주기 때문이다. 농어낚시용 루어 가운데 가장 멀리 날아간다 해도 과언이 아닐 정도다.

수면에 착수한 싱킹 펜슬베이트는 가만히 내버려 두면 천천히 가라앉지만 릴링을 하면 수면으로 떠올라 작은 물고기가 그저 헤엄치는 모습으로 끌려올 뿐이다. 그래선 별다른 효과를 기대할 수 없으므로 낚싯대를 살짝살짝 채거나 릴링 속도에 변화를 주는 방식으로 작은 물고기가 버둥대는 모습을 연출하기도 하고, 소음이나 물보라를 일으켜 대상어의 호기심을 자극하는 방식도 구사해야 한다.

기본 액션은 두 가지로 간단하다. 첫째는 워킹 더 도그(Walking-the-dog). 낚싯대를 살짝 살짝 챔질하듯 움직이면서 릴링을 하면 다친 물고기가 수면에서 비틀거리는 동작을 나타낸다. 두 번째는 '고속 릴링'이다. 단순히 빠른 속도로 감아 들이는 것만으로도 막대기 모양의 루어가 수면을 가르며 물보라를 일으킴으로써 수면에서 도망치는 작은 물고기의 움직임을 연출하게 된다.

이상의 특징을 종합해 싱킹 펜슬베이트가 효과를 발휘하는 곳을 정리해 보면 다음과 같다. ①다른 루어로는 도달하지 않는 아주 원거리 포인트, ②수심은 얕지만 포말과 조류가 강해 다른 플러그 종류로는 제대로 된 액션

〈지그헤드 리그 사용법〉

루어가 가벼울 때는
낚싯대를 아래로 낮춰서 릴링한다

스위밍

릴링 속도 조절로 자유자재

호핑   호핑

을 부여할 수 없는 경우, ③민물이 유입되는 기수역처럼 범위가 아주 넓고 방대한 포인트, ④바람이 강한 경우, ⑤강한 액션에 농어의 반응이 없는 경우 등이다.

농어

▶**지그헤드 리그(Jighead rig)** - 수심 깊고 물살 세찬 물곬 포인트 노릴 때

소프트 베이트 계열의 웜(worm) 종류 가운데 멸치나 작은 물고기 모양의 웜을 지그헤드(Jighead)에 결합시킨 채비로 농어를 노린다. 갯바위낚시에도 사용되고 서해 선상낚시에도 사용된다. 갯바위낚시 도중 농어가 중층에서 입질을 할 때 효과적으로 대처할 수 있는 채비로 하드 베이트에 도통 입질이 없을 때도 차선책으로 사용해 볼만하다. 농어의 입질이 매우 약을 때도 사용해 봄직하다. 서해 선상낚시의 경우 수심 깊은 물곬 포인트를 노릴 때가 많은 데, 이런 곳에선 조류에 덜 밀리는 루어 즉, 바이브레이션보다 지그헤드가 유리한 편이다.

기본 액션은 두 가지. 첫째는 스위밍(Swimming)이다. 채비를 목적하는 수심층까지 가라앉힌 후 단순히 릴링하는 것으로 일정 수심층으로 끌어들이면 된다. 둘째는 호핑(Hopping)이다. 단순 스위밍만으로는 농어의 호기심을 자극하지 못할 수도 있으므로 바닥층 가까이에서 살짝살짝 튀기듯이 움직여 주면 좀 더 자극적인 액션을 연출하게 된다.

●표준명 : 농어
●속　명 : 농에, 깔따구, 까지매기
●학　명 : *Lateolabrax japonicus*
●영　명 : Common sea bass. Sea perch
●일　명 : 스즈끼(スズキ)

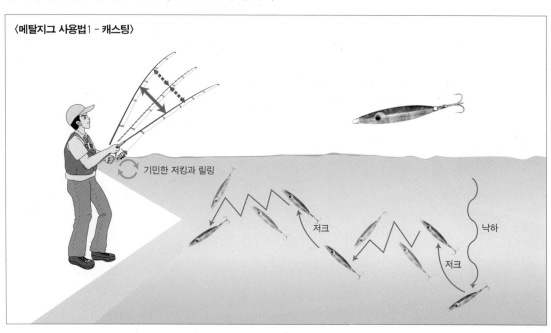

〈메탈지그 사용법1 - 캐스팅〉

기민한 저킹과 릴링

저크

낙하

저크

▶메탈지그(Metal jig) - 원거리, 수심 깊은 포인트에 유리

대표적인 하드 베이트로, 금속으로 만들어져 아주 무거운 것이 특징이다. 동급 루어 중 가장 무거워 원거리 캐스팅이나 깊은 수심에 가라앉히는 데 적합하다. 가만히 놔두면 쇳덩어리에 지나지 않는 루어이므로 사용자가 적극적으로 움직여 주어야만 비로소 성능이 나타난다.

기본 액션은 첫째, 저크 앤 저크(Jerk & Jerk)다. 낚싯대를 강하게 폭넓게 당겨 들이면서(저크), 그 사이에 생긴 여유 줄을 재빨리 릴링해 거둬들이고 다시 낚싯대를 저크하는 동작의 반복이다. 두 번째는 리프팅 앤 폴링(Lifting & Falling)으로, 지그를 바닥에서 뜀뛰듯 움직이는 방법이다.

바닥부터 중층까지 노릴 수 있는 루어로, 갑자기 낮아진 수온이나 일기 변화로 인해 농어가 중층 이상으로 부상하지 않고 바닥에서 먹이활동을 할 때 주효하다. 서해 선상낚시에서도 20~30m 정도의 아주 깊은 수심을 노릴 때 사용되기도 한다. 바닥걸림이 심한 곳에서는 트레블 훅 대신 어시스트 훅으로 교체하면 효과를 거둘 수 있다.

▶스푼(Spoon) - 값싸고 사용하기 쉬운 '막루어'

숟가락 모습이어서 스푼이라 부른다. 대부분 한 장의 금속판으로 만들어져 얼핏 단순해 보이지만 두께가 넓은 것과 얇은 것, 폭이 넓은 것과 좁은

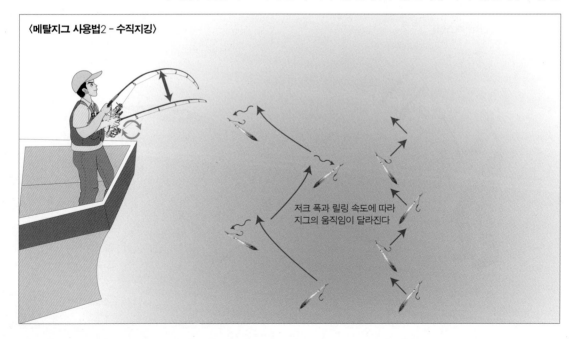

〈메탈지그 사용법2 - 수직지깅〉

저크 폭과 릴링 속도에 따라
지그의 움직임이 달라진다

것, 완곡도가 큰 것과 작은 것 등 나름대로 그 형태가 다양하다. 각각의 형태에 따라 단순히 릴링만 해도 수류 저항으로 다양한 움직임을 보인다. 크기에 비해 무거워 원투에 유리하지만 메탈지그처럼 순식간에 가라앉지는 않는다.

14~30g 무게에 길이 5~10cm 크기의 스푼이 농어낚시에 주로 사용된다. 캐스팅 후 릴을 감으면 루어가 회전하면서 햇빛에 반짝이는 모습으로 대상어를 유혹한다. 농어의 활성도가 좋을 때 효과를 발휘하는 대신, 스트레스 상황이거나 새벽 또는 저녁 등 해가 없을 때는 효과를 기대하기 어렵다. 다른 종류의 루어에 비해 가격이 싸고, 그래서 마구잡이로 사용해도 된다는 뜻으로 '막루어'라 부르기도 하는데, 선상낚시를 할 때 포인트 탐색용으로 사용되기도 한다.

표층·중층·저층을 다양하게 공략할 수 있는 루어로 사용 방법도 쉽다. 기본 액션의 첫째는 카운트다운(Countdown) 및 단순 릴링이다. 스푼을 캐스팅한 후 수면에 떨어지면 원하는 수심층까지 가라앉힌 후(카운트다운), 일정 수심층으로 계속 끌어들이는 것이다. 두 번째는 폴링 앤 저킹(Falling & Jerking). 어느 정도 끌어들이다가 릴링을 멈추어 갑자기 가라앉히거나(폴링), 낚싯대를 강하게 당겨(저킹) 끌어올리는 등 불규칙적인 움직임을 연출하면 된다.

- 표준명 : 농어
- 속　명 : 농에, 깔따구, 까지매기
- 학　명 : *Lateolabrax japonicus*
- 영　명 : Common sea bass. Sea perch
- 일　명 : 스즈끼(スズキ)

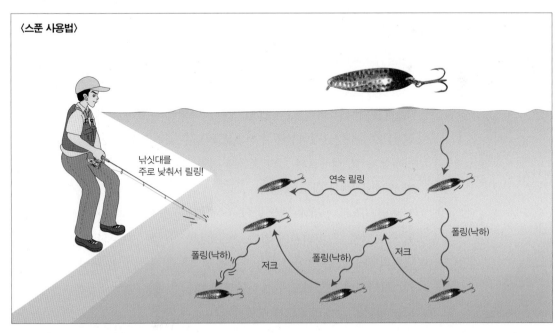

〈스푼 사용법〉

낚싯대를 주로 낮춰서 릴링!

연속 릴링

폴링(낙하)

폴링(낙하)　저크　폴링(낙하)　저크

서해 선상낚시

앞서 설명한 바와 같이 서해 농어 루어낚시는 선상낚시로 압축된다. 해안 지역이 거의 개펄 지형인 데다 조수 간만의 차이가 아주 심해 연안 포인트가 형성되지 않기 때문이다. 도서 지역 갯바위 포인트를 노릴지라도 배를 타고 돌며 흡사 상륙 작전을 연상케 하는 적극적인 공략 방식을 취한다.

선상낚시의 장점은 갯바위·방파제·자갈밭 등지의 연안 워킹낚시에 비해 포인트 이동과 접근이 자유스러워 기동성이 뛰어나다는 점이다. 다양한 포인트를 빠르고 폭넓게 탐색할 수 있어 당연히 조과가 유리할 수밖에 없는 것이다.

■선상낚시용 장비 및 소품

다양한 포인트를 보다 가까이에서 노릴 수 있는 선상낚시는 분명 갯바위·방파제 등 연안낚시에 비해 마릿수 조과를 누리기에 유리하다. 그러나 낚싯배의 소음을 생각해 포인트에 무작정 근접할 수 없어 때로는 최대한의 캐스팅 거리를 유지하기도 한다. 이런 경우는 선상 루어낚시라 할지라도 일정 길이의 낚싯대를 필요로 하고 루어 또한 비거리 성능을 고려하지 않을 수 없다.

낚싯대는 8피트(2.4m) 내외의 길이를 사용하되 허리가 부드러운 라이트(Light)~미디엄 라이트(Medium light) 액션이 유효하고, 루어는 비거리는 잘 나오는 바이브레이션을 우선으로 미노우 플러그 종류도 꼭 있어야 한다. 낚싯대와 릴, 낚싯줄과 기타 소품에 관한 상세한 내용은 '농어낚시 기본 장비 및 소품' 편을 참고 바란다.

●낚싯대(Rod) : 서해 선상 농어 루어낚시용 스펙을 갖춘 제품들이 출시돼 있어 선택에 큰 어려움이 없다. 9~10피트 길이의 갯바위용에 비해 8피트 내외의 다소 짧은 길이가 사용하기에 편리하다. 공간이 좁은 낚싯배 위에서 캐스팅하기에 적당하고 루어 운용에도 편리한 때문이다. 액션은 미디엄(M) 또는 미디엄 라이트(ML)가 적합하다.

●릴(Reel) : 갯바위용과 구분할 필요 없이 1.0~1.5호 합사가 150~200m 가량 감기는 2500~3000번 스피닝 릴이면 된다. 원거리 캐스팅에 유리한 샐로우 스풀이 탑재된 모델이 좋고, 대형급 농어를 무리 없이 다루기 위해선 드랙 성능도 좋아야 한다.

●낚싯줄(Line) : 원줄은 PE 합사 1.2~2호, 쇼크 리더는 나일론 또는 카본 4호 안팎을 기준으로 한다. 바닥이 거칠거나 대형급을 상대할 때는 합사 원줄을 2호 또는 3호까지 사용하기도 하는데, 이럴 땐 쇼크 리더도 5~6호까지 한두 단계 더 높인다.

●구명조끼 : 갯바위낚시엔 부력재로 된 제품이 좋지만 선상낚시엔 가스팽창식 구명조끼가 간편해서 좋다.

●편광안경 및 장갑 : 서해 농어낚시는 봄부터 가을까지 햇빛이 강렬한 한바다 위에서 이뤄지는 만큼 강한 자외선으로부터 눈을 보호할 수 있는 편광안경을 착용해야 하고, 농어의 날카로운 아가미뚜껑과 이빨로부터 손을 보호할 수 있는 장갑도 착용해야 한다.

●기타 소품 : 각종 루어의 스플릿 링(Split ring) 또는 트레블 훅(Treble hook)을 교체하거나 낚은 농어를 안전하게 집을 수 있는 플라이어(Pliers)가 준비돼야 한다. 이밖에도 루어를 교체하거나 기능 보강을 위한 소품으로 스냅(Snap)과 스플릿 링(Split ring), 트레블 훅(Treble hook)을 여벌로 챙겨 두면 현장 상황에 따라 편리하게 활용할 수 있다. 자주 사용되는 건 아니지만 소품 도구에 실납도 보관해 두면 언젠가 용도가 있게 마련이다. 원거리 포인트를 노려야 하는데 맞춤한 루어가 준비돼 있지 않을 경우, 사용 중인 루어의 바늘 축에 실납을 감아 주는 것으로 비거리를 한결 높일 수 있다.

농어

● 표준명 : 농어
● 속 명 : 농에, 깔따구, 까지매기
● 학 명 : *Lateolabrax japonicus*
● 영 명 : Common sea bass. Sea perch
● 일 명 : 스즈끼(スズキ)

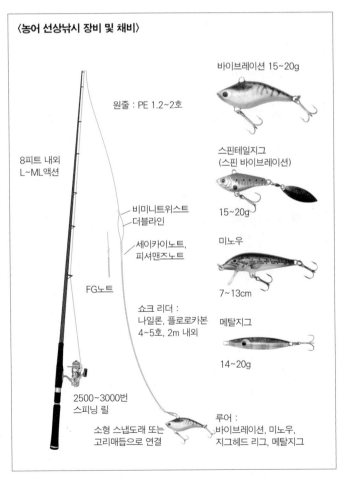

〈농어 선상낚시 장비 및 채비〉

원줄 : PE 1.2~2호

바이브레이션 15~20g

8피트 내외 L~ML액션

스핀테일지그 (스핀 바이브레이션)

15~20g

비미니트위스트 더블라인

세이카이노트, 피셔맨즈노트

미노우

7~13cm

FG노트

쇼크 리더 : 나일론, 플로로카본 4~5호, 2m 내외

메탈지그

14~20g

2500~3000번 스피닝 릴

소형 스냅도래 또는 고리매듭으로 연결

루어 : 바이브레이션, 미노우, 지그헤드 리그, 메탈지그

바이브레이션

스핀 바이브레이션

플로팅 미노우

싱킹 미노우

메탈지그

■선상낚시용 루어

서해 선상낚시에 사용되는 1순위 루어는 바이브레이션, 2순위는 미노우다. 낚싯배 위에서 겨냥하는 섬 기슭 수심 얕은 홈통이나 간출여 지대엔 플로팅 미노우가 잘 먹히고, 조류가 빠르게 흐르는 수심 깊은 포인트에선 일반 바이브레이션이나 블레이드가 달린 바이브레이션이 좋다. 농어의 활성이 저조하거나 주로 바닥층에서 입질을 할 때는 지그헤드에 새드테일 웜을 결합한 지그헤드 채비를 많이 쓰고, 장타가 필요한 곳에서는 대형 미노우도 사용된다.

농어낚시에 사용되는 다양한 루어 종류와 특성, 운용 방식에 관한 상세한 설명은 앞서 기술한 '농어낚시용 루어(Lure)에 대한 이해' 편을 참고 바란다.

●바이브레이션(Vibration) : 서해에서 바이브레이션이 많이 사용되는 이유 중 첫 번째는 저속 릴링에도 강한 진동을 보인다는 점, 둘째는 뛰어난 비거리, 셋째는 빠른 탐색 능력이다. 바이브레이션은 잠수판 역할을 하는 립(Lip)이 없는 대신 등판이 물살의 저항을 받아 온몸을 파르르 떠는 강한 액션을 보이는데, 미노우와는 달리 아주 천천히 감아도 그럴듯한 액션이 연출된다. 오히려 너무 빨리 감으면 액션이 깨진다. 서해 농어들은 물색이 탁한 곳에 많아 시각보다는 이런 진동이 잘 먹히는 것이다. 바이브레이션 운용의 기본은 리프팅 앤 폴링(Lifting & Falling)이다.

●미노우(Minnow) : 서해 선상 농어낚시용 미노우는 길이 120~130mm, 무게 20g 내외, 잠행 수심 1m 이하의 플로팅 타입이 적합하다. 파도 없이 조용한 홈통을 공략하는 데는 이 정도 형태의 미노우가 적합한데, 부력은 슬로우 플로팅 혹은 서스펜드 타입이 효과적이다.

서해에서 미노우를 사용할 때는 수중여나 간출여 주변을 아주 천천히 훑고 지날 수 있도록 릴링도 천천히 하는 것이 좋다. 입질이 들어오면 반드시 릴링을 멈추어 농어가 미노우를 확실히 덮칠 수 있도록 시간적 여유를 줘야 한다. 물색이 아주 탁하거나 조류가 세찬 곳에서는 강한 저킹도 효과적이므로 항상 다양한 시도를

해보는 것이 좋다. 플로팅 미노우의 기본 액션은 저킹(Jerking) 및 트위칭
(Twitching)이고, 싱킹 미노우를 사용할 때는 카운트다운(Countdown) 후
단순 릴링을 이어나가면 된다.

●지그헤드 리그(Jighead rig) : 물살 빠르고 수심 15m 이상 되는 깊은 물
곬을 노릴 땐 바이브레이션보다 조류에 덜 밀리는 지그헤드 채비가 유리하
다. 지그헤드에 웜을 꿰어 사용하되 7~20g 무게의 지그헤드를 준비해 포인
트 거리와 공략 수심층에 따라 적합한 무게를 선택해야 한다. 웜 또한 일반
그럽(Grub) 종류보다는 꼬리가 둥글고도 납작하게 꺾여 물속에서 끌어들
일 때 큰 파장을 일으키는 새드 테일 웜(Shad tail worm)이 단연 효과적이
다. 새드 테일 웜의 길이는 3~5인치(7.6-12.7cm)를 기준으로 선택하면 된
다. 물속 지그헤드 리그에 부여하는 액션은 스위밍(Swimming) 또는 호핑
(Hopping)이다.

●메탈지그(Metal jig) : 연안 갯바위 지형을 노
리거나 간출암 등지를 공략할 때는 바이브레이
션이나 미노우로 캐스팅을 하지만 연안에서 멀
리 떨어진 수심 깊은 곳에 몰려 있는 농어를 겨
냥해 수직지깅을 시도할 수도 있다. 이때 필요한
루어가 메탈지그다. 80g 안팎의 무게가 적합하
며 색상은 은색 바탕에 핑크 또는 붉은색이 칠해
진 것이 유효하다. 메탈지그의 기본 액션은 저크
앤 저크(Jerk & Jerk) 또는 리프팅 앤 폴링(Lifting
& Falling)이다.

●표준명 : 농어
●속 명 : 농에, 깔따구, 까지매기
●학 명 : *Lateolabrax japonicus*
●영 명 : Common sea bass,
　　　　　 Sea perch
●일 명 : 스즈끼(スズキ)

▼수면으로 끌려나온 농어가 위
험을 감지하고서 사력을 다해
물속을 파고들고 있다.

■선상 농어 루어낚시 포인트

　낚싯배 위에서 낚시를 하는 서해 농어 루어낚
시는 갯바위·방파제 등지에서 시도하는 연안낚
시와는 달리 한층 다양한 포인트를 섭렵하며 '치
고 빠지는' 기동성 있는 낚시를 구사한다. 경험
많고 눈썰미 좋은 선장의 역할이 강조되는데, 선
상 농어 루어낚시 포인트는 다음 다섯 가지 사례

로 정리된다.

●조류가 느린 갯바위 홈통 : 낚싯배 위에서 섬 주변을 노릴 때는 조류가 느린 만입부나 홈통은 최고의 포인트이다. 농어가 적극적으로 먹이사냥을 할 때는 조류가 빠른 곳에서 분탕질을 하지만 휴식을 취할 땐 조용한 만입부 안에 머물기 때문이다. 그래서 경험 많은 선장들은 이 같은 만입부 안쪽을 공략할 수 있도록 입구에 낚싯배를 세운다. 예전엔 이런 홈통 지형을 바이브레이션으로 공략했지만 최근에는 미노우로 곳곳을 훑는 식으로 한 곳에서 다수확을 올리는 패턴이 유행한다.

●간출여 주변 : 선상 루어낚시에서 지나칠 수 없는 포인트이다. 파도가 찰랑대는 간출여 주변엔 먹이를 찾는 농어가 즐겨 붙는다. 특히 조류가 부딪치는 간출여 뒤편에 많이 붙는데, 바이브레이션이나 미노우로 노리면 숨어 있는 농어가 나와서 루어를 덮친다.

간조 때는 철저히 수중여 주변을 탐색할 필요가 있다. 간조 때 조류가 일시 멈춘 상황에서의 농어는 수중여 옆에 바짝 붙어 휴식을 취하므로 이때는 철저히 수중여 주변을 공략하는 게 키 포인트. 수심 깊은 곳이라면 바이브레이션 같은 무거운 루어로 바닥을 긁듯이 탐색해야 한다.

●갯바위 직벽 또는 콧부리 : 조류 또는 파도가 부딪쳐 허연 포말이 일어나

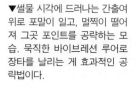

▼썰물 시각에 드러나는 간출여 위로 포말이 일고, 멀찍이 떨어져 그곳 포인트를 공략하는 모습. 묵직한 바이브레션 루어로 장타를 날리는 게 효과적인 공략법이다.

는 갯바위 직벽이나 콧부리도 타깃이 된다. 포말 아래에 농어가 붙어 있을 확률이 높기 때문이다.

● 수심 깊은 직벽 : 이런 곳은 벽을 타고 농어가 이동을 하므로 바이브레이션을 직벽 가까이 날리면 입질을 받을 수 있다. 물색이 맑은 곳이면 미노우를 사용해도 좋지만 물색이 탁하고 조류가 강하게 흐르는 곳에선 바이브레이션이 유리하다.

● 섬과 섬 사이의 물곬 : 이런 곳에서는 먹이사냥을 위해 회유하는 농어 무리를 만날 수 있다. 따라서 농어의 연쇄 입질을 받을 수 있는 포인트이다.

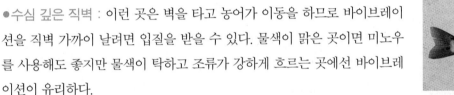

- 표준명 : 농어
- 속 명 : 농에, 깔따구, 까지매기
- 학 명 : *Lateolabrax japonicus*
- 영 명 : Common sea bass. Sea perch
- 일 명 : 스즈끼(スズキ)

■선상 농어 루어낚시 이렇게!

농어낚시의 물때는 일반적으로 조류가 세찬 사리 물때를 꼽는다. 그러나 낚싯배를 타고 곳곳의 포인트를 찾아나서는 서해 농어 루어낚시는 물때 시각이 더 중요하다. 중들물부터 중썰물까지가 그 타이밍이다. 조류가 활발하게 흐르면서도 수위가 안정적으로 유지될 때에 농어의 입질이 집중되기 때문이다.

구체적으로는 포인트에 따라 달라지기도 한다. 홈통은 들물 때에 좋고, 간출여는 썰물 때에 좋은 조과를 보인다. 본류대의 브레이크 라인이나 수심 깊은 직벽 포인트도 썰물 때에 조과가 좋다. 그러나 예외로 밤낚시를 할 때는 간조 무렵에도 입질을 기대할 수 있다.

①자리 확보 : 얌체처럼 보일지 몰라도 선상낚시는 자리 선점이 중요하다. 한 번 자리를 정하면 자기 마음대로 이동하기 곤란한 때문이다. 선상 농어 루어낚시는 낚싯배 이물(선두)에 서는 게 좋다. 롱 캐스팅을 하기에 가장 좋은 위치일 뿐만 아니라 포인트 진입 시 뱃머리부터 진입하므로 가장 먼저 루어를 날릴 수 있기 때문이다. 그러나 같은 일행끼리는 물론 면식 없는 사이일지라도 필요로 하는 경우 이물 자리는 서로 맞바꿔 주는 배려가 필요하다.

②루어 선택 : 일단 포인트 여건에 따른 루어 로테이션 공식을 따른다. 이를테면 조류가 세찬 여밭이나 수심 깊은 갯바위 직벽을 노릴 땐 바이브레이션, 조류가 약한 여밭 또는 갯바위 홈통을 노릴 땐 미노우, 물살이 빠르고 수심 깊은 물곬 지대를 노릴 땐 지그헤드 리그 또는 메탈지그가 기본이다.

이를 기준으로 최초의 루어를 선택하되 동승한 낚시인들의 히트 루어를 참작한다.

③이상 유무 : 캐스팅 이후에는 루어의 안착을 도모하거나 확인해야 한다. 바람이 부는 상황에서 롱 캐스팅을 하다보면 원줄이 사선으로 많이 날리거나 루어가 착수할 때 목줄이 바늘에 걸리는 경우가 생긴다. 착수와 동시에 원줄에 제동을 걸거나 강하게 트위칭을 해서 루어에 걸린 줄을 빼 주어야 한다. 또 원줄이 바람에 많이 날린 경우는 낚싯대를 반대 방향으로 당겨 여유 줄을 빠르게 회수한 후, 루어가 가급적 일직선으로 끌려오게 해야 한다.

④루어 액션 : 루어가 제대로 안착됐으면 사용하는 루어의 특성에 맞는 액션을 부여해야 한다. 바이브레이션이나 싱킹 미노우는 원하는 수심층까지 가라앉기를 기다렸다가 릴링을 시작하되 일정 수심층으로 계속 끌어들이는 것만으로도 입질을 유도할 수 있다.

▼군산 어청도 해상에서 대박 조과를 거둔 군산 낚시인들. 농어 꼬리에 매달린 여러 색깔의 줄은 낚은 농어를 물칸에 살리는 과정에서 개개인의 조과를 표시하기 위한 용도이다..

플로팅 미노우는 착수와 동시에 릴링을 개시하되 일정 속도로 감아들이다가 아무런 소식이 없으면 릴링을 멈췄다가 다시 감아 들이는, 이른바 '스톱 & 고' 액션을 구사해 본다. 이도 저도 안 되면 중간 중간 낚싯대를 흔들어 주는 '트위칭'과 잡아당기는 '저킹'을 구사하는 등 다양한 변화를 시도해 볼 필요가 있다.

⑤입질과 챔질 : 입이 큰 농어는 빨아들이듯 루어를 문다. '덜컥!' 하는 충격이 감지되면 반사적으로 잡아채지 말고 약간 여유를 주고서 낚싯대를 치켜세우는 자세로 챔질을 한다.

⑥파이팅(Fighting) : 바늘에 걸려든 농어는 어떤 어종보다 반항이 격

렬하고도 반복적이다. 무조건 겨루기를 계속하다 보면 줄이 터질 염려보다도 바늘털이를 당할 염려가 많다. 잔챙이면 몰라도 덩치 큰 놈이 강하게 저항할 때는 릴 드랙을 적절히 조절한 상태에서 서로 밀고 당기는 게임을 펼쳐야 한다.

파이팅 과정에서 정신없이 낚싯대를 너무 세운 자세로 버티다 보면 농어의 바늘털이를 부채질하는 결과로 이어진다. 가능한 한 낚싯대를 비스듬히 낮춘 자세로 릴링는 것이 좋다. 바늘털이이가 우려될 때는 더욱 낚싯대를 낮춰야 한다.

⑦랜딩(Landing) : 수면 위로 떠오른 농어는 가급적 뜰채로 안전하게 담아 올려야 한다. 광어나 우럭 같은 선상낚시 어종과는 달리 수면 위에서 단번에 드러눕지 않고 마지막 반전을 시도하는 등 강한 몸부림을 치므로 조심스레 정확히 뜰채에 담아야 한다.

일단 농어가 낚이기 시작했다면 신속히 대응해야 한다. 한 마리가 낚인 곳에선 또 다른 농어가 있을 가능성이 많으므로 무리가 흩어지기 전에 같은 지점에다 재빨리 루어를 투입해야 하는 것이다. 선상낚시의 경우 옆 사람이 입질을 받아 거의 다 끌어낼 즈음, 그곳에다 빠르게 루어를 날릴 필요가 있다.

- 표준명 : 농어
- 속 명 : 농에, 깔따구, 까지매기
- 학 명 : *Lateolabrax japonicus*
- 영 명 : Common sea bass. Sea perch
- 일 명 : 스즈끼(スズキ)

▼갯바위에 부딪쳐 포말을 일으키는 파도는 곧 농어를 떠올리게 한다. 농어는 그 파도 속에 묻혀 우왕좌왕하는 베이트 피시를 날름날름 사냥을 한다.

갯바위 · 방파제 연안낚시

서해처럼 남해 지역에서도 선상낚시가 병행되지만 특히 동해와 제주 지역에서는 갯바위 · 방파제 등지에서의 연안낚시가 주류를 이룬다. 이 가운데 동해와 제주 농어낚시는 수심 얕은 여밭 지형과 하얗게 부서지는 파도를 수반하는 데 비해 남해 농어낚시는 보다 다양한 여건이 교차한다.

특별한 여건이 아니고선 물색이 맑고 조수 간만의 차가 거의 없는 동해와 제주 지역에 비해 남해엔 평균적으로 조수 간만의 차가 크고 물색이 탁한 곳(특히 남해서부 지역)이 있는가 하면, 간만의 차가 심하지 않고 물색이 비교적 맑은 곳(특히 남해동부 지역)도 있다. 갯바위 또는 방파제 주변에서 낚시를 할지라도 동해는 거의 육로편, 제주는 육로편과 부속섬에서 이뤄지는 반면, 남해는 동해와 제주의 특성을 합쳐 놓은 형태이거나 더욱 복잡 다양한 여건이다.

이처럼 해역별 지형이 다르고 이에 따른 포인트 여건이 다양한 만큼 목적하는 출조지 농어낚시에 대한 이해가 중요하다. 필요한 장비 · 소품 및 루어 종류부터 살펴보기로 한다.

■연안낚시용 장비 및 소품

갯바위와 방파제, 또 육로와 도서 지역으로 세분화되는 연안낚시는 선상낚시에 비해 보다 다양한 여건에서 이뤄지는 만큼 장비 및 소품은 물론 사용하는 루어에 이르기까지 그 종류와 특성이 그야말로 다종다양하다. 게다가 동서남해는 물론 제주 지역의 해안 구조와 해저 지형이 각기 다른 특성을 보여 지역성이 더욱 강조되기도 한다.

따라서 연안낚시용 장비 및 소품, 루어 준비는 출조 지역의 특성을 먼저 이해하는 게 중요한데, 기본적이고도 구체적인 내용은 '농어낚시 기본 장비 및 소품' 편을 참고 바란다.

●낚싯대(Rod) : 원거리 캐스팅에 유리한 스피닝 로드를 사용하되 미디엄라이트(ML) 또는 미디엄(M) 액션이 적합하다. 길이는 8~10피트(약

2.4~3m)로 다양하게 사용되는데, 근년의 농어낚시는 보다 경량화되는 추세로 액션도 라이트(L)급이 선호되는가 하면 심지어 울트라 라이트(UL)급을 사용하는 이들도 있다.

　지역별로 많이 사용되는 낚싯대의 길이를 보면 남해의 경우 8~9피트(2.43~2.74m)가 주류를 이루는 가운데 비거리에 중점을 둘 때는 9피트 이상도 즐겨 사용한다. 동해의 경우는 8.6~10피트 길이로 보다 폭넓게 사용되는 편이며, 특히 롱 캐스팅을 필요로 하는 제주 지역에선 9~10피트 길이가 주류를 이룬다.

● 릴(Reel) : 선상낚시, 연안낚시 구분할 거 없이 1.0~1.5호 합사가 150~200m 가량 감기는 2500~3000번 스피닝 릴이면 된다. 이에 샐로우 스풀이 탑재돼 있고 드랙 성능이 좋은 제품일수록 좋다.

● 낚싯줄(Line) : 원줄은 PE 합사 1~1.5호, 쇼크 리더는 카본 또는 나일론 4~6호를 기준으로 포인트 여건과 낚이는 씨알을 고려하면 된다. 대형급이 많은 제주 지역에선 원줄 1.5호, 쇼크 리더 5~8호로 보다 강하게 사용하는 편이다.

● 구명조끼(Life jacket) : 선상낚시엔 가스팽창식 구명조끼가 가볍고 활동하기에 편해서 좋지만 갯바위 또는 자갈 · 몽돌밭 등지에서 낚시를 할 때는 여러 가지 기능상 부력재로 된 제품이 좋다.

● 바지장화(Wader) : 수심 얕은 암반을 도보로 건너 암초 위에 올라 낚시를 많이 하는 동해나 제주 지역에선 거의 필수품이다. 연안 갯바위 위에서 낚시를 할지라도 휘몰아치는 파도와 포말에 대처하는 등, 한 번 구입해 두면 그 용도가 많다. 허리 높이보다는 멜빵 처리가 되어 가슴까지 덮이는

● 표준명 : 농어
● 속　명 : 농에, 깔따구, 까지매기
● 학　명 : *Lateolabrax japonicus*
● 영　명 : Common sea bass. Sea perch
● 일　명 : 스즈끼(スズキ)

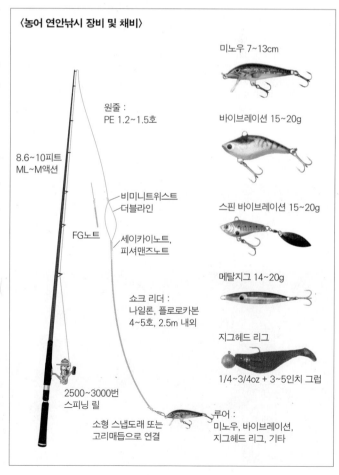

〈농어 연안낚시 장비 및 채비〉

미노우 7~13cm

원줄 :
PE 1.2~1.5호

8.6~10피트
ML~M액션

바이브레이션 15~20g

비미니트위스트
더블라인

스핀 바이브레이션 15~20g

FG노트

세이카이노트,
피셔맨즈노트

메탈지그 14~20g

쇼크 리더 :
나일론, 플로로카본
4~5호, 2.5m 내외

지그헤드 리그

1/4~3/4oz + 3~5인치 그럽

2500~3000번
스피닝 릴

소형 스냅도래 또는
고리매듭으로 연결

루어 :
미노우, 바이브레이션,
지그헤드 리그, 기타

종류가 좋고, 신발이 부착돼 있는 일체형보다는 논슬립화를 따로 덧신을 수 있는 종류가 좋다.

●논슬립화 : 연안낚시에는 반드시 미끄럼방지 신발을 신어야 한다. 펠트 밑창이 부착된 제품이 좋으며 고무 핀이 박혀 있으면 선상낚시에도 무난하다. 바지장화에 덧신는 용도라면 한 치수 큰 사이즈를 선택하는 것이 좋다.

●편광안경 : 강한 자외선으로부터 눈을 보호하기 위한 목적뿐만 아니라 수면의 난반사를 차단하여 물속을 투시하기 좋은 편광안경은 이제 낚시인들의 필수품이다. 농어의 먹잇감이 되는 베이트 피시 무리가 수면에서 마구 들끓는, 이른바 보일(Boil) 현상은 편광안경을 착용한 낚시인에게만 보일 뿐이다.

●가프(Gaff) 및 랜딩그립(Landing grip) : 랜딩 도구로 선상낚시엔 뜰채가 편리하지만 연안낚시엔 가프를 준비하는 것이 좋다. 랜딩그립은 낚은 농어의 입언저리를 안전하게 집을 수 있는 도구이지만 상황에 따라 가프 대신 사용할 수도 있다.

●플라이어(Pliers) : 루어에 부착된 스플릿 링(Split ring) 또는 트레블 훅(Treble hook · 세발바늘)을 교체하거나 랜딩시킨 농어를 안전하게 집을 때 사용하는 도구다. 따라서 집게 길이가 18cm 정도로 긴 것이 좋다.

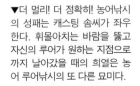

▼더 멀리! 더 정확히! 농어낚시의 성패는 캐스팅 솜씨가 좌우한다. 휘몰아치는 바람을 뚫고 자신의 루어가 원하는 지점으로까지 날아갔을 때의 희열은 농어 루어낚시의 또 다른 묘미다.

농어

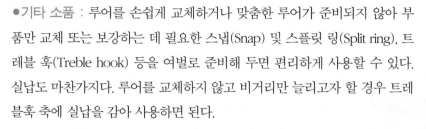

●기타 소품 : 루어를 손쉽게 교체하거나 맞춤한 루어가 준비되지 않아 부품만 교체 또는 보강하는 데 필요한 스냅(Snap) 및 스플릿 링(Split ring), 트레블 훅(Treble hook) 등을 여벌로 준비해 두면 편리하게 사용할 수 있다. 실납도 마찬가지다. 루어를 교체하지 않고 비거리만 늘리고자 할 경우 트레블훅 축에 실납을 감아 사용하면 된다.

●표준명 : 농어
●속 명 : 농에, 깔따구, 까지매기
●학 명 : *Lateolabrax japonicus*
●영 명 : Common sea bass.
          Sea perch
●일 명 : 스즈끼(スズキ)

■연안낚시용 루어

선상낚시에 비해 보다 다양한 종류의 루어가 사용된다. 플로팅·싱킹·서스펜딩 타입의 미노우를 비롯한 바이브레이션, 펜슬베이트와 지그헤드 리그, 메탈지그와 스푼 등 실로 다양하다. 서해 선상낚시에는 바이브레이션이 많이 사용되는 데 비해 갯바위·방파제 등지의 연안낚시에는 미노우 플러그가 필수 아이템으로 선호되는가 하면, 포인트 여건에 따라 플로팅 타입과 싱킹 타입이 선별되기도 한다.

최대한 원거리 캐스팅을 위해 펜슬베이트가 활용되기도 하고, 바닥층과 중층 범위 탐색에 유리한 메탈지그와 햇빛 쨍쨍 내리쬐는 한낮에 효과를 발휘하는 스푼이 동원되는가 하면, 참돔낚시용으로 시작되어 광어낚시로까지 확산된 타이라바도 활용되는 추세다. 이에 지그헤드 리그까지 포함시키고 보면 농어낚시용 루어는 언젠가 그 한계가 없어질지도 모른다.

농어 연안낚시에 사용되는 이들 다양한 루어 종류별 특성과 운용 방식에 관한 상세한 설명은 앞서 기술한 '농어낚시용 루어(Lure)에 대한 이해' 편을 참고 바란다.

●미노우 플러그(Minnow plug) : 잠행 수심이 얕은 루어로 남해는 물론 동해와 제주 지역의 연안 농어 루어낚시에 가장 많이 사용되는 필수 아이템이다. 수심 얕은 샐로우 지형에 유리한 만큼 동해와 제주 지역에선 특히 플로팅 타입이 우선시되고, 남해 지역에선 세 가지 타입이 고루 사용된다. 구체적으로 아주 수심 얕은 포인트이거나 농어의 활성이 높은 곳에선 플로팅(Ffloating) 타입을 사용하고, 반대로 수심 깊은 곳이나 입질이 까다로울 때는 서스펜딩(Suspending) 또는 싱킹(Sinking) 타입을 사용한다.

수심 얕은 여밭을 탐색하기 좋은 미노우는 상대적으로 밑걸림이 발생할 위험도 많다. 밑걸림을 줄이려면 미노우의 트레블 훅을 더블 훅으로 교체 사용하는 방법도 있다. 미노우 가운데 플로팅 타입을 사용하는 방법은 저킹 (Jerking) 및 트위칭(Twitching) 액션을 구사하고, 싱킹 미노우는 카운트다운(Countdown) 후 단순 릴링을 이어나가면 된다.

미노우

●바이브레이션(Vibration) : 수심 얕은 곳에 사용하는 루어가 미노우라면 원거리 수심 깊은 곳을 노릴 때 적합한 루어가 바이브레이션이다. 잠수판 역할을 하는 립(Lip)이 없는 대신 낚싯줄을 연결하는 맬고리(Line eye)가 등 쪽에 부착돼 있어 물속에서 끌어당기면 머리 부위가 물의 저항을 받아 온몸을 파르르 떠는데, 이처럼 좌우 진동(바이브레이션)을 보인다고 해서 붙여진 이름이다. 바닥으로 가가라앉는 싱킹 타입이 대부분이다.

바이브레이션

따라서 수심 깊은 포인트의 바닥 근처를 노릴 때 유효하며, 낚시를 처음 시작하는 곳의 수심 정도와 해조류 형성 여부 등을 파악하는 탐색용으로도 흔히 사용된다. 이 같은 바이브레이션을 사용 때 주의할 점은 캐스팅 시 발생하는 채비 꼬임이다. 무조건 멀리 던지기 위해 너무 강하게 휘두르다 보면 낚싯줄이 바늘에 걸리는 등의 채비 꼬임이 발생하므로 낚싯대의 탄력에 루어의 무게가 끝까지 실리도록 부드럽게 던져야 한다.

스핀테일 지그

●펜슬베이트(Pencil bait) : 플러그 중에서도 톱워터(Top water) 계열에 속하는 루어로, 대부분 물에 뜨는 플로팅 타입이지만 가라앉는 종류도 있다. 비슷한 모양의 미노우에 비해 잠수판 역할을 하는 립이 달려 있지 않고 몸통이 보다 홀쭉해 같은 크기의 미노우보다 훨씬 멀리 날아간다. 특히 싱킹용 펜슬베이트는 동급 플러그 종류 가운데 최고의 비거리를 자랑해 바이브레이션과 플로팅 미노우의 장단점을 보완한 루어로 활용된다. 싱킹 미노우는 바이브레이션보다 뛰어난 비거리를 나타내고, 수면에 착수한 후 바이브레이션보다 천천히 가라앉을 뿐만 아니라 릴링을 멈추면 플로팅 미노우처럼 수면으로 떠오르기 때문이다.

지그헤드 리그

따라서 싱킹용 펜슬베이트는 동해나 제주 지역에서 많이 사용되는 플로팅 미노우처럼 수심 얕은 샐로우 지형의 포인트를 노리되, 최대한 먼 지점을 공략하는 용도로 활용되는데 중간 중간 적절한 액션을 가하지 않으면 밑걸림이 발생한다는 점에 유의해야 한다. 낚싯대를 살짝살짝 들어 올리거나 릴링 속도에 변화를 주는 이른바 '워킹 더 도그(Walking-the-dog)' 액션이 밑걸림을 방지하는 요령이다(285 페이지 〈그림〉 참조).

●지그헤드 리그(Jighead rig) : 지그헤드에 웜을 부착해 사용하는 채비다. 지그헤드 무게는 7~20g을 기준으로 포인트 수심과 거리에 따라 선택하면 된다. 볼락낚시용 지그헤드에 비해 크고 무거우며 바늘도 훨씬 강한 것을 사용한다. 웜 종류는 3.0~3.5인치(약 8~9cm) 농어 또는 바다 루어낚시 전용을 사용하되 민물 배스낚시용도 무방하다.

농어가 중층에서 입질을 할 때 효과적인 채비로 하드 베이트에 입질이 없을 때, 또는 몇 마리 낚은 뒤 입질이 약아졌을 때 사용해 보면 의외로 반응을 보일 때가 많다. 동해·제주 지역에선 용도가 거의 없는 편이며, 운용 방법은 볼락 루어낚시를 할 때와 같다. 리트리브, 리프트 앤 폴, 호핑 등을 병행하면 된다.

●메탈지그(Metal jig) : 금속으로 만들어진 무거운 루어로 수심 깊은 포인트의 바다~중층을 노리는 데 유효하다. 갑자기 낮아진 수온이나 일기 변화로 인해 농어가 중층 이상으로 부상하지 않고 바닥에서 먹이활동을 할 때 주로 사용된다. 14~28g 무게가 주로 사용되며 길이는 10cm 내외가 적당하다. 바닥이 험한 곳에선 밑걸림이 잦아 꼬리 쪽에 부착돼 있는 트레블훅 대신 어시스트훅을 장착해 사용하기도 한다.

●스푼(Spoon) : 역시 금속으로 만들어진 단순한 형태의 루어로 꼬리 쪽에 트레블훅이 달려 있다. 무게 14~30g, 길이 5~8cm짜리가 주로 사용되며 수면에 착수하면 카운트다운과 함께 일정 수심층으로 가라앉혀 끌어들이면 된다.

물속에 투과된 햇빛을 받아 반짝이는 모습으로 농어를 유혹하는데, 새벽 또는 저녁 등 해가 없을 때는 그다지 효과를 발휘하지 못한다. 농어의 활성도가 좋을 때 유효하고 스트레스 상황에선 반응을 얻지 못한다. 다른 종류의 루어에 비해 가격이 싼 편이라 선상낚시에서 포인트 탐색용으로 활용되기도 한다.

●슬로우 지그(Slow jig) : 근년 인기를 얻고 있는 슬로우 지깅(Slow jigging)에 사용되는 슬로우 지그는 대형 부시리·방어 등을 상대로 하는 빅게임에만 사용되는 것은 아니다. 일반 메탈지

●표준명 : 농어
●속 명 : 농에, 깔따구, 까지매기
●학 명 : *Lateolabrax japonicus*
●영 명 : Common sea bass. Sea perch
●일 명 : 스즈끼(スズキ)

펜슬베이트(Pencil bait)

스푼(Spoon)

그보다 가라앉는 시간이 길어 농어처럼 입질이 까다로운 어종을 상대로도 큰 효과를 볼 수 있다. 슬로우 지그는 앞뒤 쪽 모두 바늘을 달 수 있는데, 챔질 확률을 높일 수 있는 장점이 있지만 바닥걸림이 심한 곳에서는 앞쪽에만 바늘을 단다.

일단 농어 입질이 확인되면 슬로우 지그를 최대한 느리게 움직인다. 조류의 강약과 수심에 따라 무게를 달리 사용해야 하는데, 남해안의 경우 수심 30~50m권에서 농어낚시가 주로 이뤄지기 때문에 80~120g이면 충분하다.

●타이라바 : 참돔 또는 광어낚시에 주로 사용되는 타이라바(鯛ラバー)는 꼴뚜기 · 오징어 · 낙지 등의 두족류를 형상화한 루어이다. 농어 루어낚시에는 그다지 사용하지 않지만 봄철에는 꼭 한 번 사용해 볼만하다. 수온이 상승하기 시작하는 4월이면 남해안에는 잔 씨알의 살오징어(화살오징어)가 먹이활동을 위해 대거 연안으로 접근하는데, 이 시기의 농어가 타이라바에 좋은 반응을 보이기 때문이다.

▼일출 시각의 수상암 상륙작전-. 동해 구룡포 앞바다에 아침 해가 떠오르고, 때마침 파도가 잔잔해 수상 암초로 향하는 두 낚시인의 뒷모습이 역동적이다.

■연안 농어 루어낚시 포인트

농어는 계절과 날씨, 조류와 수온에 따라 다양한 곳에서 낚인다. 수심 얕

은 여밭이나 간조 때 모습을 드러내는 간출여 주변, 갯바위 직벽 또는 홈통, 수십 미터 깊이의 수중여 또는 어초 지대 등 포인트 사례를 일일이 나열하기 어렵다. 그러나 몇 가지 기준으로 연안 농어낚시 포인트를 열거하면 ① 파도치는 간출암 및 수중여 지대, ②바다와 민물이 만나는 기수역, ③본류대가 흐르는 갯바위 콧부리 또는 대형 방파제 주변, ④자갈 또는 몽돌밭 해변, ⑤광어·우럭 등 양식장 배수구가 연결되는 곳, ⑥해초 군락지 및 어초 주변 등으로 함축되는데, 이러한 포인트 유형은 강한 지역성을 띠는 게 특징이다. 따라서 선상낚시가 주류를 이루는 서해를 제외한 연안 농어낚시 포인트는 남해와 동해 그리고 제주 지역으로 나눠 살펴보는 게 옳다.

농어

● 표준명 : 농어
● 속　명 : 농에, 깔따구, 까지매기
● 학　명 : *Lateolabrax japonicus*
● 영　명 : Common sea bass.
　　　　　Sea perch
● 일　명 : 스즈끼(スズキ)

▶남해 – 갯바위 콧부리와 홈통, 자갈·몽돌밭 해변도

　동해와 서해, 제주도를 합쳐 놓은 것과 같은 다양한 사례를 보인다. ①일단은 수심 얕은 갯바위 홈통이다. 아침과 해질녘 피딩 타임이나 밤이 되면 농어가 출현할 확률이 높고, 파도가 쳐서 포말이 일거나 물색이 탁할 때 노려볼 1순위 포인트다. 갯바위 홈통은 농어의 먹잇감이 많고, 조용히 몸을 숨기고 쉴 수 있는 암초와 해초도 많기 때문이다.

　②갯바위 콧부리 지대는 본류를 타고 이동하는 농어를 노리기에 좋다. 가끔 농어 떼를 만나기도 한다. 콧부리 형태의 포인트는 조류가 빠르고 수심이 깊기 때문에 바이브레이션 같은 무거운 루어로 전층을 탐색해야 좋은 조과를 거둘 수 있다. 갯바위 기슭에 바윗덩이가 즐비하고 그 앞으로 깊은 수심이 형성된, 이른바 '돌 무너져 내린 곳'도 농어낚시 포인트로 빼놓을 수 없는 곳이다.

　③물속 깊은 곳 또는 연안에서 멀리 떨어진 수중여 주변이다. 눈에 보이지도 않고 잘 느껴지지도 않아 그냥 미지의 바다 속에 불과할 수도 있지만 조류의 움직임이 활발한 물때가 되면 수중여 주변 또는 상층부에 베이트피시들이 모여들기 시작하면서 포인트가 형성된다. 조류가 바뀌는 '물돌이' 시각 또는 아침·저녁 피딩 타임 때 특히 일급 포인트를 형성되는데, 이런 보이지 않는 수중여 포인트는 그곳 낚시터에 경험 많은 단골 꾼들이나 선장으로부터 정보를 귀띔 받을 수 있다.

　④작은 자갈이나 몽돌로 이뤄진 해변엔 밤이 되면 덩치 큰 농어들이 접근한다. 먼 거리에 수중여나 간출여가 형성돼 있다면 밤낚시의 성공 확률은

더욱 높아진다.

⑤바다와 강·하천이 만나는 기수(汽水) 지역은 숭어만큼이나 농어가 좋아하는 곳이다. 장마 직후가 특히 그렇다. 남해 곳곳에는 이런 포인트가 많다. 부산 수영강, 남해·여수의 섬진강, 목포 영산강 하구 아래가 기수역 포인트로 유명한데, 그보다 작은 하천의 하구권역에서도 농어를 기대해볼 수 있다.

⑥연안 지역에 발달한 여밭 일대는 주로 잔챙이 농어가 낚이는 포인트이다. 제주도나 동해라면 이런 곳에 큰 농어가 붙지만 남해에는 대부분 40cm 이하의 잔챙이가 많다.

▶**동해** – 멀리 떨어진 해초 군락과 간출여

동해안 농어 포인트는 크게 두세 가지 유형으로 요약된다. 첫째는 연안에서 다소 떨어진 거리에 형성된 간출여 및 해초 군락지이고, 둘째는 본류대가 흐르는 방파제 또는 갯바위 콧부리 지역이다.

농어는 조류를 타고 이동하며 지나다니는 베이트 피시를 사냥하기도 하지만 해초나 간출여 주변에 몸을 숨기고서 지나가는 먹잇감이 포착되면 빠르게 튀어나와 덮치는 '매복사냥'도 즐긴다. 특히 밤중에 매복사냥을 많이 하므로 농어가 붙어 있을 만한 스팟을 적극 공략하는 것이 중요한데, 그곳이 바로 해초 군락지나 간출여 지대다.

해초 군락지를 노릴 땐 밑걸림을 감안해 루어의 강한 액션을 자제해야 한다. 해초 지대 너머로 미노우를 힘껏 날려 천천히 감아 들이되 해초 주변을 스치듯 지나도록 해야 한다. 만일 미노우가 해초에 걸리면 살살 당겨 빼내야 하는데, 해초에 걸린 미노우가 '툭' 하고 빠져나오는 순간 해초 속에 숨어 있던 농어가 뛰쳐나와 루어를 덮칠 때도 있다. 수중여나 간출여를 노릴 때도 마찬가지로 미노우가 그 주변을 훑고 지나가게 해야 한다.

동해안 농어낚시는 또 해수욕장 근처에서 이뤄지기도 한다. 백사장 전방에 브레이크 라인(Break line)이 형성된 곳이나 굵은 자갈밭 지형도 포인트가 되는데, 이 같은 해수욕장 측면에 하천이 유입된다면 농어 확률은 더욱 높아진다.

▶**제주** – 수중여 발달한 홈통, 하천수 유입되는 곳

제주도는 화산 활동으로 발달한 현무암(玄武岩)이 해안 전역으로 밋밋하게 펼쳐져 연안 수심이 얕은 가운데 들쭉날쭉 수중여가 발달한 지형이다. 농어낚시 포인트는 이처럼 수중여가 발달한 수심 얕은 홈통 지역이 최우선이다. 농어의 먹잇감이 되는 베이트 피시가 들락거리는 곳이기 때문이다.

육지에서 하천수가 유입되거나 해저 바닥에서 용천수가 솟는 곳 또한 빼놓을 수 없는 포인트이고, 특히 우럭·광어 육상 양식장의 배수관이 닿는 곳은 현지 낚시인들이 가장 즐겨 찾는 포인트이기도 하다. 해변 몽돌밭 지역에도 농어가 곧잘 출몰하는데 중들물 때부터 만조를 지나 초썰물 때까지 입질이 잦은 편이다. 백사장 지역 또한 파도가 휘몰아쳐 물색이 탁할 때면 농어가 설친다.

수심 얕은 곳에서 밤낚시를 많이 하는 제주 지역에선 조과에 앞서 안전을 우선해야 한다. 남·서해안처럼 조수 간만의 차가 크지는 않지만 멀리 떨어져 있는 간출여에 들어갔다 퇴로가 막혀 낭패를 보는 경우가 발생할 수도 있는데, 이 같은 포인트에서 낚시를 할 때는 썰물과 밀물 시간을 철저히 체크한 후 진퇴에 차질이 없어야 한다.

- 표준명 : 농어
- 속　명 : 농에, 깔따구, 까지매기
- 학　명 : *Lateolabrax japonicus*
- 영　명 : Common sea bass.
　　　　　　Sea perch
- 일　명 : 스즈끼(スズキ)

▼제주도 서귀포시 안덕면 사계리 해안에서 가프로 농어를 랜딩하는 모습. 간출여 포인트는 2인 1조를 이뤄 안전을 도모하는 한편, 서로의 낚시를 돕는 것이 바람직하다.

■연안 농어 루어낚시 이렇게!

　낚싯배를 타고 진입하건 도보로 진입하건 갯바위에서 농어 루어낚시를 할 경우는 일단 행동반경이 넓은 곳을 선택해야 한다. 몇 차례 캐스팅으로 포인트 탐색이 끝나는 곳에선 입질이 없을 경우 금방 지쳐버리기 쉽다. 콧부리와 홈통, 자갈밭과 '돌 무너져 내린 곳' 등 다양한 지형이 형성된 곳이면 최우선 포인트가 된다. 이런 곳에선 다양한 낚시 방법을 시도할 수 있으며 물때 시각에 따른 입질 타이밍도 장시간 포착할 수 있어 지루하지 않은 낚시를 즐길 수 있다.

　①채비 준비 : 가까운 자갈밭이나 여밭으로부터 멀리 떨어진 간출암까지 두루 노려야 하므로 낚싯대는 루어의 비거리를 생각해 9피트(약 2.7m) 이상의 조금 긴 것을 사용하는 것이 유리하다. 언제든 대물을 만날 수 있으므로 원줄은 합사 10~1.5호, 쇼크 리더는 3~5호 정도로 조금 강하게 준비하는 게 좋다.

　②루어 선택 : 현장에서 사용할 루어를 선택하는 기준은 수온, 물색, 조류의 강약 그리고 포인트와의 상관관계이다. 우선 수온이 낮을 경우는 농어가 바

▼갯바위에서 올린 농어 대박 조과. 동해와 남해, 제주도는 육로편 갯바위 포인트가 산재하는 반면, 서해는 낚싯배 또는 여객선편으로 섬으로 들어가야 한다.

닥 가까이에서, 그리고 수온이 적합한 경우는 중상층 이상의 수심에서 먹이 활동을 할 것이다. 수온이 낮을 때는 바닥 근처를 노리는 데 유효한 바이브 레이션이나 메탈지그 등을, 수온이 적당한 여건에서는 중상층을 노리는 데 유효한 미노우 플러그 또는 지그헤드 등이 우선이다.

물색에 따라 루어의 색상도 고려해야 한다. 물색이 탁할 경우는 붉은색이나 검정색 계열이 좋고, 반대로 물색이 맑을 경우는 시야가 잘 나오기 때문에 주변 베이트 피시를 닮은 푸른색이나 초록색 계열의 내추럴 색상이 잘 먹힌다.

③루어 운용 : 수온과 물색을 기준으로 루어를 선택하되 조류의 강약에 따라 적절한 액션을 구사해야 한다. 조류가 매우 센 곳에서는 베이트 피시들이 정상적인 유영을 못하고 조류에 이리저리 밀려다닐 때가 많다. 따라서 단순한 리트리브보다는 짧은 트위칭을 자주 구사해 루어의 움직임을 좀 더 사실적으로 보이게 연출해야 한다. 길이가 긴 미노우 플러그 또는 펜슬베이트의 경우 빠르게 감기보다는 고유 특성에 맞게 천천히 감는 것이 좋다. 반대로 조류가 느린 곳에선 베이트 피시의 움직임도 느리고 농어의 활성 또한 무딘 편이다. 이런 곳에선 크기가 작은 미노우를 사용하거나 움직임이 큰 바이브레이션이 효과적이다.

④입질~마무리 : 입질 파악과 챔질, 파이팅 및 랜딩 과정은 앞서 소개한 선상낚시 사례와 크게 다를 바 없다.

⑤방파제낚시 : 여러 가지 대상어를 목적으로 하는 낚시인들과 선박 출입이 잦은 방파제는 농어 루어낚시를 즐기기에 불편할 수도 있다. 따라서 도심 인근의 방파제보다는 조류 흐름이 좋고 수심 또한 깊으면서도 바닥 여건이 다양한 대형 방파제를 찾되 가능한 한 한적한 곳이 좋다. 하천수가 유입되는 기수역 인근에 위치한 방파제일수록 더욱 좋고, 낮낚시보다는 조용한 밤낚시에 확률이 높다.

롱 캐스팅으로 수심 깊은 곳을 노리게 되는 만큼 루어는 미노우보다는 메탈 계열이 적합하고, 낚싯대는 길이 못지않게 액션에 비중을 두어야 한다. 8~9피트 길이를 사용하되 미디엄(Medium) 또는 미디엄헤비(Medium heavy) 액션이 적합하다. 대물을 걸었을 경우를 대비해 뜰채 또는 가프 등의 랜딩 도구도 꼭 챙겨야 한다.

농어

●표준명 : 농어
●속　명 : 농에, 깔따구, 까지매기
●학　명 : *Lateolabrax japonicus*
●영　명 : Common sea bass. Sea perch
●일　명 : 스즈끼(スズキ)

秋

Part **3** 가을낚시

8월에 떠나요!

글 신동만, 사진 신동만 외

방어·부시리낚시

질주본능의 스프린터, 무한궤도의 마라토너

두 어종 모두 꼬리지느러미가 노랗다. 그래서 영어권 나라에선 옐로우 테일(Yellowtail)이라는 이름으로 불린다. 대서양과 태평양의 온대·아열대 해역까지 폭넓게 분포하는 데다 낚시 대상어로서의 인기도 거의 전 세계적이다. 우리나라의 경우도 예외가 아니다. 한때는 도미류 중심의 낚시로 인해 그다지 관심을 얻지 못했으나 바다 루어낚시가 활성화되면서 파이팅 넘치는 스포츠 피싱 대상어로 일약 스타덤에 올랐다.

외모와 습성이 서로 비슷하면서 낚시 대상어로서의 특징도 고루 비슷하다. 두 어종 모두 우리 바다의 대표적인 난류성 회유어종으로, 적정 수온을 따라 봄·여름엔 북상하고, 가을·겨울엔 남쪽 해역으로 회유하는 까닭에

9	10	11	12	1	2

방어

거의 연중 낚시가 가능하다. 갯바위 또는 선상 찌낚시로 잡기도 하지만 루어낚시 대상어로 더 인기다. 멸치 · 갈치 · 정어리 · 전갱이 · 고등어 · 오징어 등을 닥치는 대로 잡아먹는 포식성 어종으로, 뱃속 가득 먹잇감을 채우고도 메탈지그와 폽퍼 · 펜슬베이트 등의 루어를 미친 듯이 공격하기 때문이다.

또한 두 어종 모두 초고속 유영력을 자랑하는 수중 스프린터이자 마라토너이다. 강력한 꼬리지느러미의 추진력과 방추형(紡錘型) 몸매가 수류 저항을 줄여 미끄러지듯 질주하는 유영 속도는 무려 시속 30~40km. 시속 50~110km로 알려지는 참치와 청새치에는 못 미쳐도 우리나라 본격 낚시 대상어 중에는 가히 금메달감으로, 루어를 물고 내달리는 엄청난 저항력은 빅게임 마니아들의 오금을 저리게 한다. 때론 미터급 상대를 만나거나 체력이 약한 낚시인의 경우는 그야말로 녹초가 되기도 한다.

체급도 최상위다. 방어의 경우는 미터급이 간혹 낚이지만 부시리는 미터급이 아주 흔할 뿐더러 1m 50cm까지도 선보인다. 한마디로 우리나라 루어낚시 대상어 중 최강의 파이터이다.

2000년대 초반, 선상 루어낚시 장르가 다양화되고 각 어종에 대한 낚시 기법이 발전하면서 방어 · 부시리낚시도 전문가 영역에서 벗어나 날로 대

- 표준명 : 방어
- 속 명 : 사배기, 야도, 마르미
- 학 명 : *Seriola quinqueradiata*
- 영 명 : Yellowtail, Amber fish
- 일 명 : 부리(ブリ)

▼지깅 천국이라 불릴 만한 동해 '왕돌초' 해상에서 125cm 크기의 대형 방어를 낚아 든 필자 신동만 씨.

▲방어와 부시리를 닮은 잿방어. 같은 전갱이과(科)에 속하는 회유어종으로 방어보다 체고가 더 높아 전체적으로 통통한 느낌을 준다. 보다 따뜻한 수온을 좋아하는 남방계 어종이지만 방어·부시리낚시에 함께 걸려든다.

중화되는 추세다. 두 어종 모두 한겨울 사나운 날씨만 피한다면 거의 연중 낚시가 가능할 뿐만 아니라, 계절 따라 동서남해 전역에서 만날 수 있어 전국 각지의 낚시인들이 고루 즐길 수 있고, 해수온 상승에 따른 개체수마저 증가해 낚시 기법만 제대로 익히면 초보자들도 흡족한 조과를 올릴 수 있기 때문이다.

손맛뿐만 아니라 먹는 맛 또한 뛰어난 점도 방어·부시리낚시의 매력으로 빼놓을 수 없다. 찬바람이 불기 시작할 때부터 그 맛이 돋보여 미식가들 사이엔 '크리스마스 방어'라는 말도 하는데, 전문 낚시인들과 미식가들은 방어보다 부시리 맛을 한 수 위로 꼽는다. 고소한 맛이 한결 더한 때문이다. 당연히 시장 가격도 부시리가 비싸다.

■생태와 습성, 서식 및 분포

방어와 부시리는 난류성·표층성 회유어종이다. 갈치·멸치·학공치·정어리·전갱이·고등어 등 회유어와 오징어 종류를 즐겨 포식하는 육식성이자, 유영 속도가 뛰어난 방추형(紡錘型) 몸매를 지닌 점도 서로 똑 같다. 체형뿐만 아니라 체색 및 지느러미 등의 신체 부위들도 비슷해 일반인들은 거의 구분하지 못한다. 낚시인들도 마찬가지다. 같은 시즌, 같은 장소에서 잡힐 때가 많아 이를 낚은 낚시인조차 두 어종을 구분 못하는 경우가 많다. 방어와 부시리는 서로 무엇이 어떻게 얼마나 다를까?

두 어종 모두 따뜻한 수온을 좇아 이동하는 난류성 어종이지만 부시리가 더 따뜻한 수온을 지향한다. 방어의 적서수온이 15~18℃인 데 비해 부시리의 적서수온은 22~24℃이다. 이는 낚시인 입장에서도 미루어 짐작할 수 있다. 낚시 현장에서 체험하는 회유 범위의 차이이다. 봄·여름 동해와 서해로 북상하는 어군을 보면 부시리가 방어보다 덜 북상하고, 반대로 겨울이 되면 더욱 남하하는 현상이 그것이다.

옛날 베틀의 북 모양을 일컫는 방추형(紡錘型) 몸매는 장거리 회유어들의 공통된 특징으로, 같은 몸매의 방어와 부시리를 겉으로 얼핏 보아선 구분하기 어렵다. 부시리를 일부 지방에선 납작방어 또는 평방어라 부르는 것에서 단서를 찾을 수 있듯, 방어보다 부시리의 몸매가 조금 더 납작하지만

이 또한 웬만한 전문가가 아니면 느낄 수 없는 차이다. 머리에서 꼬리로 이어지는 노란색 띠가 부리시의 경우 방어보다 좀 더 선명하지만, 이 또한 갓 잡아 관찰했을 때의 차이다.

'부둥' - 부시리는 둥글고, '방각' - 방어는 각진 형태

익혀두면 유익한 두 어종의 분류 키(Key)가 있다. 두 가지 차이점 가운데 가장 확실한 것은 위턱 끝 윤곽에서 드러난다(비교 사진 참조). 즉, 부시리는 위턱 끝 가장자리의 윤곽이 약간 둥글게 휘어진 데 반해, 방어는 거의 직각으로 꺾어지는 형태이다. 관련 자료 사진을 잘 보고서 '부둥'(부시리는 둥글고), '방각'(방어는 각진 형태)으로 외워 두면 언제든 두 어종을 확실하게 구분할 수 있을 것이다.

또 한 가지 뚜렷한 차이는 가슴지느러미와 배지느러미의 위치다. 만일 가슴지느러미와 배지느러미 끝이 거의 수직선상으로 일치한다면 방어, 가슴지느러미 끝이 배지느러미 끝에 못 미친다면 부시리로 보면 된다.

성장 크기에서도 차이가 난다. 방어가 1m 전후로까지 자라는 데 비해 부시리는 1.2m 이상까지 자란다. 낚시에 잡히는 기록으로도 이를 알 수 있다.

부시리

- ●표준명 : 부시리
- ●속 명 : 히라스, 납작방어
- ●학 명 : *Seriola lalandi*
- ●영 명 : Amberjack, Giant yellowtail
- ●일 명 : 히라마사(ヒラマサ)

◀방어와 부시리의 차이는 체형과 세로 줄무늬로 구분할 수도 있지만 정확한 분류 키(Key)는 위턱 끝 모양과 가슴지느러미 및 배지느러미의 길이 차이다.

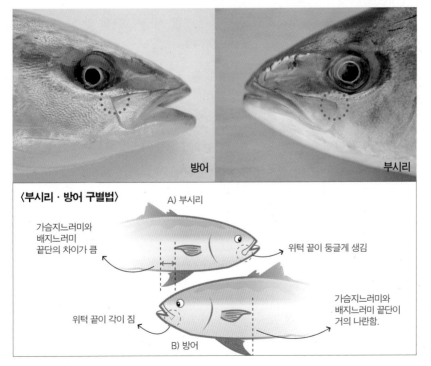

방어

부시리

〈부시리 · 방어 구별법〉

A) 부시리

가슴지느러미와 배지느러미 끝단의 차이가 큼

위턱 끝이 둥글게 생김

위턱 끝이 각이 짐

가슴지느러미와 배지느러미 끝단이 거의 나란함.

B) 방어

낚시에 잡히는 방어는 1.1m를 상회하는 경우가 드물지만 부시리는 1.5m 이상 기록도 수립된 바 있다. 부시리가 더 대형종인 셈이다.

성장 속도 또한 빠른 어종으로 자연생태계의 방어를 예로 들면 1년에 30~40cm, 2년에 45~60cm, 3년에 55~75cm, 4년에 70~85cm, 5년에 80~100cm로 조사된 기록이 있다. 1m급의 무게는 15kg 안팎에 이르고, 당년생 40cm만 되어도 그 무게가 1kg을 오르내린다. 광어와 함께 양식종으로 인기를 끄는 이유이기도 한데, 자연생태계보다 훨씬 더 빨리 키워지는 양식산이 낚시인들이 현장에서 먹는 자연산 맛과 결코 비교할 바 아님은 불문가지다.

■ 방어 · 부시리낚시 시즌 전개

□ : 시즌 ■ : 피크 시즌

구분	1월	2월	3월	4월	5월	6월	7월	8월	9월	10월	11월	12월	비고
동해안							□	■	■	■	□		
서해안							□	■	■	□			
남해안						□	□	■	■	□			
제주도	■	□			□	□	□	□	□	■	■	■	

관련 학계에서 발표되는 자료보다 낚시를 오래 하며 현장에서 습득한 경험으로 볼 때, 방어 · 부시리의 산란은 2~5월 제주도 근해 및 남해 그리고 동해남부 및 서해남부 먼 바다에서 이뤄지는 것으로 판단된다. 물론 해역의 수온 변화와 날씨 등에 따라 조금씩 지역 차이를 보일 순 있어도 집중적인 산란 시기와 장소는 비슷한 양상을 보이는 것으로 나타난다.

지역별 낚시 시즌 또한 방어 · 부시리가 좋아하는 먹잇감(베이트 피시)의 이동 경로와 밀접한 관계로, 멸치 · 학공치 · 고등어 · 갈치 · 오징어 등의 해역별 분포 시기와 거의 일치한다. 이밖에 수온 변화와 쿠로시오(黑潮) 난류대의 세력 판도에 따라 지역별 시즌은 물론 개체수도 차이를 보이는데, 크게 보아 방어 · 부시리낚시는 우리나라 전 해역에서 가능한 것으로 판단된다.

●제주 지역 : 크게 본섬 주변과 부속섬 주변으로 나누어 볼 수 있다. 제주 남쪽 마라도와 가파도 주변은 9월 말부터 이듬해 2월까지 시즌이 이어지고, 동쪽 우도 주변은 4계절 모두 분포도가 높지만 대략 10월부터 4월까지를 피크 시즌으로 본다. 제주도 북서쪽에 위치한 소관탈도 · 대관탈도 · 중뢰

(대관탈도와 절명여 사이에 있는 수중암초) 인근 지역은 수온과 물때에 따라 조과의 기복은 있지만 4계절 무난한 조황을 보이는 편이다.

제주 최북단 추자군도 일대는 8월 말부터 11월 중순까지 피크 시즌을 이루는 가운데 대물급 확률이 가장 높은 시기이기도 하다. 포인트 여건도 다양해 사리 물때에 맞춰 출조하면 실패가 없는 매력적인 곳이다. 추자군도 동쪽에 따로 떨어져 있는 사수도 역시 물때만 잘 맞추면 사계절 어느 때고 실패가 거의 없는 곳이다.

●남해 지역 : 남해는 부산 앞바다를 기점으로 경남 지역과 전남 여수·완도·여서도 지역에 이르기까지 다양한 포인트가 형성되고, 동서로 길게 이어지는 드넓은 해역의 특성상 시즌 전개가 복잡한 양상을 이룬다. 또한 같은 지역을 같은 시기에 찾아도 조황의 기복이 심해 예년의 기록과 데이터가 무색할 정도다.

대표적인 낚시터를 기준으로 살펴보면 부산·거제·통영권의 형제섬·외섬·안경섬 일대와 홍도·구을비도·국도·좌사리도·갈도 일원의 원도권은 5월부터 11월까지 선상낚시 시즌을 형성하는데 갯바위낚시는 이보다 한두 달가량 늦게 시작된다고 보면 된다. 이 중에서 난류 세력이 오래 머무는 홍도 근해는 사계절 내내 방어·부시리 시즌이 형성된다. 이밖에 매물도로부터 욕지도 라인으로 이어지는 중거리 낚시터는 7월부터 11월까지 시

방어

●표준명 : 방어
●속 명 : 사배기, 야도, 마르미
●학 명 : *Seriola quinqueradiata*
●영 명 : Yellowtail, Amber fish
●일 명 : 부리(ブリ)

▼4월부터 12월까지 방어·부시리가 호황을 이루는 동해 왕돌초(礁) 해상. 경북 울진군 후포면 후포등대에서 80도 동쪽 방향, 24.5㎞ 지점에 위치한 왕돌초는 거대한 수중 암초 지역으로 방어·부시리 등의 회유어종은 물론 대구·열기(불볼락) 낚시터로도 유명한 황금어장이다. 북짬·중짬·남짬 등 3개의 수중 봉우리로 구성되어 그 면적이 서울 여의도 2배 정도에 달한다.

즌을 형성하는 가운데 9~10월에 가장 피크를 이룬다.

남해서부권의 대표적인 방어 · 부리시 낚시터로 손꼽히는 전남 여서도 해역엔 사계절 내내 어군이 형성되는 가운데 9월부터 이듬해 5월까지 대물급을 만날 확률이 가장 높다. 위도상의 위치가 추자도 및 사수도와 비슷한 라인이기 때문이다.

●서해 지역 : 서해남부권의 가장 먼 바다에 위치한 가거도는 4계절 부시리 · 방어낚시가 가능하지만 대물을 만날 확률은 9월부터 11월까지 그리고 산란기인 3월부터 5월이 피크 시즌이라고 할 수 있다. 만재도를 포함한 상태도 · 하태도 지역은 5월 중순부터 11월까지 시즌이 형성되는 가운데, 6~7월과 9월 말~10월 말까지가 대물 확률이 높은 피크 시즌에 해당된다.

서해중부권의 군산시 직도 · 어청도 지역과 보령시 외연도 일대는 6월 말을 기점으로 부시리 · 방어가 회유하는데, 지깅 및 포핑의 본격 조황은 7월 말부터 10월 초순까지 피크를 이룬다. 이 가운데 외연도의 부속섬은 외부 낚시인들의 입도가 허락되지 않아 갯바위낚시가 불가능하고, 어청도는 인근 해상에서의 선상 지깅은 물론 갯바위낚시도 가능하다는 점 참고 바란다.

●동해 지역 : 남쪽 울산 앞바다부터 북쪽 강원도 고성 지역까지 매년 9월 초순이 되면 많은 양의 부시리 · 방어가 회유한다. 실제로 선상낚시를 하다 보면 산발적이긴 하지만 부시리 · 방어의 먹이 활동으로 인한 보일 현상이 자주 목격되고, 이에 메탈지그나 펜슬 미노우를 던지면 곧장 조과로 연결되기도 한다. 그러나 동해안은 전형적인 대륙붕 지형 조건으로 특별한 해저 구조물이나 돌출 암반 지형이 많지 않아 방어 · 부시리 무리가 특정 지역에 오래 머물지 않는다. 즉, 해류에 편승하는 베이트 피시의 이동 경로를 따라 부시리 · 방어가 회유함으로써 특정 지역에서의 조황이 오래 유지되지 않는 것이다.

동해의 '유일한 자연이 만들어낸 수중어초'라 불릴 만큼 지형적 조건이 좋은 곳이자 황금어장으로 꼽히는 '왕돌초'만큼은 예외다. 경북 울진군 후포면에서 동쪽 23여km지점에 위치한 왕돌초(礁)는 거대한 수중암초 지대로 대구 · 열기 낚시터로도 유명한 곳이자 방어 · 부시리낚시가 4월부터 12월까지 호황을 이루는 곳이다. 지깅과 포핑 등 다양한 기법을 구사할 수 있다는 점도 매력이다. 이밖에 울릉도 지역에선 8월부터 11월까지 시즌을 형성한다.

연안 캐스팅 낚시 - 쇼어 지깅(Shore jigging) 또는 쇼어 게임

- ●표준명 : 부시리
- ●속 명 : 히라스, 납작방어
- ●학 명 : *Seriola lalandi*
- ●영 명 : Amberjack, Giant yellowtail
- ●일 명 : 히라마사(ヒラマサ)

　방어 · 부시리 루어낚시는 크게 세 가지 형태로 나뉜다. 갯바위 · 방파제 등지의 연안에서 루어를 멀리 던지는 방법과, 바다로 나아간 낚싯배 위에서 루어를 멀리 던지거나 곧장 수직으로 내리는 방법이다. 즉, 연안 캐스팅 낚시와 선상 캐스팅 낚시 그리고 선상 수직지깅(Vertical jigging)이다. 이 가운데 갯바위나 방파제에서 즐기는 '연안 캐스팅 낚시'는 원래 쇼어 지깅(Shore jigging)이란 용어로 불렸으나 연안 캐스팅 낚시에 사용되는 루어가 지그(Jig)뿐만이 아닌 까닭에 근년 들어 쇼어 게임(Shore game)이라 고쳐 부르는 낚시인들이 많다는 점 참고 바란다.

　아무튼 육로 해변이나 도서 지역, 특히 원도권 갯바위에서 즐기는 연안 캐스팅 낚시는 선상낚시에 비해 접근성이 좋고 비용 측면에서 경제적이라는 이점이 있다. 낚싯배를 타고 일정 시간 바다로 나아가 이곳저곳 이동하며 낚시를 하게 되는 선상낚시는 최소 4명 정도 팀을 이뤄야 하는 번거로움이 있는 반면, 연안낚시는 혼자 또는 뜻 맞는 조우들끼리 적합한 시간대에 맞춰 취향대로 즐길 수 있다는 것이 장점이다.

▼제주 성산 일출봉(서귀포시 성산읍 성산리)에서 연안 캐스팅으로 방어 · 부시리를 겨냥하는 모습.

어쩌면 초보자들이 방어·부시리낚시를 이해하고 익히기 쉬운 패턴일 수도 있다. 흔들리는 낚싯배 위에선 행동의 불편이 따르지만 뭍에서 낚시를 하는 만큼 여러 가지 안정적인 동작을 취할 수 있고, 대상어가 붙었다 하면 속전속결로 마릿수 조과를 거둘 수 있다는 점도 장점이다. 호쾌한 캐스팅 동작 자체만으로도 심신이 즐겁고 손맛 또한 선상낚시에 비할 바 아니다.

■연안 캐스팅 낚시 장비·소품 및 루어

무엇보다 먼 거리 캐스팅이 우선시 되므로 이를 충족시킬 수 있는 장비가 선택되어야 한다. 루어 또한 다양하게 활용할 수 있는 여건이므로 폽퍼(Popper)나 펜슬베이트(Pencil bait), 미노우(Minnow)와 지그(Jig) 등 다양하게 준비하는 것이 좋다. 고립된 갯바위 구간일 경우 한 번 내리면 자리 이동과 장비 전환이 어려운 만큼 가급적 필수 장비는 두 세트로 준비할 필요도 있다.

▶낚싯대와 릴, 낚싯줄 – 9~11피트 로드에 중대형 스피닝 릴

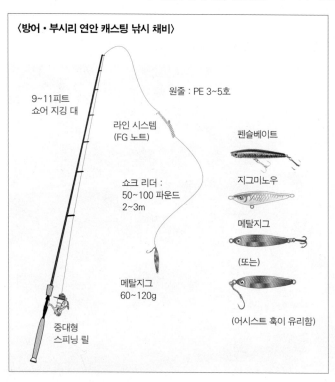

〈방어·부시리 연안 캐스팅 낚시 채비〉

9~11피트 쇼어 지깅 대

원줄 : PE 3~5호

라인 시스템 (FG 노트)

쇼크 리더 : 50~100 파운드 2~3m

메탈지그 60~120g

중대형 스피닝 릴

펜슬베이트

지그미노우

메탈지그

(또는)

(어시스트 훅이 유리함)

연안 캐스팅 낚시는 이름 그대로 캐스팅 거리가 최우선이다. 선상낚시와 달리 포인트가 먼 거리에 형성되는 때문이다. 여러 가지 전제 조건 중에서도 채비를 얼마나 멀리 던질 수 있느냐가 승부의 분수령이 되는 것이다. 이에 연안 캐스팅 낚시용 장비·채비의 기준이 결정된다.

●낚싯대(Rod) : 채비의 원거리 캐스팅을 위해선 낚싯대의 길이와 파워 레벨도 중요하지만 어떤 루어를 사용할 것인지, 그에 따른 원줄과 쇼크 리더의 조합은 어떻게 할 것인지도 고려되어야 한다. 이를 감안한 쇼어 게임용 낚싯대의 길이는 9~11피트(약

2.7~3.3m) 범위에서 선택하되 파워 레벨은 약 4파워 정도가 적당하다. 4파워 로드의 적정 루어 캐스팅 웨이트는 40~130g으로 집약된다.

연안 캐스팅용 낚싯대 길이가 9피트 이하로 너무 짧으면 원투가 불리할 뿐만 아니라, 고기를 걸어 마무리 처리를 할 때 가까운 장애물에 낚싯줄이 쓸릴 위험도 따른다. 그렇다고 낚싯대가 너무 길면 루어 운용도 어렵거니와 쉬 피로감에 짓눌려 낚시가 힘들어진다. 거듭되는 롱 캐스팅으로 인한 피로를 덜 느끼면서도 효과적인 캐스팅을 위한 기준은 낚싯대에 세팅된 릴 다리를 오른손 네 손가락으로 힘주어 쥔 상태에서 낚싯대 그립(Grip · 손잡이 부분) 끝을 감싸 쥔 왼손이 오른쪽 겨드랑이 밑으로 충분히 들어가는 상태가 되는 것이다.

●표준명 : 방어
●속　명 : 사배기, 야도, 마르미
●학　명 : *Seriola quinqueradiata*
●영　명 : Yellowtail, Amber fish
●일　명 : 부리(ブリ)

●릴(Reel) : 루어를 고속으로 움직여 주어야 하기 때문에 기어비가 높은 하이기어 스피닝 릴이 유리하다. 캐스팅 전용 스피닝 릴은 기어비에 따라 PG와 HG, XG로 표기되는데 방어 · 부시리를 겨냥한 연안 캐스팅 낚시용으로는 HG 또는 XG를 선택하는 것이 좋다. 기어비는 릴 핸들을 한 바퀴 돌릴 때마다 스풀이 회전하는 수를 나타내는 것인데, 하이기어 계열의 HG 는 5.6:1~5.7:1, XG 는 6.2:1 이상에 해당한다.

사용하는 낚싯대와의 밸런스도 맞아야 한다. 구체적으로 4~5호 줄이 200m 정도 감기는 고성능의 중형 또는 중대형 스피닝 릴을 선택하면 된다. 또한 예비 스풀을 지참해 라인 트러블에 대처하는 것도 잊지 말아야 한다.

●낚싯줄(Line) : 우선 원줄의 경우 나일론은 PE 합사에 비해 줄엉킴은 적지만 굵을수록 원투에 불리하고 감도가 떨어지는 단점이 제기된다. 따라서 원줄은 PE 3~5호(50~80파운드)를 기준으로 쇼크 리더와의 조합을 이루도록 한다. 9피트 길이의 낚싯대를 기준으로 할 경우 PE 3호 원줄에는 나일론 쇼크 리더 14호, PE 4호에는 나일론 18호, PE 5호에는 나일론 20호가 이상적인 조합이다.

▼방어 · 부시리낚시에 필요한 각종 낚싯줄. 원줄로 사용할 PE 합사, 쇼크 리더 전용 줄, 어시스트 훅에 사용할 목줄이 준비돼야 한다.

쇼크 리더의 길이는 낚싯대의 길이에 따라 달라야 하는데, 캐스팅을 할 때 줄꼬임을 방지하기 위한 최적의 길이는 다음과 같다. 캐스팅을 위해 낚싯대 톱 가이드로부터 쇼크 리더를 적정 길이로 늘어뜨린 상태에서 오른손 검지로 합사 원줄을 걸었을 때 위쪽 약 40cm 지점에 합사 원줄과 쇼크 리더의 매듭 부위가

위치하는 것이다. 9피트(약 2.7m)짜리 낚싯대를 사용할 경우 쇼크 리더 길이 2.2m가 이에 해당할 것이다. PE 원줄과 쇼크 리더의 연결은 매듭이 두꺼운 비미니트위스트(Bimini twist) 묶음으로 해도 캐스팅에 별 문제가 없다.

연안 캐스팅 낚시에 사용하는 PE 합사는 특히 캐스팅용인지의 여부를 확인하고 구입할 필요가 있다. 캐스팅용 합사는 코팅 처리가 돼 있어 일반 합사보다 가이드를 잘 통과해 채비의 비거리를 높여 줄 뿐만 아니라 마찰강도와 매듭강도도 높은 편이다. 이에 비해 외줄낚시용 합사는 매듭이 생기면 잘 끊어지고 너무 가벼워 줄꼬임도 자주 발생하는 등 캐스팅용으로는 적합지가 못하다.

▶**기타 안전장비 및 소품** – 라인 시스템 갖춘 예비 스풀 등

구명동의 및 갯바위 신발과 기타 부속 장비가 준비되어야 한다. 구명동의는 고체식 조끼 형태보다는 캐스팅과 활동성에 유리한 공기팽창식이 좋다. 갯바위 신발 또한 물이끼와 시멘트 등에도 미끄럽지 않은 스파이크 및 펠트가 혼합된 제품이 좋다.

스피닝 릴의 예비 스풀 지참도 잊지 말아야 한다. PE 줄은 사용에 익숙하지 않거나 기타 사유로 엉킴이 발생해 줄을 잘라야 하는 경우가 더러 생긴

▼방어 · 부시리 지깅 채비를 구성하기 위한 각종 소품들.

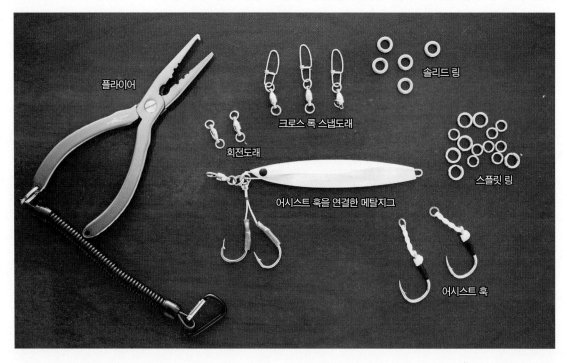

플라이어

크로스 록 스냅도래

회전도래

솔리드 링

스플릿 링

어시스트 훅을 연결한 메탈지그

어시스트 훅

● 표준명 : 부시리
● 속　명 : 히라스, 납작방어
● 학　명 : *Seriola lalandi*
● 영　명 : Amberjack, Giant yellowtail
● 일　명 : 히라마사(ヒラマサ)

다. 그렇게 되면 다시 쇼크 리더를 연결해 루어를 매달아야 하는 등 아까운 시간을 허비하게 된다. 이런 경우를 대비해 별도의 원줄에 쇼크 리더까지 연결해 둔 예비 스풀을 준비해 놓으면 아주 유용하게 사용할 수 있다.

스냅도래와 스플릿 링 및 솔리드 링도 빠뜨리지 말아야 할 소품이다. 쇼크 리더에 루어를 직결하는 방법보다는 회전이 좋고 강도가 높은 스냅도래를 사용하면 루어 교환이 간편해 진다. 스냅이 부착되어 있는 형태 외에 일반 도래에 적당한 크기의 스플릿 링을 연결하여 사용해도 좋다. 솔리드 링은 스플릿 링과 유사하지만 강철사를 구부려 만든 스프링과 같은 형상이 아니라 완전히 하나의 금속 링이다. 어시스트 훅을 지그에 부착할 때 사용된다. 이밖에 가프(Gaff)를 비롯한 플라이어, 지깅 전용 장갑이 필요하고 특히 대형급을 상대할 때는 로드 벨트도 필요하다.

▶연안 캐스팅 낚시용 루어(Lure) - 메탈지그와 미노우 플러그 등

갯바위나 방파제에서 시도하는 쇼어 게임용 루어는 무게 50~130g의 펜슬베이트(Pencil bait)나 폽퍼(Popper), 미노우(Minnow)가 많이 사용되는데, 중층과 바닥층으로 유영하는 대상어를 겨냥할 경우는 메탈지그(Metal jig)가 우선이다. 맞바람이 불어 가벼운 루어를 날리기 어려울 때도 그렇고, 캐스팅 이후 빠른 속도로 가라앉혀 중층과 바닥권까지 고루 탐색하는 데도 효과적이기 때문이다.

플로팅 타입의 포퍼는 물의 파장음으로 상당한 효과를 얻을 수 있는 반면, 물의 저항이 직접 낚시인에게도 전달되기 때문에 장시간 운용하기에는 다소 무리가 따르고, 캐스팅 전용 메탈지그와 펜슬베이트에 비해 효과도 조금 떨어지는 단점이 있다.

● 메탈지그(Metal jig) : 캐스팅 비거리를 늘리는 데 유리한 쇼어 게임용 메탈지그는 무게 비중이 5:5 정도의 대칭형이거나 머리 쪽이 무거운 6:4 정도의 비율로, 캐스팅이 끝난 후에 수면에 착수되어 수평침강이 잘 되는 미노우 형태가 특히 효과적이다. 지그의 무게는 60~120g을 기준으로 수심이 깊고 조류가 빠른 곳에선 100~150g, 수심이 얕고 조류가 약한 곳에선 60~80g이 적합하다. 색상은 아무래도 파랑색 계열이 잘 먹힌다. 바늘은 지그 하단부에 장착돼 있는 트레블 훅을 그대로 사용해도 되지만 밑걸림이 잦은 곳에선 트레블 훅을 제거하고 위쪽에 어시스트 훅을 달아 사용하는

것이 좋다.

●미노우 플러그(Minnow plug) : 방어·부시리가 좋아하는 먹잇감과 가장 유사한 형태의 루어다. 낚시터 현장의 대상어가 취하고 있는 먹잇감의 크기와 실루엣을 고려해야 하는데 일반적으로 크기 7~15cm, 무게 10~30g짜리가 두루 사용된다. 목적하는 수심층에 따라 플로팅 타입과 싱킹 타입을 선택하되 크기가 작은 플로팅 미노우를 사용할 경우는 무게가 가벼워 캐스팅 거리가 짧다는 점 염두에 두어야 한다. 포인트 거리가 멀거나 대상어의 회유층이 낮을 때에는 무거운 바이브레이션이 효과적이다.

●펜슬베이트(Pencil bait) : 미노우와 달리 립(Rip)이 부착돼 있지 않은 톱워터 루어로, 몸통이 작은 것부터 큰 것까지 그 형태가 다양하지만 크게 플로팅 타입과 싱킹 타입 두 가지로 분류된다. 턱 밑에 립이 없기 때문에 80g 이상의 무거운 싱킹 타입을 사용해도 수류 저항을 적게 받고, 따라서 조류와 바람이 심한 여건에서도 루어 운용이 편리하다는 장점이 따른다. 특히 싱킹 타입의 펜슬베이트는 감아 들이는 속도에 따라 물속 깊이 가라앉힐 수도 있고, 수면 위로 띄워 포식자에게 쫓겨 도망치듯 바닥거리는 플로팅 타입의 효과도 도모할 수 있는 등, 한 가지로 두 가지 타입의 효과를 얻을 수 있다는 다양성 때문에 필자가 즐겨 사용하고 적극 추천하고픈 루어이기도 하다.

이상, 어떤 루어를 사용하건 방어와 부시리는 움직이는 물체를 판단하는 동체시력이 발달한 회유어라는 점에서 루어를 가능한 한 빠르게 움직여 주어야 좋은 조과를 거둘 수 있다는 점 덧붙인다.

■연안 캐스팅 포인트와 물때

방어·부시리를 겨냥한 캐스팅 낚시는 원도 갯바위를 비롯한 연안 갯바위, 일부 지역의 방파제에서 이루어진다. 표층에서도 먹이사냥을 하는 회유어의 특성상 포인트는 일단 간만(干滿)의 차이에 관계없이 항상 일정 수심을 유지하는 곳이어야 하고, 조류의 흐름 또한 활발한 곳이어야 한다. 조류의 흐름이 좋은 곳일수록 멸치 등의 베이트 피시 무리가 회유하고, 그들을 먹잇감으로 삼는 방어·부시리가 뒤따라 들어오기 때문이다.

이런 조건에서 보다 확실한 것은 베이트 피시 무리가 몰려 있는 광경을

직접 확인하거나 대상어가 이들을 사냥하는 징후를 목격하는 일이다. 이 가운데 베이트 피시의 유무는 그 무리들이 수면으로 튀어 오르거나 갈매기 떼들이 수면을 오르내리며 이들을 사냥하는 모습으로 가늠이 된다. 그리고 방어·부시리가 베이트 피시를 잡아먹는 상황은 가까운 거리일 경우 수면에서 '폭' '폭' 하는 포식음이 들리거나 도망치는 베이트 피시의 무리에 의해 물이 보글보글 끓는 듯한 보일(Boil) 현상을 목격하는 것으로 가늠할 수가 있다.

이때의 루어는 이들 베이트 피시와 유사한 것을 선택하는 것이 좋고, 베이트 피시 무리의 진행 방향을 고려해 캐스팅하되, 무리 가운데로 루어를 던지기 보다는 옆쪽으로 던져 넣어 무리에서 이탈하는 먹잇감처럼 보이게 연출하는 것이 중요하다.

아무리 그럴듯한 포인트라 할지라도 물때가 뒷받침 되지 않으면 회유어종을 만나기 어렵다. 선상낚시의 경우는 조류의 흐름이 좋은 곳을 찾아 마음대로 이동할 수 있지만 그럴 수 없는 연안 캐스팅 낚시는 곧 물때가 승패를 좌우하는 것으로, 무조건 사리 물때를 택해야 한다. 활발한 조류가 형성되기 위해선 지형 조건도 중요하지만 강한 물때가 겹쳐 주어야 하기 때문이다. 지역과 지형에 따라 다소 차이는 있지만 6~9물때 즉, 조수 간만의 차이가 커 물살이 세차게 흐를 때가 적기다.

밀물보다는 썰물 때의 조류가 수중여나 간출여에 부딪치는 쪽이 핵심 포인트가 되는 반면, 여를 휘돌아 물살이 말리는 곳과 포말이 생기는 곳은 좋지 않다. 또한 캐스팅이 중요시 되는 낚시인 만큼 아무리 훌륭한 포인트가 형성된 곳이라 해도 롱 캐스팅에 제약을 받는 곳에 자리해서는 안 된다.

●표준명 : 방어
●속 명 : 사배기, 야도, 마르미
●학 명 : *Seriola quinqueradiata*
●영 명 : Yellowtail, Amber fish
●일 명 : 부리(ブリ)

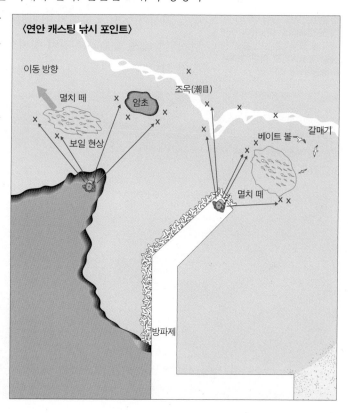

〈연안 캐스팅 낚시 포인트〉

이동 방향
멸치 떼
암초
조목(潮目)
베이트 볼
갈매기
보일 현상
멸치 떼
방파제

■연안 캐스팅 낚시 이렇게!

　회유어의 특성상 아무리 좋은 포인트라 할지라도 대상어가 낚시인 자신이 위치한 갯바위 또는 방파제 부근으로 접근해 오지 않으면 다른 방법이 없다. 앞서 설명한 바대로 베이트 피시를 쫓아 대상어가 근접해 있는 징후가 포착돼야 하는데, 이런 징후가 포착되지도 않고 여러 차례 캐스팅에도 소식이 없다면 잠시 다른 낚시를 하며 기회를 엿보거나 자리를 이용하는 수밖에 없다.

▶루어 선택 - 눈으로 확인하고 결정하는 4가지 조건

　낚시터 현장에 도착하면 맨 먼저 어떤 루어로 어떻게 시작을 해야 할지 누구나 한번쯤 고민을 하게 된다. 대상어가 유입된 포인트를 두고도 잘못 시작하면 대상어를 쫓아내는 우를 범하게 되고, 판단이 정확할 경우는 반사이익을 거둘 수도 있다. 한마디로 쫓아내느냐 불러들이느냐의 두 가지 결과로 함축된다.

●베이트 피시의 확인 : 가장 우선되어야 할 것은 낚시터 인근에 유입된 베이트 피시가 어떤 종류인지 확인하는 일이다. 이를 위해선 현지 어부들이나 낚시인들에게 탐문하는 것이 첫째요, 둘째는 포인트 현장에 도착해 본인이 직접 확인해 보는 것이다. 이를 위해 먼저 미노우 또는 펜슬베이트를 던져

▼갯바위 높은 지점에 올라 방어·부시리 무리의 회유 징후를 관찰하는 모습. 방어·부시리에게 쫓긴 베이트 피시들이 수면에서 물 끓듯 하는 보일(Boil) 현상을 목격이라도 하면 조과는 따 놓은 당상이다.

부시리

●표준명 : 부시리
●속　명 : 히라스, 납작방어
●학　명 : *Seriola lalandi*
●영　명 : Amberjack, Giant yellowtail
●일　명 : 히라마사(ヒラマサ)

끌어들이다 보면 베이트 피시가 수면으로 뛰어오르는 모습이 목격되는데, 그런 광경을 통해 주변에 산재해 있는 베이트 피시의 정체와 크기를 직접 알아낼 수 있다. 이로써 루어 로테이션을 다음과 같이 선택적으로 펼친다.

①소형 메탈지그(캐스팅 전용 지그)를 캐스팅한 후에 중층까지 가라앉혀서 느린 속도로 시작하여 점점 빠른 속도로 운용하되 전층을 탐색한다는 느낌으로 첫 시도를 한다. ②길이가 중멸치 크기쯤 되는 싱킹 타입의 펜슬베이트로 얕은 수심층을 빠른 속도로 탐색을 한다. ③길이 14~15cm 정도 되는 싱킹 타입의 펜슬베이트를 표층에서 자연스런 스위밍 동작을 유지할 수 있도록 끌어준다. ④플로팅 타입의 펜슬베이트 중 크기가 작은 160mm 미만짜리를 선택하되 내추럴 컬러 위주로 우선 적용하고 물파장을 일으킬 수 있는 액션을 연출한다. ⑤반대로 180mm 전후 크기의 대형 펜슬베이트를 캐스팅한 이후 수면에 내려앉자마자 스위밍(Swimming)과 워블링(Wobbling) 등의 파격적 액션을 시도한다.

●일출 및 일몰 직전 : 동트기 직전과 해지기 직전은 빛의 반사각도는 낮지만 난반사의 효과를 거두기 좋은 시간대이다. 이때의 루어 선택과 운용은 다음과 같다.

①빛의 반사가 가장 뛰어난 밀러(Miller) 타입의 홀로그램(Hologram)이 펜슬베이트 전체에 입혀져 있거나 비늘무늬의 디자인이 크고 강렬한 펜슬베이트 중에 180mm 전후 되는 다소 큰 것을 사용한다. ②조금의 햇빛에도 난반사가 뛰어난 크롬 도금을 한 은색 계열의 펜슬베이트를 선택, 수면에서 물의 파장음이 강하게 퍼지도록 파격적인 운용을 한다. ③빅 마우스 타입의 포퍼나 몸통 길이가 긴 포퍼를 캐스팅한 이후 착수 순간부터 리트리브까지 파장음이 최대한 발생하도록 적극적인 운용이 필요하다.

●징후가 포착될 때 : 부시리나 방어가 먹이활동을 하는 움직임이 포착되거나 베이트 피시의 보일링 또는 베이트볼 현상이 목격될 경우 조과는 '따 놓은 당상'이다. 그러나 조심하지 않으면 아니 본 만 못하다.

①가장 먼저 사용할 루어 가운데 플로팅 타입의 펜슬베이트나 포퍼는 제외되어야 한다. ②준비한 싱킹 타입의 펜슬베이트 중에서 크기가 가장 작은 (11mm 전후) 자연스런 내추럴 컬러를 골라 가장 먼저 캐스팅을 한다. ③싱킹 타입의 펜슬베이트가 효과를 발휘하면 이후에는 크기가 큰 것을 수면에 띄워 테일 워크를 시켜준다. 대형급을 노리기 위한 목적으로, 이를테면 '빅

베이트 빅 원(Big Bait Big One)이다. ④파격적인 테크닉은 최후의 병기로 활용한다.

●수면이 잔잔할 때 : 바람과 파도 없이 수면이 잔잔할 때는 플로팅 타입의 펜슬베이트나 포퍼는 좋지 않다. ①싱킹 타입의 체형이 작은 미노우 펜슬을 선택한다. ②지그미노우 혹은 메탈지그 중에서 80~150g 정도의 무게에 비교할 때 크기가 작은 메탈지그를 멀리 캐스팅을 하여 수심 깊이 가라앉히되, 빠른 속도가 아닌 천천히 스위밍 액션을 주면서 업다운을 반복한다. ③ 이런 날씨는 대개 물이 맑은 청물 상황이거나, 높은 표층 수온에 비해 중층 수온은 편차가 커 2℃ 이상 큰 차이를 형성하는 경우가 많다. 따라서 플로팅 타입보다는 싱킹 타입을, 펜슬베이트보다는 메탈지그를 활용하는 게 효과적이다. ④메탈지그는 폴링(Falling)보다는 저킹(Jerking) 액션에 치중하는 테크니컬한 연출이 효과적이다.

▼앞쪽 지면 사진의 낚시인이 방어 무리의 징후를 발견하고서 서둘러 캐스팅한 결과 70cm급 방어를 올렸다. 회심의 미소가 넘치지 않을 리 없다.

▶캐스팅 - 원줄 포물선 낮춰 비거리 최대화

루어를 멀리 던지는 원투 능력이 가장 우선이다. 대부분 오버헤드 캐스팅을 하지만 루어가 포물선을 그리며 허공을 날아가는 동안 원줄이 많이 늘어져 루어가 물속에서 더디게 가라앉는 폐단이 생긴다. 따라서 쇼어 지깅을 할 때는 몸의 이동을 극대화하는 동시에 손목 힘을 최대한 강하고 빠르게 이용하는 직사포 캐스팅, 즉 루어가 거의 수면과 수평으로 날아가는 라이너성 캐스팅으로 원줄이 빠르게 가이드를 통과해 허공에서의 늘어짐이 없도록 해야 한다. 낚싯대를 마지막 수평 각도가 되도록 내뻗는 라이너성 캐스팅이야말로 비거리 또한 최대화하는 방법이기도 하다.

▶루어 운용 - 베벨 저킹 액션에 불규칙적인 변화도 부여

루어가 착수하면 페더링(Feathering)으로 릴에서 방출되는 원줄을 제어하고, 메탈지그를 사용한 경우라면 잠시 기다려 바닥에 닿는 느낌이 감지되면 힘차게 저킹(Jerking)을 시작한다. 그러나 수면에 나타난 보일(Boil) 현상을 목격하고 캐스팅한 경우는 지그가 착수하자마자 곧장 릴링을 시작해야 한다.

지그의 액션은 낚싯대를 길게 당기는 '롱 저킹'과 낚싯대를 흔들며 릴링하는 '저크 & 저크'를 기본으로 하되 선상 지깅과는 달리 낚싯대를 옆으로 젖혀 당기는 베벨 저킹(Bevel jerking)이 더욱 효과적이다. 메탈지그가 아닌 미노우를 사용한 경우일지라도 부시리와 방어는 동체시력이 발달한 어종이므로 루어를 일단 고속으로 움직여 주는 것이 중요하다는 점 잊지 말아야 한다. 그렇다고 고속 릴링으로만 일관해선 안 된다. 릴링 도중 약간의 흐트러짐이나 멈춤 동작으로 대상어의 반사 입질을 유도하는 액션도 부여해야 한다.

● 표준명 : 방어
● 속　명 : 사배기, 야도, 마르미
● 학　명 : *Seriola quinqueradiata*
● 영　명 : Yellowtail, Amber fish
● 일　명 : 부리(ブリ)

▶파이팅~랜딩 – 적절한 드랙 조절과 펌핑 병행

방어·부시리 입질은 대개 크고 둔탁해 쉽게 감지되므로 너무 서둘지 말고 확실한 감촉이 느껴질 때 챔질을 하는 것이 좋다. 낚싯대를 세우는 것과 동시에 재빠른 릴링에 돌입하되 초기 제압이 중요하다. 낚싯대의 탄력을 최대한 이용해 암초 틈으로 돌진하려는 대상어의 진행 방향을 돌려야 한다. 그러나 바닥으로부터는 띄워 올리되 지속적으로 무조건 제압하려 해선 안된다. 어느 방향으로든 미친 듯이 차고 나갈 때는 적절한 드랙 조절로 어느 정도 차고 나가게 내버려 두면 녀석도 지쳐 머리를 돌리게 된다.

차고 나갔다가 끌려 왔다가를 몇 차례 거듭하다 보면 녀석이 갑자기 반전을 시도할 때도 있다. 이럴 땐 즉각 낚싯대를 동일한 방향으로 눕혀야 한다. 덩치가 큰 녀석들일수록 릴링만으론 감당할 수 없어 펌핑(Pumping) 동작도 곁들여야 하는데, 펌핑을 시도할 때는 낚싯줄의 장력에 변화가 생기지 않도록 유의해야 한다. 이 같은 파이팅 동작으로 차츰 거리를 좁힌 후 랜딩 거리로까지 끌려오면 뜰채나 가프 또는 랜딩그립으로 들어 올리면 된다.

이에 앞서 특히 갯바위에서 낚시할 경우는 썰물 때 주변 바닥 지형을 잘 살펴 두어야 한다. 캐스팅 방향 즉, 대상어의 입질을 받아낼 포인트 주변의 수중여 위치를 잘 파악해 두었다가 파이팅과 랜딩 과정에서 원줄과 쇼크리더가 수중여에 쏠리지 않게 해야 하는 것이다. 파이팅 과정에서부터 최종 랜딩 시점까지의 정확한 동선 파악은 대형급 낚시일수록 더욱 중요시되는 수칙이다.

선상 캐스팅 낚시 - 또는 포핑(Popping)

연안 캐스팅 낚시를 쇼어 지깅(Shore jigging)이라 부르는 데 비해 낚싯배 위에서 하는 지깅은 오프쇼어 지깅(Offshore jigging)이라 한다. 오프쇼어 지깅은 우리 말로 선상 지깅에 해당하는데, 선상 지깅 또한 두 가지 형태로 나뉜다. 낚싯배 위에서 메탈지그(Metal jig)를 그냥 수직으로 내려 상하 움직임을 부여하는 방식을 수직지깅(Vertical jigging)이라 하고, 폽퍼(Popper)나 펜슬베이트(Pencil bait) 등 톱워터 플러그 계열의 루어를 멀리 던져 끌어들이는 방식을 선상 캐스팅 또는 포핑(Popping)이라 한다.

선상낚시를 할 때는 이 두 가지 방식이 병행되는데, 예를 들어 깊은 수심층을 겨냥한 수직지깅을 하는 도중에도 가시권 거리의 해면에서 부시리나 방어 떼가 먹이활동을 벌여 생기는 보일(Boil) 현상이 목격되면 지체 없이 폽퍼나 펜슬베이트를 던져 끌어들이는 방법을 구사할 필요가 있다. 그러나 보일 현상이 목격되지 않은 상황일지라도 포인트로 주목되는 곳을 겨냥해 폽퍼나 펜슬베이트로 탐색하다 보면 오히려 더 좋은 반응을 얻을 때도 많다는 참고로 밝혀 둔다.

▼거제 안경섬 해상에서 스피드 타입 메탈지그 170g짜리 오징어 컬러로 85cm짜리 방어를 올린 장종윤씨. 지깅 입문 첫날의 조과다.

■선상 캐스팅 낚시 장비·채비 및 루어

선상 캐스팅 낚시는 채비를 곧장 수직으로 내리는 버티컬 지깅(수직지깅)과는 달리 연안 캐스팅 낚시처럼 롱 캐스팅을 염두에 두어야 한다. 루어 또한 롱 캐스팅을 염두에 둔 펜슬베이트와 폽퍼 등 톱 워터 플러그 계열이 우선시된다. 이밖에 릴과 낚싯줄은 연안 캐스팅 용도에 준하면 된다.

- 표준명 : 부시리
- 속 명 : 히라스, 납작방어
- 학 명 : *Seriola lalandi*
- 영 명 : Amberjack, Giant yellowtail
- 일 명 : 히라마사(ヒラマサ)

▶**낚싯대와 릴, 낚싯줄** – 8.3~10.6피트 로드, 중대형 스피닝 릴

●**낚싯대(Rod)** : 좁은 낚싯배 공간에서 캐스팅을 하는 만큼 연안 캐스팅 낚시용 로드에 비해 길이가 짧아야 한다고 생각할 수도 있으나 그럴 필요는 없다. 옛날의 캐스팅 전용 포핑 낚싯대는 GT(자이언트 트레발리)나 참치낚시를 전제 조건으로 개발되어 너무 뻣뻣하고 무거웠던 데 비해, 2006년도를 기점으로 진일보한 낚싯대의 블랭크 제조 기술이 적용되면서 방어·부시리는 물론 참치까지 제압할 수 있는 가볍고도 강한 포핑 전용 대가 인기리에 사용 중이다. 따라서 근년 사용되는 선상 캐스팅 전용 대는 길이가 길어진 만큼 비거리가 늘어났고, 옆 사람과의 안전에도 도움이 형태로 발전하였다. 이에 선상 캐스팅 낚싯대는 8.3~ 10.6피트가 적합하다.

메이커에 따라서는 좀 더 정확하게 낚싯대의 강도를 나타내기 위해 낚싯대를 45도 각도로 유지하면서 낚싯대가 견딜 수 있는 부하량을 릴의 드랙 수치로 표시하기도 한다. 예를 들어 부시리 선상 캐스팅 전용대로 PE 원줄 3~4호, 사용 루어 30~70g, 릴 드랙 5kg 등으로 표시하는가 하면, PE 원줄 5~6호, 사용 루어 40~120g, 릴 드랙 10kg 등으로 표시하기도 한다.

●**릴(Reel)** : 캐스팅에 중점을 두어야 하는 만큼 중대형 스피닝 릴을 선택하되 드랙 성능이 좋고 내구성이 뛰어난 고급 제품이어야 한다. 기종에 따른 내역을 곁들이면 〈도표〉와 같다. 이 가운데 릴에 감기는 라인의 양을 나타내는 권사량은 PE 호수에 따른 굵기가 제조회사마다 조금씩 다르고, 라인을 감을 때 가하는 장력에 따라 20m 안팎의 오차가 생길 수 있다는 점 참고 바란다.

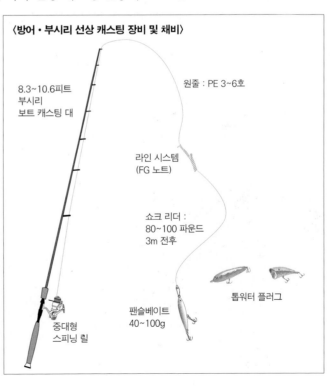

〈방어·부시리 선상 캐스팅 장비 및 채비〉

원줄 : PE 3~6호

8.3~10.6피트
부시리
보트 캐스팅 대

라인 시스템
(FG 노트)

쇼크 리더 :
80~100 파운드
3m 전후

톱워터 플러그

팬슬베이트
40~100g

중대형
스피닝 릴

〈선상 캐스팅 낚시용 스피닝 릴의 사양〉

릴 종류	기어비	PE 호수별 권사량	최대 드랙
8000HG	5.6:1	4호 300m	10kg 이상
14000XG	6.2:1	5호 350m, 6호 300m	12kg 이상
18000HG	5.7:1	6호 400m, 8호 300m	12kg 이상

릴의 드랙은 국내에서 방어·부시리낚시를 하는 데 있어 3~6kg 정도만 되어도 별 무리가 없다. 오히려 지나치게 강한 드랙은 대물과의 파이팅에서 실패할 확률이 높은 단점이 발생한다.

● **낚싯줄(Line)** : 원줄은 신축성이 없는 PE 소재의 합사를 사용하되 3~6호 굵기를 상황에 맞춰서 선택한다. 릴에 감는 길이는 최소 200m는 되어야 한다.

목줄(쇼크 리더)은 나일론 소재를 사용하되 쇼크 리더 전용 제품일수록 좋다. 쇼크 리더의 길이는 캐스팅에 무리가 따르지 않는 범위여야 하는데, 일반적으로 낚싯대 길이의 2배를 기준으로 개인차를 고려해 가감하면 된다. 구체적인 원줄 및 쇼크 리더 사용 기준은 '선상 수직지깅(Vertical jigging)' 편을 참고 바란다.

▶ **선상 캐스팅 낚시용 루어(Lure)** – 팬슬베이트와 폽퍼로 표층 공략

낚싯배 위에서 루어를 멀리 던져 끌어들이는, 이른바 선상 캐스팅 낚시엔 크게 두 가지 종류의 루어가 사용된다. 팬슬베이트와 폽퍼가 그 주역으로, 두 가지 모두 수면을 가르며 대상어를 유혹하는 톱워터(Top water) 계열의 루어이다.

● **펜슬베이트(Pencil bait)** : 방어·부시리가 좋아하는 먹잇감 고기들의 모습과 흡사하게 만들어진 루어로, 소재는 주로 합성수지와 목재로 나뉜다.

▼톱워터 플러그(Top water plug)에 속하는 펜슬베이트(Pencil bait)와 포퍼(Popper)는 방어·부시리낚시에 없어서는 안 될 필수 루어다.

펜슬베이트(Pencil bait)

포퍼(Popper)

합성수지 제품은 사출성형(인젝션) 제품과 우레탄 폼 제품이 있는데 사출성형 제품은 속이 비어 있어서 래틀(Rattle · 쇠구슬) 등이 내장되기도 한다. 우레탄 폼 제품은 목재와 매우 비슷한 특성을 보인다.

물에 뜬 몽당연필을 연상케 해 '펜슬'이란 이름이 붙여졌는데, 방어 · 부시리낚시에 이용되는 펜슬베이트는 부력 소재로 인해 물에 뜨는 플로팅(Floating) 타입과 무게와 비중으로 인해 물속으로 가라앉는 싱킹(Sinking) 타입 등 두 가지가 있다. 13~20cm 길이에 정어리 · 학공치 · 고등어 · 멸치 · 청어 등 그 모형도 다양하다.

●폽퍼(Popper) : 수면 위에서만 작동되는 루어로, 대상어를 수면으로 불러 올려 입질을 하게 만드는 톱워터 플러그의 한 종류다. 전체적인 모양은 여러 가지지만 앞쪽이 뭉툭하거나 곡면 구조로 된 것이 특징이다. 마치 물고기가 입을 벌린 모습이어서 수면에 뜬 폽퍼(Popper)를 끌어들이면 물의 저항을 받아 거품을 일으키거나 '폭' '폭' 하는 파열음을 일으킨다. 이 같은 일련의 폽핑(Popping) 과정은 수면 위를 날던 새가 파닥거리는 형상처럼 보이기도 하고, 갈치나 고등어 등의 베이트 피시가 다른 포식자들에게 쫓기거나 잡아먹히는 것처럼 보여 대상어로 하여금 더욱 강한 포식 본능을 유발한다.

폽퍼를 사용하는 낚시인 또한 쾌감의 절정을 누릴 수 있다. 방어 · 부시리가 수면으로 솟구쳐 폽퍼를 덮치는 광경을 눈으로 직접 확인할 수 있기 때문이다.

●크기와 색상 : 방어 · 부시리낚시에 사용되는 펜슬베이트와 폽퍼가 너무 큰 것에 대해 부담을 느끼는 경우가 있는데 이는 기우일 수도 있다. 대상어의 입을 관찰해 보면 도저히 불가능할 것 같은 구조인데도 활성도가 높을 땐 놀라운 공격 본능으로 길이 70cm에 달하는 폽퍼나 펜슬베이트를 단숨에 집어삼키는 경우가 많다. 따라서 루어 종류는 모형 못지않게 크기와 색상을 다양하게 갖춰 상황에 따라 다양하게 활용하는 것이 좋다.

색상의 경우 많은 이들이 핑크 또는 블루 계열을 선호하는데 그것보다는 등 쪽이 어두운 블랙 또는 그린 계열이 효과를 발휘할 때가 많다. 뿐만 아니라 남들이 눈길을 잘 주지 않는 소외된 색깔을 선택하는 역설적인 시도가 주효할 때도 있어 남다른 쾌감을 느끼게 된다.

●표준명 : 방어
●속 명 : 사배기, 야도, 마르미
●학 명 : *Seriola quinqueradiata*
●영 명 : Yellowtail, Amber fish
●일 명 : 부리(ブリ)

■선상 캐스팅 포인트와 물때

방어와 부시리는 회유어이면서도 수면 바로 아래로부터 바닥층에 이르기까지 폭넓은 행동영역을 갖되 조류와 수온, 물색과 수중 지형이 이들의 활동 범위를 유도한다. 따라서 선상 캐스팅 낚시는 연안 캐스팅 낚시에 비해 보다 다양한 포인트를 섭렵할 수 있고, 또 목적한 포인트에 보다 근접할 수 있는 장점이 있지만, 대상어가 베이트 피시 무리를 쫓는 징후가 포착되지 않으면 그저 막연할 수밖에 없다. 어군탐지기의 의존도가 큰 선상 수직지깅과는 또 다른 어려움이다.

그러나 낚싯배를 이용하는 만큼 무조건 롱 캐스팅에 의존할 필요 없이 때로는 수직지깅을 병행하거나 수직지깅 위주로 낚시를 하다가 동기 부여에 따라 롱 캐스팅으로 전환하면 되기 때문에 포인트 선정에 대한 부담을 크게 가질 필요는 없다. 수직지깅 포인트와 근간은 비슷하되 최우선은 가까이 보이는 대형 간출여 주변이다. 또한 해저에 들쭉날쭉 암초가 넓게 깔려 주변 수심보다 얕은 둔덕 지형이거나 어초가 형성된 곳도 캐스팅 포인트이다. 이러한 곳은 채비를 낚싯배 밑으로 곧장 내리는 수직지깅보다 일정 거리를 두고 공략하는 롱 캐스팅이야말로 대상어의 경계심을 줄일 수 있는 정공법이자 다수확을 노리는 방법이기도 하다.

대형 간출여 또는 수심 얕은 둔덕 지형이거나 어초 지역일지라도 조류가 빠르게 흐르는 여건이 조성돼야 하는데, 이런 피상적인 조건보다 가장 확실

▼방어·부시리 또는 삼치 등의 포식어에게 쫓긴 작은 물고기(베이트 피시)들이 수면 위로 튀어 올라 물 끓듯 하는, 이른바 보일(Boil) 현상은 가을 바다 위에서 흔히 목격된다. 선상 캐스팅 낚시의 절대 공략 지점이다.

한 것은 역시 먼 거리에 보일(Boil) 현상이 포착되거나 갈매기들이 해면을 스쳐 오르내리는 광경이 목격될 때이다. 선상 수직지깅을 하는 도중 이런 광경이 목격되면 지체 없이 롱 캐스팅 채비로 전환할 필요가 있다.

선상 캐스팅 낚시에 적합한 물때 역시 연안 캐스팅과 마찬가지로 일단 사리 전후의 6~9물때가 유리하고, 그 중에서도 조류의 흐름이 가장 활발한 중들물 또는 중썰물 시각에 입질이 집중되는 편이다. 즉, 간출여가 완전히 수면 위로 노출돼 있거나 물속에 완전 잠겨 있을 때보다는 희끗희끗 물보라를 일으키며 머리를 드러낼 때이거나 물속으로 잠길 때이다.

부시리

●표준명 : 부시리
●속　명 : 히라스, 납작방어
●학　명 : *Seriola lalandi*
●영　명 : Amberjack, Giant yellowtail
●일　명 : 히라마사(ヒラマサ)

■선상 캐스팅 낚시 이렇게!

선상 캐스팅 낚시를 할 때는 우선 동승한 주변 낚시인들의 안전에 주의해야 한다. 방어·부시리낚시용 폽퍼와 펜슬베이트에 부착된 트레블 훅은 매우 크고 강해서 캐스팅 도중 옆 사람에게 자칫 치명적인 부상을 입힐 수 있기 때문이다. 특히 가까운 거리에 보일(Boiling) 현상이 목격돼 다급한 마음에 캐스팅을 서두르다 보면 예기치 않은 안전사고를 유발할 수 있다는 점 기억해 두어야 한다.

▼낚싯배 이물 위에서 롱 캐스팅을 하는 필자. 선상 캐스팅 낚시를 할 때는 주변을 잘 살펴 옆 사람에게 피해가 가지 않도록 주의해야 한다. 조급한 마음에 캐스팅을 서두르다 보면 옆 사람을 다치게 할 수도 있다.

▶펜슬베이트(Pencil bait)의 운용 – 저킹(Jerking) 동작이 기본

펜슬베이트는 수면 근처에서 다른 포식자의 공격을 피해 도망치는 베이트 피시의 움직임을 형상화한 루어로, 대부분의 펜슬베이트는 무게 중심이 뒤쪽에 있어 캐스팅하기가 쉽고 맞바람이 불 때 장거리 캐스팅에 유리하다는 것도 장점이다. 수면 위에 뜨는 플로팅(Floating) 타입과 물속으로 가라앉는 싱킹(Sinking) 타입 두 가지가 있는데, 이 가운데 플로팅 타입의 펜슬베이트는 수면에서 보일링(Boiling - 베이트 피시, 즉 작은 물고기 떼가 포식자들에게 쫓겨 수면 위로 튀어 오르는 현상)이 목격될 때 직방의 효과를 보인다.

이에 비해 싱킹 타입은 수면에서 보일 현상이 목격되지 않거나 플로팅 타입이 이렇다 할 반응을 보이지 않을 때 효과적인데, 캐스팅 이후 일정 수심층으로 가라앉혀 물속에서 아주 빠르게 유영하는 실제 베이트 피시처럼 움직여 주는 것으로 대상어를 적극 유혹해야 한다.

플로팅이나 싱킹 타입 어느 쪽을 사용하든 릴의 핸들을 아주 빠르게 돌려야 한다. 정어리와 멸치 · 학공치 등 실제의 먹잇감들이 도망치는 듯한 스피디한 루어 운용이 중요한데, 단순 릴링뿐만 아니라 낚싯대를 힘껏 잡아당기며 끌어주는 저킹(Jerking) 동작이 병행되어야 한다.

▶폽퍼(Popper)의 운용 - 슬쩍 슬쩍 잡아채 수면에 물보라 일으키게

폽퍼는 앞쪽이 뭉툭하게 잘린 모양 혹은 움푹하게 패인 모양으로 돼 있어서 앞으로 끌어당기면 수면을 훑고 지나며 '폭' '폭' 하는 파열음을 일으킨다. 수면을 철푸덕 거리듯 혹은 흐트러진 동선과 소리 등을 통해서 주변 방어 · 부시리들의 호기심을 불러일으키는 집어 효과와 함께, 궁극적으로는 공격본능을 일깨우는 특징이 있다. 따라서 폽퍼가 너무 크고 무거운 것에 대해 지나치게 부담 가질 필요가 없다. 과감한 선택이 오히려 대물을 만날 확률을 높인다는 점 참고할 일이다.

수면에서만 움직이는 톱워터 루어이므로 리드미컬하게 연속적으로 끌어들이되 중간중간 낚싯대를 잡아채 주면서 여유 줄을 빠르게 감아 들여야 한다. 방어 · 부시리의 활성이 좋은 경우는 수면에서 움직이는 폽퍼를 덮치는 광경이 직접 목격됨으로써 어떤 루어보다 더 짜릿한 쾌감을 선사한다.

이밖에 루어 선택 및 운용에 관한 상세한 내용은 앞서 소개한 '연안 캐스팅 낚시 이렇게!'의 '루어 선택' 항목을 참고 바란다.

▶**파이팅~랜딩** - 한 템포 느린 챔질! 초기 제압 중요!

폽퍼든 펜슬베이트든 대상어의 활성도가 낮을 때는 루어를 따라오며 건드리는 듯한 행동을 취할 뿐 왈칵 삼키지 않을 경우도 많다. 그럴듯한 입질을 감지했을지라도 너무 서두를 필요가 없다. 루어를 완전히 흡입하고 뒤돌아서는 순간이 챔질 타이밍으로, 이 또한 한 번으로 끝내지 말고 연거푸 서너 번의 강력한 챔질 동작으로 파이팅 도중 바늘이 빠지는 것을 사전에 방지해야 한다.

바늘에 걸려든 방어·부시리는 즉각 내리 처박듯 고속으로 질주한다. 이 순간 치켜 든 낚싯대의 탄력을 최대한 이용해 초반 제압에 성공해야 한다. 앞서 언급한 바와 같이 방어·부시리는 초반 제압이 특히 중요하다는 점 염두에 두어야 하는데, 단거리 선수의 순간 돌파력과 장거리 선수의 지구력을 동시에 갖춘 이들은 또 어느 순간 질주 방향을 갑자기 바꾸는 것과 동시에 폭발적인 저항을 시도한다. 이때도 여유를 주지 말고 펌핑(Pumping)으로 상대를 제압하되, 펌핑 도중 낚싯대의 탄력이나 낚싯줄의 장력에 결코 변화가 생겨서는 안 된다.

수면 위로 떠오른 후에도 최후의 몸부림을 치므로 뜰채에 담기 전까지는 긴장을 늦추지 말아야 한다.

●표준명 : 방어
●속　명 : 사배기, 야도, 마르미
●학　명 : *Seriola quinqueradiata*
●영　명 : Yellowtail, Amber fish
●일　명 : 부리(ブリ)

▼대형 부시리를 걸어 파이팅 도중 기력이 쇠잔해 이러지도 저리지도 못하는 필자가 웃음을 흘리고 있다. 이럴 때 로드 벨트가 없으면 그야말로 허리가 나간다.

선상 수직지깅 - 버티컬 지깅(Vertical jigging)

방어·부리시낚시의 핵심이다. 낚싯배 위에서 즐기는 오프쇼어 지깅 (Offshore jigging) 중에서도 금속 재질의 메탈지그(Metal jig)를 외줄낚시처럼 수직으로 내려 고패질을 하듯 여러 가지 액션을 가하는 방식을 버티컬 지깅(Vertical jigging), 즉 수직지깅이라 한다. 깊은 수심층의 대물급들을 겨냥한 역동적이고도 박진감 넘치는 게임 피싱으로 바다 루어낚시의 진수를 느낄 수 있는 장르다.

바다 루어낚시의 세계적 트렌드를 바꾼 지깅(Jigging)이 우리나라에 도입된 계기는 대구라 해도 그 지깅을 우리나라에 토착화 시키고 여러 분야로 확대재생산 시킨 주역은 단연 방어·부시리이다. 해를 거듭할수록 우리나라 지깅 장르가 세분화되고 대상어 또한 늘어나는 추세라 해도 선상 수직지깅으로 만나는 방어·부시리는 여전히 우리 바다 최고의 대물 사냥감이다.

〈방어·부시리 수직지깅 채비〉

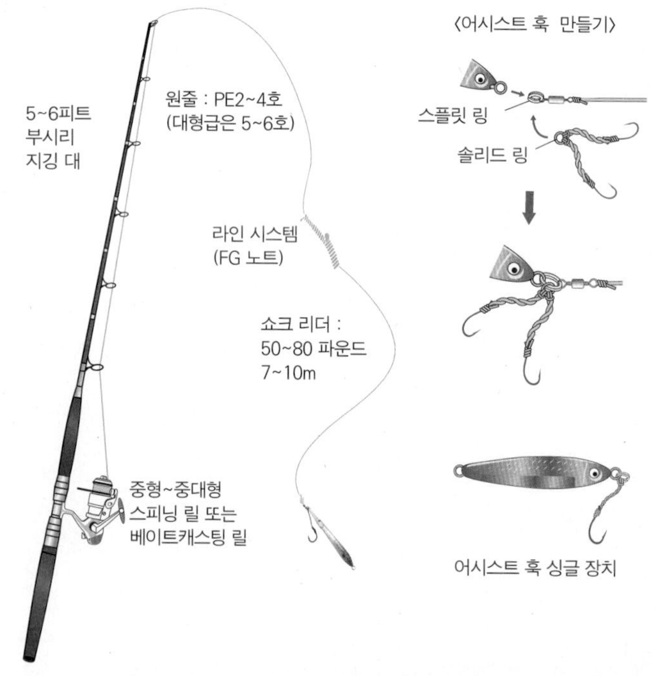

5~6피트
부시리
지깅 대

원줄 : PE2~4호
(대형급은 5~6호)

라인 시스템
(FG 노트)

쇼크 리더 :
50~80 파운드
7~10m

중형~중대형
스피닝 릴 또는
베이트캐스팅 릴

〈어시스트 훅 만들기〉

스플릿 링

솔리드 링

어시스트 훅 싱글 장치

■선상 수직지깅 장비·채비 및 루어

깊은 수심층을 겨냥하는 데다 무거운 루어를 쉴 새 없이 움직여야 하고 대형급이 흔히 걸려드는 만큼 일단 장비가 튼튼해야 한다. 그렇다고 투박해서는 안 된다. 낚싯대는 튼튼하되 초리 부분이 부드러우면서도 허리 부분의 반발력이 뒷받침 돼야 루어를 제대로 운용할 수 있고, 릴 또한 견고하되 드랙 성능이 뛰어나야 대물급을 제대로 상대

할 수 있다. 깊은 수심을 탐색하는 만큼 충분한 권사량(捲絲量)도 뒷받침돼야 한다. 루어는 거의 메탈지그 한 종류지만 모양과 기능, 무게와 색상이 고려돼야 하고 트레블 훅 대신 어시스트 훅을 부착하는 등 채비 구성에도 변화를 꾀해야 한다.

▶낚싯대와 릴, 낚싯줄 – 지깅 용도로 제작된 전용 제품 우선

연안 및 선상 캐스팅 낚시용에 비해 낚싯대의 길이는 2.5피트 가량 짧되 더욱 내구성이 강조되고, 스피닝 릴을 사용할 것인가 베이트캐스팅 릴을 사용할 것인가에 따라 그 종류도 달라야 한다. 낚시 환경 및 기법이 매우 역동적인 만큼 낚싯대와 릴은 지깅 전용 제품을 선택하는 것이 우선이다.

●낚싯대(Rod) : 내구성을 감안한 지깅 전용으로 설계되고 제작된 낚싯대여야 한다. 전통적으로 수직지깅용으로 제작되는 낚싯대의 길이는 5~6피트 전후가 주류를 이루는데, 근년 유행하는 슬로우피치 지깅(슬로우 지깅)용은 6.5~7.5피트로 조금 더 길게 만들어지기도 한다.

사용할 릴이 스피닝 릴이냐 베이트캐스팅 릴이냐에 따라 낚싯대의 종류도 달라야 하고, 대상어의 크기와 낚시터의 수심, 사용할 지그의 무게도 고려되어야 한다. 〈도표〉로 소개한 '사례A'는 방어·부시리 선상 지깅 장비 중에서 가장 보편적이고도 일반적인 조합이라 할 수 있고, '사례B'는 방어·부시리뿐만 아니라 참치 지깅까지 가능한 다소 강한 조합이며, '사례C'는 근년 들어 유행하고 있는 슬로우 지깅과 라이트 지깅까지 다용도로 사용할 수 있는 조합이다.

〈선상 지깅용 낚싯대의 사양〉

구분	낚싯대 길이	낚싯대 액션	원줄	쇼크 리더(목줄)	메탈지그 무게
사례A	6.3~7.0ft	MF, RG	PE 2~4호	50~80lb	130~200g
사례B	5.8~6.6ft	MF, RG	PE 4~5호	60~100lb	150~450g
사례C	6.0~7.8ft	MF, RG, SLW	PE 1.5~3호	20~50lb	60~180g

●릴(Reel) : 스피닝 릴 또는 베이트캐스팅 릴을 선택하되 어느 쪽이든 고성능 제품이어야 한다. 우선 되어야 할 사항은 내구성과 드랙 성능이다. 지깅에 사용되는 원줄은 PE 줄이 거의 원칙인데, 신축성이 있는 나일론 줄과 달리 PE 합사는 충격 흡수가 거의 제로에 가까워 릴에 상당한 무리가 따른다. 이를 충분히 견뎌내도록 메인 샤프트 및 내부의 각종 기어, 몸체, 역전 방지 스토퍼, 핸들, 라인 롤러 등 모든 부품이 튼튼해야 한다.

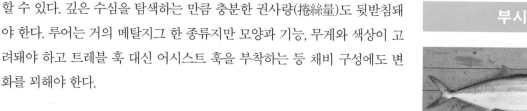

●표준명 : 부시리
●속　명 : 히라스, 납작방어
●학　명 : *Seriola lalandi*
●영　명 : Amberjack, Giant yellowtail
●일　명 : 히라마사(ヒラマサ)

더불어 릴의 기어비(Gear 比)도 따져봐야 한다. 선상 수직지깅용 릴의 기어비는 5.7:1 미만의 저속기어가 유리하다. 그 이유는 200g 이상 되는 무거운 메탈지그로 50m 이상의 수심 깊은 포인트를 공략하는 과정에 있어 낚시인의 어깨와 팔, 근육 등에 무리를 주지 않으면서도 리드미컬한 저킹 동작을 지속할 수 있어야 하기 때문이다. 그러나 근년에는 기어비가 높아도 핸들의 무게감이 가벼워져 고속기어를 탑재한 릴을 지깅에 활용하는 사례도 많다.

●낚싯줄(Line) : 선상 지깅에 사용되는 원줄은 PE 합사를 기본으로 한다. 특히 메탈지그를 수심 깊은 곳까지 빨리 내려 보내야 하는 수직지깅의 경우, 낚싯배의 움직임과 조류의 저항 등을 고려해 합사의 굵기는 가능한 한 가늘되 표면이 최대한 부드럽게 직조, 코팅 마감 처리된 제품이어야 한다. 또한 수직지깅은 수심 파악이 중요하므로 10m 또는 20m 단위로 색깔이 구분돼 있는 제품을 사용하는 게 좋다. 연근해의 소형급을 겨냥할 때는 2~3호, 중형급에는 4~5호, 대형급에는 6호 정도를 기준하면 된다.

목줄(쇼크 리더)은 연안 및 선상 캐스팅 낚시와 마찬가지로 나일론 소재가 우선이다. 능성어·광어·참돔·갈치·삼치 등 이빨이 날카롭거나 바닥 지형이 거친 곳에 서식하는 록피시(Rock fish)를 대상어로 하는 슬로우 지깅의 경우는 플로로카본을 쇼크 리더로 사용하지만 방어·부시리낚시엔 나일론 소재가 우선이라는 점 다시 한 번 강조해 둔다. 대상어의 크기와 바닥 지형을 고려해 40~80파운드를 사용하되 바닥이 아주 험한 암초지대나 대형급이 기대되는 곳에선 100파운드까지 사용할 수도 있다. 쇼크 리더의 길이는 캐스팅 채비와는 달리 훨씬 더 길게 사용해도 무방하다. 릴 스풀의 여유 공간과 해저 지형에 따라 7~10m 또는 이를 약간 상회해도 된다.

〈선상 수직지깅 & 캐스팅용(폽핑용) 낚싯줄의 조합〉

용도	원줄(PE) 호수	원줄 굵기	원줄 인장강도	권장 쇼크 리더
지깅 채비1	3호	0.26~0.28mm	28~30kg	40~60lb(8m 이상)
지깅 채비2	4호	0.29~0.30mm	35~40kg	50~80lb(8m 이상)
지깅 & 폽핑	5호	0.33~0.36mm	50~58kg	60~100lb(2.5m 이상)
폽핑 채비1	6호	0.38~0.40mm	55~60kg	70~130lb(2.5m 이상)
폽핑 채비2	8호	0.42~0.45mm	60~68kg	80~170lb(2.5m 이상)

▶선상 수직지깅용 메탈지그 - 트레블 훅 대신 어시스트 훅 연결

무게 100~300g의 메탈지그를 수심과 조류에 따라 선별 사용하되 수심이

아주 깊거나 조류가 세찬 곳에선 500g까지 사용할 수도 있다. 무게뿐만 아니라 모양에 따라 기능도 달라지므로 다양한 형태를 구비하되 다음 두 가지 종류는 기본으로 갖출 필요가 있다. 특히 길쭉한 모양의 롱 지그(Long jig)는 부시리를 상대하는 데 있어 없어서는 안 될 루어이므로 반드시 지참하는 것이 좋다.

●슬림형 롱 지그 : 부시리·방어 수직지깅에 사용되는 메탈지그 중 가장 즐겨 사용되는 것으로 일반적인 지그에 비해 폭이 홀쭉하고 길이가 긴 것이 특징이다. 그 길이가 짧게는 17cm, 길게는 30cm까지 되는 것도 있다. 길이뿐만 아니라 무게도 다양해 계절과 기상 조건, 베이트 피시의 종류나 크기 등등의 현장 조건을 고려해 사용해야 한다. 더불어 슬림형 롱 지그는 갈치나 꽁치 새끼를 형상화한 것들이 있는가 하면 두 어종의 성어를 본뜬 모양도 있다.

●낙엽 모양의 쇼트 타입 지그 : 외형에서 느껴지는 형태는 마치 낙엽과 흡사한데, 세로 형태로 길쭉한 타원형이 기본이다. 무게의 비중이 위쪽 4, 아래쪽 6 정도를 이루는 비대칭형이며, 메탈지그가 물속으로 떨어질 때의 액션은 커브 슬라이더, 즉 'S'자를 그리는 것이 특징이다. 다른 메탈지그 종류에 비해 침강 속도가 느린 편으로, 대부분 밑으로 내려갈 때 입질이 들어오는 경우가 많은 점도 이 루어의 특징이다. 바닥부터 중층·표층 공략에 두루 효과적인 반면, 조류가 너무 강하거나 바람이 세게 불어 낚싯배가 많이 떠밀리는 경우에는 불리한 루어이기도 하다.

부시리·방어를 대상으로 하는 수직지깅 낚시에서는 근본적으로 침강속도가 빠른 메탈지그로 수심 전층을 빠르게 탐색하는 것이 효과적이라는 점 다시 한 번 강조해 둔다.

●어시스트 훅(Assist hook) 사용 : 어떤 메탈지그든 아래쪽에 트레블 훅(Treble hook·세바바늘)을 부착해 사용하기도 하고, 트레블 훅 대신 쇼크 리더를 연결하는 위쪽 고리에 스플릿 링과 솔리드 링을 이용

●표준명 : 방어
●속 명 : 사배기, 야도, 마르미
●학 명 : *Seriola quinqueradiata*
●영 명 : Yellowtail, Amber fish
●일 명 : 부리(ブリ)

▼싱글 훅을 부착한 슬림형 롱 지그(위 사진)와 더블 훅을 부착한 낙엽 모양의 쇼트 타입 지그(아래 사진). 수직지깅에 사용되는 루어 채비다.

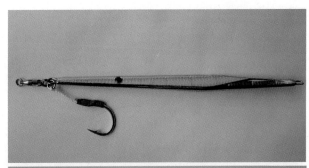

한 어시스트 훅을 매달아 사용하기도 한다(선상 수직지깅 채비 그림 참조). 특히 밑걸림이 우려되는 곳에서 어시스트 훅을 많이 사용하는데, 바늘 크기는 지그와 대상어의 크기를 고려하되 어시스트 전용 바늘 18~24호(또는 3/0~8/0)가 주류를 이룬다. 일반적으로 두 개의 바늘을 단차를 두어 매달지만, 큰 바늘을 사용할 때는 한 개만 달기도 한다. 부시리 · 방어 지깅 낚시의 어시스트 훅은 두 개의 바늘보다는 5/0 사이즈 이상의 싱글 훅을 사용했을 때 훅업 확률이 높은 것으로 나타난다.

■선상 수직지깅 포인트

선상 캐스팅을 포함한 수직지깅은 방파제 · 갯바위 등지의 연안 낚시에 비해 보다 직접적이고도 적극적인 공략을 할 수 있어 조과 측면에서 유리할 수밖에 없다. 그러나 선상낚시라 해서 아무데서나 조과가 따르는 것은 아니다. 해저 지형이 그저 밋밋하거나 별다른 특징이 없는 곳엔 회유어들이 머물 이유가 없다. 그들의 은신처나 먹이사냥터를 찾아야 하는 것이다.

방어 · 부시리 어군이 포착되는 곳의 특징을 보면, 수심 60m 정도의 완경사 지형이 이어지다가 100m 이상으로 급격히 깊어지는 경사면 아래의 물곬 부근이거나 밋밋한 지형에 넓은 암반이 크게 돌출된 곳(어부들이 말하는 '짬' 또는 '초')들이다. 구체적인 사례를 들면 동해 지역의 경우 후포항에서 뱃길 1시간 30여분 거리의 '왕돌초' 해역, 남해동부 지역의 경우 거제 안경섬 부근, 남해서부권 먼 바다인 추자도 해역, 서해남부권 먼 바다인 하태

▼거제 안경섬 근해 해상에서 선상 지깅을 즐기고 있는 낚시인들. 드넓은 해원(海原)에 우뚝 뜬 낚싯배가 어안 렌즈에 담겼다.

도·중태도·상태도·가거도 일원 해역, 서해중부권의 경우 외연도와 어청도 근해를 대표적인 필드로 꼽을 수 있다. 천혜의 자연 지형 조건이 아닐지라도 해저에 침선이나 인공어초 등의 구조물이 있는 곳들도 방어·부시리가 은신할 여지가 많아 수직지깅 포인트로 꼽힌다.

부시리

● 표준명 : 부시리
● 속 명 : 히라스, 납작방어
● 학 명 : *Seriola lalandi*
● 영 명 : Amberjack, Giant yellowtail
● 일 명 : 히라마사(ヒラマサ)

■선상 수직지깅 이렇게!

포인트에 도착하여 선장이 '시작' 신호를 보내더라도 너무 서둘러 루어를 내리지 말고 1분 정도 기다리는 게 좋다. 이동한 낚싯배가 포인트에 이르러 멈춰 설지라도 어느 정도의 탄력이 남아 있게 마련이고, 조류를 거슬러 제 자리를 잡기까지는 약간의 시간이 필요하기 때문이다.

● 첫 루어는? : 포인트에 도착해 맨 처음 사용할 루어는 어떤 게 좋을까? 많은 이들이 궁금해 하거나 망설이는 대목이다. 일단 준비한 루어 중 가장 무거운 메탈지그를 내리는 것이 바람직하다. 버티컬지깅의 논리는 수직으로 빨리 루어를 내려 일단 바닥을 찍은 후(이때 원줄의 색상이나 릴의 기능을 보고 바닥 수심을 추정해 둔다), 일정 수심층까지 끌어 올리는 동시에 여러 가지 액션을 가하는 것이므로 첫 포인트에서는 포괄적 상황 파악이 우선되어야 한다. 바다 지형과 수심 파악은 물론 조류의 속도와 바람의 영향에 의한 낚싯배의 흐름을 판단하는 등, 현장 상황을 빨리 파악하는 데는 가장 무거운 메탈지그를 내리는 것이 가장 효과적인 방법이기 때문이다.

● 메탈지그의 색상 : 낚시 당일의 날씨와 낚시 하는 시간에 따라 반응이 다

▼플로팅 타입의 75g짜리 펜슬베이트에 걸려든 방어가 수면 가까이 끌려 나오다가 세찬 반전을 시도하고 있다. 방어·부시리는 순간 동작이 빠른 스프린터(Sprinter)이자 지구력이 강한 마라토너(Marathoner)이다.

를 수 있으므로 지그의 색상은 일단 다양하게 준비하는 것이 좋다. 그러나 날씨와 일조량의 변화에 상관없이 가장 기본이 색상은 실버·블루·핑크·야광(Glow) 순이다. 이들 색상을 한 포인트에서 차례대로 4회 가량 사용 후 교체해 나가는 방식으로 그 날의 패턴을 찾으면 된다. 동승한 낚시인의 루어 사용 결과를 참고하는 것도 한 방법이다.

●메탈지그의 수심층 : 바닥을 찍은 후 표층 가까운 곳까지 올릴 필요는 없다. 지그가 바닥에 닿는 감각이 전해지면 곧 바로 릴링을 하되 10회 정도의 저킹(Jerking) 동작을 가한다. 그리고선 다시 내려 바닥에 슬쩍 닿게 한 후 같은 저킹 동작을 반복한다. 그런데도 반응이 없을 경우는 저킹 동작을 15회 가량으로 늘리는 것으로 보다 폭넓은 수심층을 탐색해 본다.

바닥부터 중층까지 메탈지그의 체공 시간을 길게 하면서 다양한 저킹 동작을 부여할 필요가 있는데, 중요한 것은 '낚시에 정석은 없다'라는 생각으로 머릿속에 그리는 나름대로의 구상을 과감하게 연출해 보는 것이다.

●메탈지그의 액션 : 수직지깅을 처음 할 때는 메탈지그를 어떻게 움직여 주어야 할지 많은 고민을 한다. 그러나 어렵게 생각할 필요가 없다. 부시리와 방어로 하여금 호기심을 불러일으킬 수 있는 움직임, 즉 실제의 먹잇감처럼 움직여 준다는 생각으로 상하 고패질을 크게 하면 된다. 우럭 외줄낚시를 할 때와 같은 고패질을 크게 또는 빠르게 하는 동작을 저킹(Jerking)이

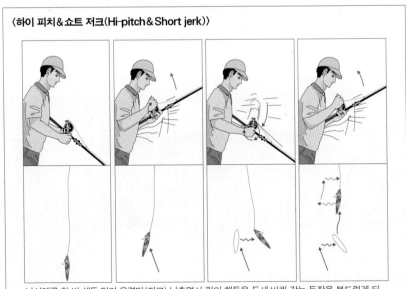

〈하이 피치&쇼트 저크(Hi-pitch&Short jerk)〉

낚싯대를 한 번 채듯 당겨 올렸다(저크) 낮추면서 릴의 핸들을 두세 바퀴 감는 동작을 부드럽게 되풀이 한다.

●표준명 : 방어
●속　명 : 사배기, 야도, 마르미
●학　명 : *Seriola quinqueradiata*
●영　명 : Yellowtail, Amber fish
●일　명 : 부리(ブリ)

라 하는데, 구체적인 방법은 크게 두 가지다.

첫 번째는 '저킹(Jerking) & 폴링(Falling)'이다. 릴의 손잡이를 두 번 정도 돌리고 낚싯대를 위로 최대한 치켜세운 후 곧바로 내려주면 메탈지그가 자연스럽게 아래로 떨어지게 된다. 이때 물속에서 떨어지는 메탈지그는 지그재그 액션을 그리면서 대상어의 호기심을 유도하게 된다.

두 번째는 '하이피치(High pitch) & 저킹(Jerking)'이다. 릴의 손잡이를 두 번 혹은 세 번 정도 돌리면서 낚싯대를 급속히 위로 짧게 쳐 올리는 동작을 반복하면 메탈지그가 쉴 새 없이 업·다운을 하게 된다. 마치 작은 물고기가 놀라 폴짝 폴짝 뛰는 모습을 연출하는 것이다.

메탈지그는 대개 위·아래의 무게 비중이 비대칭(위 4 : 아래 6 정도)을 이룸으로써 저킹 동작을 취한 후 다음 동작을 부여하기 전, 즉 메탈지그가 지그재그로 살짝 가라앉을 때 입질이 들어오는 경우가 많다. 그렇다고 수직 지깅에 있어 메탈지그의 움직임을 꼭 어떻게 해야 한다는 공식은 없다. 본인의 체격과 체력에 맞게 리드미컬한 동작만 연출해 주어도 된다. 저킹과 릴링 동작을 반복하는 도중에 잘못 엇박자가 나서 흐트러진 액션, 즉 메탈지그가 어정쩡하게 흔들리거나 떨어질 때 '왈칵' 입질이 닿는 경우가 많은 것을 보면, 역시나 초심자가 입질을 받을 확률도 많구나 생각하게 된다.

●파이팅~랜딩 : 지그를 바닥까지 내린 후 3~4차례 상하 탐색을 했는데도 입질이 없을 경우는 일단 수면 위로 채비를 회수했다가 다시 내려야 한다. 한 번 채비를 내린 후 여러 차례 상하 탐색을 거듭하다 보면 여유 줄이 늘어나 밑걸림을 당하기 십상이기 때문이다.

방어·부시리의 입질은 낚싯대가 휘청할 정도로 확실한 감촉이 전달된다. 반사적인 챔질보다는 침 한 번 꿀꺽 삼킬 정도의 여유를 둬야 한다. 루어를 흡입한 대상어가 반전하는 순간 챔질을 가하되, 낚싯대를 짧고도 강하게 두세 차례 잡아당기는 챔질을 반복해 바늘이 완전히 박히게 해야 한다.

거듭 강조하거니와 방어·부시리는 초기 제압이 중요하므로 바닥으로 차고 들어가는 대상어의 머리를 들어 올리는 기분으로 버텨야 한다. 특히 부시리가 방어보다 바닥으로 처박는 경향이 강한데, 낚싯대를 최대한 끌어당겼다가 순간적으로 내리면서 빠르게 릴링 동작을 가하는, 이른바 펌핑(Pumping) 동작을 거듭 펼치거나 드랙 조절로 밀고 당기는 줄다리기를 하다 보면 대상어도 점점 기운을 잃게 된다.

9월에 떠나요!

글 백종훈, 사진 백종훈 외

무늬오징어낚시

가장 실속 있는 먹거리 오징어

가장 단시간에 우리나라 낚시인들을 매료시킨 바다 루어낚시 분야가 바로 무늬오징어 에깅(Eging)이다. 낚시 전문 매체에 등장하기 시작한 것은 2000년도 어간이지만 대중화되기 시작한 지는 그로부터 4~5년. 이후 무늬오징어의 인기는 식을 줄 모르고 매년 마니아 인구를 양산하고 있다. 관련 낚시제품 개발과 판매도 급증해 업계의 판도마저 바뀐 느낌이 들 정도다.

무엇이 무늬오징어낚시의 매력에 빠지게 하는 걸까? 가장 큰 이유 중의 하나가 접근성이라고 할 수 있다. '에깅'이란 낚시 장르가 앞서 대중화된 제주도에서는 연중 무늬오징어낚시를 즐기는 동호인들이 많았다. 하지만 제

무늬오징어

- ●표준명 : 흰꼴뚜기
- ●속 명 : 무늬오징어, 흰오징어
- ●학 명 : *Sepioteuthis lessoniana*
- ●영 명 : Bigfin reef squid, Oval squid
- ●일 명 : 아오리이카(アオリイカ)

▼통영 매물도에서 야간 에깅으로 1.5kg급 무늬오징어를 낚은 필자 백종훈 씨.

주도를 제외한 지역엔 한동안 에깅이라는 장르가 알려지지 않았다. 실제로 바다 루어낚시를 즐기는 이들 중에서도 에깅이란 용어를 구사할 일조차 없었다. '남방계 오징어'로 분류되는 무늬오징어 자체를 구경할 수 없었기 때문이다.

무늬오징어 에깅이 본격 붐을 이루기 시작한 것은 2007~2008년. 동해남부 일부 지역에서 가끔 비치던 무늬오징어의 개체수가 확연히 늘어나면서부터다. 굳이 낚싯배를 타고 섬으로 나가지 않아도 좋았다. 남해도 · 거제도 일대의 방파제와 주변 갯바위 어디서든 무늬오징어를 쉽게 낚을 수 있었다. 이처럼 근거리 도보 포인트에서 무늬오징어가 많이 낚이고, 그 재미와 입맛을 본 낚시인들의 입소문으로 불과 몇 년 사이에 에깅 인구가 기하급수적으로 늘어났다.

두 번째는 다른 두족류에서는 느낄 수 없는 '맛'이라고 할 수 있다. 요리를 했을 때 그간 시중에서 맛보지 못한 '정말 맛있는' 오징어를 먹을 수 있다는 점이다. 뒷맛이 들큼하지 않고 깔끔한 단맛이 느껴지기 때문이다. 그리고 살점도 푸짐해 웬만한 크기 한 마리만 낚아도 성찬이 차려진다. 어떤 다른 부재료와 섞어도 잘 어울려 누구나 솜씨를 뽐낼 수 있다. 회 · 무침 · 구이 · 숙회 · 튀김 등 다양한 요리로 낚시인들을 유혹하며 시즌이 끝남과 동시에 다음 시즌을 기다려지게 만드는 어종이다.

■생태와 습성, 서식 및 분포

무늬오징어는 한때 낚시인들 사이에 흰

오징어로도 불렸다. 그러나 표준명은 무늬오징어도 흰오징어도 아닌 '흰꼴뚜기'이다.

몸통에는 가로 줄무늬 또는 흰색의 작은 반점 무늬가 뚜렷하다. 서식 환경에 따라 체색을 이리저리 바꾸는 위장술로 먹잇감을 낚아채기도 하며 또 몸을 숨기기도 한다. 죽으면 몸 전체가 흰색으로 변하지만 살아있는 동안에도 화가 나거나 흥분하면 몸 색깔이 흰색으로 바뀌기도 한다.

이런 연유로 무늬오징어 또는 흰오징어란 이름으로 불리는데, 다른 오징어 종류에 비해 크기가 크고 연안 접근성이 강해 낚시 대상어로 특히 각광받는다. 몸통 주변을 감싸고 있는 날개는 여느 오징어들보다 크고 넓다. 이 넓은 날개를 이용해 전진과 후진, 상하 움직임을 자유자재로 할 수 있으며, 먹물과 물을 뿜어내는 누두(漏斗 – 수관)를 함께 이용해 엄청나게 빠른 속도로 물속을 유영할 수 있다.

조류의 부리를 닮은 이빨 조심

신체 구조는 몸통 · 머리 · 다리 등 크게 세 부분으로 나뉘는데, 몸통 둘레에는 커다란 지느러미가 달려 있다. 몸통 길이의 90% 이상에 달하는 크고

▼10개의 다리 중 촉완(觸腕)이라 불리는 두 개의 긴 다리로 에기를 붙든 무늬오징어(사진①). 좌우 한 쌍의 눈은 시(視)감각이 뛰어나고(사진②), 앵무새의 부리를 닮은 이빨은 매우 강해 물리면 피가 날 정도다(사진③).

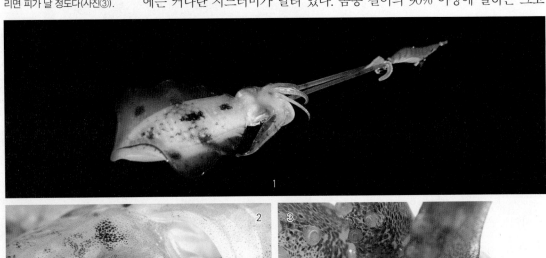

넓은 이 지느러미를 이용해 상당한 추진력을 낼 수 있기에 다른 두족류보다 좋은 손맛을 선사한다.

머리 좌우에는 포유류와 유사할 정도의 시(視)감각을 가진 눈이 한 쌍 있다. 색깔은 구분하지 못하지만 '선명한 정도'(彩度)를 구분하고, 편광렌즈를 낀 것과 같은 감각을 지녀 자외선이 강한 낮 시간에도 활발히 먹이활동을 할 수 있다.

조류의 부리를 닮은 무늬오징어의 입은 먹잇감을 두 동강 낼 만큼 매우 강력하다. 낚시인들 중 간혹 무늬오징어에 물려 피를 흘리기도 하는데, 씨알이 큰 놈일수록 그 힘이 강력하므로 함부로 입 쪽을 건드려선 안 된다.

총 10개의 다리 중 촉완(觸腕)이라 불리는 2개의 긴 다리는 먹잇감을 사냥할 때 사용하며 그 끝에는 크고 넓은 흡반(吸盤)이 있다. 나머지 네 쌍의 다리 중 수컷이 지닌 한 쌍은 정충낭(精蟲囊)으로, 정자를 암컷에게 전달하는 교접완(交接腕)의 역할을 한다.

하루에 자기 몸무게 30% 이상을 먹어대는 무늬오징어는 영양 상태에 따라 조금씩 다르지만 다 자라면 길이 50cm에 무게 3kg이 넘는 크기가 된다. 더 크게 자라는 놈도 있는 것으로 알려지는데, 이 정도 크기가 되면 부시리·방어 등 대형급 어종들과 한판 승부를 붙을 수 있을 만큼 강한 힘을 갖게 된다.

암수 구분은 몸통에 새겨진 무늬의 모양으로 알 수 있다. 암컷은 몸통에 불분명한 흰점이 여럿 있고, 수컷은 가로로 짧은 흰 줄이 있으며 몸집은 수컷이 크다. 죽으면 이들 무늬가 없어지면서 그냥 반투명한 흰색이 되므로 '흰꼴뚜기'라는 표준명이 붙여졌는데, 대부분 낚시인들은 살아 있을 때의 특징을 살려 그냥 '무늬오징어'라 부른다.

원래 따뜻한 수온을 좋아하는 '남방계 오징어'로서 우리나라는 한때 제주도에만 나타나는 종류로 인식했으나 남해와 동해는 물론 서해에서도 개체수가 늘어나는 등, 에깅 열기와 함께 전국구의 낚시 대상 종이 된 지도 오래다. 산란기는 개체마다 다르지만 주로 봄부터 여름 사이(3~6월)에 집중되며, 해조(海藻) 군락 특히 잘피가 무성하게 자라는 지역에 콩꼬투리처럼 생긴 알집을 붙인다. 알은 약 한 달 후에 부화하며 어미는 산란을 마치면 생을 마감하는 것으로 알려진다. 때문에 '몬스터'라고 불리는 3kg 이상의 대형은 수컷일 가능성이 크다.

- 표준명 : 흰꼴뚜기
- 속 명 : 무늬오징어, 흰오징어
- 학 명 : *Sepioteuthis lessoniana*
- 영 명 : Bigfin reef squid, Oval squid
- 일 명 : 아오리이카(アオリイカ)

무늬오징어 암컷(우)

무늬오징어 수컷(상)

▲무늬오징어의 암수는 몸통의 무늬로 구분할 수 있다. 암컷은 아주 작은 둥근 점이 박혀 있고, 수컷은 가로로 흰 줄이 새겨져 있다.

무늬오징어를 대형 수조에서 연구한 일본의 자료를 살펴보면 보다 상세한 생활사를 알 수 있다. 수컷의 경우는 1년 내내 번식 활동이 가능하며, 암컷은 주로 봄 또는 가을 한 차례 산란을 한다. 수컷은 짝짓기를 한 후 암컷을 떠나 또 다른 암컷을 찾으며, 암컷은 짝짓기가 끝나면 곧바로 산란에 들어간다. 짝짓기는 한 번에 3~4분 정도 계속되며 여러 번 반복되기도 한다.

알은 바닥에서 30~50cm 위에 낳는데, 완두콩 꼬투리처럼 생긴 포대마다엔 5개의 알이 들어 있다. 즉 알을 바로 낳는 것이 아니라 알집(알주머니)을 낳는 것이다. 암컷 한 마리가 낳는 알집 수는 약 1,000개로, 대략 5,000개의 알을 낳는 셈이다.

알을 낳는 데 걸리는 시간은 3~4시간이며, 이때 수컷은 암컷 주위에서 다른 수컷이나 물고기가 산란을 방해하지 못하도록 에스코트한다. 착상이 끝나면 수컷은 암컷을 떠나고, 암컷은 수컷을 따라가거나 아니면 산란장을 지킨 뒤 알이 암초 또는 해조류에 착상이 된 것을 확인한 후 죽는 것으로 보고돼 있다.

■무늬오징어낚시 시즌 전개

: 산란기 시즌　　: 대물 시즌　　: 일반 시즌

구분	1월	2월	3월	4월	5월	6월	7월	8월	9월	10월	11월	12월	비고
제주													
남해													
동해													
서해													

무늬오징어 시즌의 특징은 겨우내 쌓였던 눈이 녹아 바다로 흘러드는 시기와 산란을 마친 후 한두 달은 낚이지 않는다는 것이다. 주변 지역보다 수온이 낮은 곳은 그만큼 산란 시기가 늦어지고, 갓 부화한 무늬오징어 새끼들이 에기를 덮칠 수 있을 정도로 자라기까지는 낚이지 않기 때문이다. 이런 특징은 제주도와 동해 지역에서 뚜렷이 나타나며, 상대적으로 봄철 평균 수온이 높은 남해안의 각 섬과 포구는 연중 시즌 구분이 뚜렷하면서도 시

즌 동안엔 지역 편차 없이 고루 낚이는 편이다.

▶제주도 – 연중 낚시 가능한 에깅의 메카

우리나라 가장 남쪽에 위치한 제주도는 1년 내내 무늬오징어를 낚을 수 있는 유일한 장소이기에 '에깅의 메카'라고 불린다. 육지 쪽 시즌이 끝나는 12월 이후부터 제주도는 대형 무늬오징어를 낚을 수 있는 시기로, 이듬해 2월까지 대물 시즌이 이어진다.

한라산의 눈이 녹아내리는 3월 한 달은 연중 수온이 가장 낮을 때로, 남쪽 서귀포시 일부 지역을 제외하곤 무늬오징어가 잘 낚이지 않는다. 이후 산란철인 4~5월은 겨울 시즌과 함께 최고의 대물을 낚을 수 있는 기회로, 한림 앞바다 비양도가 대표적인 곳이다.

7~8월은 부화한 무늬오징어가 성장하는 시기로, 이때는 씨알이 잘아 제주 현지 낚시인들은 에깅을 거의 하지 않는다. 이후 9~11월은 당년생 무늬오징어가 500g~1.0kg 크기로 자라 씨알보다는 마릿수 재미의 낚시를 즐기게 된다.

시즌이 시작되는 봄철에는 북서쪽 애월·한림 지역의 조황이 우세하고, 여름과 가을에는 남쪽 서귀포 일대와 동쪽 성산포 일대 등 전역에서 고른 조황을 보인다. 수온이 낮아지는 늦가을~겨울에는 남쪽 서귀포 인근이 좀 더 나은 조황을 보인다.

- 표준명 : 흰꼴뚜기
- 속　명 : 무늬오징어, 흰오징어
- 학　명 : *Sepioteuthis lessoniana*
- 영　명 : Bigfin reef squid, Oval squid
- 일　명 : 아오리이카(アオリイカ)

▶남해안 – 5~6월 산란기, 9~10월 마릿수 조황

무늬오징어는 큰 무리가 일정 기간에 걸쳐 산란을 하지만 수온이 맞을 경우는 1년 중 언제라도 산란하는 것으로 알려진다. 남해안은 5~6월에 가장 많은 개체가 산란을 하며 이후 8~9월에도 산란을 하는 개체가 더러 있는 것으로 판단된다.

전남권 해역은 사리 물때가 되면 특히 물색이 혼탁해지는 탓인지 내만

▼산란을 끝낸 오징어는 대부분 1년간의 생을 마감하는데, 무늬오징어의 경우는 1년 반 이상 2년까지 생존하는 개체도 있는 것으로 알려진다.

권 섬들보다는 중거리 이상의 섬들에서 무늬오징어가 낚인다. 가까운 섬들 중에서도 금오도·안도·연도 등 비교적 물색이 맑은 지역에 개체수가 많은 편이고, 먼 바다 가거도·태도·만재도·여서도·거문도 등에서도 확인되지만 낚시인들의 선호도는 해상 교통편이 좋은 여서도와 거문도로 쏠리는 편이다. 시즌은 가을 한철로 국한되며 다른 시기에는 무늬오징어 에깅이 거의 이뤄지지 않는다.

전남 지역에 비해 경남 지역은 배를 타지 않고도 즐길 수 있는 연안 포인트가 많다는 것이 특징이다. 시즌 또한 전남 지역보다 긴 편이다. 먼저 5~6월 산란기 때 한 차례 씨알 재미를 누릴 수 있는데, 이 무렵 산란 시즌엔 해조류 중에서도 특히 잘피가 무성하게 자란 지역이 핵심 포인트가 된다.

장마철을 보낸 9~10월엔 씨알보다는 마릿수 조황을 선사해 에깅 초보자들이 특히 환호한다. 낚싯배를 탈 필요 없이 연안 방파제를 비롯한 인접 갯바위에서도 마릿수 재미를 누릴 수 있기 때문이다. 이때는 무늬오징어를 노리고 낚싯대를 흔드는 소리가 아침 일찍부터 시작된다. 따라서 이 무렵엔 낚시인들이 많이 몰리는 낮 시간보다 밤 시간을 이용하면 굵은 씨알을 낚을 확률이 높다. 이후 늦가을에 이르면 다시 한 번 씨알 위주의 갯바위낚시 또는 선상낚시가 이뤄진다.

▼주간 갯바위에서 올린 무늬오징어. 산란기는 지역마다 큰 차이를 보이지만 9~10월이면 전국 각지에서 마릿수 조황을 보인다.

무늬오징어

- ●표준명 : 흰꼴뚜기
- ●속 명 : 무늬오징어, 흰오징어
- ●학 명 : *Sepioteuthis lessoniana*
- ●영 명 : Bigfin reef squid, Oval squid
- ●일 명 : 아오리이카(アオリイカ)

▶동해안 – 무더위 한 풀 꺾이는 8월 말부터

봄철의 동해안은 냉수대의 영향을 받는 곳이 많은 탓에 다른 지역에 비해 산란기 시즌의 개념이 약한 편이다. 일부 구간에서만 산란기 무늬오징어 조황이 전해질 뿐, 여름 무더위가 한풀 꺾이는 8월 말경부터 시즌이 형성돼 11월까지 이어진다.

동해안 중에서도 남부권에 해당하는 부산~울산 지역의 무늬오징어 시즌은 남해안과 크게 다르지 않고, 포인트도 많이 개발된 상태다. 특히 부산권의 송도~영도, 해운대~송정 지역은 방파제와 주변 갯바위에서도 무늬오징어가 곧잘 낚인다. 낚싯배를 타고 진입해야 하는 나무섬 · 외섬 · 오륙도 등지도 시즌이 되면 많은 에깅 동호인들이 찾는 대표적인 동해남부권 낚시터로 각광 받는다.

울산~포항 지역은 동해안에서 가장 여건이 좋은 곳으로 많은 에깅 꾼들이 찾는다. 동해안 무늬오징어 시즌과 포인트는 이 구간에서 형성된다고 할 정도로 마릿수 조황도 좋은 편이다.

포항~울진 지역은 무늬오징어 최북단 구간이라고 할 수 있는데, 삼척 · 강릉 · 양양 · 속초 등지의 강원도 지역에서도 조황의 기복이 있을 뿐 개체수가 없는 건 아니다. 연중 수온이 가장 높은 7월부터 시즌이 열리는데, 본격 시즌은 9~11월 초순까지다. 전반적인 조황은 떨어지지만 일부 방파제와 갯바위에선 잠시잠깐 폭발적인 마릿수를 보이기도 하는데, 냉수대를 피한 무늬오징어가 일부 국한된 지역에 모여들면서 생기는 일시적 현상으로 생각된다. 이후 11월이 되면 수온이 낮아지면서 시즌이 마무리된다.

▶서해안 – 개체수 적고 지역도 제한

조수 간만의 차이가 심하고 물색이 탁한 데다, 바닥이 거의 펄이나 사니질로 이뤄진 서해에는 무늬오징어가 서식하지 않는 것으로 생각했었다. 그러던 서해에서 무늬오징어 조황이 전해진 것은 2007년경, 군산 비응항이 발원지였다. 이후 격포와 보령 지역에서도 이따금씩 무늬오징어 조황이 전해졌으나 지속적이지 못하고 그나마 낱마리 조황이었다. 이런 연유로 서해안 무늬오징어낚시는 무어라 단정할만한 자료가 부족한 편인데, 시즌만큼은 동해안과 유사한 것으로 보인다. 6~7월과 9~10월이다.

■에기(Egi)와 에깅(Eging)애 대한 이해

　에깅 장르를 대표하는 무늬오징어낚시를 이해하기 위해선 '에기'와 '에깅'이라는 두 가지 용어부터 이해하는 게 순서다. 우리말도 영어도 아닌 이두 가지 용어는 일본에서 만들어진 것으로, 오징어낚시에 사용되는 루어를 '에기'라 하고, 그 에기를 사용하는 낚시 행위를 일컬어 '에깅'이라 한다. 구체적으로 에기(餌木)는 일본 어부들이 예부터 오징어잡이에 사용해 온 어로도구의 하나로, 일본 발음의 에기를 영어 발음으로 표기한 것이 Egi(에기)이고, 여기에 행위를 뜻하는 접미사 ing를 붙인 것이 Eging(에깅)이다. 그야말로 일본식, 갖다 붙이기식의 영어다.

　초창기의 에기는 물고기 모양이 주류를 이루었지만 차츰 현재와 같은 새우와 물고기 중간 형태를 띤 모양으로 변하게 되었다. 소재 또한 쉽게 구할수 있는 나무에서 대량 생산이 용이한 플라스틱으로 바뀌었고, 색상도 나무를 불로 그을린 검은색 한 종류에서 수십 수백 가지의 다양한 색상으로 진화되었다.

▶에기의 구조와 기능 – 오징어 습성 고루 반영

　에기는 '머리' '몸통' '바늘' 등 크게 세 곳으로 구분된다. 그리고 또 머리부분에는 라인아이 · 눈 · 싱커 등이 포함되고, 몸통 부분은 가슴지느러미와에기를 감싸고 있는 천으로 구분된다.

●라인아이(Line eye · 고리) : 낚싯줄로 에기를 연결하는 부위, 즉 '맬고

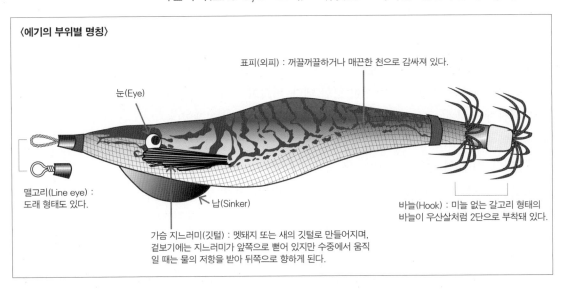

〈에기의 부위별 명칭〉

표피(외피) : 꺼끌꺼끌하거나 매끈한 천으로 감싸져 있다.

눈(Eye)

맬고리(Line eye) : 도래 형태도 있다.

납(Sinker)

가슴 지느러미(깃털) : 멧돼지 또는 새의 깃털로 만들어지며, 겉보기에는 지느러미가 앞쪽으로 뻗어 있지만 수중에서 움직일 때는 물의 저항을 받아 뒤쪽으로 향하게 된다.

바늘(Hook) : 미늘 없는 갈고리 형태의 바늘이 우산살처럼 2단으로 부착돼 있다.

리'이다. 스테인리스(Stainless) 소재의 철심으로 된 것과 강도가 좋은 '실'로 만들어진 것이 있다. 어느 것이 더 좋다고 말하기 힘들다. 철심으로 된 것은 낚시인이 원하는 액션을 연출하기에 좋고, 실로 된 것은 매듭이 직접 바닥에 닿지 않아 매듭 보호에 효과적이다.

금속으로 된 라인아이는 또 가로와 세로 모양이 있다. 가로 모양은 에기를 좌우로 움직이는 데 효과적이며, 세로 모양은 상하로 움직이는 데 효과적이다.

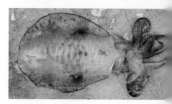

● 표준명 : 흰꼴뚜기
● 속　명 : 무늬오징어, 흰오징어
● 학　명 : *Sepioteuthis lessoniana*
● 영　명 : Bigfin reef squid, Oval squid
● 일　명 : 아오리이카(アオリイカ)

● 눈(Eye) : 무늬오징어의 먹이가 되는 물고기의 눈을 형상화한 것으로 색상과 크기, 야광의 유무 등 다양한 형태로 표현된다. 그저 모양내기에 불과한 것으로 생각하기 쉽지만 실제 에깅에 있어 에기의 눈은 매우 중요하다. 에기에 눈이 붙어있을 때는 모른다. 하지만 눈이 떨어져 나간 에기에는 무늬오징어가 거의 반응을 하지 않는다.

낮에는 검정색 계열, 야간 또는 수심 깊은 곳 등지에서는 붉은색, 수심이 얕은 곳에선 파란색 또는 녹색 눈이 조금 더 효과적인 것으로 알려진다.

● 싱커(Sinker) : 에기의 머리 아랫부분에 위치한 매우 중요한 금속이다. 싱커는 에기의 무게를 결정할 뿐만 아니라 여러 가지 기능을 담당한다. 크게 네 가지다.

①에기를 멀리 던질 수 있도록 돕는다. ②날아갈 때나 물속에 가라앉을 때 좌우로 흔들리는 것을 방지한다. ③물속으로 갈라 앉을 때 45도 각도를 유지시킨다. ④바닥에 닿았을 때 제대로 서 있도록 중심을 잡아준다.

싱커는 제조사에 따라 모양·크기·무게가 매우 다양하지만 기능은 모두 같다. 낚시인이 직접 모양을 바꾸거나 무게를 줄일 수 있도록 즉, 튜닝(tunning)해서 사용하기 쉽도록 싱커에 기능을 추가한 제품도 있다. 하지만 되도록이면 튜닝은 삼가는 것이 좋다. 한 번 잘라낸 싱커는 복원이 불가능하기 때문이다.

● 가슴지느러미(깃털) : 멧돼지 털과 새 깃털 등으로 만들어지며 에기가 가라앉을 때 좌우 균형을 잡아주는 중요한 역할을 한다. 이 가슴지느러미의 또 다른 기능에 대해서는 의견이 양분된다.

무늬오징어가 에기의 몸통을 건드릴 때 실제 물고기의 가슴지느러미와 같은 촉감을 느껴 거부감 없이 에기를 감싸게 된다는 의견이 있다. 또 다른 견해는 무늬오징어가 에기의 몸통을 감쌀 때 가슴지느러미에 거부감을 느껴 아래쪽에 있는 바늘 부분을 감싸게 된다는 것이다. 어느 쪽 생각이 옳은지 알 수는 없지만 에기의 가슴지느러미는 분명 존재 가치가 큰 것임에는 틀림없다.

가슴지느러미가 양쪽 모두 떨어졌거나 한 쪽만 떨어져 양쪽의 균형이 맞지 않을 경우는 무늬오징어의 입질이 잘 닿지 않는다. 수선을 해서 사용하거나 에기의 액션을 달리 구사해야 한다.

●천(Dress · 표피) : 에기의 몸통을 감싸고 있는 다양한 색상의 천은 무늬오징어가 실제로 에기를 건드릴 때 두 개의 긴 촉완(觸腕)을 통해서 먹잇감이라고 느끼는 부분이기에 매우 중요하다. 천은 속지와 외피 두 부분으로 나뉜다. 속지 없이 몸통 바깥 부분만 천으로 감싼 제품도 있지만 대부분의 에기는 반짝이는 속지와 다양한 컬러가 돋보이는 외피 부분으로 나뉜다.

모든 두족류가 마찬가지지만 특히나 무늬오징어는 반짝이는 물체에 반응이 빠른 것으로 알려진다. 이처럼 에기를 반짝일 수 있게 만드는 것이 외피며, 그 특색을 더욱 극대화시켜주는 것이 속지라 할 수 있다.

속지는 직접적으로 무늬오징어가 만지는 부분은 아니지만 시각적으로 강하게 어필할 수 있도록 도와준다. 대표적으로 무지개색(마블 · 홀로그램) · 붉은색 · 은색 · 금색 등이 주로 사용된다.

최종적으로 에기의 컬러를 결정짓는 외피는 제조사에 따라 실로 다양하다. 현재는 대량 생산을 위해 기계를 사용하기도 하지만 전통을 잇고 있는

▼새우처럼 생긴 에기를 먹잇감인 줄 알고 덥석 끌어안은 무늬오징어가 수중 카메라에 포착되었다. 돌이킬 수 없는 상황, 수면에 오르면 분노의 먹물을 쏘아댈 것이다.

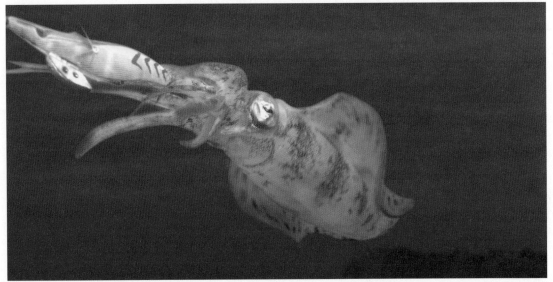

개인 공방(工房) 등에서는 아직도 하나하나 일일이 수작업으로 에기에게 외피를 입히고 있다. 외피에 관해서는 에기의 색상 부분에서 자세히 설명하기로 한다.

●바늘(Hook) : 입질한 무늬오징어를 잡아내는 최종 병기인 만큼 매우 중요한 장치다. 에기의 눈과 몸통의 화려한 색상에 현혹된 무늬오징어가 에기를 덮치고 결국은 바늘에 걸려들게 되기 때문이다. 이처럼 바늘은 무늬오징어를 잡아내는 기능과 함께, 바닥에 걸렸을 때 걸린 바늘 부분이 펴짐으로써 에기의 손실을 방지하는 기능도 발휘해야 한다. 따라서 바늘이 무조건 강하다고 해서 좋은 건 아니다. 그렇다고 너무 쉽게 휘어져서도 안 된다. 대형 무늬오징어는 끌어당기는 힘이 매우 강하다. 그 힘을 견딜 수 있을 정도의 강도는 지녀야 한다.

바닥에 걸린 다음이거나 기타 어떤 이유로든 바늘이 휜 상태에서 낚시를 계속해서는 안 된다. 그때그때 살펴보아 바늘이 휜 경우는 제대로 모양을 잡아주어야 헛챔질을 방지하고 지속적인 입질도 유도할 수 있다.

에기의 바늘은 챔질을 쉽게 하고, 걸려든 오징어가 쉽게 빠져나가지 못하게 2단으로 구성된다. 1단의 바늘 수는 12~14개로, 그 모양 역시 제조사마다 조금씩 다르다. 크게 나누어 각진 형과 둥근 형 두 가지로 구분된다. 둥근 형보다는 각진 형이 챔질 뒤 잘 빠지지 않는다.

바늘의 소재는 바닷물에도 녹이 잘 쓸지 않는 스테인리스가 주로 사용되지만 더욱 강도를 높이기 위해 합금을 사용하기도 한다.

▶에기의 크기와 무게 - 2.5~4.5호, 11~30g 범주

에기의 크기는 2호, 3호, 4호처럼 호수로 부른다. 이것은 에기의 무게를 일컫는 것이 아니고 길이를 나타내는 치수를 뜻한다. 예를 들어 3호는 3치(寸)를 뜻하는 것으로, 1치(寸)는 약 3cm(정확히는 3.0303cm)이므로 약 9cm에 해당하는 것이다. 무늬오징어 에깅에 사용하는 에기의 크기는 2.5호, 3.0호, 3.5호, 4.0호, 4.5호까지로 이를 cm 단위의 길이로 환산하면 각각 약 7.5, 9, 10.5, 12, 13.5cm가 된다. 물론 더 작은 2.0호를 사용하거나 매우 큰 5.0호를 사용하는 낚시인도 있지만 대부분 특별한 경우에 한한 것이다.

길이와 달리 에기의 무게는 호수와의 환산이 일치하지 않는다 해도 상관관계는 있다. 제조회사마다 약간의 차이는 있어도 대개 2.5호는 11~12g,

무늬오징어

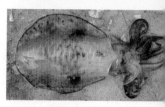

●표준명 : 흰꼴뚜기
●속　명 : 무늬오징어, 흰오징어
●학　명 : *Sepioteuthis lessoniana*
●영　명 : Bigfin reef squid, Oval squid
●일　명 : 아오리이카(アオリイカ)

3.0호는 15g 내외, 3.5호는 19~20g, 4.0호는 23~26g, 4.5호는 28~30g을 이룬다. 크고 무거운 에기는 갯바위나 방파제에서 사용되는 원거리 캐스팅 용도가 아닌, 발 아래로 내리는 선상 에깅에 주로 사용된다. 같은 크기(길이)라 할지라도 메이커에 따라 무게가 달라지는데, 기능적으로 같은 크기지만 무게를 줄이거나 더 무거운 제품도 있다.

조류가 빠르고 수심이 깊은 곳일수록 작고 무거운 에기를 사용하고, 반대로 조류가 느리고 수심이 얕은 곳일수록 크고 가벼운 에기를 사용한다.

▶에기의 색상 - 날씨, 시간대, 물색 따라 선택

에기는 굉장히 다양한 색상으로 낚시인들을 유혹한다. 전체 색상뿐만 아니라 몸통 부분이 야광이 되는 것도 있고 건전지로 불이 켜지는 종류도 있다. 그러나 공통적인 요소도 있다.

외피 색상은 빨강(레드), 주황(오렌지), 파랑(블루), 녹색(그린, 올리브) 등 4가지 색상이 기본이다. 빨강과 주황은 어필 계열, 파랑과 녹색은 내추럴 계열의 색상이라고 한다. 이처럼 에기의 색상은 이 네 가지를 바탕으로 해서 비슷한 색상의 외피가 만들어진다.

색상을 선택할 때 자칫 빠뜨리기 쉬운 것이 속지의 색상이다. 특히 무늬오징어 에깅의 경우 등 쪽 색상도 중요하지만 속지 역시 조과에 상당한 영향을 미친다. 일반적으로 속지의 색깔은 금색, 무지개(대리석)색, 은색 등의 순으로 조황이 좋은 것으로 알려지지만 반드시 일치하지는 않는다. 그리고 외피가 같은 색상일지라도 빛을 받으면 반짝이는 것과 반짝이지 않는 것이 있다. 두 가지 모두 효과적이지만 한 가지만을 선택한다면 반짝반짝 빛이 나는 것을 선택하는 것이 좋다.

▼통영 연화도 동남쪽, 네바위 인근 해상에서 세찬 조류를 감안한 무거운 에기로 성과를 거둔 유강수 씨.

무늬오징어

- 표준명 : 흰꼴뚜기
- 속　명 : 무늬오징어, 흰오징어
- 학　명 : *Sepioteuthis lessoniana*
- 영　명 : Bigfin reef squid, Oval squid
- 일　명 : 아오리이카(アオリイカ)

실제로 현장에서 사용을 해보면 새벽 여명이 밝아 올 때와 석양이 질 때는 파랑과 녹색, 일몰 직후는 빨강, 야간에는 주황색에 잘 낚인다. 햇빛이 강한 낮 시간에는 내추럴 계열, 햇빛이 약한 때는 어필 계열이 잘 먹힌다는 것이다. 달이 밝은 날은 빨강, 달이 없거나 물색이 탁할 때는 주황이 효과적이다. 이 빨강과 주황의 경우, 빨강의 채도가 낮아 조금 어둡게 느껴질 때는 주황색을 선택해도 된다.

물색이 탁하거나 야간이라고 해서 굳이 야광이 되는 에기를 사용할 필요는 없다. 야광 에기보다는 에기의 색상을 자주 바꾸는 것이 보다 효과적이다. 또한 낮낚시 중 물색이 맑을 경우는 파랑, 흐리거나 물색이 조금 탁하다고 판단되면 녹색을 선택한다. 하지만 낮낚시 도중 물색이 탁할 경우는 의외로 주황색에 입질이 집중될 때도 있다.

결론적으로 무늬오징어낚시엔 다양한 크기와 다양한 색상의 에기를 준비하는 것이 좋다. 이를 바탕으로 많이 보고, 많이 묻고, 많이 비교해 보는 것이 무늬오징어 에깅의 묘미를 터득하고 조과를 드높이는 과정이기 때문이다. 아래 〈도표〉에 나타낸 에기의 색상별 효과는 필자의 오랜 경험에 의한 분석으로, 다소 주관적일 수도 있겠으나 참고할 가치는 높을 것으로 기대한다.

〈에기의 색상별 효과〉
*숫자가 높을수록 반응도가 높음.

구 분	빨강(외), 무지개색(내)	주황(외), 금색(내)	파랑(외), 은색(내)	녹색(외피), 빨강(내피)
날씨 맑음	1	1	2	3
날씨 흐림	2	3	1	1
물색 맑음	1	1	2	3
물색 탁함	2	3	1	1
일출 전후	2	2	1	1
일몰 전후	2	2	1	2
낮 시간	1	1	2	3
밤 시간	2	3	1	1
산 란 기	2	2	3	3

▶에기의 모양 – 모양 따라 고유 액션 수반

일부 낚시인들 중에는 에기의 색상은 아주 신중하게 생각하면서 그 모양은 대수롭잖게 여긴다. 에기의 모양은 물속에서 에기가 어떻게 움직이며,

또 무늬오징어를 어떤 모습으로 유혹하는가와 관련이 있는 부분이다. 크기나 색상만큼이나 중요하다고 할 수 있다.

에기의 모양은 크게 일반형(Standard) · 상부팽창형 · 슬림형(Slim) · 점핑형(Jumping)으로 구분할 수 있다.

● 일반형 : 에기의 네 가지 형태 중 가장 많이 사용되는 새우 모양으로, 일본 Y사와 D-Y사의 제품들이 이 형태에 속한다. 머리 부분이 좁고 몸통의 허리 부분이 적당히 둥근 것이 특징이다. 이 형태의 에기들은 전형적으로 저킹(Jerking) 액션을 잘 연출한다. 즉 1단, 2단, 다단의 저킹 동작인 상하 움직임에 좋은 반응을 보인다. 무늬오징어의 활성도가 낮거나 물색이 탁할 경우 등 여러 가지 악조건에서도 좋은 조과를 올릴 수 있는 에기들이다.

● 상부팽창형 : 일본 K사의 에기가 대표적이다. 에기 몸통의 상단이 넓고 평평해 입수가 느리며, 다팅(Darting)에 좋은 움직임을 나타낸다. 빠른 다팅보다는 느린 다팅의 움직임이 특히 좋다. 저킹을 할 경우는 하이피치(High pitch) 동작보다는 쇼트피치(Shot pitch)로 손목만을 이용한 빠르고 짧은 동작에 좋은 움직임을 보인다. 무늬오징어의 활성도가 좋아 바닥권보다는 중층 이상에서 움직일 때, 즉 여름과 가을 시즌 때 수심 얕은 곳을 공략하기 좋은 형태다.

● 슬림형 : 일본 T사의 제품이 대표적이다. 상하보다는 측면으로 저항을 많

▼크기와 색상 못지않게 무늬오징어의 호기심을 자극하는 에기의 여러 가지 형태. 일반형과 슬림형, 상부 팽창형과 점핑형으로 나뉜다.

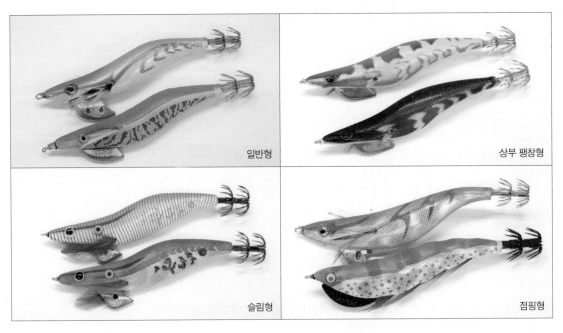

일반형

상부 팽창형

슬림형

점핑형

이 받게 만들어진 형태로 저킹보다는 다팅 액션을 잘 연출한다. 모양이 세로로 홀쭉해 침강속도가 다른 형태에 비해 조금 빠른 편으로, 무늬오징어의 활성도가 좋은 여름~가을 시즌에 효과적이다. 수심 얕은 곳이나 중층 또는 수면 근처의 무늬오징어를 노릴 때도 아주 효과적이다. 머리와 몸통이 좁아서 강한 저킹을 하게 되면 각도가 조금 벗어나기도 하므로 저킹을 할 때는 부드럽고 짧게 하는 것이 좋다.

●점핑형 : 에기의 꼬리 부분을 매우 가늘게 만들어 같은 힘으로 저킹을 하더라도 조금 더 높이 솟아오를 수 있도록 한 기능성 에기다. 일본 Y사와 D-Y사의 제품이 대표적인 형태다. 근년 유행하는 슬랙저킹(Slack jerking - 느슨해진 원줄에 텐션을 걸지 않은 상태에서 낚싯대를 든 한 손만으로 가볍게 위로 쳐 올려주는 동작)을 구사하기에 좋은데, 슬랙저킹을 할 때는 한 번보다는 두세 번 연결해서 이어주는 동작을 취하는 것이 좋다.

에기의 이동 거리가 짧기 때문에 다른 형태보다 더욱 자주 바닥층을 노릴 수 있다. 따라서 바람 또는 저수온 등으로 인해 무늬오징어의 활성도가 매우 떨어졌을 때 사용하면 효과적이다.

●표준명 : 흰꼴뚜기
●속 명 : 무늬오징어, 흰오징어
●학 명 : *Sepioteuthis lessoniana*
●영 명 : Bigfin reef squid, Oval squid
●일 명 : 아오리이카(アオリイカ)

■무늬오징어 에깅의 액션

무늬오징어 에깅에는 여러 가지 액션이 구사된다. 아마도 무늬오징어가 바닥에서부터 상층까지 다양한 수심층에서 활동하기 때문일 것이다. 가장 많이 사용되는 방법은 아래의 4가지 방법이다. 한 가지만을 반복하기 보다

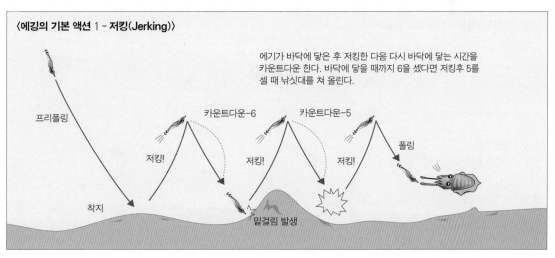

〈에깅의 기본 액션 1 - 저킹(Jerking)〉

에기가 바닥에 닿은 후 저킹한 다음 다시 바닥에 닿는 시간을 카운트다운 한다. 바닥에 닿을 때까지 6을 셌다면 저킹후 5를 셀 때 낚싯대를 쳐 올린다.

프리폴링
저킹!
카운트다운-6
저킹!
카운트다운-5
저킹!
폴링
착지
밑걸림 발생

는 다양한 액션을 혼합하는 것이 효과적이다.

▶**저킹(Jerking)** – 에기가 상하로 껑충껑충 뛰게 하는 액션

상하로 루어를 움직이는 행동이다. 큰 움직임을 원할 때 사용한다.

●하이피치 롱저킹(High pitch Long jerking) : 일반적으로 2단 저킹이니 3단 저킹이니 하는 말은 강하게 낚싯대를 상하로 움직이는 '하이피치'를 뜻한다. 한두 번의 짧은 하이피치 저킹을 한 후, 마지막 저킹에서 강하고 크게 움직여 주는 방식이다. 무늬오징어의 활성도가 낮거나 긴 거리를 탐색할 때 사용하면 효과적이다. 단점은 체력 소모가 크다는 점이다.

●쇼트저킹(Shot jerking) : 짧고 강한 저킹을 반복하는 것이다. 체력 소모가 적으며 짧은 거리를 탐색하거나 중층~하층을 노릴 때 효과적이다. 이 동작을 부여하면 에기가 물속에서 껑충껑충 뛰는 형상을 연출한다.

▶**다팅(Darting)** – 좌우로 움직이게 하는 액션

●사이드 다팅(Side darting) : 낚싯대를 들고 있는 손의 반대쪽 9~11시 방향으로 낚싯대를 눕혀서 움직이는 동작이다. 상층~중층의 무늬오징어에게 반응이 좋다. 포인트에 도착해 처음으로 시도하는 액션으로 수면 가까이에서 쉬고 있거나 먹이활동을 하고 있을 무늬오징어를 겨냥하는 것이다.

●언더 다팅(Under darting) : 낚싯대를 수직 아래로 짧고 강하게 움직이면서 액션을 부여하는 방식이다. 그러나 이 동작은 너무 빨리하면 액션이 나빠진다. 낚싯대를 천천히 움직이면 확실히 '갈 지(之)'자를 그리며 움직

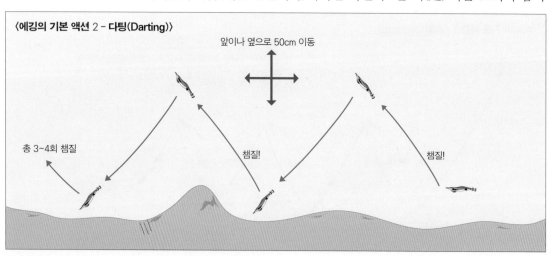

〈에깅의 기본 액션 2 - 다팅(Darting)〉

앞이나 옆으로 50cm 이동

총 3~4회 챔질

챔질!

챔질!

이는 에기를 볼 수 있다. 무늬오징어의 반응이 매우 좋은 액션 방법이다.

■무늬오징어 에깅 장비 및 소품

즐겁고도 효과적인 무늬오징어 에깅을 위해서는 꼭 필요한 장비와 소품이 뒷받침되어야 한다. 그러나 사전 지식과 정보 없이 제품을 구입하다 보면 나중에 후회할 일이 생긴다. 브랜드, 가격, 주위 시선 등 여러 요인으로 인해 필요 이상의 물품을 구입하게 되는가 하면, 정작 필요한 것을 빠트리는 오류를 범하기도 한다. 무엇보다 자신에게 맞는 장비와 소도구들을 사용해야 한다.

▶낚싯대(Rod) - 8~9피트, ML 또는 M 액션

에깅에 사용되는 낚싯대의 길이는 8.0~9.0피트(약 2.4~2.70m)를 기준으로 하되 8피트 내외가 대중적이다. 강도는 미디엄라이트(Midium light · ML) 또는 미디엄(Midium · M) 제품이 가장 인기다.

저킹 동작을 주로 하는 에깅에서는 낚싯대의 길이를 자신의 키와 맞추지 않으면 저킹 때 낚싯대 끝이 바닥에 부딪치는 사고가 발생하기도 한다. 키 170cm 미만인 경우는 8~8.3피트(약 2.4~2.5m), 170~180cm 키에는 8.6~9.0피트(약 2.6cm) 내외의 길이가 적합하다. 하지만 에기의 비거리를 늘리거나 숙련도에 따라서는 조금 긴 길이의 낚싯대를 사용해도 된다.

휨새는 너무 낭창거리는 것보다 뻣뻣하다고 느껴질 정도의 것이 좋다. 값싼 에깅 낚싯대일수록 너무 낭창거리는 경향이 많은데, 초보자들에게는 절대 피해야 할 특징이다. 낚싯대가 낭창거리면 비거리가 많이 나오고 손맛도 좋을 것으로 생각하기 쉬운데, 실제로는 캐스팅 비거리도 떨어지고 챔질과 마무리 동작을 할 때 놓쳐버리는 경우가 잦다. 따라서 저가 제품일수록 조금 뻣뻣한 휨새를 선택해야 한다.

낚싯대의 무게가 가벼우면 피로도 덜 느끼고, 에기의 움직임을 효과적으로 연출하는 데도 편리하다. 때문인지 최근에는 가벼운 에깅 전용대가 각광을 받고 있다. 하지만 낚싯대의 무게는 여러 선택 사항 중 일부분에 지나지 않는다. 너무 가벼운 낚싯대는 행여 부러지지 않을까, 오히려 주인을 불안하게 만드는 요인이 되기도 한다.

▶릴(Reel) - 샐로우 타입의 소형 스피닝 릴

1.0호 PE 합사 원줄이 120m 정도 감기는 2000~3000번 크기의 스피닝 릴을 사용한다. 에기를 좀 더 멀리 던지기 위해서는 스풀의 깊이가 얕은 샐로우 타입(shallow type)이 효과적이다.

에기를 멀리 던질 수 있도록 도와주는 샐로우 스풀과 적당한 힘의 드랙 파워는 보다 손쉽게 에깅을 즐기도록 도와준다. 하지만 초보자의 경우 굳이 에깅 전용 릴을 사용하지 않아도 된다. 기존에 사용하던 2000~3000번 크기의 스피닝 릴이 있다면 크게 불편 없이 사용할 수 있다. 이제 막 입문을 결정한 경우에는 핸들 부분에 볼베어링이 들어 있는 중저가의 릴을 권한다. 핸들 부분이 부드럽지 못하면 낚시 자체가 힘들어지기 때문이다.

간혹 볼락 루어낚시에 적합한 1000번 크기의 릴을 사용하는 이들도 있는데, 1000번 크기의 소형 릴은 권사량(스풀에 감기는 원줄의 양)이 너무 적고 스풀의 크기도 너무 작은 탓에 에기의 비거리가 떨어진다. 또한 흘림낚시에 주로 사용하는 레버 브레이크(Lever brake) 방식의 LB릴을 에깅에 사용하는 사례도 목격하게 되는데, 이 경우는 원줄이 브레이크 레버에 걸려 매우 불편하다는 점 일러둔다.

▼무늬오징어낚시에 필요한 장비 및 소품들. 낚싯대와 릴은 물론 각종 에기와 낚싯줄, 가프 또는 뜰채, 태클박스와 스냅도래, 편광안경과 장갑 등, 하나같이 요긴하게 사용된다.

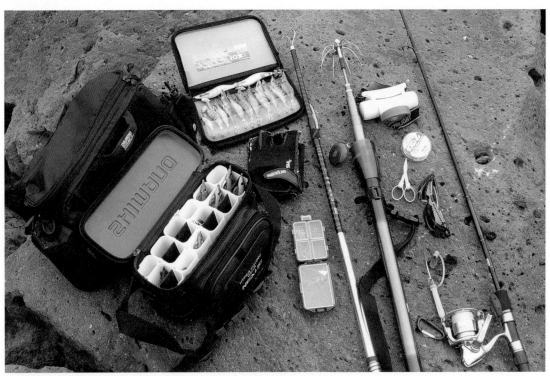

●표준명 : 흰꼴뚜기
●속　명 : 무늬오징어, 흰오징어
●학　명 : *Sepioteuthis lessoniana*
●영　명 : Bigfin reef squid, Oval squid
●일　명 : 아오리이카(アオリイカ)

▶**낚싯줄(Line)** – PE 0.6~1.2호 원줄, 카본 2~3호 쇼크 리더

　원줄과 목줄로 나눌 수 있다. 카본이나 나일론사를 원줄로 사용할 경우는 목줄이 따로 필요 없다. 하지만 원줄이 PE 합사인 경우는 순간 강도가 약한 PE의 단점을 보완하기 위해 충격을 완화 시키는 용도의 쇼크 리더(Shock leader)를 따로 사용하는 것이 원칙이다.

●**원줄(Main line)** : 0.6~1.2호 PE 합사를 사용하거나 2.5~3.5호 플로로카본 또는 나일론사를 사용할 수도 있다. 베테랑의 경우는 무늬오징어의 입질을 쉽게 알아차려 카본 또는 나일론 원줄을 사용해도 무관하지만 초보자일수록 감도가 뛰어난 PE 합사를 사용하는 것이 좋다. 합사는 카본이나 나일론에 비해 강도가 뛰어날 뿐만 아니라 인장력(늘어나는 성질)이 적어 대상어의 입질을 파악할 수 있는 '감도 전달'이 뛰어나기 때문이다. 카본 또는 나일론사에 비해 가격이 비싸다는 점이 부담 될 수도 있겠지만 고급 카본에 비해 오히려 가격이 싼 합사 제품도 있다는 점 참고할 일이다.

●**쇼크 리더(Shock leader)** : 앞서 설명한 바대로 PE 합사를 원줄로 사용할 경우, 순간적인 충격과 수중 암초의 쓸림에 약한 합사의 단점을 보완하기 위한 것이다. 투명도가 높고 결절 강도가 좋은 카본사를 사용하며 2.0~3.0호까지가 쓰인다.

　나일론사를 생각할 수도 있겠지만 나일론사는 신장률(낚싯줄이 늘어지는 정도)이 높아 에기를 움직일 때 많이 늘어지는 폐단이 따른다. 이에 에기의 움직임이 낚시인이 원하는 대로 잘 연출되지 않을 뿐만 아니라, 강도가 약해 자주 교체해야 하는 불편도 따른다.

　쇼크 리더의 길이는 최소 1m에서 3m 정도로 한다. 너무 짧으면 원줄이 에기를 띄워 올려 에기의 입수 동작에 나쁜 영향을 미친다.

▶**기타 소품** – 가프 또는 뜰채 필수

●**스냅도래** : 에기의 빠른 교환과 매듭의 강도를 높이기 위해서 사용하는 소품이다. 고리 부분이 둥근 모양인 루어낚시용 도래를 사용한다. 간단하면서 크기에 비해 강도가 높기 때문이다. 볼베어링이 장착된 도래를 사용하기도 하지만 실제로 조과에는 큰 차이가 없다. 일반 낚시에 사용되는 고리도래의 경우는 강도가 약하다. 또한 고리 부분이 꺾여 있어서 에기의 움직임을 방해한다.

●아이프로텍터(Eye protector) : 에깅은 바닥층 공략이 잦은 낚시다. 때문에 낚싯줄에 상처도 많이 생긴다. 아이프로텍터는 에기 라인아이(Line eye)의 매듭을 보호하는 소품으로 고무 또는 실리콘 재질로 되어 있다.

●가프(Gaff) 또는 뜰채(Landing net) : 챔질이 된 무늬오징어는 바닷물을 몸속에 담고서 끌려나온다. 따라서 낚시 자리가 높을 경우는 바닷물까지 더해진 무늬오징어의 무게로 인해 에기로부터 떨어져 나가기도 한다. 안전하게 랜딩 시키기 위해서는 반드시 가프 또는 뜰채가 필요하다.

뜰채로 랜딩을 시킬 경우는 뜰채 그물에 먹물이 묻기 쉽다. 하지만 가프로 무늬오징어 몸통을 찍어 올리면 먹물이 전부 몸 밖으로 빠져 나간다. 때문에 뜰채보다 깔끔하게 마무리를 할 수 있다.

그러나 가프의 경우는 가격이 만만치 않다. 에깅 입문자들의 경우는 저렴한 가격의 뜰채를 사용하거나 교환식 가프를 구입하는 것도 좋은 방법이다.

●피 빼기 도구 : 무늬오징어·갑오징어 등의 두족류는 완전히 죽기 전까지 먹물을 계속 만들어낸다. 살린 채로 아이스박스에 보관할 경우, 내부가 먹물로 엉망이 되기 십상이다. 신선도 유지와 함께 장비를 깨끗하게 유지하기 위해서라도 잡자마자 피를 뽑아주는 것이 좋다. 비싼 제품이 아니기에 구입해 두면 여러모로 유용하다.

●편광안경 : 편광안경을 착용하면 눈부심이 없고 수중 환경도 살필 수 있다. 수면에 반사되는 햇빛의 눈부심을 방지하고 불필요한 장애물을 피하며 포인트를 제대로 공략하기 위해서 편광안경은 매우 유용하다. 또한 에기를 따라오는 수중 무늬오징어를 육안으로 확인할 수도 있다.

●에기 보관 가방 : 에기에는 많은 바늘이 촘촘히 박혀 있다. 잘못 다루면 손을 다치기 쉬워 반드시 전용 보관 가방이 필요하다. 어깨에 메거나 손에 들고 다닐 수 있는 등 여러 가지 모양과 크기의 가방이 판매되고 있다.

▼발판이 높은 갯바위에서 특히 큰 씨알을 걸었을 때일수록 랜딩 도구가 필요하다. 뜰채도 무방하지만 가프를 지참하는 것이 여러모로 편리하다.

무늬오징어 갯바위낚시

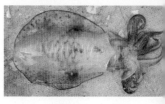

● 표준명 : 흰꼴뚜기
● 속　명 : 무늬오징어, 흰오징어
● 학　명 : *Sepioteuthis lessoniana*
● 영　명 : Bigfin reef squid, Oval squid
● 일　명 : 아오리이카(アオリイカ)

　무늬오징어는 바닥이 모래나 펄이 아닌 암반이나 자갈 또는 수중여가 많은 곳이면 어디서든 산란하고 먹이활동을 한다. 시즌 중에는 어느 곳에서건 무늬오징어를 낚을 수 있다는 말이다. 이에 무늬오징어 에깅 낚시터는 갯바위·방파제·선상 등 크게 세 곳으로 나눌 수 있다. 장소가 달라진다고 해서 낚시 방법이 완전히 달라지지는 않지만 각각의 특징은 있게 마련이다.

　먼저 갯바위 에깅의 경우, 육지에서 도보 진입을 하지 않고 낚싯배로 찾게 될 경우는 주변 포인트 이동 범위가 넓은 지역을 선택하는 것이 좋다. 물때의 영향을 많이 받는 갯바위 에깅의 특성상 날물이나 들물에 따라 입질이 닿는 지역이 달라질 수 있기 때문이다. 수중여·홈통·콧부리 등 다양한 지형적 특성을 지닌 곳이 가장 좋겠지만 조류의 흐름이 좋은 곳이라면 웬만큼 무늬오징어를 낚을 수 있다.

　무늬오징어는 조류를 타고 이동을 하지만 조류가 너무 빠른 곳에서는 낚시가 힘들어진다. 때문에 조류의 흐름이 느린 조금 전후의 물때에는 콧부리 지역, 조류가 빠르게 흐르는 사리 물때 전후에는 홈통 지역이 좋다.

▶기본 장비 및 소품 – 8피트 내외의 낚싯대, 소형 스피닝 릴

　여럿이 동시에 한 곳을 노릴 경우에는 긴 낚싯대를 사용해 멀리 던지는 것이 유리하지만 갯바위에선 한두 명 정도가 고작이다. 8.0피트(2.4m) 내외의 길이면 충분하다. 원줄과 목줄(쇼크 리더)은 방파제에서 낚시를 할 때보다 한 단계 강한 것을 사용한다. 원줄은 PE 0.8~1.2호, 쇼크 리더는 카본 2~3호면 충분하다. 그 외의 장비 및 소품은 방파제낚시와 동일하다.

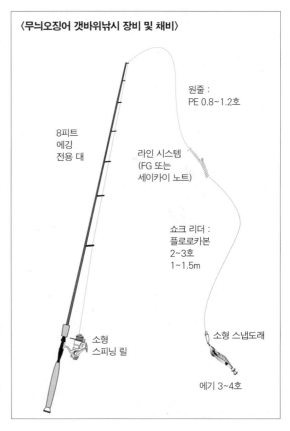

〈무늬오징어 갯바위낚시 장비 및 채비〉

8피트
에깅
전용 대

소형
스피닝 릴

원줄 :
PE 0.8~1.2호

라인 시스템
(FG 또는
세이카이 노트)

쇼크 리더 :
플로로카본
2~3호
1~1.5m

소형 스냅도래

에기 3~4호

▶갯바위낚시용 에기 – 시즌과 씨알 따라 색상, 크기 선택

갯바위낚시는 항상 조류가 있으며 불규칙한 수심과 수중여·바람 등 여러 가지 요인을 극복할 수 있는 에기를 지참해야 한다. 또한 바닥 걸림으로 인한 채비 손실도 있기에 여분도 충분해야 한다. 산란철 대형급을 노릴 때는 천천히 가라앉는 내추럴 색상의 3.0~3.5호, 여름 시즌의 잔 씨알을 노릴 때는 2.5~3.0호 어필 색상, 가을 본 시즌에는 3.0~4.5호가 효과적이다.

갯바위 에깅은 또 움직이는 조류와의 싸움이기도 하다. 조류가 빠른 곳에서 가벼운 에기를 사용하면 바닥 공략이 힘들어 무늬오징어를 제대로 낚아낼 수 없다. 조류의 흐름이 약한 방파제보다 조금 무거운 에기를 준비한다.

산란기가 아닌 시즌에도 좀 더 큰 씨알을 낚고자 한다면 에기 역시 큰 것을 사용한다. 가을 시즌에는 당일의 일기 상태와 물색·바람·조류에 따라서 잘 먹히는 에기가 달라진다. 에기 크기·무게·색상 등에 변화를 주면서 낚시를 해야 한다.

▼콧부리 지형 좌우에 홈통이 형성돼 있고 해조류까지 자라는 곳이면 무늬오징어 포인트로 안성맞춤이다. 사진은 경북 영덕군 남정면 원척리 해변이다.

▶갯바위 에깅 포인트 – 수중여 또는 해조류 형성된 곳

❶주변 해역에 비해 조금이라도 수온이 높은 곳이 좋다!

무늬오징어는 수온에 매우 민감하므로 미미하나마 수온이 높게 형성되

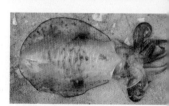

는 섬을 우선해 포인트를 정하도록 한다. 후반기 시즌으로 갈수록 수온이 조금이라도 높은 곳에 무리지어 모여 있을 가능성이 높다.

❷5~7m 전후의 수심이 안정권이다!

여름~가을에는 2~3m권, 심지어는 1m에서도 에기를 '쭉쭉~' 가져갈 만큼 입질이 시원스럽고 빈도도 잦다. 하지만 너무 수심이 얕으면 잔 씨알의 성화가 심하다. 5~7m 수심대를 노리는 것이 좋다.

수온이 떨어지는 늦가을에는 7~10m로 조금 더 깊은 수심대가 유리하다. 단, 수심이 깊어지면 에기가 바닥에 닿을 때까지 시간이 오래 걸린다. 이럴 때 같은 크기라도 무게가 무거운 에기를 사용하는 것이 좋다.

❸수중여가 없어도 해조류가 자라는 곳이면 OK!

바닥이 밋밋하더라도 미역·다시마 등 잎이 넓은 해조류가 자라는 곳도 좋은 포인트가 된다. 이런 곳은 무늬오징어의 먹잇감인 작은 물고기와 갑각류 등이 많이 모이기 때문인데, 잎이 넓은 해조류는 무늬오징어가 자신의 모습을 숨기기에도 적당하다.

●표준명 : 흰꼴뚜기
●속 명 : 무늬오징어, 흰오징어
●학 명 : *Sepioteuthis lessoniana*
●영 명 : Bigfin reef squid, Oval squid
●일 명 : 아오리이카(アオリイカ)

▶**갯바위 에깅 이렇게!** – 가벼운 저킹과 다팅이 기본

방파제에서의 낚시에 익숙해진 이들은 갯바위낚시를 부담스러워 한다. 갯바위 주변은 방파제보다 바닥 지형이 험해 밑걸림도 심하고 채비 손실도 많기 때문이다.

게다가 '에깅은 반드시 에기가 바닥을 찍은 뒤에 저킹을 해야 한다'는 고정관념도 부담의 요인으로 작용한다. 하지만 입질을 받기 위해 필요한 것은 에기의 자연스러운 움직임과 정확한 폴링 액션이 중요할 뿐, 에기가 바닥을 얼마나 자주 찍느냐가 아니라는 점을 알아야 한다.

❶에기가 반드시 바닥을 찍어야 할 필요는 없다!

무늬오징어 에깅을 하는 데 있어 바닥이 험한 곳에서는 저킹(Jerking) 뒤 매번 반드시 바닥을 찍을 필요는 없다. 포인트 여건이 좋은 만큼 무늬오징어들의 먹잇감(에기)에 대한 경쟁심이 높아 쉽게 따라와서 에기를 덮치기 때문이다. 최초의 캐스팅 때에만 바닥을 찍고 그 뒤에는 에기의 폴링(Falling) 시간을 계산한 뒤 가벼운 저킹(Jerking)이나 다팅(Darting – 거의 좌우 수평으로 빠르게 움직이게 하는 액션) 동작으로 유혹해도 충분히 입질을 받을 수 있다.

❷바람을 옆으로 받기보다는 정면이나 후면으로 받는 곳!

채비의 비거리와 감도 그리고 강도를 높이기 위해 무늬오징어낚시의 원줄은 거의 대부분 PE 합사를 사용한다. 그러나 많은 장점을 가진 합사의 가장 큰 단점은 가볍다는 것이다. 즉 바람에 매우 취약하다. 이왕 바람을 맞으며 에깅을 해야 할 경우라면 옆 방향보다는 정면 또는 등 뒤에서 부는 쪽을 포인트로 삼는 게 좋다. 캐스팅 이후 수면에 늘어진 라인을 정렬하기 쉽기 때문이다.

또한 바람이 심한 경우는 상하로 크게 흔드는 저킹 기법보다는 릴을 감으면서 낚싯대를 상하로 짧게 끊는 동작이나 좌우로 흔드는 다팅 기법을 구사하는 것이 원줄 정렬하기에도 좋다.

❸콧부리보다 조류 흐름이 좋은 홈통 좌우측이 포인트!

수온 저하와 함께 무늬오징어들은 무리를 지어 이동하며 서식여건이 좋은 곳에 모여 있는 습성이 있다.

▼통영시 노대도 동쪽 비상도 '잔디밭 자리' 포인트에서 8월 한여름 무늬오징어를 낚아 든 창원 낚시인 정오영 씨.

항상 새로운 조류가 흐르는 콧부리 지역보다는 새 물이 들어왔다가 머물고 흘러 나가는 큰 홈통 또는 조류 흐름이 완만한 작은 홈통 등에 무늬오징어가 무리를 지어 모여 있을 가능성이 높다. 장시간 에깅을 해야 할 상황이라면 작은 홈통보다는 큰 홈통에 내려 입구부터 안쪽 깊은 곳까지 두루 탐색하는 것이 좋다.

❹다양한 크기의 에기를 준비한다!

8~9월 초반 시즌에는 잔챙이와 중치급 씨알이 섞여 낚인다. 잔 씨알은 3.0호 이상 크기의 에기에는 반응이 없거나 거의 거들떠보지도 않는 경우가 있다. 이럴 땐 어쩔 수 없이 2.0 또는 2.5호 등 아주 작은 크기의 에기를 사용해야 한다. 드물게 사용되긴 해도 갯바위 출조 땐 이 같은 소형 에기를 두서너 개 정도 준비해 다니는 게 좋다.

무늬오징어 방파제낚시

무늬오징어

방파제는 접근성이 좋고 대부분 보안등 불빛이 있어 밤낚시를 하기도 편하다. 무늬오징어 조황이 확인된 방파제는 곧 시즌이 되면 많은 에깅 낚시인들로 붐비게 된다. 낮 시간에는 테트라포드 또는 수중여에서 몸을 숨기고 있던 무늬오징어가 밤이 되면 먹이활동을 위해 방파제 가장자리로 접근한다. 때문에 방파제에서는 낮 시간보다 야간에 무늬오징어가 낚일 확률이 높으며 씨알도 굵은 편이다.

- ●표준명 : 흰꼴뚜기
- ●속　명 : 무늬오징어, 흰오징어
- ●학　명 : *Sepioteuthis lessoniana*
- ●영　명 : Bigfin reef squid, Oval squid
- ●일　명 : 아오리이카(アオリイカ)

▶기본 장비 및 소품 – 꾼들 붐빌 땐 나만의 개성 연출

많은 낚시인이 붐비는 방파제에서는 채비를 누가 멀리 던지느냐가 입질 받을 확률을 높이는 최대 관건이다. 장비 역시 최대한 멀리 던질 수 있도록 낚싯대는 8~9피트(2.4~2.7m)로 조금 긴 것을 사용한다. 같은 조건이라면 원줄이 가늘수록 채비의 비거리가 증가한다. 0.6~0.8호 합사면 적당하다. 방파제는 또 갯바위에 비해 물 밑 바닥이나 포인트 주변 여건이 단순하며 거칠지 않다. 따라서 쇼크 리더는 카본 1.7~2.5호로 갯바위보다 가늘게 사용한다.

●방파제낚시용 에기 : 초반 시즌이나 산란철에는 방파제 내항 쪽이 포인트가 되고, 가을 시즌에는 조류 흐름이 좋고 수심도 깊은 외항 쪽을 주로 노린다. 수심이 얕은 내항 쪽을 노릴 경우는 2.5~3.0호의 가벼운 에기를 사용하고, 본격 시즌에는 비거리 경쟁을 하는 탓에 조금 무거운 에기를 사용하거나 싱커 부분에 실납을 감는 튜닝(Tuning)을 하기도 한다.

조황이 좋은 방파제는 아침·저녁으로 많은 낚시인들이 붐비고, 이로 인해 무늬오징어는 비

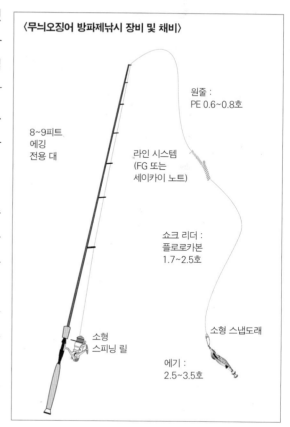

〈무늬오징어 방파제낚시 장비 및 채비〉

원줄 :
PE 0.6~0.8호

8~9피트
에깅
전용 대

라인 시스템
(FG 또는
세이카이 노트)

쇼크 리더 :
플로로카본
1.7~2.5호

소형
스피닝 릴

소형 스냅도래

에기 :
2.5~3.5호

슷한 색상과 크기의 에기에 '학습(Learning)'을 하게 된다. 또한 후킹이나 랜딩 도중 뿜어대는 먹물에도 많은 스트레스를 받게 된다. 입질이 약아지는 원인이 되는 것이다. 채비를 건드리기만 하고 후킹이 되지 않을 경우는 평소 잘 사용하지 않는 색상이나 크기의 에기를 사용하는 것도 요령이다.

●소품 및 복장 : 방파제일수록 가프 또는 뜰채가 필요하다. 석축으로 된 방파제는 아래까지 내려가서 무늬오징어를 들어 올릴 수 있지만 테트라포드가 피복된 곳에선 가프나 뜰채를 사용하는 것이 안전하다. 또한 물기가 있는 테트라포드는 갯바위보다 더 미끄럽다. 안전을 위해 접지력이 좋은 논슬립화를 착용해야 한다.

자리가 편하고 주변 수심이 얕은 탓에 구명조끼를 입지 않는 낚시인이 많지만 방파제에서도 만약의 경우를 대비해 반드시 구명조끼를 착용할 것을 권한다.

▶방파제 에깅 포인트 – 산란기 때는 내항 해조류 지대

❶방파제 내항은 외항 쪽에 비해 조류의 흐름이 약하고 수심도 얕은 편으로 해조류의 성장에 좋은 여건이다. 이런 까닭에 산란기 무늬오징어낚시는 주로 방파제 내항 쪽에서 이뤄지는데, 해조류를 비롯한 상판이나 구조물 등 은신처가 될 만한 주변도 포인트이다.

무늬오징어는 밤이 되면 얕은 수심에서 먹이활동을 하므로 가을 시즌이라 할지라도 밤낚시는 내항 쪽을 탐색해 볼 필요가 있고, 바람이 강하거나 파도가 높은 날에도 내항 쪽에서 낮낚시의 입질이 집중될 때가 많다.

❷방파제 외항은 정온(靜穩)을 이루는 내항과는 다른 여건이다. 대형 방파제일수록 조류도 빠르고 수심도 깊은 편이다. 이런 곳은 수심이 깊은 끝 지점보다는 7m 내외의 수심을 형성하는 입구~중간 부분이 유리하다. 중소형 크기의 방파제라면 중간~끝 부분의 외항 방향이 포인트이다.

❸방파제 끝 부분도 무시해선 안 될 포인트이다. 소형 방파제는 그 구분이 모호하지만 중형 이상의 규모라면 끝 부분도 좋은 포인트가 된다. 방파제 전역에서 조류가 가장 센 곳이자 수심도 가장 깊은 곳에 해당하는 끝자락 주변에는 각종 구조물들이 깔려 있을 가능성이 많기 때문이다. 이런 구조물들이 무늬오징어의 은신처가 되는 것이다.

단, 조류가 빠르고 수심이 깊으며 바람의 영향도 많이 받는 탓에 낚시하기는 불편하다. 하지만 씨알 좋은 무늬오징어를 낚고자 한다면 반드시 노려 봐야 할 곳이다.

▶방파제 에깅 이렇게! – 때론 테트라포드 주변도

방파제에서의 무늬오징어낚시는 채비를 얼마나 멀리 던지느냐, 예민한 상태의 무늬오징어를 어떻게 꼬드겨 내느냐가 관건이다. 채비를 멀리 던지기 위해서는 길이가 긴 낚싯대와 가는 원줄을 사용하는 한편, 버트 캐스팅 (Butt casting) 요령을 익히면 더욱 좋다.

❶채비는 멀리 그리고 철저히 바닥 공략

방파제는 갯바위에 비해 상대적으로 많은 낚시인이 찾고 소란스런 분위기다. 가장자리보다는 먼 거리에 포인트가 형성될 가능성이 높다. 또한 수면에 많은 에기가 떨어지면 수면 가까이 부상해 있던 무늬오징어들이 시간이 흐를수록 스트레스로 인해 바닥으로 가라앉는다. 따라서 시간이 지날수록 바닥층을 철저히 공략하는 것이 유리하다. 낚시를 처음 시작할 때는 하이피치 롱저킹(High pitch Long jerking)으로 유혹한 뒤 차츰차츰 쇼트저킹

● 표준명 : 흰꼴뚜기
● 속　명 : 무늬오징어, 흰오징어
● 학　명 : *Sepioteuthis lessoniana*
● 영　명 : Bigfin reef squid, Oval squid
● 일　명 : 아오리이카(アオリイカ)

▼방파제 테트라포드 부근에 모자반 같은 해조류가 분포돼 있으면 무늬오징어가 어슬렁거릴 확률이 높다.

(Short jerking)으로 바닥을 노리는 것이 좋다.

❷상층~중층, 잦은 다트 액션으로 시각 자극!

스트레스를 받은 무늬오징어는 에기를 보더라도 곧장 반응을 하지 않고 주위를 맴돌거나 촉완으로 쥐었다 놓았다 하며 건드리는 행동만 반복한다. 이때는 저킹(Jerking)보다는 좌우로 움직이는 빠른 다트 액션으로 무늬오징어의 공격 본능을 자극할 필요가 있다. 시원스럽던 입질이 갑자기 약아진다면 중층이나 수면에서 에기를 빠르게 움직여 보는 것도 좋은 방법이다.

❸테트라포드 또는 석축 바로 앞이 포인트!

방파제에선 대부분 정면을 향해서 채비를 던진다. 그러나 중형 이상 규모의 방파제는 내항이든 외항이든 가장자리 쪽도 좋은 포인트가 된다. 좌우 측면으로 채비를 던져도 의외의 조과를 얻을 수 있다. 단, 바닥걸림이 심하기 때문에 채비를 바닥까지 내려서는 안 된다. 중층에 숨어있는 무늬오징어를 꼬드겨 낸다는 느낌으로 낚시를 한다.

버트 캐스팅(Butt casting)을 익히자

버트(Butt)는 낚싯대의 손잡이 부분을 뜻한다. 버트 캐스팅은 낚싯대의 손잡이 부분을 잡고 낚싯대가 지닌 허리힘을 최대한 이용해서 루어를 멀리 던지는 방법이다. 초릿대 가까운 위치에 루어를 늘어뜨려 던지는 일반적인 캐스팅에 비해 훨씬 비거리를 늘릴 수 있어 에깅에 많이 활용되는 기법이기도 하다. 방법은 다음과 같다.

①한 손은 릴과 낚싯대를 함께 쥔다.
②다른 한 손은 낚싯대 손잡이의 끝 부분을 잡는다.
③일반 캐스팅을 할 때와는 달리 리더라인(낚싯대 초리 끝에서 루어까지의 목줄)을 1~1.5m 정도로 길게 유지한다. 주변 여건만 허락된다면 낚싯대 길이만큼 늘어뜨려도 된다.
④낚싯대를 좌우 한 방향에서 약 30도 각도를 유지하며 최대한의 힘으로 던진다. 이때 낚싯대의 탄성이 충분히 루어의 무게를 느낄 수 있도록 해야 한다.
※버트 캐스팅은 처음엔 좀 불편하지만 몸에 익히면 힘을 적게 들이면서도 채비를 멀리 던질 수 있는 방법이다.
※낚싯대를 휘두를 때 루어의 회전 반경이 커 주변 장애물에 걸릴 위험이 있다. 사전 확인 후 행해야 한다.

무늬오징어 선상낚시(1)

무늬오징어

●표준명 : 흰꼴뚜기
●속 명 : 무늬오징어, 흰오징어
●학 명 : Sepioteuthis lessoniana
●영 명 : Bigfin reef squid, Oval squid
●일 명 : 아오리이카(アオリイカ)

씨알과 마릿수 모두를 만족시킬 수 있는 선상 에깅은 근년 들어 동호인 숫자가 증가 일로 추세다. 해마다 줄어드는 무늬오징어 자원과 갯바위·방파제의 한정된 포인트를 벗어나고자 하는 낚시인이 많기 때문이다. 하지만 선상 에깅을 하더라도 확실히 마릿수가 많다거나 씨알이 굵은 것만은 아니다. 시기와 물때·채비·포인트 등을 잘 맞춰야만 제대로 손맛을 볼 수 있다.

선상 에깅은 또 두 가지 형태로 나뉜다. 낚싯배 위에서 갯바위 또는 방파제를 향해 채비를 던지는 일반적인 에깅 방식과, 보다 깊은 수심층에 무거운 에기를 흘려보내는 팁런(Tip run) 에깅 방식이 그것이다. 먼저 기본적인 선상 에깅부터 소개하기로 한다.

▶**기본 장비 및 소품** – 튜닝용 싱커 크게 유용

방파제·갯바위에 비해 선상 에깅은 포인트 접근성이 좋으며 다른 낚시인의 손을 덜 탄 곳에서 낚시가 가능하다는 것이 장점이다. 포인트 가까이에서 낚시를 할 수 있으며 조류가 흘러가는 방향으로 낚시를 하기에 채비를 애써 멀리 던질 필요가 없다. 따라서 낚싯대의 길이는 7.0~8.0피트(2.1~2.4m)면 충분하다.

선상 에깅은 또 갯바위나 방파제 등 주로 수심 얕은 지형지물 쪽으로 채비를 던진 뒤 낚싯배가 위치해 있는 수심 깊은 곳으로 채비를 거둬들이면서 낚시를 하기에 채비의 바닥 걸림이 적다. 따라서 원줄은 0.4~0.8호 합사로 가늘게 사용한다. 목줄(쇼크 리더) 역시 카본 1.7~2.5호로 조류의 세기와 당일 선보이는 무늬오징어의 평균 씨알에 맞춰 폭넓게 사용하면 된다.

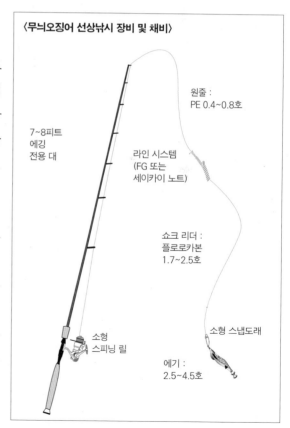

〈무늬오징어 선상낚시 장비 및 채비〉

원줄 :
PE 0.4~0.8호

7~8피트
에깅
전용 대

라인 시스템
(FG 또는
세이카이 노트)

쇼크 리더 :
플로로카본
1.7~2.5호

소형
스피닝 릴

소형 스냅도래

에기 :
2.5~4.5호

●선상낚시용 에기 : 갯바위나 방파제에서 사용하는 에기와 크게 다르지 않다. 다만 여러 수심층을 노릴 수 있는 조금 더 무거운 에기를 추가로 준비하는 것이 좋다.

선상 에깅은 에기 크기를 따질 필요는 없다. 2.5~4.5호까지 다양한 크기를 준비하되 3.5호 기준의 20~25g 무게가 가장 유용하다. 선상에서 큰 에기를 사용하면 실제로 에기를 덮치기 보다는 서너 마리씩 에기를 따라오며 관심을 보이는 경우가 많다. 큰 에기로 집어를 시킨 뒤 작은 에기로 입질을 받아내는 요령도 필요하다.

●선상낚시용 에기 : ❶튜닝용 싱커가 준비돼야 한다. 선상 에깅은 육지를 향해 채비를 던질 땐 수심이 얕아지지만 반대쪽으로 채비를 던지면 수심이 깊어진다. 다양한 수심을 노리기 위해 에기 무게를 가감할 수 있는 실납 또는 고리형 싱커를 준비하는 것이 좋다. 3~7g 교체형 싱커면 된다.

❷신발은 펠트화 또는 가벼운 등산화가 좋다. 선상낚시를 하면서 갯바위 전용 스파이크 신발을 착용하는 이들이 있는데 이는 절대 금기사항이다. 스파이크 신발은 선상에서 오히려 더 미끄러울 뿐만 아니라 철판 바닥에 닿아 달그락거리는 소리가 대상어의 경계심을 불러일으킬 수 있기 때문이다. 물기 있는 바닥이나 철판에서 잘 미끄러지지 않는 펠트화나 미끄러짐 방지 기능이 있는 등산화 또는 운동화를 착용하는 것이 좋다.

▶**선상 에깅 포인트** – 다양한 포인트 정밀 공략 유리

❶해조류가 많이 자라는 곳!

해조류가 잘 자라는 곳은 조류의 흐름이 좋고 다른 곳보다 먹잇감이 풍부하다. 갯바위나 방파제에서 이런 해조류 포인트를 겨냥할 땐 채비 걸림이 심해 낚시하기가 까다롭지만, 낚싯배 위에선 해조류 밀생 지역의 가장자리를 보다 정확히 노릴 수 있어 낚시가 한결 편하다. 이른 봄과 가을 산란철에는 씨알 좋은 무늬오징어가 잘 낚이고, 나머지 시즌에도 500g 전후의 잔 씨알들이 많이 몰려든다.

❷콧부리 자갈밭, 수중여 지역!

대부분 자갈밭과 수중여는 갯바위 홈통 안쪽에 많이 형성되어 있다. 이런 곳은 갓 부화한 무늬오징어의 육아실이지 사냥터는 아니다. 씨알이 작아서 에기에 덤벼들지도 못하는 놈들이 대부분이다. 하지만 크고 작은 자갈이 많

이 깔려 있는 콧부리 지역은 조류가 빠르게 흐르고 먹잇감이 풍부해 씨알 좋은 무늬오징어가 잘 낚일 뿐만 아니라 마릿수도 좋은 A급 포인트이다.

❸어초 또는 수중여가 많은 곳!

갯바위 또는 방파제로부터 7m 안팎 거리에 어초나 수중여가 형성돼 있다면 최상의 포인트가 된다. 하지만 이런 곳이라도 낮 시간이나 너울 또는 바람이 심한 날씨 등 여건이 나쁠 경우는 무늬오징어가 수심 깊은 지역으로 이동해서 먹이활동을 한다. 이럴 땐 15m 정도 벗어난 지점을 노리는 것이 좋다. 무늬오징어가 월동을 위해 수심 깊은 곳으로 이동하는 11월에 접어들면 포인트 범위 또한 25~30m 거리의 깊은 곳으로 이동되기도 한다.

●표준명 : 흰꼴뚜기
●속　명 : 무늬오징어, 흰오징어
●학　명 : *Sepioteuthis lessoniana*
●영　명 : Bigfin reef squid, Oval squid
●일　명 : 아오리이카(アオリイカ)

▶**선상 에깅 이렇게! - 빠른 조류대 탐색에도 유리**

❶조류가 완만한 수중여 지역을 공략한다!

앞서도 언급했지만 조류의 흐름이 약한 홈통이나 콧부리 지역은 씨알이 잔 것이 흠이다. 씨알 좋은 무늬오징어는 조류가 어느 정도 흐르는 곳에서 잘 낚인다.

갯바위나 방파제에선 채비를 보낼 수 있는 거리의 한계가 있지만 선상

▼밤낚시를 앞두고 해질 무렵 현장에 도착해 갯바위 주변을 노리고 있는 낚시인들. 갯바위·방파제와는 달리 선상낚시는 채비를 멀리 흘릴 수 있다는 것이 장점이다.

에깅은 100m 이상 멀리 흘릴 수도 있다. 3.5호 기준으로 25g 이상 무게의 선상 전용 에기는 침강속도가 빨라서 조류가 빠르더라도 발아래부터 멀리까지 탐색이 가능하다. 20g 내외의 일반 3.5호 에기는 완만한 조류의 10m 내외 수심 지역이 주요 타깃이다. 침강속도가 느린 일반 에기를 사용할 때는 채비를 조류의 위쪽 방향으로 최대한 캐스팅한 뒤 바닥에 걸리지 않도록 원줄을 사리면서 입질을 유도해야 한다. 채비가 바닥에 닿으면 팽팽하던 원줄이 갑자기 느슨해지므로 이때 원줄을 조금 감은 뒤 저킹을 시도하면 된다.

❷수온에 따른 회유층 파악이 우선!

조류가 어느 정도 빠른 곳에선 에기를 빨리 가라앉히기 위해 실납을 감거나 싱커를 추가하기도 한다. 이 경우 무게가 더해진 에기가 바닥을 쉽게 찍을 순 있겠지만 만약 무늬오징어가 중층에서 먹이활동을 할 경우는 그 의도가 빗나가게 마련이다.

수온 때문에 이런 현상이 생기는데, 무늬오징어를 포함 모든 두족류들은 수온 변화에 민감하다. 갑자기 수온이 낮아져 바닥이 아닌 중층 또는 상층에서만 먹이활동을 할 수도 있는 것이다. 때문에 입질이 뜸해지거나 수온이 낮은 포인트로 이동했을 경우는 다양한 수심대를 노려 입질이 어느 층에서 닿는지부터 알아야 한다. 무조건 바닥층만 노려선 안 된다는 뜻이다.

❸채비는 최대한 가늘고 가볍게!

기본적으로 선상 에깅은 포인트 가까이에 배를 대고 하는 낚시다. 따라서 채비를 보다 가늘고 가볍게 사용할 수 있는 것이다. 가늘고 가벼운 채비는 조류와 바람의 영향도 적게 받으며, 무거운 채비에 비해 시원스런 입질을 받을 수 있다.

❹조류 빠른 곳에선 에기를 똑바로 세워라!

조류가 빠른 곳에서는 채비를 던진 뒤 에기가 낚시인과 일직선이 되도록 에기의 머리를 돌려야 한다. 조류의 방향과 에기가 일직선이 되어야 한다는 뜻이다. 에기가 옆으로 조류를 받으면 폴링(Falling) 각도가 제대로 이뤄지지 않아 입질을 받기가 힘들다. 조류가 좌우로 빠르게 흐를 때는 낚시인의 몸과 낚싯대를 에기가 흘러가는 방향으로 틀어줘야 한다.

선상 에깅(2) – 팁런(Tip run) 에깅

● 표준명 : 흰꼴뚜기
● 속　명 : 무늬오징어, 흰오징어
● 학　명 : *Sepioteuthis lessoniana*
● 영　명 : Bigfin reef squid, Oval squid
● 일　명 : 아오리이카(アオリイカ)

　'팁런 에깅'은 채비를 멀리 던지지 않고 조류의 흐름에 에기를 맡겨 흘려 보내는 것으로, 보다 깊은 수심과 폭넓은 범위를 탐색할 수 있는 낚시다. 낚 싯배 위에서 주로 갯바위나 방파제 쪽을 향해 채비를 던지는 일반 선상 에 깅에 비해 다소 무거운 에기를 사용할 뿐, 힘 들여 멀리 캐스팅을 하거나 강한 액션을 취할 필요가 없다. 근년 들어 가장 각광 받는 에깅 장르로, 팁 (Tip) 부분이 한층 부드러워진 전용 낚싯대로 무늬오징어의 예민한 입질을 보다 쉽게 간파할 수 있는 데다, 낚시 과정 또한 훨씬 간단하다는 점도 인기 요인 중의 하나다.

　장비·채비·포인트·낚시방법 등 접근 방식이 매우 다르다. 기존의 선 상 에깅은 4~5월 산란철에 시작해 11월이면 시즌이 마감된다. 하지만 팁런 에깅은 3월부터 12월까지 낚시가 가능하다.

　빠른 조류와 깊은 수심은 일반적인 에깅을 힘 들게 하지만 팁런 에깅은 굵은 씨알의 무늬오징 어가 자주 낚여 충분한 보상이 된다. 무거운 에 기를 사용하지만 낚싯대가 짧고 가벼우며, 전체 채비도 매우 가볍다. 낚시로 인한 피로도 또한 의외로 적은 편이다.

▶**기본 장비 및 소품** – 팁런 전용 대에 2500~ 3000번 스피닝 릴

　기존의 에깅 낚싯대는 미디엄라이트 또는 미 디엄 강도로 팁(Tip) 부분이 조금 부드러운 정도 다. 이에 비해 팁런 전용 낚싯대는 전체적인 강 도가 보다 부드러운 라이트급이면서 팁 부분도 울트라 라이트(Ultra light)급이다. 팁런 전용 낚 싯대를 구비하지 못한 경우, 볼락 루어 대를 사 용해도 되는 이유이기도 하다.

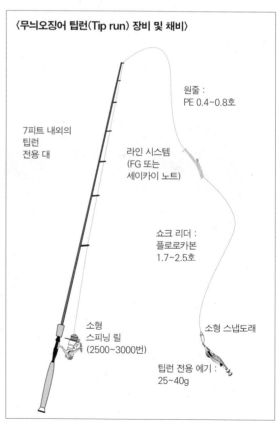

〈무늬오징어 팁런(Tip run) 장비 및 채비〉

원줄 :
PE 0.4~0.8호

7피트 내외의
팁런
전용 대

라인 시스템
(FG 또는
세이카이 노트)

쇼크 리더 :
플로로카본
1.7~2.5호

소형
스피닝 릴
(2500~3000번)

소형 스냅도래

팁런 전용 에기 :
25~40g

전용 낚싯대의 길이는 7피트(2.1m) 내외다. 채비를 멀리 던지는 낚시가 아니라 뱃전에서 조류 흐름에 맞춰 흘려보내는 낚시이기 때문에 낚싯대가 굳이 길 필요가 없는 것이다.

릴은 기존 에깅 전용 스피닝 릴이면 된다. 단, 일반 스피닝 릴의 경우는 2000번보다는 2500~3000번 크기가 좋다. 무거운 에기를 멀리 흘려보내는 낚시 방법인 만큼 릴의 내구성이 좋으며 원줄 길이도 넉넉하게 감기는 것이 유리하다. 조류의 영향을 많이 받는 만큼 원줄은 PE 0.4~0.8호로 가늘게 사용한다. 목줄(쇼크 리더)은 카본 1.7~2.5호면 적당하다.

▶팁런용 에기 – 구조와 무게, 기능이 다른 팁런 전용 에기

일반 에기는 길이에 따라서 무게가 달라진다. 팁런 용도의 에기는 대부분 3.5호 크기(길이)를 사용하되 무게는 25~60g까지 약 5g 단위로 나뉜다. 이에 일반 에기를 3.0호, 3.5호 등 길이 단위로 부르는 데 비해, 팁런 에기는 30g, 35g 등 무게 단위로 불린다.

팁런 에기는 또 머리 부분 전체가 금속으로 이뤄져 있고, 낚싯줄을 매다

▼추가 싱커(Sinker)를 단 붉은 색 에기로 하얀 줄무늬가 선명한 수컷 무늬오징어를 낚아 든 낚시인.

는 라인아이가 에기의 등 부분에 있는 것이 큰 특징이다. 머리 부분이 무겁더라도 원줄에 텐션이 걸리기 때문에 채비를 흘리면 40~45도 가량의 입수 각도가 생긴다. 그래도 입질 받는 데는 무리가 없다. 단, 조류의 흐름이 약한 곳에서 지나치게 무거운 에기를 사용하면 바닥 걸림만 생길 뿐 입질을 받기는 어렵다. 수심과 조류 강약에 맞는 무게의 에기를 사용해야 한다.

무거운 에기를 수심 깊은 곳에서 저킹(Jerking)하기란 매우 어렵다. 따라서 팁런 에깅은 저킹보다는 짧은 다팅(Darting) 액션을 주로 부여한다. 바닥 부분을 주로 노릴 수 있는 액션 방법으로, 서너 번 다팅을 한 뒤에는 원줄을 풀어 바닥을 찍고 다시 다팅을 반복하면 된다. 상하 액션이 아니라 좌우 액션이 중요한데, 이런 까닭에 팁런 에기의 아이라인이 등 쪽에 있는 것이다.

무늬오징어

●표준명 : 흰꼴뚜기
●속 명 : 무늬오징어, 흰오징어
●학 명 : *Sepioteuthis lessoniana*
●영 명 : Bigfin reef squid, Oval squid
●일 명 : 아오리이카(ｱｵﾘｲｶ)

▶팁런 에깅용 소품 – 일반 에기 사용 시 추가 싱커 필요

❶별도의 싱커가 필요하다!

팁런 에깅에 사용되는 25~60g의 무거운 에기가 준비된 상태라면 별 문제가 없지만, 그렇지 못한 경우는 20g 전후 무게의 일반 에기에 별도의 싱커를 덧달아야 한다. 전용 낚싯대로 팁런을 즐겨 하는 이들은 25~35g의 에기를 가장 많이 사용하되, 에기가 더 무거울 필요가 있는 곳에서는 역시 별도의 싱커를 덧단다.

원칙적으로 에기의 무게가 달라지면 낚싯대의 강도도 달라야 한다. 이에 팁런 전용 낚싯대는 에기의 무게에 따른 다양한 스펙으로 구분, 출시되고 있다.

❷바닥 수심 표시용 마커 또는 릴 스토퍼 활용이 필요하다!

팁런 에깅은 15m 수심을 시작으로 30m 이상의 깊은 수심대를 노리는 낚시 방법이다. 조류가 빠를 때는 의미가 없지만 조류가 적당히 흐를 때는 바닥까지의 수심을 원줄에 표시해 두면 매우 유용하다. 릴 찌낚시용 '찌 매듭사'를 이용하거나 릴에 부착된 릴 스토퍼를 이용해 바닥 수심을 체크해 두는 것이다. 수심이 깊고 조류가 빠른 상황에선 매번 바닥을 찍는 일이 귀찮고도 힘들지만 바닥 가까이 채비를 내리는 것은 팁런 에깅에서 매우 중요하기 때문이다.

▶팁런 에깅 포인트 – 수심 깊은 수중여, 물곬

❶어초 및 수중여 주변이 최우선이다!

팁런 에깅은 일반 시즌에도 유효하지만 특히 늦가을 이후 11~12월, 월동을 준비하거나 이미 월동에 돌입한 깊은 수심의 무늬오징어를 노리는 데 더욱 효과적이다.

무늬오징어가 깊은 수심에서 몸을 숨기기에는 어초만한 곳이 없다는 점을 염두에 두고, 가을 시즌을 포함한 월동 초반 시즌에는 10~30m 수심의 어초 또는 수중여 주변을 찾는 것이 좋다. 이후 12월 들어 본격적으로 수온이 낮아지면 수심 50m까지 노리는 낚시를 해야 한다.

❷물곬 지역도 팁런 포인트이다!

어초와 수중여가 없더라도 주변과 수심 차이가 많이 나는 물곬 지역도 좋은 팁런 에깅 포인트다. 이런 곳에서의 무늬오징어는 물곬 한가운데보다는 가장자리 경사진 곳, 즉 슬로프(Slope) 지역에서 먹이활동을 한다.

▶**팁런 에깅 이렇게!** – 바닥 겨냥한 쇼트저킹 유효

❶중상층보다는 바닥을 집중 공략한다!

조류가 빠르고 수심이 깊은 지역의 무늬오징어는 중층~상층까지 부상하지 않고 바닥 가까이에서 먹이활동을 한다. 이런 곳에선 철저히 바닥을 노리는 낚시를 하되, 릴링 동작과 함께 서너 번 액션을 부여한 후에는 다시 바닥을 노리는 방식을 반복하면 된다.

에기가 바닥 근처를 벗어나지 않게 하면서도 지속적인 액션을 부여하기 위해선 릴의 라인스토퍼를 이용해 바닥 수심을 고정시키는 방법이 있다. 먼저 채비를 내려 바닥에 닿은 느낌이 감지되면 그 상태에서 릴의 라인스토퍼에 원줄을 고정시킨 후, 더 이상 풀려 나가지 않는 상태를 유지하면 되는 것이다. 포인트를 옮기지 않는 상태에서 채비를 일정 간격 감아 올렸거나 새로이 내릴 때는 고정 상태 이상으로 원줄이 풀려나가지 않아 지속적인 바닥 탐색이 가능해진다.

❷액션은 짧고 강하게 자주 반복한다!

많은 체력 소모가 따르는 '하이피치 롱저킹(High pitch Long jerking)보다는 물속에서 에기

▼에기의 무게를 가중시키기 위해 별도의 싱커(사진 연두색 부분)를 덧단 모습.

의 운동 거리가 짧은 쇼트저킹(Shot jerking)을 반복하는 것이 좋다. 입질이 시원스럽지 못할 때는 규칙적인 동작보다는 불규칙적인 동작을 부여하는 것이 효과적이므로 롱저킹과 쇼트저킹을 적절히 병행할 필요도 있다.

❸낚싯대 끝에 원줄이 꼬이는 것을 자주 확인한다!

팁런 전용 낚싯대는 팁(Tip) 부분이 가늘고 매우 부드럽다. 짧은 저킹을 자주 하는 탓에 팁 부분에 원줄이 자주 꼬인다. 확인하지 않고 심하게 저킹을 하면 초릿대가 부러지는 원인이 된다. 반드시 자주 확인하면서 낚시를 해야 한다.

- 표준명 : 흰꼴뚜기
- 속　명 : 무늬오징어, 흰오징어
- 학　명 : *Sepioteuthis lessoniana*
- 영　명 : Bigfin reef squid, Oval squid
- 일　명 : 아오리이카(アオリイカ)

■무늬오징어 유망 낚시터

무늬오징어낚시가 잘 되는 곳은 제주도를 포함한 우리나라 전 해안에 걸쳐 이름을 다 헤아릴 수 없다. 방파제와 갯바위, 선상낚시가 두루 이뤄져 더욱 그렇다. 조황만 우선으로 한다면 지역 편중이 심할 수밖에 없어 해안 권역을 고루 안배하되 편의상 제주 지역만큼은 생략하기로 한다.

●군산권 : 서해안 지역에서 맨 먼저 무늬오징어 조황을 전한 지역으로, 비응도 주변 갯바위를 비롯한 방파제, 북쪽 먼 바다 외연열도 등지에서도 무늬오징어 에깅이 시도되곤 있으나 지속적인 조황이 따르지 않고 시즌 또한 불투명한 상태다.

●목포권 : 조류가 빠르고 탁하며 바닥이 펄로 형성된 연안 지역은 제외되고, 태도 · 가거도 · 만재도 등 원도권 위주로 무늬오징어낚시가 이뤄진다.

Tip

끌려오다가 떨어진다구요?

이제 막 에깅을 접한 이들에게 자주 듣는 말이 '챔질이 된 무늬오징어가 끌려오는 도중에 자꾸 떨어져나간다'는 말이다. 이는 챔질이 제대로 안 된 게 아니라 성급한 처리 탓이다. 다른 낚시의 강한 챔질에 익숙한 나머지 낚싯대의 허리힘만 믿고 강제로 끌어당기거나 낚싯대를 위아래로 흔들며 릴링을 하는 탓인데, 이 모두가 잘못된 방법이다. 무늬오징어가 바늘에 걸렸다고 생각되면 낚싯대의 각도를 적당히(약 60도) 유지한 채 팔을 앞뒤로 움직이며 천천히 끌어내는 것이 올바른 방법이다.

큰 씨알은 릴 드랙을 조절하면서 끌어내야 한다. 수중의 무늬오징어는 몸통에 바닷물을 잔뜩 머금고 있다. 때문에 크기에 비해 중량감이 있다. 게다가 조류를 거슬러 끌어낼 때는 그 저항이 더욱 거세다. 강제로 끌어내려 했다가는 바늘이 빠져나가거나 목줄이 터지기도 한다. 또한 에기의 바늘은 미늘이 없기 때문에 더욱이 낚싯대를 아래위로 흔들어선 안 된다. 낚싯대의 텐션을 일정하게 유지하면서 서서히 끌어내는 것이 좋은 방법이다.

●완도 : 역시 연안 지역은 제외되고, 청산도 · 여서도 등 원도권에서 무늬오징어낚시가 시도된다.

●여수 : 산란철에는 금오도가 유망 낚시터로 주목 받고, 일반 시즌 중에는 금오도 · 안도 · 연도 등지에서도 곧잘 낚인다. 돌산도 방파제 옆 갯바위에서도 무늬오징어가 선보이고, 향일암 주변과 대율방파제 주변 갯바위도 유망하다.

원도권인 초도 · 거문도 등지도 시즌 중이면 조황이 꾸준한 편인데, 이들 원도권은 갯바위나 방파제보다 선상 에깅이 주류를 이룬다.

●남해도 : 여수 방향의 서쪽보다는 동쪽 및 동남쪽에 낚시터가 산재한다. 상주 · 송정 · 초전 · 항도 · 노구 · 물건방파제와 주변 갯바위들이 대표적이다. 특히 산란철 낚시터로는 송정 · 초전 · 항도 등이 손꼽힌다.

연안 방파제와 갯바위뿐만 아니라 미조항에서 진입하는 마안도 · 호도 · 조도 · 죽암도 · 목과도 등지도 무늬오징어 조황이 좋은 섬 낚시터이다.

●통영 : 제주도를 제외한 동 · 서 · 남해 지역 중에선 무늬오징어 에깅이 가장 활발히 이뤄지는 곳이자 선상 에깅 출조도 많은 곳이다. 특히 수많은 도서 지역에서 무늬오징어가 고루 잘 낚인다. 갈도 · 좌사리도 · 국도 · 매물도 등지의 원도권은 물론, 욕지도 · 연화도 · 두미도 등지의 중거리 섬을 포함한 부지도 · 연대도 · 만지도 · 비진도 등지의 내만권 섬들에 이르까지 전 지역에서 낚인다.

하지만 통영의 육지권 방파제와 갯바위에서는 거의 무늬오징어가 낚이지 않는다. 여름 시즌에 잠깐 확인이 되지만 숫자가 극히 적은 편이며 포인트가 쉽게 공개되지도 않는다.

●거제 : 부속 섬 낚시터보다는 도보권의 연안 방파제와 갯바위가 주를 이룬다. 산란철부터 후반기 시즌까지 꾸준히 낚이는 곳이 많아 마릿수 욕심만 버린다면 시즌 중 언제든 무늬오징어낚시를 즐길 수 있는 지역이다. 서쪽보다는 동쪽 및 남쪽 지역에 포인트가 많다. 외포 · 능포 · 장승포 · 지세포 · 구조라 · 해금강 주변의 동쪽권 방파제 · 갯바위 거의 전역에서 무늬오징어가 낚이고, 다대 · 홍포 · 대포 등지의 남쪽 지역 조황도 무시 못한다.

●부산 : 시내권 낚시터로 태종대 주변의 도보 포인트에서 무늬오징어가 확인되지만, 에깅 동호인들이 많은 데 비해 주변 낚시터는 부족한 편이다. 시즌이 되면 송정~기장 지역의 여러 방파제를 포함한 인근 갯바위에서 무늬

오징어낚시가 즐겨 이뤄지지만 마릿수는 많지 않은 편이다. 씨알과 마릿수는 아무래도 낚싯배를 타고 진입하는 가덕도·나무섬·형제섬·오륙도 등지의 섬 낚시터들이 우세하다.

●울산 : 방파제와 주변 갯바위에서 에깅이 이뤄진다. 의외로 현지 에깅 낚시인이 적은 편으로 시즌 중에는 장소 선택에 따라 마릿수 재미를 누리기도 한다. 단, 여름~가을 시즌 중에도 냉수대의 영향을 받으면 조황이 급락하는 경우가 많아 출조 전 현지 상황 확인이 필요하다. 서생권 나사리방파제와 갯바위, 방어진방파제 주변, 주전~정자 지역의 방파제와 주변 갯바위 등이 대표적인 낚시터이다.

●포항 외 : 포항 남구와 북구 지역으로 나뉘어 포인트를 형성한다. 남부권은 경주 감포를 비롯한 구룡포·호미곶 등지의 방파제와 갯바위에서 폭넓게 이뤄지고, 북구권은 월포를 넘어 영덕 강구·대진에 이어 울진 후포 등지가 주요 거점 지역이다.

　경북을 넘어 강원도 삼척·강릉·양양·속초 지역에도 무늬오징어가 낚이지만 북상할수록 개체수는 약간씩 떨어진다.

무늬오징어

- ●표준명 : 흰꼴뚜기
- ●속　명 : 무늬오징어, 흰오징어
- ●학　명 : *Sepioteuthis lessoniana*
- ●영　명 : Bigfin reef squid, Oval squid
- ●일　명 : 아오리이카(アオリイカ)

▼동해안 강원도 지역에서도 무늬오징어가 곧잘 낚인다. 사진은 강릉 주문진방파제의 8월 한여름 밤낚시 조과다.

9월에 떠나요!

글 박영환, 사진 박영환

갑오징어낚시

갑돌이는 쫄깃쫄깃! 갑순이는 야들야들!

물컹물컹한 촉감에 이어 쫄깃쫄깃하다가 달짝지근한 식감이 더해지는 게 오징어 맛이다. 오징어낚시야말로 가장 '맛있는 낚시'요, 그 중에서 가장 맛있고도 손쉬운 낚시가 갑오징어낚시다. 오징어 종류 중에서 달짝지근한 뒷맛이 가장 확연하고, 주꾸미만큼이나 쉽게 잡히는 저서성 두족류이기 때문이다.

낚시에 잡히는 대표적인 오징어 종류는 무늬오징어(흰꼴뚜기) · 갑오징어(참갑오징어) · 한치(화살오징어) · 호래기(꼴뚜기) 등 크게 4가지. 이 가운데 크기가 아주 왜소한 꼴뚜기를 제외한 나머지 3가지 종류는 각기 다른 특성을 가진다.

갑오징어

●표준명 : 참갑오징어
●속　명 : 갑오징어, 뼈오징어, 참오징어
●학　명 : *Sepia esculenta*
●영　명 : Golden cuttlefish
●일　명 : 고이카(コウイカ)

　첫째는 지역성이다. '빅3' 오징어 가운데 한치는 거의 제주도에 국한되고, 무늬오징어는 제주 · 남해 · 동해에서 주로 낚시가 이뤄질 뿐 서해에는 겨우 무늬만 비칠 정도다. 이에 비해 갑오징어는 동해에는 개체수가 적은 대신 남해와 서해에서 '갑질'을 하되, 낚시가 널리 성행하는 곳은 서해 지역이다. 서해를 대표하는 오징어 종류가 곧 갑오징어인 셈이다.

　둘째는 낚시의 대중성이다. 제주 한치를 제외한 나머지 무늬오징어와 갑오징어 가운데 초보자도 손쉽게 잡을 수 있는 게 갑오징어다. 저킹(Jerking)과 다팅(Darting) 같은 기법이 중요시되는 무늬오징어낚시에 비해 갑오징어는 바닥에 내린 루어(슷테)를 살살 끌어주거나 흔들어 주기만 해도 된다. 장비 · 채비도 간단하고 구입 비용도 싼 편이다. 굳이 에깅 전용 낚싯대가 아니어도 좋고, 루어도 무늬오징어용 에기에 비해 거의 10분의 1 가격에 불과한 슷테(갑오징어 전용 에기)를 사용하면 된다. 게다가 굳이 배를 타지 않아도 된다. 방파제와 선착장 주변에서 잘 낚이는 데다, 주꾸미낚시 시즌과도 거의 일치해 양수겸장을 할 수도 있다.

갑오징어 회

갑오징어 데침

갑오징어 볶음

갑오징어 라면

셋째는 맛이다. 가장 맛있는 오징어를 일컬어 어떤 이들은 한치를 손꼽는가 하면 무늬오징어를 한수 위로 꼽기도 한다. 그러나 갑오징어낚시 마니아들은 '일반 오징어에 비해 살이 두꺼우면서도 부드럽고, 뒷맛이 달콤하기로는 갑오징어가 으뜸!'이라 예찬한다. 시장 가격에서도 그 차이가 입증된다. 일반 오징어와 한치에 비해 갑오징어 가격이 몇 갑절 비싸기 때문이다. 더욱이 산지 어시장이 아니고선 구입 자체가 어려워 일반인들은 그 진미를 알 리 없다.

"맛이 감미로워 회로 먹거나 말려서 포로 먹으면 좋다"고 한 『자산어보(玆山魚譜)』의 기록처럼 갑오징어는 즉석에서 낚아 회로 먹거나 끓는 물에 살짝 데쳐 먹어도 좋고, 남은 조과는 귀가 후 꾸덕꾸덕 말려 불에 살짝 구워 먹으면 그 맛이 또한 일품이다.

▼갑오징어의 등껍질 속에는 석회질의 등딱지(甲殼)가 들어 있다. 새하얀 이 등딱지는 마치 배(船)처럼 생겨 옛날 바닷가 어린이들의 장난감이 되기도 했고, 가루를 만들어 피를 멈추게 하는 지혈제(止血劑)로 사용되기도 했다.

■생태와 습성, 서식 및 분포

몸통이 곧 머리 부분에 해당되고 그 머리 밑에 여러 개의 다리가 달린 연체동물을 두족류(頭足類)라 부른다. 이 두족류 중에는 다리(또는 팔)가 8개

인 팔완목(八腕目)이 있는가 하면, 10개가 달린 십완목(十腕目)이 있다. 다리가 8개인 문어·낙지·주꾸미 등에 비해 10개의 다리를 가진 오징어 종류는 특히 그 구분이 쉽지 않다. 그러나 갑오징어만큼은 예외다.

분류 키(Key)는 갑오징어라는 이름에 있다. '갑(甲)'이라는 접두사에서 알 수 있듯 갑오징어 몸통엔 석회질의 등딱지가 들어 있어 다른 오징어 종류와 쉽게 구분된다. 껍질에 가려 겉으론 보이지 않지만 살짝 누르거나 만져보면 금방 딱딱한 감촉이 느껴진다.

●표준명 : 참갑오징어
●속 명 : 갑오징어, 뼈오징어, 참오징어
●학 명 : *Sepia esculenta*
●영 명 : Golden cuttlefish
●일 명 : 고이카(コウイカ)

갑오징어의 표준명은 참갑오징어다. 예전엔 참오징어로 불렸다. 오징어란 이름 앞에 붙은 '참'이란 접두사가 이 종의 존재가치를 암시한다. '참'은 참돔·참가자미·참복·참숭어(가숭어)·참장어(갯장어) 등과 같이 동종 가운데 가장 맛있다는 뜻이 담겨 있다. '갑'이란 접두사도 갑·을·병·정…의 서열 가운데 으뜸이란 의미를 부여할 수도 있지만 앞서 설명한 바와 같이 '석회질 등딱지'를 지칭함이 올바른 해석이다.

그래서 갑오징어를 일부 지방에선 뼈오징어라 부르는데, 갑오징어를 오적어(烏賊魚)란 이름으로 소개한 『자산어보(玆山魚譜)』에도 이 뼈에 대한 기록이 있다. "그 뼈는 곧잘 상처를 아물게 하며 새 살을 만들어 낸다. 또한 그 뼈는 말이나 당나귀 등의 등창을 고친다. … …"

어촌에서 자란 장·노년층들이면 대부분 기억하듯, 옛날 어촌에는 새하얀 갑오징어의 뼈가 처마 밑 어딘가에 매달려 있곤 했다. 칼이나 낫에 손이 베이기라도 하면 이 갑오징어 뼈를 곱게 갈아 상처 부위에 발랐고, 그러면 신기하게도 피가 멈췄다. 훌륭한 지혈제였던 셈인데, 그 약효가 오죽했으면 가축에게까지 적용됐을까. 『자산어보』는 "이들(말이나 당나귀)의 등창은 오적어(烏賊魚-갑오징어)의 뼈가 아니면 고치기 어렵다"고까지 했다.

무늬오징어에 비해 저서성, 그래서 낚시도…

다리가 유독 짧은 갑오징어는 10개의 다리 중 8개가 특히 짧고, 촉완(觸腕)이라 부르는 나머지 2개는 가늘고도 다소 긴 편이다. 그러나 평상시의 촉완은 눈 뒤의 주머니 속에 들어 있어 길게 보이지 않는데, 먹이를 취할 때나 사랑을 나눌 때 그 길이를 늘려 교미완(交尾腕)이라 부르기도 한다.

유영성이 강한 무늬오징어와 한치에 비해 저서성이 강한 갑오징어는 모래와 펄이 섞인 사니질(沙泥質)이면서도 암초가 섞인 바닥에 즐겨 서식하며 갑각류와 환형동물, 작은 연체동물 등을 포식한다. 먹잇감을 사냥할 때는 한치나 무늬오징어처럼 적극적으로 추격하지 않고 바닥에서 잠복근무를 하다가 지나가는 먹잇감이 발견되면 2개의 긴 촉완을 재빨리 뻗어 낚아채는 형태를 취한다. 이러한 먹이 습성으로 인해 갑오징어낚시는 무늬오징어낚시에 비해 거의 저층을 노리게 되는 것이다.

산란기는 해역에 따라 차이는 있지만 4~6월경이고, 2~6m 정도의 수심 얕은 연안으로 들어와 해초류나 바위틈에 알을 붙인다. 이때가 곧 갑오징어낚시의 초반 시즌에 해당되고, 부화한 새끼들이 10cm 이상으로 자라는 가을철이 되면 두 번째 시즌이 형성된다. 결국 봄철에 태어나 여름~겨울을 보낸 갑오징어는 이듬해 산란에 참여한 후 생을 마감하는데, 수명이 1년 또는 그 이상 2년까지로 들쭉날쭉한 무늬오징어에 비해 갑오징어는 거의 1년생인 것으로 알려진다.

암수는 외투막의 줄무늬로 구별된다. 갓 잡았을 때 외투막에 물결 모양의 가로무늬가 선명한 것은 수컷이고 무늬가 없는 것은 암컷으로 보면 된다.

■갑오징어낚시 시즌 전개

: 산란기 시즌　　: 시즌　　: 피크 시즌

구분	1월	2월	3월	4월	5월	6월	7월	8월	9월	10월	11월	12월	비고
동해안													일부지역
서해안													
남해안													일부지역

깊은 바다에서 겨울을 보낸 갑오징어가 산란을 위해 연안에 나타나는 시기는 대략 4~5월. 이때부터 6월까지 이어지는 산란기 갑오징어는 가을철에 비해 마릿수는 적어도 어른 손바닥 크기 이상의 씨알 재미를 선사하고, 당년에 태어난 새끼들이 자라 낚시에 걸려드는 초가을이면 담뱃갑 크기들이 마릿수 재미를 안겨주면서 10월이면 그 절정을 이룬다.

●산란기 시즌(5~6월) : 연안을 떠나 깊은 바다에서 겨울을 지낸 갑오징어는 4~5월이 되면 산란을 위해 다시 연안에 나타난다. 이때부터 대략 6월까지 봄 낚시 시즌이 형성된다. 가을 시즌에 비해 덩치가 큰 놈들이 낚이는 장점이 있지만 지역에 따라선 봄 낚시 조황이 거의 미미한 곳이 있는가 하면, 선상낚시에만 조황이 확인될 뿐 연안낚시가 안 되는 경우도 있다.

이와는 달리 경북 동해안 일부 지역에서 선보이는 갑오징어의 경우 봄철 산란기 때에만 조황이 확인될 뿐, 가을 시즌엔 그 모습이 비치지 않아 여전히 궁금증을 자아내게 한다.

●가을 시즌 서막(8월 하순) : 4~6월 산란을 치른 부모들이 생을 마감한 데 이어 새로 태어난 새끼들은 저마다 성장을 거듭해 대략 8월 하순경이 되면 낚시에 잡힐 정도의 크기에 이른다. 그래도 8월까지는 그 크기가 작아서 낚시가 성에 차지 않는다. 주꾸미낚시를 하다보면 간간이 같이 잡히면서 시즌의 개막을 알리게 된다.

●피크 시즌(9월 초~11월 중순) : 역시나 피크 시즌은 9~11월 사이다. 9월 초에는 아직 갑오징어가 그리 크지는 않지만 9월 중순경이 되면 마릿수도 많아지고 사이즈도 점점 커지면서 낚시의 재미를 더해 준다. 포식성이 강한 갑오징어는 커 가는 과정이 워낙 빨라 매년 낚시를 하면서도 깜짝 놀랄 정도다. 특히 10월에서 11월은 갑오징어낚시의 가장 핵심 피크 시즌으로, 낚이는 크기도 만족할 만하고 마릿수 재미도 최고조에 달한다.

●시즌 말기(11월 하순~12월 초순) : 11월 말에서 12월 초가 되면 한해 시즌의 막바지이다. 낚시로 낚을 수 있는 최대치의 크기가 올라와 낚시인들의 마음을 들뜨게 한다. 이때는 한 손으로 몸통을 잡기가 어려울 정도의 사이즈가 자주 출몰하는데 그 무게감이 상당하다.

점점 겨울로 접어들어 수온이 낮아지면 일시에 무리를 지어 내만권 지역을 빠져나가게 된다. 따라서 급작스럽게 낚시가 이루어지지 않는 황당한 경우를 매년 겪게 된다. 전체적으로 서해안에 비해 남해안 일부 지역은 12월에도 갑오징어 입질이 계속된다.

September

갑오징어

●표준명 : 참갑오징어
●속 명 : 갑오징어, 뼈오징어, 참오징어
●학 명 : *Sepia esculenta*
●영 명 : Golden cuttlefish
●일 명 : 고이카(コウイカ)

▼2단 채비의 아래쪽 에기에 걸려든 갑오징어. 5~6월 산란철에 한 차례 피크 시즌을 이룬 갑오징어는 9~11월 가을 내내 또 한 차례 황금시즌을 이룬다.

갑오징어 선상낚시

갑오징어낚시는 선상낚시와 연안 워킹낚시 두 갈래가 있다. 주꾸미낚시와 비슷한 점이 너무도 많다. 거의 같은 시기에 비슷한 장소에서 낚시가 이루어지기 때문에 기법 역시 크게 다를 바 없다.

우선 갑오징어 선상낚시는 연안 워킹낚시에 비해 편안하고도 조과가 푸짐하다는 점이 매력이다. 원하는 포인트 공략이 원활하고 빠른 시간 내에 많은 포인트를 탐색할 수 있기 때문이다.

■기본 장비 및 소품

갑오징어낚시는 주꾸미낚시와 마찬가지로 모래나 자갈 및 펄이 섞인 바닥이 포인트가 되기도 하지만, 크고 작은 돌이 산재한 여밭 지형에서의 조황이 더 좋으므로 어느 정도의 바다 걸림을 감수해야 한다. 갑오징어 선상낚시 장비 및 채비는 이런 점을 감안해야 한다.

●낚싯대(Rod) : 바닥 지형을 잘 읽으면서도 바다 걸림을 최소화할 수 있는 낚싯대가 필요하다. 허리힘이 강한 초리 휨새의 미디엄라이트(ML)~미디엄

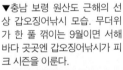
▼충남 보령 원산도 근해의 선상 갑오징어낚시 모습. 무더위가 한 풀 꺾이는 9월이면 서해바다 곳곳엔 갑오징어낚시가 피크 시즌을 이룬다.

헤비(MH) 액션을 선택하되 낚싯배 위에서 사용하기 편한 6.6~7피트 길이의 베이트 릴 낚싯대가 적합하다.

　액션이 너무 부드러운 낚싯대는 봉돌로 바닥을 찍을 때 너무 낭창거리는 나머지 바닥 형태를 읽기가 어렵다. 바닥 걸림이 발생했을 때도 대 끝을 툭툭 위로 쳐서 걸림에서 벗어나야 하는데 그 역할을 제대로 못한다. 반대로 액션이 너무 강한 낚싯대는 갑오징어가 루어(에기)를 공격했을 때 챔질을 조금 세게 하면 갑오징어의 살점이 찢어져 모처럼 입질한 갑오징어를 놓치는 경우가 발생한다.

●릴(Reel) : 루어에 걸려든 갑오징어는 일반 어류처럼 강렬하게 저항하지는 않지만 피크 시즌 때 낚이는 큰 놈들은 상당한 중량감을 보인다. 더불어 푸짐한 마릿수 조황까지 겹치게 되면 어깨와 팔이 뻐근할 정도로 피로감이 쌓인다. 따라서 너무 값싼 릴보다는 조력(릴이 감아 들이는 힘)이 좋은 제품을 선택하는 것이 좋다.

　낚싯줄을 내리고 올리기를 수시로 하는 선상낚시에서는 스피닝 릴보다는 베이트 릴이 편리하고 조력도 좋으므로 2호 낚싯줄 기준으로 150m 정도를 감을 수 있는 소형 베이트 릴이면 무난하다.

●낚싯줄(Line) : 나일론 또는 카본 소재의 낚싯줄은 당기면 늘어나는 인장력으로 인해 입질 감지나 바닥 읽기에 불리한 점이 많다. 그래서 인장력이 거의 없는 PE 합사를 원줄로 사용하게 되는데 0.8호에서 굵게는 2호까지 사용해도 된다. 원줄은 당연히 가늘수록 조류에 떠밀리는 현상이 적어 감도가 좋아지게 되는데, 그렇다고 너무 가는 줄은 여쓸림 등으로 인하여 수명이 오래 가지 못한다. 0.8호 미만은 무리다.

●루어(Lure) : 주꾸미낚시에 주로 사용하는 숫테(소형 에기-일명 왕눈이)와 무늬오징어낚시에 사용되는 일반 에기가 활용된다. 근년에는 몸통이 말랑말랑하고 납이 달려 있지 않은 숫테 종류도 많이 사용된다.

　갑오징어는 다른 두족류들이 그러하듯 눈이 굉장히 좋은 편으로 루어의 색상이나 크기, 움직임에 민감하게 반응한다. 1년이란 짧은 생애를 보내기 위해선 무엇보다 먹이를 많이 섭취해야 하므로 이것저것 가리지 않아야 하는데, 실상 낚시를 해보면 같은 모양의 루어인데도 색상에 선택적 반응을 하는 경우가 많다. 낚시 당일의 기상이나 물색에 따라 루어 색상의 선호도가 달라지는 것이다.

●표준명 : 참갑오징어
●속　명 : 갑오징어, 뼈오징어, 참오징어
●학　명 : *Sepia esculenta*
●영　명 : Golden cuttlefish
●일　명 : 고이카(コウイカ)

물이 맑거나 햇살이 좋은 날은 내추럴 컬러에 좋은 반응을 보이고, 반대로 날씨가 흐리거나 사리 물때를 전후해 바다 물색이 탁할 땐 빨간색이나 오렌지색에 좋은 반응을 보이는 편이다. 동 트기 직전의 이른 새벽에도 빨간색 계열의 축광이 되는 에기에 반응이 좋은데, 수심이 깊은 장소는 햇살이 깊은 곳까지 도달하지 못해 어둡기 때문인지 역시 축광이 되는 에기 종류가 유리한 것으로 나타난다. 결국 이런저런 여건을 감안해 갑오징어낚시용 루어는 다양한 종류와 색상을 준비하는 것이 좋다.

●봉돌(Sinker) : 바닥 걸림이 심한 암초 바닥에서 낚시를 하는 경우가 많으므로 봉돌을 다소 여유 있게 준비하는 것이 좋다. 또한 수심 정도와 조류의 강약에 따라 봉돌의 무게를 맞춰야 하므로 작게는 10호에서 크게는 30호까지 준비하는 것이 좋다. 가장 많이 사용되는 호수는 15~20호이다. 바닥걸림에 따라 차이가 있기는 하지만 하루 낚시에 보통 20~30개 정도의 봉돌이 준비돼야 한다.

●갑오징어 보관 용기 : 낚은 갑오징어를 싱싱하게 보관하려면 붕어낚시용 살림망을 사용하는 것이 좋다. 낚시 도중에는 배 바깥으로 살림망을 늘어뜨려 잡은 갑오징어가 바닷물에 잠기게 하고, 배가 이동할 때는 잊지 말고 끄집어 올려야 한다. 깜박 잊고 내버려 두면 낚싯배가 달리는 사이에 살림망

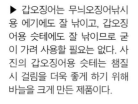
▶ 갑오징어는 무늬오징어낚시용 에기에도 잘 낚이고, 갑오징어용 슷테에도 잘 낚이므로 굳이 가려 사용할 필요는 없다. 사진의 갑오징어용 슷테는 챔질 시 걸림을 더욱 좋게 하기 위해 바늘을 크게 만든 제품이다.

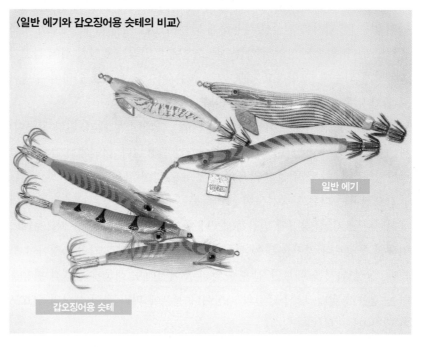
〈일반 에기와 갑오징어용 슷테의 비교〉

일반 에기

갑오징어용 슷테

이 끊어져 공들인 조과를 통째 날려버리게 된다. 그래서 근년에는 보다 튼튼한 바다 어구 중의 하나인 통발을 변형하여 사용하는 낚시인들이 늘고 있다. 붕어낚시용 살림망보다 훨씬 튼튼해 어지간해서는 찢어지지 않기 때문이다. 근년에는 갑오징어·주꾸미 전용 살림망이 판매되고 있다.

　그러나 살림망 형태는 갑오징어를 살린 채 보관하기는 좋아도 한 가지 큰 단점이 해소되지는 않는다. 살림망을 배 위로 올릴 때마다 놈들이 계속 먹물을 쏘아대는 때문이다. 결국은 얼음을 담은 아이스박스가 해결책인데, 이때의 얼음은 잘 녹지 않는 통얼음이 좋다. 갑오징어가 잡힐 때마다 바로바로 박스에 담는 방식을 취하면 살림망을 내리고 올리는 수고를 덜 수 있어 편리하다. 그냥 담기에 앞서 눈 사이를 찔러 즉사시킨 후 담으면 아이스박스 안에 먹물이 많이 발생되지 않아 더욱 좋다.

●기타 소품 : 1미끄러운 갑오징어를 맨손 처리하려면 미끈미끈 매우 불편하다. 귀찮더라도 면장갑을 사용하는 것이 좋다.

2일부 낚시인들은 갑오징어를 살린 채 보관하기보다는 그때그때 피를 빼 신선도를 유지한다. 이때는 무늬오징어용 피빼기 도구와는 조금 다른 끝이 송곳처럼 뾰족하게 생긴 형태가 사용하기에 더 편리한데, 시판되는 제품이 없으므로 직접 만들거나 아니면 일반 송곳을 사용하여도 무방하다.

●표준명 : 참갑오징어
●속　명 : 갑오징어, 뼈오징어, 참오징어
●학　명 : *Sepia esculenta*
●영　명 : Golden cuttlefish
●일　명 : 고이카(コウイカ)

◀ 선상낚시로 올린 갑오징어를 산 채 보관하는 방법은 붕어낚시용 살림망을 이용하는 것이다. 낚시 도중에는 물속에 드리워 두되 포인트 이동 시에는 잊지 말고 끄집어 올려야 한다.
　근년에는 튼튼한 전용 살림망이 시판되고 있다.

갑오징어의 피를 빼는 방법은 두 눈 중앙으로 지나는 신경다발을 끊어주는 것으로, 이곳을 찌르면 갑오징어는 바로 죽게 된다. 이렇게 처리한 갑오징어는 바로 아이스박스에 넣어 차갑게 보관하면 된다. 이미 죽었으므로 더 이상 먹물을 쏘지 않아 뒤처리가 깨끗해진다.

3갑오징어 선상낚시를 하다 보면 봉돌과 에기를 교체해야 할 경우가 많이 생긴다. 그때마다 낚싯줄을 끊고 새로 묶는 직결식보다는 스냅도래를 이용해 교체하는 방식이 훨씬 편하다.

4갑오징어낚시에서 가장 중요한 것이 복장이다. 낚은 갑오징어는 수면 위로 올라오면 엄청나게 진한 먹물(붓글씨를 쓸 수 있는 농도)을 계속 쏘아댄다. 그 양도 많을 뿐더러 사거리도 엄청나 3~4m에 이를 정도다. 이 먹물 세례를 뒤집어 쓴 옷은 경우에 따라 다시는 못 입을 수도 있다. 먹물이 잘 지워지지 않기 때문이다.

일회용 우의나 방진복을 껴입는 것이 가장 확실한 방지책인데, 아니면 먹물이 묻어도 가급적 표가 덜 나는 검정색 옷을 입고 신발과 모자도 검정색으로 착용하는 것이 좋다.

■갑오징어 선상낚시 포인트

유영성이 강한 무늬오징어에 비해 저서성이 강한 갑오징어는 주꾸미처럼 바닥층에서 주로 낚이지만 포인트는 서로 구분된다. 모래와 펄이 섞인 사니질(沙泥質) 바닥이 주꾸미 포인트라면 갑오징어는 암초가 섞인 지형이라야 한다.

갑오징어와 주꾸미낚시는 가을 시즌이 거의 겹치는 만큼 선상낚시를 하다 보면 주꾸미가 잘 낚이는 곳이 있는가 하면 갑오징어가 잘 낚이는 곳이 있다.

한 마디로 주꾸미가 많이 낚이는 곳에서 갑오징어를 선별적으로 낚기란 불가능하므로 포인트를 옮겨야 한다. 주꾸미가 주로 서식하는 개펄 위주의 지형을 피해 바닥에 돌이 많은 여밭 지역을 찾아야 하는 것이다. 어떤 형태건 조금이라도 장애물이 있는 바닥일수록 갑오징어가 즐겨 은신하므로 어느 정도의 바닥걸림은 감수해야 한다.

무리지어 서식하기에 좋은 장소로 몰려드는 갑오징어는 시기적으로 수

심이 깊은 물곬 지역이나 바닥 수심의 변화가 있는 의외의 특정 지역에서 잘 낚이는 경우도 많으므로 수시로 포인트를 이동하여 탐색하는 것이 좋은 조과를 올릴 수 있는 방법이다.

- 표준명 : 참갑오징어
- 속　명 : 갑오징어, 뼈오징어, 참오징어
- 학　명 : *Sepia esculenta*
- 영　명 : Golden cuttlefish
- 일　명 : 고이카(コウイカ)

■갑오징어 선상낚시 이렇게!

　먹잇감에 대한 강한 공격성으로 조금만 낚시 요령을 익히면 누구나 쉽게 낚을 수 있는 갑오징어이지만 보다 더 나은 조과를 올리기 위해서는 알아두어야 할 사항들이 있다.

　갑오징어는 저서성으로 거의 바닥층 가까이 붙어 있는 경우가 대부분이다. 따라서 채비를 바닥까지 내려준 후 바닥에 걸리지 않을 정도로 살짝 들어주되, 간격을 너무 띄우지 말고 바닥을 스칠 듯이 계속 탐색해 나가는 것이 중요하다.

　바닥을 기어 다니는 주꾸미를 낚기 위해 루어를 바닥에 붙여 기다리는 방식과는 달리, 갑오징어는 바닥 장애물에 붙어 있기도 하지만 날개 지느러미를 나풀거리며 바닥 가까이로 유영하는 경우가 많으므로 루어를 너무 바닥에 붙여 놓을 필요는 없다. 채비 또한 이런 점을 감안해야 한다.

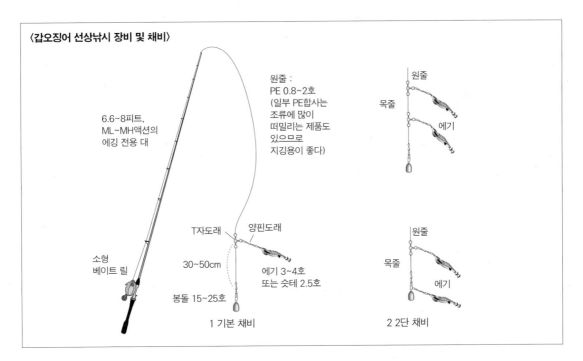

〈갑오징어 선상낚시 장비 및 채비〉

▶채비 구성과 운용 - 기본 채비와 2단 채비

갑오징어가 주로 입질을 하는 층은 바닥으로부터 50~60cm 이내의 범위다. 따라서 봉돌을 맨 밑에 달고 그 위 30~50cm 위치에 에기를 달아주는 '다운샷 채비'를 하면 된다. 갑오징어는 또 에기의 색상과 크기에 따라 반응을 달리 하므로 더 많은 조과를 위해 봉돌 바로 위에 색상이나 크기가 다른 에기 하나를 더 달아주는 2단 채비도 많이 활용된다.

주꾸미가 덤비는 곳일수록 바닥으로부터 약간 높은 위치에 에기가 머물러야 하는데, 그 간격은 바닥으로부터 최저 20~30cm는 떨어져 있어야 한다. 그래도 주꾸미의 공격을 완전히 피할 수는 없다.

바닥걸림이 심한 여밭 같은 지형에서는 봉돌을 바닥에 끌어선 안 된다. 이리 저리 살짝 들어 옮기는 형태를 취하되, 이동 지점의 수심이 얕아질 수도 깊어질 수도 있으므로 그때그때 봉돌을 바닥에 부딪쳐 보아야 한다.

▶입질 파악과 챔질 - 한 템포 기다렸다가 짧고 간결하게

갑오징어가 먹잇감을 취할 땐 두 개의 촉수를 길게 뻗어 순식간에 낚아챈 후 다리 사이의 입 쪽으로 끌어당긴다. 루어를 공격하는 형태도 마찬가지다. 바다가 잔잔하고 조류가 미약한 날 낚시를 하다 보면 갑오징어가 촉

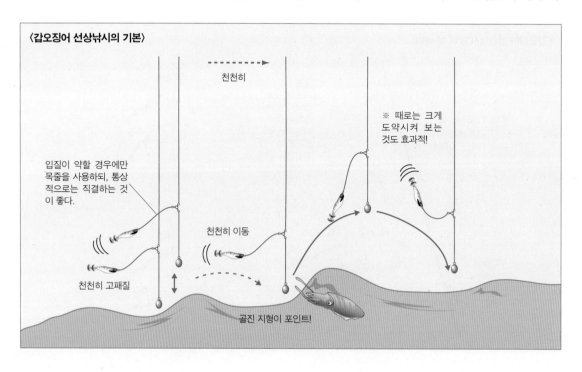

〈갑오징어 선상낚시의 기본〉

천천히

※ 때로는 크게 도약시켜 보는 것도 효과적!

입질이 약할 경우에만 목줄을 사용하되, 통상적으로는 직결하는 것이 좋다.

천천히 이동

천천히 고패질

골진 지형이 포인트!

수로 루어를 붙잡을 때의 '톡!' 하고 치는 느낌이 간혹 낚싯대에 감지될 때가 있다.

그러나 이 같은 첫 입질 이후 갑오징어가 자신의 입 쪽으로 에기를 가져가 완전히 껴안기까지는 약간의 시간이 필요하므로 챔질 타이밍을 잘 조절해야 한다. 봉돌과 에기의 무게를 잘 감지해 나가는 도중 그 무게감이 달라지면 곧장 급챔질을 하지 말고 1~2초가량의 시간 여유를 준 후 챔질 동작이 이뤄져야 한다.

이때의 챔질은 부드럽고도 정확해야 한다. 갑오징어는 에기의 바늘이 아닌 몸통을 붙잡은 형태이므로 챔질 동작으로 갑오징어의 살갗에 에기 바늘이 잘 꽂히게 해야 하는 것이다. 다시 말해 에기의 몸통을 붙들고 있는 갑오징어가 챔질로 인해 바늘 쪽으로 미끄러져 주어야 하는 것이다.

첫 입질을 감지하고서 확실한 챔질을 못하게 되면 갑오징어가 이내 에기를 놓아버리거나 슬그머니 끌려오더라도 수면 가까이에 이르러 위기감을 느낀 나머지 역시 에기를 놓아버린다. 반대로 너무 강하게 챔질을 하면 에기의 바늘이 갑오징어의 살갗을 찢어 헛걸림이 되고 만다. 이상적인 챔질은 낚싯대를 부드럽게 위쪽으로 길게 들어 올리다가 마지막에 끊어 치듯 순간적인 힘을 가해 바늘걸림이 확실히 되게 하는 것이다.

챔질은 또 갑오징어의 크기에 따라 달리할 필요가 있다. 시즌 초기의 새끼 갑오징어를 상대로 너무 강한 챔질을 하면 바늘 걸림이 잘 안 되는 경우가 많다. 갑오징어의 몸집이 작은 만큼 물의 저항을 적게 받아 바늘에 잘 찍히지 않기 때문이다. 이럴 땐 아주 짧고 강하게 '톡' 하고 치는 듯한 동작의 챔질이 효과적이다.

반대로 갑오징어 사이즈가 커지면 그만큼 물의 저항을 많이 받게 되므로 큰 힘을 가하지 않아도 갑오징어가 에기의 바늘 쪽으로 잘 미끄러지게 된다. 다만 물의 저항을 많이 받는 만큼 너무 강한 챔질은 오히려 바늘이 갑오징어의 살점을 찢어버리는 결과를 초래하므로 부드럽고 길게 챔질 하는 것이 효과적이다.

▶끌어올리기 - 펌핑 동작은 금물!

바늘걸림이 된 갑오징어는 특별한 저항 없이 수면까지 끌려 올라오는데 그래도 너무 빠르게 감아 들이면 혹시나 바늘이 얕게 걸렸을 경우 살점이

- ●표준명 : 참갑오징어
- ●속　명 : 갑오징어, 뼈오징어, 참오징어
- ●학　명 : *Sepia esculenta*
- ●영　명 : Golden cuttlefish
- ●일　명 : 고이카(コウイカ)

찢어지면서 떨어져 나갈 수도 있다. 특히 낚싯대를 들어 올리고 내리면서 릴링을 하는 이른바 '펌핑' 동작은 갑오징어낚시에서는 금물이다. 낚싯대를 들어 올렸다 내리는 과정에서 타이밍이 맞지 않으면 미늘이 없는 에기 바늘이 맥없이 빠져버리는 경우가 생기기 때문이다.

일단 갑오징어가 걸려들면 낚싯대를 수평 이상으로 들어 휨새를 이용하면서 일정한 속도로 너무 빠르지 않게 지속적으로 릴링하는 것이 가장 무난한 방법이다.

▶마무리하기 – 마지막 먹물 조심!

갑오징어낚시에서 가장 난감한 것이 낚인 갑오징어를 처리하는 것이다. 다른 대상어들과는 달리 감당이 안 될 정도로 쏘아대는 진한 먹물 때문이다. 이 먹물과의 전쟁이 갑오징어낚시의 또 따른 재미이기도 하지만 잘 차려 입은 옷에 이 먹물 세례를 뒤집어쓰기라도 하면 여간 곤욕이 아니다.

낚시에 걸려든 갑오징어가 수면 가까이 올라오면 진한 먹물을 쏘아대면서 마지막 저항을 하게 되는데 이때의 처리 과정이 중요하다. 일부 낚시인들은 수면에 떠오른 갑오징어를 첨벙거리게 하여 먹물을 계속 쏘아내게 한다. 남아 있는 먹물을 다 쏘아내게 하려는 의도이지만 실상은 그리 잘 되질 않는다. 갑오징어에게 물이 공급되는 한 갑오징어의 몸속에 있는 먹물주머니에서 나오는 먹물과 바닷물을 섞어서 쏘아대므로 상상할 수 없을 만큼 많은 횟수의 먹물을 쏘아대는 것이다.

먹물이 소진되도록 수면의 갑오징어를 첨벙거리게 하는 것은 그 목적도 달성할 수 없으려니와 자칫 미늘 없는 바늘이 쑥 빠져버려 그만 놓치고 마는 결과를 초래할 수도 있다. 낚인 갑오징어를 안전하게 마무리하는 방법은 다음과 같다.

❶갑오징어가 시야에 들어오면 수면 위로 빨리 들어 올려야 한다. 지체할 경우 갑오징어가 바

▼끌어올린 갑오징어를 처리할 때는 갑오징어의 등이 낚시인 면전을 향하게 하고, 손은 에기를 잡아야 한다. 먹물 세례를 피하기 위한 방법이다.

늘에서 빠져나갈 위험이 많다. 낚싯대 길이의 3분의 2에 해당하는 낚싯줄을 남겨 놓고서 릴링을 멈춘다. 더 이상 릴링을 하게 되면 뒤처리가 어려워진다.

❷갑오징어의 몸체가 수면 위로 조금 나올 정도로 낚싯대를 치켜든 후, 낚싯대의 중심을 이동시킨다. 즉, 낚싯대를 쥔 손을 릴 앞쪽 낚싯대의 허리 부분으로 옮겨 잡는다. 그 이유는 낚싯대에 장착된 릴의 앞쪽 허리 부분을 잡아야 무게 중심이 맞아 낚싯대가 덜 흔들리고, 이로써 무거운 갑오징어를 흔들림 없이 들어올리기 편하기 때문이다.

❸갑오징어에 충격을 주지 않도록 천천히 낚싯대를 머리 위로 들어 올리면 자연스럽게 갑오징어는 낚시인 쪽으로 오게 된다. 이때 낚싯대를 쥐지 않은 나머지 한 손을 뻗어 갑오징어를 잡되, 그냥 아무렇게 잡아선 안 되고 '방향'을 잘 선정해야 한다. 갑오징어의 등이 반드시 자신의 면전(앞쪽)으로 향하게 잡아야 하는데, 에기에 매달린 갑오징어가 대개 빙글빙글 돌기 때문에 원하는 방향을 단번에 정확히 잡기가 매우 어렵다. 따라서 낚싯줄에 대롱대롱 매달린 포획물을 처음 잡을 땐 갑오징어를 직접 잡지 말고 일단 에기를 움켜쥐는 것이 좋다. 에기를 손에 잡아 에기를 돌리면서 바늘에 걸린 갑오징어의 방향을 잡기 좋게 조정하기가 쉽다.

- 표준명 : 참갑오징어
- 속 명 : 갑오징어, 뼈오징어, 참오징어
- 학 명 : *Sepia esculenta*
- 영 명 : Golden cuttlefish
- 일 명 : 고이카(コウイカ)

▼먹물과의 전쟁. 낚아 올린 갑오징어를 뱃전에 모아두면 온통 먹물투성이가 된다. 그런데 그 먹물 속 갑오징어일수록 자태가 빛난다.

갑오징어의 몸통을 아무렇게 쥐지 말고 등(색이 짙은 부분)이 낚시인의 면전(앞쪽)으로 향하게 잡아야 하는 이유는 먹물을 쏘는 갑오징어의 출수공이 배 쪽(흰색 부분)에 있기 때문이다. 간단히 말하면 갑오징어의 배 쪽 하얀 부분이 바다 쪽으로 향하도록 잡으면 된다. 만약 출수공이 있는 배 쪽이 낚시인의 얼굴을 향한 상태에서 갑오징어가 먹물을 쏘게 되면 그 참상은 그야말로 목불인견(目不忍見)이다.

❹앞서 설명한 것처럼 에기를 먼저 잡고 낚싯대를 안전하게 내려놓은 후, 이제 갑오징어를 손에 쥐되 갑오징어 등 쪽을 살그머니 잡는다. 이때 마음이 급해서 갑오징어에 충격을 가하면 또 다시 먹물을 쏘게 된다.

처음 갑오징어낚시를 하시는 이들은 모처럼 갑오징어가 낚여 올라오면 당황한 나머지 배 바닥에 갑오징어를 내동댕이치는 경우가 많은데 이렇게 충격을 주게 되면 갑오징어는 엄청난 먹물을 쏟아낸다. 이는 주변 낚시인들에게 많은 피해를 주는 상황이기도 하므로 주의해야 할 것이다.

❺갑오징어로부터 에기를 살그머니 제거한 후 살림망이나 아이스박스에 갑오징어를 담으면 되는데, 이때도 끝까지 갑오징어에 충격이 가지 않도록 살그머니 처리해주는 것이 요령이다.

갑오징어의 처리 과정에 대한 설명이 다소 복잡하게 느껴질 수도 있겠지만 잘 숙지해 몇 번 반복하다 보면 먹물 걱정 없이 편안하게 갑오징어낚시를 즐길 수 있을 것이다.

이빨 조심! 먹물 조심!

1)갑오징어의 입에는 앵무새 부리처럼 생긴 이빨이 있다. 낚아 올린 갑오징어를 처리하는 과정에서 잘못 손가락이 깨물리게 되면 통증도 심하고 피도 많이 나게 되므로 주의해야 한다.
2)갑오징어낚시를 하다보면 손은 그렇다 치고 손톱 밑에 먹물이 끼어 아무리 씻어도 잘 지워지지 않는다. 목장갑을 착용하되 미리 바닷물에 적셔 사용하는 것이 좋다. 먹물이 묻어도 농도가 흐려져 잘 씻어진다. 답답하긴 하지만 수술용 또는 작업용 고무장갑을 사용하는 것도 좋은 대처 방법이다.
3)옷에 먹물이 묻으면 지우기가 힘들므로 아예 검은색 복장을 하는 것이 좋다. 옷에 먹물이 묻어 지워야겠다 싶으면 즉시 바닷물로 씻어야 한다. 먹물이 마르면 좀체 지워지질 않는다. 1회용 비닐우의가 가장 확실한 대처 방법이다.

갑오징어 연안낚시

- 표 준 명 : 참갑오징어
- 속　 명 : 갑오징어, 뼈오징어, 참오징어
- 학　 명 : *Sepia esculenta*
- 영　 명 : Golden cuttlefish
- 일　 명 : 고이카(コウイカ)

낚싯배를 타고 하는 갑오징어낚시는 편안하고 마릿수 조과에 유리한 측면이 있으나 갯바위나 방파제에서 걸어 다니며 자유롭게 즐기는 연안낚시 또한 나름대로의 장점과 묘미가 있다. 어린아이들과 함께 하는 가족동반 낚시라든가 배 멀미가 심한 낚시인 또는 퇴근 후 저녁 시간을 활용하는 직장인들에게도 권할 만하다.

갑오징어가 분포하는 지역이면 대부분 항구의 방파제나 선착장에서 낚시가 이뤄지는 만큼 접근성도 좋다. 수심이 어느 정도 유지되는 곳으로, 조류 소통이 원활하고 바닥에 돌이나 해초가 형성돼 있다면 나무랄 데 없는 포인트이다. 이런 곳을 겨냥해 루어를 멀리 던져 끌어들이는 낚시 형태인 만큼 장비는 캐스팅이 원활한 스피닝 릴과 스피닝 로드가 주로 사용된다.

■기본 장비 및 소품

채비를 그냥 수직으로 내리고 올리는 선상낚시는 베이트 릴 장비가 편리하지만 채비를 멀리 던져야 하는 연안 워킹 낚시에는 스피닝 릴 장비가 제

▼굵은 자갈밭 가장자리로 랜딩되는 갑오징어. 놀라 변(便)을 쏟아내듯 먹물을 방사하고 있다.

격이다.

●낚싯대(Rod) : 스피닝 릴을 기반으로 하는 스피닝 로드를 사용하되, 캐스팅 거리를 늘리면서도 낚인 갑오징어를 끌어들일 때 발생하는 바닥걸림을 최소화하려면 선상낚시용보다는 길이가 조금 더 길어야 한다.

허리힘이 어느 정도 있는 미디엄라이트(ML)~미디엄헤비(MH) 액션의 스피닝 낚싯대를 택하되 길이는 7~8피트 전후면 된다.

●릴(Reel) : 사용하는 낚싯대와 무게 밸런스가 맞는 중소형의 스피닝 릴을 택하되 합사 원줄 1.5호 정도가 150~200m 가량 감기는 것이 좋다. 기어비 또한 6대 1 이상 되는 고속릴이 사용하기에 편리하다.

●낚싯줄(Line) : 원줄은 인장력이 적어 감도가 좋고 챔질 시 라인이 늘어나지 않아 바늘걸림이 잘 되는 PE 합사가 제격이다. 캐스팅 비거리를 늘리기 위해 가늘게 사용하더라도 1~1.5호 굵기는 되어야 한다.

이 합사에 직접 채비를 묶어도 되지만 돌이 많은 바닥에서는 합사가 쓸려 쉽게 끊어질 위험이 따른다. 합사 끝 부분에 나일론 또는 카본 3호 정도의 일반 낚싯줄을 2~3m 가량 덧달아 주면 어느 정도 여쓸림을 방지할 수 있다.

●루어(Lure) : 주꾸미낚시 및 갑오징어 선상낚시에 사용되는 소형 에기(슷테-일명 왕눈이)나 일반 에기를 혼용하면 된다.

●봉돌(Sinker) : 원하는 포인트 지점까지 에기를 캐스팅하려면 에기 자체 무게만으론 한계가 따른다. 어느 정도 무게의 봉돌을 덧달아야 하는데, 1/4~2온스(약 7~57g) 정도 되는 다양한 무게의 봉돌을 준비해 조류의 세기나 캐스팅 비거리, 바닥걸림 등 다양한 상황을 고려하는 것이 좋다.

장애물이 많아 바닥걸림이 심한 곳에선 가급적 작은 봉돌을 사용하되 어느 정도의 바닥걸림은 감수해야 되므로 크기별로 여러 개를 여유있게 준비하는 것이 좋다.

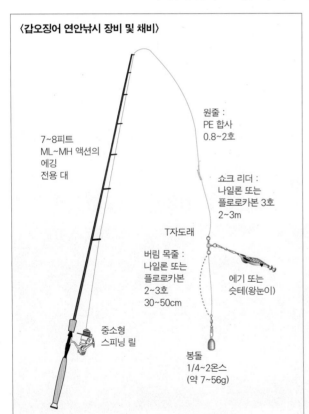

〈갑오징어 연안낚시 장비 및 채비〉

7~8피트
ML~MH 액션의
에깅
전용 대

원줄 :
PE 합사
0.8~2호

쇼크 리더 :
나일론 또는
플로로카본 3호
2~3m

T자도래

버림 목줄 :
나일론 또는
플로로카본
2~3호
30~50cm

에기 또는
슷테(왕눈이)

중소형
스피닝 릴

봉돌
1/4~2온스
(약 7~56g)

●기타 소품 : 1포인트를 계속 이동하며 낚시를 하는 관계로 낚은 갑오징어를 보관하는 용기로 살림망은 부적합하다. 갯바위낚시에 사용되는 두레박이나 아이스박스가 편리하며, 어깨에 메고 다니며 낚시를 할 수 있는 살림통도 괜찮다.

2연안낚시는 방파제와 선착장을 포함한 갯바위에서도 시도되므로 미끄럼방지용 신발이 필요하다. 논슬립화와 함께 구명조끼도 착용해야 한다.

3낚싯줄을 간단히 자를 수 있는 라인컷터와 바닥 지형을 어느 정도 확인할 수 있는 편광 선글라스도 필요하다.

●표준명 : 참갑오징어
●속　명 : 갑오징어, 뼈오징어, 참오징어
●학　명 : *Sepia esculenta*
●영　명 : Golden cuttlefish
●일　명 : 고이카(コウイカ)

■갑오징어 연안낚시 포인트

　갑오징어는 자신의 몸 색깔이나 형태를 바닥 지형에 맞게 수시로 변화시킴으로서 먹잇감이 자신의 존재를 눈치 못 채게 한다. 자신의 몸을 위험요소로부터 보호하면서 먹잇감 사냥에 유리한 장애물이 많은 지역을 선호하는 것이다.

　갑오징어 선상낚시도 물때에 따라 포인트가 달라지지만 조수 간만의 차가 큰 서해 및 남해 지역에서 이뤄지는 연안낚시의 경우는 특히 수위 변화가 포인트 형성을 좌우하게 된다. 그래서 접근하기 쉽고 수위 변화에 대한 적응이 용이한 항·포구의 방파제 주변이 우선 포인트로 꼽힌다. 방파제는 석축이나 테트라포드를 쌓아 만들기 때문에 각종 어류나 갑각류가 즐겨 모여들고 이들 먹잇감을 노리는 갑오징어 역시 방파제 주변을 찾아드는 것이다.

　갯바위 포인트 또한 갑오징어가 자신의 몸을 숨기면서도 먹잇감을 몰래 공격할 수 있는 엄폐물이 형성된 곳이어야 한다. 듬성듬성 암초가 발달한 곳이거나 해초가 자라는 곳이 포인트이다.

▼방파제 테트라포드 주변에 모자반 같은 해조류가 자라는 곳이면 유망 포인트이다. 사진은 경북 구룡포 모포방파제에서의 갑오징어 랜딩 장면이다.

■갑오징어 연안낚시 이렇게!

물 밑 사정은 겉으로 보기와는 다르다. 채비를 던져 바닥 장애물 여부와 수심 변화를 감지하는 일이 중요하다. 느낌이 좋다면 캐스팅 이후 낚싯대를 10시에서 11시 방향 정도로 들고 채비의 무게감을 느껴가며 에기가 바닥에서 살짝살짝 튀어 오르도록 액션을 부여한다.

●입질 파악과 챔질 : 액션을 부여하며 끌어들이던 에기와 봉돌의 중량감이 갑자기 더 무겁게 느껴지거나 낚싯줄이 쭉쭉 끌려 나가는 현상이 나타나면 갑오징어가 에기를 붙잡은 것이므로 챔질을 해주면 된다. 이때 챔질은 부드럽게 그리고 길게 해주는 것이 좋은데, 낚싯대를 위로 쑥 들어 올리다가 마지막에 임펙트를 주는 방법이 가장 이상적이다.

●끌어내기 : 갑오징어가 바늘에 걸려들면 한바탕 먹물을 쏘아대면서 약간의 저항을 하지만 별 문제 없이 끌려오게 된다. 게다가 봉돌이 너무 무거운 경우가 아니면 릴링하는 과정에서 갑오징어가 물의 저항을 받아 수면으로 떠오르기도 한다. 끌려오는 도중 바닥 장애물에 걸릴 위험이 생각보다 덜한 것이다.

●마무리하기 : 바깥까지 끌려온 갑오징어는 먹물을 쏘아대면서 마지막 저항을 하므로 갑오징어에 충격을 주지 말고 살그머니 들어내야 한다. 손으로 잡는 방법, 즉 먹물 세례를 피하는 방법은 선상낚시 때의 '마무리하기' 수순과 동일하므로 이를 참고 바란다.

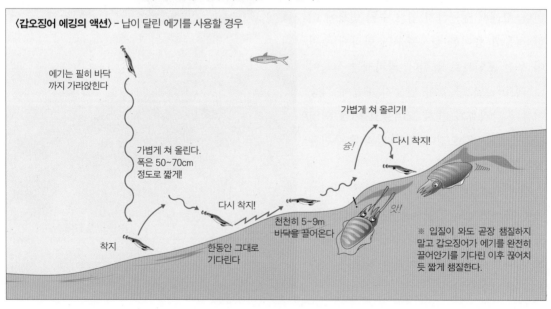

〈갑오징어 에깅의 액션〉 - 납이 달린 에기를 사용할 경우

에기는 필히 바닥까지 가라앉힌다

가볍게 쳐 올린다. 폭은 50~70cm 정도로 짧게!

착지

한동안 그대로 기다린다

다시 착지!

천천히 5~9m 바닥을 끌어온다

가볍게 쳐 올리기!

슝!

다시 착지!

※ 입질이 와도 곧장 챔질하지 말고 갑오징어가 에기를 완전히 끌어안기를 기다린 이후 끊어치듯 짧게 챔질한다.

■유망 갑오징어 낚시터

서해안과 남해안 일대의 대부분 항·포구에서 갑오징어가 폭넓게 낚인다. 서해안 갑오징어낚시의 주요 무대는 천수만 일대로, 갑오징어가 산란과 성장을 하는 데 가장 적합한 곳으로 꼽힌다. 이보다 남쪽으로 대천이나 홍원, 군산 지역에서도 많은 갑오징어가 낚인다. 더 남쪽으로는 목포 북항도 포함된다.

남해안 지역에선 완도항을 비롯한 녹동항과 여수항이 갑오징어 낚시터로 꼽히며, 남해도의 크고 작은 항·포구와 통영·거제·진해권에서도 갑오징어낚시가 성행한다. 동해안의 경우는 포항시 양포항과 신항만 등지가 대표적이다.

●인천·경기권 출항지 : 많지는 않지만 영흥도나 제부도 인근 지역에서 낚시가 이루어 진다. 이들 지역은 수도권에서 가깝다는 장점이 있다.

●충남권 출항지 : 태안반도 남쪽에 위치한 영목항(태안군 고남면 고남리)과 천수만 인근의 남당항(홍성군 서부면 남당리)으로부터 남쪽 보령시와 서천군 지역이 주꾸미 본고장으로 꼽힌다. 오천항(보령시 오천면 소성리)·대천항(보령시 신흑동)·무창포항(보령시 웅천읍 관당리)·홍원항(서천군 서면 도둔리) 등이 대표적인 주꾸미낚시 출항지인데, 특히 오천항은 국내에서 본격 갑오징어 선상낚시를 처음 시작한 곳으로 유명하다.

●전북권 출항지 : 군산 비응항과 새만금방조제 인근의 야미도 지역이 대표

갑오징어

●표준명 : 참갑오징어
●속　명 : 갑오징어, 뼈오징어, 참오징어
●학　명 : Sepia esculenta
●영　명 : Golden cuttlefish
●일　명 : 고이카(コウイカ)

▼충남 보령시 천북면 학성리 회변(호변동) 선착장 주변. 경사진 자갈밭에서 갑오징어가 잘 낚인다.

적인 출항지로 꼽힌다. 수도권에서는 거리가 조금 멀긴 해도 갑오징어낚시가 시작된 지 그다지 오래 되지 않아 잠재력이 많은 곳이기도 하다.

●서해권 워킹 낚시터 : 인천광역시 옹진군 남단 도서 지역에서도 갑오징어가 잘 낚인다. 덕적도를 비롯한 자월도와 대이작도가 대표적인 곳으로, 여객선이 닿는 선착장이나 방파제 주변이 곧 낚시터이다. 가족과 함께 인천이나 대부도에서 여객선을 이용해 1박2일 여정의 가을 나들이를 겸할만하다.

갑오징어의 산란과 성장이 이뤄지는 천수만 주변 낚시터로는 태안 영목항(고남면 고남리)과 홍성 남당항(서부면 남당리), 보령 회변항(천북면 학성리) 등지가 손꼽힌다. 안면도 최남단의 영목항은 두 개의 선착장에서, 그리고 홍성 남당항에선 대형 방파제 끝 지점에서 낚시가 이뤄진다. 오천항 입구에 위치한 회변(호변동)은 작은 선착장 외에는 별다른 시설물이 없는 해변 마을인데, 경사진 자갈밭에서 갑오징어가 잘 낚인다. 오천항에서 철부선이 닿는 월도(보령군 오천면 효자도리) 또한 천수만 입구에 위치한 갑오징어 명당으로, 선착장 주변에서 야영을 하며 1박2일 여정을 즐기기에 적합한 코스다.

●완도 완도항 : 선착장과 방파제 전역에서 고루 낚인다. 그 중에서도 최경주광장과 주도 앞 사이의 선착장 구간이 좋고, 완도관광호텔 앞에 있는 방파제의 조황도 돋보인다. 가을 시즌은 물론 5~6월 봄철에도 잘 된다.

●고흥 녹동항 : 여러 개의 선착장과 방파제에서 갑오징어낚시가 고루 이뤄지지만 동두산공원 밑 널따란 선착장 쪽이 낚시하기 편하고 조황도 돋보인다. 입구에 태양낚시점이 있고 빨강등대가 서 있는 곳으로, 길이는 60~70m에 불과하지만 폭이 40여m에 이른다. 추석 무렵이면 갑오징어 외에 문어 · 낙지도 잘 잡힌다.

●여수 : 국동항 주변에도 갑오징어가 잘 낚이지만 어선이 많고 주변이 어수선한 분위기인 데 비해 거북선대교가 지나는 종화동 하멜등대방파제 일대는 주변 여건도 깔끔하고 갑오징어 조황도 좋은 편이다.

●남해도 : 삼천포대교로 진입하는 창선면 일대의 크고 작은 방파제에서 두루 낚이고, 앵강만을 끼고 있는 이동면 일부 방파제에서도 갑오징어가 선보인다. 남해대교로 진입하는 설천면 동쪽 및 서쪽 해변 모두 출조권이다.

●삼천포~창원 : 갑오징어낚시가 오래 전부터 이뤄진 삼천포권 도보 낚시터로는 늑도방파제와 실안방파제가 손꼽히고, 인근 고성군 지역에선 당항

리방파제와 맥전포방파제가 대표적이다.

통영권 낚시터로는 도산면 오륜리 사량도행선착장과 인근 유촌마을 방파제, 산양읍 풍화리와 미남리에 소재한 함박포구 및 달아·마동(척포) 방파제가 돋보인다. 거제도는 동쪽과 남쪽 지역보다는 서쪽 거제면과 둔덕면 지역이 갑오징어가 서식하기 좋은 여건이고, 북쪽 칠천도에 소재한 방파제·선착장에서도 곧잘 낚인다.

창원시 마산합포구 진동면·구산면 일대에도 주꾸미를 포함한 갑오징어가 선보이는데, 진동면 요장리에 소재한 광암항과 구산면 심리에 소재한 원전항이 대표적이다. 진해항부두와 창원해양공원이 있는 음지도(진해구 명동) 역시 갑오징어 낚시터로 꼽힌다.

●경북 포항 : 포항시 남구 양포항(장기면 양포리)과 모포항(장기면 모포리), 포항시 북구 신항만(흥해읍 용한리)과 이가리항(청하면 이가리)이 대표적이다. 이들 지역의 갑오징어낚시는 5~6월 산란기 때에만 시즌을 형성하는데, 몸통 크기 25cm에 육박하는 몬스터급들이 선보인다. 양포항은 계류장이 있는 서쪽 방사제(防砂堤) 주변, 모포항은 방파제 끝 지점, 신항만은 도보로 진입할 수 있는 어선방파제 내항 쪽, 이가리항은 방파제 내항 쪽 잘 피밭 일대가 갑오징어 포인트이다.

September

갑오징어

●표준명 : 참갑오징어
●속 명 : 갑오징어, 뼈오징어, 참오징어
●학 명 : Sepia esculenta
●영 명 : Golden cuttlefish
●일 명 : 고이카(コウイカ)

▼포항시 남구 장기면 양포리 양포항에는 5~6월이면 갑오징어가 몰려들어 성시를 이룬다. 사진은 내항 쪽 방사제에 설치돼 있는 계류장(繫留場)으로 이곳에서 갑오징어낚시가 이루어진다.

갑오징어낚시 **409**

10월에 떠나요!

글 박영환, 사진 박영환

주꾸미낚시

호래기라면이 맛있을까, 주꾸미라면이 맛있을까?

'주 5일 근무'가 보편화 되면서 가족과 함께 하는 레저가 대세를 이루 게 되었다. 낚시도 예전에는 남자들만의 전유물처럼 여겼으나 이 제는 가족과도 함께 하는 낚시로 변하게 되었다. 그 중에서도 남녀노소가 함께 즐기는 대표적인 분야가 주꾸미낚시다. 누구나 손쉽게, 푸짐하게 잡을 수 있고 간단히, 맛있게 요리해 먹을 수 있기 때문이다.

장비·채비도 간단하고 방법도 간단하다. 현장에서 곁눈질 몇 번이면 터 득되고, 그래서 첫 조행에도 마릿수 조과를 올릴 수 있다. 낚시 시즌 또한 불볕더위가 물러난 천고어비의 계절, 가을 한철이다. 그래서 9~10월의 서 해 바다는 남자들의 환호성보다 아낙과 아이들 환호성이 한 옥타브 더 높

주꾸미

- ●표준명 : 주꾸미
- ●속 명 : 쭈꾸미, 죽거미, 쭈깨미
- ●학 명 : *Octopus ocellatus*
- ●영 명 : Webfoot Octopus
- ●일 명 : 이이다코(イイダコ)

다. 그야말로 패밀리 피싱의 대명사임을 실감케 한다.

'봄 주꾸미, 가을 낙지'라는 속담이 있다. 주꾸미는 봄에 맛있고, 낙지는 가을이 제 맛이라는 뜻이다. 그런데 가을 아닌, 웬 봄 주꾸미? 주꾸미의 산란기가 봄철이기 때문이다. 진달래꽃 피어나는 봄 주꾸미의 배(사실은 머리)에는 알이 가득 차는데, 삶으면 그 알이 흰 쌀밥처럼 꼬들꼬들해져 색다른 맛을 전한다.

그러나 봄 주꾸미 예찬은 독특한 알에 대한 일반인들의 호기심일 뿐, 전체적인 맛은 그렇지 않다고 주장하는 이들이 많다. 육질로 따지자면 오히려 자잘한 가을 주꾸미가 한 수 위라는 얘기다. 봄 주꾸미의 육질이 다소 질긴데 비해 가을 주꾸미의 육질이 훨씬 부드럽기 때문이다.

주꾸미를 잡는 방법 또한 계절에 좌우된다. 한마디로 봄 주꾸미는 어구로 잡고, 가을 주꾸미는 낚시로 잡는다. 우선, 낙지의 습성이 뻘 속을 파고드는 데 비해, 주꾸미는 오목한 바닥이나 고둥 껍데기에 들어가기를 좋아해 그곳에다 알을 붙여 놓는다. 주꾸미 잡이 '소라방'도 바로 이런 습성을 이용한 것이다. '소호어업'이라고도 부르는 소라방은 피뿔고둥(서해안에서는

▼"어휴~ 이걸 어쩌지?" 에자와 슷테를 단 2단채비에 두 마리의 주꾸미가 걸려들어 꼬마 조사는 몹시 신기하고도 난감한 표정이다.

'소라'라 부른다) 껍데기를 줄줄이 매달아 바다에 던져 넣은 후 그 속에 주꾸미가 들어앉기를 기다렸다가 끌어올려 잡는 어업을 말한다. 다시 말해 봄 주꾸미는 '소라방'에 잡히는 대신 낚시에 잡히지 않고, 가을 주꾸미는 낚시에만 잡힐 뿐 소라방이나 그물에도 잘 잡히지 않는 것이다.

이런 까닭에 봄 주꾸미 축제는 일반인들의 몫이고 가을 주꾸미 축제는 낚시인들의 몫이 되는 셈인데, 근년 지방 곳곳에서 경쟁적으로 개최되는 봄 주꾸미 축제 현장에는 자원 부족으로 국적 불명의 주꾸미들이 판매되기도 한다. 태국이나 베트남 등지에서 수입된 주꾸미가 시장과 식당에서 많이 팔리고 있지만 직접 낚은 '신토불이' 주꾸미 맛을 따라오지 못한다. 적당히 쫄깃쫄깃하고 야들야들 부드러운 육질은 직접 잡아서 신선할 때 먹는 주꾸미의 맛이 최고다. 쭈삼불고기, 샤브샤브, 주꾸미먹물라면, 뭘 해 먹어도 맛있다. 낚싯배 위에서 갓 잡은 주꾸미로 즉석요리를 해 먹고 집에 돌아와 별별 요리 솜씨를 발휘하기에 주꾸미만큼 좋은 게 또 있을까.

■생태와 습성, 서식 및 분포

주꾸미에 대한 기록은 우리나라 3대 어보 중 하나인 「전어지(佃漁志)」(서유구, 1820년경)에 등장한다.

"죽근이 또는 망조어(望潮魚)는 생긴 모양이 문어와 같으나 크기가 작다. 몸뚱이는 1~2치(寸)이고 발은 몸뚱이 길이의 두 배에 달한다. 초봄에 잡아서 삶거나 지지면 머릿속에 흰 살이 가득 차 있는데 그 낱알이 찐밥(蒸飯)과 같다. 그래서 일본인들은 반초(飯梢·이이다꼬)라 부른다. 3월 이후가 되면 몸이 여위고 밥도 없어진다."

머릿속에 든 '찐밥'(蒸飯)이란 흰 쌀밥처럼 생긴 주꾸미의 알을 일컫은 것이고, '3월(음력) 이후가 되면 몸이 여위고 밥도 없어진다'는 기록은 산란이 끝나면 생을 마감한다는 뜻으로 연결된다.

봄철, 조개껍데기 속에 산란

이렇듯 주꾸미는 한해살이 연체동물이다. 연체동물 가운데 머리에 다리(또는 팔)가 달린 두족류(頭足類)는 두 가지로 나뉜다. 팔이 10개인 십완목(十腕目)과 팔이 8개인 팔완목(八腕目)이다. 꼴뚜기를 포함한 오징어 종류가 십완목이고, 주꾸미 · 낙지를 포함한 문어 종류가 팔완목이다.

십완목의 꼴뚜기에 비할 바는 아니지만 몸길이 12cm 안팎의 주꾸미는 팔완목의 문어류 중에서는 체구가 가장 작은 종이다. 몸체에 붙어있는 8개의 다리는 길이가 거의 같고, 빨판이 2줄로 배열되어 있다. 몸통과 머리는 등 쪽으로 붙어 있고 배 쪽으로는 분리되어 있다. 분리된 사이로 물을 뿜는 대롱 같은 출수구가 몸통 아래로 나와 있다.

수심 10m 안팎의 바닥층에 서식하며 갯지렁이와 갑각류 · 조개류 등의 저서생물들을 취한다. 산란기는 3~4월, 지역에 따라 5~6월까지 이어지기도 한다. 모래나 자갈과 펄이 섞인 바닥의 오목한 곳이나 빈 조가비 속에 산란을 한다. 우리나라 전 연안에 분포하지만 서식 밀도가 높은 곳은 서해안 전역과 남해서부 지역 그리고 남해동부 순이다.

저칼로리 음식이면서 필수아미노산이 풍부하게 함유되어 다이어트에 좋은 것으로 알려진 주꾸미는 근년 들어 그 수요가 급증한 수산물 중의 하나다. 지역마다 같은 이름을 내세운 '주꾸미 축제'가 경쟁적으로 개최되는가 하면, 학술적 연구도 잇따르는 추세다. 국내의 한 대학에서 발표한 연구 사례가 특히 흥미를 끈다. 어부들이 주꾸미를 잡는 어구 중의 하나인 단지의 색상을 연구한 결과, 수중실험에서 주꾸미가 선호한 색은 회색 · 적색 · 녹색 · 황색 · 백색 순으로 나타났다고 한다. 해상실험 결과도 거의 비슷하게

주꾸미

● 표준명 : 주꾸미
● 속 명 : 쭈꾸미, 죽거미, 쭈깨미
● 학 명 : *Octopus ocellatus*
● 영 명 : Webfoot Octopus
● 일 명 : 이이다코(イイダコ)

▼봄철 산란기 때 볼 수 있는 주꾸미의 두 가지 특징. 통째 삶아 머릿속을 잘라보면 흰 쌀밥처럼 생긴 알이 쫄깃쫄깃한 맛을 자아낸다(왼쪽 사진). 봄철 어부들의 '소라방'에 걸려나온 주꾸미가 고둥 껍질 속에서 나오지 않으려고 발버둥을 친다.

오징어 알

피뿔고둥 껍데기 속에 들어간 주꾸미

▲여름 방학이 끝날 무렵에 시작되어 늦가을에 이를수록 주꾸미의 씨알이 크게 낚인다.

회색 · 홍색 · 녹색 순으로 나타났다.

이는 곧 주꾸미가 색깔을 식별한다는 증거로 낚시에도 연결된다. 즉, 주꾸미낚시의 루어 선택에 참고할 만한 것이다.

■주꾸미낚시 시즌 전개

■ : 시즌　■ : 피크 시즌　■ : 금어기

구분	1월	2월	3월	4월	5월	6월	7월	8월	9월	10월	11월	12월	비고
서해안					■	■	■	■	■	■	■		전역
남해안					■	■	■	■	■	■	■	■	거의 전역

　주꾸미는 1년생으로 특정 시기가 아니면 낚을 수 없는 종이다. 앞서 언급한 바와 같이 3~4월 이른 봄철에 잡히는 알 밴 주꾸미는 '소라방'이라는 어구에 걸려들 뿐 낚시엔 반응을 보이지 않는다. 산란기가 되어 일단 산란장을 정하면 그곳에 틀어박혀 돌아다니지 않는 때문으로 생각된다.

　산란이 끝난 주꾸미들은 차츰차츰 몸이 쇠잔해지면서 생을 마감하는 것으로 알려진다. 결국 봄철에 부화한 새끼들이 자라 낚시에 잡히기 시작하는데, 이때가 바로 무더위가 한 풀 꺾이는 늦여름이다.

●시즌 개막(8월 중순) : 매년 8월 중순경이 되면 이제 겨우 루어(에기나 에자)에 걸려나올 정도로 커진 새끼 주꾸미가 낚이기 시작한다. 하지만 그 크

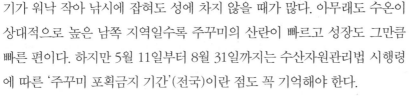

기가 워낙 작아 낚시에 잡혀도 성에 차지 않을 때가 많다. 아무래도 수온이 상대적으로 높은 남쪽 지역일수록 주꾸미의 산란이 빠르고 성장도 그만큼 빠른 편이다. 하지만 5월 11일부터 8월 31일까지는 수산자원관리법 시행령에 따른 '주꾸미 포획금지 기간'(전국)이란 점도 꼭 기억해야 한다.

●피크 시즌(9~11월 중순) : 누구나 주꾸미를 가장 손쉽게 잡을 수 있고 마릿수 재미를 누릴 수 있는 시기다. 서해 전역은 물론 남해안 지역 모두 피크 시즌에 해당된다. 날씨도 연중 바다낚시를 하기에 가장 좋을 때로 남녀노소 많은 동호인들이 주꾸미낚시를 즐기게 된다. 주꾸미의 크기도 딱 먹기 좋을 정도여서 그 어느 때보다 맛있는 낚시를 즐길 수 있다.

●시즌 말기(11 중순~12월) : 서해권의 경우 11월 중순경까지는 본격 시즌이라 할 수 있다. 이 시기의 주꾸미는 낚시로 잡을 수 있는 최대치 크기여서 몇 마리만 잡아도 1kg이 금방 넘는다.

11월 하순경이 되면 날씨에 많은 변수가 생기게 된다. 주의보가 수시로 발효되고 기온도 떨어지기 시작하여 선상낚시에 어려움이 많아진다. 특히 어린이나 노약자들의 낚시가 어려워지고 조황도 들쭉날쭉해진다. 아무래도 전문 꾼들 위주의 막바지 낚시가 이루어질 뿐이다.

그러나 말기 시즌에도 지역 편차가 있다. 수온이 낮아지는 만큼 주꾸미들은 겨울나기를 위해 깊은 곳으로 이동하게 되는데, 상대적으로 수온이 따뜻한 남해안 일부 지역에서는 12월에도 주꾸미낚시가 활기를 띠기도 한다.

●표준명 : 주꾸미
●속　명 : 쭈꾸미, 죽거미, 쭈깨미
●학　명 : *Octopus ocellatus*
●영　명 : Webfoot Octopus
●일　명 : 이이다코(イイダコ)

▼차가운 바닷바람이 잔물결을 이루는 11월, 서해 바다 곳곳은 시즌을 마무리하는 주꾸미낚시로 열기가 가득해진다.

주꾸미 선상낚시

주꾸미낚시는 낚싯배를 타고 하는 선상낚시와 연안 방조제나 방파제 또는 갯바위 지대를 걸어 다니며 하는 도보낚시로 나뉜다. 각각의 장단점이 있고 낚시인의 취향에 따라 선호도가 다를 수 있지만 마릿수 조과만큼은 선상낚시가 단연 우위라는 점은 분명하다. 채비 손실이 거의 없는 것도 선상낚시의 장점이다.

가을 바다 정취와 흥취까지 어우러지는 주꾸미낚시의 인기로 인해 가을 한창 시즌 땐 낚싯배가 모자라 일부 출항지에선 '2부제 출조'가 단행되기도 한다. 오전반과 오후반으로 나눈 옛 초등학교의 2부제 수업 취지와는 달리, 주꾸미 선상낚시의 2부제 출조는 낚시인에게 오히려 편리한 상품일 수도 있다. 오전, 오후 한나절 낚시만으로도 먹을 수 있을 만큼의 조과를 올릴 수 있는 데다, 뱃삯 또한 반으로 줄일 수 있기 때문이다.

■선상낚시용 장비 및 소품

주꾸미는 힘을 쓰는 대상이 아니기 때문에 장비가 특별히 까다로울 필요는 없다. 다만 너무 저가의 제품들은 사용 도중에 고장이나 파손 우려가 있다는 점을 고려해야 한다. 스피닝 릴 장비냐 베이트 릴 장비냐도 굳이 따질 필요는 없겠지만 주꾸미 선상낚시는 채비를 수직으로 내리는 만큼 베이트 릴 장비가 더 편리한 것은 틀림없다.

▶낚싯대(Rod) - 7피트 전후, ML~MH 강도

너무 강하거나 너무 부드러운 액션은 좋지 않다. 전체적으로 액션이 강한 낚싯대는 주꾸미의 무게를 느끼기에는 좋을 수 있지만 챔질 시 주꾸미가 루어에서 걸렸다가 낚싯대의 강한 반발력에 튀는듯하면서 떨어져버리는 상황이 종종 발생한다. 반대로 너무 부드러운 낚싯대는 입질 파악이 조금 더딘듯하고 바닥 상황을 원활히 읽어내는 데도 어려움이 따른다. 또한 낚인 주꾸미를 끌어 올릴 때도 조금이나마 힘이 더 든다.

이상의 장단점을 감안한 주꾸미 선상낚시용 로드는 허리힘이 강하고 초리 부분이 약간 부드럽게 설계된 미디엄라이트(ML)~미디엄헤비(MH) 강도의 초리휨새가 무난한 것으로 본다.

길이는 너무 길거나 짧아도 불편하다. 너무 긴 낚싯대는 감도가 떨어지고 낚싯배의 구조물이나 옆 사람과 부딪히는 경우가 많다. 너무 짧은 낚싯대는 배의 바깥쪽 면에 낚싯줄이 닿는 상황이 자주 생기게 되는데, 이럴 경우 낚싯줄의 중간 부분이 쓸리게 되어 끊어지는 폐단이 생긴다. 이런 점을 감안한 주꾸미 낚싯대의 길이는 7피트(약 2.1m) 전후가 가장 무난하다.

▶릴(Reel) - 중소형 베이트캐스팅 릴이 유리

스피닝 릴을 사용하는 장비도 괜찮다. 하지만 릴에서 라인을 곧장 풀어 내리는 것에서부터 바닥 수심이 수시로 변하는 데 따라 라인을 풀어 내리거나 감아 들이는 동작을 계속 반복해야 하는 배낚시의 특성을 고려한다면 아무래도 베이트캐스팅 릴이 훨씬 편하다. 또한 스피닝 릴은 라인을 풀어 내리기 위해 로드와 릴을 쥐지 않은 다른 한 손으로 매번 픽업베일을 젖히거나 역회전 방지 레버를 조작해야 되지만, 베이트 릴은 대와 릴을 쥔 손의 엄지로 썸바(Thumb bar)를 눌러주면 되므로 다른 한 손이 자유스럽다는

● 표준명 : 주꾸미
● 속 명 : 쭈꾸미, 죽거미, 쭈깨미
● 학 명 : *Octopus ocellatus*
● 영 명 : Webfoot Octopus
● 일 명 : 이이다코(イイダコ)

▼가족과 함께 즐기는 가을 바다 선상 파티. 현장에선 주꾸미 라면이 제격이지만 집에 돌아와서는 또 다른 별미를 즐길 수 있다. 샤브샤브로 솜씨를 발휘하거나 그냥 간단히 데침 또는 양념볶음을 해도 어른 • 아이 모두 좋아한다.

것이 장점이다. 릴의 조력도 베이트캐스팅 릴이 더 강한 편으로, 무진장 낚아 올리는 주꾸미낚시의 특성상 체력 소모가 그만큼 덜하다는 점도 무시할 수 없는 요인이다.

중소형 베이트캐스팅 릴을 선택하되 기어비가 높은 제품이 좋다.

▶낚싯줄(Line) - PE 0.8~1.5호 원줄

원줄은 PE 0.8~1.5호를 사용하는 것이 가장 좋다. PE 합사 라인은 인장력이 거의 없어 바닥 지형을 파악하고 주꾸미의 무게를 예민하게 느끼는 데에도 유리하다. 또한 챔질 시 라인이 늘어나는 경우가 거의 없기 때문에 챔질에 가해지는 힘의 손실이 발생하지 않아 더욱 확실한 챔질이 가능해진다. 나일론이나 카본 라인에 비해 굵기가 가늘어도 같은 힘을 발휘한다는 점, 굵기가 가는 만큼 조류의 저항을 적게 받고, 그래서 채비를 수직에 가깝게 유지하기 좋다는 점 등등도 합사 라인의 장점이다.

▶루어(Lure) - 슷테(주꾸미낚시용 에기)와 에자(주꾸미구슬바늘)

주꾸미낚시용 루어는 에기(정확한 명칭은 '슷테'인데도 대부분 낚시인들이 무늬오징어용 에기와 구분하지 않고 잘못 부르고 있음)와 에자(주꾸미

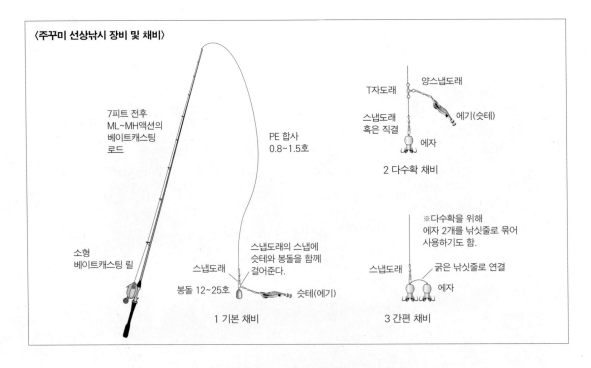

〈주꾸미 선상낚시 장비 및 채비〉

7피트 전후
ML~MH액션의
베이트캐스팅
로드

PE 합사
0.8~1.5호

소형
베이트캐스팅 릴

스냅도래

봉돌 12~25호

스냅도래의 스냅에
슷테와 봉돌을 함께
걸어준다.

슷테(에기)

1 기본 채비

T자도래

양스냅도래

스냅도래
혹은 직결

에기(슷테)

에자

2 다수확 채비

※다수확을 위해
에자 2개를 낚싯줄로 묶어
사용하기도 함.

스냅도래

굵은 낚싯줄로 연결

에자

3 간편 채비

볼 또는 주꾸미구슬바늘이라 부름)가 사용된다.

무늬오징어낚시에 사용되는 에기는 캐스팅과 수중에서의 침하, 무게 중심 등을 고려해 납이 부착된 형태이지만, 주꾸미낚시에 사용되는 슷테는 이러한 납이 달려 있지 않거나 달려 있다 하더라도 에기의 중심을 잡아주기 위해 아주 작은 납이 달려 있을 뿐이다.

주꾸미용 슷테는 다양한 색상과 크기는 물론 모양도 여러 가지로 준비하는 것이 좋다. 특히 중요한 것이 색상인데, 낚시 당일의 상황과 시간대별로도 주꾸미가 선호하는 색상이 달라질 정도이므로 골고루 준비하는 것이 조과에 도움이 된다.

에자도 빠뜨리지 말아야 한다. 슷테보다 에자가 더 잘 먹히는 날이 있기 때문이다. 하얀색 사기 구슬에 납(최근에는 납 사용이 문제가 되면서 쇠나 다른 금속을 사용하기도 한다)과 갈고리바늘이 부착된 에자는 처음 주꾸미 낚시를 하는 이들에게 더욱 필요하다. 바늘이 커서 걸려든 주꾸미가 잘 떨어지지 않아 슷테보다 손쉽게 사용할 수 있기 때문이다.

●**에기와 에자의 튜닝** : 주꾸미는 빛을 발하는 루어에 빠른 반응을 보일 때가 많다. 그럼에도 최근 판매되는 에기 가운데 축광이 되지 않는 저가품들을 아무런 생각 없이 사용하는 이들이 많다. 이런 제품을 구입한 경우 시중 낚시점에서 판매하는 축광이 잘 되는 구슬이나 실리콘링·테이프·도료 등을 이용해 에기나 에자가 축광이 될 수 있도록 만들어 주면 더 나은 조과를 올릴 수 있다.

▶**기타 소품** – 그물코가 촘촘한 살림망 유용

봉돌과 주꾸미 보관 용기가 필요하다.

봉돌은 물때와 수심에 따라 적절히 사용해야 하므로 12호에서 25호 정도의 무게로 몇 개씩 준비하면 된다.

낚은 주꾸미를 산 채로 보관하려면 적당한 용기가 필요한데, 이것이 만만치가 않다. 뚜껑이 없는 통에 담을 경우 놈들이 기를 쓰고 밖으로 나

주꾸미

● 표준명 : 주꾸미
● 속 명 : 쭈꾸미, 죽거미, 쭈깨미
● 학 명 : *Octopus ocellatus*
● 영 명 : Webfoot Octopus
● 일 명 : 이이다코(イイダコ)

▼주꾸미낚시용 슷테와 에자. 무늬오징어낚시용 에기가 변형된 슷테에 비해 주꾸미구슬바늘이라 불리는 에자는 초보자들이 사용하기에 편하다.

주꾸미낚시용 슷테

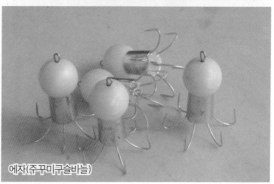
에자(주꾸미구슬바늘)

와 여기저기 정신없이 기어 다닌다. 낚시를 하며 이런 놈들을 간수하려다 보면 여간 짜증나는 일이 아니다.

그래서 대체 용기로 떠오른 것이 목이 길고 그물코가 촘촘한 붕어낚시용 살림망이다. 낚시 도중 뱃전 아래의 바닷물에 담가두면 주꾸미가 기어 나오지 않을 뿐더러 신선도 유지에도 그만이다. 그러나 이 또한 단점이 있으므로 조심해야 한다. 포인트 이동을 할 때마다 배 위로 끌어올려야 하는 일이 귀찮기도 하거니와 깜빡 하고 살림망을 올리지 않은 상태에서 낚싯배가 이동하게 되면 낚은 주꾸미를 통째 날려버리는 경우도 있기 때문이다.

■선상낚시 포인트와 기타 조건

▼목이 길고 그물코가 촘촘한 붕어낚시용 살림망에 가득 보관한 주꾸미 조과를 들어 보이는 모습.

주꾸미는 다양한 바닥 지형과 수심에서 낚인다. 암반이나 개펄 일색인 곳은 포인트가 되지 못하고, 모래나 자갈 그리고 펄이 섞인 바닥에서 주로 낚인다. 이런 까닭에 주꾸미 선상낚시는 채비 걸림이 거의 없어 초보자들도 쉽게 즐길 수 있는 것이다.

주꾸미의 큰 무리는 특히 물곬을 따라 이동하는데 그 이동이 의외로 빠르다. 바다의 상황과 시기에 따라 얕게는 2~5m, 깊게는 30~40m 수심까지 포인트 변동이 심하므로 입질이 뜸할 경우는 수시로 포인트를 이동해야 한다.

물때는 조금 전후가 유리하다. 조류의 흐름이 너무 세찬 사리 전후에는 낚싯배가 빠르게 떠밀려 입질 포인트에 대한 집중 공략 기회가 그만큼 줄어들고, 혼탁한 뻘물로 인해 조황 자체도 뒤지는 편이다. 이에 비해 조류의 흐름이 약한 조금 전후의 물때엔 낚싯배가 천천히 떠밀리므로 일정 포인트의 공략 시간이 길 뿐만 아니라, 채비를 바닥에 제대로 찍는 낚시를 하기에 편하고 주꾸미가 에기나 에자를 공격했을 때의 무게감도 쉽게 감지할 수 있다.

이러한 점을 감안해 사리 때는 조류의 영향을 덜 받는 섬 뒤쪽이나 만곡진 지형을 찾게 되고, 조금 때는 조류의 흐름이 어느 정도 형성되는 장소를 찾게 된다.

- 표준명 : 주꾸미
- 속　명 : 쭈꾸미, 죽거미, 쭈깨미
- 학　명 : *Octopus ocellatus*
- 영　명 : Webfoot Octopus
- 일　명 : 이이다코(*イイダコ*)

■주꾸미 선상낚시 이렇게!

누구나 쉽게 마릿수 조과를 올릴 수 있는 주꾸미낚시라 해도 그 방법에 따라 개별 차이가 많은 것이 또 주꾸미낚시이기도 하다. 우열을 판가름하는 첫 번째 요인은 채비다.

▶에기냐? 에자냐? – 속전속결엔 에기, 초보자에겐 에자

마릿수 조과를 올리는 이들을 보면 일정한 무게의 봉돌이 달려 있는 에자(주꾸미볼)는 거의 사용하지 않고, 낚시가 가능한 한도 내, 즉 수심이나 조류의 강약 등을 고려하여 적합한 무게의 봉돌을 선택하고 여기에 에기(슷테) 하나만 부착한 채비를 사용한다. 이렇게 채비의 무게를 상황에 맞게 조정해 가면서 낚시를 하면 입질 감도가 좋을 뿐만 아니라 걸려든 주꾸미를 채비 엉킴 없이 빠르게 처리할 수 있게 되는 것이다.

그러나 챔질과 끌어올리기 등의 요령이 부족한 이들이나 에자에 주꾸미가 특별히 잘 덤벼드는 상황에서는 봉돌을 사용하는 채비보다 그냥 에자만 달아 낚시를 하는 것이 유리할 수도 있다. 에자는 바늘의 품이 넓어서 걸려든 주꾸미가 잘 떨어져나가지 않아 편하게 사용할 수 있다는 장점도 있다. 다만 에자의 자체 무게만으론 한계가 따른다는 점 염두에 두어야 한다. 조류가 세차게 흐를 경우 채비가 너무 멀리 떠내려가게 되고, 수심 깊은 포인트에서는 채비의 하강 속도가 너무 느려 속전속결을 필요로 하는 주꾸미낚시에 있어 마릿수 조과를 올리는 데 그만큼 불리한 때문이다. 이럴 때는 에자에 추가로 봉돌을 더 달아주어 전체 무게를 무겁게 해주는 방법도 있다.

▶에기와 에자의 색상 – 빨강 · 파랑 · 흰색은 기본

사용하는 에기나 에자의 색상은 시간대별로 그 효과가 달라진다. 주꾸미는 어떤 감각기관으로든 색깔을 식별하는 능력이 있는 것으로 보이는데, 낚시 당일의 물의 탁도에 따라 그리고 맑은 날씨와 흐린 날씨에 따라 선호하는 색깔이 달리 나타난다.

평균적으로 이른 아침에는 파란색이 조금 유리하고, 낮 시간대에는 흰색이나 빨간색이 유리한 듯 보인다. 어둠이 채 가시지 않은 새벽 시간이거나 수심이 깊은 장소, 날씨가 흐리거나 물색이 탁한 곳에선 축광이 되는 에기나 에자가 효과를 발휘한다는 점도 참고할 필요가 있다.

그러나 에기와 에자의 효과는 어떤 선입견보다 함께 낚시하는 주변 낚시인들의 조과를 보면 알 수 있으므로 이를 참고하는 것도 좋은 방법이다.

▶입질 유도 및 감지 – 채비 오르내리다 갑자기 묵직해지면…

주꾸미는 채비를 바닥에 닿도록 내려 3~5초쯤 기다리다가 살짝 들어보는 것만으로도 입질을 파악할 수 있다. 하지만 더 나은 조과를 위해선 짬짬이 낚싯대를 살짝살짝 움직여 에기나 에자가 바닥을 두들기듯 콩~콩~콩~ 찍어주는 액션을 부여하면 보다 빠른 입질을 유도할 수 있다.

주꾸미는 입으로 먹이를 섭취하는 어류와는 달리 다리로 에기나 에자를 붙잡아 입 쪽으로 끌어안는다. 따라서 일반 어류처럼 흡입하고 흔드는 움직임이 전해지지 않고 약간의 중량감이 더해지는 것으로 입질을 감지해야 한다. 채비를 바닥에 내려 중간 중간 들어 올렸다 내렸다 할 때의 무게보다 어느 순간 좀 더 무겁게 느껴질 때가 곧 입질을 한 상태(주꾸미가 에기나 에자를 붙잡거나 끌어안은 상태)인데, 이때 낚싯대를 위쪽으로 빠르게 치켜

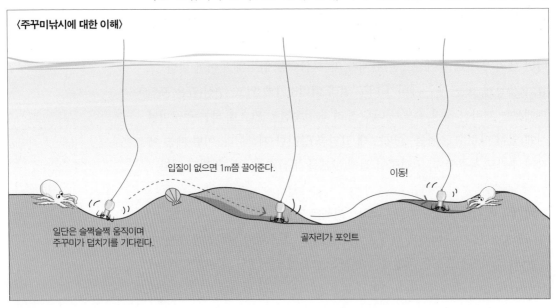

〈주꾸미낚시에 대한 이해〉

입질이 없으면 1m쯤 끌어준다.

이동!

일단은 슬쩍슬쩍 움직이며
주꾸미가 덥치기를 기다린다.

골자리가 포인트

주면 챔질이 된다.

▶끌어내기 – 일정 속도로 부드럽게 릴링!

낚싯바늘에 걸린 주꾸미는 끌려오는 과정에서 다리를 우산처럼 활짝 펼치는 경우가 많아 물의 저항을 많이 받게 된다. 따라서 너무 빠르게 강제로 끌어내다 보면 간혹 얕게 걸린 바늘이 빠져버릴 수도 있다. 챔질 후 부드럽게 지속적으로 릴을 감아주면 충분하다.

사실 주꾸미는 크게 몸부림쳐 스스로 바늘을 빼내지도 못하고 살갗 또한 질겨 바늘에 찢겨 잘 떨어져 나가지도 않는다. 따라서 끌어내기가 어려운 건 아닌데, 문제는 주꾸미낚시에 사용하는 에기나 에자의 바늘엔 미늘이 없다는 점이다. 이런 까닭에 낚싯대를 아래위로 너무 흔들거나 출렁거리게 릴링을 하면 미늘 없는 바늘이 그만 빠져버리게 되는 것이다.

낚싯대의 각도를 일정하게 유지해 부드럽게 끌어내되, 주꾸미가 수면 위로 부상하면 일단 릴링 동작을 멈추는 것과 동시에 낚싯대를 치켜세워 주꾸미를 들어올린다. 이제 낚싯대를 잡지 않은 다른 손으로 주꾸미를 움켜쥐고서 보관통에 담으면 되는데, 이 과정에서 유의할 점은 낚싯대를 들어 주꾸미가 대롱거리는 높이가 손을 뻗어 자연스레 닿는 위치가 돼야 한다는 것이다. 낚싯줄을 너무 끝까지 감은 상태가 되면 처리 자체가 불편할 뿐만 아니라 속전속결에 지장을 초래하게 된다.

- 표준명 : 주꾸미
- 속　명 : 쭈꾸미, 죽거미, 쭈깨미
- 학　명 : *Octopus ocellatus*
- 영　명 : Webfoot Octopus
- 일　명 : 이이다코(イイダコ)

▼가을에 피크 시즌을 이루는 주꾸미 선상낚시는 초보자들도 쉽게 따라할 수 있고 조과도 푸짐하게 올릴 수 있다. 가족과 함께하기에 가장 적합한 낚시다.

주꾸미 연안낚시

주꾸미낚시는 낚싯배를 타고 하는 선상낚시로만 생각하기 쉬운데 연안 방파제·방조제·갯바위 등지에서 캐스팅으로 즐기는 방법도 있다. 선상낚시에 비해 마릿수 조과는 뒤지겠지만 포인트만 잘 선택하면 먹을 만큼의 조과를 올릴 수 있다.

뱃삯 부담이 없어 좋고, 자유분방한 낚시를 즐기는 마니아들은 숫제 연안 도보낚시를 고집하기도 한다. 피크 시즌을 맞아 낚싯배 예약이 어려울 때나 뱃멀미를 심하게 하는 이들에게도 분명 도움 되는 장르다.

■연안낚시용 장비 및 소품

배낚시의 경우 포인트가 되는 지점까지 가서 바닥으로 채비를 내리면 되지만 연안에서 낚시를 할 경우는 어느 정도 수심이 형성되어 주꾸미가 있을 만한 지점까지 채비를 투척해야 한다. 따라서 연안 워킹용 장비는 캐스

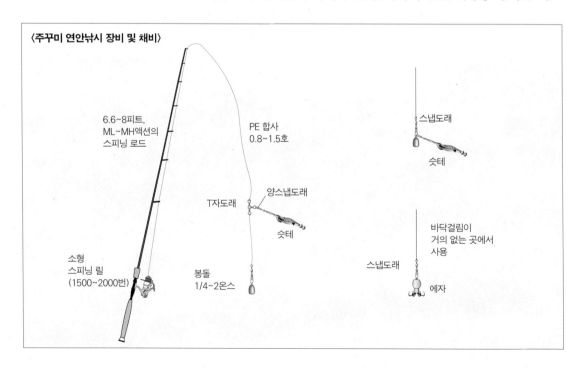

〈주꾸미 연안낚시 장비 및 채비〉

6.6~8피트, ML~MH액션의 스피닝 로드

PE 합사 0.8~1.5호

스냅도래

숫테

T자도래

양스냅도래

숫테

소형 스피닝 릴 (1500~2000번)

봉돌 1/4~2온스

바닥걸림이 거의 없는 곳에서 사용

스냅도래

에자

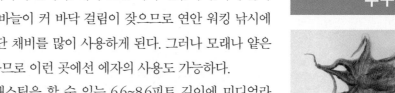

●표준명 : 주꾸미
●속 명 : 쭈꾸미, 죽거미, 쭈깨미
●학 명 : *Octopus ocellatus*
●영 명 : Webfoot Octopus
●일 명 : 이이다코(イイダコ)

팅이 원활한 스피닝 장비가 우선이다. 채비 또한 바닥 걸림이 심하지 않아야 한다. 에자의 경우는 바늘이 커 바닥 걸림이 잦으므로 연안 워킹 낚시에는 주로 봉돌에 에기를 단 채비를 많이 사용하게 된다. 그러나 모래나 얕은 개펄 바닥은 걸림이 덜하므로 이런 곳에선 에자의 사용도 가능하다.

●낚싯대(Rod) : 멀리 캐스팅을 할 수 있는 6.6~8.6피트 길이에 미디엄라이트(ML)~미디엄헤비(MH) 액션의 스피닝 로드가 주로 사용된다. 감도가 좋은 루어낚시 전용이 적합한데, 오징어낚시에 사용되는 에깅 전용 로드가 이러한 조건을 만족시켜준다.

●릴(Reel) : 캐스팅이 편한 스피닝 릴로 1500~2500번 정도 크기를 낚싯대와의 무게 균형에 맞게 사용하면 된다. 기어비는 6:1 이상으로 높은 것이 낚시하기에 편리하다. 바닷물은 염분이 많아 릴의 금속 부분에 쉽게 녹이 슬게 되는데 몇 번 사용 후 금방 고장이 나는 저가 제품은 구입하지 않는 것이 좋다.

●낚싯줄(Line) : 배낚시와 마찬가지로 원줄은 PE 합사 0.8~1.5호를 사용한다. 연안 워킹 낚시에서도 라인이 조류의 영향을 받게 되는데 굵기가 가는 합사일수록 당연히 덜 떠밀리게 된다. 롱 캐스팅에도 유리하고 주꾸미의 입질 파악은 물론 챔질에도 합사 라인이 효과적이다.

●루어(Lure) : 연안 워킹 낚시에 사용되는 루어 역시 배낚시 경우와 다르지 않다. 에자는 바늘의 크기가 워낙 크기 때문에 바닥 걸림이 심할 수밖에 없으므로 이를 사용할 경우는 바닥 걸림이 거의 없다고 확신될 때로만 국한해야 한다. 워킹낚시에 있어 가장 무난한 루어는 역시 에기이므로 별다른 루어 사용을 고민할 필요는 없다.

●기타 소품 : 배낚시에 사용하는 소품과 다를 바 없다. 다만 봉돌은 캐스팅하기에 적당한 1/4~2온스(약 7.1~56.7g) 정도가 필요하다.

주꾸미를 보관하는 통도 낚시용으로 시판되는 두레박이 물도 자주 갈아주기 편하고, 들고 다니기에도 무겁지 않아 편리하게 사용할 수 있다.

■연안낚시 포인트와 기타 조건

멀리 캐스팅한 채비를 바닥에 닿게 하여 끌어들이는 낚시를 하기 때문에 바닥 걸림이 심한 장소에서는 낚시 자체가 어려워진다. 바닥이 모래나 자

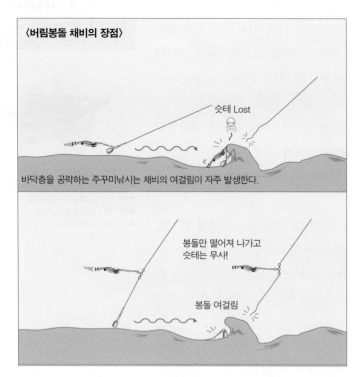

〈버림봉돌 채비의 장점〉

숫테 Lost

바닥층을 공략하는 주꾸미낚시는 채비의 여걸림이 자주 발생한다.

봉돌만 떨어져 나가고
숫테는 무사!

봉돌 여걸림

갈, 펄로 이루어진 곳이면서도 어느 정도 수심이 형성되는 곳이어야 한다. 이런 조건에 부합되는 곳이 방파제가 축조돼 있는 항·포구 주변인데, 해수욕장 인근 또한 비슷한 여건으로 주차도 편리하고 편의시설도 잘 갖춰져 있어 이러한 장소들에서 주로 낚시가 이루어지는 추세이다.

워킹낚시도 선상낚시와 크게 다를 바 없지만 연안에서 하는 낚시이다 보니 썰물 때보다는 당연히 들물 시각이 유리하다.

방파제나 방조제 인근의 물속 테트라포드나 석축, 암반지대 등 장애물이 있거나 다른 곳보다 수심이 깊은 선박이 드나드는 물곬 장소에서는 갑오징어도 함께 낚이는 경우가 많다.

■주꾸미 연안 루어낚시 이렇게!

주꾸미가 잘 나오는 제철에는 연안 곳곳의 많은 지역들이 포인트 역할을 해 주므로 바닥 걸림이 심하지 않은 곳만 찾으면 낚시에 큰 어려움이 없다.

멀리 캐스팅하여 채비가 바닥까지 가라앉으면 늘어진 낚싯줄만 감아 들인 후 잠시 동작을 멈춘 자세로 주꾸미가 입질해 주기를 기다리면 된다. 만약 입질이 없다면 20~30Cm쯤 살짝 끌어당긴 후 다시 뜸을 들인다. 이런 과정을 반복하다 보면 무게가 묵직하게 느껴질 때가 있는데, 살짝 당겨보아 중량감이 계속 느껴지면 조금 강하게 챔질을 해주면 된다. 워킹낚시에서도 어신 파악이나 끌어내기는 배낚시의 경우와 별반 다를 바 없다.

수심이 깊은 장소에서는 봉돌과 에기 사이의 간격을 짧게 해 주거나 차라리 봉돌 고리에 스냅도래를 사용하여 에기와 함께 부착해 가능한 한 에기가 바닥 가까운 위치에 머물게 하는 게 좋고, 얕은 수심에서는 에기의 손실을 줄일 수 있도록 봉돌과의 간격을 조금 더 벌려 주어도 상관없다. 캐스팅 이후 낚싯줄이 길게 사선을 그리며 물에 잠기기 때문에 봉돌과 에기의 간격이 자연스레 유지되고, 그 결과 바닥 가까이 놓이는 에기를 주꾸미가 공격하기에 어려움이 없기 때문이다.

배스낚시에 흔히 사용되는 호핑(Hopping) 기법도 활용할 만하다. 에기를 바닥에서 살짝살짝 튀기듯이 액션을 주면 에기 주변의 주꾸미들에게 어필을 많이 하게 되므로 더 나은 조과를 올릴 수 있다. 다만 호핑 액션 중간 중간에 잠깐씩 시간 여유를 주어 주꾸미가 확실히 에기를 붙잡을 수 있는 기회를 주는 것이 무엇보다 중요하다. 봉돌이 끌려오지 않도록 하면서 에기만 살랑살랑 흔들어주는 방법도 좋은 효과를 거둘 수 있다.

● 표준명 : 주꾸미
● 속 명 : 쭈꾸미, 죽거미, 쭈깨미
● 학 명 : *Octopus ocellatus*
● 영 명 : Webfoot Octopus
● 일 명 : 이이다코(イイダコ)

■유망 주꾸미 낚시터

주꾸미낚시가 가장 활발하게 이루어지는 곳은 서해 일원이다. 경기·충남·전북 지역으로 낚시터도 광범위하다. 경기 안산 대부도로부터 충남 태안·보령을 거쳐 전북 군산 지역에 이르기까지 크고 작은 항·포구마다는 여름 끝자락이 되면 주꾸미낚시 선단이 형성된다. 특히 충남 천수만의 영향권에 속하는 낚시터들은 주꾸미의 조황도 좋을 뿐더러 주꾸미를 전문으로 출항하는 배들이 많아 이용하기에 편리하다.

남해안 지역도 예외가 아니다. 주꾸미낚시를 선호하는 인구가 그다지 많

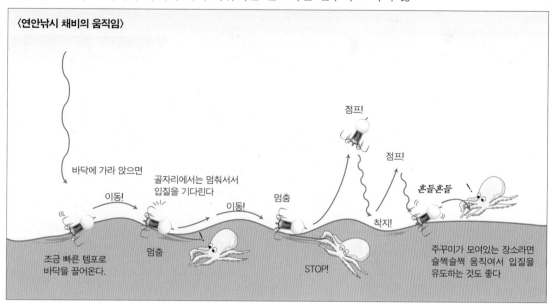

〈연안낚시 채비의 움직임〉

바닥에 가라 앉으면
이동!
조금 빠른 템포로 바닥을 끌어온다.
멈춤
골자리에서는 멈춰서서 입질을 기다린다
이동!
멈춤
STOP!
점프!
점프!
착지!
흔들흔들
주꾸미가 모여있는 장소라면 슬쩍슬쩍 움직여서 입질을 유도하는 것도 좋다

지 않을 뿐 목포 · 여수 · 남해 · 삼천포 지역에서 주꾸미낚시가 이뤄진 지도 오래다. 대표적인 곳을 열거하면 다음과 같다.

●인천 · 경기권 : 같은 서해안이라도 북쪽에 위치한 인천권은 수온 차이로 인해 9월 초순이 지나야 주꾸미낚시가 활기를 띤다. 옹진군 영흥도 근처와 화성시 제부도권이 이 지역에 속한다. 수도권에서 가깝다는 장점이 있다.

●충남권 : 우리나라 주꾸미낚시의 메카라 할 수 있다. 천수만의 영향을 받는 여러 지역이 포인트 역할을 하는데 인근 안면도 지역도 좋은 포인트이다. 충남 홍성의 남당항과 보령 지역의 오천항 · 무창포항 · 홍원항 등이 대표적인 주꾸미낚시 출항지이다.

●전북 군산권 : 마릿수와 씨알 모두 만족할 만한 조황을 보여주는 곳으로, 수도권에서의 거리가 멀어 충남권에 비해 혼잡이 덜하다는 것도 장점이다.

●전남 여수권 : 과거엔 주꾸미낚시를 별반 하지 않는 곳이었지만 점차 입소문이 나면서 주꾸미를 전문으로 하는 낚싯배들이 생겨났다. 서해 중부지역에 비해 수온이 일찍 상승하고 늦게 하강해서인지 주꾸미의 씨알이 더 굵고 시즌도 늦게까지 지속된다. 여수 국동항에서는 12월 중순경까지도 워킹 낚시에 주꾸미가 낚인다.

●경남 삼천포권 : 경남 지역에선 일찍부터 주꾸미낚시가 성행된 곳이다. 삼천포항에서 낚싯배를 타면 불과 5~10분여 만에 낚시가 이뤄질 만큼 가까운 거리에 포인트가 형성된다. 12월 늦게까지 시즌이 형성되며 덩치 큰 갑오징어도 곁들여진다.

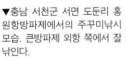

▼충남 서천군 서면 도둔리 홍원항방파제에서의 주꾸미낚시 모습. 큰방파제 외항 쪽에서 잘 낚인다.

●서해안 워킹 낚시터 : 충남 지역의 이름난 주꾸미 출항지들은 10월 피크 시즌 땐 예약이 힘들 정도다. 그래서 배를 타지 않고 연안에서 주꾸미낚시를 즐기는 이들이 많다. 크고 작은 항·포구의 방파제와 선착장 주변에서 주꾸미낚시가 이뤄져 접근성도 편리하다. 대표적인 곳들을 열거하면 다음과 같다.

안면도 최남단에 위치한 영목항(충남 태안군 고남면 고남리)은 천수만 입구에 해당하는 곳으로 주꾸미는 물론 갑오징어 낚시터로도 유명하다. 여객선 선착장 부근에선 갑오징어가 잘 낚이고, 어선 선착장에선 주꾸미가 잘 낚여 10월 주말이면 밤마다 불야성을 이룬다.

대하축제 행사장으로 유명한 남당항(충남 홍성군 서부면 남당리)에는 960여m에 달하는 타원형 방파제가 길게 축조돼 있다. 방파제 끝 지점의 외항 방향에서 주꾸미가 마릿수 조황을 보인다.

대천해수욕장 남쪽에 위치한 남포방조제를 달리다 보면 오른쪽으로 죽도(충남 보령시 남포면 월전리)가 연결된다. 이곳 죽도 선착장 주변에서 주꾸미와 갑오징어가 잘 낚이는데, 인근 갯바위 지대는 갑오징어가 강세다.

충남 서천군 서면 도둔리에 위치한 홍원항에는 두 개의 방파제가 있다. 서쪽 큰방파제 초입에서부터 등대가 있는 끝 지점까지의 외항 방향으로 주꾸미 포인트가 폭넓게 형성된다. 이곳 홍원항 남쪽에 위치한 마량항(충남 서천군 서면 마량리) 방파제에서도 홍원항 버금가는 조황을 보인다.

● 표준명 : 주꾸미
● 속 명 : 쭈꾸미, 죽거미, 쭈깨미
● 학 명 : *Octopus ocellatus*
● 영 명 : Webfoot Octopus
● 일 명 : 이이다코(イイダコ)

Tp

주꾸미 보관 방법

주꾸미낚시를 많이 하는 계절이 가을이라고는 하나 의외로 날씨가 더울 때도 있다. 이럴 때 낚은 주꾸미를 살림망이나 일반 박스에 보관하게 되면 신선도가 떨어지는 경우가 발생한다. 게다가 작은 살림망에 많은 주꾸미를 보관하다 보면 살림망이 터지기도 하고, 포인트 이동 시 바닷물에 내려 둔 살림망을 깜빡 잊고 거둬 올리지 않아 통째로 날려버리는 황당한 상황을 겪기도 한다.
낚은 주꾸미의 양이 어느 정도 되면 비닐 지퍼백에 담은 후 이를 얼음이 채워진 아이스박스에 넣어 두면 여러 가지 염려가 해소된다. 이렇게 그때그때 적당한 숫자의 주꾸미를 소포장 단위로 채워 보관하게 되면 신선도가 오래 유지될 뿐만 아니라 깔끔해서 보기에도 좋다.

11월에 떠나요!

글 조홍식, 사진 조홍식 외

무지개송어낚시

겨울이면 도심에 나타나는 계곡 야생마

무 지개송어(Rainbow trout)는 턱에서부터 꼬리에 이르는 붉은색 줄무늬와 검은색 체측 반점들이 뒤섞여 영롱한 무지개 빛을 발한다 하여 붙여진 이름이다. 우리나라에서 이름 붙여진 고유어종이 아닌, 외국에서 이식된 대표적인 외래종이다.

1980년대 초반, 무지개송어 양식장이 설치된 강원도의 몇몇 계곡에서 '수중 야생마'란 별명의 이 고기가 낚여 한동안 화제를 불러일으킨 바 있다. 그러나 이들 계곡 송어는 인근 양식장에서 탈출한 것들로 양식장이 폐쇄되는 곳마다 자연도태가 이뤄지는가 하면, 새로이 생기는 양식장 인근 수계에 새로운 개체수가 등장함으로써 차츰 그 존재감이 희석되고 말았다.

무지개송어

- 표준명 : 무지개송어
- 속 명 : 송어, 석조송어
- 학 명 : *Oncorhynchus mykiss*
- 영 명 : Rainbow trout
- 일 명 : 니지마스(ニジマス)

하지만 무지개송어는 남녀노소 누구나 즐길 수 있는 대중적 루어낚시 대상어로 거듭났다. 냉수성 어종이란 특성에 맞게 관리형 유료 낚시터의 겨울철 낚시 자원으로 활용되면서부터다. 수도권에 소재한 웬만한 관리형 낚시터마다는 10월부터 3월까지 송어낚시를 개장함으로써 이제 유료 낚시터와 자연 수계의 무지개송어낚시를 합치면 시즌이 한결 늘어난 셈이다.

'바늘털이'의 명수 무지개송어의 첫 손맛을 느끼기에는 당연히 유료 낚시터가 제격이다. 접근성도 좋고 자원이 많아 그만큼 손쉽게 낚을 수 있기 때문이다. 그러나 무지개송어 고유의 '야생마' 기질을 제대로 느끼기 위해선 자연 수계를 찾아야 한다. 겨울철 양어장(유료 낚시터) 무지개송어낚시가 폐막할 무렵이면 강원도 일부 지역의 잔설 계곡에선 선홍빛 영롱한 야생 무지개송어가 기다린다. 장소는 많지 않지만 한 번 경험을 해 보게 되면 계류낚시의 진수를 느끼기에 딱 안성맞춤이다.

■생태와 습성, 서식 및 분포

무지개송어는 원래 북아메리카가 원산지이다. 연어과의 어류로 자연산은 바다와 강을 오가는 강해형(降海型)과 민물에서만 사는 육봉형(陸封型)이

▼무지개송어낚시는 도심 근교의 양어장낚시터에서 쉽게 즐길 수 있지만 개체수는 적을지라도 자연 수계에서 즐기는 것이 제격이다. 연둣빛 새싹이 움트는 초봄, 강원도 오십천계곡에서 무지개송어낚시를 하고 있는 필자 조홍식 씨.

있다. 우리나라에서 일반적으로 무지개송어라고 부르는 것은 식용을 위한 양식(인공부화 및 성장촉진)에 적합하도록 품종개량을 한 것이다.

우리나라에 최초로 도입된 시기는 1965년이다. 당시 미국 캘리포니아로부터 20만 미의 수정란을 들여와 강원도 평창의 양식장에서 부화에 성공한 것이 그 최초이다. 도입을 주도한 사람은 어류학자 고 정문기(1898~1995) 박사의 아들인 정석조 씨이다. 이로 인해 우리나라에 이식된 무지개송어는 최초에는 '석조송어'로 불리기도 하였으나 현재는 국립수산과학원 데이터베이스에 무지개송어로 명명되어 있다.

북미지역 자연산 무지개송어의 산란기는 4~6월. 연어과이지만 산란 후 생을 마감하는 연어 종류와는 달리 죽지 않고 몇 년에 걸쳐 계속 산란을 한다. 그러나 우리나라에 이식된 무지개송어는 자연 수계에서는 산란이 이뤄지지 않아 양식으로만 번식이 되는데, 치어는 마치 산천어와 비슷한 모습을 하고 있다. 자랄수록 옆구리에 분홍빛 줄무늬가 나타나 무지개송어라는 이름에 걸맞은 외모가 된다.

무지개송어는 기본적으로 냉수성 어종으로 수온이 너무 높으면 생명을 유지할 수 없는 것으로 알려진다. 그래서 양식장이 위치하는 곳도 대부분 수온이 낮게 유지되는 강원도 산간계곡인 경우가 많다. 그러나 생존 적수온이 5~24℃로 폭이 넓기 때문에 양식장을 탈출하더라도 바로 폐사하지 않고 주변의 웬만한 자연 수계에 잘 적응한다.

▼우리나라에 이식된 무지개송어는 북미 자연산과는 달리 양식종으로 개량된 육봉형이다. 양식장에서 사육되는 무지개송어는 30~40cm 크기로 자라면 여러 유료 낚시터로 출하된다.

양어장 무지개송어낚시

●표준명 : 무지개송어
●속　명 : 송어, 석조송어
●학　명 : *Oncorhynchus mykiss*
●영　명 : Rainbow trout
●일　명 : 니지마스(ニジマス)

　정확히 말하자면 유료 낚시터에 방류된 무지개송어를 낚는 것이지만 편의상 '양어장 무지개송어낚시'로 표현하는 점 참고 바란다.

　앞서 설명한 바와 같이 무지개송어낚시는 두 가지 형태로 구분된다. 자연 수계에서 즐기느냐 유료 낚시터에서 즐기느냐의 차이이다. 같은 붕어낚시를 일반 저수지에서 즐기느냐 유료 낚시터에서 즐기느냐의 차이처럼 각각 장단점이 있게 마련인데, 붕어낚시의 경우 일반 저수지를 찾는 인구가 많은데 비해 우리나라 무지개송어낚시는 유료 낚시터 이용객이 더 많은 편이다. 장소가 도심 가까운 곳이어서 가볍게 찾을 수 있고 방류되는 자원도 많아 쉽게 만날 수 있기 때문이다. 다른 겨울 낚시 어종이 별로 없다는 점도 양어장 송어낚시 붐이 유지되는 근간일 것이다.

　평소 루어낚시에 관심이 없던 이들도 쉽게 도전할 수 있고, 봄~가을 다양한 어종을 노려 강·바다를 누비던 전문 루어 꾼들도 즐겨 찾을 만큼 양어장 송어낚시가 겨울철 루어낚시를 대표하는 장르가 된 지도 오래다. 이에 송어낚시를 개장하는 수도권 유료 낚시터마다는 방류 시기도 서로 앞당겨 10월부터 시작하는 곳이 있는가 하면, 늦게는 3월까지 운영하는 곳도 많다.

▼최근 수도권에 위치한 관리형 낚시터마다는 빠르면 10월부터 무지개송어를 방류해 겨울 시즌의 낚시 손님을 맞는다.

■양어장낚시용 장비 및 소품

유료 낚시터 특성과 방류된 무지개송어 습성에 맞는 전용 장비일수록 더 나은 조과를 기대할 수 있다. 그만큼 독특한 장르로 발전을 해온 결과이다. 다른 어떤 루어낚시 장르보다 더 가볍고 예민한 도구를 사용하며, 구사하는 기법도 극히 섬세하다고 할 수 있다.

▶낚싯대(Rod) - 6~7피트 길이의 UL~XUL 액션

루어 낚싯대 중에서 가장 부드러운 액션을 보여주는 레벨을 보통 울트라라이트(UL) 급으로 분류한다. 하지만 양어장 무지개송어낚시 전용 대는 이보다 더욱 유연한 성능을 지닌다.

낚싯대 제조회사 중에는 1g 이하의 매우 가벼운 루어도 던질 수 있는 부드럽고 예민한 초리를 갖춘 무지개송어 전용의 낭창거리는 낚싯대를 발매하는데, 울트라라이트(UL)보다 더 부드럽다는 의미에서 'XUL'나 'SUL' 등으로 표시하는 경우도 있다. 이러한 등급 표시나 '양어장 무지개송어 전용'이라는 표시가 있는 제품을 사용한다면 최선의 선택이라고 할 수 있다.

길이는 6피트(약 1.8m)를 기준으로 한다. 관리형 낚시터가 우리보다 더 발달한 일본의 경우 규모가 큰 저수지 중심부에까지 루어를 캐스팅할 수 있는 길이 7피트(2.1m) 이상의 전용 낚싯대도 있는데, 이런 제품이 우리나라에 수입되기도 한다.

▶릴(Reel) - 1000~1500번 초소형 스피닝 릴

낚싯대를 울트라라이트(UL) 급보다 더 부드러운 제품을 사용하는 만큼 이에 적합한 초소형 스피닝 릴이 기본이다. 각 메이커에서 출시되는 릴 가운데 가장 작은 모델을 선택한다고 보면 된다. 대개 모델 번호가 1000번이나 1500번으로 붙여진 것들이다. 다른 선택 기준은 4파운드(0.8호) 나일론 줄이 100m 정도 감기는 크기다.

그러나 메이커에 따라서는 낚싯줄이 감기는 스풀을 아주 얕게 만들어 가느다란 줄이 적당한 길이만큼만 감기도록(2.5~3파운드/100m) 한 스피닝 릴도 있다. 또한 무지개송어낚시 테크닉에 잘 맞도록 기어비를 낮춰 천천히 감기게 하고, 드랙의 작동도 정밀하게 만든 양어장 송어낚시 전용 스피닝 릴도 있다.

▶낚싯줄(Line) - 0.4~0.8호 나일론사 적합

다른 루어낚시와 비교해 가장 가늘게 사용한다고 생각해도 좋다. 사용하는 루어가 매우 가벼우므로 이를 캐스팅하기에 적합한 굵기는 필연적으로 가늘 수밖에 없다. 주로 사용하는 것은 2~4파운드(0.4~0.8호)다. 너무 가늘다고 생각되겠지만 아주 가벼운 루어, 낭창거리는 낚싯대, 특별한 장애물이 없는 유료 낚시터의 특성을 감안하면 결코 무리가 따르지 않는다.

낚싯줄의 소재는 나일론, 플로로카본, PE가 있지만 주의해서 선택하는 것이 좋다. 기온이 그다지 낮지 않는 봄철과 가을철이라면 무엇을 선택해도 되지만, 한겨울 기온이 영하로 내려가 낚싯대의 가이드에 얼음이 맺히는 시기라면 특별한 주의가 필요하다. 기온이 내려갈수록 낚싯줄은 유연성이 저하되고 빳빳해지는 경향이 있는데, 플로로카본의 경우는 코일 현상이 더욱 심해지고 영하의 기온에서 쉽사리 부러지듯 끊기는 제품도 있으니 주의를 요한다.

또한 나일론이나 플로로카본 낚싯줄의 경우 표면에 묻은 물방울이 털리며 떨어지는 데 비해, PE는 합사이기 때문에 물을 머금은 채 그대로 릴 스풀에 감겨 들어온다. 결국 가이드나 스풀 안에서 물과 함께 얼어붙기도 하므로 역시 추운 겨울일수록 문제가 발생할 수 있다.

이런저런 장단점을 고려하면 한겨울 양어장 송어낚시엔 나일론 낚싯줄이 무난하다. 물이 얼어붙는 영하의 기온에서도 나일론 소재의 낚싯줄은 특

- 표준명 : 무지개송어
- 속　명 : 송어, 석조송어
- 학　명 : *Oncorhynchus mykiss*
- 영　명 : Rainbow trout
- 일　명 : 니지마스(ニジマス)

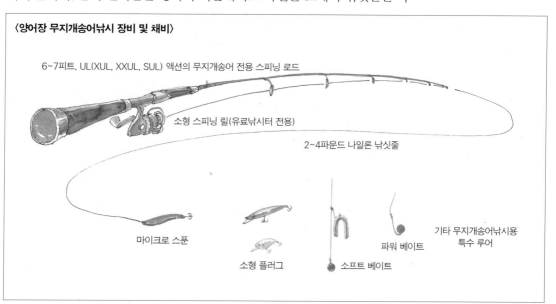

〈양어장 무지개송어낚시 장비 및 채비〉

6~7피트, UL(XUL, XXUL, SUL) 액션의 무지개송어 전용 스피닝 로드
소형 스피닝 릴(유료낚시터 전용)
2~4파운드 나일론 낚싯줄
마이크로 스푼
소형 플러그
소프트 베이트
파워 베이트
기타 무지개송어낚시용 특수 루어

유의 유연함을 크게 잃지 않기 때문이다.

낚싯줄은 또 투명한 종류가 있는가 하면, 눈에 잘 띄게 형광색으로 염색된 제품이 있고, 릴에 감기는 길이를 알 수 있도록 여러 가지 색깔로 염색된 제품도 있다. 어느 것이 더 좋다고 단정 짓기는 어렵지만 물속에 노니는 송어가 훤히 보일 정도로 낚시터의 수질이 아주 맑은 경우, 송어의 눈에 잘 띄는 낚싯줄이 좋지 않다는 것은 불을 보듯 뻔한 이치다. 반대로 대상어의 입질이 극히 예민해 자신이 캐스팅한 루어의 위치와 입질의 유무를 잘 간파하고자 할 때는 염색된 낚싯줄이 눈에 잘 보여 효과적일 수 있다.

▶복장 및 기타 소품 – 러버뜰채와 바늘빼기 등

유료 낚시터는 거의가 좌대나 잔교가 설치돼 있어 낚시하기가 편하다. 화장실과 매점 등 편의시설도 잘 갖춰져 특별한 복장이 필요치 않다. 일상복이나 간단한 운동복차림이어도 되는데, 겨울철 낚시인 만큼 방한에 신경 쓰면 된다.

그밖에 두 가지 소품 정도는 준비하는 게 좋다. 유료 낚시터 중에는 입장료를 저렴하게 받는 대신, 손맛만 보고 낚은 고기를 되살려 주는 것을 원칙으로 하는 곳이 많다. 이런 곳일수록 무지개송어를 끌어낼 때 가능한 한 덜 괴롭히면서 상처도 주지 않는 별도의 도구가 필요하다. '러버뜰채'와 '바늘빼기'가 그것이다.

러버뜰채는 그물망이 합사가 아닌 고무재질로, 낚인 무지개송어의 피부에 상처를 주지 않는 용도로 만들어진 뜰채이다.

바늘빼기는 길쭉한 막대에 바늘을 걸 수 있는 구부러진 철사가 부착된 도구로 이 역시 상처를 주지 않기 위한 용도이다. 유료 낚시터에서의 루어는 대부분 미늘이 없는 싱글 훅을 사용하므로 바늘빼기를 이용하면 낚인 송어를 물 밖으로 들어 올리지 않고 수중에서 그대로 놓아주기에 편리하다.

■양어장낚시용 루어(Lure)

유료 낚시터에 방류된 무지개송어는 펠릿 사료에 길들여진 양식장 출신이다. 이에 적합한 루어는 사료에 길들여진 무지개송어의 식성을 이용하는 것이 최우선이다. 낙하하는 물체(사료)에 대한 반사작용, 호기심 본능 등을 고려하는 것이 루어 선택의 기준이다.

●마이크로 스푼(Micro spoon) : 유료 낚시터에서 많이 사용하는 루어이다. 손톱만한 크기로 보통의 스푼 루어에 비교하면 매우 작은 크기이다. 대부분의 스푼 루어가 작은 물고기를 모방한 것인 데 비해, 마이크로 스푼은 양식장에서 먹이로 주는 펠릿 사료를 흉내 낸 것이라 볼 수도 있다.

무게 1~4g에 빨강·분홍·노랑 등 다양한 원색 색상을 준비하되 사료 색깔과 비슷한 갈색이나 국방색 계열도 기본적으로 갖추어야 한다. 무지개 송어의 활성도와 낚시터의 여건에 맞게 수시로 교환할 수 있도록 무게·형태·색상을 다양하게 준비할수록 낚시에 유리하다.

대부분의 마이크로 스푼에는 매우 가느다란 싱글 훅이 부착돼 있어서 무지개송어의 입에 잘 걸리고 빼내기도 쉽다.

●소형 플러그(Plug) : 크기가 5cm 이하로 작은 미노우, 크랭크베이트, 바이브레이션, 톱워터 플러그 등을 말한다. 처음부터 양어장낚시 용도로 만들어진 제품도 있다. 일반적인 플러그 루어는 트레블 훅이 앞뒤로 두 개씩 장치돼 있는 데 반해 양어장 송어낚시 용도로 만들어진 제품은 마이크로 스푼처럼 주로 싱글 훅이 한두 개 장치된 것이 특징이다.

여러 가지 모양 중에는 작은 물고기나 곤충을 모방한 것이 있는가 하면, 자연계의 생명체에서는 존재하지 않을 것 같은 희한한 형태를 취하고 있거나 특별한 색상이 칠해진 것도 많다. 재미있게 생긴 루어로 낚는 무지개송

무지개송어

●표준명 : 무지개송어
●속　　명 : 송어, 석조송어
●학　　명 : *Oncorhynchus mykiss*
●영　　명 : Rainbow trout
●일　　명 : 니지마스(ニジマス)

▼무지개송어낚시에 사용되는 루어는 마이크로 스푼과 소형 플러그, 스피너와 웜 종류가 주류를 이루지만 양어장낚시 전용으로 만들어진 독특한 루어도 있다.

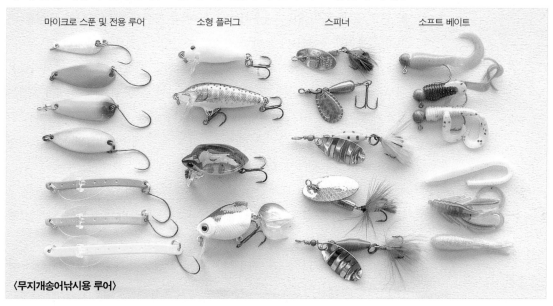

마이크로 스푼 및 전용 루어　　　소형 플러그　　　　스피너　　　소프트 베이트

〈무지개송어낚시용 루어〉

어는 또 다른 재미를 가져다주기도 한다.

●소프트 베이트(Soft bait) : 간단히 말하자면 무지개송어낚시용 웜이다. 배스낚시에 사용하는 웜의 축소판 같은 형태로 2~3인치 길이의 직선형이 많다. 작은 바늘과 봉돌을 장치하여 주로 다운 샷 리그, 캐롤라이나 리그, 와키 리그 등의 채비 방법으로 사용한다.

이외에도 마치 작은 알과 같은 형태의 '파워베이트(에그베이트)'도 있는데, 미국의 조구 메이커인 버클리사의 상표명인 '파워베이트'가 그냥 대표 명사로 불리고 있다. 넓은 의미로는 웜의 일종이라 할 수도 있지만 생미끼에 가까워 사용을 금지하는 낚시터도 있다.

●기타 종류 : 그야말로 양어장낚시 전용으로 개발된 특이한 형태의 루어도 있다. 양식장에서 자란 무지개송어의 습성을 고려해 보다 호기심을 자극하는 기능을 갖춘 루어라 볼 수 있는데, 막대기 모양과 철사 모양 등 여타 일반적인 루어와는 다른 특이한 형태와 기능을 갖고 있다.

■양어장 무지개송어낚시 포인트

무지개송어는 수질이 맑고 산소가 풍부한 곳을 좋아한다. 또한 가만히 있지 않고 흐르는 물을 거슬러 이동하거나 일정한 구간을 회유하는 본능을 가지고 있다. 그러나 유료 낚시터 중에는 수질문제로 용존산소가 결핍된 곳도 많고 물 흐름이 없는 경우가 대부분이다. 그러므로 낚시터의 특성을 이해하고 무지개송어가 있을 만한 장소를 찾는 것이 조과로 이어진다.

●새물 유입구 및 수차 주변 : 무지개송어낚시를 개장하는 유료 낚시터들은 대부분 저수지 상류 쪽에 그 영역을 조성하는데, 그곳엔 개울물이 유입되는 장소가 있기 마련이다. 이러한 새물 유입구나 수질 보전 및 동결 방지를 위해 설치된 수차(水車) 주변은 산소공급이 다른 곳에 비해 훨씬 원활한 편이다. 이런 장소에 활성이 좋은 무지개송어가 모인다.

●구조물 및 장애물 : 대부분 유료 낚시터는 일정 구역을 조성하기 위해 그물망을 설치하고 있다. 이런 곳 주변이나 자원 분산방류를 위해 임시 보관하는 가두리 주변에 무지개송어가 즐겨 의지한다.

겉으로 보이진 않더라도 저수지의 바닥에 형성된 물곬이나 바위와 수몰 나무 같은 장애물이 있는 곳도 좋은 포인트이다.

●회유로 : 낚시터에 방류된 무지개송어는 시간이 흐르면 새로운 환경에 적응하게 된다. 이때 건강한 무지개송어는 몇몇씩 무리를 지어 일정 구역을 회유한다. 그 회유 경로와 수심을 알아내는 것이 중요하다. 쉽지 않은 일이므로 현장을 즐겨 찾는 단골 꾼들의 의견을 구하는 것도 좋다.

■양어장 무지개송어낚시 이렇게!

유료 낚시터의 무지개송어는 방류된 시기와 수온·수질·날씨 등 제반 조건에 따라 활성도가 다르다. 방류된 자원이 아무리 많아도 놈들이 약속이라도 한 듯 입을 꼭 다물어 하루 종일 입질 한 번 받지 못하는 경우도 있을 수 있다. 양어장 송어낚시라고 해서 너무 쉽게 생각하고 안일하게 대처해선 안 된다.

●포인트 파악 : 앞서 소개한 '양어장 무지개송어낚시 포인트' 내용을 토대로 일단 낚시터에 도착하면 주변을 넓게 관찰할 필요가 있다. 포인트가 될 만한 곳이 감지되면 우선순위를 정해 차례로 공략하기 시작한다. 무지개송어가 활성이 낮을수록 포인트 선점이 중요한 요소이다.

●무지개송어의 활성도 : 대부분의 유료 낚시터는 무지개송어가 서식하기

●표준명 : 무지개송어
●속　명 : 송어, 석조송어
●학　명 : *Oncorhynchus mykiss*
●영　명 : Rainbow trout
●일　명 : 니지마스(ニジマス)

〈무지개송어 포인트와 루어 활용법〉

루어 활용의 기본은 저속 릴링이다.

낚싯대를 들어 눈높이를 맞출 필요도 있음!

수면으로 뻗은 낚싯줄로 입질 파악! 팽팽해지거나 늘어져도 입질이다!

제방

새물 유입부

수차

가두리

좌대

잔교

에 적합하지 못한 환경이다. 강이나 계곡처럼 물이 흐르지 않거니와 은신할 만한 장애물도 없는 편이다. 그러나 일반 유료 낚시터에선 무지개송어가 눈으로 확인되는 경우가 많다. 그래서 이들의 움직임을 보고 활성이 높은지 그렇지 않은지를 짐작할 수 있다.

활성이 좋고 건강한 무지개송어는 무리를 지어 일정한 경로로 활발히 회유한다. 또한 수면에 떨어지는 물체에 관심이 많고 수면에서 재빠르게 반전하기도 한다. 이러한 무지개송어 역시 활성이 좋은 상태이다.

반대로 혼자 가만히 있거나 엉뚱한 방향으로 헤엄치는 등 단독행동을 하는 경우는 미련을 두지 말아야 한다. 또한 갑자기 뛰어오르거나 수면에서 철썩이는 놈들도 몸을 다쳤거나 컨디션에 문제가 있는 상태이므로 루어에는 반응을 보이지 않는다.

●루어는 천천히 운용한다 : 유료 낚시터를 겨냥한 기초적인 루어 운용 방법은 저속으로 움직여 주는 것이다. 마이크로 스푼이나 소형 크랭크베이트의 경우, 일정 수심 이상 가라앉지도 뜨지도 않는 상태로 끌려오도록 최저속도를 부여하는 방식이 바람직하다. 예를 들어 1g의 마이크로 스푼을 아주느리게 4초에 한 바퀴 감는다는 정도로 움직인다. 소프트베이트(웜)를 사용하는 경우는 봉돌이 바닥에 닿은 후 한 번 살짝 움직여주고 한참을 기다리는 것을 반복한다.

●수심(유영층) 파악 : 무지개송어의 활성도에 맞춰 유영층을 찾는 것도 한가지 방법이다. 활성이 좋은 경우에는 표층을 통과시켜도 입질이 오지만 그렇지 않을 경우는 카운트다운과 릴링을 반복하여 입질이 들어오는 수심을 신경 써 확인해야 한다. 마이크로 스푼이라면 가벼운 것에서부터 점차 무거

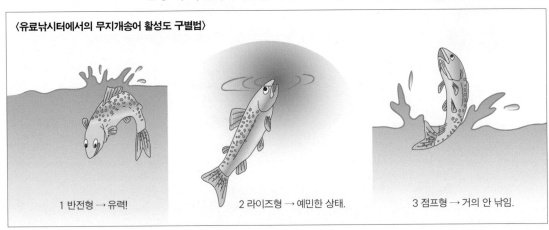

〈유료낚시터에서의 무지개송어 활성도 구별법〉

1 반전형 → 유력!　　　2 라이즈형 → 예민한 상태.　　　3 점프형 → 거의 안 낚임.

운 것으로 교체하는 한편, 통과하는 수심도 달리해 보는 것이 좋다.

무지개송어가 방류된 지 오래 되어 야성을 갖게 된 개체가 많을 경우는 루어를 단순하게 끌어들이지만 말고 릴링 도중 갑자기 속도 변화를 주거나 불규칙한 동작을 부여하는 것도 효과적이다.

대부분의 무지개송어들이 심한 스트레스로 인해 입을 닫고 한 장소에 은거하고 있는 경우라면 마이크로 스푼이나 플러그 종류보다는 소프트 베이트(웜 또는 에그베이트)가 효과적일 수 있다. 캐스팅을 한 후 채비가 바닥에 가라앉으면 마치 생미끼낚시를 하듯 작은 움직임과 기다림으로 입질을 유도한다.

● **챔질과 릴링 자세** : 무지개송어의 입질은 루어를 빨아들이지 않고 낚아채듯 문다. 그러나 루어를 물자마자 이물감을 느끼게 되면 곧바로 입을 벌려 뱉어버린다. 때문에 낚싯바늘이 입에 잘 박히도록 반사적인 챔질이 필요하다. 신경을 집중하여 입질이라고 느끼는 순간 날카롭게 챔질할 수 있도록 항상 마음의 준비를 해두고 있어야 한다.

입질 파악은 두 손에 닿는 느낌으로 알 수도 있지만 낚싯줄을 보고도 알 수 있다. 무지개송어의 활성이 특히 낮은 경우는 루어를 따라오면서 입 끝으로 건드리는 정도에 그치기도 한다. 따라서 이런 약한 감촉을 알아채기 위해서는 수면으로 뻗어있는 낚싯줄이 움직이는 변화에도 주의를 기울여야 한다. 입질은 손끝에 전해지기 이전에 먼저 낚싯줄의 움직임으로 알 수

● 표준명 : 무지개송어
● 속　명 : 송어, 석조송어
● 학　명 : *Oncorhynchus mykiss*
● 영　명 : Rainbow trout
● 일　명 : 니지마스(ニジマス)

▼마이크로 스푼(Micro spoon)에 걸려든 무지개송어. 트레블 훅(Treble hook)이 부착된 일반 스푼 루어와는 달리 마이크로 스푼에는 대부분 아주 가느다란 싱글 훅(Single hook)이 부착돼 있다.

있기 때문이다. 수면에 뻗어있는 낚싯줄이 평소와 다르게 더 늘어진다거나 팽팽해진다면 헛챔질이라도 좋으니 곧바로 챔질을 해보는 것이 좋다.

자신의 릴링 자세를 곰곰이 연구해볼 필요도 있다. 입질을 빠르게 감지하기 위해선 낚싯대와 낚싯줄이 일직선이 되게 하는 것이 좋다. 낚싯줄에 나타나는 입질을 알아보기 좋기로는 눈높이에 맞춰 낚싯대를 들고 릴링하는 것이다. 경우에 따라 무릎을 꿇고 릴링을 한다거나 또 다른 여러 가지 자세를 취해 그 장단점을 스스로 터득하는 노력이 중요하다.

●드랙 활용 : 무지개송어는 예쁘장한 생김새와는 달리 바늘에 걸리면 점프와 돌진 등 강력한 저항을 반복한다. 이때 가장 중요한 것이 릴의 드랙 활용이다. 드랙을 조여 놓은 상태로 강제집행을 하게 되면 가늘고 약한 낚싯줄이 끊어지거나 섬세한 바늘이 펴지고 말 것이다.

기본은 조금 헐겁다 싶을 정도로 조절해 두는 것이다. 챔질과 함께 무지개송어의 강한 저항으로 낚싯줄이 끌려 나갈 때는 침착하게 낚싯대의 각도를 유지하면서 어느 정도 차고 나가기를 기다린다. 드랙을 너무 헐겁게 조절한 상태가 아닌 경우라면 무지개송어는 어느 정도 도망을 가다가 멈추기 마련이다. 이때 다시 릴링을 한다.

릴링할 때의 낚싯대의 각도는 45도 이상은 좋지 않다. 낚싯대를 너무 세우면 수면 위로 튀어 올라 바늘털이를 하는 야생마 녀석에게 당하게 된다. 또한 점프를 할 경우는 낚싯대를 더 눕혀주는 것이 바늘털이를 막는 길이다. 풀리고 당기기를 반복하는 동안엔 낚싯줄에 여유가 생기지 않게 적당한 장력을 유지하는 것이 중요하다. 미늘이 없는 바브레스 훅은 여유를 주면 빠져버리기 쉽다.

●랜딩 및 릴리스 : 물가까지 끌려나온 무지개송어는 대개 옆으로 누워 물위로 떠오르지만 위험을 느껴 푸다닥 몸을 뒤집기도 한다. 따라서 단숨에 뜰채로 뜨는 것이 좋다. 릴리스(Release)를 목적으로 러버뜰채를 사용했다면 바깥으로 들어낼 필요도 없이 그냥 물속에서 바늘만 살짝 빼주면 된다. 미늘 없는 바늘을 사용하는 이유도 여기에 있다.

뜰채 없이 맨손으로 잡아 올려 되살려 줄 경우는 먼저 손을 물속에 미리 담가 열기를 식히고서 만지는 것이 좋다. 낚아 올린 무지개송어를 가져갈 것이라면 어떻게 다뤄도 상관없지만, 되살려 줄 예정이면서 마른 땅에 올려 놓는 것은 최악이다.

무지개송어 계류낚시

●표준명 : 무지개송어
●속 명 : 송어, 석조송어
●학 명 : *Oncorhynchus mykiss*
●영 명 : Rainbow trout
●일 명 : 니지마스(ニジマス)

　무지개송어낚시의 또 다른 형태는 자연 수계에서 즐기는 것이다. 강이나 하천 상류에서 이뤄지는 계류낚시 장르로, 흐르는 물에서 역동적인 삶을 추구하는 무지개송어의 습성과 어울려 낚시의 묘미가 한층 더 진하고 여운도 오래 남는다.

　양식장에서 방류된 유료 낚시터 무지개송어와는 힘과 근성이 달라 장비·채비 및 기법에서도 차이가 난다. 한마디로 계류낚시 고유의 멋과 쾌감을 즐길 수 있다. 그러나 자연 수계의 무지개송어는 서식처가 많지 않다는 점이 한계다. 인근에 무지개송어 양식장이 있어야 하고, 치어든 성어든 여기서 이탈한 자원이 인근 자연 수계로 유입돼 환경에 적응해야 한다는 조건이 붙는다. 그래서 자연 수계에서 무지개송어낚시를 즐길 수 있는 곳은 전국을 통틀어 겨우 몇 손가락을 꼽을 정도다.

■계류낚시용 장비 및 소품

　같은 양식산 무지개송어라 해도 자연 수계에 적응해 야생화한 지 오래된 개체일수록 꼬리지느러미가 길고 폭도 넓은 등 한눈에 보아도 용맹스럽다. 당연히 힘도 훨씬 더 강하고 행동도 예민하고 민첩하다. 양어장 무지개송어낚시 장비와 달라야 하는 이유다.

●낚싯대·릴·낚싯줄 : 낚시터가 산악 계곡인 경우가 있고 강의 중상류 지대인 경우가 있어 그 폭이 아주 좁을 수도 넓을 수도 있다. 낚시터의 폭이 좁은 계곡 지대에서는 5피트 전후 길이의 울트라라이트(UL)~라이트(L)급 낚싯대가 적합하고, 폭이 넓은 강 중상류 지대에서는 7~8피트 길이의 라이트(L)~미디엄라이트(ML)급의 낚싯대가 적합하다. 그러나 무지개송어낚시용으로 사용할 만한 7피트 이상 길이의 낚싯대는 국내에는 흔치 않으므로 6.5~7피트의 쏘가리낚시용을 사용해도 좋다.

　릴은 그냥 소형 스피닝 릴이면 된다. 유료낚시터에서 사용하는 릴보다는 약간 큰 2000~2500번이 붙어있는 모델이라면 적합하다.

낚싯줄은 4파운드 강도의 나일론이나 플로로카본, 또는 PE 합사 0.4~0.8 호를 사용한다. PE 합사를 원줄로 사용하는 경우에는 루어에 바로 직결하지 말고 나일론이나 플로로카본 4~8파운드(1.2~2호) 줄을 50~100cm 가량 덧달아 목줄로 사용하는 것이 좋다.

●웨이더 및 계류화 : 방수 웨이더는 폭이 좁은 계곡을 건너거나 폭 넓은 강 중상류 지대에서 무릎 수심 정도로 들어가 낚시를 할 때 꼭 필요한 장비다. 보통 착용 시 가슴까지 오는 체스트 하이 형태와 허리까지 오는 웨이트 하이 형태가 있다.

또한 물이끼 등이 낀 바닥에서 미끄러지지 않기 위해서 펠트나 스파이크 등 미끄럼 방지 기능의 밑창이 부착된 계류화를 꼭 착용해야 한다.

●소형 뜰채 : 무지개송어를 끌어내는 데에 편리하게 사용할 수 있다. 자석이나 연결용 코드를 사용하여 낚시조끼의 등 쪽에 부착할 수 있다.

●구명동의 : 물을 건너는 경우가 드물지 않고 물속에 들어가 낚시를 하는 경우도 많다. 수심 얕은 곳일지라도 웨이더를 입은 채 넘어지기라도 하면 대형사고로 이어질 수 있으므로 구명동의는 필수품이다. 낚시조끼형의 고체 부력식이나 가스 카트리지가 내장되어 위급 시 부풀어 오르는 제품을 선택하는 것이 좋은데 허리에 매는 형태, 가슴에 거는 형태 등이 있다.

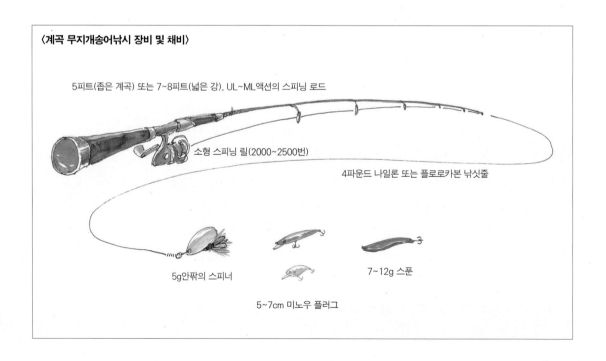

〈계곡 무지개송어낚시 장비 및 채비〉

5피트(좁은 계곡) 또는 7~8피트(넓은 강), UL~ML액션의 스피닝 로드

소형 스피닝 릴(2000~2500번)

4파운드 나일론 또는 플로로카본 낚싯줄

5g안팎의 스피너

5~7cm 미노우 플러그

7~12g 스푼

■계류낚시용 루어(Lure)

야생화된 무지개송어는 주로 상류에서 떠내려 오는 먹이를 항상 기다리고 있다. 곤충이나 작은 물고기가 이에 해당하지만 계절과 날씨에 따라 주로 잡아먹는 먹이가 달라지기도 한다. 수생곤충이 우화하는 시기, 피라미등 작은 물고기가 많은 시기, 육상곤충이 물에 많이 떨어지는 시기 등등을 고려한 루어 선택이 이뤄져야 한다.

●표준명 : 무지개송어
●속　명 : 송어, 석조송어
●학　명 : *Oncorhynchus mykiss*
●영　명 : Rainbow trout
●일　명 : 니지마스(ニジマス)

●스피너(Spinner) : 회전하는 블레이드의 반짝임과 실루엣으로 수생곤충이나 작은 물고기를 과장되게 표현하는 데 적합한 루어이다. 블레이드의 색상을 선택할 때는 아침이나 저녁에는 금색이나 은색, 밝은 낮에는 구리색이나 검은색을 사용하는 것이 기본이다.

무게는 5g을 기준으로, 조금 더 가볍거나 무거운 것을 준비한다. 같은 무게라도 블레이드가 크거나 몸통이 크면 릴링 도중에 부력이 상대적으로 커져서 표층으로 떠오른다.

●미노우 플러그(Minnow plug) : 곤충이 아직 나타나지 않아 먹이가 부족한 시기, 또는 소형 어류가 많은 장소에서 효과적이다. 크기는 5~7cm 전후가 기본이다.

미노우 플러그는 플로팅, 서스펜딩, 싱킹 등 3가지 형태가 있지만 유속이 강하거나 수심이 깊은 곳에서는 가라앉는 싱킹 타입의 사용 빈도가 높다. 색상은 피라미를 닮은 자연색을 기본으로 하되 눈에 잘 띄는 강렬한 색상에 입질이 좋은 경우도 있다.

●스푼(Spoon) : 낚시터의 폭이 넓고 수량이 많으면서도 수심 깊은 포인트에서는 스푼이 유리하다. 같은 무게의 다른 루어에 비해 멀리 날아가고 물속에 가라앉는 속도도 훨씬 빠르다. 7~12g 정도의 크기가 기준이고 색상의 선택 기준은 스피너와 같다.

■계류낚시 포인트

흐르는 물에 적응한 무지개송어는 자신의 에너지 소모를 최소화하면서 먹이가 나타나기를 기다리고 있다. 먹이가 흔한 시기라면 적극적으로 먹이를 쫓아다니며 사냥을 하지만 주로 상류로부터 하류로 흘러내려오는 먹이를 잡아먹기 쉬운 위치에 대기하고 있다. 이런 장소가 곧 포인트이다.

▲계곡 물줄기가 굽이돌아 아주 작은 소(沼)를 이룬 곳. 수심이 얕아 포인트로 빈약해 보일지라도 계곡 무지개송어는 이런 그늘진 곳에서 휴식을 취한다.

●낙차 있는 포말 지역 : 상류로부터 쏟아지는 물의 낙차로 인해 거품이 일고 있는 장소이다. 수심이 약간 깊을 정도로 바닥이 오목하게 패여 있어 물이 휘돌아지는 곳을 말한다. 상류에서 흘러내려 온 먹이가 바로 떠내려가지 않고 머물기 때문에 계류낚시의 1급 포인트를 형성한다.

●수중바위 주변 : 물속에 있는 큰 바위는 물살을 가르고 반전류를 만든다. 반전류가 발생하는 장소는 먹잇감들이 모일 뿐만 아니라 물살이 약해지는 지점이라서 무지개송어가 잠복해 있을 가능성이 많다.

●물곬 : 한창 먹이사냥을 하는 무지개송어는 과감하게 여울로 나온다. 여울에서 수심이 가장 깊은 장소인 물곬에 들어가 눈앞에 나타나는 먹이를 살피고 있다.

●깊은 소(沼) 측면 : 계류에 서식하는 물고기들의 안식처이자 휴식공간이다. 작은 물고기도 물론 쉬고 있으므로 먹이창고 역할을 하는 장소이다. 계류낚시에 있어 빼놓을 수 없는 일급 포인트이다.

■무지개송어 계류낚시 이렇게!

야생에 적응한 무지개송어는 양식장에 살 때와는 달리 훨씬 예민해지고 작은 인기척에도 놀라 도망친다. 그러므로 낚시터에 도착하면 성급하게 물

가로 다가가지 말고 멀리서 포인트가 될 만한 장소를 미리 탐색한다. 그런 다음 무지개송어가 인기척을 느끼지 않을 거리만큼 접근하여 몸을 최대한 낮춘 자세로 캐스팅을 하는 것이 좋다. 인기척에 놀라 한 번 도망친 무지개송어는 루어에 좀체 반응하지 않는다고 생각하는 것이 좋다.

포인트에 도착 해보니 이미 다른 낚시인이 낚시를 하고 있거나 낚시를 하고 지나간 흔적이 있다면 미련 없이 그 장소를 포기하고 이동하는 것이 좋다. 미련이 남는 곳이면 한참 후 다시 찾는 것도 방법이다.

루어를 사용함에 있어 포인트를 벗어난 엉뚱한 지점으로의 캐스팅 또한 무지개송어의 경계심을 유발하는 요인이 된다. 그렇다고 포인트에 정확히 명중시키라는 뜻이 아니다. 캐스팅 이후 루어가 포인트에 정확히 통과할 수 있도록 물이 흐르는 방향과 속도를 가늠하여 캐스팅하라는 것이다.

또 이를 위해선 루어가 착수할 지점을 염두에 두고 캐스팅과 동시에 검지를 이용해 풀려나가는 낚싯줄을 제어하는 '페더링'(베이트케스팅 릴의 경우는 '써밍')에도 주의를 기울여야 한다. 낚싯줄의 방출량을 제어함으로써 비거리 조절과 낚싯줄 늘어짐을 방지하는 것이다. 이에 익숙하지 않으면 루어가 엉뚱한 곳을 통과할 것이고, 심한 경우에는 밑걸림이 생기거나 바늘이 낚싯줄과 엉키기도 한다.

- 표준명 : 무지개송어
- 속 명 : 송어, 석조송어
- 학 명 : *Oncorhynchus mykiss*
- 영 명 : Rainbow trout
- 일 명 : 니지마스(ニジマス)

〈스피너의 사용법〉

② 릴링이 너무 빠르면 수면으로 튀어나와 무용지물!

① 일정한 속도로 릴링

④ 릴링 속도가 너무 느리면 블레이드가 돌지 않아 무용지물!

③ 블레이드가 수압을 적당히 받아 부드럽게 잘 돌아가도록 적정 릴링 속도를 파악한다

■유망 무지개송어 낚시터

전국 각지에 산재한 유료 낚시터 가운데 겨울 한철 송어낚시를 개장하는 곳은 대부분 수도권에 위치하고, 자연 수계에서 무지개송어낚시를 즐길 수 있는 곳은 강원도 일부 지역으로 제한된다. 수도권 낚시인들의 경우 유료 낚시터는 선택의 범위가 넓은 데 비해 자연 수계에서의 계류낚시는 출조권역이 많지 않은 편으로, 주변에 양식장이 있어 자원 유입이 이뤄져야 한다는 조건이 붙는다. 지역에 따라선 낚시가 금지되는 곳도 있음을 참고해야 한다.

●유료 낚시터 : 강원도 일부 지역을 포함한 수도권의 많은 유료 낚시터들이 대개 수온이 낮아지는 늦가을에 송어낚시를 개장하여 겨울 내내 운영하다가 수온이 오르는 봄철이 되면 폐장을 한다. 방류된 자원 중 일부는 봄철 이후의 높은 수온을 견디지 못해 폐사하고, 수면적이 넓은 낚시터의 일부 자원은 수심 깊은 곳을 찾아들어 야생화 되기도 한다.

유료 낚시터에서의 송어낚시는 손맛만 즐기고 되살려 주는 이른바 '캐치 엔 릴리스(Catch & Release)' 조건의 요금 체계가 많고, 낚은 송어를 가져갈 수 있는 마릿수를 제한한 요금 체계를 운영함으로써 입어료 부담이 크지 않은 편이다. 겨울 송어낚시를 개장하는 낚시터 곳곳을 소개할 수 없으므로 인터넷 정보를 참고하기 바란다.

●정선 동남천 : 동강의 지류인 동남천(정선군 남면 가수리~낙동리 일대) 전역에서 무지개송어가 낚인다. 플라이낚시인들이 자주 찾는 곳으로 대형 개체도 있지만 피싱프레셔가 높아 쉽사리 낚이지는 않는다. 수질이 그리 좋지 않은 것이 단점이다.

●평창 기화천 : 역시 동강의 지천에 해당하는 곳으로, 평창군 미탄면 기화리 일대의 기화천변에도 양식장이 많아 오래 전부터 무지개송어낚시가 성행돼 왔다. 그러나 이곳은 '동강생태환경보전법' 및 '기화천휴식년제' 등의 법적 규제로 인해 낚시가 금지되기도 하는 점 유념해야 한다.

●영월 옥동천 : 일명 '김삿갓계곡'으로 유명한 곳이다. 남한강 상류에 위치한 지천으로, 옥동천 하류에 위치한 양식장에서 유입된 무지개송어가 낚인다.

●춘천 세월교 주변 : 소양댐 아래의 소양강을 가로지르는 세월교는 오랜 세월만큼이나 낚시인들에게 이름이 알려진 곳이다. 이곳 세월교 아래쪽에

위치한 양식장으로부터 유입된 무지개송어 가운데 야생화 된 것들도 많아 간혹 대형급이 낚이곤 한다. 강폭이 넓고 하상이 자주 변하는 관계로 포인트를 꼬집어 말하기는 어렵지만 수량이 적을 때는 세월교 약간 상류 쪽을, 수량이 적당할 때는 하류권까지 포함시켜도 된다.

우리나라 무지개송어낚시의 유래와 현황

무지개송어가 루어낚시 대상어가 된 시기는 1980년대부터이다. 당시 강원도 삼척의 '내수면개발사업소' 양식장에서 이탈한 개체들이 인접 초당저수지 및 초당계곡에서 낚인 것이 1983년으로, 이것이 우리나라 최초의 공식 기록이다. 이후 강원도 몇몇 계곡에 이어 소양호에서도 무지개송어낚시가 이뤄져 겨울 루어낚시 대상어 확대로 한껏 기대를 불러일으켰다. 그러나 모두가 가두리양식장을 기반으로 한 자원 증대여서 한계가 따를 수밖에 없었다.

1990년대 들어 가두리양식장의 난립으로 인한 수질오염 문제가 사회적 이슈가 되는 속에서도 생산량이 늘어난 양식산 무지개송어는 식용뿐만 아니라 낚시 자원으로 유료낚시터에 공급되기 시작했다. 붕어·잉어낚시의 비수기인 겨울 한철을 보내기 위한 대체 어종으로 선택된 것이다. 자연 수계에서 만나기 힘든 무지개송어를 도심 근교에서 접하게 된 낚시객들의 반응이 좋을 수밖에 없었고, 이어 양어장 무지개송어낚시는 겨울 낚시 장르로 정착되었다.

일찍부터 유료 낚시터가 활성화 된 이웃 일본은 우리나라와는 사정이 좀 다르다. 계곡의 일부 구간에 계류어를 방류해 유료화 하기도 하고 인공 저수지를 유료화 하기도 한다. 무지개송어의 경우는 주로 인공 저수지에 방류해 유료화 하는데, 이로 인해 일본의 무지개송어낚시는 자연 수계와는 구별되는 독특한 낚시 장비와 기법이 정립돼 왔다. 우리나라 양어장 무지개송어낚시의 시작과 장비·기법 정착 또한 일본의 영향을 받은 것이다.

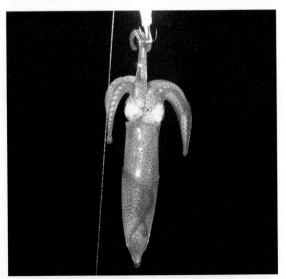

冬

겨울낚시

Part 4

12월에 떠나요!

글 백종훈, 사진 백종훈 외

볼락낚시
어르고 달래면 탐식본능 발휘한다

볼락은 제주도를 제외한 육지, 특히 남해안과 동해안 지역에 바다 루어낚시의 붐을 일으킨 장본인이다. 발원지는 이전부터 볼락낚시가 성행한 경남 남해안 지역이다. 맥낚시와 찌낚시, 외줄낚시 대상어로 유독 마니아층을 거느리던 볼락이 루어낚시 대상어로 변신하기 시작한 것은 2006년으로 거슬러 올라간다.

2006년도 봄부터 지그헤드에 웜을 꽂은 채비에 볼락이 잘 낚인다는 소문이 퍼지기 시작해 이듬해 봄까지 소문의 꼬리를 이어나갔고, 2007년 들어 당시의 농어 루어낚시와 무늬오징어 에깅 붐에 편승하면서 본격 바다 루어낚시 시대를 이끄는 견인차 역할을 하게 된 것이다.

2007년 가을 욕지도 본섬을 필두로 낮 시간대에도 볼락이 유난히 많이 낚였고, 그 호황이 겨울 시즌까지 이어지면서 볼락 루어낚시 인구가 날로 늘어나기 시작했다. 2008년경부터는 볼락 루어낚시 동호회도 더욱 늘어나 서로의 경험을 토대로 한 낚시 기법이 정립되고 다양화 되는 등, 바야흐로 볼락 루어낚시 시대가 이렇게 열렸다.

볼락은 흔히 '천기(天氣)를 읽는 물고기'라 일컫는다. 일기와 물때, 바람 등 조금의 기상 변화에도 민감하게 반응하는 어종으로 유명하다. 여건이 맞을 땐 너무 쉽게 아이스박스를 가득 채우는 '대박 조황'이 가능한가 하면, 좋은 기상임인데도 무슨 연유로 입을 다물게 되면 한두 마리가 고작이거나 얼굴 한 번 구경 못할 때도 있다. 채비를 던지기만 하면 한사코 물고 늘어지던 놈들이 '샛바람(북동풍)' 한 번에 종적을 감추기도 한다. 이렇듯 볼락은 낚시인을 하루에도 서너 번 울게도 웃게도 한다. 때문에 그 매력에 한 번 빠지면 쉽게 헤어 나오지 못한다.

볼락이 낚시인을 매료시키는 또 다른 이유는 '맛'이다. 볼락 특유의 육질과 식감은 분명 다른 어종과는 확연히 구분된다. 흰 살 생선에 속하는 볼락은 남녀노소를 불문하고 모두가 좋아하는 어종이다. 크기가 작은 것은 살을 발라 먹기 힘들지만 뼈째 소금구이를 해 먹으면 그 맛이 부드럽고도 고

● 표준명 : 볼락
● 속 명 : 뽈락, 뽈라구, 뽈래기
● 학 명 : Sebastes inermis
● 영 명 : Dark-banded rockfish
● 일 명 : 메마루(メバル)

▼볼락낚시의 묘미는 집어등 불빛과 함께 하는 밤낚시이다. 동지섣달 기나긴 겨울밤, 새침때기 볼락을 어르고 달래다 보면 하룻밤이 금방이다. 경남 통영시 갈도에서 30cm 안팎의 볼락을 낚아 든 필자 백종훈 씨.

소하기 이를 데 없다. 포를 뜨지 않고도 뼈째 썰어 먹는 '새꼬시' 회 맛 또한 쫄깃하고 달콤하기가 여느 고기에 비할 바 아니다.

■생태와 습성, 서식 및 분포

작은 체구에 비해 똘망똘망 눈이 큰 '왕눈이' 볼락은 야행성 어종으로, 새침떼기 겁쟁이이자 욕심 많은 시샘쟁이다. 또 특이하게 어미 뱃속에서 알을 부화시킨 후 새끼를 낳는 난태생(卵胎生)이기도 하다. 여기에 볼락의 생태와 습성이 모두 함축된다.

볼락의 특징은 우선 눈이 크다는 점이다. 물고기 눈의 크기는 일생동안 그들이 받는 광선의 강약과 관계가 있는데, 표층에서 살거나 낮에 주로 활동하는 물고기의 눈은 대개 보통 크기인데 비해, 야행성이 강하거나 깊은 수심에 사는 심해어는 눈이 크게 발달하거나 독특한 형태로 진화되었다. 볼락은 야행성이 강한 어류로, 어두운 야간에 먹이를 찾거나 적으로부터 경계를 하기 위해 큰 눈을 가지게 되었다는 것이다.

겁 많고 욕심 많은, 얄미운 새침떼기

'눈 큰 사람이 겁이 많다'는 말처럼 볼락 또한 작은 소음이나 빛에 잘 놀라고, 열심히 먹이활동을 하다가도 외부 날씨나 수온 변화에 갑자기 몸을

▼볼락은 어미 뱃속에서 알을 부화시킨 후 새끼를 낳는 난태생(卵胎生)이다. 갓 태어난 치어는 어느 정도 성장할 때까지는 해조류 군락에서 큰 무리를 지어 생활한다.

숨기는 등 그야말로 얄미운 새침떼기가 따로 없다. 그러다가 또 기회가 되어 먹이활동을 개시할 때면 탐식성 본능을 유감없이 발휘한다. 심지어 주변 동료가 취하는 먹이에도 시샘을 하듯 덤비기도 한다. 이런 점에서 볼락낚시는 잘 잡힐 때 속전속결해야 한다는 것이다.

볼락은 암컷과 수컷이 교미를 통하여 어미 뱃속의 알을 부화시킨 후 새끼를 낳는 난태생(卵胎生)으로, 11~12월에 교미를 한다. 이때 가장 많은 개체수가 연안 가까이 몰려드는데 볼락 루어낚시의 최대 시즌이라고 할 수 있다. 다음해 1~2월에 크기 4~5mm 되는 어린 새끼를 물속에 낳는데, 지역에 따라 이 시기는 조금씩 차이가 난다.

갓 태어난 치어는 어느 정도 성장할 때까지는 얕은 수심의 암초지대 또는 해조류 군락에서 큰 무리를 지어 생활한다. 부화 후 만 1년이면 체장 약 9cm, 2년이면 13cm, 3년이면 16cm, 5년이면 19cm 정도로 자란다. 볼락의 국내 최대어 기록이 41.9cm인 만큼 크게는 40cm 이상까지 성장한다고 볼 수 있다.

성어로 자라면 대개 수심 30~50m 지대의 해조류 군락이 있는 암초대 또는 인공어초 등에 무리를 지어 산다. 회유성이 강해 낮에는 수심 깊은 곳에서 은신한 뒤 밤이면 수심 얕은 곳으로 나와 물고기 치어나 두족류·새우류·게류·갑각류·갯지렁이류 등을 잡아먹는다.

December

볼락

- 표준명 : 볼락
- 속 명 : 뽈락, 뽈라구, 뽈래기
- 학 명 : *Sebastes inermis*
- 영 명 : Dark-banded rockfish
- 일 명 : 메마루(メバル)

■볼락낚시 시즌 전개

													: 시즌 　 : 피크 시즌
구분	1월	2월	3월	4월	5월	6월	7월	8월	9월	10월	11월	12월	비고
남해													
원도													
동해													
제주													

가을철 볼락이 처음 모습을 보이는 수온은 20~22℃며 이때는 은신처를 찾지 못한 상태로 수면 가까이 무리지어 다니기도 한다. 또한 가을철엔 낮 시간에도 볼락이 잘 낚이는데 이것은 겨울 산란을 앞둔 상태에서 산란할 장소를 함께 찾고 좀 더 많은 먹이활동을 하기 위한 것으로 생각된다.

볼락 루어낚시가 가장 성행하는 남해안의 경우, 11월 중순이면 낮낚시에서 밤낚시 위주로 바뀌면서 이듬해 4월까지 시즌이 이어진다. 하지만 산란을 마친 직후 또는 피크 시즌이라 하더라도 한겨울 수온이 8℃ 이하로 낮아지면 볼락의 활동이 줄어들며 낚시에도 잘 낚이지 않는다.

볼락은 서해에선 거의 확인되지 않고 남해안과 동해안에 개체수가 많되 동해안보다는 남해안, 특히 경남 지역 해역에 서식 밀도가 높다. 동해안의 경우 삼척과 속초 등 강원도 지역에서도 확인되지만 개체수가 많지 않은 편이고, 볼락낚시를 즐길 수 있는 지역은 경북 울진이 최북단으로 꼽힌다.

●가을 시즌 : 아침·저녁으로 찬 기운이 느껴지는 음력 8월에 접어들면 낮에 볼락이 낚이기 시작한다. 볼락 루어낚시가 새로 시작되는 셈이다.

이때는 볼락의 주 은신처이자 산란처 역할을 하는 해조류가 미처 자라지 못한 시기로, 볼락이 한 곳에 자리를 잡지 못하고 조류를 따라 무리지어 움직이는 양상을 보인다. 수면 가까이 무리지어 피어올라 움직이는 것이 낚시인의 눈에 띄기도 한다.

볼락이 조류를 따라 움직이기에 입질 역시 꾸준히 이어지지 않는다. 조류의 방향이 바뀌거나 들물·날물이 바뀌면 이내 입질이 끊기는 경우가 태반이다. 이렇게 음력 9월 말까지는 '낮볼락'이 주류를 이루며 이후부터는 본격 '밤볼락' 국면으로 전환된다.

●겨울~봄 시즌 : 음력 10월이면 볼락 루어낚시는 밤낚시 위주로 전환되며 본격적인 시즌에 돌입한다. 남해안의 경우는 갈도·욕지도·좌사리도·국도·매물도 등 원도권부터 시즌이 열린다. 밤낚시 초반 시즌에 해당하는 이

▼전남 여수 근해의 안도 갯바위에서 초저녁 집어등을 켜고 볼락 밤낚시에 돌입한 낚시인들. 어둠이 내리길 기다리는 중이다.

무렵의 원도권은 굵은 씨알을 낚을 수 있는 절호의 찬스다.

차츰 수온이 떨어지면 연안 가까운 섬과 육지 쪽 방파제에서도 볼락이 모습을 드러낸다. 음력 11~12월은 연중 가장 굵은 씨알이 낚이는 때이기도 하다. 원도권과 달리 근거리 섬 낚시터들은 음력 1~2월에 굵은 씨알이 낚인다.

볼락 밤낚시 시즌은 음력 3월까지 이어지며 이후 수온이 18℃ 이상으로 오르면 조황이 급격히 떨어지면서 거의 시즌이 마감된다.

●**여름 시즌** : 수온이 20℃를 넘기면 볼락 마니아들조차 낚싯대를 접는다. 수온이 오르면서 볼락의 맛도 떨어지고 마릿수 또한 현저히 줄어들기 때문이다.

그러나 이 시기에도 볼락을 낚을 수 있는 곳은 많다. 섬 낚시터인 경우는 수심 얕은 여밭 또는 방파제 주변, 육지 쪽 방파제는 테트라포드나 석축 사이사이에서 볼락을 낚을 수 있다. 단, 이 시기 낚이는 볼락 씨알은 15~20cm 내외로 '포획금지 체장'에 해당하는 것들이 많다(전장 15cm 이하의 볼락은 낚은 즉시 방류해야 한다).

- ●표준명 : 볼락
- ●속 명 : 뽈락, 뽈라구, 뽈래기
- ●학 명 : *Sebastes inermis*
- ●영 명 : Dark-banded rockfish
- ●일 명 : 메마루(メバル)

■볼락낚시 기본 장비 및 소품

볼락은 다른 바다 루어낚시 대상어들에 비해 몸집이 작고 입질도 매우 까다로운 어종이다. 크고 무겁고 둔한 장비로는 볼락낚시의 묘미를 제대로 즐길 수 없다. 낚싯대의 경우 가능한 한 짧고 부드러우며 가벼워야 하고, 릴 또한 1000~2000번 정도의 소형 스피닝 릴로 낚싯대와의 밸런스를 잘 이뤄야 한다. 루어를 비롯한 소품도 고루 갖춰야 한다. 체구가 작다고 해서 함부로 대하면 토라진다. 어리광 심한 어린아이의 비위를 맞추듯 세심한 배려와 준비가 따라야 한다.

▶낚싯대(Rod) - 7.0~8.0피트, UL 또는 L 액션

볼락의 체구와 그들 나름의 습성을 고려할 때 낚싯대는 가능한 한 짧고 가벼워야 하며, 섬세하면서도 감도가 좋아야 한다. 무조건 잘 휘어지고 부드러워야 한다는 뜻이 아니다. 미세한 입질을 잘 감지하되 바닥층을 탐색하는 데도 무리가 따르지 않아야 하며 굵은 씨알도 무난히 제압할 수 있어야 한다. 이를 뒷받침하는 조건들 중에는 전체적인 무게와 감도, 휨새(액션)가 중요하지만, 실전에서 그 기능이 발휘되는 초릿대의 재질과 가이드 공법도 잘 살펴볼 필요가 있다.

●솔리드 팁(Solid tip)과 튜블러 팁(Tubular tip) : 낚싯대가 섬세해야 한다는 것과 많이 휘어지는 것과는 다르다.

허리가 많이 휘어지는 낚싯대는 블랭크(Blank · 도장과 도색 등이 되지 않은 상태의 낚싯대 몸체)의 카본 함유량이 낮고 초릿대가 솔리드(Solid · 내부가 막혀 있는 형태) 타입인 경우가 대부분이다. 이 경우는 볼락이 루어를 건드리는 감도가 떨어져 입질인지 바닥 걸림인지 등을 간파하기가 쉽지 않으며, 허리 부분의 힘이 약해 씨알 굵은 볼락을 강제집행하기도 힘들다. 이에 비해 초릿대 내부가 비어 있는 튜블러(Tubular) 타입은 허리힘이 좋아 작은 씨알보다는 바닥에 머물고 있는 덩치 큰 볼락을 상대하기에 적합하고, 바닥 지형을 파악하는 감도 또한 뛰어나다.

따라서 시즌 초반 잔 씨알들이 수중이나 수면 근처에서 입질을 할 때는 간사한 입질을 쉽게 감지할 수 있는 솔리드 타입이 유리하고, 수중 해조류가 많아지는 한겨울~초봄 시즌의 씨알 굵은 볼락을 노릴 때는 허리힘이 좋아 바닥 공략이 용이한 튜블러 타입이 효과적이다.

결국 두 가지 타입의 낚싯대는 장단점이 있으므로 함께 지참하는 것이 여러모로 편리하다. 실제로 볼락낚시 마니아들은 두 가지 타입의 낚싯대를 모두 휴대해 상황에 따라 적절히 사용한다.

●길이는 짧게! 무게는 가볍게! : 먼 거리 포인트를 노리기 위해 긴 낚싯대를 선호하는 이들도 많다. 그러나 대부분 볼락 포인트는 근거리에 형성되는데 비해 지나치게 긴 낚싯대는 캐스팅의 정확도가 떨어져 사용이 불편할 수도 있다. 그렇다고 길이가 너무 짧으면 폭넓은 포인트 탐색에 불리하다. 6.5~9.0피트 길이의 '울트라라이트(UL)' 또는 '라이트(L)' 액션의 낚싯대를 사용하되, 가장 즐겨 사용되는 길이는 7.0~8.0피트(약 2.1~2.4m)다.

낚싯대 선택에 있어서 길이뿐만 아니라 무게도 매우 민감한 부분이다. 볼락 루어낚시는 기다리는 낚시가 아니다. 미끼를 바늘에 꽂은 채 볼락이 물어주기를 기다리는 낚시와는 차원이 다르다. 대략 5~6시간 동안 계속해서 채비를 던지고 감아 들이기를 반복하다 보면 피로가 쌓인다. 7.5피트 길이를 기준으로 현재 시판되는 낚싯대의 무게는 대부분 80~90g이다. 이 정도면 가정에서 사용하는 TV 리모컨 무게 정도에 불과하다. 이렇듯 볼락 루어낚싯대는 해를 거듭할수록 가벼워지는 추세다. 좋은 블랭크(가이드와 릴 시트 부분을 뺀 낚싯대의 몸통)를 사용해야 하는 이유이기도 하다.

● 표준명 : 볼락
● 속 명 : 뽈락, 뽈라구, 뽈래기
● 학 명 : *Sebastes inermis*
● 영 명 : Dark-banded rockfish
● 일 명 : 메마루(メバル)

▶릴(Reel) - 1000~2000번, 샐로우 스풀의 저속 기어

볼락 루어낚시를 재미나게 하기 위해선 릴 선택도 중요하다. 1000~2000번 크기의 소형 스피닝 릴을 사용하되, 합사 원줄이 대세를 이루는 만큼 스풀 깊이가 얕은 샐로우(Shallow) 타입을 선택하는 것이 좋다.

볼락 루어낚시용 릴 중에는 더블 핸들(Double handle) 방식이 눈길을 끄는가 하면, 메이커마다 무게·크기·기어비·드랙력·베어링 개수·권사량 등등을 꼼꼼히 표기하는데, 사용자 입장에서 이 모두를 이해하고 확인하기는 어렵다. 가장 중요한 것은 '크기'와 '기어비' 두 가지이다.

● 크기 : 볼락 루어낚시에는 1000~2000번 크기의 소형 스피닝 릴이 주로 사용된다. 이 또한 전체적인 장비 무게를 줄이기 위한 방편으로 낚싯대와의 무게 밸런스를 위한 측면이 커다 하겠다. 더욱 중요한 것은 스풀 깊이가 얕은 샐로우(Shallow) 제품이 주로 사용된다는 점이다.

볼락 루어낚시 채비는 대개 1.0~3.0g 내외로 매우 가볍고 이와 관련한 원줄 역시 0.1~0.5호 합사로 아주 가늘다. 이런 조건에서 릴 스풀이 깊을 경우는 불필요한 원줄을 따로 더 감아야 하는 불편이 따른다. 그렇다고 여분 줄을 감아두지 않으면 캐스팅 때 채비가 멀리 날아가지 못한다. 합사 원줄을 사용하는 여타 루어낚시에도 샐로우 스풀을 강조하는 사례가 많지만, 볼락 루어낚시에 있어서만큼은 특히 권하고픈 사양이다.

● 기어비(Gear比) : 릴 핸들과 베일의 회전을 비교해 놓은 것으로 낚싯줄이 감기는 권사량과도 관련이 있다. 결론부터 말하면 볼락 루어낚시에는 기어비가 낮은 릴이 좋다.

일반 바다낚시용 스피닝 릴의 기어비는 5:1이 주류를 이룬다. 릴 핸들을 한 바퀴 돌렸을 때 베일이 다섯 바퀴 돈다는 뜻이다. 그러나 기어비가 같다고 해서 낚싯줄이 감기는 권사량까지 같은 것은 아니다. 같은 기어비 5:1이라 해도 1000번과 5000번 릴의 스풀 크기가 다르기 때문에 권사량은 당연히 달라질 수밖에 없다.

따라서 같은 크기로 비교했을 때 기어비가 높은 릴은 채비를 빨리 거둬들일 수 있기에 농어·부시리·삼치 등 움직임이 빠른 대상어를 상대할 때 유리하다. 그러나 볼락처럼 아주 섬세한 낚시를 할 때는 기어비가 낮은 제품이 유리하다. 똑같은 채비를 움직이는 데 있어 핸들을 더 많이 돌려야 하는 불편이 제기될 수도 있겠지만 그만큼 낚싯줄이 천천히 감겨 채비의 움직임이 부드럽다는 장점이 더 크게 작용하는 것이다.

▶낚싯줄(Line) - 나일론과 합사 원줄 장단점 이해해야

나일론 또는 카본 원줄은 0.6~1.2호가 적합하고, PE 합사를 원줄로 사용할 경우는 0.2~0.5호를 선택하되 3합사 이상의 결속력을 지닌 제품이 좋다. 또한 PE 합사 원줄에는 별도의 목줄(쇼크 리더)을 연결해야 하는데, 이 목줄에는 0.6~1.5호 굵기의 카본사가 주로 쓰인다. 카본사의 경우 투명도가 좋고 바닥 쓸림에도 강하기 때문이다.

루어낚시가 유행하면서 PE 합사의 원줄 사용빈도가 급격히 늘어났지만 기존 나일론이나 카본 줄의 용도가 없어졌다고 생각해선 안 된다. 합사는 나일론사나 카본사와는 다른 장점을 지닌 것은 분명하지만 합사라고 해서 단점이 없는 것은 아니다.

●나일론사 : 가격이 저렴해 부담 없이 사용할 수 있지만 다른 소재의 낚싯줄에 비해 부드럽고 잘 늘어난다. 게다가 마찰열(熱)에 약하기에 매듭을 지을 경우 결절강도가 다른 낚싯줄에 비해 매우 약하다. 원줄은 물론 목줄로서의 기능도 떨어져 볼락 루어낚시엔 잘 사용하지 않는 편이다.

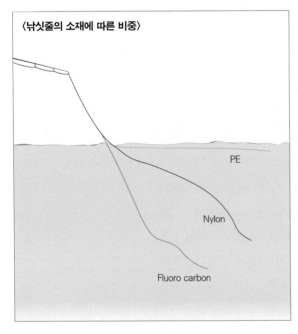

〈낚싯줄의 소재에 따른 비중〉

PE

Nylon

Fluoro carbon

●카본사 : 나일론사에 비해 가격은 비싸지만 물속에서 채비를 가장 안정감 있게 운용할 수 있다. 나일론사나 합사에 비해 비중(比重)이 1.2 이상(물의 비중을 1로 했을 때)으로 높기 때문이다. 비중이 높다는 것은 물속으로 가라앉는다는 뜻이다. 실제로 포장지나 라벨에 낚싯줄의 비중이 표기된 제품들을 볼 수 있는데, 비중이 높을수록 물속으로 빨리 가라앉는다고 생각하면 된다.

결국 비중이 높은 카본사를 원줄로 사용할

경우 물속에서 곡선을 그리지 않고 안정감 있는 일직선을 유지하게 된다. 이로써 볼락의 미약한 입질도 곧장 제대로 전달되는 것이다.

●합사 : 가격이 가장 비싸다는 단점이 있지만 늘어남이 없어 채비를 팽팽한 상태로 운용하기 좋고, 이에 대상어의 입질도 정확히 전달되는 장점이 있다. 특히 강도가 가장 높아 원줄을 최대한 가늘게 사용할 수 있다는 점이 최대 장점인데, 같은 강도의 나일론사나 카본사와 비교해 채비의 비거리 또한 월등히 높게 나온다.

단점은 물에 가라앉지 않아 채비의 입수를 방해한다는 것이다. 근년에는 비중이 1.0을 넘어 물속에 다소 가라앉는 합사가 판매되고 있지만 여전히 물에 뜨는 제품이 주류를 이룬다. 강도 좋고 비거리 많이 나와 더 바랄 것 없어 보이지만 채비 운용에는 단점을 보이는 것이다. 순간적인 당김이나 쓸림, 충격 등에도 약한 특성이 있다.

- ●표준명 : 볼락
- ●속　명 : 뽈락, 뽈라구, 뽈래기
- ●학　명 : *Sebastes inermis*
- ●영　명 : Dark-banded rockfish
- ●일　명 : 메마루(メバル)

▶밤낚시용 필수 소품 – 볼락낚시는 집어등낚시

볼락낚시 자체가 거의 야간에 치러지는 만큼 밤낚시용 필수 소품은 곧 볼락낚시용 필수 소품이기도 하다. 야간 이동과 여러 가지 작업에 필요한 랜턴은 기본이요, 밤볼락을 불러 모으는 집어등은 볼락낚시에 없어서는 안 될 필수품으로 자리 잡은 지 오래다. 웜(Worm)의 야광 기능을 드높이는 축광기 또한 집어등과는 별개로 상시 지참하는 것이 좋다.

▼야간 볼락 루어낚시엔 집어등이 필수다. 포인트 진입 후 어둠이 내리기 전, 일몰 시각부터 미리 집어등을 켜 두는 것이 효과적이다.

●랜턴 : 볼락 루어낚시는 90% 이상 야간에 이뤄진다. 가장 우선해야하는 것은 안전이다. 방파제의 보안등 또는 집어등이 불빛을 제공하지만 이동이나 채비를 만들 때 사용할 소형 랜턴은 필수적인 용품이다.

볼락 루어낚시용 랜턴은 빛이 넓게 퍼지는 것보다는 빛이 모여서 나가는 '집광형 랜턴'을 사용하는 것이 좋다. 일부 낚시인들은 조황에 방해가 된다고 랜턴 사용 자체를 반대하지만 볼락 루어낚시는 포인트 범위가 매우 넓어 무조건 문제시 할 바는 아니다. 또한 집광형 랜턴은 넓게 퍼지는 불빛보다 낚시에 방해가 덜 된다.

●축광기 : 밤낚시를 주로 하되 웜(Worm) 사용 빈도가 높은 볼락 루어낚시에 있어 중요한 소품이다. 야광(夜光)이 되는 웜에 불빛을 쐬어 물속에서 웜의 야광 기능이 보다 오랜 시간 그리고 보다 밝게 해주는 도구로, 어떤 이들은 축광이 되는 웜만 사용할 정도로 웜의 야광 기능을 중요시한다.

축광기에는 '자외선(Ultraviolet)'을 이용한 'UV용 LED'가 사용된다. UV LED는 일반 LED나 전구에 비해 파장이 길어 축광 기능이 더 오래 지속되는 것으로 알려진다. 시중에는 많은 종류의 축광기가 판매되는 가운데 UV 기능 없이 파란색만을 띠는 제품들이 UV 축광기라고 거짓 유통되기도 한다.

축광기의 자외선은 인체 노출 시에 치명적인 상처를 줄 수도 있다. 특히

집어등 사용 이렇게!

거듭되는 얘기지만 야간 볼락 루어낚시엔 집어등 효과를 도외시할 수 없다. 조과의 차이가 분명 나타나기 때문이다. 그렇다고 볼락이 집어등 불빛 자체에 직접 반응하는 건 아니다. 불빛에 모여드는 동물성 플랑크톤이나 소형 물고기를 먹이로 취하기 위해 모여드는 것이다. 그러면서도 불빛이 밝은 곳으로까지 겁 없이 모여들진 않는다. 불빛 가장자리에서 눈치껏 사냥을 하므로 불빛이 밝은 구역은 오히려 경계의 대상이 된다.

따라서 집어등은 잘못 사용할 경우 역효과를 초래할 수도 있다는 점을 염두에 둬야 한다. 포인트 주변의 볼락을 불러 모으거나 바닥층의 볼락을 부상시키기 위한 집어등 불빛이 오히려 볼락을 멀리 달아나게 하거나 깊은 곳으로 숨어버리게 하는 결과를 초래하지 않기 위해선 나름대로의 사용 기준이 있어야 한다. 갯바위 포인트 사례를 중심으로 설명하면 다음과 같다.

❶본섬과 연결된 간출여 또는 수중여 : 간출여 또는 수중여 주변은 수온이 차츰 상승하는 봄철뿐만 아니라 하강하는 겨울철에도 최고의 포인트가 된다. 이런 곳의 입질 시간대는 간조 때보다는 어느 정도 물이 차 있을 때가 좋다. 즉 중들물부터 만조 이후 중날물까지다.

그림①에서 보듯 포인트 왼쪽으로 작은 홈통이 형성돼 있다고 가정할 경우, 집어등을 켜고 낚시를 해야 하는 곳은 간출여와 수중여 뒤쪽 그리고 집어등 불빛이 어두워지는 오른쪽 끝부분이다. 간출여가 물에 완전히 잠기는 만조 때는 여 위에서도 입질을 하지만 이런 곳은 씨알이 잘다. 바닥까지 내려간 수중여의 뿌리 부근에서 굵은 씨알이 낚일 확률이 아주 높다.

이런 점들을 감안해 집어등의 가장 밝은 불빛(하이라이트)을 여 오른쪽 끝부분에 닿게 하면 여 너머엔 그늘이 생긴다. 경계심 강한 놈들도 시원하게 입질을 하는 최상의 여건이 만들어진 셈이다.

만약 홈통 안쪽으로 집어등을 켜면 만조 전후로는 입질

을 받을 수 있지만 볼락이 밖으로 빠져나가기 시작하는 날물 때는 입질 받을 확률이 떨어진다.

❷독립 수중여 : 간조 때도 육안으로 확인되지 않는 깊은 수심의 수중여를 말한다. 이런 곳일수록 집어등 사용 요령이 중요하다. 제대로 사용하면 바닥에 웅크린 볼락을 수면 가까이 피워 올릴 수 있지만 잘못하면 수면 근처의 볼락을 바닥으로 가라앉힐 수도 있기 때문이다.

대체로 잔 씨알의 볼락들은 수면 근처의 불빛이 밝은 곳에서 입질을 한다. 하지만 씨알 좋은 볼락은 밝은 곳보다는 어둠의 경계 지점 또는 불빛이 전혀 닿지 않는 어두운 곳에서 입질을 한다. 따라서 집어등 불빛이 수면을 향하게 해선 안 되고 수중여를 바로 비추는 형태가 되도록 각도 조절을 잘해야 한다.

불빛이 수중여를 곧장 향하게 각도 조절을 하면 수중여 위쪽 수면은 불빛의 가장 밝은 부분을 피할 수 있다. 즉 낚시를 해야 하는 수면 위로는 어둠이 드리워져 볼락을 제대로 수면 가까이 피워 올릴 수 있는 것이다(그림② 참조).

❸수심 얕은 곳(여밭) : 수중여가 많이 깔려 있는 곳이나 홈통 안쪽 또한 집어등을 잘못 사용할 경우 역효과를 초래할 수 있다. 집어등 사용뿐만 아니라 소음에도 주의를 기울여야 하는 곳이다. 한 쪽이 막힌 지형에 은거한 볼락일수록 경계심이 많아 집어등 불빛을 자주 가리거나 큰 소음이 연속적으로 발생하면 입을 꼭 닫아버리기 때문이다.

수심이 얕고 포인트 범위가 넓은 만큼 집어등 불빛을 한곳으로 집중하지 말고 수면 전체를 폭넓게 비추는 것이 좋다(그림③ 참조). 집어등을 갯바위 낮은 위치에 놓되 특히 홈통 포인트에서는 수면을 비추기보다는 맞은편 갯바위를 비춰 홈통 전체를 밝게 하는 것도 좋은 방법이다. 이렇게 하면 홈통 안의 깊고 얕은 수심 전역을 공략할 수 있다. 이런 곳은 날물보다는 들물 때에 입질이 좋은데, 날물이 시작되면 빠져나가는 볼락을 붙들 수 있도록 불빛이 수심 깊은 곳으로 향하게 각도 조절을 해야 한다.

❹수심 깊은 곳 : 그림④와 같은 지형에서는 어디를 어떻게 노려야 할지 막막할 수도 있다. 사실 매력 없는 포인트지만 자신의 선택과는 상관없이 낚싯배 선장이나 가이드의 권유에 어쩔 수 없이 내리게 되는 경우도 있다. 그러나 수중여 같은 눈에 띄는 지형지물이 없을지언정 의외로 바닥 지형이 좋은 여건일 수도 있다. 집어등을 이용해 임의의 포인트를 만들어 내면 되는 것이다. 솜씨에 따라선 대박 아니면 쪽박을 칠 수도 있다.

일단 바닥 사정을 알지 못하는 상황이므로 발밑을 포인트로 정한 후, 집어등 불빛이 갯바위 턱에 걸치게 하여 아래쪽 발밑 일대를 어둡게 만든다. 집어등 각도를 너무 내려 가장자리를 비추게 되면 볼락이 숨어 있을 곳이 없어져 포인트로서의 가치가 없어진다. 이렇게 갯바위 턱 밑 일대를 어둡게 만들었다면 집어등 하이라이트 부분을 벗어난 어슴푸레한 곳을 노리면 된다. 바닥 여건이 좋다면 볼락이 수면 가까이 피어오를 것이고, 바닥 여건이 나쁘다면 갯바위 가장자리 어두운 곳으로 붙을 것이다.

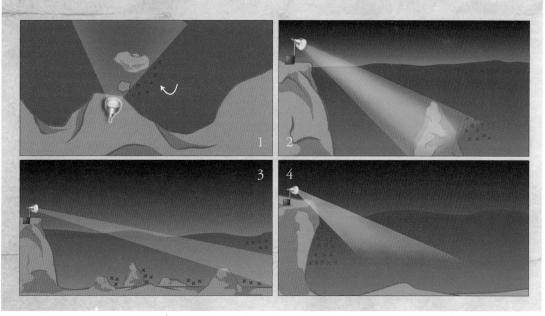

눈에는 직접적으로 비추지 않는 것이 좋으며 사용 시간도 최소화해야 한다.

●집어등 : 볼락은 낚시 당일의 조류·물색·달빛·바람 등 여러 가지 여건에 따라 입질 형태와 수심층이 수시로 달라진다. 그러나 통상적인 여건이라면 집어등을 켜는 순간부터 수면 가까이 피어오르기 시작한다.

여러 가지 변수를 감안하더라도 이제 집어등 없는 볼락 루어낚시는 생각할 수 없게 되었다. 조과 차이가 확실히 나타나기 때문이다. 볼락낚시뿐만 아니라 호래기낚시에도 뛰어난 효과를 보여 집어등 쓰임새는 더욱 늘어나는 추세다. 색상과 크기, 밝기와 가격 등 제품의 종류도 매우 다양하다. 기성품뿐만 아니라 필요한 기능을 살리기 위해 낚시인 스스로 만들어 사용하기까지 한다.

필자 역시 갯바위낚시 땐 반드시 집어등을 사용할 뿐만 아니라 심지어 두 개를 준비해 다닌다. 만만찮은 무게 탓에 힘은 들지만 포인트에 따라서는 두 개를 사용하는 것이 훨씬 유리하다는 생각에 고집스레 두 개를 가지고 다닌다.

집어등 불빛 색깔에는 크게 신경 쓰지 않는 편이다. 집어등 불빛 색깔과 볼락 집어(集魚)와는 상관이 없다고 생각하기 때문이다. 대신 빛의 밝기를 중요하게 생각한다. 어떤 이들은 불빛이 백색이거나 너무 강하면 좋지 않다고 말한다. 하지만 백색의 강한 불빛을 사용해 남들보다 조황이 뒤진 적은 없다. 밤낚시를 하는 동안 불빛이 어두우면 행동에 제약이 따르고 포인트 여건에 따라 자칫 위험에 처할 수도 있으므로 녹색 불빛이든 백색 불빛이든 일단 밝은 것을 사용하는 것이 좋다.

▶기타 소품 – 구색 고루 갖출수록 유리

갯바위·방파제·선상 등 다양한 장소에서 이뤄지는 볼락 루어낚시는 필요한 소품이 생각보다 다양하다. 게다가 야간에 주로 이뤄지는 낚시인 만큼 안전장비에도 소홀해서는 안 된다. 안전하고 재미나게 즐기기 위한 소품들을 열거해 본다.

●미끄럼방지용 신발 : 갯바위는 말할 것도 없고 방파제에서 낚시를 할 때도 미끄럼방지 기능이 있는 신발을 착용해야 한다. 방파제 일대의 테트라포드와 석축은 갯바위보다 더 미끄러운 조건일 때가 많기 때문이다.

●라인커터와 합사가위 : 가는 줄을 사용하는 낚시라 대수롭지 않게 생각할

수도 있지만 겨울철 깜깜한 밤에 라인커터와 합사가위 없이 채비를 꾸리다 보면 절로 그 필요성을 통감하게 된다.

●볼락 루어용 페더지그(Feather jig) : 지그헤드와 웜의 단조로운 조합을 탈피해 근년에는 플라이낚시에 쓰이는 훅을 본 뜬 제품들이 속속 등장하고 있다. 지그헤드와 웜의 조합에만 익숙한 이들은 그 효과를 의심하지만 볼락과 전갱이낚시에 효과적이라는 점은 분명하다.

많은 제품들 가운데 환영받는 제품이 얼마 되진 않지만 '색다른 루어로 반드시 한 마리 잡아보겠다'는 생각으로 제품의 특성을 파악하고 입질 패턴을 깨닫게 되면 볼락 루어낚시가 더욱 재미있어질 것이다.

●웜, 지그헤드 보관용 케이스 : 웜을 제대로 보관하지 않아 여러 회사 제품들이 서로 뒤엉켜 붙어 있는 사례를 흔히 목격하게 된다. 웜의 재질이 서로 다른 탓도 있지만 대개는 웜 보관에 적합하지 않은 소재의 케이스를 사용했기 때문이다.

제품의 변형을 막기 위해서는 소프트 베이트(웜) 전용 케이스를 사용해야 한다. 투명 케이스보다는 자외선을 차단할 수 있는 색상의 케이스가 조금 더 효과적이다. 비슷한 모양과 크기라고 해서 마구 사용해서는 안 된다. 판매점에 조언을 구한 후 구입하는 것이 좋다.

●던질찌(볼락볼)와 싱커 : '볼락볼' '메바볼' '캐스팅볼' '레진볼' 등 다양한 이름으로 불리는 볼락 루어낚시용 던질찌는 지그헤드가 닿지 않는 먼 거리의 포인트를 노릴 때 자주 사용한다. 다양한 무게와 크기로 사용 방법 또한 여러 가지다.

볼락볼의 개발은 비거리만을 고려한 것은 아니다. 물속 조류의 흐름에 따라 채비의 움직임이 자연스럽게 연출되도록 하려는 목적도 포함된 것이다. 따라서 채비를 무조건 멀리 던질 목적만으로 볼락볼을 사용하는 것은 잘못된 생각이다.

옛 볼락볼 제품의 최대 단점은 덩치가 큰 탓에 수면 착수 시 소음이 크게 발생하는 점이었다. 근년에는 이를 보완한 작은 크기의 제품들이 출시되고 있다. 작은 막대 또는 타원형으로 만들어져 캐스팅을 할 때 바람의 영향을 작게 받는 한

●표준명 : 볼락
●속　명 : 뽈락, 뽈라구, 뽈래기
●학　명 : *Sebastes inermis*
●영　명 : Dark-banded rockfish
●일　명 : 메마루(メバル)

▼볼락낚시용 페더지그(Feather jig)들. 단독으로 사용되기보다는 지그헤드 또는 던질찌와 함께 조합을 이뤄 사용된다.

볼락낚시용 페더지그

편, 수면 착수 시의 소음도 덜한 것이 특징이다. 금속을 이용한 이런 제품들은 수면 착수음을 줄일 수 있지만 채비의 자연스런 연출은 힘들다.

● 도래 및 멈춤봉 : 볼락볼을 사용할 때 아주 유용한 소품들이다. 필자는 볼락볼을 사용할 때 되도록 멈춤봉보다는 도래를 사용한다. 멈춤봉을 사용하면 원줄이 자주 꼬여 비거리를 줄이는가 하면 라인 트러블을 일으키기 때문이다. 도래를 사용할 때도 이런 폐단이 생길 수 있으므로 가끔 낚싯대를 들어 꼬인 원줄을 풀어주는 것이 좋다.

● 소품가방 및 보관통 : 볼락 루어낚시는 대부분 야간에 이뤄지는 만큼 원활한 동작을 취하기 위해선 모든 소품이 몸에 착 붙는 것이 좋다. 소품가방과 볼락 보관통은 여러 가지 기능보다는 가볍고 휴대가 간편한 것이 우선이다.

● 집어제 : 젤 타입, 액상 타입, 스프레이 타입 등 종류가 다양하다. 낚시터 현장에서 바로 사용할 경우는 액상 또는 스프레이 타입보다는 웜의 표면에 직접 달라붙는 젤 타입이 효과적일 수 있다. 액상 타입은 바닷물에 금방 씻기기 때문이다.

액상, 스프레이 타입은 2~3일 간 집어제와 웜을 한 곳에 담아 맛과 향이 웜에 충분히 스며들게 한 뒤에 사용하면 보다 효과적이다. 별도 케이스를 사용하기보다는 웜이 담긴 비닐 지퍼백을 열어 웜이 충분히 젖을 수 있도록 집어제를 뿌려주면 된다.

▶볼락 루어낚시용 소품들. 집어등과 집어제, 헤드랜턴과 던질찌(볼락볼), 도래와 웜훅 등 어느 한 가지도 빠뜨려선 안 된다. 루어도 다양하게 준비돼야 한다.

■볼락낚시용 루어(Lure) 및 채비에 대한 이해

볼락을 루어낚시로 잡아낼 수 있는 채비와 방법은 매우 다양하다. 그중 가장 널리 사용되는 것이 지그헤드와 웜을 결합한 지그헤드 채비(Jighead rig)이다. 그리고 미노우 플러그(Minnow plug)를 사용하거나 금속 재질의 메탈지그(Metal jig)와 스푼(Spoon) 등도 자주 사용된다. 이외에도 반짝이거나 야광이 되는 재질의 깃털이나 천을 바늘에 묶어서 사용하는 카부라지그(カブラ jig)라는 채비도 있다. 채비별 특징과 운용 방법을 소개하면 다음과 같다.

● 표준명 : 볼락
● 속　명 : 뽈락, 뽈라구, 뽈래기
● 학　명 : *Sebastes inermis*
● 영　명 : Dark-banded rockfish
● 일　명 : 메마루(メバル)

▶지그헤드(Jighead) 채비 및 운용

지그헤드 채비(Jighead rig)란 지그헤드 바늘에 간단히 웜(Worm)을 부착하는 것이다. 이 둘은 불간분의 관계로 분명 루어(Lure) 종류이면서도 서로 따로 떼어 놓으면 루어 기능을 발휘하지 못한다. 바늘과 머리(Head)만 있는 지그헤드는 몸통이 없고, 갯지렁이나 새우, 기타 소형 물고기를 형상화한 웜은 몸통만 있을 뿐 바늘이 부착돼 있지 않기 때문이다. 따라서 지그헤드와 웜은 서로 조합을 이뤄야 하는데, 볼락낚시에 사용되는 웜은 1.2~2인치(약 3~5cm) 크기의 소형이 대부분이다. 작은 웜을 사용하는 만큼 지그헤드 역시 작고 가벼운 것을 사용한다. 0.5~3.0g이 주로 쓰이며 수심이 깊거나 조류가 빠른 곳에서는 7.0g까지 사용하기도 한다.

지그헤드의 바늘은 일반 낚싯바늘과 달리 크기를 구분하는 숫자가 커질수록 반대로 그 크기가 작아진다. 볼락 루어용으로는 #8~#4번이 가장 널리 채용된다. 일반적인 볼락바늘로 보면 8~10번 크기다.

▼볼락낚시용 지그헤드. 둥근형·삼각형·탄환형 등 다양한 헤드 모양과 함께 색깔마저 달리해 각기 다른 기능을 도모한다.

여러 장르의 루어낚시에 활용되는 지그헤드 리그는 단순하지만 볼락을 낚는 데도 가장 효과적인 채비 중 하나다.

● 볼락용 지그헤드 종류 : 지그헤드는 머리 모양과 색상, 도색 방법에 따라 각각의 기능을 발휘한다. 볼락의 먹잇감이 되는 치어의 머리를 본 뜬 형태가 있는가 하면, 야광 처리를 하거나 은색으로 반짝이는 니켈 도금 처리를 한 제품 등 매우 다양하다. 딱히 어떤 제품이 좋다고 말할 수는 없지만 결국 볼락의 눈을 자극해서 입질을 유도하기 위한 것이므로 여러

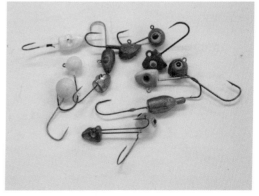

가지 종류를 준비해 다양한 시도를 해보는 것이 좋다.

　　다만 머리 전체가 야광이거나 야광 눈 처리가 된 제품의 경우는 수심 깊은 곳이나 어두운 지역을 노릴 때 효과적인 데 비해, 수심이 얕은 곳이나 상층을 노릴 경우는 야광의 필요성을 느끼지 못했다는 게 필자의 경험담이다.

　　지그헤드의 머리 모양은 또 채비를 캐스팅하고 운용하는 데도 결정적 역할을 한다. 같은 무게라 할지라도 모양에 따라 수중 움직임이 달라지고 비

볼락낚시용 지그헤드 채비 운용 이렇게!

　볼락 루어낚시에 있어 지그헤드 채비를 운용하는 방법은 여러 가지다. 그러나 기본 동작은 크게 세 가지다.
①리트리브(Retrieve) 또는 스위밍(Swimming) : 가장 기본적이면서도 효과적인 방법으로, 채비를 던져 일정 수심층까지 내린 뒤 그냥 천천히 감아 들이기만 하면 된다. 웜이 유영하는 수심층을 갑자기 변화시키지 않는 것이 중요하고, 입질이 감지되더라도 갑자기 챔질을 하지 말고 제물걸림이 되도록 계속 감아 들이는 것이 좋다. 끌려오는 웜의 궤적이 일정 수심층을 유지하기 위해서는 노리고자 하는 수심과 조류의 강약을 고려해 지그헤드의 무게를 결정해야 한다.
②호핑(Hopping) : 낚싯대를 들었다 내렸다 하는 동작으로 웜이 바닥에서 폴짝 폴짝 뛰게 하는 기법이다. 바닥 암

초 또는 장애물 주변의 볼락을 노릴 때 유효하다. 밑걸림에 의한 지그헤드의 손실이 많지만 볼락의 활성도가 낮을 때 아주 효과적인 방법이다. 낚싯줄이 팽팽하게 유지돼야 하므로 2.0g 이상의 무거운 지그헤드가 주로 사용된다.

③리프트 앤 폴(Lift & Fall) 또는 폴 앤 리프트 : 낚싯대를 폭넓게 당겼다가 낮춰주는 연속 동작으로 바닥에 닿은 지그헤드를 일정 높이로 들어 올렸다가 내려 주기를 반복하는 방법이다. 내려가는 폴링 때보다는 올라오는 리프트 때 입질이 자주 닿는다. 때문에 들어 올릴 때 속도의 변화를 주는 것이 효과적이다.

　이 방법 역시 활성도가 낮은 볼락을 노릴 때 유효하다. 폴링 때 채비가 너무 빨리 떨어지면 자세가 흐트러져 바닥걸림이 잦을 수 있다. 가급적 천천히 폴링 될 수 있는 무게의 지그헤드를 선택하는 것이 관건이다.

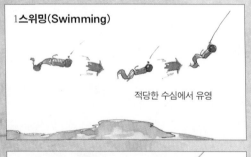

1스위밍(Swimming)

적당한 수심에서 유영

2호핑(Hopping)

슬쩍 들어서 감고,
슬쩍 들어 감고…

폴짝!　폴짝!

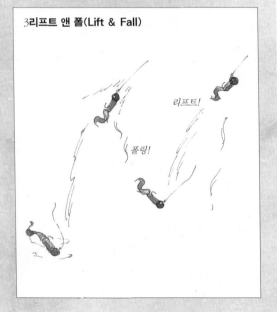

3리프트 앤 폴(Lift & Fall)

리프트!

폴링!

볼락

●표준명 : 볼락
●속 명 : 뽈락, 뽈라구, 뽈래기
●학 명 : *Sebastes inermis*
●영 명 : Dark-banded rockfish
●일 명 : 메마루(メバル)

거리도 약간 달리 나타난다. 머리 모양에 따른 지그헤드를 구분해 보면 둥근형 · 삼각형 · 탄환형 · 피시아이형 등으로 나뉜다.

❶둥근형 - 가장 대표적인 형태로 캐스팅 비거리도 좋은 편이다. 단점은 바닥걸림이 발생했을 때 잘 빠져 나오지 못한다는 것이다. 바닥 공략보다는 중 · 상층을 노릴 때 효과적인 지그헤드다.

❷삼각형 - 볼락낚시용 지그헤드로 가장 널리 사용되는 형태다. 삼각형의 머리 모양은 바닥 걸림을 최소화해 주고, 조류의 저항도 덜 받아 빠른 조류의 중 · 상층부를 노릴 때도 좋다. 단점은 머리 부분과 바늘의 위치가 잘못돼 중심을 제대로 이루지 못한 제품인 경우는 움직임이 불안정해서 입질을 유도하기 힘들다는 것이다.

❸탄환형 - 탄환 또는 타원형을 취한 것으로 바닥보다는 중 · 상층을 공략하기 좋은 형태다. 길이가 긴 형태이기에 낚시 자리가 높을 경우는 바늘 부분이 위로 들려 입질을 받기가 힘들다. 낚싯대를 최대한 낮춘 상태에서 리트리브하는 것이 좋다.

❹피시아이(Fisheye)형 - 둥근 모양의 헤드 옆면을 눌러 놓은 것 같은 형태로 물고기 눈(피시아이) 같은 게 부착돼 있다. 피시아이는 대부분 야광이 되며 깊은 수심대나 바닥층 볼락을 노리기에 좋다. 단점은 머리 옆 부분이 넓어 조류의 영향을 많이 받는다는 점이다. 때문에 다른 지그헤드에 비해 한 단계 무거운 것을 사용해야 안정감 있는 움직임을 연출할 수 있다.

▶미노우 플러그(Minnow plug) 채비 및 운용

먹잇감이 되는 치어 또는 갑각류 등을 본떠 만든 미노우 플러그는 크기와 모양에 따른 종류와 기능이 엄청나게 많다. 여기서는 볼락용으로 사용되는 제품의 특징들에 대해서만 설명하고자 한다.

미노우 플러그를 사용한 낚시를 하다 보면 볼락의 당돌함에 놀라게 되고 저돌적인 입질에 감탄하게 된다. 농어 또는 부시리처럼 엄청난 파워로 달려드는 볼락을 직접 목격할 수 있게 되는데, 한마디로

▼볼락낚시용 미노우 플러그. 3~5cm 길이의 소형 미노우를 공격하는 볼락의 당돌함은 웜을 사용했을 때와는 또 다른 쾌감을 느끼게 한다.

지그헤드만을 사용할 때와는 또 다른 손맛과 눈맛을 즐길 수 있다.

볼락용으로 사용되는 미노우는 길이 3~5cm 내외, 무게 3.0~5.0g 내외의 작은 크기가 주로 사용된다. 볼락의 먹잇감인 작은 치어나 갑각류 · 두족류 등의 크기에 맞추는 것이다.

머리 부분에 입술(Lip)이 달린 미노우 플러그는 캐스팅을 하면 수면에 그냥 떠 있는 '플로팅' 타입과 천천히 가라앉다가 일정 수심층에 머무는 '서스펜딩' 타입, 가만히 두면 바닥까지 가라앉는 '싱킹' 타입 등 세 가지로 구분된다.

●플로팅(Floating) 타입 : 수면에 떠 있는 플로팅 미노우도 앞쪽에 립이 부착된 종류는 적당한 속도로 끌어들이면 물의 저항을 받아 일정 수심층으로 파고든다. 립의 각도가 클수록 깊이 파고든다. 이와는 달리 립이 없는 플로팅 미노우는 전적으로 수면만을 노리는 용도로 사용되는데 볼락이 수면까지 부상하지 않는 이상, 립이 없는 플로팅 타입은 무용지물에 불과하다.

●서스펜딩(Suspending) 타입 : 리트리브를 하면 일정 수심에 도달한 뒤 가라앉지도 떠오르지도 않은 채 그 자리에서 머물게 된다. 플로팅 타입보다 무겁게 만들어지기 때문에 빠르게 감으면 제대로 액션이 연출되지 않는다. 천천히 감아 들이는 것이 좋다. 베이트 피시가 '병에 걸렸거나 쇠약해 물속에서 허우적거리는 것'처럼 조금 끌어들이다가 기다리고, 다시 조금 감고 기다리기를 반복하는 것이 좋다.

●싱킹(Sinking) 타입 : 미노우가 충분히 바닥 가까이 내려갔다고 판단될 때까지 기다린 뒤 리트리브를 시작한다. 립이 있는 제품은 빨리 감으면 바닥에 걸릴 수도 있으므로 감아 들이는 속도를 잘 조절해야 한다. 일률적으로 감기만 하는 것보다 강하게 한 번 당긴 뒤 천천히 감아 들이는 것이 볼락의 시선을 끄는 데 유리하다.

싱킹 타입 미노우가 발 앞까지 끌려왔는데도 계속 릴링을 하게 되면 부근 장애물에 걸릴 위험이 많다. 가까이 끌려왔을 때는 낚싯대를 들고 천천히 감아올려야 방파제나 갯바위 언저리에 부딪히지 않는다.

▶메탈지그(Metal jig) 채비 및 운용

금속 제품인 메탈지그는 그 무게로 인해 바닥과 중층부의 볼락을 노릴 때 유효한 루어다. 1.5~7.0g 무게가 주로 사용되며 길이는 3~5cm 정도가 적합하다.

나뭇잎처럼 생긴 모양 탓에 단순하게 끌어들여선 큰 효과를 기대하기 어렵다. 짧은 저킹(Jerking)과 폴링(Falling)을 반복적으로 구사해 메탈지그 몸체의 홀로그램(Hologram)이나 색상을 최대한 이용해야 입질을 받을 수 있다. 바닥까지 내린 뒤 중층까지 올리고 다시 내리고 올리기를 반복하는 것이 좋다.

암반 지질의 바닥이나 수중여와 수중여 사이 또는 갑자기 수심이 깊어지는 브레이크라인(Break line) 등을 노릴 때 효과적이다. 규모 큰 방파제 테트라포드 위에서 구멍치기를 할 때도 좋고, 갯바위와 연결된 방파제의 수심 깊은 곳 등지에서도 효과를 발휘한다. 물색이 맑은 밤낚시에도 효과가 좋지만 낮 시간 햇빛이 물속 깊은 곳까지 비출 때나 깊은 수심의 볼락이 얕은 곳으로 이동하는 해질녘 등에도 효과가 좋다.

메탈지그는 또 물의 청탁(淸濁)에 따라 색상을 달리 사용하는 게 좋다. 물색이 맑을 때는 푸른색 계열, 탁할 때는 붉은 색 계열이 효과적이다.

주의할 점은 밑걸림이다. 메탈지그를 바닥까지 내린 뒤에는 곧바로 짧게 저킹을 한 뒤 감아 들여야 한다. 또한 메탈지그에 덤벼드는 볼락의 입질은 스푼이나 미노우처럼 강하지 않다. 저킹 과정에서 약간의 무게감이 느껴질 정도가 고작일 때가 많다. 저킹을 짧게 해야 하는 이유도 이 때문이다. 저킹

- 표준명 : 볼락
- 속 명 : 뽈락, 뽈라구, 뽈래기
- 학 명 : *Sebastes inermis*
- 영 명 : Dark-banded rockfish
- 일 명 : 메마루(メバル)

〈메탈지그 채비의 액션〉

낙하!

저킹
(Jerking)

폴링
(Falling)

을 길게 하면 걸려든 볼락이 바늘에서 빠져버릴 수도 있다.

메탈지그에는 작은 크기의(#10~12) 트레블 훅(세발바늘)이 달려 있다. 바닥 걸림이 잦은 곳에서는 이 트레블 훅이 방해 요소가 된다. 때문에 근년에는 소형 메탈지그에 사용할 수 있는 어시스트 훅이 따로 판매되고 있어 더욱 다양한 채비를 구사하는 추세다.

▶스푼(Spoon), 카부라(カブラ)지그 채비 및 운용

볼락낚시에 사용되는 루어 중에는 다른 장르에서 파생된 종류도 있다. 민물낚시에 많이 사용되는 스푼이 그러하고 각기 다른 루어의 특성을 살린 카부라지그도 그 일종이다.

●스푼(Spoon) : 바다낚시용으로 생산·판매되는 제품도 있지만 대부분 민물 무지개송어낚시에 사용되는 소형 스푼이 활용된다. 가격이 저렴하고 효과도 별 차이가 없기 때문이다. 단지 민물낚시용은 사용 후 반드시 민물로 씻어 염분을 제거해 주어야 한다.

볼락낚시용으로 적합한 스푼 무게는 1.5~3g 범위. 너무 가벼우면 비거리가 부족하고 더 이상 무거우면 너무 빨리 가라앉아 볼락의 시선을 끌지 못한다.

스푼은 한쪽 면이 오목하게 패여 있으며 수중에서 두 가지 움직임을 보인다. 빠르게 감으면 뱅글뱅글 회전을 하고, 느릿하게 감으면 좌우로 가볍게 흔들리며 유영하는 '스위밍(Swimming)' 동작을 취한다. 그러나 계속 감아 들이기만 해선 안 된다. 속도와 관계없이 릴링을 지속하면 스푼이 수면 근처까지 끌려 올라오기 때문이다. 따라서 어느 정도 감아 들이다가 가라앉히는 동작을 병행해야 하는데, 감기를 멈추면 스푼은 천천히 가라앉는다. 폴링 이후 리트리브를 반복하면 되는 것이다.

▼카부라(蕪)는 원래 순무를 뜻하는 말로, 옛날 일본 어부들이 사용한 어구의 일종이다. 둥근 형태의 납봉돌에 짧은 목줄이 달린 바늘이 부착돼 있다.

스푼은 볼락의 활성도가 좋아 수면 가까이에서 먹이활동을 할 때 아주 효과적이다. 가로등 불빛이 은은한 방파제 인근에 모자반(몰)이 발달해 있거나, 잔자갈 바닥 또는 수중여가 적당히 발달한 갯바위 지역에서도 효과적이다. 그러나 해초나 수중여가 너무 발달한 곳은 가벼운 스푼을 사용하더라도 밑걸림을 감당하기 힘들다는 점 염두에 둬야 한다.

어떤 이들은 스푼의 싱글 훅에 웜을 덧달아 사용하기도 한다. 물색이 탁할 때 밝은 색상의 웜은 분명 효과를 발휘하는 것으로 생각된다.

●카부라지그(カブラ, Kabura jig) : 일반 낚싯바늘이나 지그헤드에 깃털 또는 물고기 껍질(어피) 등을 입혀서 사용하는 낚시다. 메탈지그의 밑걸림을 극복하고 지그헤드의 장점을 살린 제품이라 할 수 있다. 중상층보다는 바닥층 공략에 효과적인데, 짧게 들었다가 내리기를 반복하는 것이 좋다.

갯바위보다는 방파제 테트라포드나 석축 지대에서 잘 먹힌다. 리트리브보다는 채비가 낙하할 때의 깃털이 흩날리는 모습에 볼락이 호기심을 갖는다. 움직임이 크고 화려해 잔 씨알보다는 굵은 씨알의 볼락이 잘 반응한다.

●표준명 : 볼락
●속　명 : 뽈락, 뽈라구, 뽈래기
●학　명 : *Sebastes inermis*
●영　명 : Dark-banded rockfish
●일　명 : 메마루(メバル)

▶응용 채비① – 던질찌 채비(볼락볼 채비)

먼 거리 포인트를 노리거나 강한 바람을 극복하기 위해 캐스팅볼(Casting bowl)·볼락볼·메바볼·레진볼 등으로 불리는 던질찌를 사용하는 채비다. 볼락 루어낚시용 던질찌는 무게·모양·크기 등 매우 다양한 제품들이 판매되고 있지만 그 기능은 모두 같다고 할 수 있다.

무게에 따라 플로팅(Floating), 슬로우 싱킹(Slow sinking), 싱킹(Sinking)

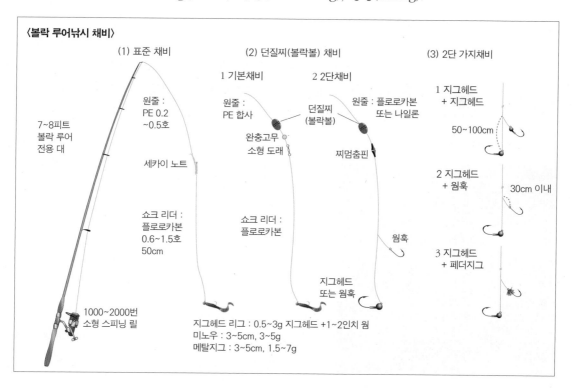

〈볼락 루어낚시 채비〉

(1) 표준 채비

7~8피트 볼락 루어 전용 대

원줄 : PE 0.2 ~0.5호

세카이 노트

쇼크 리더 : 플로로카본 0.6~1.5호 50cm

1000~2000번 소형 스피닝 릴

(2) 던질찌(볼락볼) 채비

1 기본채비　　2 2단채비

원줄 : PE 합사

완충고무 소형 도래

던질찌 (볼락볼)

원줄 : 플로로카본 또는 나일론

찌멈춤핀

쇼크 리더 : 플로로카본

웜훅

지그헤드 또는 웜훅

지그헤드 리그 : 0.5~3g 지그헤드 +1~2인치 웜
미노우 : 3~5cm, 3~5g
메탈지그 : 3~5cm, 1.5~7g

(3) 2단 가지채비

1 지그헤드 + 지그헤드

50~100cm

2 지그헤드 + 웜훅

30cm 이내

3 지그헤드 + 페더지그

등 세 가지 타입으로 나뉘고 캐스팅할 거리와 수심, 조류와 바람의 강약 등을 고려해 선택적으로 사용한다.

●던질찌를 이용한 웜 훅 채비 : 입질을 받는 웜 훅(Worm hook)의 무게가 가벼워 밑걸림이나 장애물에 의한 채비 걸림이 적으며 이물감이 없어 입질이 시원스럽게 들어온다. 하지만 캐스팅 이후 웜 훅보다 던질찌가 먼저 가라앉는 탓에 볼락 입질이 예민할 경우는 입질 전달이 늦다.

●던질찌를 이용한 지그헤드 채비 : 지그헤드의 무게 덕분에 채비가 안정감 있게 움직인다. 지그헤드의 무게를 바꾸는 것으로 바닥부터 상층까지의 다양한 수심층을 노릴 수 있다. 단, 무게 중심이 두 곳으로 나뉘어 캐스팅 때 채비꼬임이 자주 발생한다. 던질찌와 지그헤드의 거리를 1m 이내로 하는 것이 채비꼬임을 줄이는 방법이다.

▶응용 채비② - 2단 가지채비

일반 지그헤드 채비를 감아 들이면 상층부로 점점 끌려온다. 채비가 조금씩 수면 가까이로 계속 끌려오면 목적하는 수심층을 정확히 노리기 힘들어진다. 이런 단점을 보완하기 위해서 2단 가지채비가 고안되었다. 가지바늘 채비의 응용 버전인 셈이다.

2단 가지채비는 '지그헤드+지그헤드', '지그헤드+웜 훅', '지그헤드+페더지그' 등 세 가지 형태로 사용된다. 두 개의 지그헤드(또는 바늘)가 집어효과를 더 높일 수 있으며 볼락을 '쌍걸이' 하는 재미도 만끽할 수 있다.

●지그헤드+지그헤드 : 아래쪽 지그헤드의 무게를 위쪽보다 한 단계 무거운 것을 사용한다. 위쪽 지그헤드는 채비의 부상을 억제 시키는 역할도 한다. 수면으로부터 발판이 높은 위치일수록 효과적이다.

●지그헤드+웜 훅 : 아래쪽엔 지그헤드를, 위쪽엔 일반 웜 훅을 다는 사례다. 수심 얕은 곳에서 채비를 천천히 가라앉힐 때 유효하다. 채비가 빨리 끌려 오르지 않게 천천히 감는 것이 좋다.

●지그헤드+페더지그 : 아래쪽엔 지그헤드를 달되 위쪽 가짓줄엔 깃털이 부착된 페더지그(Feather jig)를 다는 사례다. 볼락이 중상층으로 부상했을 때 효과적이다. 천천히 가라앉으면서 입질을 유도하는 채비다..

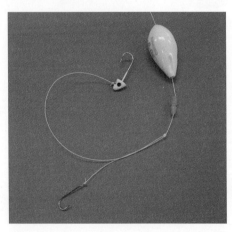

▼던질찌(볼락볼)와 찌멈춤핀, 웜훅과 지그헤드를 장착한 '던질찌 2단채비'. 먼 거리 포인트를 겨냥한 다수확 채비다.

볼락 갯바위 루어낚시

생활낚시 붐을 주도한 볼락낚시가 가장 활발하게 이뤄지는 곳은 방파제다. 갯바위나 선상낚시에 비해 진입과 철수가 편리한 때문이다. 그러나 웬만한 방파제는 여러 장르의 낚시인들로 붐빌 때가 많고 선상낚시는 비용 부담이 따른다. 아무래도 방파제에 비해 마릿수와 씨알이 좋고 선상낚시에 비해 비용 부담이 덜한 갯바위낚시가 제격이다. 볼락낚시 고유의 운치도 뛰어나다.

갯바위는 바람·조류·물때 등의 자연 조건과 콧부리·홈통·자갈밭·여밭 등의 지형 조건이 어우러져 매우 다양한 낚시 여건을 제공한다. 매일매일, 시시각각 변화에 따른 다양한 채비와 기법을 구사할 수 있어 볼락 갯바위낚시는 노력하는 만큼의 조과를 얻을 수 있다.

- ●표준명 : 볼락
- ●속 명 : 뽈락, 뽈라구, 뽈래기
- ●학 명 : *Sebastes inermis*
- ●영 명 : Dark-banded rockfish
- ●일 명 : 메마루(メバル)

■갯바위낚시 장비·채비 및 소품

볼락 루어낚시 전반에 필요한 장비 및 소품은 앞서 상세히 설명한 바 있다. 낚시 장소에 따라 각각의 특징이 추가될 수도 있지만 기본적이고도 구

▼다수확은 선상낚시가 앞서고 편안하기로는 방파제낚시가 우선이겠지만, 볼락낚시의 묘미는 아무래도 갯바위가 제격이다. 다양한 채비로 다양한 기법을 구사할 수 있는 여건이 제공되기 때문이다.

▲갯바위에서 올린 볼락 조과. 가을 시즌에는 낮낚시에 주로 잔챙이들이 낚이지만 겨울로 접어들면 밤낚시에 굵은 씨알들이 선보인다.

체적인 내용은 '볼락낚시용 기본 장비 및 소품' 편을 참고 바란다. 갯바위낚시에 사용되는 루어 및 채비 또한 앞서 '볼락낚시용 루어(Lure) 및 채비에 대한 이해' 편에 상세 내용을 서술하였다.

●낚싯대(Rod) : 멀리 떨어진 수중여 또는 간출여 주변까지 힘껏 루어를 날려야 하는 등, 다양한 포인트 여건을 고려해야 하므로 낚싯대 길이만큼은 8.0피트(약 2.4m) 내외로 조금 길게 사용하는 것이 좋다.

●릴(Reel) : 바람이 강하게 불거나 조류가 빠르게 흐를 때는 신속히 채비를 회수해야 할 경우가 많다. 또한 굵은 씨알의 볼락뿐만 아니라 갯바위 주변을 어슬렁거리는 농어 · 감성돔 등 대형 어종도 걸려들 수 있기 때문에 릴은 1000번보다는 2000번 크기가 좋다.

●원줄과 쇼크 리더 : 원줄은 합사 0.3~0.5호, 쇼크 리더는 1.2~1.5호가 적당하다. 원줄이 가늘수록 비거리는 많이 나오지만 상대적으로 강도가 떨어진다는 점 고려해야 한다.

쇼크 리더는 가을 초반 시즌에는 0.8~1.0호를 사용해도 무관하지만 봄철 여밭이나 해조류가 많은 곳에서는 1.2호 이상으로 굵게 사용하는 것이 좋다. 해초를 감은 볼락을 강제로 끄집어내야 하기 때문이다.

●지그헤드(Jighead) : 갯바위 주변은 수심이 매우 다양하고 낚시 자리에 따라 조류의 강약도 각각 다르다. 때문에 조금 무거운 무게의 지그헤드를 사용하는 것이 채비 운용에 도움이 된다. 물론 수심 얕은 곳에선 가벼운 지그헤드가 유리할 수도 있지만 일반적으로 수심 5m 내외라면 2.0g 이상은 되어야 채비를 쉽게 운용할 수 있다.

채비가 가벼우면 입질을 받아내기는 쉽지만 그 패턴을 찾아내기까지 오랜 시간이 걸릴 수도 있다.

●지그헤드 채비 : 갯바위에서도 가장 많이 사용하는 채비다. 바닥 걸림이 잦은 갯바위에서는 쇼크 리더를 1.5m 내외로 사용한다. 길게는 2m까지 사용하는 이들도 있는데, 채비 교환의 번거로움을 줄이기 위한 방편일 수도 있다. 쇼크 리더를 짧게 사용하다 채비가 뜯기면 쇼크 리더 전체를 갈아야 하는 데 비해, 쇼크 리더를 길게 사용한 경우는 뜯긴 루어만 새로 묶어주면 되기 때문이다.

지그헤드는 2.0g 이상 사용하는 것이 다양한 상황에 적응하기 쉽다.

●2단 채비 : 앞서 '볼락낚시용 루어(Lure) 및 채비에 대한 이해' 편의 '2단 채비' 항목에서 상세히 설명한 것처럼 갯바위에서도 2단 채비는 그 진가를 발휘할 때가 많다. 집어등을 사용해 갯바위 주변으로 볼락을 불러 모으게 되면 그야말로 대박 찬스를 맞게 되는데, 한 마리씩 속전속결로 낚아내는 것도 좋지만 2단 채비를 사용해 두 마리씩 뽑아 올리는 손맛은 그 정도가 분명 곱절에 달한다.

아래·위쪽 모두 지그헤드를 연결할 땐 아래쪽 지그헤드를 조금 무겁게 사용하는 것이 효과적이다.

●던질찌 채비 : 주변 수심이 얕아 먼 거리 포인트를 겨냥할 때 흔히 사용되는 던질찌는 갯바위에서 대형급 볼락을 노릴 때도 자주 사용된다. 낚시가 진행될수록 근거리 포인트의 볼락은 입질이 예민해진다. 이때 던질찌를 이용해 집어등 불빛 외곽의 먼 거리를 노리면 의외로 씨알 굵은 볼락이 잘 물어준다.

●기타 소품 : 갯바위 전용 신발과 집어등, 축광기 등이 필요하다. 이에 관한 세부 설명은 '볼락낚시용 기본 장비 및 소품' 편 내용을 참고 바란다.

이밖에도 볼락 갯바위낚시를 준비할 때는 여분의 던질찌와 웜 훅(Worm hook), 페더지그(Feather jig) 등을 지참하면 현장 상황에 맞는 다양한 채비

●표준명 : 볼락
●속　명 : 뽈락, 뽈라구, 뽈래기
●학　명 : *Sebastes inermis*
●영　명 : Dark-banded rockfish
●일　명 : 메마루(メバル)

를 구사할 수 있다.

■볼락 갯바위낚시 포인트

혼자서 조용히 볼락을 노리거나 자신만의 포인트에서 대물을 노릴 때 찾게 되는 곳이 갯바위다. 다양한 포인트가 있지만 가장 많이 접하게 되는 대표적인 세 곳을 례 중심으로 설명한다.

●콧부리 지형 : 주변 일대보다 조금 더 깊은 수심을 보이는 곳이 포인트이다. 조류의 흐름이 좋으면서도 물속에 몇 개의 수중여가 깔려 있다면 씨알과 마릿수 모두 만족할 수 있는 최고의 포인트가 된다.

하지만 특별한 지형지물 없이 밋밋한 바닥이라면 마릿수보다는 씨알 위주의 낚시를 시도해야 한다. 집어등을 발 아래로 비추고 갯바위 가장자리를 노리는 것이다.

●홈통 지형 : 수심 얕은 안쪽보다는 적당한 수심이 형성된 홈통 입구 또는 중간 부분이 좋다. 수심 얕은 안쪽은 잔챙이 볼락이 많거나 소음 및 불빛 등에 너무 예민하게 반응할 수도 있다. 곧바로 입질이 끊길 가능성이 높다.

해조류가 많이 자라는 봄철의 경우 특히 홈통 안쪽에서의 낚시가 어려워

▼갯바위 홈통 입구에서 집어등을 밝히고 밤낚시 준비에 돌입한 낚시인. 금방이라도 볼락이 모락모락 피어오를 것 같은 멋진 분위기다.

진다. 그러나 홈통 입구 또는 중간 부분에 수중여가 있거나 해조류가 자라면 공들여야 할 포인트이다.

●수중여밭 : 자갈이나 수중여가 넓게 깔려 있는 지역은 마릿수와 씨알 모두 기대해볼만한 포인트이다. 이런 곳은 볼락이 은신하기도 좋으며 먹잇감도 매우 풍부하다. 만조 전후 때만큼은 1~2m 수심의 매우 얕은 곳도 공략해 볼만하지만 나머지 통상적인 시간대에는 4~5m 가량의 수심이 유지되는 곳이 유리하다. 단점은 다른 지형에 비해 채비 손실이 많다는 것이다.

●표준명 : 볼락
●속 명 : 뽈락, 뽈라구, 뽈래기
●학 명 : *Sebastes inermis*
●영 명 : Dark-banded rockfish
●일 명 : 메마루(メバル)

■볼락 갯바위낚시 이렇게!

볼락 루어낚시에 대한 기본 채비 및 실전 기법은 앞서 설명한 바 있으므로 갯바위에서 낚시를 할 때 꼭 염두에 두어야 할 세 가지 사항만 제시한다.

●소음 주의! : 수심 얕은 곳이나 홈통 지역에선 불필요한 소음을 일으키지 않아야 한다. '발자국 소리도 줄여라' 할 정도로 옛날 볼락 꾼들은 소음을 내지 않기 위해 주의를 기울였다. 큰소리로 웃거나 고함을 지르는 행동은 수심 가까이 떠오른 볼락을 다시 깊은 곳으로 가라앉힌다. 절대 삼가는 것이 좋다.

●던질찌 활용! : 지그헤드만을 사용하면 집어등 불빛 주변만 노리게 된다. 던질찌를 이용하면 먼 거리 포인트도 노릴 수 있다. 단, 홈통 지역에서 던질찌를 사용할 경우는 크기나 무게가 작은 것을 사용한다. 크고 잦은 소음은 볼락의 입질을 예민하게 만들기 때문이다.

●집어등은 발 아래로! : 갯바위에서 집어등을 사용할 경우는 가장자리보다는 조금 뒤쪽에서 불빛을 비춘다. 임의로 수면에 갯바위 그늘을 만든다고 생각해야 한다. 수중여나 해조류 등 볼락의 은신처가 될 만한 곳이 없을 경우는 그냥 갯바위 주변을 노려야 하기 때문이다. 또한 집어등 불빛은 넓게 비추기보다는 최소한의 크기로 비추는 것이 효과적이다.

볼락 방파제 루어낚시

갯바위 연안 또는 자갈이나 사질대 외곽에 축조되는 방파제는 크기와 모양에 따라 다양한 수심과 특성을 지닌다. 이에 다양한 어종이 들락거리고 진입과 철수가 손쉬워 여러 분야의 낚시인들이 찾는다. 일반 찌낚시를 즐기는 사람들이 많을 경우는 루어낚시 자체가 불가능할 때도 있다.

그러나 대부분 보안등이 켜져 있는 방파제는 밤볼락낚시를 하기 좋은 여건이고, 여러 가지 변수도 적어 시즌 중에는 조황도 안정적인 편이다. 볼락 루어낚시 초반 시즌인 가을을 제외한 겨울~봄 시즌에 특히 조황이 고른 편이다.

■방파제낚시 장비 · 채비 및 소품

방파제낚시라고 해서 기본 장비와 소품을 소홀히 할 수 없다. 그렇다고 별도로 추가할 것도 없다. 앞서 소개한 '볼락낚시용 기본 장비 및 소품' 내용에 준하되 낚시 장소가 방파제라는 점을 염두에 두고 길이와 무게 정도만 가감하면 된다.

▼보안등이 설치된 방파제는 볼락 밤낚시를 하기 좋은 여건이다. 방파제 주변에 해조류가 자라는 곳이나 크고 작은 수중여가 형성된 곳을 특히 주목할 필요가 있다.

●낚싯대(Rod) : 방파제에서의 볼락 루어낚시는 먼 거리를 노려야할 때도 있지만 테트라포드 또는 석축 끝 부분 등 비교적 가까운 거리의 포인트를 노릴 때가 더 많다. 또한 방파제는 갯바위에 비해 조류의 흐름이 빠르지 않아 해조류가 밀생한 곳이 많다. 허리가 부드럽거나 많이 휘는 낚싯대보다는 허리는 빳빳하되 초릿대 부분이 튜블러로 된 제품이 좋다. 방파제 주변의 각종 장애물을 고려해야 하기 때문이다. 또한 길이가 긴 낚싯대보다는 감도 좋은 낚싯대를 우선하는 것이 좋다. 길이는 7.4~7.8피트가 적당하다.

●표준명 : 볼락
●속 명 : 뽈락, 뽈라구, 뽈래기
●학 명 : *Sebastes inermis*
●영 명 : Dark-banded rockfish
●일 명 : 메마루(メバル)

●릴(Reel) : 조류가 약하고 바람의 영향도 적게 받는 곳일수록 볼락의 입질도 매우 약하다. 이런 곳에서는 채비를 최대한 천천히 운용하는 것이 유리하다. 1000번 크기의 소형 스피닝을 사용하되 기어비가 5.0:1 이하로 낮은 것이 적합하다.

●원줄과 쇼크 리더 : 0.2~0.3호 합사 원줄에 쇼크 리더는 카본 소재 0.6~1.0호를 사용한다. 입질이 예민한 볼락을 상대하기 위해서는 원줄과 쇼크 리더는 최대한 가늘게 사용하는 게 좋다. 장애물이 많거나 대형 볼락을 노린다면 한 단계 위의 것을 쓴다.

●지그헤드(Jighead) : 조류가 약한 내해의 얕은 수심에서는 볼락이 수면 가까이 피어올라 먹이활동을 할 때가 잦다. 이런 곳에서의 지그헤드는 0.5~2.0g이면 충분하다. 하지만 테트라포드가 길게 깔린 대형 방파제 주변은 갯바위 못지않은 빠른 조류와 깊은 수심을 보인다. 이런 곳에서는 최대한 바닥까지 채비를 내리는 것이 중요하다. 7~10g 무게의 지그헤드가 필요해지는 것이다.

지그헤드 외에 방파제낚시엔 던질찌와 메탈지그도 사용된다. 이에 관한 용도 및 기법 또한 앞서 기술한 '볼락낚시용 루어(Lure) 및 채비에 대한 이해' 편의 상세 설명을 참고 바란다.

●지그헤드 채비 : 보안등이 켜지는 방파제는 주위가 조용할 경우 볼락이 수면까지 피어오른다. 때문에 무거운 지그헤드로는 입질 받기가 힘들고, 잘못 운용할 경우는 수면의 볼락을 바닥까지 가라앉히는 실수를 초래하게 된다. 지그헤드는 최대한 가벼운 것을 사용하고 천천히 끌어들이는 것이 좋다. 입질이 끊겼을 경우는 조금 무거운 것으로 중층~바닥을 노린다.

●2단 채비 : 채비가 천천히 가라앉을 수 있는 '지그헤드+웜 훅' 또는 '지그헤드+페더지그'를 연결한 채비를 사용한다. 계속 감아 들이기보다는 조금

감았다가 가라앉히는 '스톱 앤 고(Stop & Go)'를 반복하는 것이 좋다. 2단 채비의 단차는 50cm 전후가 적당하다. 간격이 너무 짧으면 채비가 꼬이기 쉽고, 너무 벌어지면 캐스팅에 방해가 된다.

●던질찌 채비 : 수심 깊은 곳보다는 방파제 입구 쪽 또는 내항 쪽 수심 얕은 곳에서 사용한다. 지그헤드로 계속 같은 범위를 노리면 어느 순간 볼락의 입질이 예민해진다. 이때는 가벼운 던질찌를 사용해 먼 거리를 노려볼 필요가 있다. 의외로 굵은 씨알의 볼락이 곧잘 낚인다.

●메탈지그 채비 : 10m 이상 깊은 수심을 형성하는 대형 방파제에서 주로 사용한다. 메탈지그는 주간에만 사용하는 것으로 생각했지만 집어등 사용이 늘어나면서 야간에도 효과적이라는 평가를 받고 있다. 또한 잔 씨알보다는 굵은 씨알의 볼락이 잘 덤벼 대형급 볼락을 노리는 마니아들 사이에서 급속히 확산되는 추세다. 메탈지그의 무게는 7~10g이 주로 사용되며 수심 얕은 곳에서는 3~5g을 쓴다.

●집어등 : 밤이 되면 항상 보안등이 켜지는 방파제인 경우, 주변 볼락들이 불빛에 익숙해 있다고 생각하면 된다. 때문에 굳이 집어등을 사용할 필요는 없다. 하지만 보안등이 없는 방파제는 집어등을 사용하는 것이 좋다.

방파제에서 집어등을 사용할 때는 수심 깊은 구역일 경우는 가능한 한 앞쪽, 즉 테트라포드 끝 부분이나 석축 끝 부분을 비추는 게 좋다. 수심 얕은 방파제 입구 쪽에서는 다소 멀리 비추는 것이 유리하다.

●축광기 : 방파제 주변은 크고 작은 장애물이 많고 대부분 모래 또는 뻘 바닥이다. 바람이 세게 불거나 파도가 조금만 일어도 물색이 탁해지기 쉽다. 이럴 때는 야광이 되는 웜과 축광기를 적절히 사용하는 것이 효과적이다. 일단 볼락의 눈에 띄어야 입질을 받을 수 있기 때문이다.

●미끄럼방지용 신발 : 테트라포드가 피복된 방파제에서는 밑창에 철심이 박힌 갯바위신발은 오히려 매우 위험하다. 밑창에 펠트(Felt)가 부착된 논슬립화가 좋고, 미끄럼방지 기능이 있는 등산화나 암벽 등반용 신발도 괜찮다. 일반 등산화는 마른 땅에서는 몰라도 물기가 많은 곳에서는 오히려 더 잘 미끄러진다.

●볼락 보관통 : 방파제 볼락 루어낚시의 경우 입질이 없으면 이곳저곳 옮겨 다니며 낚시를 하게 된다. 그때마다 덩치가 큰 아이스박스를 들고 다니려면 매우 힘들다. 허리 또는 어깨에 멜 수 있는 휴대용 물고기 보관통을 준

비하면 훨씬 간편하게 낚시를 즐길 수 있다.

■볼락 방파제낚시 포인트

방파제의 경우 중간 또는 끝 지점에서 꺾인 형태도 있지만 대부분이 일자로 쭉 뻗은 형태다. 꺾인 형태의 방파제는 일자로 된 방파제에 비해 주변 바닥에 장애물이 많아 포인트로서의 여건이 좋은 편이다. 여기서는 일자 형태의 방파제를 기준으로 포인트를 설명하고자 한다.

방파제 구조가 석축으로 된 곳과 테트라포드로 축조된 곳을 비교하면 테트라포드 방파제가 대개 규모가 크고 주변 수심도 더 깊은 편이다. 파도와 조류의 영향도 많이 받아 철따라 다양한 어종이 들락거린다. 볼락낚시 또한 더 좋은 조과를 보인다.

●입구 : 해조류가 자라고 크고 작은 수중여가 형성돼 있어 포인트로 주목

●표준명 : 볼락
●속　명 : 뽈락, 뽈라구, 뽈래기
●학　명 : *Sebastes inermis*
●영　명 : Dark-banded rockfish
●일　명 : 메마루(メバル)

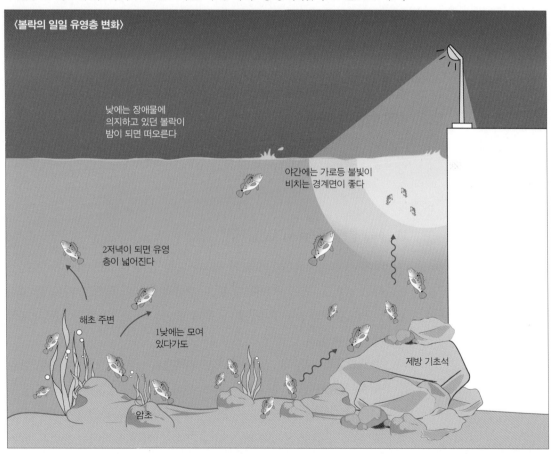

〈볼락의 일일 유영층 변화〉

낮에는 장애물에 의지하고 있던 볼락이 밤이 되면 떠오른다

야간에는 가로등 불빛이 비치는 경계면이 좋다

2저녁이 되면 유영층이 넓어진다

해초 주변

1낮에는 모여 있다가도

제방 기초석

암초

할 만하다. 단점은 계류 선박의 로프와 부유물 등으로 인해 낚시를 방해하는 요소들이 많고, 그 무엇보다 수심이 얕다는 점이다. 따라서 간조 때 바닥이 드러나는 곳만큼은 포인트에서 제외돼야 한다.

방파제 입구 쪽일수록 수심이 얕은 만큼 볼락의 경계심도 매우 높으며 소음에 매우 예민하게 반응한다. 최대한 가벼운 지그헤드 채비로 먼 거리를 노리는 것이 좋다.

●중간 지점 : 해조류가 어느 정도 자라고 수심도 무난하다면 좋은 포인트가 된다. 간조 때에도 볼락이 포인트를 크게 벗어나지 않으며 만조가 될수록 더 좋은 활성도를 보이기 때문이다. 내·외항 쪽 얕은 수심과 깊은 수심대를 함께 노리는 다양한 채비 활용으로 마릿수와 씨알 모두를 기대할 수 있다. 단점은 포인트 여건이 좋은 곳일수록 많은 낚시인들이 찾는다는 것이다. 실제로 이름난 방파제 포인트는 종종 자리다툼이 일어나기도 한다.

●끝 부분 : 수심이 깊고 조류가 빠르게 흐르며 바람의 영향도 많이 받는다. 마릿수보다는 씨알 위주의 낚시를 하는 곳으로, 바닥에 수중여와 해조류가 적절히 형성돼 있다면 최고의 포인트이다.

조류가 빠를 때는 볼락이 바닥에 붙어 있다가 조류 흐름이 약해지면 주로 수면 가까이 떠올라 먹이활동을 한다. 마릿수로 낚을 요량이면 조류가 약해지는 시간대를 집중적으로 노리는 것이 효과적이다. 채비는 방파제 입구 및 중간 지점의 경우보다 다소 무겁게 사용하되, 수평으로 끌어들이는 방식보다 상하로 움직이게 하는 것이 좋다.

■볼락 방파제낚시 이렇게!

방파제낚시의 장점은 진출입이 편리하다는 점과 포인트 섭렵이 두루 가능하다는 점이다. 한 곳에 머물지 말고 가급적 입구와 중간 그리고 끝 지점 등 세 곳을 탐색해 보는 것이 좋다. 무작정 이동을 하기보다는 나름대로의 기준이 있어야 한다.

●포인트별 공략 시간대 : 방파제에 도착하면 우선 조수 간만의 진행 상황을 확인할 필요가 있다. 만조를 지나 날물이 진행되고 있다면 방파제 입구 쪽의 얕은 수심부터 공략한다. 반대로 간조를 지나고 들물이 진행된다면 방파제 끝 쪽의 수심 깊은 곳부터 노린다. 조류에 따라 움직이는 볼락은 들물

에는 수심 깊은 곳부터 시작해 점차 수심 얕은 곳까지 진입하면서 먹이활동을 하기 때문이다. 물때 시각에 따라 자리를 옮겨가며 낚시를 한다면 더 좋은 조과를 거둘 수 있을 것이다.

●메탈지그 사용법 : 동일한 수심대라도 지그헤드보다 무거운 것을 사용한다. 침강 속도가 빠르기 때문에 조류가 빠르고 수심이 깊은 곳에서도 효과적이다.

메탈지그는 단순한 리트리브만으로는 유혹 효과가 적다. 짧은 저킹(Jerking)을 병행하는 것이 좋다. 메탈지그가 바닥에 닿은 후 낚싯대 초릿대만 가볍게 휠 정도로 당겨주면 되는데, 저킹 후에는 잠시 폴링(Falling)을 시켜야 한다. 저킹 때보다는 폴링 때 받아먹는 입질이 대부분이다.

볼락용 메탈지그에 트레블 훅(Treble hook) 하나만 사용하는 낚시인이 많은데 어시스트 훅(Assist hook)을 함께 사용하면 보다 더 효과적이다.

●채비는 최대한 가볍고 가늘게 : 방파제 볼락은 항상 예민한 상태라고 생각하는 것이 좋다. 원줄 또는 쇼크 리더가 굵거나 지그헤드나 메탈지그 등을 너무 무겁게 사용하면 입질 받기가 더욱 힘들어진다. 굵은 씨알을 노리는 낚시가 아니라면 채비는 최대한 가볍고 가늘게 사용해야 한다.

●낚시 시간대를 바꿔라 : 방파제는 들고나는 차량과 선박 탓에 소란이 잦다. 낚시가 잘 되는 시간대에는 또 많은 낚시인들이 찾는다. 소란스런 분위기는 피해야 한다. 물때 시각을 살펴서 낚시인이 많이 찾지 않는 조용한 시간대를 노리는 것이 좋다.

●표준명 : 볼락
●속 명 : 뽈락, 뽈라구, 뽈래기
●학 명 : *Sebastes inermis*
●영 명 : Dark-banded rockfish
●일 명 : 메마루(メバル)

▼볼락볼(던질찌) 채비로 모자반(몰) 군락지의 볼락을 유혹하는 수중 장면.

볼락 선상 루어낚시

볼락 선상 루어낚시는 조금 더 많이 낚고 큰 씨알을 노리고자 하는 이들이 늘어나면서 갈수록 확산되는 추세다. 선상낚시를 하면 포인트 이동이 손쉬워 갯바위와 방파제낚시보다 다양한 포인트를 노릴 수 있으며 낚시인의 손을 덜 탄 곳에서 낚시를 할 수 있다는 장점이 있다. 단점은 좁은 선상에서 많은 낚시인이 함께 낚시를 하기에 채비 꼬임 또는 자리다툼 등의 불편을 감수해야 할 때가 있다는 점이다.

선상낚시에서 주의할 점은 소음이다. 볼락은 집어등 불빛이 닿지 않는 선박 아래쪽에 집어가 될 경우가 많다. 이때 선상에서의 발소리나 기타 소음 등은 볼락의 입질을 예민하게 만든다. 최대한 발자국 소리가 나지 않게끔 주의가 필요하다.

▼보다 광범위한 포인트를 노려 씨알과 마릿수 조과를 배가하는 데 유리한 볼락 선상낚시는 경험 많은 선장의 역할과 낚시인 개개인의 솜씨가 한데 어우러져야 한다.

■선상낚시용 장비 및 소품

볼락 루어낚시 전반에 필요한 장비 및 소품은 앞서 상세히 설명한 바 있

다. 기본적이고도 구체적인 내용은 '볼락낚시용 기본 장비 및 소품' 편을 참고 바라며, 여기서는 중복 설명을 피해 선상낚시의 특징을 고려한 몇 가지 주의사항만 곁들인다.

●낚싯대(Rod) : 선상낚시를 하면 갯바위·방파제낚시에 비해 채비를 멀리 던질 필요가 없어 짧은 낚싯대가 유리할 것 같지만 실제로는 긴 낚싯대가 더 유리하다. 선박에 설치된 집어등 불빛이 닿는 바깥 부분을 노려야 하기에 생각보다 멀리 던져야 할 때가 많다.

굵은 씨알을 노릴 때도 낚싯대가 길면 짧은 낚싯대보다 처리하기도 편하다. 물론 포인트 여건에 따라선 짧은 낚싯대가 필요한 경우도 있다. 길이가 긴 것과 짧은 것 두 가지를 준비하는 것도 좋은 방법인데, 한 가지만을 택한다면 8.0피트(약 2.4m) 전후로 길이가 다소 긴 낚싯대를 선택한다.

●릴(Reel) : 여럿이 함께 낚시를 하는 선상 루어낚시의 경우 남보다 많은 마릿수를 올리기 위해서는 빠른 뒤처리가 필수다. 대형급을 낚았을 때는 드 랙력도 높은 것이 유리하다. 갯바위·방파제낚시용 릴에 비해 조금 더 크고 기어비도 높을 필요가 있다. 2000번 이상 크기에 기어비 5.0:1 이상 되는 소형 스피닝 릴이 적합하다.

●원줄과 쇼크 리더 : 길이가 긴 낚싯대로 멀리 던져야 하기에 원줄은 합사 0.3~0.5호가 적합하다. 쇼크 리더는 볼락뿐만 아니라 농어·감성돔 및 대형 쥐노래미 등이 자주 걸려들므로 카본사 1.2~1.7호로 조금 굵게 사용하기도 한다.

●소음 방지 신발 : FRP 또는 목재로 축조된 선박에서의 소음은 물속으로 곧장 전달된다. 갑판에서 움직이는 낚시인의 발소리가 특히 그러하다. 밑창에 철심이 부착된 갯바위낚시용 논슬립화는 FRP 선박에 있어 엄청 미끄럽기도 하거니와 가장 심한 소음을 불러일으킨다. 낚싯배 위에선 밑창이 푹신한 일반 운동화가 가장 좋다.

발소리뿐 아니라 아이스박스, 낚시가방, 의자 움직이는 소리 등 볼락의 경계심을 높일 수 있는 소음은 동승한 낚시인 서로가 억제해야 한다.

●구명조끼 : 구명조끼는 준비만이 아니라 착용이 필수다. 바다가 잔잔한 날씨라고 해서 벗고 있어선 안 된다. '일생 중 단 한 번의 만약'을 대비한 장비인 만큼 낚시를 끝내고 하선할 때까지는 반드시 착용한 상태여야 한다.

● 표준명 : 볼락
● 속　명 : 뽈락, 뽈라구, 뽈래기
● 학　명 : *Sebastes inermis*
● 영　명 : Dark-banded rockfish
● 일　명 : 메마루(メバル)

■선상낚시용 루어 및 채비

　선상 볼락 루어낚시를 할 때도 다양한 루어 채비가 활용된다. 지그헤드와 같은 기본 채비와 이를 응용한 2단 채비가 사용되는가 하면, 던질찌를 사용해 채비의 비거리를 높이기도 한다.

●지그헤드(Jighead) : 선상 루어낚시는 수심이 깊은 곳에서 얕은 곳으로 채비를 던진다. 선박의 위치가 깊은 곳에 있다고 해서 채비를 무겁게 사용하면 채비의 바닥걸림이 자주 발생한다. 최대한 가벼운 지그헤드를 사용하는 것이 좋다. 단, 바람이 강하거나 조류가 빠를 경우는 '2단 채비'를 사용하는 것이 조금 더 유리하다. 더불어 깊은 수심을 노려할 때도 있기에 선상낚시의 지그헤드는 가벼운 것에서부터 무거운 것까지 다양하게 준비하는 것이 좋다.

●좁쌀봉돌, 다운샷봉돌 활용 : 지그헤드의 비거리를 조금 더 늘리고 싶다면 지그헤드 위 약 20cm 위치에 좁쌀봉돌을 달아준다. 이처럼 좁쌀봉돌을 달아주는 방법이 무거운 지그헤드를 사용하는 것보다 효과적이다. 여분의 좁쌀봉돌을 무게별로 준비하면 선상 루어낚시에서 여러모로 다양하게 사

▼경남 통영 갈도 1번자리 근해의 선상 밤낚시에서 한 아름 볼락을 가득 올린 정호진씨. 다수확 2단 채비를 사용한 결과다.

용할 수 있다.

　다운샷봉돌은 깊은 수심에 유용하다. 지그헤드는 바닥걸림이 심하지만 다운샷봉돌을 사용하면 바닥걸림을 줄일 수 있다. 채비가 바닥에 닿으면 살짝살짝 튕겨주거나 낚싯대를 들었다 놨다 하는 식으로 움직임을 연출한다.

●지그헤드 채비 : 연안 쪽 얕은 수심을 향해 던질 때는 가벼운 채비를, 깊은 수심을 향해 던질 때는 무거운 지그헤드를 사용한다. 하지만 선상낚시에서는 볼락이 매우 빨리 집어가 되며 수면 가까이 피어올라 먹이활동을 한다. 따라서 깊은 수심에서도 가벼운 지그헤드를 사용해 천천히 가라앉힐 필요가 있다. 채비가 가벼울수록 볼락이 이물감을 적게 느끼기 때문이다.

●2단 채비 : 무거운 지그헤드와 가벼운 지그헤드를 조합한 2단 채비가 효과적이다. 선상낚시는 낚시를 하는 위치가 높아서 채비가 빨리 떠오르는 단점이 있는데, 이를 보완해 주는 것이 2단 채비다. 위쪽에 추가하는 가벼운 지그헤드가 전체 채비의 상승을 억제해 볼락이 입질할 수 있는 여유를 제공하는 것이다. 이와는 달리 위쪽 지그헤드가 무거울 경우는 채비꼬임이 발생한다는 점 유념해야 한다. 아래 · 위 지그헤드의 단차는 30~50cm가 적당하다.

●던질찌 채비 : 선상낚시의 경우는 집어등 불빛을 차단하는 주변 장애물이 없어 조명 범위가 매우 멀리까지 확산된다. 이에 조명 범위 너머로 채비를 멀리 던져야 한다. 지그헤드나 메탈지그의 무게만으로도 채비를 멀리 던질 수 있지만 가장 좋은 방법은 던질찌를 이용하는 것이다.

　보다 더 필요한 경우가 있다. 얕은 수심의 연안 포인트를 목표로 하되 낚싯배를 너무 근접시킬 수 없을 경우는 어느 정도의 거리를 두고 닻을 내리게 된다. 이럴 땐 낚싯배로부터의 포인트 거리가 멀어 던질찌를 사용해 채비의 비거리를 늘려야 한다.

　플로팅(Floating) 또는 슬로우 싱킹(Slow sinking) 타입의 던질찌를 이용해 연안 가까이 채비를 붙이면 의외로 굵은 씨알이 걸려드는데, 플로팅과 싱킹 채비는 각각의 용도가 있다. 수심 얕은 연안으로 던질 때는 플로팅 또는 슬로우 싱킹을 사용하고 깊은 수심을 노릴 때는 싱킹 타입이 유용하다. 그런데 낚시가 진행되면 볼락이 수면까지 떠오를 경우가 있다. 이때는 수심 깊은 곳이라 할지라도 싱킹보다는 다소 천천히 가라앉는 슬로우 싱킹이 효과를 발휘한다.

●표준명 : 볼락
●속　명 : 뽈락, 뽈라구, 뽈래기
●학　명 : *Sebastes inermis*
●영　명 : Dark-banded rockfish
●일　명 : 메마루(メバル)

선상낚시에서 던질찌를 이용한 2단 채비를 구사할 때도 아래쪽엔 지그헤드를 다는 것이 좋다. 비거리를 늘리는 효과도 있지만 채비의 각도를 유지하는 데도 도움이 되기 때문이다. 웜 훅을 사용하게 되면 채비가 쉽게 떠버려 원하는 수심층을 유지하기가 힘들다.

●메탈지그 채비 : 선상에서는 기본적인 수심이 확보되기 때문에 메탈지그(Metal jig)를 사용하기가 더욱 편하다. 수심에 따라 무게를 달리 사용하되 가능한 한 가볍게 사용하는 것이 좋다. 5m가량의 수심대에는 1.5~3g, 10m가량에는 3~5g, 10m 이상인 곳은 7~10g이면 적당하다. 최근에는 메탈지그의 트레블 훅 대신 싱글 훅을 달아 웜을 추가 장착하기도 한다.

메탈지그에 어시스트 훅을 추가로 달아 사용할 경우도 있는데, 이때의 어시스트 훅은 감성돔바늘 4호 또는 참돔바늘 9호, 어시스트 라인은 합사 1.5~2호를 쓴다. 나일론이나 카본 라인은 메탈지그에 감기지 않아 헛챔질이 될 때가 많다.

▼모자반 밀림 속을 유영하는 볼락들. 겁이 많은 볼락이라지만 수중 카메라가 30~40cm까지 접근해도 두 눈 깜빡이며 멀뚱멀뚱 쳐다보는 배짱 좋은 녀석들이기도 하다.

■볼락 선상낚시 포인트

선상낚시 포인트는 선장의 안목과 판단에 따라 결정되지만 낚시인 또한 선상낚시 포인트에 대한 이해를 갖추는 것이 좋다.

볼락 루어낚시는 낚시 자리가 선상이라 해도 수심이 그다지 깊지 않은 곳에서 이뤄진다. 10m 이내로 다른 어종의 낚시에 비해 비교적 얕은 수심이다. 조류가 어느 정도 흐를 때는 연안 수심 얕은 곳을 보며 낚시를 하게 되지만 조류의 흐름이 약한 곳에서는 깊은 수심대를 겨냥하기도 한다. 선상 루어낚시에 적합한 몇 가지 포인트 사례를 소개한다.

●수심 얕은 여밭 : 11~12월 초반 시즌에 좋은 조황을 보이는 포인트이다. 최대한 가벼운 채비로 깊은 수심보다는 연안을 노린다. 집어가 잘 되는 곳으로 조금만 공을 들여도 볼락이 곧잘 피어오른다. 하지만 소음에 민감해 이내 바닥으로 가라앉거나 입을 꼭 닫는 경우도 많다. 절대 소음에 주의해야 한다.

●수심 깊은 수중여 : 10m 이상 수심의 수중여를 노리는 경우로 조류가 빠를 때는 매우 힘든 낚시를 감내해야 한다. 채비는 무겁고 튼튼해야 한다. 조류가 없거나 약할 경우는 볼락이 수면 가까이 피어오르지만 조류가 빠르면 피어오르지 않는다. 이럴 땐 무거운 지그헤드를 사용하거나 메탈지그 또는 다운샷 채비 등을 이용해 철저히 바닥을 노려야 한다. 공들이는 만큼 씨알과 마릿수 모두 뛰어날 가능성이 높다.

●물살 빠른 콧부리 : 선상낚시에서는 도외시되는 편이지만 조류와 기타 여건이 맞을 경우는 대박을 칠 수 있는 곳이다. 조류가 약한 조금 물때에 낚싯배를 갯바위 가장자리에 붙여놓고 낚시를 한다. 콧부리 양쪽으로 볼락이 잘 피어오르는데, 초반에는 무거운 채비로 바닥 가까이를 탐색하고 차츰 집어가 되면 상층부를 노린다. 수심이 다소 깊고 조류가 빠른 낚싯배 후미보다는 앞쪽(이물 쪽)에서 갯바위를 보고 캐스팅하는 것이 유리하다.

●갯바위 직벽 : 낚시인의 발길이 잘 닿지 못하는 곳으로 선상낚시로만 공략할 수 있는 일급 포인트 중의 하나다. 직벽을 따라 볼락이 피어오를 때는 수면 가까이보다는 2~3m 아래에 군집하는 경우가 많다.

하지만 갯바위 직벽 아래에 수중여나 해조류 등의 장애물이 없거나 수심이 매우 깊고 조류가 너무 빠른 곳은 포인트 구실을 못한다. 볼락은 철저히 은신처가 될 만한 곳에 모여서 집단 서식을 하기 때문이다.

●표준명 : 볼락
●속 명 : 뽈락, 뽈라구, 뽈래기
●학 명 : *Sebastes inermis*
●영 명 : Dark-banded rockfish
●일 명 : 메마루(メバル)

■볼락 선상낚시 이렇게!

볼락 선상낚시는 수심이 깊은 곳에서 얕은 곳으로 채비를 던지는 형태다. 볼락의 입질이 닿으면 가급적이면 천천히 채비를 거둬들이는 것이 좋다. 얕은 곳에서 깊은 곳으로 끌려나오는 볼락은 주변 볼락까지 함께 끌고 온다. 소음에 아주 민감하게 반응하는데 발자국 소리도 조심해야 한다.

●2단 채비 적절히 이용! : 선상낚시는 채비 운용이 쉽지 않다. 몇 차례 액션을 부여하다 보면 금방 수면 근처로 끌려 나오기 때문이다. 3g 이상의 무거운 지그헤드를 사용하는 방법도 있지만 1.5g 이하의 가벼운 지그헤드 두 개를 다는 '2단 채비'가 보다 효과적이다. 지그헤드 간의 단차는 1m 이내가 적당하며 조류가 느린 곳에선 간격을 넓히고, 조류가 빠른 곳에선 간격을 좁힌다. 장애물이 많은 곳에서도 간격을 좁힌다.

위쪽에 다는 가지채비의 목줄 길이는 30cm 이내가 좋다. 너무 길면 채비가 잘 꼬이고 너무 짧으면 입질이 잘 닿지 않는다. 2단 채비는 또 빠르게 회수하는 것보다 천천히 운용하는 것이 좋다. 천천히 감고 멈추기를 반복하는 것이 보다 효과적이다.

●채비는 최대한 가볍게! : 선상 볼락낚시 포인트는 방파제와 갯바위 포인트에 비해 깊은 수심일 경우가 많다. 수심이 깊을지라도 낚싯배의 조명등이 사방으로 퍼져 생각보다 빠른 시간에 수면 가까이로 볼락이 피어오른다. 따라서 주변 낚시인들보다 조금이라도 가벼운 채비를 사용해야 더 많이 낚아 올릴 수 있다. 또 굵은 씨알을 낚고자 한다면 채비를 멀리 던질 수 있어야 한다. 즉, 가벼운 채비를 최대한 멀리 던져야 굵은 씨알을 마릿수로 낚을 수 있다.

●소음, 안전에 주의! : 선상낚시를 하다 보면 연신 입질이 오다가도 갑자기 뚝 끊길 때가 있다. 심한 소음이 발생한 경우가 대표적인 사례다. 가장 조심해야 할 것이 갑판에서 이리저리 움직일 때 생기는 발소리다.

또한 선상낚시는 같은 공간에서 여럿이 함께 하는 낚시이므로 자신의 안전은 물론 타인의 안전도 생각해야 한다. 항상 채비를 던지기 전에 주변을 뒤돌아보는 습관을 들여야 한다. 낚시 자리 선정에 있어서도 너무 자기 욕심만 낸다면 즐거워야 할 낚시가 짜증으로 끝날 수도 있다는 점 염두에 두어야 한다.

■볼락 유망 낚시터

　우리나라는 연안 수심이 깊지 않고 서해를 제외한 나머지 지역은 연중 수온이 안정적인 편이다. 덕분에 마음먹고 나서면 연중 낚을 수 있는 어종이 볼락이다. 특히 남해안 중에서도 동부권에 해당하는 여수·남해·삼천포·통영·거제 지역은 예부터 볼락낚시가 성행한 곳들이다.

▶남해 지역 유방 방파제

●**여수권** : 돌산도 내의 여러 방파제들을 주목할 만하다. 오동도방파제도 좋지만 도보 이동 거리가 길다. 돌산도 동쪽으로는 월호·계동·두문포·방죽포·대율·소율방파제, 서쪽으로는 군내리 등대방파제·작금 큰방파제·성두방파제 등이 손꼽힌다.

●**남해도권** : 섬진강 하구 남쪽에 위치한 남해도 서쪽 지역은 개펄 지형이 많다. 따라서 볼락 낚시터는 거의 동쪽에 형성된다. 물건·대지포·은점·미조·소량·대량방파제가 대표적이다. 서남쪽 홍현·향촌·평산방파제 등지도 유명 볼락 낚시터이다.

●**삼천포 주변** : 진늘·남일대방파제, 초양도·늑도방파제가 대표적이다. 창선대교 건너 남해도 창선면의 적량 큰방파제와 장포방파제, 고성군 하이

● 표준명 : 볼락
● 속　명 : 뽈락, 뽈라구, 뽈래기
● 학　명 : *Sebastes inermis*
● 영　명 : Dark-banded rockfish
● 일　명 : 메마루(メバル)

▼갯바위 후미진 지형에서 집어등을 밝히고 볼락이 모여들기를 기다리는 낚시인들. 여수 근해 금오도는 겨울 밤볼락 사냥터로 널리 알려진 곳이다.

면 덕명방파제와 하일면 맥전포방파제 등지도 볼락이 잘 낚이는 곳이다.

●통영권 : '볼락 루어낚시의 메카'라고 할 수 있는 곳이다. 그러나 육지권 방파제보다는 배를 타고 나가는 섬 낚시터가 많은 곳이다. 육지는 산양읍 모상·연명·척포·논아래개방파제등이 좋고, 섬 방파제로는 사량도 내지·돈지·외지방파제, 추도 대항방파제, 두미도 북구방파제, 욕지도 청사·덕동·유동방파제, 연화도 동두방파제, 우도방파제, 매물도 당금·대항방파제 등이 대표적인 볼락 산지다.

●거제도권 : 부속 섬이 많지 않은 거제도의 경우 본섬 방파제 위주로 포인트가 형성된다. 서쪽은 개펄 지형이 많아 시즌 중에도 조황이 좋지 못한 편이다. 대부분 동쪽과 남쪽에 좋은 방파제가 많다. 칠천도 연구·대곡·어온방파제, 본섬 북쪽에서부터 동남쪽 방향으로 이어지는 황포·상유·흥남·덕포·능포·장승포·지세포·다대·다포방파제 등지가 대표적이다. 단, 겨울 북동풍이 심하면 낚시할 곳이 많지 않으며 조황도 떨어진다.

▶동해 지역 유명 방파제

●부산권 : 대도시에 속한 방파제는 도시 소음과 불빛 탓에 많은 마릿수를 기대하기 어렵다. 단, 진해 쪽을 찾거나 동해남부권으로 조금만 도시를 벗어나면 좋은 방파제들이 많다. 거가대교가 개통되면서 가덕도 내의 방파제들도 볼락 꾼들이 즐겨 찾는다.

부산 시내권으론 태종대 하리방파제와 기장 방면의 청사포·송정·학리방파제, 가덕도는 천성·대항·외양포방파제, 진해권으론 명동·우도·연도방파제 등지가 대표적이다.

●울산권 : 일대의 방파제는 시즌이면 꾼들로 붐빈다. 주변 갯바위 조황이 좋을 때가 많다. 서생면 신암·나사리방파제, 시내 주전등대방파제와 방어진 슬도방파제를 비롯한 우가포·정자방파제 등지가 유망 낚시터이다.

●경주·포항권 : 겨울이면 볼락을 낚을 수 있는 방파제가 해안선을 따라 곳곳에 산재한다. 하지만 울산 지역과 마찬가지로 방파제보다는 인근 갯바위에서 볼락 루어낚시가 많이 이뤄진다는 점 참고 바란다. 경주 읍천·대보·전촌방파제, 포항 양포·삼정·대보·대동배·신항만·오도·월포·화진방파제 일대가 대표적인 곳이다.

●영덕·울진권 : 시즌이 길지는 않지만 마릿수와 씨알에서는 어디에도 뒤

지지 않는 곳들이 더러 있다. 오산2리 · 후포 · 대진 · 축산 · 경정 · 오보 · 창포방파제 등이 대표적인 곳. 특히 후포방파제는 볼락 시즌이면 가장 많은 루어 낚시인이 붐비는 동해권 최고의 방파제다.

▶남해안 유망 갯바위 및 선상낚시 출항지

●여수권 : 가까운 금오도 · 안도 · 연도 등이 대표적인 곳. 그 외에 작도 · 평도 · 거문도 등지는 전문적으로 볼락만을 노리기보다는 여러 어종을 겸해서 출조하는 낚시인이 대부분이다. 그러나 씨알 굵은 볼락이 많은 곳인 만큼 목적한 어종의 낚시가 시원찮을 때는 볼락낚시로 전환해 볼만하다.

●남해도권 : 노도 · 조도 · 목과도 · 호도 · 마안도 등지가 볼락 산지다. 특히 조도는 굵은 씨알이 잘 낚이는 곳으로 유명하다. 선상낚시도 많이 이뤄지는데 동쪽의 죽암도 인근에서 많이 이뤄진다.

●삼천포권 : 행정상으론 섬이 많지 않은 곳이다. 통영과 접하고 있는 곳이 많은 탓이다. 갯바위는 수우도 남쪽, 사량도 나무여, 두미도 청석 · 돌무너진곳, 갈도 노랑바위 · 매여 · 줄여 · 염소자리 등이 주요 출조 지역이다. 갯바위 출조도 꾸준하지만 겨울이면 선상낚시 출조도 활발히 이뤄진다. 선상낚시는 팔포항에서 많은 배가 출항하며 섬 낚시터 인근 어초 위주로 이뤄지는데, 루어낚시보다는 카드채비를 활용한 생미끼낚시가 주류를 이룬다.

●통영권 : 갈도 · 좌사리도 · 국도 등의 원도권 섬은 물론이고, 욕지도 · 초도 · 연화도 · 적도 · 봉도(쑥섬) · 비진도 · 추도 · 연대도 · 새섬(학림도) · 용초도 등 거의 모든 섬에서 볼락 루어낚시가 이뤄진다. 선상 루어낚시도 활발한데 특정 섬을 거론하기보다는 수심이 10m 이내이며 조류가 잘 흐르고 바닥이 자갈이나 수중여로 형성된 곳에서는 시즌 중 어느 때라도 볼락을 낚을 수 있다. 풍화리 · 삼덕 · 중화 · 신봉 · 영운 등 포구 곳곳에서 선상낚시 출조가 이어진다.

●거제도권 : 인근 지심도를 비롯한 통영시에 속하는 매물도 · 어유도가 대표적인 섬 낚시터이다. 특히 어유도는 연중 가장 먼저 볼락이 낚이는 곳으로 초반 시즌의 볼락 씨알이 굵기로도 유명하다.

거제 본섬 갯바위는 양화 초소 밑, 구조라 해수욕장 초입, 학동해수욕장 남쪽, 양지암 조각공원 밑, 해금강 자갈밭 옆 등이 꼽힌다.

●표준명 : 볼락
●속 명 : 뽈락, 뽈라구, 뽈래기
●학 명 : *Sebastes inermis*
●영 명 : Dark-banded rockfish
●일 명 : 메마루(メバル)

1월에 떠나요!

글 박경식, 사진 박경식 외

꼴뚜기(호래기)낚시

엄마와 아이들이 더 좋아하는 꼬마 오징어

오징어의 축소판으로 체장은 10cm 안팎의 크기에 불과하다. 육질이 부드러워 남녀노소 모두가 좋아하는 '먹거리'인 데다, 누구나 쉽게 낚을 수 있어 가족동반 나들이에 최적이다. 밤낚시를 해야 하지만 그 장소가 가족끼리 오순도순 모여 낚시 하며 놀기 좋은 방파제나 선착장이어서 부담이 적고, 가로등 불빛 아래서 함께 나누는 꼴뚜기 야식은 별미 중의 별미다. 꼴뚜기라는 표준명보다 낚시인들 사이엔 '호래기'라는 이름으로 널리 불리는데, 경남 지역의 이 방언이 득세하게 된 것은 이 낚시가 경남 지역에서부터 붐을 이룬 때문이다.

"어물전 망신은 꼴뚜기가 다 시킨다" "어물전 털어먹고 꼴뚜기 장사한

꼴뚜기(호래기)

다" "장마다 꼴뚜기 날까" 등등의 속담처럼 옛날엔 너무 흔해 푸대접 받던 이 꼬맹이들이 신분세탁을 하게 된 시기는 그리 오래지 않다. 오징어낚시 붐이 일어난 것과 거의 비슷한 시기다. 민장대 채비로 볼락낚시를 하던 중 민물새우 미끼에 현혹된 호래기가 간혹 걸려들자 호기심 많은 몇몇 꾼들이 호래기 채비를 자작해 뜻밖의 조과를 거두면서 소문이 꼬리를 이어나갔다. 이렇게 시작된 호래기 루어낚시는 무늬오징어 에깅이 호황이던 2006~2008년에 완전한 낚시 장르로 자리를 잡았다. 무늬오징어낚시에 대한 관심이 호래기 루어낚시로 이어지면서 전용 채비와 더불어 기법 또한 대중화된 것이다.

● 표준명 : 참꼴뚜기
● 속　명 : 호래기, 꼴띠, 꼴독
● 학　명 : *Loligo bekai*
● 영　명 : Beka squid
● 일　명 : 베이카(ベイカ)

뭐니 뭐니 해도 먹는 맛!

　호래기 루어낚시의 재미는 뭐니 뭐니 해도 입맛에 있다. 라면에 호래기를 통째 넣어 끓여 먹는 '호래기 라면'은 일반 낚시인들은 물론, 특히 가족 낚시인들에게 나들이 현장에서 가장 간편하면서도 맛있게 즐길 수 있는 최고의 인기 메뉴로 꼽힌다. 낚시터 현장이나 귀가 후 회로 먹거나 데쳐 먹어도 맛있고, 남는 것으로는 젓갈을 담아 오래오래 먹을 수 있다.

▼겨울 밤 방파제는 호래기가 있어 잠들지 않는다. 소형 에기 몇 개만 준비하면 겨울 밤나들이가 즐겁다. 경남 통영시 궁항 방파제에서의 호래기낚시 모습.

■생태와 습성, 서식 및 분포

꼴뚜기는 꼴뚜기과에 속하는 연체동물로 총 7종이 있는 것으로 보고돼 있는데, 일반인들은 물론 우리 낚시인들도 그 종류를 정확히 구분하기 어려워 통칭 꼴뚜기라 부르거나 호래기 · 호리 · 꼴띠 · 꼴뚝 · 고록 · 꼬록 등 다양한 방언으로 불린다. 여느 오징어처럼 10개의 다리를 가졌고, 모양 또한 다른 오징어류를 축소해 놓은 것처럼 생겨 그들의 새끼처럼 보이기도 한다. 부드러운 몸은 좌우 대칭을 이루고 있으며 체색은 흰색 바탕에 자줏빛 반점이 박혀 있다. 길쭉한 몸통은 길이가 폭의 3배 정도이며 뼈는 얇고 투명하다. 다리는 몸통의 절반 정도 길이다.

정약전의 『자산어보(玆山魚譜)』에는 "오징어와 비슷하나 몸이 좀 더 길고 좁으며 등판에 껍질이 없고 종잇장처럼 얇은 뼈를 가지고 있는 것으로, 선비들이 바다에서 나는 귀중한 고기라 하여 '고록어(高祿魚)'라고 불렀다"고 기록돼 있다. 오늘날 고록(여수 · 장흥 · 보성 · 고흥 등지) 또는 꼬록(군산 · 부안 · 김제 · 고창 · 서천 등지)으로 불리는 꼴뚜기의 방언도 이 '고록어'에서 파생된 것으로 본다.

우리나라의 전 연안에 서식하지만 낚시는 개체수가 많은 남해동부 지역에서 주로 이뤄진다. 연안에 많이 서식하며 유영 능력이 적어 이동범위가 좁은 편이다. 오징어보다 근육이 적어 부드럽고 연하기 때문에 노인들과 아이들이 먹기에도 좋다.

▼우리가 호래기라 부르는 꼴뚜기 종류에는 왜오징어(왼쪽 위 사진)나 창오징어 새끼도 있다.
▼▼호래기는 방파제나 선착장에 설치된 조명등 불빛에 즐겨 모여들고, 호래기가 잘 낚이는 겨울 방파제와 선착장은 꾼들의 심야식당이 돼 준다.

짝짓기 시 수컷은 좌측 네 번째 팔을 사용한다. 정자가 들어있는 정포를 암컷의 몸 안으로 전달하면 짝짓기가 끝나고, 수정란을 품은 암컷은 수심 약 100m 이내인 곳에서 산란을 한다. 수명은 1년이다. 주로 11월~1월 남해안에서 낚시 시즌이 형성되나 그물에 잘 잡히는 시기는 4~5월이다. 이때도 연안에서 낚시가 짧게 이뤄지는데, 이 시기에는 호래기라 부르는 꼴뚜기와 화살오징어 혹은 창오징어의 새끼가 함께 낚이기도 한다.

꼴뚜기(호래기)

● 표준명 : 참꼴뚜기
● 속 명 : 호래기, 꼴띠, 꼴독
● 학 명 : *Loligo bekai*
● 영 명 : Beka squid
● 일 명 : 베이카(ベイカ)

■호래기 루어낚시 시즌 전개

구분	1월	2월	3월	4월	5월	6월	7월	8월	9월	10월	11월	12월	비고
동해안													남쪽 지역
서해안													극히 일부
남해안													

(: 시즌   : 피크 시즌)

호래기 루어낚시는 남해안을 중심으로 발전되어 왔다. 아직 서해안이나 동해안 쪽은 일부 지역에서만 확인되고 있어 정확한 시즌에 대한 정의를 내리기 어렵다. 남해안의 경우 10월 말부터 시즌이 시작되어 12월 말부터 1월 사이에 피크를 이룬다. 2월로 접어들면 조금씩 조황이 시들해지다가 4~5월에 또 잠깐 시즌을 이룬다.

동해남부권 역시 남해안과 마찬가지로 12월~1월에 가장 입질이 활발하다. 서해의 경우 다른 지역과는 다르게 8~9월에 짧은 시즌을 맞이하는데, 워낙 국지적인 조황이고 겨울 낚시도 성행하지 않는 지역이라 아직 정확한 시즌에 대한 정보가 미미하다.

● 시즌 초기(10~11월) : 잔 씨알이나마 마릿수로 낚을 수 있는 시기다. 집어등에 대한 반응도 활발하고, 다른 바다낚시 대상어들로 인해 호래기에 그다지 관심이 많지 않을 때라 자리다툼 부담 없이 포인트를 옮겨 다니며 마릿수를 채울 수 있다. 이 시기에는 되도록 작은 슷테(일명 오징어뿔)를 써서 작은 씨알에 대비하는 것이 좋고, 슷테 루어와 함께 생미끼를 같이 쓰면 반응이 더 빠르다.

● 피크 시즌(12~1월) : 비록 10cm 안팎의 크기나마 씨알과 마릿수 기대를 동시에 만족시켜 주는 시기이다. 남해동부권과 동해남부권 거의 전역에서 호래기가 낚이는데, 이때는 루어낚시 대상어가 거의 볼락에 국한되므로 많

은 루어 꾼들이 호래기낚시에 동참한다. 그래서 조황이 좋은 일부 방파제나 선착장은 자리다툼도 생기고, 집어등을 한꺼번에 켜기 때문에 집어등 밝기로 마릿수가 결정되는 현상이 벌어지기도 한다.

집어등은 초저녁부터 켜놔야 입질 시간대에 한꺼번에 마릿수를 채울 수 있으며, 한 포인트를 고집하기보다는 주변을 신속하게 이동하면서 여러 포인트를 탐색해야 조과를 배가할 수 있다. 또한 이 시기에는 육지 연안 방파제·선착장보다 배를 타고 가까운 섬으로 들어가는 것도 좋은 방법이다.

●시즌 말기(4~5월) : 2~3월은 저수온과 변덕 심한 날씨 탓으로 호래기 조황도 들쭉날쭉하다. 그러다 4월로 접어들면 또 한 차례 호황 국면을 맞게 된다. 겨울과 마찬가지로 비슷한 포인트에서 호래기가 잘 낚이는데, 이때는 마릿수보다 씨알 좋은 호래기가 낚인다.

이 시기에 호래기가 낚이는 지역은 국지적이고도 조황 편차가 심할 뿐만 아니라 시즌 또한 짧게 끝날 수 있으므로 무엇보다 현지 조황 정보를 잘 파악하는 것이 중요하다.

■기본 장비 및 소품

호래기 루어낚시는 볼락 루어낚시 장비를 그대로 쓰면 된다. 그래서 볼락 루어낚시를 하는 꾼들 가운데는 호래기낚시용 채비 한두 개를 태클박스에 비치해 두기도 한다. 볼락낚시가 시원찮거나 호래기 조황이 확인되면 이내 전환할 수 있기 때문이다. 그만큼 호래기 채비는 간단해 현장에서도 빠르게 대처할 수 있다.

●낚싯대(Rod) : 길이 7.4~8피트 내외의 볼락 루어 대를 쓴다. 3~7g 정도 무게를 던질 수 있는 파워를 가진 제품을 사용하되, 채비를 멀리 던질 필요가 없으므로 길이는 그다지 문제될 것이 없다. 다만 섬세하게 조작하려면 짧은 로드가 효과적이다.

호래기는 다른 어종처럼 우악스런 입질을 하는 것도 아니고, 굳이 힘주어 챔질할 필요도 없으므로 자동훅셋이 가능한 솔리드 팁을 가진 로드가 좋다. 뻣뻣한 튜블러 팁 로드를 쓰면 감도는 좋을 수 있으나 루어에 반응하는 호래기가 이물감을 느끼고 빠져나가 버리는 현상이 자주 발생한다. 로드의 허리 역시 되도록 낭창하게 무른 것이 좋다. 루어에 액션을 주기 위해 짧은 저킹을 할 때 로드의 허리가 낭창하면 저킹(Jerking)이 보다 자연스럽고, 루어가 천천히 솟아올라 호래기의 관심을 끄는 데 유리하기 때문이다.

●릴(Reel) : 자체 무게가 가볍고 가는 낚싯줄을 쓸 수 있는 1000번대 스피닝릴을 기준으로 하면 된다. 1000~C2000S 혹은 2004번 릴이면 충분하다. 액션을 크게 주는 낚시도 아니고 드랙 조절이나 많은 권사량이 필요한 것도 아니므로 그냥 다른 용도로 사용하던 소형 스피닝릴이면 된다. 다만 주로 사용되는 낚싯줄이 합사(PE)이므로 스풀 깊이가 얕은 제품이 유리하다.

●낚싯줄(Line) : 1호 안팎의 나일론 줄을 사용할 수도 있지만 채비의 감도를 살리고 호래기의 미세한 움직임을 파악하는 데는 가는 PE 라인이 좋다. 0.2~0.4호가 적당한데, 얇은 합사는 무게가 적은 채비를 던지기에도 좋고, 조류의 저항도 덜 받아 채비가 자연스럽게 가라앉는 데 도움을 준다. 합사를 쓸 때는 카본 쇼크 리더를 직결한다.

●루어(Lure) 및 기타 소품 : 호래기 루어낚시에 쓰는 루어는 크게 3가지가 있다. 일반적인 에기와 같은 모양에 크기만 작은 소형 에기, 라이트 에깅용으로 제작된 소형 에기, 싱커가 없는 호래기낚시용 슷테가 필요에 따라 사용된다. 어떤 종류든 1.5~1.8호 정도를 가장 많이 쓰며, 드물게는 0.5~1호 에기도 있으나 잘 사용하지는 않는다.

이 밖에도 채비를 구성하기 위한 소품으로 다운샷용 봉돌, 에기를 천천히 가라앉히기 위해 부력재로 사용하는 발포찌(구슬), 가지채비용 엉킴방지 구슬, 집어용 전자 케미컬라이트나 일반 케미컬라이트, 케미용 고무 등이 필요하다. 생미끼를 사용할 때에는 호래기낚시용 대바늘 채비와 미끼(민물새우)도 필요하다.

중요한 것이 또 있다. 호래기낚시는 야간에 이뤄지는 만큼 소형 랜턴도

●표준명 : 참꼴뚜기
●속 명 : 호래기, 꼴띠, 꼴독
●학 명 : *Loligo bekai*
●영 명 : Beka squid
●일 명 : 베이카(ベイカ)

▼호래기낚시에 사용되는 루어는 일반 오징어낚시에 사용되는 에기와 주꾸미낚시에 많이 사용되는 슷테를 소형화한 것이다.

호래기낚시용 소형 에기

샐로우 타입의 소형 에기

호래기낚시용 슷테

필요하지만 조과를 높이기 위해선 별도의 '집어등'이 필수다. 다른 두족류와 마찬가지로 호래기 역시 추광성(趨光性)으로, 빛에 모여드는 성질이 강하다. 특히 많은 사람이 한 곳에서 낚시를 할 경우, 얼마나 밝은 집어등을 켜느냐에 따라 조과가 달라지기까지 한다. 흰색의 밝은 집어등을 필수적으로 지참해야 하는데, 대개 25~50w LED 등이 많이 사용되는 편이다. 집어등 한 개의 밝기가 부족할 때는 여러 개를 한 곳에 모아 사용하기도 한다.

■기본 장비 및 소품

호래기낚시는 크게 대바늘을 이용한 생미끼낚시와, 에기 또는 슷테를 이용한 루어낚시 두 가지 방법이 있다. 시즌 초반의 호래기는 씨알이 작아 루어에도 반응은 하지만 생미끼 조황이 좋은 편이다. 하지만 11월 중순을 넘기고부터는 에기나 슷테를 이용한 루어낚시에 굵은 씨알과 마릿수 조과를 안긴다. 게다가 루어낚시는 민물새우 미끼 낚시에 비해 채비가 간결하고 탐색 속도도 빨라 초보자들이 마릿수 조과를 올리는 데도 유리하다.

●에기 1단 채비 : 호래기낚시의 기본 채비다. 소형 에기만을 사용하는 간단한 채비로 본격 낚시에 돌입하기 전 포인트 탐색용으로 많이 활용된다.

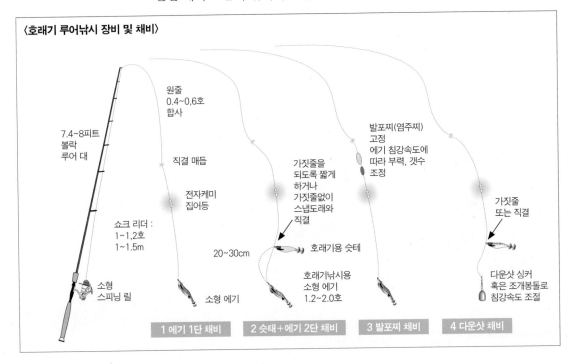

〈호래기 루어낚시 장비 및 채비〉

●숫테+에기 2단 채비 : 호래기가 노니는 포인트를 찾았다면 마릿수 조황을 높이기 위한 조치가 필요하다. 이때 활용되는 채비가 위쪽엔 숫테를 달고 아래쪽엔 1.8~2.0호 에기를 부착하는 것이다. 이 2단 채비를 사용할 경우 가지바늘용 엉킴방지 구슬을 이용하면 채비 꼬임이 덜해 운영하기가 좋다. 소형 숫테를 묶는 가짓줄 길이 또한 1~2cm 내외로 짧아야 꼬임이 덜하다. 에기와 숫테의 단차는 상황에 따라 달라야 한다. 호래기의 집어층이 얇다면 단차를 좁게, 집어층이 두텁다면 단차를 1m 정도까지 벌려도 된다.

이렇게 2단 또는 3단으로 채비를 운용할 때는 호래기가 아래·위 어느 쪽 루어에 걸려드는지 계속 주시할 필요가 있다. 호래기는 순간순간 입질 수심층이 바뀌기 때문에 이를 염두에 두고 채비를 운용하는 것이 좋다.

●발포찌 채비 : 호래기가 주로 표층에서 입질할 때는 에기가 아주 천천히 가라앉아야 한다. 이럴 때 1.8~2.0호 크기의 소형 샐로우(Shallow) 에기를 사용하면 좋은데, 이 소형 샐로우 에기가 준비되지 않았을 때 대처하는 방법이 곧 발포찌 채비이기도 하다. 일반 찌낚시용 발포찌를 집어용 전자찌 위에 달아 주면 되는데, 잊지 말아야 것은 처음 만든 채비를 곧장 사용하지 말고 일단 근거리에 던져 채비가 내려가는 침강속도를 점검, 조절한 후에 사용하라는 점이다.

●다운샷 채비 : 호래기는 있는데 바닥에서 떠오르지 않는다고 판단될 때는 다운샷 채비가 유용하다. 다운샷 채비 또한 1단, 2단, 3단 등으로 운용할 수 있다. 몇 단이든 다운샷 채비를 할 때는 봉돌의 무게에 신경을 써야 한다. 봉돌이 너무 무거우면 에기의 움직임이 자연스럽지 못해 입질을 받기 어렵기 때문이다. 봉돌을 바닥에 가라앉히면서 액션을 줄 때 되도록 천천히 가라앉는 정도여야 한다.

●표준명 : 참꼴뚜기
●속 명 : 호래기, 꼴띠, 꼴독
●학 명 : *Loligo bekai*
●영 명 : Beka squid
●일 명 : 베이카(ベイカ)

■호래기낚시 포인트와 조건

호래기낚시 포인트는 대략 갑오징어 포인트와 유사하다.

❶ 첫 번째 조건은 모래와 펄이 섞인 사니질(沙泥質) 바닥이다. 주변 바닥 전체가 사니질대가 아니어도 괜찮다. 약간의 개펄이 형성된 곳이면 된다. 그래서 호래기 포인트로 주목 받는 곳은 대개 날씨가 사납거나 조류가 세찬 사리 물때가 되면 물색이 탁해져 조황이 불규칙해진다.

▲ 소형 에기를 물고 나온 호래기. 잔득 겁을 집어 먹은 체색이다.

따라서 호래기낚시는 조류가 세찬 곳보다는 느리게 흐르거나 숨을 죽이는 곳이 좋다. 다시 말해 포인트 바깥쪽 조류는 원활하되 낚시를 하는 앞쪽, 즉 채비를 드리우는 곳에는 조류의 세력이 크게 미치지 않아야 한다.

❷ 방파제에서 낚시를 할 경우 대부분 어종들은 외항 쪽에 포인트가 형성되지만 호래기낚시는 조류의 영향을 덜 받는 내항 쪽을 택하게 된다. 그래서 크고 작은 선박들이 정박하는 선착장 주변도 호래기 포인트가 되는데, 특히 야간에 가로등 불이 켜지는 곳은 자연스런 집어등 역할을 해 호래기가 모여들 가능성이 많다. 그러나 사람들이 많이 몰려들 경우는 선착장 부근에 호래기가 붙지 않을 수도 있다. 이럴 땐 정박해 있는 선박으로 올라가 낚시를 하는 것도 좋은 방법인데, 선주와의 시비 발생도 생각해야 한다. 방파제 역시 가로등의 유무에 따라 포인트가 결정된다. 하지만 사람들이 많이 몰리는 가로등 아래보다는 오히려 한적한 자리를 찾아 별도의 집어등을 활용하는 것이 유리할 수도 있다. 개인 집어등으로 장시간 집어를 하면 인위적인 포인트가 형성되기 때문이다.

❸ 호래기는 달빛이 없는 밤이 좋고, 조류의 흐름이 약한 조금 전후의 물때가 적기다. 낚시는 해 지기 직전부터 시작하되, 해가 떨어지지 않았더라도 미리 집어등을 켜고 기다리는 것이 중요하다. 만약 주위가 어두워졌는데 자신만 집어등을 켜고 있지 않다면 미리 집어등을 켠 다른 쪽으로 호래기가 먼저 붙어 조과에 큰 영향을 끼친다. 구체적으로 호래기낚시가 가장 잘 되는 시간대는 겨울철 해가 떨어지기 직전인 5시부터 밤 10시 정도까지다. 이후로는 들쭉날쭉한 조황을 보인다. 그래서 경험 많은 꾼들은 밤 새워 낚시를 하기 보다는 저녁 시간에 집중해 효율성을 높인다.

■호래기 루어낚시 이렇게!

호래기 루어낚시는 채비는 다양한 편이지만 기법은 비교적 단조롭다. 호래기는 움직임이 많지 않은 데다 루어에 굳이 큰 액션을 부여할 필요 없이 섬세하게만 운용해 주면 된다. 핵심은 채비를 자연스럽게 가라앉히는 폴링(Falling)이다. 루어를 적당한 수심층으로 가라앉혔다가 치켜 올린 후 다시 가라앉히는 폴링(Falling)과 쳐 올리는 저킹(Jerking)을 반복하면 되는데, 이 단순하고도 미세한 작동이 조과에 결정적 영향을 미친다.

▶폴링과 저킹의 반복

채비가 수면에 착수하게 되면 원하는 수심층까지 가라앉도록 카운트다운을 한다. 가령 10초가량이 소요될 것 같으면 마음속으로 하나, 둘, … 열(10초)을 헤아려 목적한 지점까지 루어가 가라앉았다고 생각되면, 이번엔 낚싯대 초리 부분을 가볍게 쳐 올리는 저킹 동작을 가한다. 이때 루어가 살짝 떠오르면서 생긴 여유 줄을 감아 들인 후, 릴링 동작을 멈추고서 다시 루어를 서서히 가라앉힌다. 이후 원하는 수심층까지 내려갔다 싶으면 다시 저킹을 하고(루어가 10~20cm정도만 상승하도록 힘을 조절한다), 또다시 폴링 동작을 연출하는 등, 작업을 반복하다 보면 곧 입질을 받게 마련이다.

- ●표준명 : 참꼴뚜기
- ●속　명 : 호래기, 꼴띠, 꼴독
- ●학　명 : *Loligo bekai*
- ●영　명 : Beka squid
- ●일　명 : 베이카(ベイカ)

그런데 호래기는 순간적인 입질 파악이 어렵다. 저킹과 폴링을 반복하는 동작 과정에서 변화를 느끼게 되는데, 초릿대가 살짝 움직이거나 저킹 시 묵직한 느낌을 받는 것으로 입질을 파악한다.

이런 일련의 과정에서 중요한 것 중의 하나가 호래기의 입질 수심층을 잘 파악하는 일이다. 한 번 요령을 익히면 쉽지만 거의 모든 두족류의 낚시가 그렇듯이 처음 '감'을 잡는 것이 상당히 어렵다. 그래서 요령을 익히기 위해서는 캐스팅 중간 중간 마음속으로 카운트를 하면서 10초, 20초, 30초 단위로 나누어 입질층을 찾는 게 좋다.

▶마릿수 비결은 프리 폴링

마릿수 조과를 올리는 비결을 화려하고 강력한 저킹이라 생각하는 이들도 있으나 사실은 그 반대다. 호래기낚시는 저킹 동작이 중요한 게 아니고 폴링을 얼마나 자연스럽게 부여하느냐가 더 큰 영향을 미친다. 낚싯줄을 팽팽히 유지한 채 에기나 슷테를 내리는 텐션 폴링(커브 폴링)은 결코 지양해야 한다. 그럴 경우 바람까지 부는 날이면 루어가 나풀나풀 가라앉기보다는 끌려오는 모양새가 될 것이고, 설사 호래기가 따라올지라도 쉽사리 루어에 올라타지 않는다.

앞서 강조한 것처럼 호래기낚시의 마릿수 비결은 프리 폴링이다. 방법은 다음과 같다. 캐스팅 후 라인을 정렬시키고 나면 일단 초릿대 끝이 수면 근처에 위치하도록 한다. 그런 다음 릴의 베일을 젖혀 원줄이 2m 정도 저절로 풀려나가게 할 수도 있는데, 그러나 이 방법보다는 베일을 닫은 채 손으로 원줄을 잡아당겨 강제로 여유 줄을 빼내는 것이 더 좋다. 이때 릴의 드랙은 당연히 느슨하게 조절해 놓아야 한다. 후자의 이 방법은 베일을 젖혔다가 닫는 수고를 할 필요도 없고 여유 줄을 원하는 만큼만 빼낼 수 있다는 점에서 유리하다. 이에 루어도 그만큼 자연스레 프리 폴링 되고, 호래기 역시 자연스런 루어의 움직임에 빠른 반응을 보이게 된다.

■유망 호래기 낚시터

호래기는 바닥이 펄인 지역에 많다. 갑오징어 포인트와 유사한데, 그래서 호래기낚시를 하다 보면 종종 갑오징어가 낚이기도 한다. 또한 군집을 이루는 호래기의 특성상 조류가 많이 흐르는 곳보다는 거의 없다시피 한 곳이 좋고, 방파제나 선착장 주변에 가로등이 밝게 켜지는 곳이라면 집어등을 켜기 전에도 호래기가 자연스럽게 모여 있어 훨씬 집어 효과가 좋다. 소개하는 다음 장소들은 대개 이러한 조건을 갖춰 호래기낚시 동호인들이 즐겨 찾는 낚시터들이다.

●부산 죽성 · 연화리 · 암남공원 · 가덕도 일대 : 생활낚시를 즐기는 이들이 유독 많은 부산의 경우 초창기에는 호래기낚시 소문의 근원지인 통영 쪽으로 원정을 가는 사례가 많았으나 부산 근교에도 마릿수 재미를 볼 수 있는 낚시터가 속속 드러남으로써 저녁나절 '마실' 다니듯 하는 추세이다.

▼경남 통영시 산양읍 삼덕리 궁항마을에 소재한 궁항방파제는 호래기낚시가 잘 되는 곳으로, 밤이 깊어 가면 내항 쪽으로 호래기가 몰려든다.

대표적으로 기장군 기장읍 죽성방파제와 연화리선착장 일대, 시내 송도 해수욕장 옆 암남공원, 거제도로 향하는 가덕도 일원이다. 이들 장소는 주요 관광지가 이웃해 항상 가로등이 밝게 켜져 있을 뿐만 아니라 각종 편의시설이 잘 갖춰져 있어 가족들과 함께 찾기에도 무리가 없다. 또한 이들 낚시터는 특별한 포인트를 제시할 것도 없이 전역에서 호래기가 고루 낚이는 곳으로 시즌 중에는 많은 꾼들이 몰린다.

꼴뚜기(호래기)

●표준명 : 참꼴뚜기
●속　명 : 호래기, 꼴띠, 꼴독
●학　명 : *Loligo bekai*
●영　명 : Beka squid
●일　명 : 베이카(ベイカ)

●**창원시 진해구 행암~삼포 일원, 통영 미륵도, 거제 본섬 및 칠천도·산달도 일대** : 호래기낚시의 발원지라 할 수 있는 남해동부권 곳곳은 전국 각지에서 호래기를 낚으려 원정까지 오는 경우가 많다. 이들 지역은 빠르면 10월 중순부터 서서히 호래기가 낚이기 시작하는데 대표적인 낚시터로 창원 진해구 명동방파제를 비롯한 삼포방파제·행암방파제 등이 꼽힌다. 통영권은 산양읍(미륵도) 일주도로를 따라 위치한 영운방파제와 달아방파제는 물론 풍화리 일대의 크고 작은 방파제들 모두가 호래기 놀이터이다. 이들 방파제는 호래기 꾼들이 너무 많이 몰릴 때면 마을 주민들이 강제로 가로등을 꺼버리기까지 할 정도다.

이런 저런 혼잡을 피해 한적하게 낚시를 하려면 인근 섬으로 들어가는 선택도 있다. 여객선이나 낚싯배를 이용해 학림도·송도·곤리도·연대도·한산도 등지로 들어가 마을 선착장 또는 방파제를 찾으면 호래기낚시 재미에 흠뻑 빠질 수 있다.

거제도의 경우는 구조라·망치·학동·함박방파제 등이 본섬에서 즐길 수 있는 곳이고, 연륙교로 연결된 가조도와 칠천도 좋은 낚시터이다. 배를 타고 들어가야 하는 산달도는 거제 부속 섬 중에서도 최고의 호래기 낚시터로 손꼽힌다.

●**여수 국동항, 고흥 녹동항** : 호래기를 찾는 낚시꾼들이 많지 않을 뿐 자원만큼은 풍부한 지역이다. 대표적인 갑오징어 낚시터로 꼽히는 여수 국동항은 호래기가 나타나 겨울까지 시즌을 이어가고, 두족류라면 종류를 가리지 않고 두루 잘 낚이는 고흥 녹동항도 호래기 낚시터로서 손색이 없는 곳이다. 특히 여수권은 잘 정비된 친수공간에 즐비한 가로등으로 호래기낚시를 해 볼만한 곳이 많은 편이다. 여수시 하멜공원과 돌산도의 무수한 방파제는 너무나 매력적이다. 특히 펄이 많은 돌산도 서쪽 지역엔 호래기 낚시터로서의 여건을 갖춘 곳들이 많다.

2월에 떠나요!

글 이명철, 사진 이명철 외

대구낚시

우리나라 지깅(Jigging)의 효시

대구는 예부터 고급 생선의 대명사로 꼽혔다. 그 위상은 지금도 변함이 없지만 이제는 판도가 바뀌었다. '동해 명태' '서해 조기' '남해 대구'로 꼽히던 구도가 바뀐 것이다. 명태가 사라지고 조기가 귀해진 것에 비해 대구는 기사회생(起死回生), 수년간의 급감 위기에서 벗어나 그 개체수가 거듭 증가하는 추세다.

대구의 주산지 또한 남해에서 동해로 바뀌었다. 산란처는 여전히 남해동부 지역의 거제 근해와 진해만이 손꼽히지만 이들 지역에서 낚시는 이뤄지지 않는다. 겨울 산란이 끝나면 먼 바다로 자취를 감추기 때문이다. 이에 비해 동해안에선 사철 대구가 잡힌다. 서해 먼 바다에서도 대구가 잡히지만

●표준명 : 대구
●속　명 : 대구어, 대기
●학　명 : *Gadus macrocephalus*
●영　명 : Pacific cod
●일　명 : 마다라(マダラ)

동해 대구에 비해 크기가 작아 별반 인기를 얻지 못한다.

같은 냉수성 어종으로 명태·청어·도루묵·임연수어 등은 거의 자취를 감추거나 개체수가 급감한 데 반해, 유독 대구만 옛 명맥을 유지하게 된 것은 꾸준한 방류사업이 주된 이유다. 그러나 대구의 자원 증가를 일반인들은 크게 느끼지 못한다. 여전히 귀한 고기로 동네 어시장에서 쉽게 접할 수 없기 때문이다. 최대의 수혜자는 낚시 동호인들인 셈인데, 게다가 대구는 대형종이면서도 낚시에 손쉽게 잘 잡혀 손맛·입맛을 두루 즐길 수 있다.

미식가들이 탐내는 대구는 흰 살 생선으로 어느 부위 하나 버릴 게 없는 완전무결한 식재료다. 잡은 즉시 먹을 수 있는 회는 낚시인들만의 몫이고, 싱싱한 대구로 끓인 맑은탕(지리)은 숙취 해소에도 좋고 산모의 젖을 돌게 하는 데도 효과가 있다고 한다. 먹다 남은 대구는 냉장고에 보관해 두었다가 매운탕을 끓여도 좋고, 머리 부분은 별도로 찜을 해 쫄깃쫄깃한 살을 발려 먹으면 '어두육미(魚頭肉尾)'란 말을 실감케 한다. 특히 겨울에 잡은 대구는 내장을 제거한 후 그늘에 말렸다가 포를 떠 술안주로 먹으면 그야말로 육포는 곁방 가라다. 아가미와 알·내장으로 담근 젓갈은 해산물 젓갈류 중에서는 으뜸으로 꼽되, 수컷의 고니(이리)는 몸통과 함께 맑은탕(지리)에 넣어 먹는 게 제격이다. 뿐만 아니다. 대구의 간은 간유(肝油)로도 사용되

▼강릉시 강릉항을 떠난 20여 분 거리의 100여m 수심에서 90cm급 크기의 대구를 끌어 올린 필자 이명철 씨.

는데, 비타민 A·D가 많이 들어 있어 영양제 등에 쓰인다고 한다. 그야말로 어느 한 곳 버릴 게 없는 고기다.

서해 쪽에선 아직도 그렇지만 동해 쪽에서도 옛날 어부들의 대구낚시는 무거운 봉돌과 비닐 또는 생선 토막을 미끼로 한 외줄낚시 형태였다. 그러던 대구낚시가 우리나라 지깅(Jigging)의 효시로 떠오른 것은 90년대 후반 또는 2000년대 초반. 시발은 삼척 지역이었다. 지깅이란 낚시 장르가 생소하던 때라 장비가 투박했다. 굵은 지깅 대에 무지하게 큰 스피닝 릴로 수심 30~150m 해역을 탐색하기란 여간 고역이 아니었다.

먼 바다 깊은 수심은 지금도 변함없지만 이제는 장비가 한결 가벼워졌다. 기어비(Gear比) 높은 소형 전동 릴이 상용화되었고, 가느다란 합사 원줄에 사용하는 지그의 무게도 한결 가벼워지는 추세다. 여전히 동해안을 대표하는 낚시 장르지만 낚시터 또한 강원도 지역에서 남하하여 포항 남쪽으로까지 더욱 확산되었다.

더욱이 사계절 낚시가 가능한 데다 뱃멀미 대책만 세우면 누구나 손쉽게 즐길 수 있다. 지깅 장르라 해서 거창하게 생각할 거 없다. 채비의 기본 액션은 낚싯대를 위로 올렸다 내렸다 하는 '리프트 앤 폴(Lift and fall)'이다. 쉽게 설명해 외줄낚시의 '고패질' 범주로 이해하면 된다.

동행 출조를 하다보면 흔히 목격하는 일이지만 기본에 충실한 낚시가 오히려 어설픈 기교를 능가할 때가 많다. 어떤 부자가 동승해 함께 낚시를 한 결과 중학생 아들이 오히려 더 많은 대구를 낚는가 하면, 부부 중에 아내만 조과를 거두는 사례들을 보면 대구는 남녀노소 누구나 낚을 수 있는 어종이라 생각한다.

■생태와 습성, 서식 및 분포

우리나라 근해의 한류성 어종은 대구·명태·청어·도루묵·임연수어·연어류 등으로, 난류성 어종에 비해 그 종류가 아주 적은 편이다. 특히 동해를 대표하는 이들 한류성 어종은 기후 온난화에 따른 난류 세력의 확장으로 그 개체수가 급감하는 추세인데, 대구만큼은 꾸준한 방류사업 효과가 드러나고 있어 여간 다행스런 일이 아니다.

이로 인해 아이러니한 일이 벌어진다. 되살아난 대구에 비해 국내산 명태

는 씨받이조차 구하기 어려운 상태가 되다 보니 대구 새끼를 명태로 속여 파는 황당한 일이 생겨난 것이다. 그도 그럴 것이 대구와 명태는 얼핏 보면 구별이 안 될 정도로 비슷한 때문이다. 같은 대구과(科)의 어종으로 체형과 체색이 서로 비슷한 데다 다른 어종들과는 달리 등지느러미가 3개인 것도 공통점이다. 그러나 대구가 훨씬 대형 종이며 몸 앞쪽이 보다 두툼하고 뒤쪽으로 갈수록 점점 납작해진다. 그렇지만 보다 확실한 차이가 있다. 명태의 경우는 아래턱이 위턱보다 긴 데 비해 대구는 위턱이 아래턱보다 길다는 점만 기억해 두면 된다.

●표준명 : 대구
●속　명 : 대구어, 대기
●학　명 : *Gadus macrocephalus*
●영　명 : Pacific cod
●일　명 : 마다라(マダラ)

꾸준한 수정란 방류 사업으로 자원 보전

대구(大口)는 이름 그대로 입이 아주 크다. 먹잇감을 취하는 입뿐만 아니라 소화기관인 위(胃)도 크다. 한마디로 육식성 대식가이다. 새우류와 어류·두족류를 닥치는 대로 포식하며 60cm가 넘는 대형 개체일수록 어류를 선호하는 것으로 알려진다.

수심 45~500m 범위의 깊은 바다에 사는 냉수성 저서어종으로, 겨울이 되면 연안 얕은 곳으로 근접해 12~2월에 걸쳐 산란을 한다. 어미 한 마리가 낳는 알은 150만개에서 400만개에 이를 정도로 그 양이 어마어마하다. 해저 암반 또는 군데군데 암반이 형성된 사니질 바닥에 방사된 1mm 전후 크기의 알은 29일 정도 만에 부화해 어린 치어가 되는데, 먹성이 좋은 만큼 성

▼모래와 자갈이 섞인 바닥의 어초 지대에 몸을 숨기고 있는 대구. 동해를 대표하는 냉수성 어종 가운데 하나이다.

장도 빠른 편이다. 1년이면 20~27cm, 2년에 30~48cm, 5년이면 80~90cm 내외로 자라고 최대 크기는 길이 1m, 중량 20kg을 훌쩍 넘어선다. 최대 수명은 14년 정도. 그러나 알에서 깨어난 치어는 성어로 자라기 전 대부분 다른 포식자에게 잡아 먹혀 극히 일부만 살아남을 뿐이다.

지금까지 알려진 우리나라 대구의 산란장은 남해안 거제도 근해와 진해만 그리고 가덕도 근해로, 특히 '가덕대구'는 맛이 뛰어나 고려시대부터 임금님 수라상에 올랐다는 기록도 있다. 동해안에 서식하는 대구들은 영일만에서도 산란을 하는 것으로 알려진다.

다른 냉수성 어종처럼 대구 역시 자원 감소 현상이 심각한 어종 중의 하나였다. 이미 1970년대부터 급감하기 시작해 1980년대의 한 해 평균 어획량이 4~5천 톤으로 줄어든 데 이어 90년대 들어서는 300-600톤으로 급감해 60~70cm 정도 되는 대구 한 마리 가격이 30만 원을 호가했다. 언감생심, 서민들은 입에 댈 수도 없는 귀한 수산물이었다. 다행히 거제도 근해와 진해만 등지에서 1981년부터 시작된 대구 수정란 방류사업이 90년대 말부터 차츰 결실을 거두기 시작, 2000년도의 우리나라 전체 어획량이 1,766톤으로 늘어났고 2014년에는 9,940톤의 어획고를 올린 것으로 발표되었다.

대구 자원증대 사업은 지금도 계속돼 매년 수백 억 개의 수정란이 방류되는데, 주요 산란장으로 돌아오는 어미 대구를 보호하기 위해 경상남도와 부산광역시 해역에서는 1월 1일부터 1월 31일까지, 기타 지역 및 강원도에선 3월 1일부터 3월 31일까지 대구 포획이 금지되고 있음을 참고 바란다. 수산자원관리법에는 또 전장 30cm 이하의 어린 대구는 잡지 못하게 규정하고 있는데, 앞서 언급했듯이 어린 대구를 생태로 속여 파는 불법 상술에도 속지 말아야 한다. 심지어 10~15cm 크기의 대구 새끼가 노가리라는 이름으로 불법 유통되고 있음도 참고할 일이다.

■대구 루어낚시 시즌 전개

	: 시즌	: 피크 시즌

구분	1월	2월	3월	4월	5월	6월	7월	8월	9월	10월	11월	12월	비고
동해안													
서해안													

대구낚시는 거의 사계절 모두 가능하다. 앞서 말했듯 남해안 경남 지역의

대구

1월 산란기 대구는 포획 금지 대상이며, 산란이 끝나면 먼 바다 서식지로 이동해 낚시가 이뤄지지 않는다. 서해안 먼 바다에 서식하는 대구 또한 우럭 외줄낚시에 걸려드는 손님고기로 취급할 뿐 본격 루어낚시 대상어로 꼽지 않는다. 결국 대구 루어낚시는 동해가 본산지인 셈이다.

"눈 본 대구요, 비 본 청어라!" 하는 말이 있다. 대구는 눈 내리는 겨울이 제철이고, 청어는 봄비 내릴 때가 제철이라는 뜻이다. 그러나 겨울 대구가 연중 가장 맛이 있을지언정 낚시를 즐기기엔 부담이 따른다. 거친 파도로 인해 편히 낚시할 기회가 많지 않기 때문이다. 맛을 중시하는 마니아들은 겨울 출조를 마다하지 않지만 일반 출조객이나 초보자들에게는 초봄부터가 적기일 수도 있다.

●표준명 : 대구
●속   명 : 대구어, 대기
●학   명 : *Gadus macrocephalus*
●영   명 : Pacific cod
●일   명 : 마다라(マダラ)

●시즌 오픈(1~2월) : 동해의 대구낚시는 시작과 끝이 따로 없다. 따라서 '시즌 오픈'이란 표현이 맞지 않을 수도 있다. 다만 1월은 한 해를 시작하는 상징적 의미와 함께 대구의 산란기라는 점으로 이해하면 되겠다. 남쪽 부산광역시 해역의 1월은 금어기(禁漁期)로 규정돼 있지만 경북 및 강원도 동해안에서의 1~2월 대구낚시는 여전히 자유롭다.

이 시기엔 사나운 해상 날씨로 인해 출항이 순조롭지 않을 뿐, 날씨만 잘 택하면 대형급을 기대할 수 있고 낚아 올린 대구 또한 가장 맛있게 먹을 수 있다. 여러 가지 여건을 감안해 대구낚시의 시작은 1월 중순을 기점으로 하

▼강원도 삼척시 임원항 앞바다의 대구낚시 장면. 대구 지깅이 시작된 지 얼마 되지 않은 2000년 초반 무렵의 모습이다.

되 동해안 전체를 같은 시점으로 볼 수는 없다. 삼척시 임원항을 기점으로 북쪽으로 갈수록 시즌이 길어지고 편차가 적은 데 비해 남쪽으로 갈수록 분명한 시즈닝 패턴을 보인다.

●1차 피크 시즌(3~5월) : 산란을 마친 대구가 체력 회복을 위해 본격적인 먹이 활동을 전개할 때다. 해상 날씨도 안정되어 본격 시즌을 형성하는데, 음력 단오(端吾) 무렵(양력 5월 말)까지를 1차 피크 시즌이라 할 수 있다.

이 무렵의 대구는 탐식성이 높아지고 활동성이 좋아져 먹잇감이 되는 어종을 따라 간혹 연안 가까이 접근하기도 한다. 마릿수 조황은 물론 대물 포획 기회도 한층 잦을 때이다.

●소강상태(6~7월) : 초여름으로 접어드는 음력 오월 초닷새 단오 무렵이면 난류성 쿠로시오(黑潮) 해류가 북상해 수온 변화가 생긴다. 이때의 대구는 찬 수온을 따라 좀 더 깊은 곳으로 이동하며 빠른 물살 때문에 먹이사냥 또한 소극적이 되는 양상을 보인다. 이러한 이유로 낚시는 물론 현지 어민들조차 조업을 즐겨 나가지 않을 정도로 이 시기는 어한기(漁閑期)에 해당한다.

●회복기(8~9월) : 깊은 수심으로 이동해 적응 기간을 거친 대구는 다시 활발한 먹이활동을 벌인다. 연안 표층수와는 달리 심해 수온은 상상을 불허할 정도로 낮아 대구낚시 조황이 회복세를 보이는 시기다. 다만 이 무렵의 대

▼한겨울만큼은 바다가 거칠어 출항 여건이 좋지 않을 뿐, 대구는 사계절 어느 때고 잘 낚인다.

구낚시는 조과의 선도 유지가 부담스러워 출조객들이 많지 않은 편인데, 입질을 받았다 하면 대물급 확률이 높은 시기임엔 틀림없다.

●2차 피크 시즌(10~12월) : 10월로 접어들면 대구낚시는 또 다시 호황 국면을 맞는다. 이 무렵의 대구는 오징어·청어·열기 등의 영양가 풍부하고 활동적인 먹잇감들을 포식함으로써 특히 영양상태가 좋고, 그래서 메탈지그 그에 반응하는 속도 또한 빠른 특징을 보인다.

동해안 전역에서 대구낚시가 활기를 띠는 바, 고성에서 울진을 아우르는 전역으로 어군이 확산된다. 또한 이 무렵의 특징은 그간 바닥고기로만 생각하던 대구가 각종 베이트 피시를 좇아 일정 수심층 이상으로 부상한다는 점이다. 이 점을 잘 간파하는 낚시인과 그렇지 못한 낚시인과는 조과의 차이가 현격히 벌어지기도 한다.

●휴식기(12~1월) : 겨울 대구가 맛있다 하여 간혹 욕심을 부리는 이들도 있으나 12월의 동해는 거센 바람과 높은 파도로 인해 안심하고 낚시할 기회가 많지 않다. 게다가 산란을 앞둔 대구는 식욕도 잃고 경계심마저 강해져 루어를 잘 거들떠보지 않는다. 연중 최고의 어한기라 생각하고 다가올 초봄 시즌을 기다리는 게 좋다.

●표준명 : 대구
●속　명 : 대구어, 대기
●학　명 : *Gadus macrocephalus*
●영　명 : Pacific cod
●일　명 : 마다라(マダラ)

■대구 선상 지깅(Jigging) 개요

대구 루어낚시는 지그(Jig)를 이용하는 낚시, 즉 지깅(Jigging)이 주류를 이룬다. 메탈지그(Metal jig)를 이용하되 다른 어종과는 달리 대구낚시는 선택의 여지없이 낚싯배를 이용해야 한다. 수심 50m 이상의 심해에 서식하는 저서어종으로 전문 낚싯배를 이용하지 않고는 포인트에 이를 수 없기 때문이다. 근년 들어 동력보트나 심지어 카약을 이용하는 개인 플레이어도 있지만 소형급을 겨냥한 얕은 수심대는 몰라도 70~130m 수심의 본격 포인트를 찾기 위해선 역시 전문 낚싯배를 이용해야만 한다.

결국 대구낚시는 '선상 지깅'으로 요약되는데, 구체적으로는 낚싯배 위에서 지그를 수직으로 내리는 버티컬 지깅(Vertical jigging)이 주류를 이룬다. 무게 300~400g의 메탈지그를 낚싯배 위에서 그냥 수직으로 내려 우럭 외줄낚시의 고패질에 가까운 액션을 부여하는 것이다.

근년에는 또 슬로우 지깅(Slow jigging)이 유행하면서 수심이 그다지 깊지 않은 곳에서는 무게가 좀 더 가벼운 120~230g의 슬로우 지그를 사용해 대구를 만나기도 한다. 그러나 어떠한 지그 종류를 사용하느냐보다는 조류와 포인트 여건을 감안해 목적 수심층에 얼마만큼 채비를 잘 도달시키느냐가 중요하다.

■기본 장비 및 채비

흔히 지깅 1세대라 불리는 1990년대 후반~2000년대 초반에 사용하던 대구 지깅 장비는 실로 막강하기 짝이 없었다. 낚싯대는 부시리나 대형 다랑어 종류까지 상대할 수 있는 고강력 제품이었고, 스피닝 릴이나 전동 릴 또한 낚싯대에 걸맞게 크고 무거운 제품 일색이었다. 하지만 근년에는 보다 부드럽고 가벼운 장비로 바뀌었고 루어 역시 가볍게 사용하는 추세다.

▶낚시대(Rod) - 허리힘 좋고 팁 부드러운 라이트 지깅 대

지깅 장르의 확산과 장비의 경량화 추세 속에 대구 지깅 낚싯대 또한 갈수록 경량화 되고 있다. 아직은 대구낚시 전용 대가 출시되지 않아 라이트 지깅 대나 타이라바 전용 낚싯대가 대신 사용되는데, 400g 정도의 메탈지그를 운용할 수만 있다면 보다 가볍고 팁이 부드러운 제품을 선택하는 것이 좋다.

전체 길이는 6~7피트(약 1.8~2.1m) 정도가 적당하며 파워는 라이트 지깅 대 기준으로 메탈지그 허용 무게가 150g~210g 정도 되는 XH(엑스트라 헤비) 또는 XXH 파워가 적당하다. 더불어 대구낚시는 기본적으로 버티컬 지깅을 하는 만큼 허리힘이 강하고 팁이 부드러운 낚싯대가 유리하다는 점 감안할 필요가 있다.

스피닝 낚싯대와 베이트 낚싯대 모두 사용 가능하지만 아무래도 베이트 낚싯대가 유리한 선택이라 할 수 있다. 워낙 깊은 수심에서 낚시를 하는 만큼 전동 릴 사용을 염두에 둬야 하기 때문이다.

거듭 강조하거니와 전문 낚싯배를 이용한 대구 지깅의 경우 낚시를 하는 시간이 5시간에서 많게는 8시간에 달할 정도로 장시간 이뤄질 뿐만 아니라, 100여m에 달하는 깊은 수심에 300g 이상의 메탈지그를 지속적으로 움직이는 만큼 그 어떤 낚시보다 피로감이 누적되기 마련이다. 낚싯대를 비롯한 릴 무게가 무거울수록 피로감이 가중돼 원만한 낚시가 어려워진다는 점 기억하기 바란다.

- ●표준명 : 대구
- ●속 명 : 대구어, 대기
- ●학 명 : *Gadus macrocephalus*
- ●영 명 : Pacific cod
- ●일 명 : 마다라(マダラ)

▶릴(Reel) - 파워와 경량화 도모하는 전동 릴 유리

포인트의 '깊은' 수심을 최우선 고려해야 한다. 대구낚시는 보통 70m에서 150m 수심에서 이뤄지는 만큼 릴의 권사량이 충분히 확보되어야 하는 것이다. 2.5~4호 PE 합사 원줄이 200~300m 감기는 중소형 베이트캐스팅 릴이나 6000~8000번대의 스피닝 릴이어야 하는데 간과할 수 없는 부분이 또 있다. 과다한 무게에 따른 피로감이다. 결국 파워와 경량화를 만족시킬 수 있는 방법으로 전동 릴의 필요성이 대두되는 것이다.

전동 릴의 경우 제품 설명서에 권사량과 권상력, 드랙력 등이 복잡하게 표기돼 있지만 2.5~4호 PE 합사 원줄이 300m 정도 감기는 중형 전동 릴이면 된다.

어떤 종류의 릴을 사용하건 대구낚시에서 가장 중요시할 것은 다음 세 가지로 요약된다. 목적하는 수심층에 다다를 수 있는 권사량(捲絲量), 걸려든 대상어를 무리 없이 끌어올릴 수 있는 권상력(捲上力), 그리고 무게를 줄여 피로감을 덜 수 있는 경량화이다. 한 가지 덧붙이자면 헤비 지깅의 경우와는 달리 대구 지깅을 할 때는 굳이 주 사용 핸들을 좌핸들에서 우핸들

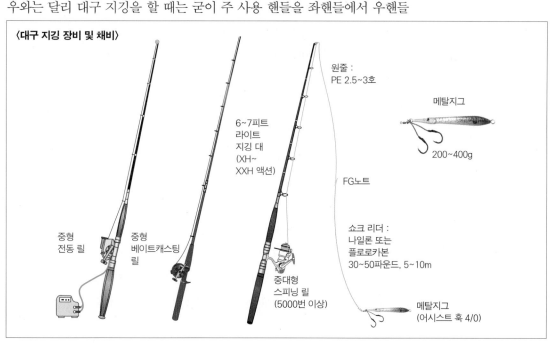

〈대구 지깅 장비 및 채비〉

원줄 : PE 2.5~3호

6~7피트 라이트 지깅 대 (XH~XXH 액션)

메탈지그
200~400g

FG노트

쇼크 리더 : 나일론 또는 플로로카본 30~50파운드, 5~10m

중형 전동 릴

중형 베이트캐스팅 릴

중대형 스피닝 릴 (5000번 이상)

메탈지그 (어시스트 훅 4/0)

로 교체 사용할 필요까지는 없다.

▶낚싯줄(Line) - 2.5~3호 합사 원줄, 8호 모노필라멘트

낚시인이면 누구나 느끼듯 낚싯줄은 가늘고도 강할수록 좋다. 이러한 요구에 걸맞게 나온 제품이 폴리에틸렌 계열의 PE 합사라고 할 수 있다. 물론 기존 나일론 및 플로로카본 줄에 비교해 단점도 제기되지만 지깅 장르의 원줄, 특히 대구 지깅의 원줄만큼은 PE 합사가 최적이라는 데 이론의 여지가 없다.

●원줄(Main line) : 앞서 말했듯이 초창기 대구 지깅은 무조건 강하고 튼튼한 장비가 우선이었다. 낚싯줄 또한 예외가 아니었다. 그러나 여러 분야의 지깅 장비와 채비가 세분화·목적화 되면서 낚싯줄 역시 경량화·강력화 되었다. PE 합사가 그 주역으로 깊은 수심과 강한 조류가 수반되는 대구 지깅에 있어 특히 그 용도가 입증된 지 오래다.

대구 지깅의 원줄로 사용하는 PE 합사는 각자 선택하는 장비와 취향에 따라 많은 차이를 보이기도 한다. 4~5호 정도로 굵게 사용하는 이들도 많지만 필자의 경우는 3호를 넘지 않고, 심지어 1.5호 정도로 가늘게 사용할 경우도 있다. 메탈지그의 운용이 편리하면서도 걸려든 대상어를 안전하게 끌어올릴 수 있는 적정선을 찾기 위함인데, 각각의 장단점을 종합해 보면 그 적정선은 2.5호에서 3호 정도라 생각한다. 합사 원줄이 너무 굵으면 조류의 영향을 많이 받아 정확한 포인트 공략이 힘들어지고, 반대로 너무 가늘면 밑걸림 시 채비 손실이 따르고, 대물 제압에도 불리한 때문이다.

●쇼크 리더(Shock leader) : 인장강도는 몇 곱절 뛰어나지만 신축성이 거의 없는 PE 합사는 순간적인 충격에 약한 단점이 제기된다. 따라서 PE 합사를 원줄로 사용할 경우는 별도의 목줄을 덧달아야 하는데, 이는 일반 찌낚시의 목줄과는 다른 성격이다. PE 합사의 단점을 보완하는 충격완화용 쇼크 리더는 나일론이나 카본이 코팅된 플로로카본 재질의 모노필라멘트를 사용하되, 대구 지깅의 경우 8호(원줄 PE 3호 기준) 가량이 적합하다.

대구 지깅에 있어 쇼크 리더 사용은 선택이 아닌 필수라고 생각해야 하며 PE 원줄과 쇼크 리더의 연결은 FG 노트나 PR 노트 방식을 주로 사용한다. 초보자의 경우 현장에서 결속하기엔 어려움이 따르므로 평소 연습을 통해 충분히 숙달해 두는 것이 좋다.

●표준명 : 대구
●속　명 : 대구어, 대기
●학　명 : *Gadus macrocephalus*
●영　명 : Pacific cod
●일　명 : 마다라(マダラ)

▶루어 및 채비 구성 – 슬로우 지그에 웜 부착하기도

대구 선상 지깅에 사용되는 루어는 버티컬 지깅용 메탈지그, 슬로우 지그, 타이라바, 가지채비 등이 있으나 동해의 경우는 메탈지그와 슬로우 지그가 주류를 이룬다. 여러 차례 언급한 바와 같이 목적하는 수심층에 루어를 얼마만큼 빠르고 정확히 도달시키느냐가 관건인데, 타이라바와 가지채비의 경우는 수심 깊은 포인트를 정확히 공략하지 못하고 벗어나게 되는 경우가 많기 때문이다.

가장 많이 사용하는 버티컬 지깅용 메탈지그는 300g에서 420g 무게를 기준으로 색상 또한 다양하게 준비하는 게 좋다. 물색이 탁할 경우는 쉽게 자극을 줄 수 있는 핑크·오렌지·골드 계열이 효과적이고, 물색이 맑을 경우는 블루·실버·그린 계열이 효과적이다. 이는 대상어가 색상을 구분해서가 아니라 입수된 루어가 만들어 내는 실루엣 효과에 기인하는 것으로 생각된다.

흔히 말하는 '매치 더 베이트(Match the bait)' 이론은 대구낚시에도 당연히 적용된다. 낚시하는 지역과 계절에 따른 베이트 피시를 미리 숙지해 두거나 현장에서 직접 파악한 후, 이와 걸맞은 지그를 선택해야 하는 것이다.

버티컬 지그에 다는 바늘의 크기는 대구 지깅용 바늘 32~34호 정도가 적합하며, 슬로우 지그의 경우는 슬로우 지깅용 바늘 4~5호 정도를 주로 사용한다. 대구가 입질하는 형태에 따라 바늘의 개수를 늘이거나 줄일 수도

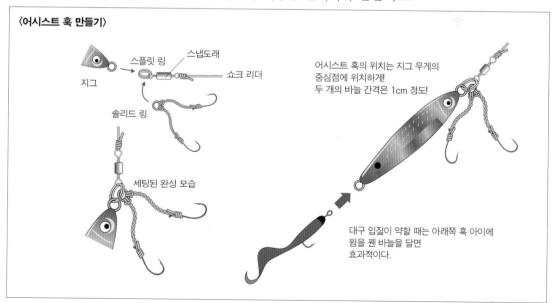

〈어시스트 훅 만들기〉

지그
스플릿 링
스냅도래
쇼크 리더
솔리드 링
세팅된 완성 모습

어시스트 훅의 위치는 지그 무게의
중심점에 위치하게!
두 개의 바늘 간격은 1cm 정도!

대구 입질이 약할 때는 아래쪽 훅 아이에
웜을 꿴 바늘을 달면
효과적이다.

있는데 사실 바늘의 개수는 무리하게 늘리지 않는 것이 좋다. 또한 슬로우 지그의 아래쪽 바늘에 웜(Worm)을 달아 사용하면 대구가 입질을 약하게 할 때 흡입이 잘 되는 효과를 거둘 수 있다.

▶기타 복장과 소품 – 전문 낚싯배에는 필수 소품 비치

구명복·랜딩그립·플라이어·보빈·지깅장갑을 비롯한 갸프나 뜰채 등은 낚시인 개인이 모두 지참하면 좋지만 대구낚시를 전문으로 하는 동해 지역의 일부 낚싯배들은 구명복은 물론 갸프와 뜰채를 포함한 소품 일부를 비치하기도 한다. 잡다한 짐을 줄이기 위해선 낚싯배 예약 시 선장으로부터 이를 확인하는 방법도 필요하다.

이른 새벽 출조 시에는 플래시를 지참할 필요가 있고, 날씨가 차가운 겨울은 물론 봄·가을철에도 이른 아침 한바다의 기온은 육지와 비교할 바 아니므로 방한용 의복을 따로 준비해야 한다.

■대구 선상 지깅 포인트

동해안의 경우 대구가 주로 서식하는 환경은 수온과 관계가 깊고, 동해바다의 깊은 수심대는 주로 암반이나 뻘·모래가 섞인 사니질대(沙泥質帶)로 형성돼 있다. 수온과 해저 지형, 이것이 곧 동해 대구낚시 포인트를 이해하는 핵심 요소다. 계절에 따른 수온 변화와 산란 회귀 본능에 따라 포인트가 달라지는 것이다.

심해성 어종인 대구는 여러 가지 감각기관을 이용해 주로 바닥에서 먹이 사냥을 한다. 해저 암반이나 암초 지대, 주변보다 지형이 솟아오른 둔덕 지대나 수심이 급격히 떨어지는 경사면 등이 곧 먹이 사냥터인데, 수심층과 바닥 지형은 계절에 따라 또 달라진다.

시즌 초기라 할 수 있는 12~1월의 산란기 대구는 수심 50~70m권에 암반이나 자갈밭으로 근접한다. 늦게는 2월까지도 산란이 진행되므로 이 시기엔 평균 이하의 얕은 수심대에서 낚시가 이루어진다.

나머지 시즌의 동해 대구낚시는 평균 100m 전후 수심에서 이뤄지고 수중여 주변이 핫 포인트로 지목된다. 정확히는 수중여 언저리에서 입질 확률이 높은데, 울진 후포항 동쪽에 위치한 왕돌초의 경우도 수중여 본바닥보다는 그 가장자리가 대구의 특급 포인트로 꼽힌다. 수심 변화가 급격히 이뤄지는 경계면은 조류의 영향을 덜 받아 대상어가 먹이사냥을 하기도 쉽고 먹잇감 또한 풍부하기 때문이다. 때로는 뻘밭에서도 대구의 입질을 받는 경우도 있지만, 그 주변에 크고 작은 암반이 형성돼 있거나 험프(Hump · 주변보다 높이 솟아오른 둔덕) 지형일 가능성이 많다.

대구낚시를 하다 보면 기대하는 대구는 안 나오고 아귀 종류나 장치(장갱이) · 망치(고무꺽정이) 등이 귀찮게 굴 때가 있다. 이들은 대구보다 더한 한대성 어종으로 대구낚시를 하기엔 수온이 너무 찬 곳이라 판단해야 한다.

- ●표 준 명 : 대구
- ●속   명 : 대구어, 대기
- ●학   명 : *Gadus macrocephalus*
- ●영   명 : Pacific cod
- ●일   명 : 마다라(マダラ)

■대구 선상 지깅 이렇게!

일반 메탈지그를 사용하건 슬로우 지그를 사용하건 대구 루어낚시는 버티컬 지깅(Vertical jigging)으로 요약된다. 낚싯배 위에서 채비를 캐스팅하지 않고 그냥 수직으로 내리는 것이다. 지그가 바닥에 근처에 도달하면 대상어의 호기심을 끌 만한 여러 가지 액션을 부여하기도 하지만, 기본 동작은 채비를 들어 올렸다 내렸다 하는 외줄낚시의 '고패질' 범주로 생각하면 된다. 너무 격렬한 액션을 부여하느니 부드러운 상하 움직임으로 바닥층과의 일정 간격을 유지하는 것이 중요하다.

▼강원도 삼척시 근덕면 장호항 앞바다에서 70cm 크기의 대구를 낚아 든 루어낚시 마니아 최석민 씨. 남쪽 임원항과 함께 장호항 역시 대표적인 대구낚시 출항지다.

▶장비 · 채비 세팅 – 루어는 포인트 현장에서 최종 선택

전체적인 채비는 〈채비 그림〉을 참고하기 바란다. 사전 채비 준비는 원줄과 쇼크 리더의 연결까지로 끝내고 루어는 포인트 현장에서 결속하도록 한다. 낚싯대에 릴을 세팅한 후 루어까지 미리 부착해 두어도 괜찮지만 처음 도착한 포인트 여건에 따라 루어를 교체해야 할 경우가 생기기 때문이다.

루어(메탈지그)는 출조 당일의 물때와 현장 수심 및 조류의 강약을 고려해 선택해야 하는데, 조류가 빠르게 흐르거나 바람이 거센 조건에서는 당연히 무거운 지그를 사용해야 한다. 반대로 조류가 약한 상황이거나 낚시 도중 미약한 입질이 거듭될 때는 가벼운 지그를 선택해야 한다. 특히 조류의 흐름이 약할 때는 대구의 활성도가 떨어지는 만큼 반사적인 입질을 유도할 필요가 있다. 이럴 때는 흔히 사용하는 7:3 또는 8:2의 비대칭형 메탈지그보다 5:5 또는 4:6 정도로 무게 중심이 중앙에 쏠려 있는 지그를 선택하는 것이 좋다. 수중으로 내려가는 지그가 곧추 선 상태를 유지하기보다 수압에 의해 옆으로 누워 나풀대듯 내려가는 것이 유리한 때문이다.

▶채비 내리기 – 바닥 찍거나 바닥 직전까지!

포인트에 도착해 선장이 '낚시 시작!'을 알리면 채비를 내린다. 상식적인

▼대구낚시는 낚싯배 위에서 메탈지그를 수직으로 내려 바닥 근처를 탐색하는 버티컬 지깅(Vertical jigging · 수직 지깅)으로 요약된다. 사진은 전동 릴 장비로 '리프트 앤 폴(Lift & Fall)' 액션을 구사하고 있는 필자 이명철 씨.

얘기지만 전동 릴이나 베이트캐스팅 릴이라면 클러치를 눌러 주고, 스피닝 릴의 경우는 베일을 젖히면 줄이 풀리면서 채비가 내려간다. 낙하되는 지그의 무게를 느끼며 계속 내려주되, 가끔은 원줄을 손으로 제어하여 조류에 의해 이탈되는 지그를 바로잡아줄 필요도 있다.

채비가 바닥에 닿으면 감촉이 느껴지거나 풀려 나가던 낚싯줄이 처진다. 이때 늘어진 낚싯줄을 재빨리 회수해야 한다. 머뭇거리다가 타이밍을 놓치게 되면 채비가 바닥에 걸리는 낭패를 겪게 된다.

보다 바람직한 방법은 채비가 바닥에까지 닿지 않게 하는 것이다. 즉, 바닥층으로부터 1m 정도 높이에서 일단 스톱 시키는 것이 좋다. 초보자로선 쉽지 않은 일이지만 새로운 포인트에 도착할 때마다 어군탐지기에 나타나는 수심을 선장이 알려주므로 이를 참고하면 된다. 전동 릴을 사용하는 경우 액정 창에 줄이 풀려나간 거리가 표시되고, 이를 선장이 알려준 수심과 비교해 적당한 수치에서 브레이크를 걸면 되는 것이다.

이런 수심 정보가 없는 릴을 사용할 경우는 일정 단위로 색깔 표시가 된 낚싯줄로도 가늠할 수 있다. 처음 한두 번 정도 채비를 바닥에 닿게 한 후, 그 위치가 풀려 나간 낚싯줄의 어떤 색깔 부위인지 눈여겨 잘 확인해 두면 되는 것이다.

채비를 바닥 직전까지 내린 다음에는 일단 슬랙 라인을 감아 들여 채비를 제대로 정렬 시킨 후, 바닥층으로부터 50~100cm 정도 범위를 탐색해 나가면 된다.

● 표준명 : 대구
● 속 명 : 대구어, 대기
● 학 명 : *Gadus macrocephalus*
● 영 명 : Pacific cod
● 일 명 : 마다라(マダラ)

▶**루어 운용** – 기본은 리프트 앤 폴(Lift & Fall)

①대구가 아무리 저서성 어종이라 해도 메탈지그를 계속 바닥에 드리우면 밑걸림이 생겨 낚시가 어려워진다. 필자의 경우 채비가 거의 바닥에 도달할 무렵이 되면 미리 제동을 걸어 리바운드(Rebound)를 시도한다. 다시 말해 채비가 바닥에 닿기 전 5~10m 정도의 상층부에 멈춰 낙하와 정지 동작을 반복하다가 지그가 바닥으로 떨이지면 낚싯대의 초리 복원력으로 지그를 다시 들어 올려 같은 동작을 되풀이 하는데, 이 같은 방식을 필자는 '리바운드 기법'이라 부른다.

②대개는 버티컬 지깅 액션에 충실한다. 바닥에 떨어진 지그를 수직으로 들어 올렸다 내렸다를 반복하되, 대구낚시는 다른 회유성 어종처럼 고패질

을 빠르고 강렬하게 해서는 안 되고 부드럽게 들어 올리고(Lifting) 또 천천히 낙하시키는(Falling) 방식이어야 한다. 이 과정에 있어 대부분의 대구 입질은 지그가 낙하될 때 집중된다.

③대구낚시 있어 리프트 앤 폴(Lift & Fall) 방식을 구사할 때는 수중에서 수직 또는 비스듬히 내려가는 8:2 또는 7:3 비율의 비대칭형 지그를 사용하는 것이 효과적이다. 지그재그 또는 사선을 그리며 가라앉는 중심점 지그에 비해 원하는 포인트에 보다 정확히 도달되기 때문이다. 지그의 무게는 300~400g이 가장 안정적이다.

동해 해저에 형성된 수중여(현지민들은 흔히 '짬'이라 부른다)는 대부분 크기가 작다. 평균적으로 낚싯배 크기 규모에 불과하므로 특히나 채비를 수직으로 내려야 한다. 그렇게 해도 포인트 중심을 찍을 수 있는 횟수는 서너 차례에 불과하다는 점 염두에 두어야 한다.

④조류의 흐름이 약할 때는 보다 가벼운 지그를 사용할 수도 있다. 150~230g 무게의 슬로우 지그는 대개 5:5 또는 6:4 비율로 무게의 중심점이 중앙에 있어 수중에서 지그재그로 나풀대듯 가라앉는다. 그만큼 대상어의 시선을 많이 자극해 입질 확률을 높일 수 있고, 현란한 액션을 구사할 수 있다는 점도 장점이다. 그러나 슬로우 지그의 액션도 급격한 상하 움직

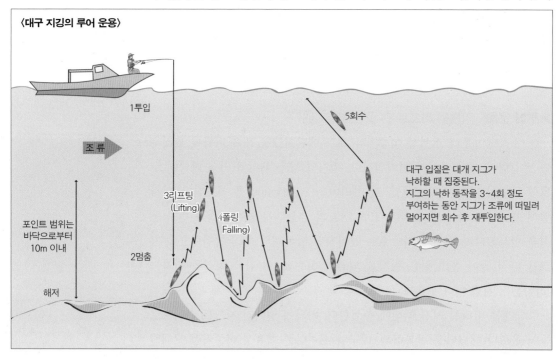

〈대구 지깅의 루어 운용〉

1투입

조류

5회수

3리프팅
(Lifting)

4폴링
Falling)

포인트 범위는
바닥으로부터
10m 이내

2멈춤

해저

대구 입질은 대개 지그가
낙하할 때 집중된다.
지그의 낙하 동작을 3~4회 정도
부여하는 동안 지그가 조류에 떠밀려
멀어지면 회수 후 재투입한다.

임보다 부드러운 형태가 좋다. 가끔은 높이 들어 올렸다가 프리 폴링(Free falling)을 시켜주는 것도 좋은 방법이다.

⑤채비의 상하 움직임은 포인트에 따라 달리할 필요가 있다. 바닥이 평탄한 곳이라면 초릿대만 까딱거리는 정도로 고패질의 범위를 짧게 하는 것이 유효하다. 바닥이 평탄한 지대에 어군이 형성되면 어군탐지기에 보통 낙타의 등처럼 나타나는데, 실제로 이 어군은 낚시 대상어 자체라기보다는 무리를 이룬 베이트 피시인 경우가 많다. 이때는 채비를 먹이군 위에 드리우거나 바닥으로부터 살짝 올려 고패질을 하는 것이 좋다.

⑥평탄한 바닥과는 달리 심한 경사지대나 크고 작은 수중여가 형성된 곳에서는 고패질의 간격을 넓혀야 한다. 채비가 수중여나 직벽에 부딪혀 걸리는 현상을 막고 은신 상태의 대구를 이끌어내는 목적도 있다.

⑦바닥이 자갈 또는 뻘과 모래로 형성된 곳이거나 입질 없는 상태가 지속될 경우는 바닥층에 지그를 여러 차례 찍는 등 소리를 일으키거나 바닥 먼지를 일으켜 대상어의 자극을 유도할 필요도 있다. 이때의 액션은 단순히 낚싯대의 초릿대만 흔들어 주는 것으로 족하다.

⑧대구를 노려 바닥층 부근을 계속 탐색하다 보면 낚싯줄이 조금씩 조류에 떠밀리는 현상이 생긴다. 이런 상태가 지속되면 의도하는 루어 운용이 제대로 이뤄지지 않을 뿐만 아니라 급기야 밑걸림으로 이어지기까지 한다. 따라서 낚싯줄의 각도가 너무 벌어졌다 싶으면 귀찮더라도 채비를 회수해 다시 투입하는 것이 좋다.

▶**챔질 및 랜딩** – 성급하거나 지나친 챔질 지양

50~150m 수심에서 전해지는 대구의 입질은 다양한 형태로 나타난다. 일반 낚시와 같이 '툭' 하는 느낌이 전해지기도 하고, 어느 순간 채비의 무게감이 없어지는가 하면, 낚싯줄이 미세하게 내려가거나 올라오는 현상을 보이기도 한다. 이때 성급한 챔질은 금물이다. 잠시 더 기다리거나 낚싯줄을 약간 주었다가 슬쩍 들어 올리는 기분으로 챔질을 하되 낚싯대를 너무 강하게 잡아채면 안 된다. 대구의 상악골은 굉장히 강하지만 나머지 부위는 생각보다 아주 약한 편으로, 바늘이 입 주변이나 입속 깊숙이 박혔다면 문제가 없지만 머리 주변이나 몸통에 꽂힌 경우는 파이팅 과정에서 대부분 빠져버리기 일쑤다.

● 표준명 : 대구
● 속　명 : 대구어, 대기
● 학　명 : *Gadus macrocephalus*
● 영　명 : Pacific cod
● 일　명 : 마다라(マダラ)

앞서 설명한 형태의 입질이 전해지면 낚싯대를 천천히 들어 올리며 몇 차례의 릴링을 한 후 전동 릴의 엑셀레이터를 서서히 올리면서 저속으로 끌어들인다. 스피닝 릴이나 수동 베이트캐스팅 릴을 사용한 경우는 동일한 힘으로 지속적인 릴링 속도를 유지해야 걸려든 대구가 빠져나가지 않는다.

끌려오던 대구가 한번쯤은 아래로 처박는 순간이 온다. 이때는 무리하게 낚싯대를 당기지 말고 탄력만 잘 유지시키는 것으로 대응하는 게 좋다. 잠시 이 과정을 거치면 대구의 저항력이 갑자기 줄어드는 시점이 온다. 깊은 수심에 적응하던 대구가 수압의 변화로 부레가 팽창하는 등 무기력 상태에 빠지는 것이다. 너무 서둘러 끌어올린 경우는 분명 눈과 배가 튀어나온 모습일 테고, 느긋하게 끌어올린 경우는 보다 깨끗한 대구 모습일 것이다.

수면에 몸져누운 대구를 모셔 올리는 역할은 대개 선장 몫이다. 큰 놈은 갸프나 뜰채를 사용해야 되지만 2kg 미만 크기는 그냥 들어 올려도 된다. 물론 바늘이 살짝 걸린 경우는 들어 올리는 도중 떨어져 나갈 수도 있으므로 위험이 감지되면 즉각 도움을 요청해야 한다. 설사 떨어져 나갔다 해도 그냥 포기하지 말고 다음 동작을 서두르면 된다. 수압의 변화로 부레가 팽창한 대구는 이내 바다 속으로 들어가지 못한 채 약간의 혼미 상태를 유지하므로 재빨리 뜰채로 건져 올리면 되는 것이다.

▶밑걸림 주의 사항 – 맨손 사용 금물

바닥 주변을 겨냥한 대구낚시를 하다 보면 밑걸림은 피할 수 없는 귀결이다. 바닥에 채비가 걸렸을 때 무턱대고 낚싯대를 잡아당겨선 안 된다. 일단 낚싯줄에 여유를 조금 주고서 상하·좌우로 털 듯이 낚싯대를 흔든 후 다시금 올려보면 바늘이 빠져 회수되는 경우가 있다. 그래도 빠져 나오지 않는다면 채비를 포기해야 하는데, 맨손으로 PE 원줄을 잡아당겨선 절대 안 된다.

라인 브레이커(원형 모양의 스틱)를 이용해 원줄을 한두 바퀴 서로 닿지 않게 감은 후 그대로 잡고만 있으면 낚싯배가 흐르면서 목줄이 끊어지게 된다. 지깅장갑을 착용해 같은 방법으로 목줄을 끊을 수도 있지만 숙련된 낚시인이 아니고선 이 또한 위험하다. 자칫 낚싯줄이 손으로 파고들어 사고가 생길 수 있기 때문이다.

■유망 대구 낚시터

대구낚시를 떠날 수 있는 동해안의 출항지는 북쪽으로부터 고성 거진항, 속초 아야진항, 양양 수산항, 강릉 강릉항과 안인항, 동해 동해항, 삼척 임원항과 장호항, 울진 후포항과 구산항을 비롯해 포항 신항만과 구룡포항에 이르기까지 수없이 많다.

그러나 많은 출항지에 비해 전문 낚싯배는 많지 않은데, 대구낚시가 오래 전부터 이뤄진 강원도 지역 중에서도 강릉 · 동해 · 임원항 쪽엔 경험 많은 선장들이 더러 있는 편이다. 경북 지역 또한 근년 들어 대구 출조 빈도가 늘어나는 추세인 만큼 어느 지역을 찾건 사전 현지 낚시점을 통해 전문 낚싯배를 알선 받는 게 좋다. 개별 모집 출조가 이뤄지지 않아 대선료 부담을 줄이려면 팀을 이뤄야 한다는 점도 참고할 일이다.

동해의 대륙붕은 대부분 항구에서 그다지 멀지 않은 곳에 형성돼 있어 해상 이동 거리는 멀지 않은 편이다. 선박으로 직선거리 5~30분 정도만 나아가면 적당한 수심의 포인트에 도착할 수 있다. 그만큼 낚시할 시간이 넉넉히 주어지는 셈이다.

대구가 냉수성 어종이라 여름에는 시즌이 형성되지 않은 거라는 선입견도 버려야 한다. 낚은 대구를 제대로 보관할 수 있는 얼음을 준비하는 등 더위에 대비한 냉각 시스템만 확보하면 여름에도 사이즈 좋은 대구를 얼마든지 올릴 수 있다는 점 참고 바란다.

- ●표준명 : 대구
- ●속　명 : 대구어, 대기
- ●학　명 : *Gadus macrocephalus*
- ●영　명 : Pacific cod
- ●일　명 : 마다라(マダラ)

▼하늘에서 내려다 본 장호항 (강원도 삼척시 근덕면 장호리). 남쪽에 위치한 임원항과 더불어 예부터 대구낚시 동호인들이 많이 찾는 출항지이다.

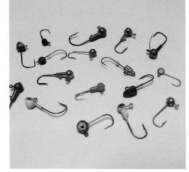

2

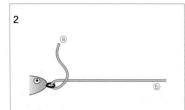

ⓐ

ⓑ

접어 돌린 고리 부분을 남겨 두면서 5~6회 정도 꼬아 준다.
이때, 루어의 고리 부분을 꽉 잡아주지 않으면 줄의 꼬임이
원상으로 돌아가므로 주의해야 한다.

3-A 1차 완료 단계A

ⓐ

ⓑ

ⓐ와 ⓑ를 5~6회 꼰 다음에 낚싯줄 끝(ⓐ)을 첫번째
고리 쪽으로 통과시키고 ⓐ와 ⓑ를 번갈아 당기면
완성이 되는데, 가는 줄은 풀어질 위험이 많다.

4

ⓑ

나중에 당긴다

먼저 당겨 놓고

3-A)에서 가는 줄의 경우는 풀어질 위험이 있으므로
큰 고리 속으로 다시 한 번 빼낸다.

附錄

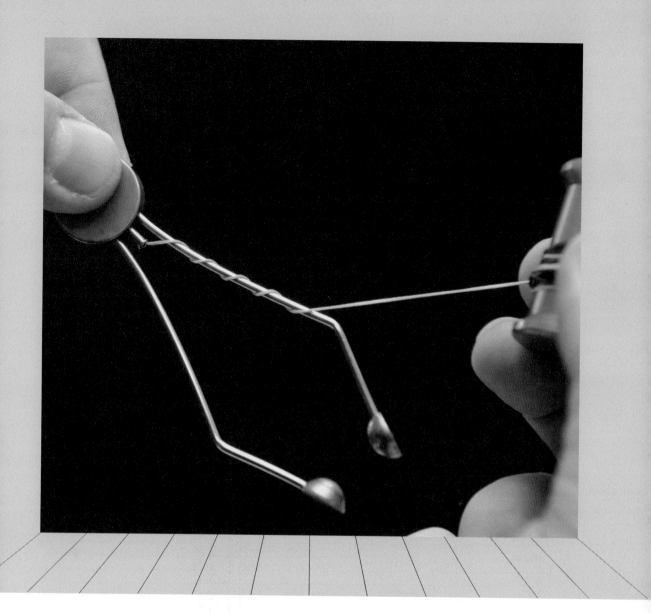

Part 5

권말부록

■ 수산자원 포획 금지 체장 및 금지 기간과 구역 – 어류 및 두족류

• 수산자원관리법 시행령

구분	포획 금지 크기 (연중, 전국)	금지 기간 및 구역
갈치	항문장 18cm 이하	7.1~7.31 : 마라도 이남을 제외한 전지역 (근해채낚기어업과 연안복합어업 제외)
감성돔	전장 20cm 이하	
개서대(서대)	전장 26cm 이하	7.1~8.31 : 전국
갯장어	전장 40cm 이하	
고등어	전장 21cm 이하	4.1~6.30 중 해양수산부장관이 1개월 이내로 정하여 고시
넙치(광어)	전장 21cm 이하	
농어	전장 30cm 이하	
대구	전장 30cm 이하	1.1~1.31 : 부산광역시 및 경상남도
		3.1~3.31 : 상기 지역을 제외한 모든 지역
도루묵	전장 11cm 이하	
돌돔	전장 24cm 이하	
말쥐치	전장 18cm 이하	5.1~7.31 : 전국 (정치망어업, 연안어업 및 구획어업은 6.1~7.31)
명태	전장 27cm 이하	
문치가자미	전장 15cm 이하	12.1~이듬해 1.31 : 전국
미거지(꼼치류)	전장 40cm 이하	8.1~8.31 : 강원도
민어	전장 33cm 이하	
방어	전장 30cm 이하	
볼락	전장 15cm 이하	
붕장어	전장 35cm 이하	
빙어		3.1~3.20 : 전국
산천어	전장 20cm 이하	
송어	전장 12cm 이하	
쏘가리	전장 18cm 이하	4.20~5.30 : 전라남북도, 경상남북도(단, 댐·호소에서는 5.10~6.20)
		5.1~6.10 : 상기 지역을 제외한 모든 지역(단, 댐·호소에서는 5.20~6.30)
연어		10.1~11.30 : 전국(해수면) / 10.11~11.30 : 전국(내수면)
열목어		3.1~4.30 : 전국
옥돔		7.21~8.20 : 전국
은어		4.20~5.20 / 9.1~10.31 : 강원도 및 경상북도
		4.1~4.30 / 9.15~11.15 : 상기 지역을 제외한 모든 지역
전어		5.1~7.15 : 강원도와 경상북도를 제외한 모든 지역
조피볼락(우럭)	전장 23cm 이하	
쥐노래미	전장 20cm 이하	11.1~12.31 : 하기 지역을 제외한 모든 지역
		11.15~12.14 : 백령도, 대청도, 소청도 지역
참가자미	전장 12cm 이하	
참돔	전장 24cm 이하	
참조기	전장 15cm 이하	4.22~8.10 : 전국(근해 유자망에 한함)
		7.1~7.31 : 전국(안강망, 저인망, 트롤, 선망에 한함)
참홍어	체반폭 42cm 이하	6.1~7.15 : 전국
황돔	전장 15cm 이하	
황복	전장 20cm 이하	
낙지		6.1~6.30 : 전국(다만, 시·도지사가 4월 1일~9월 30일 기간 중 1개월 이상의 기간을 지역별로 따로 고시할 수 있음)
대문어	중량 400g 이하	
살오징어(동해오징어)	외투장 12cm 이하	4.1~5.31 : 전국(정치망어업으로 포획하는 경우는 제외)
		4.1~4.30 : 전국(근해채낚기어업과 연안복합어업에 한함)
주꾸미	중량 20g 이하	5.11~8.31 : 전국

＊은어의 포획 금지 기간 및 구역에 관한 예외 조항 – 인공적으로 조성한 댐 지역에서 자원을 활용하려는 경우에는 관할 특별자치도지사·시장·군수·구청장이 자원을 평가한 후 한시적으로 포획 허가를 할 수 있음.

＊갈치·고등어·참조기·살오징어 포획금지 체장에 대한 예외 조항 – 전체 어획량 중 해당체장의 갈치·고등어·참조기·살오징어를 20퍼센트 미만으로 포획, 채취한 경우는 제외한다.

■ 낚싯줄과 봉돌 규격 비교표

| 낚싯줄의 규격 비교 | | | | | 봉돌의 규격 비교 | | | | | |
| 모노필라멘트(나일론, 카본 라인) | | | | PE 라인 | 민물, 바다낚시용 | | 바다 구멍찌낚시용 | | 루어낚시용 | |
호수(號)	지름(mm)	강도 lb	강도 kg	같은 강도의 호수 및 kg	호(푼)	g	B, G	g	oz	g
0.1	0.053				0.1호(1푼)	0.375	G8	0.07	1/32온스	0.89
0.2	0.074				0.2호(2푼)	0.750	G7	0.09	1/16온스	1.77
0.3	0.090				0.3호(3푼)	1.125	G6	0.12	1/8온스	3.54
0.4	0.104				0.4호(4푼)	1.500	G5	0.16	3/16온스	5.32
0.5	0.116	2	0.91		0.5호(5푼)	1.875	G4	0.20	1/4온스	7.09
0.6	0.128				0.6호(6푼)	2.250	G3	0.25	3/8온스	10.63
0.8	0.148	3	1.36		0.7호(7푼)	2.625	G2	0.31	1/2온스	14.18
1	0.165		1.68	0.1호(1.8kg)	0.8호(8푼)	3.000	G1	0.40	1온스	28.35
1.2	0.185	5	2.27		0.9호(9푼)	3.375	B	0.55	2온스	56.70
1.5	0.205				1호(10푼)	3.750	2B	0.75		
1.7	0.215	6	2.72	0.2호(2.7kg)	2호(20푼)	7.500	3B	0.95		
1.8	0.220				3호(30푼)	11.250	4B	1.20		
2	0.235	7	3.2	0.3호(3.1kg)	4호(40푼)	15.000	5B(0.5호)	1.85		
2.2	0.240	8	3.6	0.4호(3.6kg)	5호(50푼)	18.750	0.6호	2.25		
2.5	0.260	10	4.2		6호(60푼)	22.500	0.8호	3.00		
3	0.285	12	5.5(1호)	0.6호(5.8kg)	7호(70푼)	26.250	1호	3.75		
3.5	0.310				8호(80푼)	30.000	2호	7.50		
(3.8)	0.325	14			9호(90푼)	33.750	3호	11.25		
4	0.330				10호(100푼)	37.500				
(4.5)	0.351	16	7.8	0.8호(7.0kg)	20호(200푼)	75.000				
5	0.370	18	8		30호(300푼)	112.500				
6	0.405	22	10.3	1호(8.9kg)	40호(400푼)	150.000				
7	0.435	25	11.5(2.5호)	1.2호(12kg)	50호(500푼)	187.500				
8	0.470	30		1.5호(13.5kg)	60호(600푼)	225.000				
10	0.520	35		2호(15kg)	70호(700푼)	262.500				
12	0.570	40	18.5	2.5호(19kg)	80호(800푼)	300.000				
14	0.620	50	22.5	3호(23kg)	90호(900푼)	337.500				
16	0.660	60	27	4호(28kg)	100호(1000푼)	375.000				
18	0.700	70								
20	0.740	80		5호(35kg)						
22	0.780	90								
24	0.810	100	45.3	6호(43kg)						
26	0.840									
28	0.870		50(12호)							
30	0.910	130	60							
35	1.001									
40	1.045	150								

붕어낚시용

호수(號)	g
1호	2.0
2호	2.5
3호	3.0
4호	3.5
5호	4.5
6호	5.5
7호	6.5
8호	7.0
9호	7.5
10호	8.0

1피트(feet, 약칭 ft) = 30.48cm, 12인치 / 1인치(inch, 약칭 in) = 2.54cm, 0.0833피트 /
1센티미터(cm) = 0.0328피트, 0.3937인치 / 1킬로그램(kg) = 2.204623파운드, 35.273962온스 /
1파운드(pound, 약칭 lb) = 0.4536kg, 16온스 / 온스(ounce, 약칭 oz) = 28.35g, 0.0625파운드

1

루어의 맬고리에 루어의 맬고리에
낚싯줄 끝 부분을 넣어 빼낸다.

2

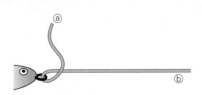

접어 돌린 고리 부분을 남겨 두면서 5~6회 정도 꼬아 준다.
이때, 루어의 고리 부분을 꽉 잡아주지 않으면 줄의 꼬임이
원상으로 돌아가므로 주의해야 한다.

3-A 1차 완료 단계A

ⓐ와 ⓑ를 5~6회 꼰 다음에 낚싯줄 끝(ⓐ)을 첫번째
고리 쪽으로 통과시키고 ⓐ와 ⓑ를 번갈아 당기면
완성이 되는데, 가는 줄은 풀어질 위험이 많다.

3-B 1차 완료 단계B

ⓐ를 최초의 낚싯줄 고리 및 루어의 고리 속으로 잇따라
통과시켜 빼내면 가는 줄을 사용할 경우에도
풀릴 위험이 거의 없어진다.

4

3-A)에서 가는 줄의 경우는 풀어질 위험이 있으므로
큰 고리 속으로 다시 한 번 빼낸다.

5

4)의 완성 단계. 4)단계에서 양쪽 줄을 번갈아 당길 때
침을 조금 발라주면 마찰에 의한 손상을 줄일 수 있다.

1

루어의 맬고리 속으로 줄을 한 바퀴 돌려 빼낸다.

2

이 단계에서 곧장 안돌리기를 해도 되지만
가는 줄의 경우는 미끄러져 빠질 수도 있다.

2-1 보강법

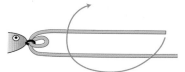

2)단계에서 한 번 더 고리 속으로 줄을 빼내면
훨씬 강도가 높아진다.

3

5~6회 돌림

먼저 당긴다

중심 줄을 축으로 5~6회가량 안돌리기를 한다.

4

당긴다

안돌리기를 한 끝줄을 먼저 잡아당겨 조인 후,
본줄을 잡아당긴다.

5

끊는다

자투리 줄을 잘라내면 완성이 된다.

1

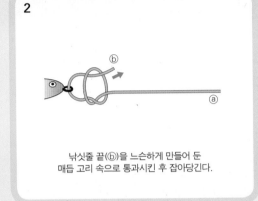

느슨한 매듭을 만든 후,
낚싯줄 끝을 루어의 고리 속으로 통과시킨다.

2

낚싯줄 끝(ⓑ)을 느슨하게 만들어 둔
매듭 고리 속으로 통과시킨 후 잡아당긴다.

3

당긴다

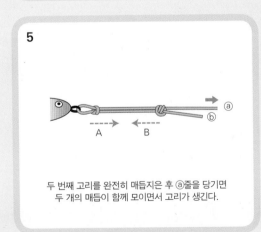

2)에서 ⓑ를 당기면 루어의 고리에서 매듭이 지어진다.

4

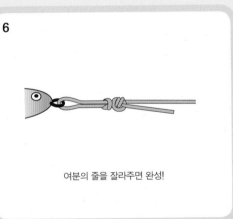

ⓑ줄로 다시 한 번 고리를 지어 3회 안돌리기를 한다.

5

A   B

두 번째 고리를 완전히 매듭지은 후 ⓐ줄을 당기면
두 개의 매듭이 함께 모이면서 고리가 생긴다.

6

여분의 줄을 잘라주면 완성!

1

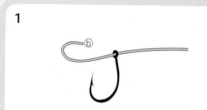

낚싯줄 한 쪽 끝을 바늘귀 구멍에 통과시킨다
(처음부터 두 겹을 지어 꿰어도 된다).

2

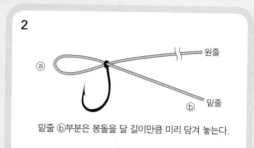

밑줄 ⓑ부분은 봉돌을 달 길이만큼 미리 당겨 놓는다.

3

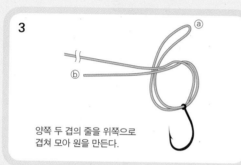

양쪽 두 겹의 줄을 위쪽으로
겹쳐 모아 원을 만든다.

4

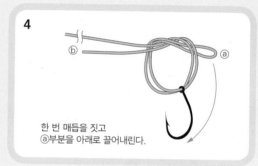

한 번 매듭을 짓고
ⓐ부분을 아래로 끌어내린다.

5

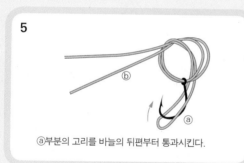

ⓐ부분의 고리를 바늘의 뒤편부터 통과시킨다.

6

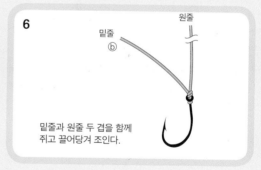

밑줄과 원줄 두 겹을 함께
쥐고 끌어당겨 조인다.

7

ⓑ를 바늘귀 구멍의 위로부터 한 번 통과시킨다.
이로 인하여 바늘이 낚싯줄에 대해 직각이 된다.

8

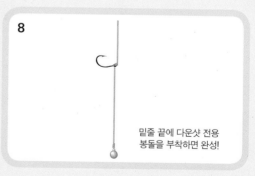

밑줄 끝에 다운샷 전용
봉돌을 부착하면 완성!

더블라인 만들기① - 비미니트위스트 묶음

롱 더블라인(Long double line) - 피셔맨즈 노트의 준비 과정

1

접은 길이 1~1.5m 가량의 낚싯줄 고리 안에
왼손을 집어넣고 30~50회 정도 돌린다

2

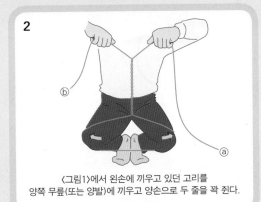

〈그림1〉에서 왼손에 끼우고 있던 고리를
양쪽 무릎(또는 양발)에 끼우고 양손으로 두 줄을 꽉 쥔다.

3

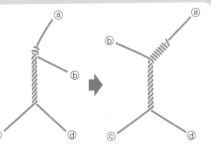

〈그림2〉에서 양발을 힘껏 벌리는 동시에 ⓐ줄을 꽉 쥔 왼손은
위로 들어올리고, ⓑ줄을 쥔 오른손을 아래로 내리면서 천천히
풀어주면, 〈그림1〉 단계에서 만들어진 꼰줄 위에 ⓑ줄이
저절로 다시 한 번 되감긴다.

4

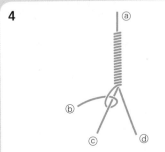

다 감겨져 내린 ⓑ줄을 ⓒ에 대고 한 바퀴 돌려 묶은 다음,
그림2~그림3 단계 작업 과정에서 꼬여진 원줄(ⓐ 부분)을
원래 상태로 풀어주어야 한다.

5

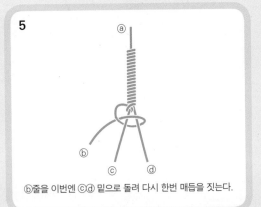

ⓑ줄을 이번엔 ⓒⓓ 밑으로 돌려 다시 한번 매듭을 짓는다.

6

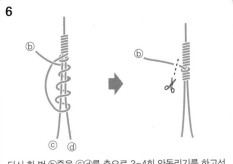

다시 한 번 ⓑ줄을 ⓒⓓ를 축으로 3~4회 안돌리기를 하고선
마무리를 해주면 된다.

7

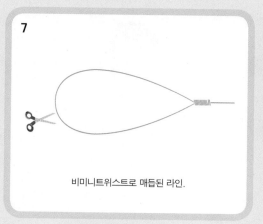

비미니트위스트로 매듭된 라인.

8

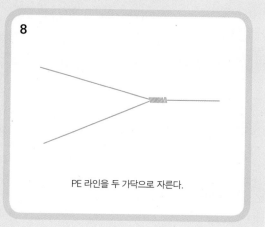

PE 라인을 두 가닥으로 자른다.

9

두 줄로 나뉜 PE 라인의 한 줄은 입에 물어 고정시키고,
나머지 한 줄은 그림처럼 두 손바닥을 이용해 한 방향으로
6회 정도 꼬아 준다. 다음에는 입에 물었던 줄을 손에 쥐고
같은 방법으로 꼬아 준다.

10

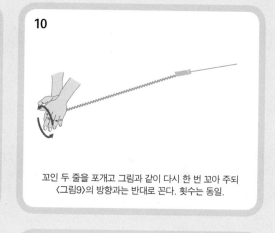

꼬인 두 줄을 포개고 그림과 같이 다시 한 번 꼬아 주되
〈그림9〉의 방향과는 반대로 꼰다. 횟수는 동일.

11

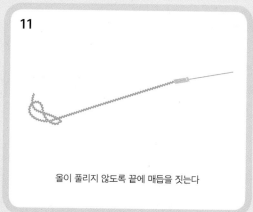

올이 풀리지 않도록 끝에 매듭을 짓는다

12

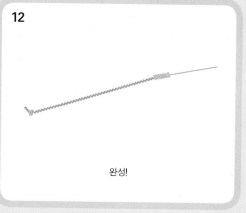

완성!

더블라인 만들기② - 간편 비미니트위스트 묶음

쇼트 더블라인(Short double line) – 가물치낚시 및 경량급 낚시용

1

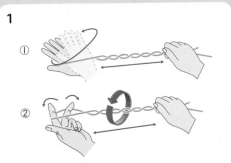

줄을 잡아 고리를 만든 후 20회 정도 돌리되, ①과 같이 손등으로 하는 것보다 ②와 같이 손가락으로 돌리는 것이 좋다.

2

한 쪽 자투리 끝을 단단히 입에 문다. 원줄을 잡은 손과 입을 당겨서 꼬임을 밀착시키고 원하는 고리 크기가 되도록 한다.

3

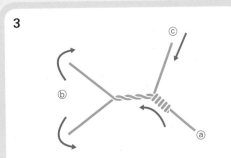

고리 안의 손가락을 천천히 펼치는 동시에 입에 문 줄을 조금씩 매듭 쪽으로 접근시키면 밀착된 꼬임 위로 ⓒ줄이 저절로 감겨 올라가기 시작한다.

4

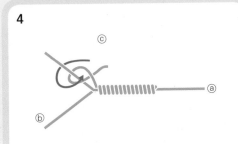

ⓒ줄이 다 감겨 올라갔으면 꼬임 부위를 손가락으로 붙잡고 입에 문 ⓒ줄을 놓아 고리 줄 한쪽에만 한 번 매듭짓는다.

5

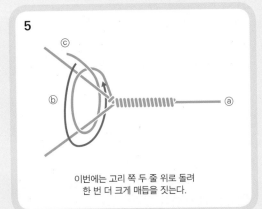

이번에는 고리 쪽 두 줄 위로 돌려 한 번 더 크게 매듭을 짓는다.

6

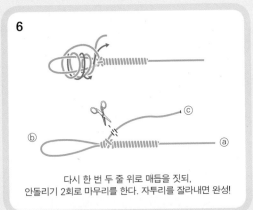

다시 한 번 두 줄 위로 매듭을 짓되, 안돌리기 2회로 마무리를 한다. 자투리를 잘라내면 완성!

쇼크리더 연결법(PE라인+쇼크리더)① - 피셔맨즈 노트(Fisherman's knot)

- 부시리 지깅 등 중량급 낚시용 채비 -

1

목줄을 3회 감는다.

2

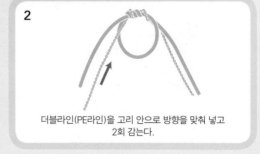

더블라인(PE라인)을 고리 안으로 방향을 맞춰 넣고 2회 감는다.

3

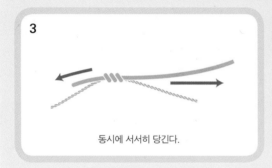

동시에 서서히 당긴다.

4

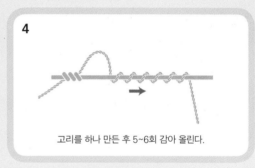

고리를 하나 만든 후 5~6회 감아 올린다.

5

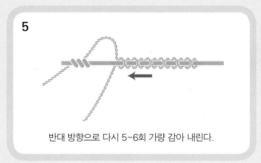

반대 방향으로 다시 5~6회 가량 감아 내린다.

6

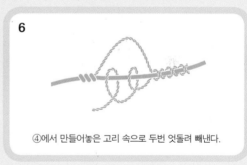

④에서 만들어놓은 고리 속으로 두번 엇돌려 빼낸다.

7

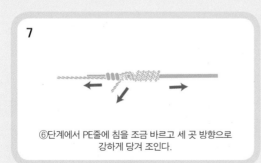

⑥단계에서 PE줄에 침을 조금 바르고 세 곳 방향으로 강하게 당겨 조인다.

8

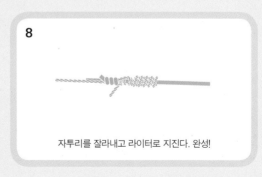

자투리를 잘라내고 라이터로 지진다. 완성!

- 부시리 지깅 등 중량급 낚시용 채비 -

1

PE 라인(원줄)을 보빙홀더의 입구로 집어넣는다.
통과된 원줄을 빠져나가지 않도록 보빙 위에 고무줄로
고정하거나 테이프로 고정시킨다.

2

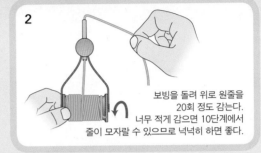

보빙을 돌려 위로 원줄을
20회 정도 감는다.
너무 적게 감으면 10단계에서
줄이 모자랄 수 있으므로 넉넉히 하면 좋다.

3

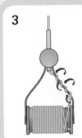

보빙에서 보빙홀더를 잠시 떼어
그림과 같이 보빙홀더의 한쪽 다리에
원줄을 5~6회 감은 후 다시 끼운다.
원줄 굵기에 따라 가감한다.
감는 이유는 10단계 과정에서 단단히
강한 장력으로 감기게 하기 위해 더
빡빡하게 풀리도록 하기 위해서다.

4

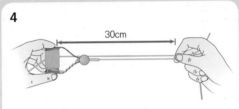

원줄과 쇼크리더를 30cm 정도 겹쳐 잡는다.
서로 밀리지 않도록 손 위로 서너 바퀴 감아 단단히 잡는다.

5

먼저 손으로 원줄을 쇼크리더 위로 5~6회 감는다.

6

손가락 끝으로 잡고서
흐트러지지 않도록 감겨온
방향으로 꼭꼭 눌러 겹치며
다시 되돌아 감는다.

7

3~5회 되돌아 감은 후의 모습이다. 이때, 화살표로 표시한
보빙홀더의 입구에 여유가 없도록 바짝 붙이도록 한다.

8

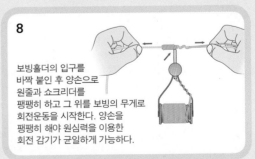

보빙홀더의 입구를
바짝 붙인 후 양손으로
원줄과 쇼크리더를
팽팽히 하고 그 위를 보빙의 무게로
회전운동을 시작한다. 양손을
팽팽히 해야 원심력을 이용한
회전 감기가 균일하게 가능하다.

9

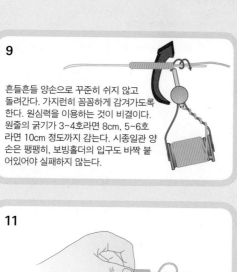

흔들흔들 양손으로 꾸준히 쉬지 않고 돌려간다. 가지런히 꼼꼼하게 감겨가도록 한다. 원심력을 이용하는 것이 비결이다. 원줄의 굵기가 3~4호라면 8cm, 5~6호 라면 10cm 정도까지 감는다. 시종일관 양 손은 팽팽히, 보빙홀더의 입구도 바짝 붙 어있어야 실패하지 않는다.

10

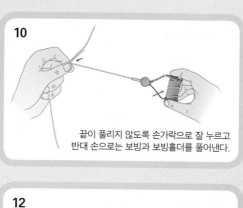

끝이 풀리지 않도록 손가락으로 잘 누르고 반대 손으로는 보빙과 보빙홀더를 풀어낸다.

11

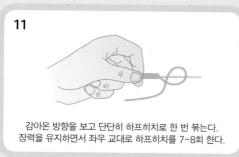

감아온 방향을 보고 단단히 하프히치로 한 번 묶는다. 장력을 유지하면서 좌우 교대로 하프히치를 7~8회 한다.

12

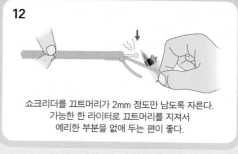

쇼크리더를 끄트머리가 2mm 정도만 남도록 자른다. 가능한 한 라이터로 끄트머리를 지져서 예리한 부분을 없애 두는 편이 좋다.

13

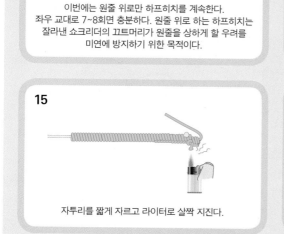

이번에는 원줄 위로만 하프히치를 계속한다. 좌우 교대로 7~8회면 충분하다. 원줄 위로 하는 하프히치는 잘라낸 쇼크리더의 끄트머리가 원줄을 상하게 할 우려를 미연에 방지하기 위한 목적이다.

14

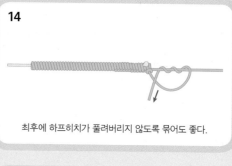

최후에 하프히치가 풀려버리지 않도록 묶어도 좋다.

15

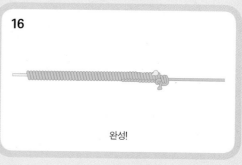

자투리를 짧게 자르고 라이터로 살짝 지진다.

16

완성!

쇼크리더 연결법(PE라인＋쇼크리더)③ - FG 노트

- 부시리 지깅 등 중량급 낚시용 채비 -

에깅 등 경량급 낚시의 경우는 9번 과정 생략하고 14번 과정에서 '하프히치'를 4~5회 거듭한 후
'안돌리기' 4회로 종료! 리더 라인 자투리 및 PE 라인 자투리 절단!!

1

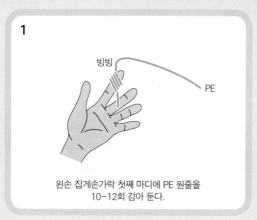

왼손 집게손가락 첫째 마디에 PE 원줄을
10~12회 감아 둔다.

2

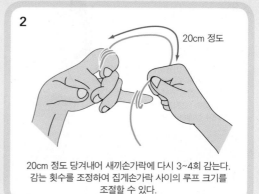

20cm 정도 당겨내어 새끼손가락에 다시 3~4회 감는다.
감는 횟수를 조정하여 집게손가락 사이의 루프 크기를
조절할 수 있다.

3

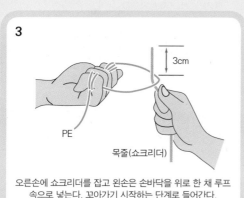

오른손에 쇼크리더를 잡고 왼손은 손바닥을 위로 한 채 루프
속으로 넣는다. 꼬아가기 시작하는 단계로 들어간다.

4

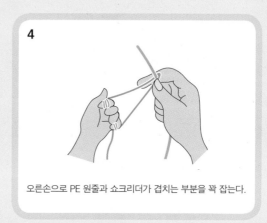

오른손으로 PE 원줄과 쇼크리더가 겹치는 부분을 꽉 잡는다.

5

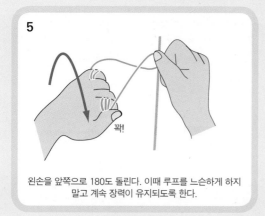

왼손을 앞쪽으로 180도 돌린다. 이때 루프를 느슨하게 하지
말고 계속 장력이 유지되도록 한다.

6

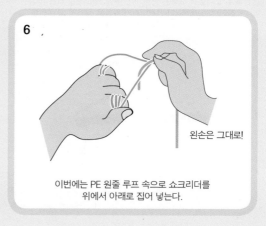

이번에는 PE 원줄 루프 속으로 쇼크리더를
위에서 아래로 집어 넣는다.

7

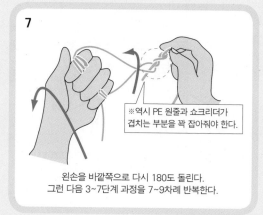

※역시 PE 원줄과 쇼크리더가
겹치는 부분을 꽉 잡아줘야 한다.

왼손을 바깥쪽으로 다시 180도 돌린다.
그런 다음 3~7단계 과정을 7~9차례 반복한다.

8

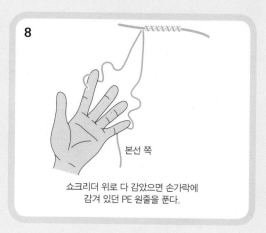

본선 쪽

쇼크리더 위로 다 감았으면 손가락에
감겨 있던 PE 원줄을 푼다.

9

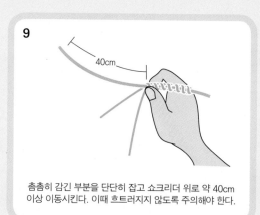

40cm

촘촘히 감긴 부분을 단단히 잡고 쇼크리더 위로 약 40cm
이상 이동시킨다. 이때 흐트러지지 않도록 주의해야 한다.

10

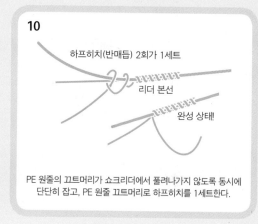

하프히치(반매듭) 2회가 1세트

리더 본선

완성 상태!

PE 원줄의 끄트머리가 쇼크리더에서 풀려나가지 않도록 동시에
단단히 잡고, PE 원줄 끄트머리로 하프히치를 1세트한다.

11

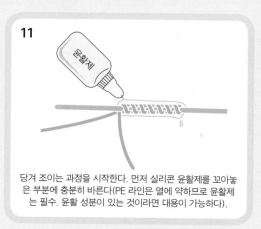

윤활제

당겨 조이는 과정을 시작한다. 먼저 실리콘 윤활제를 꼬아놓
은 부분에 충분히 바른다(PE 라인은 열에 약하므로 윤활제
는 필수. 윤활 성분이 있는 것이라면 대용이 가능하다).

12

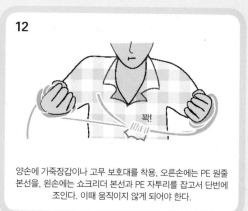

꽉!

양손에 가죽장갑이나 고무 보호대를 착용, 오른손에는 PE 원줄
본선을, 왼손에는 쇼크리더 본선과 PE 자투리를 잡고서 단번에
조인다. 이때 움직이지 않게 되어야 한다.

13

만져 봐서
단단하게!

꼬인 부분의
PE 색이
변색됨

삐끗!

(O)   (X)

PE 끄트머리를
최대한 강하게
당기지 않으면
쇼크리더가
구부러지고
강도도 저하된다.

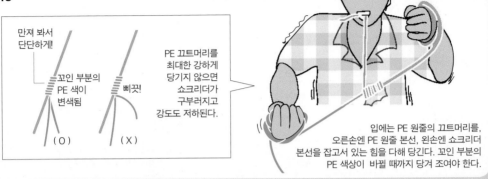

입에는 PE 원줄의 끄트머리를,
오른손엔 PE 원줄 본선, 왼손엔 쇼크리더
본선을 잡고서 있는 힘을 다해 당긴다. 꼬인 부분의
PE 색상이 바뀔 때까지 당겨 조여야 한다.

14

가죽장갑이나 고무 보호대를 착용하고 하프히치를 거듭하
되, 먼저 쇼크리더 본선을 오른쪽 발등에 감아 직선으로 팽
팽히 한 후 왼손으로 PE 원줄과 쇼크리더 끄트머리를 같이
잡고 그 위로 하프히치를 한다. 횟수는 20차례.

15

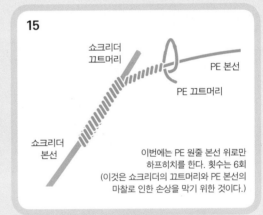

쇼크리더
끄트머리

PE 본선

PE 끄트머리

쇼크리더
본선

이번에는 PE 원줄 본선 위로만
하프히치를 한다. 횟수는 6회
(이것은 쇼크리더의 끄트머리와 PE 본선의
마찰로 인한 손상을 막기 위한 것이다.)

16

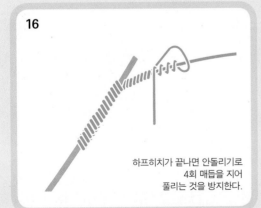

하프히치가 끝나면 안돌리기로
4회 매듭을 지어
풀리는 것을 방지한다.

17

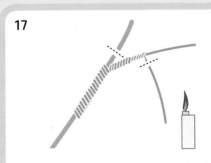

PE 원줄과 쇼크리더의 끄트머리를 각각 3mm정도 남기고
잘라낸 뒤 단면을 라이터로 지져서 완성시킨다(라이터로 지질
때는 연결부위에 열기가 닿지 않도록 주의해야 한다).

- 무늬오징어 에깅, 농어낚시 등 경량급 낚시용 -

1

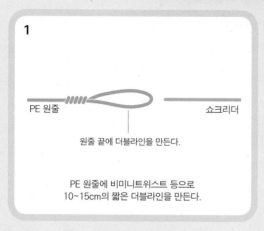

원줄 끝에 더블라인을 만든다.

PE 원줄에 비미니트위스트 등으로
10~15cm의 짧은 더블라인을 만든다.

2

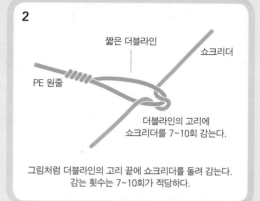

그림처럼 더블라인의 고리 끝에 쇼크리더를 돌려 감는다.
감는 횟수는 7~10회가 적당하다.

3

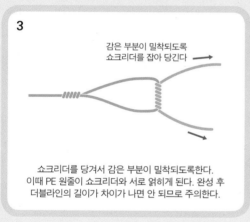

쇼크리더를 당겨서 감은 부분이 밀착되도록한다.
이때 PE 원줄이 쇼크리더와 서로 얽히게 된다. 완성 후
더블라인의 길이가 차이가 나면 안 되므로 주의한다.

4

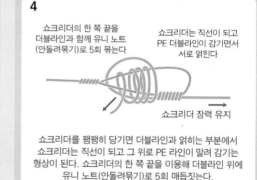

쇼크리더를 팽팽히 당기면 더블라인과 얽히는 부분에서
쇼크리더는 직선이 되고 그 위로 PE 라인이 말려 감기는
형상이 된다. 쇼크리더의 한 쪽 끝을 이용해 더블라인 위에
유니 노트 (안돌려묶기)로 5회 매듭짓는다.

5

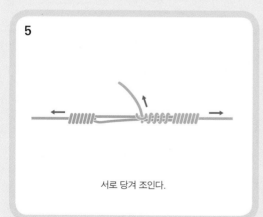

서로 당겨 조인다.

6

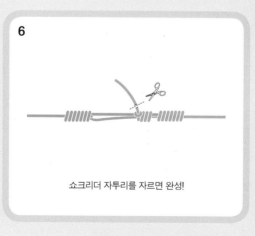

쇼크리더 자투리를 자르면 완성!

- '나일론＋나일론' 또는 '나일론＋플로로카본' 또는 '플로로카본＋플로로카본' -

1

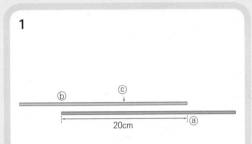

서로 다른 2개의 줄 ⓐ와 ⓑ를 20cm 정도 되게 교차시킨다.

2

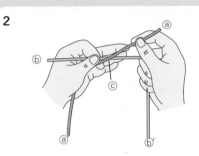

교차된 두 줄의 중간 지점인 ⓒ부분을 왼손 엄지와 검지로 거머쥐고, 오른손으론 ⓑ줄을 중지 · 약지 · 소지 사이에 쥔 다음, 엄지와 검지를 이용해 ⓐ줄을 ⓑ줄 위로 넘긴다.

3

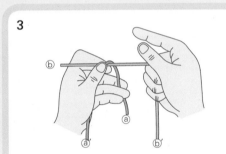

오른손 검지와 엄지로 ⓑ줄 위로 넘긴 ⓐ줄을 왼손 중지와 소지에 끼워 받는다.

4

왼손 중지와 소지에 끼운 ⓐ줄을 오른손 엄지와 검지로 옮겨 받은 다음, 다시 ⓑ줄 위로 넘겨 돌린다.

5

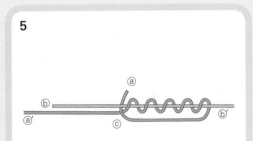

2)~4)과정과 같은 방식으로 ⓐ줄을 ⓑ에 5~6회 돌려 감은 후, 중간의 ⓒ지점으로 되돌려 두 줄 사이에 끼운다.

6

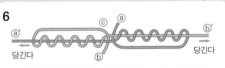

다시 이전과 같은 방법으로 ⓑ줄을 ⓐ에 5~6회 돌려 감은 후, 중간의 ⓒ지점으로 되돌려 고리 사이에 끼운다.

7

ⓐ와 ⓑ가 빠지지 않게 당기는 것과 동시에 ⓐ'와 ⓑ'도 서로 천천히 맞당겨 주면 완성이 된다.

낚싯줄 연결법② – 유니 노트(Uni knot, 일명 기차매듭)
– '나일론+나일론' 또는 '나일론+플로로카본' 또는 '플로로카본+플로로카본' –

1

두 개의 줄을 겹친다.

2

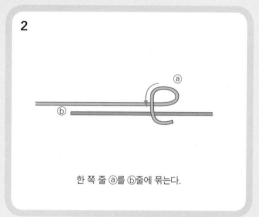

한 쪽 줄 ⓐ를 ⓑ줄에 묶는다.

3

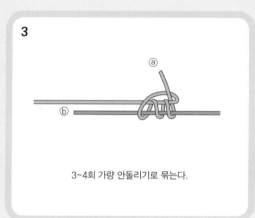

3~4회 가량 안돌리기로 묶는다.

4

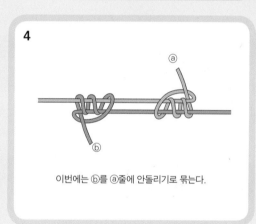

이번에는 ⓑ를 ⓐ줄에 안돌리기로 묶는다.

5

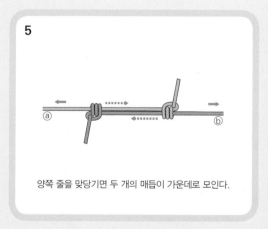

양쪽 줄을 맞당기면 두 개의 매듭이 가운데로 모인다.

6

미끄러운 나일론 줄은 이렇게 묶어야 풀어지지 않는다.

실전! 열두 달 루어낚시

1판 3쇄 인쇄 2018년 7월 4일
1판 3쇄 발행 2018년 7월 9일

지은이 김욱·신동만 외 11인

발행인 김국륜
발행처 예조원

출판등록 제301-2010-184호

주소 서울특별시 중구 퇴계로 180-3
전화 (02)2272-7272 팩스 (02)2272-7275

값은 뒷표지에 있습니다.
ISBN 978-89-94129-39-6 (03690)

© 2015, 예조원